Herbergen der Christenheit

36/37 (2012/2013)

Beiträge zur deutschen Kirchengeschichte

Herausgegeben im Auftrag
der Arbeitsgemeinschaften für Kirchengeschichte
der Evangelischen Landeskirche Anhalts,
der Evangelischen Kirche Berlin-Brandenburg-schlesische Oberlausitz,
der Pommerschen Evangelischen Kirche,
der Evangelischen Kirche in Mitteldeutschland und
der Evangelisch-Lutherischen Landeskirche Sachsens.

Band 36/37

Herbergen der Christenheit

Jahrbuch für deutsche Kirchengeschichte
Band 36/37 (2012/2013)

Herausgegeben von Markus Hein

EVANGELISCHE VERLAGSANSTALT
Leipzig

Redaktionsbeirat

Die »Herbergen der Christenheit« erscheinen in der Reihe
»Beiträge zur deutschen Kirchengeschichte« – ursprünglich
»Beiträge zur Kirchengeschichte Deutschlands«.

Gedruckt mit Unterstützung der beteiligten Kirchen.

Bibliographische Information der Deutschen Nationalbibliothek
Die Deutsche Nationalbibliothek verzeichnet diese Publikation in der Deutschen Nationalbibliographie; detaillierte bibliographische Daten sind im Internet über http://dnb.dnb.de abrufbar.

Das Buch wurde auf alterungsbeständigem Papier gedruckt.

Cover: Jochen Busch, Leipzig
Satz: Institut für Kirchengeschichte der Theologischen Fakultät Leipzig
Druck und Binden: Hubert & Co., Göttingen

ISBN 978-3-374-03877-0
www.eva-leipzig.de

Inhalt

Anschriften der Mitarbeiter

Dr. Michael *Beyer*, Schönbach, Kirchweg 14, 04680 Colditz; Pfr.in Dr. Susanne *Böhm*, Dornburger Str. 4, 99510 Apolda; Rektor Pfr. Dr. Thilo *Daniel*, Diakonissenanstalt Dresden, Holzhofgasse 29, 01099 Dresden; OKR Dr. Christoph *Ehricht*, Evangelisch-Lutherische Kirche in Norddeutschland, Landeskirchenamt, Dänische Straße 21-35, 24103 Kiel; Dr. Daniel *Eißner*, Henricistr. 50, 04177 Leipzig; Prof. i. R. Dr. Gerhard *Graf*, Hermundurenstr. 18, 04159 Leipzig; Prof. em. Dr. Gert *Haendler*, Rostocker Str. 17, 18209 Bad Doberan; Pfr. Dr. Arndt *Haubold*, Mittelstr. 3, 04416 Markkleeberg; Dr. Markus *Hein*, Körnerstr. 10, 04107 Leipzig; Fritz *Horbank*, Kaßbergstr. 21, 09112 Chemnitz; Prof. Dr. Ernst *Koch*, Brandstr. 25 04277 Leipzig; Prof. Dr. Armin *Kohnle*, Universität Leipzig, Theol. Fakultät, Martin-Luther-Ring 3, 04109 Leipzig; Dr. Sebastian *Kranich*, Südstr. 47, 06110 Halle; Prof. Dr. Martin *Ohst*, Bergische Universität Wuppertal, Gaußstr. 20, 42119 Wuppertal; Prof. Dr. Claus-Dieter *Osthövener*, Philipps Universität Marburg, FB Theologie, Lahntor 3, 35032 Marburg; Prof. Dr. Hans *Schneider*, Im Feldchen 20, 35043 Marburg; Dr. Margit *Scholz*, Archiv und Bibliothek der KPS, Freiherr-vom-Stein-Str. 47, 39108 Magdeburg; Prof. Dr. Harald *Schultze*, Leibnizstr. 17, 39104 Magdeburg, Dr. Malte *van Spankeren*, Überwasserstr. 29, 48143 Münster; Prof. Dr. Christopher *Spehr*, Friedrich-Schiller-Universität Jena, Theol. Fakultät, Fürstengraben 6, 07743 Jena; Dr. Andres *Straßberger,* Fichtestr. 47, 09126 Chemnitz Chemnitz; Dr. Martin *Treu*, Kupferstr. 10, 06886 Lutherstadt Wittenberg; Pfr. Alexander *Wieckowski*, Kirchgasse 1, 02747 Großhennersdorf.

Vorwort

Der vorliegende Band der Reihe »Herbergen der Christenheit – Jahrbuch für deutsche Kirchengeschichte« hat einen längeren Anlauf gebraucht. Nun aber freue ich mich, dass er erscheint.

Die Beiträge im ersten Teil des Bandes sind wie immer chronologisch angeordnet. Das zeitliche Spektrum der Beiträge in diesem Band reicht von der mittelalterlichen Kirchenlandschaft Meißens (Fritz Horbank, 9-24) bis zur zeitgeschichtlichen Auseinandersetzung mit dem akademischen Leben an der Humboldt-Universität zu Berlin in DDR-Zeiten (Gert Haendler, 181-199). Hans Schneider gibt einen detaillierten Einblick in die Geschehnisse des Augustinereremitenklosters Langensalza zur Zeit der Reformation, die zeigen, dass es viele Anknüpfungspunkte für die Durchsetzung der neuen Lehre gab. Dem Themenjahr der Reformationsdekade 2013 entsprechend fragt Harald Schultze nach den Ursprüngen von »Toleranz« im 16. Jahrhundert vor dem Hintergrund unseres heutigen Verständnisses. Wieweit lassen sich bei den Reformatoren Ansätze dazu finden?

Einen Schwerpunkt bieten die Quellenwiedergaben in dem Band: Ernst Koch ediert zwei kurze Quellen zu den Visitationen in Thüringen 1528/29 (217-222), versehen mit einer Einleitung, um zu »helfen, die Ergebnisse der Visitation von 1528/29, deren Protokolle nicht vorliegen, deutlicher greifen zu können« (217). Arndt Hauboldt lässt den Leser teilhaben am kirchlichen Leben in Gautzsch und Zöbigker bei Leipzig, indem er das »Ceremoniel« des Jahres 1772 wiedergibt und so die Gottesdienste plastisch werden lässt (115-132). Gerhard Graf kommentiert den Lebensbericht des Wahrener Pfarrers Gottlob Herrnsdorf, der das Leben eines Dorfpfarrers im 19. Jahrhundert vor Augen führt (133-158). Gert Haendler schließlich führt ausführlich in die Aufzeichnungen Hans-Hinrich Jenssens ein, der über seine Jahre an der Humboldt-Univeristät zu Berlin ein umfangreiches Manuskript hinterlassen hat, das der Auswertung noch harrt (181-199).

Ein bisher wenig beachtetes Phänomen greift Daniel Eißner auf. Ausführlich und quellengesättigt stellt er in seinem Beitrag den Separatismus des 18. Jahrhunderts in der Umgebung Leipzigs in den Mittelpunkt und macht deutlich, dass es durchaus auch pietistische Strömungen in Sachsen gab, die nicht nur einzelne Personen betrafen (69-97). Malte van Spankeren knüpft an seine Darstellung im letzten Band der Herbergen (HCh 34/35 [2010/2012], 131-142) an, und bringt mit Josias Friedrich Christian Löffler einen weiteren Theologen der Aufklärung in der Schule Semlers in unser Bewusstsein (99-114). Der Fragestellung des Reformationsjubiläums ist schließlich der Beitrag Sebastian Kranichs gewidmet, der die nationale Einbindung und Instrumentalisierung des Jubiläums 1817 in den Mittelpunkt seiner Untersuchung stellt.

Wie schon öfter geschehen, ist auch in diesem Band eine Literaturschau zu finden: Armin Kohnle hat die anlässlich des Elisabeth-Jubiläums 2007 erschienenen Bücher und Kataloge gesichtet und einen instruktiven Beitrag zur Beschäftigung mit dieser besonderen Frau verfasst. Dieser stellt nicht nur einen Überlick über die Literatur dar, sondern lädt zu weiterer Beschäftigung mit ihr ein.

Besonders froh bin ich, dass es gelungen ist, das am Reformationstag 2012 stattgefundene Kolloquium zu Ehren des sächsischen Oberhofpredigers Franz Volkmar Reinhard dokumentieren zu können (223-327). Der Vollständigkeit dieser Dokumentation ist auch im Wesentlichen die Verzögerung dieses Bandes geschuldet. Die Geschlossenheit der Thematik konnte so erhalten bleiben und die Person Reinhards in seiner Zeit, seinen Beziehungen und seinem Wirken deutlich gemacht werden. Den beiden Initiatoren dieses Kolloquiums, Herrn Dr. Michael Beyer und Herrn Dr. Andres Straßberger, gilt neben den Beiträgern (Claus-Dieter Ostövener, Thilo Daniel, Martin Ohst, Christopher Spehr, Andres Straßberger) mein besonderer Dank. Nicht zuletzt Ihrem Bemühen ist es zu verdanken, dass alle Beiträge hier vereint sind und einen besonderen Schwerpunkt dieses Bandes bilden.

Leipzig, im Oktober 2015 Markus Hein

Durch ein technisches Versehen fehlen im letzten Band die letzten Zeilen des Beitrages von Bogislav Burandt, »Christian Scriver und die Frage nach ›Erbauung‹«, auf der Seite 130. Wir bitten, dies zu entschuldigen. Die Seite 130 wird am Ende dieses Bandes noch einmal geliefert, sie ist aus diesem Band auszutrennen und im Band 34/35 (2010/2011) zu ersetzen.

Die Kirche außerhalb der Burg in Meißen im Jahr 984

Von Fritz Horbank

Bischof Thietmar von Merseburg berichtet zum Jahr 984 in seiner Chronik:

> »Wagio aber, ein Ritter Boleslaws, des Herzogs der Böhmen, der Heinrich mit dem Heer begleitet, als er beim Zurückkehren nach Meißen hinkommt, fordert (verlangt) durch einen Unterhändler, nachdem er weniges mit desselben (Meißens) Bewohnern gesprochen hat, dass Friedrich, ein Freund und Gefolgsmann des Markgrafen Rikdag, der sich damals in Merseburg aufhält, zur außerhalb der Burg gelegenen Kirche (ad ecclesiam extra urbem positam) komme und mit ihm spreche. Als er hinausgeht, wird hinter ihm das Tor verschlossen, und Rikdag, der Kommandant derselben Burg und berühmte (erlauchte) Ritter, wird nächst dem Fluss, der Triebisch genannt wird, von diesem arglistig umgebracht.«[1]

Die hier erwähnte Kirche ist die erste urkundlich bzw. chronikalisch genannte Kirche in Meißen. Selbstverständlich gab es zu der Zeit schon eine Kirche in der Burg, eine noch sehr bescheidene Kathedrale für den seit 968 auf dem Burgberg residierenden Meißner Bischof, aber diese begegnet uns zuerst in einer Urkunde vom Jahr 995.[2] Wo ist die außerhalb der Burg gelegene Kirche zu suchen?

I St. Nikolaus

Bis zum ersten Viertel des 20. Jahrhunderts war man sich einig, dass die an der Triebisch gelegene St. Nikolaikirche die bei Thietmar erwähnte Kirche sei.[3] Ursache dafür war, dass Georg Fabricius in seinem Werk »Rerum Misnicarum libri VII« den Bericht Thietmars etwas verändert hat:

---

1 [THIETMAR VON MERSEBURG]: Thietmari Merseburgensis episcopi Chronicon/ hrsg. von Werner Trillmich (Freiherr vom Stein-Gedächtnisausgabe; 9). Berlin 1957, (im Folgenden abgekürzt: Thietmar) IV 5, 118 f. Die Übersetzungen hat der Vf. selbst angefertigt, da ihm mehr an möglichster Textnähe als an glattem Deutsch lag. Für erste Informationen und als schneller Wegweiser zu Quellen hat der Vf. öfter und dankbar benutzt: Günter NAUMANN: Stadtlexikon Meißern. Beucha 2009.

2 CODEX DIPLOMATICUS SAXONIAE REGIAE (im Folgenden abgekürzt: CDS) II 1 14: Kaiser Otto III. schenkt den Bistumsheiligen Johannes und Donatus das Lehen eines Thammo für den Altar der Meißner Kirche.

3 Außer den im Folgenden zitierten Beiträgen und Autoren siehe z. B. SACHSENS KIRCHEN-GALERIE. Bd. 1 (1837); Johann Ludwig RÜLING: Geschichte der Reformation in Meißen im Jahre 1539 nebst beweisenden und erläuternden Anmerkungen. Meißen 1839; Karl Wilhelm LOOSE: Alt-Meißen in Bildern. Meißen 1889.

»978. Die Burg Meißen wird von Wagio, dem Befehlshaber Boleslaws II., des Herzogs Böhmens, durch Hinterlist erobert. Denn als er den Befehlshaber des Ortes in Abwesenheit des Markgrafen wegen einer Unterredung zu sich herausgerufen hatte, hat er, nachdem die Tore hinter ihm in Besitz genommen waren, bei einer Kirche nächst dem Wildbach Triebisch den Arglosen (Unvorsichtigen, Ungeschützten) umgebracht.«[4]

Der Überzeugung, dass St. Nikolaus die außerhalb der Burg gelegene Kirche sei, fügte man Gedanken über ihren Zweck hinzu. Johann Friedrich Ursinus hielt sie für die Pfarrkirche der Bewohner der damals einzigen Vorstadt (suburbium) der Burg Meißen. Nach seiner Meinung »gieng das alte Suburbium Misnense unter der Wasserburg an und reichte bis hinauf an die St. Nicolauskirche«.[5] Aber ein Suburbium, viel größer als die spätere ummauerte Stadt, hat es in Meißen nicht gegeben. Friedrich Maximilian Oertel schreibt von der Vorstadt an der Triebisch: »sie war älter als die Stadt und wurde von Fischern und Schiffern bewohnt«.[6] Max Ludwig Bruno Lampadius nennt im Zusammenhang mit der Gründung der Nikolaikirche Dörfer, für die sie zuerst dagewesen sein soll:

»Zwei kleinere Ortschaften, Ansiedelungen von Fischern und Schiffern bestanden damals: Kernitz, völlig verschwunden, und Quaskewitz, als Questenberg noch heute eine selbständige Gemeinde, mitten im Stadtbezirk des Triebischthals und auf dem gleichnamigen Berge der westlichen Seite des Thales gelegen.«[7]

Ob das 1287 zuerst urkundlich erwähnte Dorf Kernitz im 10. Jahrhundert schon vorhanden und ein Fischer- und Schifferdorf war, sei dahingestellt. Es hat aber nie zu St. Nikolaus, sondern immer zur Stadtparochie gehört. Falsch ist die Identifikation des urkundlich zuerst 1245 genannten Dorfes Quaskewitz mit Questenberg. Es handelt sich vielmehr um Kaisitz.[8] Dass man meinte, die Nikolaikirche mit Fischer- und Schifferdörfern in Verbindung bringen zu können, hatte wohl nur den einen Grund: der heilige Nikolaus galt als Patron der Fischer und Schiffer. Es lag nahe, an Elbe und Triebisch Fischer und Schiffer zu vermuten.

Auch für den um die Erforschung der sächsischen Kirchengeschichte hoch verdienten Leo Bönhoff war die Nikolaikirche die ecclesia extra urbem posita.[9] Er

---

4 [Georgius Fabricius]: Georgii Fabricii Chemnicensis Rerum Misnicarum libri VII. Leipzig s.a. [1569], 80. Die Jahreszahl ist falsch.

5 Johann Friedrich Ursinus: Historische Untersuchung des Ursprungs der Kirche und des Klosters Sanct Afra in der Stadt Meissen. Leipzig 1780, 27, Anm. 15 (§ 9).

6 Friedrich Maximilian Oertel: Das Münster der Augustiner Chorherren zu St. Afra in Meißen. Leipzig 1843, 15.

7 Max Ludwig Bruno Lampadius: Die Frauenkirche der Stadt Meissen. In: Neue Sächsische Kirchengalerie. Bd 10: Die Ephorie Meissen/ Redaktion: Johannes Hickmann. Leipzig 1902, 91.

8 Historisches Ortsverzeichnis von Sachsen/ bearb. von Karlheinz Blaschke. 1. Teil: Mittelsachsen. Leipzig 1957, 77; Neuausgabe. Halbbd. 1. Leipzig 2006, 355.

9 Leo Bönhoff: Die Kirche zu St. Nikolai in Meißen. Mitteilungen des Vereins für Geschichte der Stadt Meißen (im Folgenden abgekürzt: MM) 7 (1909), 487-489.

hielt sie aber nicht für die Pfarrkirche einiger Fischer- und Schifferdörfer an der Triebisch, sondern meinte, dass

> »vordem die Parochie St. Nikolai, am nördlichen Rande des Grenzwaldes hinstreichend, bis in die Nähe der Freiberger Mulde bei Nossen sich erstreckte. Die dem Nikolaus geweihte Kirche war also anfangs als Missionsstation für die Bewohner des rechten Triebischufers bestimmt«.

Darauf brachte ihn »eine ganz merkwürdige Erscheinung«. In der Bistumsmatrikel von 1485, die mit Sicherheit auf eine ältere Vorlage zurückgeht, gehörte die »Ecclesia sancti Nicolai prope Misnam« zur Sedes Roßwein im Archidiakonat des Dompropstes.[10] Sie bildete aber eine Exklave und war vom Gebiet ihrer Sedes durch Ortschaften und Pfarreien getrennt, die zu den Sedes Lommatzsch und Wilsdruff, sowie zur exemten Parochie St. Afra gehörten. Streicht man die Ortschaften und Pfarreien mit deutschen Namen, die ja erst durch die deutsche Kolonisation entstanden sind, so bleibt eine Anzahl sorbischer Dörfer übrig, die ohne Kirche waren. Bönhoff rechnete sie alle, soweit sie rechts der Triebisch lagen, zur Parochie St. Nikolaus. Auf diese Weise war auch die Verbindung zum Gebiet der Sedes Roßwein hergestellt.

Bönhoff folgte mit anderen der Beobachtung Eduard Otto Schulzes, dass in den älteren Zeiten der deutschen Herrschaft im Sorbenland die Parochien ihrem Umfang nach im Allgemeinen mit den Burgwarden identisch waren.[11] Die Richtigkeit dieser Erkenntnis wies er für den Daleminziergau ausführlich nach.[12] Da er aber fest überzeugt war, dass die 984 außerhalb der Burg gelegene Kirche die Nikolaikirche gewesen sei, teilte er den Burgbezirk Meißen in zwei Parochien, links der Triebisch die des Domes, rechts der Triebisch die der Nikolaikirche. Es wäre aber damals, wenige Jahre nach Gründung des noch armen Bistums, mitten in noch friedloser Umgebung ungewöhnlich gewesen, im Abstand von ein paar hundert Metern zwei Missionsstationen zu errichten.

Der Meinung, dass die 984 außerhalb der Burg gelegene Kirche die Nikolaikirche gewesen sei, widersprach 1924 Rudolf Kötzschke: Es »geschieht einer Kirche außerhalb der Burg Erwähnung; es ist nicht unwahrscheinlich, daß dies ein Gotteshaus vor dem westlichen Tore der oberen Burg war, also da, wo später die Afrakirche liegt«.[13] Er begründete seine Aussage noch ausführlicher, wovon im dritten Teil dieser Arbeit zu sprechen sein wird. Im Blick auf die Nikolaikirche aber vermutete er, dass von der Urpfarrei des Burgbezirks Meißen »wohl schon früh, vor Bildung der Erzpriestersprengel, die Nicolaipfarrei abgezweigt worden« sei.

---

10 Walther HAUPT: Die Meißner Bistumsmatrikel 1495. Dresden 1968, 10.

11 Eduard Otto SCHULZE: Die Kolonisierung und Germanisierung der Gebiete zwischen Saale und Elbe. Leipzig 1896, 294 (zitiert von Bönhoff).

12 Leo BÖNHOFF: Die Begründung und Weiterentwicklung der christlichen Kirche im Daleminziergau. MM 8 (1910-1912), 170-186. 201-246.

13 Rudolf KÖTZSCHKE: Markgraf Dietrich von Meißen als Förderer des Städtebaues. NASG 45 (1924) 1, 15.

Ganz anderes, aber Überzeugendes über Entstehung und Zweck der Nikolaikirche beinhalten Forschungsergebnisse, die Karlheinz Blaschke seit 1967 veröffentlicht hat.[14] Er erkannte einen Zusammenhang von Nikolaikirchen mit frühen, praeurbanen Marktsiedlungen. Es ist unübersehbar, dass entlang der alten Handelsstraßen in Deutschland die Nikolaikirchen sich aneinanderreihen wie die Perlen an einer Schnur. Daraus lässt sich schließen, dass eine Nikolaikirche auf die Existenz einer praeurbanen Marktsiedlung hinweist, auch wo es keine urkundliche Überlieferung dafür gibt.

> »Da die Fernhändler des 12. Jahrhunderts königsfreie Leute waren und die Fernstraßen als ihr Wirkungs- und Lebensraum unter Königsrecht standen, fielen die Kaufmannssiedlungen nicht unter die Botmäßigkeit der örtlichen Inhaber feudaler Herrschaft, sondern organisierten sich als Fahrmännergemeinschaften. Auch im Zustand der Seßhaftigkeit bildeten sie Gemeinden auf genossenschaftlicher Grundlage in bewußtem Abstand zur herrschaftlichen Gewalt, d. h. in topographischer Hinsicht zur Burg.«[15] »An den Straßen gab es bestimmte Punkte, an denen der fahrende Kaufmann zum Aufenthalt eingeladen oder gezwungen wurde. In der Nähe einer Burg fand er Kunden für seine Waren, an einem Flußübergang konnte er bei ungünstigen Umständen aufgehalten werden. Meistens befand sich eine Burg bei einem Flußübergang, so daß beide Anlässe zum Verweilen gegeben waren. Mag es sich nun um einen kürzeren, einen längeren oder einen dauernden Aufenthalt gehandelt haben, so kam es in jedem Fall zur Niederlassung von Kaufleuten in einer Siedlung, die sich entweder entlang der Straße hinzog oder an einer von der durchgehenden Fernstraße abzweigenden Seitenstraße entstand. [...] Sie haben allen Anzeichen nach eigene politische Gemeinschaften und demzufolge auch eigene Kirchgemeinden gebildet.«[16]

Wendet man diese Erkenntnisse auf Meißen an, ergibt sich, dass der Neumarkt mit der Nikolaikirche eine praeurbane Kaufmannssiedlung war, was Blaschke selbst auch mehrfach schreibt.[17] Wir haben eine Straße, eine Burg, aber auch den gebührenden Abstand zur Burg, dem Sitz der örtlichen Gewalten, die zwei Flussübergänge von Triebisch und Elbe und schließlich die Nikolaikirche. In Meißen gab es schon im 10. Jahrhundert einen Handelsplatz am Fuße des Burgberges im Bereich Theaterplatz-Baderberg. Im Jahr 983 wird urkundlich ein Hafen erwähnt.[18] Der Theaterplatz hieß noch im 19. Jahrhundert »Jahrmarkt«. So wurde die Kaufmannssiedlung bei der Nikolaikirche zum »Neumarkt«, wenn diese Bezeichnung

14 Gesammelt herausgegeben: Karlheinz Blaschke: Stadtgrundriß und Stadtentwicklung (Städteforschung: A; 44). Köln; Weimar; Wien 1997. ²2001.

15 Ebd, 360 (1997).

16 Ebd, 115 (1973).

17 Ebd, 37. 42. 55. 155. 300. 319. 332.

18 CDS II 1 11. Wilhelm Loose: Die Topographie der Stadt Meißen. MM 4 (1897), 511-531. Neue Erkenntnisse hierzu bei Andreas Christl: Die Stadtgenese Meißens auf der Grundlage archäologischer und mediävistischer Quellen. In: Die vermessene Stadt: mittelalterliche Stadtplanung zwischen Mythos und Befund (Mitteilungen der Deutschen Gesellschaft für Archäologie des Mittelalters und der Neuzeit; 15). Paderborn 2004, 56-60. .

auch erst im 13. Jahrhundert zufällig auftaucht.[19] Die Kaufmannsgemeinde, die kurz nach 1100 entstanden sein wird, baute sich ihre Kirche und benannte sie nach ihrem Schutzheiligen, dem Bischof Nikolaus von Myra. Sie wurde nach 1159 errichtet, wie ein dendrochronologischer Befund ergab.[20] Es könnte aber auch sein, dass die bereits vorhandene Kirche nach 1159 lediglich vergrößert wurde.[21]

Gegen Ende des 12. Jahrhunderts, etwa zur gleichen Zeit, als die Marktstadt Meißen entstand, aber wohl unabhängig davon, gab die Kaufmannsgemeinde die Neumarktsiedlung auf. Am Neumarkt siedelten sich Juden an, die bis dahin wahrscheinlich in der Stadt gelebt hatten,[22] und bauten eine Synagoge. Die Nikolaikirche wurde zur Gemeindekirche für die Neumarktgemeinde, die vor allem aus Gärtnern und solchen Handwerkern bestand, die ihr Gewerbe aus Sicherheitsgründen nicht innerhalb der Stadt ausüben durften, z. B. Töpfer.[23] 1220 wird die Nikolaikirche – zusammen mit der Martinskirche – zum ersten Mal urkundlich erwähnt. Markgraf Dietrich der Bedrängte schenkte in diesem Jahr beide Kirchen mit ihrem Zubehör dem neu gegründeten Nonnenkloster zum Heiligen Kreuz bei Meißen.[24]

Die Nikolaikirche war nicht die 984 außerhalb der Burg Meißen gelegene Kirche, sondern die von einer Kaufmannsgemeinde im 12. Jahrhundert erbaute und allein für diese bestimmte Pfarrkirche.

II St. Laurentius

Neuerdings ist Andreas Christl überzeugt, dass die Kapelle des Laurentiushospitals die 984 außerhalb der Burg gelegene Kirche gewesen sei. Er referiert den Bericht Thietmars über die Einnahme der Burg im Jahr 984 und fährt dann fort:

> »Diese Kirche ist von der älteren Forschung sowohl mit St. Afra als auch mit St. Nikolai im Triebischtal in Zusammenhang gebracht worden. Wir dürfen aber davon ausgehen, dass beide Patrozinien im 10. Jahrhundert noch nicht existierten. Demzufolge muß diese außerhalb der Burg gelegene Kirche an einem anderen Ort zu suchen sein. Vom Patrozinium her kommen nur zwei weitere Meißner Kirchen in Frage, St. Martin und St. Laurentius. St. Martin wurde zwar wie St. Afra seit nachrömischer Zeit verehrt, ist aber

19 CDS II 4, 398 f (Ludewicus de Novo foro); CDS II 1, 212.

20 Andreas Christl: Ein romanischer Kirchengrundriß in der Urbanskirche in Meißen. In: Frühe Kirchen in Sachsen/ hrsg. von Judith Oexle. Stuttgart 1994, 190 f.

21 Hinweis von Hans-Jürgen Pohl.

22 Günter Naumann: Zur Lage der mittelalterlichen jüdischen Siedlung in Meißen. MM: Neue Folge 1/2 (2010), 206-213. Früher anders: Alfred Leicht: Die Judengemeinde in Meißen. MM 2 (1897), 421-453. Andreas Christl: Die Meißner Juden im Mittelalter. In: Juden in Meißen (anl. d. 10-jähr. Bestehens des Europa-Zentrum Meißen e.V., Teil II). Nossen 2000, 5-10.

23 Andreas Christl: Neue Befunde zur mittelalterlichen Töpferei in Meißen. Ausgrabungen und Funde 39 (1994) Heft 1, 39-47.

24 CDS II 4, 388. Die Geschichte der Parochie St. Martin/St. Nikolaus nach 1220 ist dargestellt in Fritz Horbank: Das Kirchspiel St. Martin in Meißen. MM: NF 1 (2010), 167-173.

bei uns als Ritterheiliger erst im Spätmittelalter nachweisbar. […] Anders steht es mit St. Laurentius. Diesem Heiligen […] kam besonders unter Kaiser Otto I. eine besondere Bedeutung zu. Am 10. August, dem Laurenzitag des Jahres 955, kam es vor Augsburg in den Niederungen des Lechs zu einer dramatischen Schlacht zwischen den Ungarn und den königlichen Truppen, die Otto siegreich anführte. Seither hatte der Kaiser eine enge Bindung an diesen Heiligen. Dreizehn Jahre nach der Schlacht auf dem Lechfeld, 968 gründete Otto I. das Bistum Meißen und stattete das Kapitel mit dem Zehnten vom Königstribut in den Gauen Dalaminza, Diedesa, Milzane und Lusiza aus. 983 erneuerte Otto II. den Willen seines Vaters und ergänzte ihn unter anderem mit der Vergabe des Fluß- und Übergangszolls an und auf der Elbe von Belgern bis zum Hafenplatz des Domstifts bei der Burg Meißen.«

Nachdem er topographische, archäologische und baugeschichtliche Erkenntnisse über den Hafen und seine Umgebung ausführlich dargelegt hat, kommt er zu dem Schluss: Es

»kann ein geschlossener, zumindest im 11. Jahrhundert schon existierender Gebäudekomplex, eine curia (?), umrissen werden, die ursprünglich zum Betreiben des Hafens notwendig war. Einen ihrer wesentlichen Bestandteile bildete die Laurentiuskapelle oder -kirche. Der im Zusammenhang mit der Übertragung der Elbzölle 983 erwähnte Hafen der Meißner Kirche könnte demnach als Standort der bei Thietmar erwähnten Kirche vor der Burg in Betracht kommen, auch wenn wir den Beweis dafür bislang schuldig bleiben müssen. […] Dieser Hafen war zugleich erster Markt. Es wird sich aufgrund der vorhandenen Bevölkerungsdichte und Infrastruktur sicher nur um einen Jahrmarkt, der am Namenstag eines Heiligen stattfand, gehandelt haben. In Meißen fand er zumindest seit 1401 am Tage St. Donatus statt.«[25]

Man vermutet, dass die Außenbefestigung der Meißner Burg im 10. und 11. Jahrhundert als Holz-Stein-Mauer mit vorgeblendeter Trockenmauer aus gebrochenem Berggestein und mit rückwärtiger Holzversteifung errichtet worden ist, wie es z. B. auch in Zehren der Fall war.[26] Im inneren Burgbereich konnten durch die Grabungen von Werner Coblenz Bohlenwege und eine dichte Bebauung mit hölzernen Wohnhäusern nachgewiesen werden, die sich in den Zeitraum von der Burggründung bis in das 12. Jahrhundert datieren lassen.[27] Der erste Steinbau auf dem Burgberg war wohl die Kirche, deren Fundamente 1910 unter dem Hohen Chor des Domes ergraben wurden.[28] Matthias Donath schreibt: »Es ist anzunehmen, daß

25 Christl: Die Stadtgenese … (wie Anm. 18), 55-58.

26 Arne Schmid-Hecklau, Michael Strobel, Thomas Westphalen: Der Burgberg Meißen: Archäologie und frühe Geschichte (Archaeonaut; 3). Dresden 2004, 14.

27 Werner Coblenz: Zur Ur- und Frühgeschichte von Land und Burg Meißen. 4. Sonderheft der ›Meißner Heimat‹. Meißen 1966, 47-60. Einen Hinweis auf die Holzbauweise gibt auch Thietmars Bericht über die Zerstörung des Suburbiums und den Wiederaufbau in 14 Tagen im Jahr 1015, (Thietmar VII 23, 376-378).

28 Hugo Hartung: Bericht der Bauleitung über die Wiederherstellungsarbeiten an der Domkirche seit 1908 bis zu ihrer Beendigung. In: Letzter Bericht über die Tätigkeit des Meißner Dombauvereins zu der Erhaltung und dem Ausbau des Meißner Domes (Veröffentlichungen des Meißner Dombauvereins; 5). Meißen 1913, 21 f.

der erste große steinerne Dombau erst nach den Kämpfen und Wirren des frühen 11. Jahrhunderts errichtet wurde. Der von Hugo Hartung ergrabene Saalbau könnte mit dieser ersten Domkirche des 11. Jahrhunderts identisch sein.«[29] So ist anzunehmen, dass ihr Vorgängerbau, die erste Kathedrale des seit 968 auf dem Burgberg residierenden Bischofs von Meißen, auch aus Holz war, ebenso das Gebäude, in dem er mit seinem Domkapitel gemeinsam lebte. Dann ist aber auch wahrscheinlich, dass es im 10. Jahrhundert im Hafenbereich noch keine Steinbauten gegeben hat, der im Bereich Baderberg-Lorenzgasse ergrabene Gebäudekomplex also erst im 11. Jahrhundert entstanden ist. 983 waren die Gebäude des Hafenstapelplatzes sicher aus Holz, wie auch die der Gewerbetreibenden, die sich dort angesiedelt haben werden.[30]

Hätte sich beim Meißner Hafen eine Kirche oder Kapelle befunden, so wäre auch sie aus Holz gewesen, aber es hat sie gewiss nicht gegeben. Wieso sollte eine Kirche oder Kapelle ein wesentlicher Bestandteil eines Gebäudekomplexes zur Hafenverwaltung sein? Das Einzige, womit Christl ihre Existenz begründet, ist, dass Otto I. nach dem Sieg auf dem Lechfeld eine enge Bindung an den heiligen Laurentius gehabt habe.

Der Kaiser hatte am Laurentiustag des Jahres 955 gelobt, dass er dem Heiligen in Merseburg eine Kirche bauen wolle, wenn Christus ihm an diesem Tag durch die Fürsprache des Heiligen Sieg und Leben geben würde. Siegreich nach Hause zurückgekehrt errichtete Otto I. aber zuerst eine Abtei in Magdeburg mit einer Kirche zu Ehren seines bevorzugten Heiligen Mauritius. Es klingt fast vorwurfsvoll, wenn Thietmar schreibt: »Was immer er an Grundstücken (Landgütern) oder anderem Besitz in der (ihm) gelassenen Zeit gesammelt hat, das alles hat er Gott und dessen Ritter (Krieger, Vasallen) Mauritius als Erben überlassen.«[31]

Otto I. gründete gemäß seinem Vorhaben 968 das Erzbistum Magdeburg, weihte es dem heiligen Mauritius und stattete es sehr reich aus. Gleichzeitig gründete er das Bistum Merseburg, das er in Erfüllung seines Gelübdes von 955 dem heiligen Laurentius weihte, sowie Zeitz und Meißen. Diese Bistümer wurden sehr viel geringer ausgestattet. Erst Ottos Nachfolger haben ihnen größere Stiftungen zugewandt. Von Merseburg sagt Thietmar: »Das (974) noch immer arme Merseburger Bistum berücksichtigte er (Otto II.) mit freigebiger Liebe (Güte).«[32] Von der besonders engen Bindung Ottos I. an den heiligen Laurentius ist in Zeitz und Meißen nichts

29 Matthias DONATH: Der Meißner Dom im 11. und 12. Jahrhundert. Ecclesia Misnensis (2000), 105.

30 Loose: Die Topographie … (wie Anm. 18), 513.

31 Thietmar II 10. 11, 44 f.

32 Thietmar III 1, 86. Das Bistum Meißen bekam von Otto I. den Zehnten vom Königstribut aus den Gauen Daleminze, Nisan, Diedesa, Milzsane und Lusiza (CDS II 1, 8). Erst aus einer Urkunde von 983 erfahren wir von direkten Einkünften des Bistums, mit denen es Otto II. ausstattete (CDS II 1, 11).

zu erkennen. Das Bistum Zeitz bekam Petrus und später noch Paulus als Patrone. Die Bistumsheiligen Meißens waren der Apostel Johannes, der vielleicht schon der Patron der Burgkirche gewesen war, und der Märtyrer Donatus.

Der heilige Laurentius trat in Meißen erst im 13. Jahrhundert in Erscheinung. Im Dom wurde zwischen 1287 und 1293 ein Altar zu Ehren der Heiligen Nikolaus und Laurentius geweiht, den der Meißner Domherr und Propst zu Bautzen Dietrich Thilemann für sein Seelenheil gestiftet hatte.[33] Es ist unwahrscheinlich, dass es im Meißner Dom schon vorher einen anderen Laurentiusaltar gegeben hat. In einer Urkunde von 1221 oder 1222 erscheint zum ersten Mal das Meißner Hospital.[34] Obwohl es erst in einer Urkunde von 1317 »hospitale sancti Laurencii«[35] genannt wird, ist gewiss, dass es diesem Heiligen von Anfang an geweiht war. Das hatte sicher nichts mit Kaiser Otto I. zu tun, sondern eher damit, dass der Diakon und Märtyrer Laurentius vor dem römischen Kaiser die Armen als den wahren Schatz der Kirche bezeichnet hatte. Die ältesten überlieferten Urkunden des Hospitals lassen an eine Gründungssituation denken. 1221 oder 1222 bekommt es die Zehnten von den Pfründen der Domherren zugesagt.[36] Das sieht wie eine Erstausstattung aus. 1224 nimmt es Papst Honorius III. in seinen Schutz,[37] wie es meistens bei Neugründungen geschieht. In der Folgezeit erhält es reichlich Zuwendungen,[38] bis der Stiftereifer nachlässt bzw. sich anderen Neugründungen zuwendet. In der Schenkungsurkunde für das Hospital von 1288 wird eine »capella sancti Andreae« erwähnt, die der Herausgeber des Bandes II 4 des Codex diplomaticus Saxoniae regiae im Hospital sucht.[39] Es kann sich aber auch um die 1269 gestiftete Kapelle im Dom handeln,[40] da deren Stifter derselbe ist wie der der Schenkung von 1288: Conrad von Boritz.

Die auf den ältesten Bildern Meißens dargestellte, 1637 von den Schweden mit einem großen Teil der Stadt zerstörte Laurentiuskapelle des Hospitals erscheint urkundlich 1533:[41] Der Domvikar Georgius Bewerlebach stiftet eine ewige Messe »in der Kapelle des Hl. Laurentius in der Nähe des Hospitals, innerhalb der Mauern der Stadt Meißen gelegen«. Als Kirche wird diese Kapelle erst nach der Reforma-

33 Matthias Donath: Die Altäre im Meißner Dom im Zeitraum von 1250-1400. Ecclesia Misnensis (1998), 26.
34 CDS II 4, 4.
35 CDS II 4, 30.
36 CDS II 4, 4.
37 CDS II 4, 5.
38 CDS II 4, 8 (1233). 9 (1250). 10 (1255). 11 (1266). 14 (1271). 18 (1288). 26 (1302). 27 (1306).
39 CDS II 4, Register, 422, 3.
40 Donath: Die Altäre … (wie Anm. 33), 24.
41 Johann Friedrich Ursinus: Geschichte der Domkirche zu Meißen, aus ihren Grabmälern historisch und diplomatisch erläutert: Dresden 1782, 201, Anm. m: »… in capella S. Laurentii circa Hospitale intra muros oppidi Misne situm«.

tion bezeichnet. Laurentius Faust, der alle Gotteshäuser Meißens Kirchen nennt, auch die Brückenkapelle, schreibt 1588: »KIrch zu S. Laurentio / an welcher das Stadthospital / darinnen noch etliche arme Leut vnterhalten / gelegen / wird jtzt zu nichts gebraucht.«[42]

Für das Vorhandensein einer Laurentiuskapelle oder -kirche in der Hafensiedlung Meißens im 10. Jahrhundert, die die Kirche außerhalb der Burg gewesen sein könnte, spricht nichts, alles aber dagegen. Dazu noch einige abschließende Argumente:

Hätte es beim Meißner Hafen eine Kapelle gegeben, so hätte sie nicht die Kirche außerhalb der Burg sein können, denn eine Kapelle war keine Kirche (ecclesia), Das waren im Mittelalter nicht austauschbare Begriffe, was der Bischof Thietmar selbstverständlich auch wusste und beachtete. Bei ihm bezeichnet ecclesia die Gesamtkirche,[43] Bistümer,[44] Klöster[45] oder Pfarreien,[46] auch Kirchgebäude, nämlich Dome, Kloster- und Pfarrkirchen.[47] Es können Organisation und Gebäude gelegentlich im Begriff ecclesia zusammenfließen.[48] Kapellen sind bei ihm die königliche bzw. kaiserliche Hofkapelle und ihre Geistlichkeit[49] und Gotteshäuser, die nicht Gemeindekirchen sind.[50] Außerdem begegnen noch die Begriffe oratorium für Kapellen in Domen und Kirchen[51] und templum für Kirchgebäude.[52]

Hätte es beim Meißner Hafen eine Kirche gegeben, so wäre sie mit Sicherheit die Gemeindekirche der Jahrmarktgemeinde geblieben und nicht zur Hospitalkapelle geworden, während ihre Gemeinde einer neugegründeten Großpfarrei einverleibt worden wäre. Die Meißner Nikolaikirche blieb Gemeindekirche des Neumarktes auch nach Gründung der Marktstadt, die zur Afrakirche kam, obwohl die Gründer der Nikolaikirche, die Fernkaufleute, die Marktsiedlung verlassen hatten. Ebenso blieben die zur Stadt Freiberg zusammengeschlossenen Dörfer selbständige Kirchgemeinden.

42 Laurentius FAUST: Geschicht und Zeit-Büchlein der weitberühmeten Churfürstlichen Stadt Meissen. Dreßden 1588, 29.

43 Z. B. Thietmar II 13, V Vorwort.

44 Z. B. Thietmar I 4; II 20, 22.

45 Z. B. Thietmar IV 66; VI 44.

46 Z. B. Thietmar VI 94; VII 66.

47 Z. B. Thietmar II 1. 10. 32. 42; I 4. 11 f.

48 Z. B. Thietmar II 32: »Welcher die Kirche in Verden, die er vernünftig geleitet hat, von Holz […] gebaut hat.«

49 Z. B. Thietmar IV 26, 35.

50 Z. B. Thietmar VII 51: Der Erzbischof weiht in Magdeburg »capellam septentrionalem« (die nördliche Kapelle). VII 58: Im Kloster Berge verzehrt das Feuer »monasterium […] et eiusdem duas capellas (das Münster (Kloster) […] und seine zwei Kapellen).

51 Z. B. Thietmar II 3; IV 33. 51.

52 Z. B. Thietmar I 4; II 35.

Hätte es beim Meißner Hafen eine Kapelle oder Kirche gegeben, so wäre die Gründung der 1221/22 zuerst erwähnten Jakobskapelle,[53] die kaum 300 m von der Laurentiuskapelle entfernt lag, überflüssig gewesen. Dass hingegen das Laurentiushospital trotz der Jakobskapelle seine eigene Hauskapelle bekam, war selbstverständlich.

Hätte es beim Meißner Hafen eine Laurentiuskirche gegeben, gegründet infolge des besonderen Verhältnisses Ottos I. zu diesem Heiligen, so wäre der bei ihr abgehaltene Jahrmarkt vermutlich nicht ein Donatus-, sondern ein Laurentiusmarkt geworden. Auch jahreszeitlich wäre das gut möglich gewesen. Der Donatustag (7. August) liegt nur wenige Tage vor dem Laurentiustag (10. August).

Es ist unwahrscheinlich, dass es im 10. Jahrhundert in der Meißner Hafensiedlung eine Kirche oder Kapelle gegeben hat. Die 984 außerhalb der Burg gelegene Kirche hat sich nicht dort befunden.

III St. Afra

Wenn weder St. Nikolaus noch St. Laurentius die 984 außerhalb der Meißner Burg gelegene Kirche gewesen sind, dann bleiben nun doch nur St. Martin oder St. Afra übrig. Für St. Martin sind von Reinhard Spehr noch weniger überzeugende Argumente vorgebracht worden, als von Andreas Christl für St. Laurentius.[54] St. Afra lehnt Christl ab, weil er meint, dass das Afrapatrozinium im 10. Jahrhundert noch nicht existiert habe,[55] obwohl er gleich danach sagt, dass St. Afra seit nachrömischer Zeit verehrt worden ist. Sie ist auch vor der Erhebung ihrer Gebeine im Jahr 1064 außerhalb Augsburgs als Heilige verehrt worden. Ihr Name und ihre Gedenktage finden sich in einem um 600 niedergeschriebenen Martyrologium. Der Dichter Venantius Fortunatus pries sie im 6. Jahrhundert hoch.[56] Aus dem 9. Jahrhundert gibt es Nachrichten von Afrareliquien in verschiedenen Ländern.[57] Auch Thietmar

---

53 CDS II 4, 391: Das bei der Jakobskapelle in der Wasserburg gegründete Nonnenkloster zum Heiligen Kreuz soll an einen günstigeren Ort verlegt werden. Die Jakobskapelle war eine markgräfliche Stiftung. Vielleicht diente sie schon im 11. Jahrhundert der sorbischen Besatzung der Unterburg als Gottesdienststätte. 1294 verleiht Markgraf Friedrich der Freidige den Patronat der Kapelle dem Bischof, Kapitel und der Meißner Kirche (CDS II 1, 314). Sie war capella. Faust sagt 1588 von ihr: »Das Kirchlein S. Jacobi an der Wasserburg ligt auch jtzt wüste.« (Faust: Geschicht und Zeit-Büchlein … [wie Anm. 42], 29).

54 Reinhard Spehr: Christianisierung und früheste Kirchenorganisation in der Mark Meißen. In: Frühe Kirchen in Sachsen (wie Anm. 20), 33 f. 58, Anm. 131. St. Martin war aber die im 12. Jahrhundert erbaute Eigenkirche der Herren von Bockwen für ihr später Siebeneichen genanntes Allodium und ihr Dorf Bockwen, wozu sicher sehr bald Spittewitz und Reichenbach kamen. Horbank: Das Kirchspiel … (wie Anm. 24), 168-70.

55 Christl: Die Stadtgenese … (wie Anm. 18), 55.

56 Martha Schad: Afra, Bilder einer Heiligen. Augsburg 1993, 9 f.

57 Ebd, 45.

spricht von ihr und dem ihr geweihten Kloster in Augsburg.[58] Im Dom zu Halberstadt wurde ihr 992 ein Altar geweiht.[59] Es ist also nicht unmöglich, dass man im 10. Jahrhundert auch in Meißen Afra eine Kirche hätte weihen können. Das ist aber nicht die Frage, sondern ob die Kirche von 984 an dem Platz zu suchen ist, wo jetzt die Afrakirche steht.

Kötzschke spricht diese Vermutung aus und begründet sie überzeugend. Die meisten schließen sich danach seiner Meinung an.[60] Er erörtert das im Blick auf sein eigentliches Thema, die Förderung des Städtebaues durch Markgraf Dietrich von Meißen, und schreibt:

> »Die Bürgergemeinde (universitas burgensium Misnensium), höchst lehrreich unterschieden von der ›Gemeinde der im Landbezirk ansässigen Ritter und Landleute‹ (communitas militum provincialium et rusticorum), ist freilich erst später (1256 März 12) sicher bezeugt. […] Eine nicht unwichtige Feststellung bietet die Geschichte des Meißner Kirchenwesens. Jene Gemeinde der Ritter und Landleute gehörte nämlich zur Parochie der St. Afrakirche und zwar schon vor Gründung des mit Regularkanonikern (Augustiner Chorherren) besetzten Afrastiftes 1205, wenigstens bereits vor Ausgang des 11. Jahrhunderts.« In einer Anmerkung fügt er hinzu: »Dieser Parochialbezirk muß ursprünglich außer den dazu gehörigen Orten links der Triebisch auch die […] rechts des Flusses umfaßt haben; auch dort waren burgdienstpflichtige Mannen, deren Gesamtheit nach dem oben erwiesenen Sachverhalt als zur Afraparochie gehörig anzusehen sind, seßhaft. […] Damit rundet sich ein Gebiet ab, das als Burgbezirk um Meißen eine Lücke im Netz der Burgwarde ausfüllt und demnach als Urpfarrei zu gelten haben wird. […] Die Annahme, daß eine Kirche vor dem Westtor der Burg, nahe den von Lommatzsch und Nossen einmündenden Wegen, zu Thietmars Zeit bereits bestanden habe, erhält damit eine wesentliche Stütze.«[61]

Die Afrakirche wird 1205 zuerst erwähnt in den Gründungsurkunden des Augustiner-Chorherrenstiftes.[62] Die »Kirche der heiligen Afra in Meißen, vor der Burg auf dem Berg gelegen« (ante castrum in monte sita), war bischöfliche Stiftung und stand unter dem Patronat des Bischofs. Ihre Parochie war bis dahin von Priestern des Domklerus versorgt worden. Da diese aber ihre Pflichten vernachlässigt hatten, stiftete Bischof Dietrich II. (1191-1208) ein Augustiner-Chorherren-Stift, »weil wir

58 Thietmar I 8. 12; IV 51. 166.

59 Annalista Saxo. In: Monumenta Germaniae historica. Scriptorum tomus; VI. Hannover 1844, 637.

60 Z. B. Helmuth Gröger: Tausend Jahre Meißen. Meißen 1929, 12. Herbert Helbig: Untersuchungen über die Kirchenpatrozinien in Sachsen auf siedlungsgeschichtlicher Grundlage. Berlin 1940, 353-355. Walter Schlesinger: Kirchengeschichte Sachsens im Mittelalter. Bd. 1. 2., unveränd. Aufl. Köln; Wien 1983, 189-91.

61 Kötzschke: Markgraf Dietrich von Meißen … (wie Anm. 13), 17.

62 CDS II 4, 148 a und b, wobei b als erste, a als zweite Ausfertigung zu gelten hat. Die Urkunden CDS II 4, 147 und 149 sind Fälschungen. Thomas Ludwig: Die Urkunden der Bischöfe von Meißen: diplomatische Untersuchungen zum 10.-13. Jahrhundert (Archiv für Diplomatik, Schriftgeschichte, Siegel- und Wappenkunde; 10). Köln; Weimar; Wien 2008, 70-87.

[...] die Gottesverehrung von neuem pflanzen wollen«. Die Chorherren sollten die geistliche Versorgung der Parochie St. Afra übernehmen, wozu auch der Dienst in der Marienkapelle am Markt (capella sanctae Mariae in foro) gehörte, was sie bis zur Reformation getan haben. Da sie auch das Patronat der Kirche in Brockwitz erhielten, werden sie dort ebenfalls den Pfarrdienst versehen haben. Dafür bekam das Chorherrenstift alle Besitzungen, womit Afrakirche, Marienkapelle und die Kirche in Brockwitz schon ausgestattet waren.

Mit der Gründung des Chorherrenstiftes wurden auch alle Burgbewohner, deren Kirche bisher der Dom war, an die Afrakirche überwiesen. In der Gründungsurkunde des Stiftes, die Thomas Ludwig als spätere Fälschung erwiesen hat, die aber wohl bestehende Verhältnisse festhält, wird gesagt, »daß alle Ritter in der Burg, wie auch die Burgmannen und ihre Familien und die Diener der Domherren mit der ganzen Befugnis, die Sakramente zu empfangen, und mit den Festpflichten und mit Beerdigungen unmittelbar zu dieser Kirche gehören«.[63] Was damals zur Parochie St. Afra gehörte, wird in den Urkunden von 1205 nicht gesagt. Summarisch erfahren wir es aus einer Urkunde von 1256: »Die Gesamtheit der Meißner Bürger und die Gemeinschaft der Landritter und Bauern, die zum Kirchspiel der heiligen Afra gehören.«[64] Das entspricht dem, was bis zur Reformationszeit zum Kirchspiel gehörte. Die »Gesamtheit der Meißner Bürger« war die Einwohnerschaft der ummauerten Stadt.[65] Dazu kamen die Bewohner der Vorstädte. Sie hatten als Gottesdienststätte die Marienkapelle und mindestens seit 1332 zwei Chorherren als Seelsorger in einem Haus »bei der Kapelle der heiligen Maria«[66] (heute: An der Frauenkirche 7). Obwohl die Marienkapelle 1213 von Bischof Bruno II. (1209-1228) einmal Kirche (ecclesia sanctae Mariae forensis) genannt wurde,[67] war sie doch kirchenrechtlich nur eine Kapelle. In ihr durfte z. B. nicht getauft werden. Die Kirche mit allen Pfarrrechten war allein die Afrakirche. Bis ins 15. Jahrhundert haben deshalb die Würdenträger von Dom und Chorherrenstift in Urkunden nur von der Kapelle gesprochen. Die Männer des Stadtrates aber haben sie schon ab 1316 immer wieder einmal als Kirche bezeichnet,[68] woraus zu schließen ist, dass sie sie als ihre mit allen Pfarrrechten ausgestattete Stadtkirche haben wollten. Es hat darum Streit gegeben zwischen dem Chorherrenstift und der Stadt. 1457 entscheidet Bischof Caspar von Schönberg (1451-1463),

63 CDS II 4, 147.
64 CDS II 4, 161.
65 Die Stadtmauer wird zuerst 1256 genannt (CDS II 4, 161 f), war aber vorher da. Wahrscheinlich ist Meißen schon um 1239 auf der Ebstorfer Weltkarte als ummauerte Stadt dargestellt. Günter NAUMANN, Stadtlexikon Meißen. Beucha 2009, 315.
66 CDS II 4, 36.
67 CDS II 4, 3.
68 Z. B. CDS II 4, 29 (1316). 52 (1371). 56 (1382). 61 (1391).

»daß die Taufe in der Kirche unserer lieben Frau in der Stadt zu Meißen zu ewigen Zeiten soll bleiben. Dagegen soll der Propst noch die Versammlung zu Sankt Afra nicht mehr reden noch darein halten, doch so daß man da allein die Kinder, die innerhalb der Stadtmauern geboren werden, soll taufen, und ob jemand aus der Stadt sein Kind zu Sankt Afra wollte lassen taufen, das sollen die Bürger in keiner Weise abschlagen noch hindern«.[69]

Die »Gemeinschaft der Landritter und Bauern«, die zum Kirchspiel St. Afra gehörte, lebte in den Dörfern, die noch zur Reformationszeit den Großteil der Parochie bildeten. Im Protokoll der zweiten Kirchenvisitation vom Januar 1540[70] steht über St. Afra:

»Nachvolgende dörfer gehören ins closter zum pfarambt: Ober-Meißen (Obermeisa), die Fischergaße, Kaserin (Gasern), Nider-Kain (Niederjahna), Baßericz (Jesseritz), Silicz (Sieglitz), Breda (Pröda), Brißa (Priesa), Große Gagen (Großkagen), Kleine Kagen, Ninticz (Nimtitz), Tronicz, Craßwicz (Kaisitz), Strochen (Stroischen), Merann (Mehren), Moldewicz (Mohlis), Kaschka, Schlette, Korbicz, Dobricz, Karschenbach (Garsebach), Unter und Ober Polencz, Alt und Neue Rabschicz (Robschütz), Lethen (Löthain), Kannewicz (Canitz), Pauschwicz (Pauschütz), Lebschicz (Löbschütz).«

Wohl versehentlich sind in der Liste Niedermeisa und Oberjahna weggelassen. Ausgenommen Löbschütz, Pauschütz und Kanitz, die 1899 zu Krögis kamen,[71] gehören noch heute alle diese Orte zur Parochie St. Afra.

Alle Ortsnamen, außer der 1428 zuerst erwähnten Fischergasse,[72] sind slawisch. Es gibt in diesem Bereich des Altsiedellandes links der Triebisch keinen deutschen Ortsnamen. Alle diese Orte können also schon vor 1205 vorhanden gewesen sein und zur Parochie St. Afra gehört haben.

Kötzschke meint nun aber: »Dieser Parochialbezirk muß ursprünglich außer den dazugehörigen Orten links der Triebisch auch die [...] rechts des Flusses umfaßt haben.«[73] Außer Bockwen und Spittewitz, die zur Parochie St. Martin gehörten,[74] und Polenz, das 1540 in der Liste der afranischen Dörfer steht, befinden sich rechts der Triebisch Orte mit slawischen Namen, die nach der deutschen Kolonisation zu Parochien mit deutschen Namen kamen, zu Taubenheim Kobitzsch, Kettewitz, Jockischberg, Piskowitz, Sönitz und Weitzschen, zu Naustadt Reppnitz, zu Burkhardswalde Groitzsch und Munzig.[75] Da es vorher rechts der Triebisch keine Kirche gab, ist anzunehmen, dass auch diese Dörfer ursprünglich zur Parochie St. Afra gehörten. Manche von ihnen sind wahrscheinlich erst im 11. Jahrhundert entstanden,

69 CDS II 4, 115.
70 Wilhelm Loose: Die Reformationsurkunden der Stadt Meißen. MM 2 (1887/1891), 388.
71 Friedrich Adolf Max Lippert: Die Parochie St. Afra. In: Neue Sächsische Kirchengalerie: Die Ephorie Meißen. Leipzig 1902, 182.
72 CDS II 3, 924: in der fischgassin vor myßin.
73 Kötzschke: Markgraf Dietrich von Meißen ... (wie Anm. 13), 17.
74 Horbank: Das Kirchspiel ... (wie Anm. 24), 169 f.
75 Alle diese Dörfer ordnete Bönhoff der Parochie St. Nikolaus zu.

vielleicht durch Rodungen, die der Bischof vom Triebischtal her veranlasste. Der Ortsname Piskowitz (Leute des Bischofs) lässt es vermuten.

Auch rechts der Elbe kann es ursprünglich vor der Gründung von Kirchen slawische Ortschaften gegeben haben, die zur Parochie St. Afra gehörten. 1213 übergibt Bischof Bruno II. dem Chorherrenstift St. Afra den Patronat der Kirche in Brockwitz.[76] Diesen Ort hatte König Heinrich II. 1013 der Meißner Kirche geschenkt.[77] Es besteht die Möglichkeit, dass in der gefälschten Urkunde elbabwärts von Brockwitz genannte Orte, die St. Afra zehntpflichtig waren, ursprünglich auch zum Kirchspiel gehörten. Clieben und Sörnewitz gehörten immer zu Brockwitz. Dass Bischof Eid (992-1015) neue Kirchen geweiht hat, erfahren wir von Thietmar.[78]

Die 1205 genannte St. Afrakirche, der Vorgängerbau des jetzigen Gotteshauses, war damals schon etwa 150 Jahre vorhanden. Das bezeugen Ausgrabungen und chronikalische Überlieferungen. »Zur Datierung des (1966 ergrabenen) Saalbaues kann vom Grabungsbefund her lediglich ein ›älter als frühes 13. Jahrhundert‹ ausgesagt werden.«[79]

Die älteste chronikalische Nachricht stammt von Georg Fabricius: »1060. Bischof Reinerus vollendet und widmet der heiligen Afra ein Kloster im zweiten Jahr des Römischen Bischofs Nikolaus II., im vierten Jahr des Kaisers Heinrich IV.«[80] Daran ist zweierlei falsch. Bischof Reiners Pontifikat währte von 1064 bis 1066. Die Jahreszahl 1060 kann also nicht richtig sein, was freilich bei Fabricius sehr oft vorkommt. Bischof Reiner kann auch nicht Vollender des Klosters (monasterium) gewesen sein, denn das wurde erst 1205 gestiftet. Deshalb widerspricht Johann Friedrich Ursinus Fabricius heftig.[81] Er hatte einen Band mit alten Urkundenabschriften des Klosters St. Afra erworben, der ihm bessere Auskunft verhieß:

> »Bey den letztangeführten Urkunden des Bischofs Thimo von Kolditz ist es sonderlich, wo eine alte Klosterhand in meinem alten Chartular bey den Worten der Urkunde vom Jahr 1401, ›Nu haben wir sunderlich angesehen, daz dy kyrche czu sant Affran Vnser Vurfarn vnd eines bischoves czu Missen Gestift ist,‹[82] auf den Rand geschrieben hat: Theodoricus I. fundator Affrae [...]. Zu diesem ganz ungezweifelten Zeugnisse setze ich noch ein anderes, welches mir aus einem alten geschriebenen Catalogus der meißnischen Bischöfe bekannt geworden ist. In demselben steht bey dem Namen des fünften Bischofs Theodorici I. dieses mit der nämlichen alten Hand, welche den Namen schrieb, beygeschrieben: fundator ecclesiae Sanctae Affrae Misnensis.«[83]

76 CDS II 4, 152.
77 CDS II 1, 19.
78 Thietmar VII 25, 380:«Salböl und Geistlichkeit hat er selten, Gotteshäuser aber gern geweiht.«
79 Peter Findeisen: Zur Baugeschichte der St.-Afra-Kirche in Meißen. In: Das Hochstift Meißen/ hrsg. von Franz Lau (HCh Sbd.; [1]). Berlin 1973, 354.
80 Fabricius: Georgii Fabricii Chemnicensis Rerum Misnicarum … (wie Anm. 4), 87.
81 Ursinus: Historische Untersuchung des Ursprungs … (wie Anm. 5), 15-26.
82 CDS II 4, 237.
83 Ebd, 24 f.

Nun hat Fabricius aber nicht behauptet, dass Bischof Reiner der Stifter oder Gründer (fundator) des Klosters gewesen sei, sondern er sagt, dass er es vollendet hat (perficit). Wenn er auch von einem Kloster redet und ein falsches Jahr der Vollendung nennt, kann doch richtig sein, dass die von Dietrich I. gestiftete Kirche von Reiner vollendet und geweiht worden ist. So sieht es Oertel: Es

»legte der Bischof Dietrich I. 1024-1039 nach dem ersten Viertel des elften Jahrhunderts zwischen den Jahren 1025-1039 den Grund zu einer neuen Pfarrkirche auf dem Berge, welcher der Burg gegenüber sich erhebt [...]. Mit diesem Kirchenbau ging es aber in den für unser Vaterland so traurigen Zeiten des elften Jahrhunderts sehr langsam. Die Polen hausten fürchterlich weit und breit im Meißner Bisthum. [...] Wo sollte in dieser Zeit der Noth der Bischof die Mittel hernehmen zur schnellen Beendigung eines Kirchenbaues? Es vergingen zwei Decennien, und erst dem dritten Nachfolger des Gründers, dem Bischof Reiner, gelang es den Bau zu vollenden. Er weihete im Jahr 1065 oder 1066 die neue Kirche der heiligen Afra.« In einer Anmerkung fügt er hinzu: »Auf die oben besprochene Art glaube ich die alten handschriftlichen Notizen und Forschungen des Ursinus über die Gründung der Afrakirche mit den Annalen des Fabricius 1.1. am besten in Uebereinstimmung gebracht [...] zu haben.«[84]

Matthias Donath erwähnt die Afrakirche des 11. Jahrhunderts im Zusammenhang mit dem ersten steinernen Dom:

»Der Vorgängerbau der St.-Afra-Kirche in Meißen entstand nach der Mitte des 11. Jahrhunderts als langgestreckter Saal mit eingezogener Apsis. Der Überlieferung nach wurde der Bau 1060 (wohl eher 1064) durch Bischof Reiner vollendet und geweiht. St. Afra ist wohl die älteste steinerne Pfarrkirche im Bistum Meißen.«[85]

Die Burgbewohner hatten bis zum 12. Jahrhundert im Dom ihr Gotteshaus. Die Burg war in Kriegszeiten sicher auch Fluchtburg für die Bewohner des Umlandes, aber sonst konnte sie nicht jederzeit für jedermann offenstehen. Deshalb waren die St. Afrakirche und schon ihr Vorgängerbau die Pfarrkirche für den Burgbereich Meißen, für die Bewohner der Meißner Suburbien und die Dörfer links und rechts der Triebisch, anfangs vielleicht auch rechts der Elbe.

Diese Christengemeinde ist das Ergebnis der Missionsarbeit, welche die ersten Meißner Bischöfe und ihre Helfer geleistet haben. Von Bischof Eid berichtet Thietmar:

»Als er später, um göttliche (Gott gehörende) Scharen zu gewinnen, sich höher (stärker) erhob (mühte), hat er nach seiner Möglichkeit (Kraft) das apostolische Leben nachgeahmt [...]. Mit Taufen und fortwährender Verkündigung (Predigt) und Firmung war er nicht nur seiner Kirche nützlich, sondern sehr vielen anderen.«[86]

Auch seine zwei Vorgänger werden ihre Pflichten erfüllt haben. Walter Schlesinger sagt:

84 Oertel: Das Münster der Augustiner Chorherren ... (wie Anm. 6), 30 f.
85 Donath: Der Meißner Dom ... (wie Anm. 29), 105.
86 Thietmar VII 25. 380.

> »Man darf vermuten, daß zur Zeit Eikos die slavische Bevölkerung im ganzen bereits getauft war […]. Von Gewaltmission kann damals keine Rede sein. Unterwerfung und Bekehrung waren getrennte Akte. Dann bleibt nur Einzelbekehrung.«[87]

In Meißen ist die Mission vom Burgberg ausgegangen im Blick auf die Missionare, die Bischöfe und ihre Helfer. Die Missionsstation aber, von wo aus sie ihren Dienst taten, war die außerhalb der Burg gelegene Kirche, die uns 984 genannt wird. Sie befand sich vor der Burg auf dem Berg. »Es war im Mittelalter allgemein üblich, Kirchen auf erhöhten Standorten zu errichten, soweit es die örtlichen Verhältnisse zuließen«.[88] Diese Kirche war aus Holz erbaut, wie auch der erste Dom eine Holzkirche war, wohl ähnlich der, die Thietmar aus Magdeburg erwähnt.[89] Und diese Kirche war ecclesia, Gemeindekirche mit allen Pfarrrechten, mit Taufe und Friedhof. Von hier aus ist die christliche Botschaft in das Meißner Land getragen worden, beginnend am Fuß des Burgbergs. Hier sind Sorben zuerst getauft worden, haben am Gottesdienst teilgenommen, das Altarsakrament empfangen und auf dem Friedhof die letzte Ruhe gefunden. Diese Kirche stand an dem Platz, an dem heute die St. Afrakirche steht. »Eine Kirche stand an geweihter Stelle, die nach mittelalterlicher Auffassung für alle Zeiten fest blieb. Sie konnte erweitert oder durch einen Neubau ersetzt, aber nicht von ihrem Platz entfernt werden«.[90] 984 war sie vorhanden. Sie wird sehr bald nach der Gründung des Bistums errichtet worden sein.

Die 984 außerhalb der Burg Meißen gelegene Kirche war ein Vorgängerbau der St. Afrakirche. Sie war Missionsstation und Pfarrkirche für den Burgbezirk Meißen.

---

87 Schlesinger: Kirchengeschichte Sachsens … (wie Anm. 60), 220. Mit Eiko ist Eid gemeint.

88 Blaschke: Stadtgrundriß … (wie Anm. 14), 344. Vgl. Heinrich Magirius; Hartmut Mai: Dorfkirchen in Sachsen. Berlin 1985, 12 f.

89 Thietmar VI 90, 338: »In diesen Tagen (Anfang 1013) ereignete sich nach Sonnenuntergang ein großes Unwetter und ängstete uns alle sehr. Es zerstörte nämlich eine außerhalb der Burg (Magdeburg) gelegene Kirche, die von rotem Holz gefertigt war, als Otto I. herrschte.«

90 Karlheinz Blaschke: Die Entstehung der Stadt Dresden. Dresdner Hefte 65 (2001), 5.

Das Augustinereremitenkloster Langensalza in der Reformationszeit*

Von Hans Schneider

Das Thema Mönchtum und Reformation hat in neuerer Zeit wieder Aufmerksamkeit gefunden.[1] Das ist verständlich, denn es war ja ein Mönch, der Augustinereremit Martin Luther, der die tausendjährige Institution des Mönchtums theologisch in Frage stellte und damit eine breite Debatte um die Berechtigung der mönchischen Lebensweise auslöste. In den Territorien und Städten, in denen sich Luthers Lehre durchsetzte, wurden in der Folgezeit die Klöster aufgelöst. Unter den führenden Köpfen der Reformation fand sich eine Reihe ehemaliger Ordensbrüder (neben Luther etwa Bucer oder Oekolampad), die bei der Ausbreitung der Reformation eine bedeutende Rolle gespielt haben, und noch größer ist die Zahl »gewesener Mönche«,[2] die predigend oder als Verfasser von Flugschriften[3] als Multiplikatoren reformatorischer Gedanken gewirkt oder dann als evangelische Pfarrer zum Umbau des Kirchenwesens beigetragen[4] – und vielleicht in modifizierter Form

---

* Karl Heinemeyer in alter Freundschaft.

1 Vgl. Johannes SCHILLING: Gewesene Mönche: Lebensgeschichten in der Reformation (Schriften des Histor. Kollegs. Vorträge; 26). München 1990; DERS.: Klöster und Mönche in der hessischen Reformation (QFRG; 67). Gütersloh 1997; Bernd MOELLER: Die frühe Reformation in Deutschland als neues Mönchtum: In: Die frühe Reformation in Deutschland als Umbruch/ hrsg. von Bernd Moeller; Stephen E. Buckwalter (SVRG 199). Gütersloh 1998; Manfred SITZMANN: Mönchtum und Reformation: zur Geschichte monastischer Institutionen in protestantischen Territorien (Brandenburg-Ansbach/Kulmbach, Magdeburg) (EKGB 75). Neustadt an der Aisch 1999; Klaus-Bernward SPRINGER: Die deutschen Dominikaner in Widerstand und Anpassung während der Reformationszeit. Berlin 1999; Dorothea WENDEBOURG: Der gewesene Mönch Martin Luther: Mönchtum und Reformation. KuD 52 (2006) 303-327; Harald MÜLLER: Habit und Habitus: Mönche und Humanisten im Dialog (SHR 32). Tübingen 2006; LUTHER UND DAS MONASTISCHE ERBE/ hrsg. von Christoph Bultmann (SHR; 39). Tübingen 2007; REFORMATION UND MÖNCHTUM: Aspekte eines Verhältnisses über Luther hinaus/ hrsg. von Athina Lexutt SHR; 43). Tübingen 2008. – Die Beiträge evangelischer Kirchenhistoriker zur Erforschung des Mönchtums hat dargestellt Bernd JASPERT: Mönchtum und Protestantismus. Probleme und Wege der Forschung seit 1877. 5 Bde. St. Ottilien 2005-2011.

2 Vgl. den in Anm. 1 genannten Titel der Abhandlung von Johannes Schilling.

3 Bernd MOELLER; Karl STACKMANN: Städtische Predigt in der Frühzeit der Reformation: eine Untersuchung deutscher Flugschriften der Jahre 1522 bis 1529 (AAWG.PH 3,220). Göttingen 1996.

4 Allein von ehemaligen Wittenberger Studenten nennt Gottfried WENTZ: Das Augustinereremitenkloster in Wittenberg. In: Das Bistum Brandenburg. Bd. 2/ bearb. von Fritz Bürger; Gottfried Wentz (Germania sacra, Abt. 1). Berlin 1941, 440-499, hier 452 f, dreißig Augustinereremiten, die dann als evangelische Prediger auftraten.

mönchisches Erbe in den Protestantismus eingebracht – haben.[5] Die vorausgehende Rezeption reformatorischer Gedanken in den Klöstern und die Rolle von Mönchen als deren Multiplikatoren sind leider noch zu wenig erforscht. Das ist nicht zuletzt in der Quellenlage begründet. Denn die Säkularisierung der Klöster in den evangelisch gewordenen Territorien und Städten hat auch die Nebenwirkung gehabt, dass viele Dokumente, die nicht die Rechts- und Vermögensverhältnisse betrafen, verloren gegangen sind.

Das Augustinereremitenkloster im thüringischen Salza (heute: Bad Langensalza) gehört zu den wenigen Konventen, bei denen sich aufgrund einer günstigen Quellenlage recht gut die Vorgänge verfolgen lassen, die sich während der frühen Reformationszeit um das Kloster abspielten. Der besondere Reiz besteht überdies darin, dass dieses Kloster im Territorium eines Fürsten lag, der lebenslang zu den erbitterten Luthergegnern gehörte: Herzog Georg von Sachsen.[6] Bei den Quellen handelt es sich vor allem um Aktenstücke aus der Korrespondenz zwischen dem Herzog und seinem Amtmann Sittich von Berlepsch, der die Entwicklungen vor Ort beobachtete, aber auch dem Rat der Stadt und anderen geistlichen Institutionen, die sich an den Herzog wandten. Die Quellenstücke sind in der von Felician Geß begonnenen und von Helmar Junghans und Armin Kohnle fortgeführten und von ihren Mitarbeitern Heiko Jadatz und Christian Winter herausgegebenen Aktenpublikationen zur Kirchenpolitik Herzog Georgs enthalten.[7] Bei der Auswertung der Quellenstücke ist stets zu bedenken, dass die Mehrzahl der Dokumente von Gegnern der evangelischen Bewegung verfasst ist und deren Wahrnehmung der Vorgänge daher aus einer ablehnend-polemischen Sicht erfolgt. So werden etwa bei den Referaten über reformatorische Predigten nur die Kritikpunkte am herkömmlichen Kirchenwesen vermerkt (z. B. Ablehnung der Werke), nicht aber die positiven Aussagen (z. B. Rechtfertigung allein aus Glauben) entfaltet.

---

5 Vgl. den in Anm. 1 genannten Aufsatz von Bernd Moeller.

6 Vgl. Otto Vossler: Herzog Georg der Bärtige und seine Ablehnung Luthers. HZ 184 (1957) 272-291, wieder in: ders.: Geist und Geschichte: von der Reformation bis zur Gegenwart. Gesammelte Aufsätze. München 1964, 9-26; Ingetraud Ludolphy: Die Ursachen der Gegnerschaft zwischen Luther und Herzog Georg von Sachsen. LuJ (1965) 28-44; Karlheinz Blaschke: Sachsen im Zeitalter der Reformation (SVRG; 185). Gütersloh 1970.

7 Akten und Briefe zur Kirchenpolitik Herzog Georgs von Sachsen/ im Auftr. der Sächsischen Kommission für Geschichte begr. von Felician Gess. Fortgef. im Auftr. der Sächsischen Akademie der Wissenschaften zu Leipzig von Helmar Junghans und Armin Kohnle. Bd. I: 1517-1524/ hrsg. von Felician Gess. Leipzig 1905; Bd. 2: 1524-1527/ hrsg. von Felician Gess. Leipzig 1917 [Reprint beider Bände: Leipzig 1985]; Bd. 3: 1528-1534/ hrsg. von Heiko Jadatz; Christian Winter. Leipzig 2010; Bd. 4: 1535-1539/ hrsg. von Heiko Jadatz; Christian Winter. Köln 2012 – im Folgenden abgekürzt ABKG.

1 Das Kloster in der mittelalterlichen Stadt

Das thüringische Städtchen Salza, das kirchlich zur Mainzer Diözese und politisch seit 1485 zum Herzogtum Sachsen gehörte, beherbergte im späten Mittelalter eine ganze Reihe von geistlichen Institutionen: neben der Marktkirche St. Bonifacii, mit der ein Kloster der Magdalenerinnen verbunden war, das Augustinerchorherrenstift St. Petri, Pauli und Stephani, die Bettelordensklöster der Augustinereremiten und der Franziskaner sowie ein Haus von Franziskanertertiarinnen (sog. Beginenhaus), ferner einen Hof des Benediktinerklosters Reinhardsbrunn und vier Spitäler (St. Gangolphi, St. Wendelini, St. Georgii und St. Johannis), von denen eines vom Zisterzienserkloster Volkenroda unterhalten wurde; nicht weit vor der Stadt gelegen befand sich das Benediktinerkloster Homburg.[8]

Das Kloster der Augustinereremiten[9] war schon vor 1280 von Günther von Salza gegründet worden.[10] Es hatte zunächst zur thüringisch-sächsischen Provinz des Ordens gehört. 1384 und nochmals 1432 war Salza der Tagungsort des Provinzialkapitels gewesen, des aus Delegierten aller Klöster bestehenden Leitungsgremiums einer Provinz. 1474/75 hatte sich das Kloster der inzwischen entstandenen Reformkongregation angeschlossen. Der Eifer für eine Erneuerung des Klosterlebens, von dem im 14. und 15. Jahrhundert fast alle Mönchsorden erfasst worden waren[11], hatte auch bei den Augustinereremiten eine Reformbewe-

8 Vgl. Rudolf HERMANN: Verzeichnis der im Preußischen Thüringen bis zur Reformation vorhanden gewesenen Stifter, Klöster und Ordenshäuser. Zeitschrift für thüringische Geschichte 8 (1871) 121 f; Gisela MÜNCH: Kirchen und Klöster beherrschten das mittelalterliche Leben der Stadt Langensalza: eine historische Skizze zu eingegangenen Kirchen und Klöstern in Salza (Schriftenreihe zur Geschichte und Kultur Bad Langensalzas; 1). Bad Langensalza 1991; Claudia DORN: Die Klöster im mittelalterlichen Salza und deren Bedeutung für die Stadtgeschichte. Langensalza 1996, 49-59.

9 Einige Nachrichten aus der Geschichte des Augustinereremitenklosters hat Carl Friedrich GÖSCHEL: Chronik der Stadt Langensalza. 2 Bde. Langensalza 1818, mitgeteilt, auf der noch immer neuere Darstellungen der Stadtgeschichte fußen. Kurze Erwähnungen bieten die Überblicksdarstellungen über die thüringischen Klöster: Hermann: Verzeichnis … (wie Anm. 7); Bernhard OPFERMANN: Die thüringischen Klöster vor 1800: eine Übersicht. Leipzig; Heiligenstadt 1959, 68. Die ausführlichste Darstellung der Geschichte des Klosters findet sich in der Geschichte der deutschen Augustinereremiten des Ordenshistorikers Adalbero KUNZELMANN: Geschichte der deutschen Augustiner-Eremiten. Teil 5: Die sächsisch-thüringische Provinz und die sächsische Reformkongregation bis zum Untergang der beiden (Cassiciacum 26,5). Würzburg 1974, 159-162.

10 Vgl. Adalbero KUNZELMANN: Geschichte der deutschen Augustiner-Eremiten. Teil 1: Das dreizehnte Jahrhundert (Cassiciacum 26,1). Würzburg 1969, 178 f.

11 Vgl. die Beiträge in dem Sammelband: REFORMBEMÜHEN UND OBSERVANZBESTREBUNGEN IM SPÄTMITTELALTERLICHEN ORDENSWESEN/ hrsg. von Kaspar Elm (BHSt 14). Berlin 1989.

gung aufkommen lassen.[12] Das Streben nach strenger Beachtung (Observanz) der Ordensregel, besonders der Weisungen über die Güter- und Lebensgemeinschaft, hatte zur Bildung von Sondergruppen geführt. Die observanten Augustinerklöster hatten sich im Laufe des 15. Jahrhunderts aus den Provinzialverbänden herausgelöst und in vielen Ländern Europas eigene Reformkongregationen gebildet. Im Gebiet des Heiligen Römischen Reiches hatte sich ein Verband der Observanten konstituiert, der nach seinem Ursprungsgebiet »sächsische Kongregation« oder (da sie die einzige in Deutschland war) »deutsche Kongregation« genannt wurde. An ihrer Spitze stand ein Generalvikar, zu Beginn des 16. Jahrhunderts Johann von Staupitz (1503-1520).[13] Diesem Verband hatte sich das Kloster Salza 1474/75 angeschlossen. Im Herzogtum Sachsen gehörten auch die drei anderen Augustinerklöster, Dresden, Sangerhausen und Waldheim, zur Kongregation. Bedeutende Mitglieder dieses Ordensverbandes waren die Augustinerklöster in Erfurt und Wittenberg, wo Martin Luther als Mönch eintrat und wirkte, und vor allem durch ihn sollte die Kongregation in der Frühzeit der Reformation in den Blickpunkt der Öffentlichkeit geraten.

Die Reformkongregation, der sich im ausgehenden 15. und beginnenden 16. Jahrhundert immer mehr Klöster angeschlossen hatten und die einen geographisch weiten Raum von den Niederlanden bis München umfasste, war in verschiedene Distrikte gegliedert, an deren Spitze ein Provinzialvikar[14] stand. Salza gehörte zu dem thüringischen-sächsischen Distrikt, zu dem zehn, später (nach der Gründung des Klosters Eisleben) elf Klöster zählten. Das Amt des Provinzialvikars bekleidete von 1515 bis 1518 Martin Luther. Nach einer Visitation, die er Ende Mai 1516 durchführte, fand er lobende Worte über die Verhältnisse im Salzaer Konvent; an

12 Vgl. Benignus VAN LUIJK: L'ordine agostiniano e la riforma monastica dal cinquecento alla vigilia della revoluzione francese. Louvain 1973; David GUTIÉRREZ: Geschichte des Augustinerordens. Bd. 1.2: Die Augustiner im Spätmittelalter 1357-1517. Würzburg 1981, 81-115; Adolar ZUMKELLER: Augustiner-Eremiten. TRE 4, 728-739; Francis Xavier MARTIN: The Augustinian Observant Movement. In: Reformbemühungen … (wie Anm. 11), 325-345 (Lit.). Zum Wirken des bedeutendsten Vikars Andreas Proles vgl. Ralph WEINBRENNER: Klosterreform im 15. Jahrhundert zwischen Ideal und Praxis: der Augustinereremit Andreas Proles (1429-1503) und die privilegierte Observanz (SuR; 2). Tübingen 1991.

13 Er war auf einem Kapitel der Kongregation im hessischen Kloster Eschwege gewählt worden. Zu Staupitz vgl. Wolfgang GÜNTER: Johann von Staupitz (ca. 1468-1524). In: Katholische Theologen der Reformationszeit. Bd. 5/ hrsg. von Erwin Iserloh. Münster 1988, 11-31 (Lit.); Lothar GRAF ZU DOHNA: Von der Ordensreform zur Reformation: Johann von Staupitz. In: Reformbemühungen … (wie Anm. 11), 571-584; Adolar ZUMKELLER: Staupitz, Jean de. DSp 14 (1990), 1184-1196; Berndt HAMM: Staupitz, TRE 32, 119-127.

14 Vgl. Wilhelm Ernst WINTERHAGER: Martin Luther und das Amt des Provinzialvikars in der Reformkongregation der deutschen Augustiner-Eremiten. In: Vita Religiosa im Mittelalter: Festschr. Kaspar Elm/hrsg. von Franz J. Felten; Nikolaus Jaspert (BHSt; 31). Berlin 1999, 707-738.

seinen Freund und Ordensbruder Johann Lang schrieb er: »Ich habe in diesem Distrikt keine Konvente gefunden, die durch Gottes Gnade so wohlgeordnet sind wie den Gothaer und den Salzaer. Diesen haben wir in einer Stunde angehört, jenen in vielleicht zwei. So schnell sind wir fertig geworden.«[15] Von 1518 bis 1521 war dann Johann Lang,[16] an den diese Zeilen gerichtet waren, der neue Provinzialvikar, dem das Kloster Salza unterstand.[17]

II Die evangelische Bewegung im Salzaer Kloster

Die letzten Jahrzehnte der Klostergeschichte hat Kunzelmann folgendermaßen beschrieben:

> »Die Reformation fand im Augustinerkloster Salza nicht so rasch Eingang wie in anderen Konventen der Provinz, da sein Landesherr Herzog Georg von Sachsen treu an der alten Religion festhielt. [...] Im Bauernkrieg 1525 wurde das Kloster in Salza zwar behelligt, aber es blieb zunächst bestehen. Es konnte sogar Mitbrüder aus anderen Klöstern aufnehmen.«

Erst als nach dem Tode Herzog Georgs sein Nachfolger Heinrich als ein »Anhänger der neuen Lehre« die Herrschaft antrat, seien die Augustiner abgezogen.[18] Leider sind Kunzelmann die Aktenpublikation von Felician Geß[19] zur Kirchenpolitik Herzog Georgs von Sachsen und andere Veröffentlichungen, etwa zur Geschichte des Bauernkrieges,[20] unbekannt geblieben, anhand deren sich ein differenzierteres Bild der Geschichte dieses Konvents (wie auch anderer Augustinerklöster[21]) erstellen lässt, das zu wesentlichen Korrekturen der Aussagen Kunzelmanns nötigt. Vor allem zeigt sich, dass reformatorisches Gedankengut schon früh in dem Langensalzaer Kloster Eingang fand und von dem Prior und anderen Mitgliedern des

15 »Non inveni in districtu isto conventus similiter dispositos, per gratiam Dei ut Gottensem et Salzensem. Hunc una hora audivimus, illum forte duabus. Ideo celeriter sumus expediti.« WA.B 1, 42,36-38 (Nr. 15).

16 Vgl. Max Paul BERTRAM: Doktor Johann Lang, Erfurts Kirchenreformator. In: Erfurter Lutherbuch 1917/ hrsg. von Alfred Kurz. Erfurt 1917, 125-176; Kunzelmann: Geschichte der ... 5 (wie Anm. 9), 95 f mit Anm. 529; Stefan RHEIN: Art. Lang, Johannes. Literaturlexikon 7 (1990) 134 f.

17 Kunzelmann: Geschichte der ... 5 (wie Anm. 9), 161.

18 Der Wechsel im Amt erfolgte auf dem Heidelberger Kapitel der Kongregation im Frühjahr 1518. Dies geschah nicht, um »Luther aus der Schußlinie“ zu nehmen (so Walter DELIUS: Der Augustiner Eremitenorden im Prozeß Luthers. ARG 63 [1972] 22-42, hier 23), sondern die Konstitutionen der Kongregation untersagten eine Wiederwahl. CONSTITUTIONES FRATRUM EREMITARUM SANCTI AUGUSTINI AD APOSTOLICORUM PRIVILEGIORUM FORMAM PRO REFORMATIONE ALEMANNIAE/ hrsg. von Wolfgang Günter. In: Johann von Staupitz: sämtliche Schriften. Bd. 5/ hrsg. von Lothar Graf zu Dohna u. a. Berlin; New York 2001, 103-360, hier Cap. 32, S. 248, Z. 176-178.

19 S.o. Anm. 6.

20 Johann Karl SEIDEMANN: Zur Geschichte des Bauernkriegs in Thüringen. Bd. 2: Die Unruhen in Langensalza (Forschungen zur deutschen Geschichte; 14), Göttingen 1874.

21 Vgl. z. B. die Nachrichten über Sangerhausen in ABKG, Reg.

Konvents in Predigten öffentlich verbreitet wurde. Durch Berichte des Amtmanns Sittich von Berlepsch und des Rates der Stadt sowie Klagen anderer Geistlicher lassen sich sogar die Inhalte der reformatorischen Predigten ermitteln. Auffällig ist freilich, dass in Luthers (erhaltenem) Briefwechsel Nachrichten über die Vorgänge in Langensalza in den 1520er Jahren völlig fehlen.

Luthers Auftreten hatte in seinem Orden, besonders aber in der Kongregation, lebhafte Aufmerksamkeit gefunden. Besonders unter denjenigen, die seit 1512, als Luther Staupitz' Nachfolger auf der Professur »*in biblia*« geworden war, in Wittenberg studiert und als Hörer an seiner theologischen Entwicklung teilgenommen hatten, gab es zahlreiche, die seinen reformatorischen Einsichten aufgeschlossen gegenüberstanden. Viele blieben auch nach 1521 weiterhin auf Luthers Seite, obwohl er vom Papst gebannt und vom Kaiser mit der Acht belegt worden war.[22]

Als es während Luthers Abwesenheit in Wittenberg zu revolutionären Vorgängen kam, spielte das dortige Augustinerkloster dabei eine wichtige Rolle.[23] Im Herbst 1521, während sich Luther auf der Wartburg aufhielt und die Entwicklung nur indirekt beeinflussen konnte, hatte sein Ordensbruder Gabriel Zwilling[24] die Führung im Kloster an sich gerissen und an Michaelis zum ersten Mal das Abendmahl unter beiderlei Gestalt ausgeteilt. Seine Polemik gegen die Kultgebräuche führte dazu, dass seit Mitte Oktober die Messen im Augustinerkloster eingestellt worden waren. Schon im November verließ eine Anzahl von Mönchen das Kloster. Die Zustimmung zu Luther zeigte sich deutlich auf der Wittenberger Zusammenkunft der Augustinerkongregation Anfang Januar 1522 (sog. Epiphanienkapitel), wo umstürzende Beschlüsse gefasst wurden.[25] Der wichtigste und wirklich revolutionäre war, dass allen Mönchen der Kongregation »die evangelische

---

22 Vgl. Wentz: Das Augustinereremitenkloster … (wie Anm. 4); Hans SCHNEIDER: Der hessische Augustiner Tilemann Schnabel und sein Orden. JHKGV 51 (2000), 143-179.

23 Grundlegend: Nikolaus MÜLLER: Die Wittenberger Bewegung 1521 und 1522: die Vorgänge in und um Wittenberg während Luthers Wartburgaufenthalt. 2. Aufl. Leipzig 1911. Vgl. Martin BRECHT: Luther und die Wittenberger Reformation während der Wartburgzeit. In: Martin Luther: Leben, Werk, Wirkung/ hrsg. von Günter Vogler. Berlin 1983, 73-90.

24 Vgl. Detlef METZ: Art. Zwilling. BBKL 14 (1998) 672-674 (Lit.).

25 Die Beschlüsse sind abgedruckt bei N. Müller: Die Wittenberger Bewegung … (wie Anm. 23), 147-151 (Nr. 67). In der Literatur wird häufig nicht beachtet, dass nur die Version A den offiziellen Text bietet, während B eine für die Verbreitung in der Öffentlichkeit bearbeitete Fassung darstellt, deren Verfasserschaft durch Melanchthon N. Müller: Die Wittenberger Bewegung … (wie Anm. 23), 147, Anm. 2 plausibel gemacht hat. Bernhard Lohses Hinweise auf Übereinstimmungen mit Melanchthons Loci »bis in den Wortlaut hinein« und Entsprechungen zu Melanchthons Freiheitsverständnis (Die Kritik am Mönchtum bei Luther und Melanchthon, wieder abgedr. in: Bernhard LOHSE: Evangelium in der Geschichte/ hrsg. von Leif Grane, Bernd Moeller und Otto Hermann Pesch. Göttingen 1988, 80-96, hier 93 mit Anm. 80) treffen nicht auf die authentischen Beschlüsse zu, sondern nur auf die Version B, bestätigen also die Beobachtungen Müllers. Auch die in der Literatur gern zitierten programmatischen Sätze »quod ex fide non fit, peccatum est« (Röm 14, 23; vgl.:

und christliche Freiheit« gewährt wurde, entweder weiterhin im Kloster ein mönchisches Leben zu führen – von Missbräuchen gereinigt und nach der reinen Lehre des Evangeliums[26] – oder aber dem Wunsch zu folgen, auszutreten und in der Welt »auf eine vollkommenere [!] Weise für Christus zu leben«.

Wahrscheinlich hatten an der Wittenberger Zusammenkunft auch der Salzaer Prior Johannes Oppenheim[27] sowie ein weiteres Mitglied des Konvents als Diskret[28] teilgenommen.[29] Über Oppenheims Werdegang ist leider nichts bekannt. Offenbar begann sein Auftreten für die reformatorischen Gedanken erst nach der Rückkehr aus Wittenberg, und er wurde nun zum Kopf der evangelischen Partei in der Stadt. Die von ihm vorgetragenen Argumentationen legen aber die Vermutung nahe, dass er schon länger mit reformatorischem Schrifttum bekannt gewesen ist.

Die erste von den Gegnern inkriminierte Predigt hielt er am 20. Januar 1522, dem Tag des hl. Fabian (und des hl. Sebastian). Die an Heiligenfesten übliche Erzählung der Heiligenlegende in der Predigt nutzte der Prior dieses Mal zu kirchenkritischen Äußerungen. Er erwähnte, dass Fabian in Rom zu einer Zeit gewesen sei, als man nach einer Vakanz des päpstlichen Stuhl gerade die Neuwahl des Papstes vorgenommen habe und er selbst hingegangen sei, um zu sehen, auf wen die Wahl fiele (und dann selbst gewählt wurde).[30] Der Prior kommentierte: »sy hatten keinen babst, der teufel hatte ime dy slussel genomen«. Damit gebrauchte er nicht einfach die volkstümlich-saloppe Metapher »die Schlüssel abgeben bzw. abgenommen bekommen« für das Sterben, sondern zielte auf die Schlüsselgewalt, die nach katholischer Lehre von Christus dem Papst als Nachfolger des Petrus übertragen wurde (Mt 16,16 f). Es war deshalb eine ungeheuerliche Aussage, dass der Teufel dem Papst

Themata de votis. WA 8, 323,6) und »votum contra Evangelium non votum, sed impietas est« finden sich nur im Text Melanchthons.

26 »deserto corrupto vitae nostrae fuco, secundum puritatem Evangelicae doctrinae«. Abgeschafft wurden der Bettel und die Votivmessen. Die dazu Befähigten sollten die Mitbrüder im Kloster im Wort Gottes unterweisen, die anderen mit Handarbeit den Lebensunterhalt verdienen. – Kurz nach Ende des Kapitels veranstaltete Gabriel Zwilling eine ›Säuberungsaktion‹ in der Klosterkirche, bei der Nebenaltäre, Heiligenbilder und andere kultische Requisiten wie das Öl für das Sakrament der Letzten Ölung vernichtet wurden; am selben Tag wurde das Abendmahl unter beiderlei Gestalt ausgeteilt. Vgl. N. Müller: Die Wittenberger Bewegung … (wie Anm. 23), 169. 212.

27 Über seine Biographie konnte ich bisher nichts ermitteln.

28 »Discretus capituli« wurde der vom jeweiligen Konvent gewählte Delegierte genannt, der mit dem Prior zu den Triennalkapiteln der Kongregation entsandt wurde. Vgl. Constitutiones … (wie Anm. 17), Cap. 30 (Wahl) und Sachregister.

29 Schon in der zweiten Januarhälfte berichtete der Amtmann Sittich von Berlepsch an Herzog Georg über die in Wittenberg gefassten Beschlüsse, und es liegt nahe, dass er die Informationen von dem Prior oder einem weiteren Teilnehmer (Diskret des Klosters) bekommen hatte. Leider ist dieser Brief Sittichs von Berlepsch nicht erhalten, sondern nur die Antwort des Herzogs vom 5. Februar (ABKG 1, 268 f [Nr. 298]).

30 Die Legende geht auf Euseb von Caesarea: Historia ecclesiastica. Buch VI, Kap. 29, zurück.

die Schlüssel abgenommen habe. Der Prior fuhr aktualisierend fort: »Wir haben itzt auch keynen babst« – Leo X. war am 1. Dezember 1521 gestorben, und die Kunde von der am 9. Januar 1522 erfolgten Wahl seines Nachfolgers Hadrians VI. war noch nicht bis Salza vorgedrungen – und setzte hinzu: »wenn wir auch gleich eynen hetten, were eben so vil«. Warum es belanglos sei, ob es einen Papst gäbe oder nicht, begründete er damit, dass die Schlüsselgewalt kein Privileg des Papstes sei: »Ich habe gleich so vil slussel zum hymel, als der babst«.

Mit der Schlüsselgewalt berührte der Prior eine Frage, mit der sich Luther seit längerer Zeit beschäftigt hatte.[31] Schon auf der Leipziger Disputation hatte er die gegnerische Hauptbeweisstelle Mt 16 ausdrücklich auf alle bezogen, in deren Namen Petrus sein Bekenntnis gesprochen und die Verheißung empfangen habe; die Schlüsselgewalt sei, wie die sachliche Parallele in Mt 18 zeige, nicht einem einzelnen, sondern der Kirche gegeben.[32] Im »Sermon von dem Sakrament der Buße« (1519) hatte er zum ersten Mal die reformatorische Auffassung vom Priestertum aller Getauften deutlich geäußert, als er schrieb, dass ein Papst oder Bischof bei diesem Sakrament nicht mehr tue als ein Priester, »ia wo eyn priester nit ist, eben ßovil thut eyn iglich Christen mensch, ob es schon eyn weyb oder kind were«.[33] In der Folgezeit hat es Luther stets als Irrtum bezeichnet, »Das die schlussell seyn alleyn S. Petro geben, ßo doch Matt. 18. Christus sie der gantzen gemeyn gibt«;[34] jeder wisse, dass »alle priester die schlussell haben«.[35] Dieser Gedanke wurde als von dem Prior Oppenheim hier aufgegriffen.

Der Amtmann Sittich von Berlepsch hatte (offenbar bald nach der Rückkehr des Priors aus Wittenberg) an Herzog Georg geschrieben, der sich in Nürnberg auf dem Reichstag befand, um ihm von den Beschlüssen der in Wittenberg zusammengekommenen Augustiner zu berichten und seiner Besorgnis darüber Ausdruck zu geben.[36] In seiner Antwort aus Nürnberg vom 5. Februar 1522 kündigte der Herzog ein grundsätzliches Ausschreiben an, »wie ir euch in disem unchristlichen aufrur doctor Martinus Lutters und seines anhanges halten solt«. Da die Wittenberger

31 Ein Sermon von dem Sakrament der Buße, 1519 (WA 2, 709-723); Warum des Papstes und seiner Jünger Bücher von Doctor Martin Luther verbrannt sind, 1520 (WA 7, 161-186); Von der Beicht, ob die der Papst Macht habe zu gebieten, 1521 (WA 8, 129-185).

32 »non in sua persona solum, sed omnium apostolorum et totius ecclesiae audivit: ›Tibi dabo claves etc.‹« (WA 59, 465,1026f); hie [Mt 18] gibt »Christus die schlussell der gantzen gemeyn und nit S. Petro. Und hie her horet auch der selb spruch Matt. 16. da er S. Petro die schlussel an stat der gantzen gemeyn gab. Denn ynn dißem achtzehenden capittell glosiert sich der herr selb, wem er die schlussell hab ym vorgangen sechtzehenden capitel ynn S. Peterß perßon geben. Sie sind allen Christen geben, nit S. Peterß person« (WA 8, 173,24-29).

33 WA 2, 716,25-28.

34 WA 7, 170,14 f.

35 WA 7, 172,15 f.

36 Nicht erhalten.

Versammlung den Austritt aus den Klöstern freigestellt hatte, ordnete der Herzog an, der Amtmann solle auf eventuell »ausgelaufenen monche« achtgeben, solche gefangen setzen und bis auf weiteren Befehl des Herzogs in Gewahrsam halten. Sittich von Berlepsch hatte auch von einem Gerücht berichtet, dass das nächste reguläre Kapitel der Augustiner-Kongregation in Salza stattfinden solle.[37] Das sei, meinte Herzog Georg, nicht von vornherein zu verhindern, doch solle der Amtmann ihm berichten, sobald er von den Vorbereitungen erfahre; dann könne er notwendige Maßnahmen ergreifen. Ferner hatte Sittich die Befürchtung ausgesprochen, dass die Augustiner als Beichtväter der Nonnen im Bonifatiuskloster[38] diese zum Austritt aus dem Kloster verleiten könnten. In diesem Fall ordnete Herzog Georg an, zunächst die Rechtsgrundlage zu prüfen. Der Amtmann solle in Erfahrung bringen, wie denn überhaupt die geistliche Aufsicht über das Frauenkloster an die Augustiner gekommen sei und auf wessen Anordnung das zurückgehe, da die Nonnen ja nicht demselben Orden angehörten wie ihre Beichtväter.[39] Nach Klärung dieses Sachverhalts könne man die notwendigen Schritte erwägen, »domit die fromen kinder nicht vorfurt« würden.[40]

Das angekündigte Ausschreiben war ein gedrucktes Mandat, das Herzog Georg in Nürnberg, wo er sich auf dem Reichstag aufhielt, gegen die Irrlehren Luthers und seiner Anhänger ergehen ließ. Besonders wird ihnen vorgeworfen das Auslaufen der Klosterpersonen, die Kritik an der Messe, die Kommunion »sub utraque« und die Verwendung der deutschen Sprache bei der Konsekration. Die Anhänger Luthers, die herzogliches Gebiet betreten, sowie jeder, der das Sakrament »under beyder gestalt« nimmt, soll verhaftet und gefangen gehalten werden. Studierende Söhne herzoglicher Untertanen sollen von Universitäten, wo solche Irrlehren gelehrt werden, zurückgerufen werden.[41] Aus diesem Mandat sollte auch zu ersehen sein, wie »man sich kegen den 4 Augustinerclostern« im Herzogtum (Dresden, Waldheim, Sangerhausen und Salza) zu verhalten habe.[42]

37 Von einem solchen Plan ist sonst nichts bekannt. Vielmehr sollte das Kapitel ursprünglich in Himmelpforte stattfinden (s.u. Anm. 52), wurde dann aber nach Grimma einberufen.

38 Zum Kloster St. Bonifatius der Magdalenerinnen vgl. Gustav SOMMER; Heinrich OTTE: Beschreibende Darstellung der älteren Bau- und Kunstdenkmäler des Kreises Langensalza, Halle an der Saale 1879 [Reprint: Lehre 1973; Bad Langensalza 1995]; Münch: Kirchen und Klöster … (wie Anm. 8); Dorn: Die Klöster … (wie Anm. 8), 59-67.

39 Die Nonnen waren Magdalenerinnen (»Weißfrauen, Albae dominae«). Zu diesem Orden vgl. André SIMON, L'Ordre des Pénitentes de Ste Marie-Madeleine en Allemagne, Fribourg/Schweiz 1918.

40 ABKG 1, 268 f (Nr. 298).

41 ABKG 1, 269 f (Nr. 299). Im Konzept des Schreibens stand: »in der universitet zu Wittenbergk«.

42 Die Söhne Herzog Georgs, Johann d. J. und Friedrich d. J., an die Räte in Dresden, 1522 Febr 14. ABKG 1, 271 f (Nr. 300).

In einem Bericht vom 25. Februar 1522[43] konnte Sittich von Berlepsch dem Herzog erklären, warum die Augustiner Visitatoren und Beichtväter der Nonnen im St. Bonifatius-Kloster seien. Auf Betreiben von Andreas Proles, Generalvikar der Augustiner-Reformkongregation, habe der Papst (Alexander VI.) 1492 die Magdalenerinnen-Klöster in Erfurt, Langensalza, Mühlhausen und Schlotheim der Jurisdiktion der Augustiner-Kongregation unterstellt.[44] Erzbischof Albrecht von Mainz, den Sittich kürzlich besuchte, habe auch sein Missfallen darüber geäußert, dass »dye Augustiner in dysem irtump der jungfern beychtveter« seien, und vorgeschlagen, die Nonnen sollten bei dem Propst[45] beichten. In diesem Sinne haben nun Sittich und der Rat der Stadt mit ihnen eine Verabredung getroffen, auch erwirkt, dass eine strengere Klausur beachtet werde.[46] Amtmann und Rat haben erfahren, dass die Augustiner heimlich gegenüber »den closterjunfern, dem probste und andern leuten in parabelen [...] fast unschiglicher worte dy heyligen sacrament und das amt der heyligen messe belangen, davon underm gemeynen volk vil ergerung erwechst«.[47]

Die Kritik an der Sakramentenlehre und -praxis der Kirche wird hier zum ersten Mal genannt; sie sollte in der Folgezeit eine wesentliche Rolle in den Auseinandersetzungen spielen. Durch Luthers Sermone über die Sakramente aus dem Jahre 1519 und vor allem seine Schrift »De captivitate Babylonica«[48] war das Thema in das Blickfeld gerückt. Wenn in Salza die Sakramente und namentlich »das amt der heyligen messe« im Februar 1522 zu einem Gegenstand der Polemik wurden, so hatte das wohl noch einen besonderen Anlass, nämlich in soeben erschienenen Veröffentlichungen Luthers. Während seines Wartburgaufenthalts hatte er die Schrift »De abroganda missa privata« verfasst und sie sogleich auch in einer deut-

43 ABKG 1, 280-282 (Nr. 308).

44 Die Magdalenerinnen zu Langensalza erklärten: »Und umb dye visitacion hat es solche gestalt, das etwan vor viln jarn dy 4 closter unsers ordens, nemlich zu Erffurt, Saltza, Molhaußen und Slotheym eynen weltlichen doctor, welcher priester gewest, [...] zu vicarien gehapt, der uns beychtveter vorordent. [...] Darnechst im 1492 jare bey zeyt und leben doctor Prolos, Augustinerordens vicarien, hat derselbige Prolos so vil gefleissiget, das er von bebstlicher heyligkeyt deshalben bullen ausbracht und von u. g. landisfursten herzog Georgen zu Sachsen, des beychtvater er villeicht dye zeyt gewest, furstlichen consens erlanget, damit dye Augustiner und derselben bysanher gewesene vicarien also bysdaher unser vicarien gewest und beychtveter vorordent haben« (ABKG 1, 281, Anm. 1). In einer Bulle des Kardinallegaten Bernardino Carvajal aus dem Jahre 1507 heißt es: »Et similiter recolendae memoriae Alexander papa VI. [...] et Monialium S. Mariae Magdalenae Erfordiam, Salzam, Mollhusen et Slotheym domos praefati Ordinis eidem Vicario subdiderat et ejus curae plenarie commiserat.« (Antoninus Höhn: Chronologia Provinciae Rheno-Sueviae Ordinis Eremitarum S. Augustini. Würzburg 1744, 143).

45 Die Magdalenerinnen hatten neben der Priorin, die dem Konvent vorstand, einen Geistlichen, der die Bezeichnung Propst führte.

46 »Sye bewilligen auch ir closter itzt mher, dan bysanher gewest, zu beschlyssen, uf das sye nachredens vorschont bleyben mogen.« ABKG 1, 282 (Nr. 308).

47 Ebd.

48 WA 6, 484-573.

schen Version »Vom Missbrauch der Messe« publiziert.[49] Das Werk hatte Luther seinen Wittenberger Mitbrüdern gewidmet. Während des Epiphanienkapitels der Augustiner Anfang Januar 1521 war schon bekannt geworden, dass binnen kurzem »zwey edle buchleyn von Doctor Martino« herauskommen würden.[50] Noch im Januar 1522 erschien die lateinische Schrift bei Melchior Lotter in Wittenberg, wenig später die deutsche Version bei Johann Grunenberg. Die Äußerungen der Salzaer Luther-Sympathisanten lassen erkennen, dass ihnen die neuen Schriften Luthers bekannt waren.

Das geplante Kapitel der Augustiner-Kongregation wurde dann doch nicht, wie die von Sittich kolportierten Gerüchte besagten, nach Salza einberufen. Der Generalvikar Wenzel Linck hatte es für Pfingsten 1522 angesetzt und als Tagungsort zunächst das Kloster Himmelpforte bei Wernigerode[51] bestimmt;[52] es fand aber schließlich nicht dort, sondern im kursächsischen Grimma statt. Herzog Georg von Sachsen untersagte den Konventen seines Territoriums die Teilnahme und hielt das Verbot auch trotz einer Intervention des Generalvikars aufrecht. Am 27. Mai schrieb er an Wenzel Linck und begründete seine Haltung damit, »das die bruder aller orden [Orten] aus dem jungst gehalten eurm capitel, so zu Wittembergk gehalden, sich mehr geergert [ärger, schlimmer geworden sind], dann gebessert«. Daher befürchte er für die Konvente im Falle einer Teilnahme, »das solche gift bey ine weyter inreysen mochte«. Aus diesem Grunde habe er ihnen den Besuch verwehrt und bleibe dabei. Es sei nicht akzeptabel, dass die von seinen Vorfahren gestifteten Augustinerklöster »nuhe zur zeyt auf naue regeln und die, so den Cristlichen ordenungen zu entkegen, sollen gefuret werden; gedenken auch dieselbigen in den clostern nicht zu geduldenl«.[53]

Die Befürchtungen des Herzogs erwiesen sich als nicht unbegründet. Das am 8. Juni 1522 in Grimma zusammengetretene Kapitel versuchte zwar, die Beschlüsse des Wittenberger Epiphanienkapitels gemäßigt zu interpretieren und einem leichtfertigen Gebrauch der Freiheit entgegenzuwirken, doch blieben seine Entschlie-

49 De abroganda missa privata, WA 8, 411-476 (Vorrede: 1. November 1521); Vom Mißbrauch der Messe, WA 8, 482-563 (Vorrede: 25. November 1521). Vgl. dazu die Einführungen von Nikolaus Müller in WA 8, 398-410 und 477-481.

50 Brief des Eisleber Priors Dr. Caspar Güttel an einen ungenannten Nürnberger Bürger vom 8. Januar 1522, abgedruckt: FSANTS 1747, 169-171. N. Müller (wie Anm. 49), der den Brief (ohne Fundort) zitiert, bezieht »zwey edle buchleyn« auf (die beiden Versionen von) »De abroganda missa privata«, doch ist mit dem zweiten Büchlein wohl eher »De votis monasticis« gemeint.

51 Zum Kloster Himmelpforte(n) (Porta coeli) vgl. Kunzelmann: Geschichte der … 5 (wie Anm. 9), 220-228.

52 Vgl. die Einladungsschreiben Lincks vom 28. März an Prior und Konvent der Augustiner in München, abgedruckt bei Adolar Zumkeller: Der Münchener Augustiner und Wittenberger Theologieprofessor Wolfgang Ostermair und seine Karfreitagspredigt vom Jahre 1514. Analecta Augustiniana 29 (1966) 213-234, hier 247 f (Nr. III und IV).

53 ABKG 1, 326 f (Nr. 346).

ßungen[54] noch revolutionär genug. Das Verbleiben im Kloster wird nicht mehr, wie es nach den Wittenberger Beschlüssen erscheinen konnte, als Konzession an die ›Schwachen‹ gesehen. Vielmehr wird ein von Missbräuchen gereinigtes Mönchtum als eine mit dem Evangelium durchaus vereinbare Lebensform betrachtet, sofern man – wie aus der Ordensregel zitiert wird – als »unter die Gnade versetzte Freie, nicht als Knechte unter dem Gesetz« Gott diene.[55]

Wegen des herzoglichen Verbots hatte das Salzaer Augustinerkloster keine Delegierten nach Grimma schicken können. Doch in Salza ging die reformatorische Kritik weiter. War bisher der Prior durch seine Äußerungen aufgefallen, so erregte an Fronleichnam (19. Juni 1522) ein weiterer Augustinereremit, Johannes Sommering,[56] durch seine Predigt großes Aufsehen. Er griff mit scharfen Worten die herkömmliche Sakramentspraxis an: »der babst sey ein dyp und morder, er hab uns das sacrament gestolen, das wir das nicht under beyden gestalten nemen, als ein dyp und morder«.[57] Hier wurde die Messfeier und besonders die Austeilung der Kommunion unter nur einer Gestalt als ›Diebstahl‹ des Sakraments bezeichnet, für den der Papst verantwortlich gemacht wurde. Luther hatte im »Sermon vom Neuen Testament« im Blick auf die leise vom Priester gesprochenen Einsetzungsworte gefragt: »Hatt nit hie der teuffel uns das haubt stuck von der messe meysterlich gestolen und in ein schweygen bracht?«[58] und über die Kommunion festgestellt: »Darnach haben sie uns die gestalt des weyns genommen,«[59] In »De captivitate« hatte er dann dargelegt, dass die ›erste Gefangenschaft‹ des Sakraments seine Ganzheit betreffe, die von der römischen Tyrannei weggenommen, von den Priestern geraubt worden sei.[60] Luther dachte aber zunächst noch nicht daran, seinerseits die

54 Acta Capituli Grimmensis Augustiniensium. Anno Domini M.D.XXII. Dominica Pentecostes in laudem gloriae Domini nostri Ihesu Christi 1522. In: Kleine Nachlese nützlicher Reformations-Urkunden. Bd. 2/ hrsg. von Johann Erhard Kapp. Leipzig 1727, 535-542.

55 »Secundum haec libertatem eam, qua Christus nos liberavit, expressius desiderantes, ut omnes nostri, non ancillae filii essent, sed liberae« [vgl. Gal 4,31], »cum et regula nostra velit servari, non nisi in spiritus libertate, quibus omnia cetera nitantur, et moneat, ut sint liberi sub gratia constituti, non sicut servi sub lege servemus omnia« [Hervorhebung im Zitat aus Kap. VIII der Regel vom Verf.; vgl. Röm 6, 14-18].

56 Nicht identisch mit dem gleichnamigen »Johannes Sommeringk, arcium et utriusque iuris doctor, cantor et canonicus ecclesiae Sancti Severi Errfordensis, curieque archiepiscopalis ibidem sigillifer in spiritualibus et ad intra scripta commissarius generalis«, der urkundlich 1512 belegt ist (Thür. HStA Weimar, F 563, f. 106r-109r).

57 ABKG 1, 382, 15-23 (Nr. 397). Auch eine Beschwerdeschrift des Stifts beklagt sich darüber, dass die Augustiner »die bebistisch heyligkeit einen morder und dyb lesterlich von der canzel ausgerufen« hätten (ABKG 1, 382, Anm. 1).

58 WA 6, 362,16 f.

59 WA 6, 374,20 f.

60 »quam nobis abstulit Romana tyrannis« (WA 6, 507,7); »si hoc ius rapuerint laicis et vi negaverint, tyranni sunt« (607,14); jeder soll wissen »sibi raptum per vim ius suum in sacramento« (607,23).

rechte Ordnung der Austeilung unter beiderlei Gestalt wiederherzustellen, sondern wollte einstweilen die ›römische Tyrannei‹ erdulden und auf den Beschluss eines Konzils hoffen.[61] Während seiner Abwesenheit auf der Wartburg war dann unter der Regie seines Ordensbruders Gabriel Zwilling im Wittenberger Augustinerkloster zu Michaelis 1521 zum ersten Mal das Abendmahl unter beiderlei Gestalt ausgeteilt worden.[62] Dessen Polemik gegen die Kultgebräuche führte dazu, dass seit Mitte Oktober die Messen im Augustinerkloster eingestellt worden waren und schon im November eine Anzahl von Mönchen das Kloster verlassen hatte. In weltlichen Kleidern war Zwilling in den Weihnachtstagen 1521 in Eilenburg aufgetreten und hatte auch hier am 1. Januar 1522 in der Schlosskapelle auf dem Berg eine stark besuchte Abendmahlsfeier unter beiderlei Gestalt gehalten. Diese aufsehenerregenden Nachrichten waren auch Herzog Georg kolportiert worden, der sich darüber bei Kurfürst Friedrich beschwert hatte.[63]

Besonders brisant bei den Ereignissen in Salza war, dass der Augustiner Sommering seine Kritik gerade am Fronleichnamstag vorbrachte, also dem Hochfest, an dem die Kirche der Einsetzung der Eucharistie gedachte. Auch hierbei scheint der Einfluss Luthers deutlich. Hatte er doch in seiner vor kurzem erschienenen Schrift »Vom Missbrauch der Messe« das Fronleichnamsfest scharf missbilligt: es sei aus vielen an den Haaren herbeigezogenen Bibelstellen zusammengeflickt, so dass es »der ergeste feynd gots« gemacht haben müsse, wenn man es nicht gar als Träume »eyns armen unsinnigen menschen« betrachten wolle.[64] 1523 gab er dann in einer Predigt am Fronleichnamstag in Wittenberg diesem Fest den Abschied: »wir wollens bescharren [verscharren] und begraben«.[65]

Die herkömmliche Sakramentenlehre und -praxis blieb auch weiterhin ein Angriffspunkt der Predigten im Salzaer Augustinerkloster, die damit Luthers kritischen Erörterungen folgten. Sittich von Berlepsch berichtete dem Herzog, der Prior habe während des Sommers 1523 »von der messe, den pristern und den sacramenten fast wilde materien geprediget und sonderlich von dem sacrament der oelung wider Cristliche ubung sich nicht wenig vormerken lassen«.[66] Die Kritik des Priors richtete sich also vor allem gegen die Messe und den in der Priesterweihe begründeten besonderen Stand der Priester sowie besonders gegen das »sacrament der oelung«. Was ist mit Letzterem gemeint? Zunächst liegt es nahe, an die letzte Ölung (Krankensalbung) zu denken, deren sakramentalen Charakter Luther schon

61 Vgl. WA 6, 507, 21-34.
62 N. Müller: Die Wittenberger Bewegung … (wie Anm. 23), 169. 212.
63 ABKG 1, 260-262 (Nr. 293) und 26 f, Anm. 1.
64 WA 8, 523,12-16. Vgl. die lateinische Fassung in: De abroganda missa privata, WA 8, 445,38-446,1.
65 WA 11, 125-127, Zitat: 125,14.
66 ABKG 1, 382, 19-23 (Nr. 397).

in »De captivitate« bestritten hatte.[67] Die Mönche des Wittenberger Augustinerklosters hatten nach jenem Epiphanienkapitel das zur letzten Ölung dienende Öl verbrannt.[68] Doch möglich scheint auch, an die Priesterweihe zu denken, bei der die Weihekandidaten an den Händen gesalbt wurden.[69] Jüngst hatte Luther in »De abroganda missa privata« gegen »geölte« Priester polemisiert.[70]

Nach den Berichten des Amtmanns Sittich von Berlepsch wandte sich im August 1522 auch der Rat von Salza an den Herzog und meldete ihm, dass der Prior der Augustiner »ganz der Martinischen meynung sich uffentlich horen lest, dadurch das arm einfeltige volk mirglich vorirret und kaltherzig gemacht«, und dass sich der Prior trotz Verwarnungen nicht von seinen Predigten abbringen lasse.[71]

Offenbar hat der Prior selbst ein (leider nicht erhaltenes) Schreiben an den Herzog gerichtet, in dem er sich gegen die Klagen über seine Predigten verwahrte und sich zudem darüber beschwerte, dass man den Nonnen das Beichten bei den Augustinern verboten habe. Darauf antwortete Herzog Georg am 2. Oktober 1522. Wegen der Nachrichten über die Ärgernis erregenden Predigten des Priors habe er sich an den Siegler Matthias Reineck[72] in Erfurt gewandt als den in dieser Sache obersten Prälaten, und ihn ersucht, Erkundigungen einzuziehen und geeignete Maßnahmen zu ergreifen. Der Herzog hofft, dass dieser verfügt habe oder noch verordnen werde, dass nichts Anstößiges oder Verführerisches gepredigt werde; andernfalls müsse er, Georg, einschreiten. Den Nonnen (des Magdalenerinnen-Klosters) sei die Beichte bei den Augustinern verboten worden, damit sie nicht durch deren Lehren vergiftet oder verleitet würden.[73]

Ende Oktober erfuhr die Situation in Langensalza eine weitere Zuspitzung, als der durchreisende Augustinereremit Johann Heyse in der Klosterkirche predigte. Heyse stammte aus dem Dorf Großengottern (daher auch Johannes Gutter genannt), war einst in das Salzaer Kloster eingetreten und später in das Kloster Eisleben gewechselt, wo er eine Zeitlang auch Prediger des Grafen Albrecht von Mansfeld gewesen war. Dort hatten unter dem Prior Caspar Güttel die reformatorischen

67 WA 6, 567,32-571,23.

68 N. Müller: Die Wittenberger Bewegung … (wie Anm. 23), 163. 165. 169-173.

69 Zu den Einzelheiten vgl. Bruno KLEINHEYER: Die Priesterweihe im römischen Ritus: eine liturgiehistorische Studie (TThSt 12). Trier 1962.

70 Vgl. die Aussagen über »das beschorne [tonsurierte] und geschmyrte priesterthum« sowie den »patron der beschornen und geölten Götzen« (WA 8, 489,4.8 f); der Papst macht die Kleriker dadurch geistlich, »das er sie beschirt [eine Tonsur schert], mit öle schmirt an fingern, unnd das sie lange kleyder tragen heyst«, so dass einer »der beschorne, geschmirtte, getzeychnete und wolgekleydte Clerick« heißt (WA 8, 540,12 f. 17).

71 Vgl. ABKG 1, 339 (Nr. 361).

72 Der Name wird in einem späteren Schreiben (ABKG 1, 379 f [Nr. 397]) genannt.

73 ABKG 1, 367 f (Nr. 390).

Gedanken schon früh Unterstützung gefunden.[74] Als Güttel im Spätherbst 1522 seinen Schaffner Heyse in Dienstgeschäften nach Erfurt und Creuzburg[75] schickte, kehrte dieser unterwegs in seinem Salzaer Heimatkloster ein und erhielt hier die Gelegenheit, mehrfach in der Klosterkirche zu predigen. Zeit und Abfolge der Predigten sowie ihr Inhalt lassen sich aufgrund verschiedener Berichte rekonstruieren. Denn am 4. November 1522 führten Sittich von Berlepsch und der Rat zu Salza in einem gemeinsamen Schreiben an den Herzog Klage über den Prior und über Heyse. In zwei Beilagen werden Aussagen aus Heyses Predigten und aus einer früheren Predigt des Priors referiert.[76] Ferner ist dem Schreiben an den Herzog auch eine Beschwerdeschrift beigefügt, die der Dechant und das Kapitel von St. Stephanus und der Propstes von St. Bonifatius über Heyses Auftreten an den Amtmann gerichtet hatten.[77] Bei diesen Berichten ist freilich daran zu erinnern, dass sie keine neutralen Predigtsummarien bieten, sondern nur die Stellen herausgreifen, an denen sich Heyse kritisch-polemisch äußerte.[78] Eine Entfaltung der positiven Verkündigungsinhalte ist daher nicht zu erwarten.

Amtmann und Rat melden, der Prior habe den »verkehrten« Mönch an den vergangenen drei Heiligentagen (gemeint sind: Simon und Judas, Allerheiligen, Allerseelen) in der Klosterkirche predigen lassen. Dieser habe »ane alle scheu« jeweils nach der Verlesung des Tagesevangeliums »ganz und eytel Martinische meynung« gepredigt. Als Beispiele werden genannt, dass er »babstlichen gewalt und hergebrachten Christlichen gebrauch, als meßhalten, singen, lesen, beten, leuten und dergleichen heilige werke ganz vorechtlich [verächtlich] in ander meynung [in einer anderen Deutung]« dem Volk vorgetragen habe.

Detaillierter referiert die Beilage Abfolge und Themen der Predigten. Am 28. Oktober (Simon und Judas) habe Heyse das Betteln der Bettelmönche angeprangert und geraten, einem bettelnden Mönch statt Almosen einen Dreschflegel in die Hand zu geben und ihn in der Scheune dreschen zu lassen. Am 1. November (Allerheiligen) habe er gesagt, mit Gepränge, Glockenläuten, Orgelspielen und langem Beten erweise man Gott und den Heiligen keine Ehre. Alle guten Werke seien vor Gott Sünde. Es sei unnötig, große und schöne Kirchen zu bauen; es sei ausreichend, ein Haus mit einem Dach zu haben, in dem man das Wort Gottes höre. Er habe keck (»torstig«) erklärt, »er frage nichts nach dem babste«. Die Gebete, für die von den Päpsten 20000 Jahre und mehr Ablass verheißen würden, seien nichtig, ebenso langes Beten und Plappern (»proppeln«). Er selbst habe früher nicht die rechte

74 Vgl. Gustav KAWERAU: Caspar Güttel: ein Lebensbild aus Luthers Freundeskreis. Halle 1882, 27-30.

75 Dort befand sich das Augustinerinnenkloster St. Jakob. Vgl. Theodor KOLDE: Die deutsche Augustiner-Congregation und Johann von Staupitz. Gotha 1879, 307. 322.

76 ABKG 1, 379 f (Nr. 397).

77 ABKG 1, 382 f, Anm. 1.

78 Darauf hat schon Kawerau: Caspar Güttel (wie Anm. 74), 42, Anm. 4, hingewiesen.

Einsicht gehabt und geirrt, nun aber habe er die Wahrheit erkannt und wisse, dass man »menschliche gesetze« nicht zu halten brauche. Auch die Fastengebote seien nichtig; »man moge essen, was man wolle, es sey tag ader nacht«. Im Blick auf den Allerheiligentag habe er bemerkt, dass es besser sei, gar keine heiligen Tage außer dem Sonntag zu feiern. Überhaupt habe er sich verächtlich über alle päpstlichen Verordnungen geäußert, die man als »menschlich gesetze« nicht halten müsse. Am 2. November (Allerseelen) habe Heyse erneut über die Heiligenverehrung geredet. Man solle die Heiligen mit Wallfahrten und anderen Feierlichkeiten nicht verehren, auch sich nicht an menschliche Einrichtungen halten, »sundern alleyne halten, das got selbst geboten hat«. Wer etwas anderes predige, »dem sollte das volg nicht gleuben, auch nicht zuhoren, sondern von yme gehen«. In derselben Predigt habe Heyse weiter erklärt, das Sakrament des Altars sei von Christus beim letzten Abendmahl als ein Zeichen hinterlassen worden. Wer es unter beiderlei Gestalt empfange und glaube, dass es ein solches gewisses Zeichen von Gott sei, der erhalte die Sündenvergebung. Er halte »das sacrament also slecht [schlicht] pro signo et non pro re sacra«. Die Feier der Messe sei für niemanden verdienstlich, außer für den, der sie halte; es werde damit Handel getrieben (»gekaufslaget«) und »gulden messe« verkauft und die Leute damit betrogen. Heyse habe ein Buch auf der Kanzel gehabt, aus dem er Stellen zum Beweis vorgelesen habe.[79]

Die Beschwerdeschrift der Stiftsherren führt ähnliche Punkte aus Heyses Predigten auf. Er habe geraten, man solle die Heiligen und Maria weder anrufen noch verehren. An Allerheiligen habe er erklärt: »heut ist aller heiligen tag, wolt got, nymmermehir«. Die Aussage, dass die Messe »alleyne dem messehalter« nützlich sei, wird durch das Zitat »welchem der votivegroschen zutreglich« ergänzt. Von den – besonders zahlreichen und für die mittelalterliche Frömmigkeit wichtigen – Seelenmessen habe er gesagt, dass sie »durch geldes willen erdacht« seien. Er habe behauptet, die Seele komme sofort nach dem Tode – also ohne Zwischenaufenthalt im Fegefeuer – »an das end [den endgültigen Ort], da sie ewiglich bleibe«. Das Altarsakrament sei nur ein Zeichen. Man solle die Gebote Gottes, nicht aber die Gebote und Anordnungen der Kirche halten; er selbst wolle künftig die Gebote der Päpste nicht mehr befolgen. Der Bericht erwähnt auch, dass Heyse die Frage des Mönchtums erörtert hat: »du verwunderst dich und sprichst, das die moniche aus dem closter treten, sey unrecht; ich sage, neyn, ich hab got in der tauf gelobnus gethan, das bin ich zu halten schuldig, nicht dem menschen, wir mogen eyn und ausgehen etc.« Lässt schon die Wiedergabe dieses Punktes zugleich Heyses ›dialogischen‹ Predigtstil erkennen, so auch ein anderes Zitat, das mögliche Einwände der Hörer aufnimmt: »du magst diese dinge nicht balt alle begreifen, nach gelart werde, kom herwider, man sal dirs oft und vil sagen; gib den heuchlern nicht [...], gib den, welche dir itzt die warheit und das recht ewangelion sagen.«

79 ABKG 1, 381 f (Nr. 397, Beilage).

Alle hier angesprochenen Themen lassen sich in Luthers frühen Schriften nachweisen und begegnen nahezu überall in der frühen evangelischen Predigt: Papst und päpstliche Verordnungen,[80] Vielzahl der Messen und ihre kommerziellen Aspekte,[81] Zeremonien,[82] Menschenlehre, -satzungen,[83] Werkgerechtigkeit,[84] Ablass,[85] Menge der Feiertage,[86] Fasten- und Speisegebote,[87] Heiligenverehrung,[88] Fegefeuer,[89] gedankenloses Beten,[90] Mönchtum,[91] speziell Polemik gegen Bettelmönche,[92] die zum Teil von ehemaligen Mendikanten vorgetragen wurde.[93] In manchen Fällen kann man sogar an den Einfluss bestimmter Schriften denken. Das von Heyse gebrauchte Beispiel, man solle einem bettelnden Mönch statt Almosen einen

---

80 Moeller; Stackmann: Städtische Predigt … (wie Anm. 3), 332 f.

81 WA 6, 231,23.

82 Moeller; Stackmann: Städtische Predigt … (wie Anm. 3), 327.

83 Moeller; Stackmann: Städtische Predigt … (wie Anm. 3), 330-332.

84 Moeller; Stackmann: Städtische Predigt … (wie Anm. 3), 326.

85 Moeller; Stackmann: Städtische Predigt … (wie Anm. 3), 92.

86 WA 6, 229,32 f (es wäre gut, »das wenig heiligen tage werenn«); Moeller; Stackmann: Städtische Predigt … (wie Anm. 3), 70; Kawerau: Caspar Güttel (wie Anm. 74), 65.

87 WA 6, 245 f.

88 Moeller; Stackmann: Städtische Predigt … (wie Anm. 3), 328 f. Vgl. Hartmut Kühne: »die do lauffen hyn und her, zum heiligen Creutz zu Dorgaw und tzu Dresen «: Luthers Kritik an Heiligenkult und Wallfahrten im historischen Kontext Mitteldeutschlands: In: »ich armer sundiger mensch«: Heiligen- und Reliquienkult am Übergang zum konfessionellen Zeitalter/ hrsg. von Andreas Tacke. Göttingen 2006, 499-522; Peter Gemeinhardt: Art. Heilige/Märtyrer/Martyrium. In: Luther-Lexikon/ hrsg. von Volker Leppin; und Gury Schneider-Ludorff. Regensburg 2014, 286 f (Lit.).

89 Luther hatte zunächst bei seiner Ablasskritik die Existenz des Fegfeuers noch nicht in Frage gestellt (WA 1,555,36; 2,70,26 f; 324,5 f); für ihn waren die Seelen im Fegfeuer im Stande der Verdienstmöglichkeit und der Fähigkeit, die Liebe zu vermehren, aber auch ihres Heils nicht sicher (WA 1, 234,11 f). Leise Kritik meldete sich dann in Luthers Beobachtung, dass sich das Fegfeuer nicht biblisch belegen lasse (WA 2, 323,15 f; 324,8-12; 7,149,9-26; 451,19-452,31). Darum sei niemand ein Häretiker, der seine Existenz nicht anerkenne (WA 7, 149,28-31; 10/1/1, 588,21-589,10; 26, 508,6-10). Einen Anlass, sich zur Fegfeuerlehre zu äußern, bot sich Luther dann in seiner Schrift »De abroganda missa privata« in der Auseinandersetzung mit Gregor d. Gr.: »Tutius itaque fuerit totum purgatorium negare, quam Gregorio hoc loco credere« (WA 8, 452,34 f). Moeller; Stackmann: Städtische Predigt … (wie Anm. 3), 70. 92. – Vgl. Ernst Koch: Art. Fegfeuer. TRE 11, 69-78.

90 WA 6, 235,16; 240,25; 233,14 (»Mummelen mit dem mund, preppeln vil mit dem mundt«). Vgl. auch Moeller; Stackmann: Städtische Predigt … (wie Anm. 3), 335.

91 Moeller; Stackmann: Städtische Predigt … (wie Anm. 3), 197-200. 210. 329 f. 332. 337. 345. 352.

92 Vgl. etwa: Hartmut von Kronberg: An die Bettelorden, 1522 (zahlreiche Drucke: VD16 C 5913 bis VD16 C 5924). – Zum Wertewandel vgl. Christopher Ocker: »Rechte Arme“ und »Bettler Orden“: eine neue Sicht von Armut und die Delegitimierung der Bettelmönche. In: Kulturelle Reformation: Sinnformationen im Umbruch 1400-1600/ hrsg. von Bernhard Jussen; Craig Koslofsky. Göttingen 1999, 129-157.

93 Wenzel Linck: Von Arbeyt vnd Betteln, 1523 (VD L 1845; Nachdruck Nürnberg 1979).

Dreschflegel geben und ihn dreschen lassen, könnte eine Flugschrift seines Eisleber Priors Caspar Güttel als Hintergrund haben. Sie beschreibt einen Dialog mit einem Bettelmönch, der bisher ein (Phrasen-)»Drescher« gewesen ist und sich am Ende entschließt, seinen Mönchsstand aufzugeben und beim Bauern zu dreschen.[94] Die Gegenüberstellung von Tauf- und Mönchsgelübde lässt den Einfluss von Luthers Schrift über die Mönchsgelübde erkennen.[95] Heyses Kritik an den großen und schönen Kirchbauten erinnert das an Äußerungen Luthers im »Sermon von den guten Werken«,[96] und Heyses Bemerkung, es reiche aus, ein Haus mit einem Dach zu haben, findet dort in Luthers Aussage seine Parallele, Gott erhöre auch aufrichtige Gebete, »wen es gleich were unter einem strodach oder sew stal«.[97] Die Kritik an liturgischem Gepränge, Glockenläuten, Orgeln etc. entspricht Ausführungen Luthers in seiner Weihnachtspostille.[98] Heyses Bemerkungen über das Abendmahl erinnern an Luthers »Sermon vom Neuen Testament« aus dem Jahre 1520, in dem er noch den Begriff »Zeichen« verwendet.[99] Um dieses Buch könnte es sich handeln, aus dem Heyse auf der Kanzel vorlas.

Das Auftreten des Gastpredigers Heyse erregte ein solches Aufsehen und fand so großen Zuspruch, dass die Klosterkirche die Menge der Zuhörer nicht fassen konnte; die Predigten bildeten ein Hauptgesprächsthema in der Stadt, sodass die Leute »sunst allenthalben uf der gasse davon reden«.[100] Es ist verständlich, dass die Wirkung der Ansprachen dem Amtmann und dem Rat der Stadt sowie auch der altgläubigen Geistlichkeit Anlass zu höchster Besorgnis gaben. Als Heyse am Morgen des 4. November 1522 die Stadt auf einem Karren verlassen wollte, ließ ihn der Amtmann abfangen und zum Verhör auf das Schloss bringen. Nach seiner eigenen Angabe plante Heyse, nach Erfurt zu Johann Lang[101] weiterzureisen. Dieser

94 Kaspar Güttel: Eyn selig New iar von newen vn[d] alten gezeydten [...]. Erfurt 1522 (VD 16, G 3991 und 3992); auch unter dem Titel: Dialogus oder gesprächbüchlein [...]. Erfurt bzw. Augsburg 1522 (VD 16, G 3978, 3981 und 3982). Zum Inhalt vgl. Kawerau: Caspar Güttel (wie Anm. 74), 71-74

95 WA 6, 527,34-36; 538,26-539,10 (De capt.); WA 8, 331,6-12 (Themata de votis) u. ö.

96 WA 6, 239,4-7. Vgl. auch Moeller; Stackmann: Städtische Predigt ... (wie Anm. 3), 328.

97 WA 6, 239,13 f.

98 »Sihe, das ist der rechte gottis dienst, datzu man keyner glocken, keyner kirchen, keyneß geseß noch tzyerd, keyner lichte noch kertzen, keyner orgelln noch gesang, keyniß gemelds noch bildiß, keyner taffellnn noch altar, keyner blatten noch kappen, keyniß reuchernn noch bsprengen, keyner proceß noch creutzgangß, keiniß ablaß noch brieffs bedarff. Denn das sind alliß menschen fundle und auffsetz, die gott nit acht, und den rechten gottisdienst mit yhrem gleyssen vordunckeln. Es darff nur eynerley, des Euangeli, das man das wol treybe, und darauß solchen gottis dienst dem volck bekand mache, das ist die rechte glock und orgelln tzu dießem gottis dienst.« WA 10 I/1, 39,10-18. Vgl. auch WA 6, 211,15; 214,5 und Kawerau: Caspar Güttel (wie Anm. 74), 74, Anm. 5.

99 WA 6, 363,1-9 u.ö.

100 ABKG 1, 380 (Nr. 397).

101 S.o. Anm. 16.

Freund Luthers und Nachfolger im Amt des Provinzialvikars für Sachsen-Thüringen hatte schon bald nach dem Wittenberger Epiphanienkapitel zu Beginn des Jahres das Erfurter Augustinerkloster verlassen und war in öffentlicher Disputation sowie auch literarisch gegen die »Möncherei« aufgetreten[102] – in den Augen Herzog Georgs und seines Amtmanns gewiss keine gute Adresse für Heyses Reisepläne. Im Verhör sagte Heyse aus, er sei »gastweise« von Eisleben nach Langensalza gekommen und habe auf Bitten von Prior und Konvent gepredigt. Er stellte die »Martinischen materien« seiner Predigten nicht in Abrede, wollte sie »aber nach seiner vorkarten meynung ewangelisch [d. h., als im Evangelium begründet] deuten«. Der Prior, der gleichfalls auf das Schloss einbestellt worden war, leistete dieser Zitation vorsichtshalber erst gar nicht Folge. Heyse wurde in einer kleinen Stube des Schlosses festgehalten und erhielt trotz seines Versprechens, im Falle seiner Freilassung im Kloster die Weisungen des Herzogs abwarten zu wollen, keine Haftverschonung. In seiner Meldung an Herzog Georg wies Sittich von Berlepsch nochmals auf die bedrohliche Situation in der Stadt hin, da das Volk durch Heyses und des Priors frühere Predigten »fast wilde gereyzt« sei.[103]

Über einen weiteren inhaftierten Augustiner berichtete Sittich von Berlepsch dem Herzog am folgenden Tag (5. November). Es handelte sich um einen aus dem Kloster entlaufenen Laienbruder, den der Amtmann ebenfalls gefangen gesetzt hatte. Als der Bruder jedoch bat, wieder ins Kloster gehen zu dürfen, und sich sogar bereit erklärte, dort zu bleiben, weigerte sich der Prior, den Entlaufenen ohne ausdrücklichen Befehl des Herzogs wieder in das Kloster aufzunehmen.[104]

Am 7. November wandte sich Prior Johann Oppenheim selbst in einem Brief an Herzog Georg. Er wies auf sein früheres Rechtfertigungsschreiben hin, beklagte sich über den Amtmann Sittich von Berlepsch und verteidigte Johann Heyse. Er bat den Herzog, den Verleumdungen keinen Glauben zu schenken. Ferner legte er die Gründe für seine Weigerung dar, einen entlaufenen Laienbruder wieder aufzunehmen.[105]

Was sollte weiter geschehen? Die Lage schien brisant, die Haft der beiden Augustiner verschärfte die bestehenden Spannungen. Herzog Georg wandte sich am 11. November 1522 an den für Salza zuständigen geistlichen Oberhirten, Erzbischof Albrecht von Mainz, und fragte an, ob er ihm die beiden verhafteten Augustiner ausliefern solle. Zugleich bat er den Kardinal, dem widerstrebenden Kloster die Wiederaufnahme des Laienbruders zu befehlen. Über eine Entlastung

102 Vgl. Ulman Weiss: Die frommen Bürger von Erfurt: die Stadt und ihre Kirche im Spätmittelalter und in der Reformationszeit. Weimar 1988, 137-139.
103 ABKG 1, 380 f (Nr. 397).
104 ABKG 1, 383 f (Nr. 398).
105 ABKG 1, 384-386 (Nr. 399).

im konkreten Fall erhoffte sich der Herzog wohl eine weitergehende Unterstützung seiner kirchenpolitischen Haltung.[106]

Der Erzbischof, der sich in Nürnberg auf dem Reichstag befand, hielt sich jedoch auffallend zurück. In seiner Antwort vom 3. Dezember 1522 wies er – kirchenrechtlich völlig korrekt – darauf hin, dass er zur Bestrafung der Augustiner nicht befugt sei, da die Bettelorden von der bischöflichen Jurisdiktion exemt seien.[107] Der Herzog solle die gefangenen Augustiner daher entweder ihrem Ordensoberen ausliefern oder weiter in Haft behalten. Eine Überstellung nach Erfurt an den Siegler[108] Matthias Reineck sei nicht ratsam, da sonst in der durch Luther angeheizten Situation in der Stadt ein Aufruhr drohe.[109]

Die fortgesetzte Predigttätigkeit des Priors Oppenheim in Salza hatte derweil immer noch nicht unterbunden werden können. Offenbar lag inzwischen eine Instruktion Herzog Georgs vor, den lutherischen Wortführer gefangen nehmen zu lassen. Denn am 9. Dezember berichteten Sittich von Berlepsch und der Rat zu Salza dem Herzog, dass sie den Prior, der alle Tage predige und viel Zulauf habe, noch nicht hätten fassen können. Offenbar respektierte man die Immunität des Klosterbezirks, und Oppenheim selbst war vorsichtig genug, das Gelände nicht zu verlassen. Amtmann und Rat fragten nun beim Herzog an, ob den Bürgern der Besuch der Predigt im Augustinerkloster verboten werden solle.[110]

In einem Schreiben des Herzogs vom 29. Januar 1523 an Prior und Konvent der Augustiner fordert er diese energisch auf, den auf dem Schloss gefangen gehaltenen Laienbruder wieder in die klösterliche Gemeinschaft aufzunehmen. Verwandte des Laienbruders hatten beim Herzog eine Bittschrift eingereicht, die sich dieser zu eigen machte. Aus ihr gehe hervor, dass der Ausgetretene »seynen abschied mit des ordens wissen genomen« hatte. Jetzt sei er aber »durch gotliche gnedig ingebung zu reu« geführt worden und wolle wieder unter dem Ordensgehorsam leben, auch Bestrafung erdulden. Es sei befremdlich, dass der Konvent »das verlorne schaf« nicht wieder aufnehme.[111]

Aus einem weiteren Schreiben Georgs an den Rat zu Salza vom 30. Mai 1523 lässt sich schließen, dass der Herzog inzwischen ein Predigtverbot für den Prior

106 ABKG 1, 388 f (Nr. 402).

107 Das Privileg der Exemtion von der bischöflichen Jurisdiktion war dem Orden der Augustinereremiten durch Nikolaus IV., den ersten Papst aus einem Bettelorden (OFM), 1289 in der Bulle »Religiosam vitam suscipientibus« verliehen worden. Vgl. Carlos ALONSO: Bullarium Ordinis Sancti Augustini. Bd. 1: 1256-1362. Rom 1997, 62 (Nr. 156), und dazu David GUTIÉRREZ: Geschichte des Augustinerordens. Bd. 1.1: Die Augustiner im Mittelalter 1256-1356. Würzburg 1985, 116.

108 Zur Befugnis des Sieglers »in spiritualibus« vgl. oben die Titulatur in Anm. 56.

109 ABKG 1, 392 f (Nr. 407). Albrecht spielt wohl auf die Vorgänge um den Erfurter Pfaffensturm von 1521 an. Vgl. dazu Weiss: Die frommen Bürger … (wie Anm. 102), bes. 124-132.

110 ABKG 1, 393 f (Nr. 409).

111 ABKG 1, 453 f (Nr. 445).

der Augustiner erlassen hatte. Doch nachdem so die evangelische Predigt in der Stadt offiziell unterbunden war, suchten Oppenheim und seine Anhänger aus der Bürgerschaft nach Ausweichmöglichkeiten. Der Prior fand Unterstützung bei der Adelsfamilie von Goldacker, in deren südwestlich von Salza gelegenem Dorf Ufhoven[112] er nun zu predigen beabsichtigte. Eine andere Möglichkeit, das Verbot evangelischer Predigt in der Stadt zu unterlaufen, nutzten Salzaer Bürger, indem sie zur Predigt in das südlich, schon auf kursächsischem Gebiet gelegene Dorf Wiegleben[113] gingen. Daraufhin befahl der Herzog dem Rat, die Bürger zum Besuch der Predigten in der Stadt anzuhalten, wo »im closter St. Bernhardini[114] ein wolgelerter, erbar und Cristenlicher prediger sein sol«. Der Rat wurde angewiesen, diesen vor möglichen Anfeindungen in Schutz zu nehmen.[115]

Lässt schon diese Aufforderung erkennen, dass es in Salza inzwischen eine verbreitete antiklerikale Stimmung gab, die sich gegen die Repräsentanten der altgläubigen Geistlichkeit richtete, so wird dies durch eine andere Quelle bestätigt. Am 30. September 1523 wandte sich der Unterguardian des Salzaer Franziskanerklosters Johannes Spon an die Landgräfinwitwe Anna von Hessen, die streng altgläubige Mutter Landgraf Philipps.[116] Er erwähnt in seinem Brief eine Offerte Annas an die Franziskaner in Salza für den Fall, dass sie »von den bosen Martinisten« aus der Stadt vertrieben würden. Anna hatte angeboten, ihnen dann in Rotenburg an der Fulda, ihrem Witwensitz, eine neue Bleibe zu verschaffen, »uf das mir nicht mochten orsache habe in der werlt deme bose houfen zu volgen, dy Got oren hern verlossen haben, deme sii doch gelobet unde geschworn haben, zu dynen alle dy tage ores lebens«. Spon schreibt, dass er aus dem Anerbieten der Fürstin sehr großen Trost empfangen habe.[117] Doch diese Pläne kamen auch später, als sich während des Bauernkriegs die Lage in Salza weiter zuspitzte, nicht zu mehr Verwirklichung. Am 12. Mai 1525 ist Anna gestorben.

112 Südwestlich von Langensalza, seit 1950 eingemeindet.

113 7 km südlich von Langensalza, seit 1993 eingemeindet.

114 ABKG 1, 512 f (Nr. 514). Der Prediger könnte Erhard Fabri gewesen sein, dessen Fähigkeiten Melanchthon später lobend erwähnte. S.u. Anm. 150.

115 Ein solches Patrozinium für ein Kloster in Salza ist nicht bekannt. Vermutlich handelt es sich um das Franziskanerkloster, das dann dem 1450 heilig gesprochenen Bernhardin von Siena geweiht gewesen wäre.

116 Vgl. Rajah SCHEEPERS: Regentin per Staatsstreich?: Landgräfin Anna von Hessen (1485-1525). Königstein/Taunus 2007, 237-275. 302-308.

117 Wilhelm DERSCH: Franziskanerbriefe an Anna von Mecklenburg (1522-1525). BHKG 12 (1941) 22-57, hier 50.

III Der Versuch einer Stabilisierung der Lage

Erzbischof Albrecht hatte Herzog Georg in dessen Konflikt mit den Salzaer Augustinern an die Ordensoberen verwiesen. Doch von der deutschen Kongregation konnte der Herzog keine Unterstützung erwarten, da diese seit Februar 1523 ohne Leitung war. Der im August 1520 gewählte Generalvikar Wenzel Linck[118] war selbst offen zum Anhänger der Reformation geworden; schon seit Juli 1522 hatte er als evangelischer Prediger in Altenburg gewirkt, am 22. Februar 1523 war er offiziell von seinem Amt als Generalvikar zurückgetreten und am 15. April 1523 hatte er geheiratet.[119] Das von den Diffinitoren[120] einberufene Kapitel der Kongregation, das am 21. Juni 1523 wiederum in Grimma zusammentrat, bestand nur aus wenigen Delegierten und war beschlussunfähig.[121] Der Konvent Salza war auch diesmal in Grimma nicht vertreten. Am 22. Juni 1523 gaben sechs Kapitulare der altgläubigen Fraktion im Leipziger Franziskanerkloster vor einem päpstlichen Notar und drei Zeugen eine Erklärung zu Protokoll, in der sie sich gegen die »neue und fremde Lehre« wandten, »die man die martinianische oder lutherische nennt«, und beteuerten, der Entscheidung der heiligen Mutter, der katholischen Kirche, weiterhin treu anhängen zu wollen.[122] Das nächste Kapitel wurde auf den Tag der Geburt Marias (8. September) in Mühlheim im Tal festgesetzt; es sollte dann ungeachtet der Teilnehmerzahl beschlussfähig sein.[123]

Kurz vor dem Zusammentreten dieses Kapitels in Mühlheim wandte sich Herzog Georg am 24. August 1523 mit einem eindringlichen Appell an die Kapitulare. Er habe als »ein libhaber fromer geistlichen, dy sich irem stant vnd regel nach gehorsamlich ghalten«, gerade den Augustinerorden »vor andre glibet« und beklagt die »durch lere eins awers ordens, martin lutters«, entstandene Situation. Er schildert die Lage in den vier, im Herzogtum Sachsen gelegenen Konventen der Kongre-

---

118 Vgl. Wolf-Friedrich Schäufele: Art. Linck. BBKL 15 (1999) 864-870.

119 Vgl. Jürgen Lorz: Das reformatorische Wirken Dr. W. Lincks in Altenburg und Nürnberg (1523-47) (Schriftenreihe des Nürnberger Stadtarchivs; 25). Nürnberg 1978; Bernd Moeller: Wenzel Lincks Hochzeit: über Sexualität, Keuschheit und Ehe in der frühen Reformation. In: Ders.: Luther-Rezeption: kirchenhistorische Aufsätze zur Reformationsgeschichte/ hrsg. von Johannes Schilling. Göittingen 2001, 194-218.

120 Auf den Ordenskapiteln wurden jeweils von den Kapitularen vier Diffinitoren (Definitoren) gewählt, deren Aufgabe es war, die Kapitelsbeschlüsse (diffinitiones) vorzubereiten. Vgl. Constitutiones … (wie Anm. 17), Sachreg. – In diesem Fall wurden die Diffinitoren des vergangenen Kapitels aktiv, da der Generalvikar zurückgetreten war.

121 Vgl. den Bericht des Teilnehmers Nikolaus Besler in: Hans Schneider: Die autobiographischen Aufzeichnungen des Nürnberger Augustinereremiten Nikolaus Besler. Augustiniana 62 (2012), 119-152, hier 147-149.

122 Text bei Alfred Overmann: Urkundenbuch der Erfurter Stifter und Klöster. Bd. 3 (Geschichtsquellen der Provinz Sachsen und des Freistaates Anhalt N.R.; 16). Magdeburg 1934, 332 f (Nr. 588).

123 Ebd. Vgl. Schneider: Die autobiographischen … (wie Anm. 121), 149 f.

gation und gibt seiner Sorge Ausdruck, da die Kongregation ohne einen Oberen sei, »mocht mit der zceit das schiff ane rudel [ohne Ruder] auch vnder geen«. Drohend setzt er hinzu, er könne sich genötigt sehen, den Gottesdienst durch andere Geistliche versehen zu lassen, d. h., die Augustinerklöster anderen Mönchen zu übertragen, »bey den wir vns sulcher secten vnd eygenwillens nicht zcu befarn hetten«. Er hoffe aber, dass die Mitglieder des Kapitels das Amt des Vikars mit einem fähigen Geistlichen, der nicht die gleiche »leichtfertikeit« an den Tag lege wie sein Vorgänger (Wenzel Linck), versähen und der »anders, was baufelliges ist, wider vffrichten« werde. Dazu biete er seine Förderung und Hilfe an.[124]

Am 8. September 1523 trat das Kapitel der Kongregation in Mülheim/ Ehrenbreitstein (im Gebiet des Erzbischofs von Trier gelegen) zusammen. Hier wurde der Prior des hessischen Klosters Eschwege, Johannes Bethel von Spangenberg, zum neuen Generalvikar der verbliebenen Observantenkonvente gewählt.[125] Spangenberg[126] war ein Mann nach Herzog Georgs Wünschen. Obwohl er in Wittenberg studiert hatte und dort promoviert worden und mit Luther persönlich bekannt war, zählte er zu der konservativen, Luther ablehnenden Fraktion in der Kongregation. Er hatte auch zu jenen gehört, die im Vorjahr sich in Leipzig gegen die neue Lehre verwahrt und ihre Treue zur alten Kirche erklärt hatten.[127]

Der nachdrückliche Appell Herzog Georgs an das Mühlheimer Kapitel zeigte Wirkung. Dem neuen Generalvikar musste daran gelegen sein, die Lage der Konvente im Herzogtum Sachsen zu stabilisieren, und wenn überhaupt irgendwo, so versprach hier die Unterstützung durch den Landesherrn, den entschiedenen Verfechter einer altgläubigen, Luther-feindlichen Kirchenpolitik, Hoffnung auf eine erfolgreiche Eindämmung der Auflösungserscheinungen. So hielt sich Spangenberg gleich zu Beginn des Jahres 1524 im Herzogtum Sachsen auf. Anfang Februar visitierte er das Kloster Salza. In seinem Schreiben an das Mülheimer Kapitel hatte Herzog Georg offen den Vorwurf geäußert, dass der dortige Prior und etliche Brüder im Kloster »der nawen zcu storlichen [zerstörerischen] secten fast anhengig« seien.[128] Am 4. Februar 1524 benachrichtigte Herzog Georg seinen Amtmann zu Salza, dass Spangenberg, der sich dort befinde, »einen andern prior und prediger ins closter zu Saltza zu verordnen« gedenke. Er, der Herzog, habe dies mit der Auflage bewilligt, dass der neue Prior mit seinem Handeln und Predigen »kein neuerung einfuren« dürfe. Der Amtmann wurde angewiesen zu überwachen, ob der

124 ABKG 1, 550-552 (Nr. 546).

125 Schneider: Die autobiographischen … (wie Anm. 121), 150: »Convenientibus autem deinde certorum conventuum patribus, die locoque preassignatis, elegerunt in unionis nostre vicarium reverendum Patrem Mag. Ioannem de Spangenberg, virum utique dignissimum.«.

126 Zu Spangenberg vgl. Kunzelmann: Geschichte der … 5 (wie Anm. 9), 175, Anm. 941, und 512-515 (ohne Kenntnis der Vorgänge in Salza).

127 Siehe oben Anm. 122.

128 ABKG 1, 551 (Nr. 546).

neu eingesetzte Prior etwas »uf der canzel, ader sust in andere weise furnemen und predigen wurde, das ungeburlich und zu aufrur und uneynigkeyt dinstlich were«, und gegebenfalls darüber schriftlich Meldung zu machen.[129]

Am 16. März 1524 antwortete Herzog Georg auf einen Brief des neuen Priors und des Augustinerkonvents, in dem die Mönche mitgeteilt hatten, dass sie »den alten prior abgesatzt und eynen fromden predicanten vorordenet« hätten.[130] Leider ist nicht bekannt, ob der abgesetzte Prior Oppenheim als Mönch im Kloster blieb oder ob er Salza verließ, und auch nicht, wie der neue Prior hieß und woher er kam. Wenn der Herzog die Erlaubnis zur Predigt der evangelischen Wahrheit erteilte, so war das natürlich nicht als Freigabe lutherischer Verkündigung gemeint, sondern in dem Sinne zu verstehen, wie etwa Nürnberger Reichstagsabschiede 1523/1524 von der Verkündigung des Evangeliums nach der Auslegung bewährter Lehrer gesprochen hatten.[131] Herzog Georg stellte dem Konvent auch die Rückgabe der beschlagnahmten Kleinodien in Aussicht. Gleichzeitig wies der Herzog seinen Amtmann Sittich von Berlepsch an, die Messgewänder und Kleinodien des Klosters dem Konvent wieder auszuhändigen. Der Amtmann solle aber gleichwohl darauf achthaben, dass sie nicht entwendet würden. Ferner solle er überwachen, dass nicht die Mönche »der nauen sect wyderumb sich anhengig machen«.[132] Am 31. Juli 1524 gestattete Georg in einem Schreiben an den Amtmann zu Salza, dass zwei Augustiner im Kloster bleiben dürften, »weil der vicarius also gute hoffnunge zu yn treget«, doch macht er zur Bedingung, »das sie auch gepurliche penitenz von wegen yrer ubertretung entphahen«.[133] Um wen und was es dabei genau ging, ist aber nicht erkennbar.

So konnte im Sommer 1524 der Eindruck entstehen, als sei eine Entspannung der Lage eingetreten. Das Augustinerkloster, das als Hauptunruheherd in der Stadt Salza gegolten hatte, schien befriedet. Doch die Ruhe erwies sich schon bald als trügerisch.

---

129 ABKG 1, 606 f (Nr. 602).

130 ABKG 1, 618 f (Nr. 618)

131 Deutsche Reichstagsakten. Jüngere Reihe III, 449 und IV, 605. Vgl. Cornelis Augustijn: Allein das heilig evangelium: het mandaat van het Reichsregiment 6 maart 1523. NAKG 48 (1968), 150-165. Diese Wendung findet sich z. B. auch in einem Mandat Albrechts von Mainz vom 10. Sept. 1523 betr. die Ausführung des Nürnberger Reichstagsabschieds: Es solle »das heilig evangelium und die heiligen aposteln nach auslegung von der heiligen cristlichen kirchen approbirten und angenomen lerer geprediget« werden (abgedruckt bei Fritz Herrmann: Die evangelische Bewegung zu Mainz im Reformationszeitalter, Mainz 1907, Beil. X, hier: 226).

132 ABKG 1, 619 (Nr. 619).

133 ABKG 1, 714 (Nr. 704).

IV Vom Bauernkrieg bis zum Ende des Augustinerkonvents

Eine neue Etappe der Entwicklung begann während des Bauernaufstandes in Thüringen, der auch bald Langensalza erfasste. Nach gängiger Auffassung wurde das Augustinerkloster im Bauernkrieg zwar behelligt, blieb aber bestehen.[134] Doch auch diese Meinung ist nach einer genaueren Analyse der Quellen zu korrigieren.

In der im Frühjahr 1525 aufgeheizten Lage in Thüringen kam es am 25. April auch in Salza zu ersten Unruhen. Nach der Aussage des Schuhflickers Melchior Weigand, eines der örtlichen Initiatoren des Aufruhrs, bildeten die Versuche zur Unterdrückung der evangelischen Verkündigung einen wesentlichen Anlass zur Empörung. Nachdem »mancherlei gebott und vorpet ausgangen, das man nicht zu den martinischen predigten gehen solde, und nachdem auch viel wort vom amptmann [Sittich von Berlepsch] gesaget, das er und der rat befehell hetten, die martinischn uf 8 wagen zu laden und m.g.h. herzogen Georgen zuzuschicken«, hätten einige Bürger aus Furcht vor der »wegkfurunge« die Nacht nicht in ihren Häusern verbracht, während Amtmann und Rat unterdessen auf dem Rathaus konferierten.[135] Unter den Geistlichen und Mönchen, die am 26. April zusammen mit dem herzoglichen Amtmann und dem Bürgermeister in das Heerlager der Bauern vor Thonna gebracht und zu einem Eid auf das Evangelium und die 12 Artikel der Bauernschaft, »die in der schrift gegrunt sind«, gezwungen wurden, gehörten auch etliche Augustiner.[136] Zwei Mitglieder des Konvents haben mit den Aufständischen aktiv kollaboriert: der schon erwähnte Johann Sommering, der bereits im Juni 1522 als evangelischer Prediger hervorgetreten war, und Franz (Franciscus) Schochardt. Nach dem Bauernkrieg wurde nach beiden regelrecht gefahndet. Mitte September 1525 vermutete Sittich von Berlepsch, dass die beiden »Augustinerapostaten«, die auch hätten »dy ufrur helfen anrichten«, sich in Gotha aufhielten.[137] Aus einem Brief Schochardts an Kurfürst Johann, den Landesherrn von Gotha, vom 16. August 1525 geht hervor, dass er während des Bauernkriegs das Salzaer Augustinerkloster, in dem er ungefähr 24 Jahre verbracht habe, verlassen hatte. Damals habe er »aus guter naygung, auch aus gehayß des rats und gemeyn Teutzsche meß gehalden und eczlichen fromen Crysten, dy es begert, under bayder gestalt das sacrament geraycht«. Also erst zu einem Zeitpunkt, als im Fortgang des Aufstands die staatliche Macht zusammengebrochen zu sein schien, hat man es in Salza gewagt, nicht nur – wie schon früher – den alten Kult zu kritisieren, sondern

134 Göschel: Chronik … (wie Anm. 9) 2, 109; danach Kunzelmann: Geschichte der … 5 (wie Anm. 9), 161.

135 Akten zur Geschichte des Bauernkrieges in Mitteldeutschland. Bd. 2/ hrsg. von Walther Peter Fuchs. Jena 1942, 920 f (Verhör vom 15.10.1529). Vgl. auch die Aussage von Hans Kronen vom September 1525 (II, 651).

136 ABKG 2, 229 (Nr. 982).

137 ABKG 2, 397 (Nr. 1137).

nun auch eine Reform des Gottesdienstes vorzunehmen. Wie die Erwähnung der deutschen Messe zeigt, folgte man dabei vielleicht Thomas Müntzers liturgischen Neugestaltungen. Schochardt war auch nach dem Ende des Aufstands weiterhin gewillt, »der Chrystlichen ewangelischen freyhayten anhengig, anderer gestalt [als im Kloster] meyn leben zuzubryngen«. Er könne sich aber derzeit nicht ohne Gefahr in Herzog Georgs Gebiet aufhalten und bitte daher um Erlaubnis, in Kursachsen wohnen zu dürfen.[138]

Über das Geschick anderer ehemaliger Salzaer Augustinermönche ist bislang wenig bekannt. Der einstige Prior Johann Oppenheim, langjähriger Wortführer der »Martinisten«, wird in den Quellen nicht mehr genannt; vielleicht ist er im Bauernkrieg umgekommen. Johann Heyse, der durch seine Predigten im Herbst 1522 zu einer Eskalation des Konflikts gesorgt hatte und längere Zeit in Haft blieb, ist wohl mit jenem gleichnamigen Prediger identisch, der im Dorf Hergisdorf bei Mansfeld als einer der ersten lutherischen Pfarrer genannt wird.[139]

Nach dem Bauernkrieg stand das Salzaer Augustinerkloster offenbar zunächst leer. Denn am 2. Juni ließ Herzog Georg dem Abt Liborius Vogt und den Mönchen des Benediktinerklosters Homburg, deren Klostergebäude von den Aufständischen zerstört worden waren, das Augustinerkloster als vorübergehende Bleibe zuweisen, bis ihr eigenes Kloster wiederhergestellt und bewohnbar sei.[140] Auch dem Prior des gleichfalls zerstörten Benediktinerklosters Reinhardsbrunn wurde am 30. September 1525 nahegelegt, mit seinen Mitbrüdern zum Abt von Homburg nach Salza zu ziehen und sich im Augustinerkloster einzuquartieren.[141]

Erst zwei Jahre nach dem Ende des Bauernkrieges kam es zu einer Wiederbelegung des Klosters mit Augustinereremiten. Dabei ging die Initiative offenbar von Johannes Spangenberg aus. Denn am 9. August 1527 teilte Herzog Georg seinem Amtmann in Salza mit, dass er dem Generalvikar auf dessen inständige Bitten bewilligt habe, das Kloster wieder mit Mönchen zu besetzen. Der Herzog gab dem Amtmann abermals genaue Instruktionen über das Verhalten gegenüber den neu eingezogenen Bewohnern. In Anbetracht dessen, dass die Augustiner »der naue[n] sect erste anheber und ursacher gewest«, schien ihm eine sorgsame Aufsicht besonders geboten. Der Amtmann solle darauf achten, dass keiner, der sich während des Bauernkriegs verdächtig gemacht habe oder »der nauen sect« anhänge, in das Kloster aufgenommen werde. Dies habe er auch dem Generalvikar Spangenberg mitgeteilt. Von den beschlagnahmten Kleinodien und Einkünften solle der Amtmann den Mönchen nur das für den Gottesdienst und den Lebensunterhalt unbedingt Notwendige zukommen lassen, »auf das yhnen nicht ursach gegeben,

138 ABKG 2, 397, Anm. 2.

139 Vgl. Karl Krumhaar: Die Grafschaft Mansfeld im Reformationszeitalter. Eisleben 1855, 206; Kawerau: Caspar Güttel (wie Anm. 74), 45, Anm. 3.

140 ABKG 2, 267.

141 ABKG 2, 403 (Nr. 1144).

deste ehr auszutreten«. Sobald der Amtmann jedoch bemerke, dass die Mönche in den Predigten oder sonst irgendeine Neuerung einzuführen wagten, solle er das dem Herzog anzeigen.[142]

Wahrscheinlich handelte es sich bei den Mönchen, die im Spätsommer 1527 nach Langensalza kamen, um eine neue Belegschaft. Mindestens zu einem Teil bestand der Konvent aus Mönchen, die aus dem hessischen Augustinereremitenkloster Eschwege stammten, denn noch zehn Jahre später lassen sich hier ehemalige Mitglieder des Eschweger Konvents nachweisen.[143] Es scheint, dass Spangenberg auch deshalb die Neubelegung des Salzaer Kloster mit Augustinereremiten betrieben hat, um angesichts der in der Landgrafschaft Hessen beginnenden Klosteraufhebungen[144] im sicher erscheinenden Herrschaftsbereich Herzog Georgs ein Refugium zu schaffen, und hierher in das Kloster Salza hat er einige zuverlässige Mönche seines Heimatkonvents Eschwege geschickt. Zudem hielt er sich selbst zeitweise hier auf.[145] Der Zustand der Kongregation musste aber mehr und mehr als hoffnungslos erscheinen. Von Salza aus schrieb Spangenberg schließlich am 23. April 1529 einen Brief an den Rat der Stadt Köln, in dem er seinen Rücktritt vom Amt des Generalvikars mitteilte.[146]

Die Nachrichten über das Augustinerkloster in Salza während der 1530er Jahre sind spärlich. 1535 befanden sich im Kloster nur noch fünf Priester und zwei Laienbrüder, schließlich nur noch zwei Priester und ein Laienbruder.[147]

Ein grundlegender Wandel der kirchlichen Verhältnisse im Herzogtum Sachsen und somit auch in Salza trat mit dem Tod Herzog Georgs ein. Er hatte seine Söhne überlebt und starb am 17. April 1539 (zwei Tage vor dem Frankfurter Anstand). Er hatte nicht mehr verhindern können, dass sein Bruder Heinrich der Fromme, der sich der evangelischen Seite zugewandt hatte, die Nachfolge antrat. Dieser begann

142 ABKG 2, 781 (Nr. 1469).

143 Am 26. Januar 1537 urkundeten in Langensalza drei Augustiner aus Eschwege, dass sie von Landgraf Philipp aus den Gefällen ihres Klosters mit einer lebenslänglichen Geldrente abgefertigt wurden, und verzichteten auf alle weiteren Ansprüche. Albert HUYSKENS: Die Klöster der Landschaft an der Werra (VHKH 9,1; Klosterarchive; 1). Marburg 1916, Nr. 871.

144 Vgl. Eckart G. FRANZ: Die hessischen Klöster und ihre Konvente in der Reformation. HJLG 19 (1969) 147-233, Schilling: Klöster und Mönche … (wie Anm. 1), 205-210.

145 Noch im April 1530 schrieb Sittich von Berlepsch an Bürgermeister und Rat der Stadt Göttingen, dass sich Spangenberg im Augustinerkloster in Salza »in geistlichem wesenn« aufhalte. ABKG 3, 319 (Nr. 1909).

146 Vgl. Kolde: Die deutsche Augustiner-Congregation … (wie Anm. 75), 400. Bei den Besuchen des Verf.s im Historischen Archiv der Stadt Köln (noch vor dem Einsturz des Gebäudes im Jahre 2009) war der Brief bereits nicht mehr auffindbar.

147 Hermann GUTBIER: Die Einführung der Reformation in Langensalza. Langensalzaer Tageblatt 1929, Heimatbeilage »Stadt und Land« [Separat-Nachdruck: Bad Langensalza 1996], 4.

sogleich mit der Einführung der Reformation, bei der ihm sein ernestinischer Vetter, Kurfürst Johann Friedrich, behilflich war.[148]

In einem Gutachten, das Melanchthon zur Reform der Universität Leipzig erstellte, votierte er dafür, den noch aktiven Mönchen jede öffentliche Betätigung und auch private Religionsausübung zu verbieten; am besten sollten sie ausgewiesen werden. »Denn dieses ist ganz öffentlich, dass die christliche Potestat nicht schuldig sind, die Lästerer zu schützen und zu ernähren. Ja sie sind schuldig zu verhüten, dass nicht andere verführt und vergiftet werden.« [149] Herzog Heinrich entsandte Melanchthon auf eine Visitationsreise, um die kirchliche Lage zu erkunden und brauchbare evangelische Prediger, auch unter ehemaligen Mönchen, zu suchen. Melanchthon berichtete im Juli 1539, dass aus Salza nur ein einziger Mönch – der Vizeguardian Erhard Fabri aus dem Franziskanerkloster – als evangelischer Prediger »wohl zu gebrauchen« sei.[150] Nach kursächsischem Vorbild führte im Sommer des Jahres eine Kommission die erste Visitation in Thüringen durch, deren wichtigstes Ergebnis die Errichtung von fünf Superintendenturen war.[151] Eine zweite Visitation im Herbst 1540 sollte ihr besonderes Augenmerk auf die Klöster und kirchlichen Stiftungen richten. Diese Kommission hielt sich vom 30. September bis 4. Oktober in Salza auf.[152]

Die verbliebenen Augustiner verließen ebenso wie die Franziskaner 1540 ihr Kloster und versuchten, an anderen Orten unterzukommen.[153] Drei Augustiner wurden abgefunden: dem letzten Prior Hermann Fahner gewährte man ein Jahrgeld von 40, dem Bruder Friedrich von 20 und Herrn Heinrich 15 Gulden, außerdem ein gewisses Maß an Getreide. Im Frühjahr 1541 verließ der Prior das Kloster mit Hinterlassung des Inventars.[154]

---

148 Vgl. Heiko Jadatz: Herzog Heinrich von Sachsen als Förderer der Wittenberger Reformation und als evangelischer Landesherr. In: Herzog Heinrich der Fromme (1473-1541)/ hrsg. von Yves Hoffmann; Uwe Richter. Beucha 2007, 75-93, bes. 91-93.

149 CR 3, 712-714, hier 713.

150 CR 3, 752 (Nr. 1832); MBW 2236.

151 Vgl. Carl August Hugo Burkhardt: Geschichte der sächsischen Kirchen- und Schulvisitationen von 1524 bis 1545: die Visitationen in den heutigen Gebietsteilen der Königreiche Preußen und Sachsen, des Großherzogtums Weimar, der Herzogtümer Gotha, Meiningen, Altenburg, des Herzogtums Braunschweig und der Fürstentümer Schwarzburg-Rudolstadt, Sonderhausen, Reuß jüngere Linie und Reuß ältere Linie. Leipzig 1879 [Reprint Aalen 1981], 234-237; Heiko Jadatz: Die evangelischen Kirchenvisitationen in Sachsen 1524-1540. In: Glaube und Macht: Sachsen in Europa der Reformationszeit. Aufsätze/ hrsg, von Harald Marx; Cecilie Hollberg. Dresden 2004, 70-79, hier 75 f.

152 Protokoll im Landesarchiv Magdeburg, A 29 a II.

153 Göschel: Chronik … (wie Anm. 9) 2, 150 f.

154 Gutbier: Die Einführung … (wie Anm. 147), 4; Walther Gerss: Zur Einführung der Lutherischen Reformation im Amt Salza und Thamsbrück 1539-41. Langensalza 1939 [Reprint: Bad Langensalza o.J.], 14; Dorn: Die Klöster … (wie Anm. 8), 57.

Ausblick

Damit endete die Geschichte des Augustinerklosters in Salza. Die Kirche diente bis 1558 als Stadtkirche, das Schiff wurde 1563 abgetragen, Chor und Refektorium wurden 1574 abgerissen, im Dormitorium eine Lateinschule eingerichtet, in einem weiteren Gebäude deren Rektor untergebracht. Der große Brand im Jahre 1711 zerstörte weitere Teile der erhaltenen Gebäude. Auf den Grundmauern des Dormitoriums errichtete die Stadt unter Verwendung alter Fenster- und Türbogen ein neues Fachwerkhaus, das heute das Stadtmuseum beherbergt. Erhalten sind ferner noch der Kirchturm,[155] die Sakristei, Reste des vierflügeligen Kreuzgangs mit Maßwerkfenstern sowie wenige Ausstattungsstücke.[156]

155 Der an der Ostseite der Kirche angebaute Turm erhielt nach dem Brand 1711 eine Haube; ursprünglich hatte er wohl einen geraden oberen Abschluss, evtl. mit Fialen geschmückt, und glich somit den Türmen der Augustinerkirchen in Erfurt und Magdeburg.

156 Vgl. Heinrich OTTE: Beschreibende Darstellung der älteren Bau- und Kunstdenkmäler der Kreises Langensalza, bearb. von Gustav Sommer. Halle 1879, ND Bad Langensalza 2011, 50-52 sowie 38 (Altarflügel in der Marktkirche); Dorn: Die Klöster … (wie Anm. 8), 58. – Auch in diesem Punkt ist die Darstellung Kunzelmann: Geschichte der … 5 (wie Anm. 9) unzutreffend, der behauptet: »An die Augustiner erinnert in Salza nur noch die Brüdergasse.«

Die zögerliche Erfindung der Toleranz im Jahrhundert der Reformation

Von Harald Schultze

Die Evangelische Kirche in Deutschland hat in Vorbereitung auf das Reformationsjubiläum 2017 zu einem Themenjahr mit dem Titel »Reformation und Toleranz« aufgerufen.[1] Sie versteht nach eigener Aussage dieses Thema als ein Stück der »Scham- und Schuldgeschichte der reformatorischen Kirchen«, weil die Reformation »keinen wirklichen Zugang zum Thema Toleranz gefunden« habe. Es gelte deshalb, intolerante Haltungen einzugestehen. In einem Aufruf schrieb Margot Käßmann, dass »die ganze Geschichte von Reformation und Gegenreformation« ein Sinnbild dafür sei, »die Überzeugungen der anderen nicht zu tolerieren«. Sie wolle daher von der Lerngeschichte der Toleranz in den zurückliegenden Jahrhunderten sprechen. Dagegen protestierte der Reformationshistoriker Thomas Kaufmann: Die Reformation sei nicht die »Mutter der Toleranz«, aber es sei ebenso falsch, von einer »Schuld- und Schamgeschichte« zu sprechen.[2]

Es ergibt ein schiefes Bild, wenn »der« Reformation insgesamt das Etikett der Intoleranz angehängt wird. Jene grausamen Verfolgungsgeschichten, die aus den konfessionellen Kämpfen des 16. Jahrhunderts resultieren, sind ein Phänomen der ganzen Gesellschaft des 16. Jahrhunderts – der katholisch verbliebenen Länder wie auch der evangelisch gewordenen Staatswesen. Die Intoleranz in den verschiedenen Staatswesen des 16. Jahrhunderts stellt deshalb ein neues Thema dar, weil mit dem Aufbruch der Reformation, des Humanismus und der verschiedenen religiössozialen Protestbewegungen eine neuartige Pluralität religiöser Überzeugungen und Lebensformen ihr Lebensrecht einfordert. Damit wird Toleranz nötig – scheint aber, wegen der gänzlich anderen Denkvoraussetzungen, vorerst staatlich nicht möglich zu sein. Dass trotzdem gerade die Reformation zur Erfindung der Toleranz Entscheidendes bewirkt hat, bedarf der Erläuterung.

Wir setzen heute voraus, dass ein Staatswesen religiös und ideologisch neutral – und das bedeutet: tolerant – sein müsse. Damit unterscheidet sich unser modernes Verständnis von Toleranz strukturell von den Denkvoraussetzungen des 16. Jahrhunderts. Luther vertrat nicht eine religiöse Meinung, die neben anderen ihr

1 Vortrag auf Einladung des Vereins für Kirchengeschichte der Kirchenprovinz Sachsen e. V. und der Otto-von-Guericke-Gesellschaft Magdeburg e. V. am 8. März 2013 in Magdeburg. Vgl. dazu das Magazin der EKD zum Themenjahr 2013 »Reformation und Toleranz«: Schatten der Reformation. Der lange Weg zur Toleranz/ hrsg. vom Kirchenamt der EKD. Hannover 2012. Darin Beiträge von Thies Gundlach (4-6) und Margot Käßmann (50-52).

2 Thomas Kaufmann: Bitte nüchtern bleiben. Glaube + Heimat: Mitteldeutsche Kirchenzeitung (2013) vom 17. Februar, 11; ders.: Vertreiben, aber nicht töten: Luthers Umgang mit Abweichlern war ein Impuls für allgemeine Toleranz. Zeitzeichen (2013), 24-26.

Lebensrecht habe müsse, sondern er setzte sich ein für die Wahrheit des Evangeliums, der er den nötigen Freiheitsraum erkämpfen wollte. Ich vertrete daher die These, dass Luther mit seinem Postulat der Freiheit des Gewissens gegenüber jeder Regierungsgewalt der Entdeckung des Grundsatzes der Toleranz den Weg bereitete. Es gab eine zögerliche Erfindung der Toleranz im Jahrhundert der Reformation, die ihren Ausgangspunkt in Luthers revolutionierendem Ansatz der Gewissensfreiheit hatte.

Die Position Martin Luthers

Luther hat bekanntermaßen nicht eine eigene, neue Kirche gründen wollen. Es ging ihm vielmehr darum, Missstände in seiner Kirche zu bekämpfen. Er forderte Freiheit für die reine Predigt des Wortes Gottes. Die Wahrheit des Evangeliums war in der Praxis der spätmittelalterlichen Kirche unkenntlich geworden. Dass einer der bedeutendsten Prediger solcher Reformbemühungen, Jan Hus, in Konstanz vom Konzil als Ketzer verurteilt und hingerichtet worden war, war ihm ein Signal des Missbrauchs. Mit seinem Satz »Dass Häretiker verbrannt werden, ist gegen den Willen des Geistes« forderte Luther die Papstkirche heraus. Diese These zählte zu den Anklagepunkten, deretwegen ihn Papst Leo X. mit dem Bann bedrohte und dieser später auch aussprach. War Luther – mit seinem Protest gegen das Papsttum – selbst zum Häretiker geworden?

Es war ein Autoritätskonflikt von historischer Dimension: Auf dem Wormser Reichstag sollte Luther die beanstandeten Sätze seiner Schriften widerrufen. Die Vertreter der Fürsten, der Kirche und der Reichsstädte sowie der junge Kaiser Karl V. erklärten, dass dieser eigensinnige junge Theologieprofessor im Irrtum sei. Dieser aber weigerte sich, etwas zurückzunehmen – und berief sich auf sein Gewissen:

> »Da mein Gewissen in den Worten Gottes gefangen ist, kann und will ich nichts widerrufen, weil es gefährlich und unmöglich ist, etwas gegen das Gewissen zu tun. Gott helfe mir. Amen.«

Hier wird nicht über Toleranz und Intoleranz diskutiert. Aber der Vorgang selbst, dass da ein einzelner Mann einfordert, diese seine Gewissensentscheidung anzuerkennen, wurde zum Exempel der Toleranzforderung. Die höchste politische und kirchliche Autorität sollte es akzeptieren, dass ihr öffentlich widersprochen werden dürfe. Aber jene Autoritäten haben das nicht akzeptiert. Auf dem Reichstag in Worms 1521 wurde Luther in die Acht getan, d. h. für vogelfrei erklärt. Gegen diesen Missbrauch staatlicher Autorität (im Gefolge des kirchlichen Fehlurteils) protestierte er in seiner Kampfschrift »Von weltlicher Oberkeit, wie weit man ihr Gehorsam schuldig sei« (1523). Was er veröffentlicht hatte, waren Vorwürfe gegen kirchliche Korruption, gegen die Komerzialisierung der Seelsorge im Ablasshandel, gegen die Verfälschung des Evangeliums in der Liturgie des Abendmahlsgottesdienstes. Das waren Themen der Predigt und der theologischen Lehre – keinesfalls aber Gegenstände staatlicher Zensur und Jurisdiktion. Dagegen stellte er die Autonomie des Gewissens: Nur das Gewissen könne in Glaubensfragen urteilen, nicht ein Reichstag.

> »Ohnehin glaubt jeder auf seine eigene Gefahr. Er muss selbst darauf sehen, dass er recht glaubt. […] Weil es also einem jeden auf seinem Gewissen liegt, wie er glaubt oder nicht glaubt, und damit der weltlichen Gewalt kein Abbruch geschieht, muss sie damit zufrieden sein, sich um ihre Angelegenheiten zu kümmern, glauben zu lassen so oder anders, wie man es kann und will, und niemanden zu zwingen. Denn der Glaube ist frei. Niemand kann dazu zwingen.« [3]

> »Keine menschliche Ordnung kann doch bis in den Himmel reichen und über die Seelen gebieten, sondern betrifft nur den äußerlichen Umgang der Menschen untereinander auf der Erden, wo Menschen sehen, erkennen, urteilen, strafen und erretten können.«[4]

Keine menschliche Ordnung kann über die Seelen gebieten – das ist der Kernsatz der Religionsfreiheit. Und die Konsequenz der Religionsfreiheit ist die Toleranz, die von den Andersglaubenden und von der Regierungsgewalt gewährleistet werden muss. Mit diesen Sätzen eröffnete Luther den Weg zur Erfindung der Toleranz in seinem Jahrhundert.

Hatte Luther Vorgänger auf diesem Weg zur Einforderung der Gewissensfreiheit? Auch das Mittelalter kannte das Prinzip der Toleranz gegenüber Andersgläubigen.[5] Gegenüber den Juden verzichtete die offizielle Lehrmeinung der mittelalterlichen Kirche auf Zwangsbekehrungen, weil zugleich immer ausdrücklich die Hoffnung bestand, dass gerade die Juden zur Einsicht kommen würden, dass Gott ihnen durch Christus das Heil angeboten habe. Dialoge zwischen Arabern, Juden und Christen gab es gelegentlich in Andalusien im hohen Mittelalter. In Cordoba gibt es dafür einen Gedenkort. Kein Geringerer als der Kardinal Nikolaus von Kues (1401-1464) hatte 1459 eine »Prüfung des Koran« verfasst und wohl 1454 den Traktat »De pace fidei« (Über den Frieden im Glauben), zunächst als Handschrift, dann 1488 in Straßburg als Druck verbreitet.[6] In diesem Büchlein, das unter dem Eindruck der Eroberung von Konstantinopel durch die Türken geschrieben wurde, schildert er den Dialog zwischen Angehörigen verschiedener Nationen und Religionen. Sie unterhalten sich über die Grundwahrheiten der Religionen. Nikolaus von Kues war davon überzeugt, dass sich in den Grundaussagen des Christentums die

3 WA 11, 265.

4 Ebd, 266.

5 Wichtige Textsammlungen zur Toleranzdiskussion seit dem Mittelalter in Auszügen in: Religiöse Toleranz: Dokumente zur Geschichte einer Forderung/ hrsg. von Hans R. Guggisberg (Neuzeit im Aufbau; 4). Stuttgart 1984 und in: Wege zur Toleranz: Geschichte einer europäischen Idee in Quellen/ hrsg. von Heinrich Schmidinger. Darmstadt 2002.

6 »De Pace Fidei – Der Friede im Glauben«. In: Nikolaus von Kues: Philosophisch-Theologische Schriften/ hrsg. von Leo Gabriel. Bd. 3. Wien 1967, 705-797.

wesentlichen Anliegen der monotheistischen Religionen vereinen und daher ein Konsens möglich wäre. Ob aber Luther die Schriften des Kusaners gekannt hat?

Ähnlich steht es mit der humanistischen Tradition, die sich besonders in der Florentiner Akademie der zweiten Hälfte des 15. Jahrhunderts ausbildete. Ihr prominentester Vertreter, Pico della Mirandola, trat ebenfalls in seiner Rede »De dignitate hominis« für das Ziel einer Verständigung der Religionen in der Einheit des Gottesbegriffs ein.[7] Vergleichbares Gedankengut findet sich auch in der »Utopia« von 1516 des Thomas Morus.[8] Bei diesen Denkansätzen handelt es sich jedoch darum, in einem Abstraktionsvorgang zu einem allgemeinen, eher philosophisch formulierten Gottesbegriff zu kommen, der freilich etwa bei Nikolaus von Kues durchaus erweitert wird um die Dimension der Trinität und der Erlösungsrolle Jesu Christi. Auf solche Gedankengänge stoßen wir später wieder, z. B. bei Sebastian Castellio und Jean Bodin in der zweiten Hälfte des 16. Jahrhunderts.

Luthers Postulat der Gewissensfreiheit dagegen gründete sich nicht auf die Deduktion von religiösen Grundvorstellungen, deren Bejahung zur Basis für eine Meinungsfreiheit in der christlichen Verkündigung berechtigt. Ihm ging es bei der Forderung der Gewissensfreiheit vielmehr um einen eher politischen Grundsatz, nämlich um die Grenzen staatlicher Gewalt. Die Konsequenz der Religionsneutralität des Staates entwickelte sich zum zentralen Thema der folgenden Jahrhunderte. Dass Luther in seinem Verständnis des Verhältnisses von Kirche und Staat noch keineswegs in der Struktur des modernen demokratischen Verfassungsrechts dachte, wird im Folgenden noch gezeigt werden. Aber mit dem Postulat, dass der Staat sich nicht anmaßen dürfe, über die Seelen zu regieren, stellte er die Weichen für die künftige Entwicklung. Daraus resultierte für das Reformationszeitalter, dass dem Staat nicht mehr das Recht zukommen dürfe zu definieren, was Häresie sei.

> »Die Ketzerei kann man niemals mit Gewalt abwehren. Dazu gehören andere Mittel. Hier muss ein anderer Streit ausgefochten werden als mit dem Schwert. Hier muss Gottes Wort streiten.«[9]

Wie ernst es Luther mit dieser These war, wird aus der Stellungnahme zu dem streitbaren theologischen Gegenentwurf von Thomas Müntzer deutlich. 1524 schrieb er in einer scharfen Polemik gegen Müntzer an »die Fürsten von Sachsen«. Aber er rief keineswegs nach rechtlichen Konsequenzen:

> »Man lasse sie nur getrost und frisch predigen, was sie können und gegen wen sie wollen. Denn, wie ich gesagt habe: Sekten müssen sein, und das Wort Gottes muss im Streit

7 Giovanni Pico della Mirandola: Oratio de hominis dignitate: Lateinisch-Deutsch/ hrsg. von Gerd von der Gönna. Stuttgart 2009.

8 Thomas Morus: Utopia: Lateinisch-Deutsch. Stuttgart 2012.

9 WA 11, 268.

liegen und kämpfen [...] Man lasse die Geister aufeinanderplatzen und miteinander kämpfen. Werden inzwischen einige verführt, wohlan, das passiert in jedem Kriege.«[10]

Verfolgung der Wiedertäufer

In der Geschichte der Reformation gibt es aber auch das dunkle Kapitel der Verfolgung der Wiedertäufer und der Antitrinitarier. Luther und die anderen Reformatoren – in Wittenberg, Zürich und Genf – haben jenen Grundsatz der Gewissensfreiheit nicht durchgehalten. Die Opposition der Täufer werteten sie als ein politisches Problem. Damit verletzten sie ihren eigenen Grundsatz, dass der Staat keine Entscheidungsvollmacht in Glaubensfragen habe dürfe.

Die historischen Vorgänge sind so komplex, dass die rechtlichen und theologischen Hintergründe der Erläuterung bedürfen. Die Ablehnung der Kindertaufe mit der Konsequenz, dass sich Erwachsene erneut taufen ließen, galt seit der Spätantike als eine Straftat, die mit der Todesstrafe geahndet wurde. Bürgerrecht in den Staatswesen des Abendlandes besaßen – mit Ausnahme der Sonderrechte für Juden – nur Christen. Wenn nun Ungetaufte, gleich welchen Alters, im Reich, in der Stadt lebten, gab es also neben den Christen auch Heiden, so war dies eine noch im 16. Jahrhundert schier undenkbare Vorstellung. Die Verweigerung der Kindertaufe galt als Verachtung des klaren Gebotes Gottes und diese wiederum als eine Form der Blasphemie. Sie wurde mit dem Tode bestraft.

Als in den habsburgischen Ländern 1526/1527 Täufer auftauchten, sah König Ferdinand I., der Bruder Karls V., darin die Gefahr des Aufruhrs. Er rekurrierte ausdrücklich auf das herkömmliche Recht und bekräftigte dieses 1528 durch ein eigenes Mandat sowie 1529 durch einen förmlichen Beschluss des Reichstags von Speyer (15. März – 22. April 1529). Der Reichstagsbeschluss von 1529 bestätigte ausdrücklich die Todesstrafe für die aktive und die passive Wiedertaufe als gültiges Reichsrecht:

> »So erneuern wir die vorigen kaiserlichen Gesetze, auch mit dem genannten darauf verkündeten Mandat, ordnen, setzen, machen und deklarieren demnach aus kaiserlicher Machtvollkommenheit und rechtem Wissen und Wollen, dass alle und jede Wiedertäufer und Wiedergetauften, Mann- und Weibspersonen verständigen Alters, vom natürlichen Leben zum Tode mit dem Feuer, Schwert oder dergleichen nach Gelegenheit der Personen, ohne vorhergehende Inquisition der geistlichen Richter, gerichtet und gebracht werden. Wer aber seinen Irrtum widerruft und Reue zeigt, kann begnadigt werden.«[11]

Auffallend ist dabei, dass zur Feststellung des »Vergehens« kein geistliches Gericht beteiligt werden musste: Allein die Tatsache der Erwachsenentaufe war hinreichend für das Todesurteil. Die Ereignisse zeigen, dass der Reichstag damit aber nur die bereits gängige Rechtspraxis bestätigte. Im Mai 1527 wurde in Rot-

10 WA 15, 218.
11 Hans-Jürgen GOERTZ: Die Täufer: Geschichte und Deutung. ND Berlin 1988, 196.

tenburg am Neckar der Täuferführer Michael Sattler auf bestialische Weise hingerichtet. Hinrichtungen erfolgten auch in Tirol. Hans Hut starb 1527 in Augsburg im Gefängnis, Balthasar Hubmaier wurde 1528 in Wien verbrannt. Auch der der Reformation zugeneigte Teil der Schweiz nahm eine ähnliche Entwicklung: Zwingli hatte in Zürich erreicht, dass die Reformation als städtische Ordnung eingeführt wurde – mit der Konsequenz, dass Wiedertäufer verfolgt wurden. Bereits im März 1526 erließ der Rat der Stadt Zürich ein Mandat gegen die Täufer, und Anfang des Jahres 1527 wurde der Wiedertäufer Felix Mantz in der Limmat ertränkt.

Der Beschluss gegen die Wiedertäufer erfolgte auf dem gleichen Reichstag, auf dem das Wormser Edikt, das über Luther die Reichsacht verhängte, erneuert wurde. Dagegen protestierten die evangelischen Stände – ein Minderheitenvotum mit politischer Relevanz. Das Gesetz über die Strafbarkeit der Wiedertaufe wurde dagegen von allen Reichsständen unwidersprochen angenommen. Die Strafverfolgung der Wiedertaufe war somit gültiges Reichsrecht, sowohl in den lutherischen wie in den altgläubigen Territorien. Hierzu ist auch anzumerken, dass Todesstrafen nach dem damals geltenden Recht für zahlreiche Verbrechen verhängt wurden: Verrat wurde mit Vierteilen; Zauberei, Münzfälschung und Brandstiftung wurde mit dem Feuertod bestraft; das Rad war die Strafe für Mord und Vergiftung, der Galgen bei schwerem Diebstahl; Notzucht und Raub wurden mit dem Schwert geahndet.

Die Wiedertäufer galten als doppelt gefährlich. Die Verweigerung der Kindertaufe richtete sich auf eine staatlich garantierte kirchliche Ordnung. Härter gewertet wurde die Distanzierung der Täufer von Regierungsämtern, von Eid und Justiz. Es ist daher kein Zufall, dass in der Confessio Augustana, d. h. dem gemeinsamen Bekenntnis der evangelischen Stände auf dem Augsburger Reichstag im Juni 1530 die Wiedertäufer in Artikel XVI (De rebus civilibus = Von der Polizei und weltlichem Regiment. »quod legitimae ordinationes civiles sunt bona opera dei …«) verdammt wurden:

> »Damnant Anabaptistas, qui interdicunt haec civilia officia christianis (Hier werden verdammt die Wiedertäufer, so lehren, dass der obengezeigten keines christlich sei).«

Dabei ist zu berücksichtigen, dass die Niederschlagung des Bauernkriegs erst fünf Jahre zurücklag. Die Verfolgung der Wiedertäufer ist auch ein Zeichen der Angst vor einem erneut aufflammenden Aufruhr.

Verfolgungen in Kursachsen

Am 18. Januar 1530 wurden in Reinhardsbrunn sechs Wiedertäufer hingerichtet: Barbara Unger, Andreas Kolb, Katharina Kolb, Katharina König, Elsa Kunitz und Christoph Ortlepp. Sie waren aus Oberdeutschland nach Zella-Mehlis gekommen. Der Kurfürst Johann der Beständige hielt sich also an das 1529 ausdrücklich erneuerte Reichsrecht und verhängte die Todesstrafe. Friedrich Myconius, Superintendent von Gotha, hatte sie verhört und sich erfolglos bemüht, sie zum Widerruf zu bewegen.[12]

Für uns ist besonders interessierend, dass Melanchthon und Luther in einem Gutachten für den Kurfürsten die Todesstrafe für die Wiedertäufer ausdrücklich billigten. Im Februar 1531 stellte Melanchthon dem Kurfürsten ein Gutachten zu dessen Mandat gegen die Wiedertäufer aus. In diesem Schriftsatz wird die Todesstrafe für rechtens erklärt, weil die Wiedertäufer sich in Konventikeln versammeln und lehren, dass das Amt der Obrigkeit unchristlich sei und dass sie Eid und Steuern verweigern. Angeblich wollten die Wiedertäufer alle Gottlosen umbringen. Die Wiedertäufer verkündeten aufrührerische Artikel. »Wer darauf nach geschehener Vermahnung und Unterricht beharret, soll als ein Aufrührer gerichtet werden.« Es müsse auch als Blasphemie gewertet werden, dass die Wiedertäufer das öffentliche Ministerium Verbi verdammen und keine Kirche akzeptieren wollen. Der Kurfürst könne also die Strafe mit gutem Gewissen vollziehen lassen. Selbstverständlich sollten solche Personen, die als verführt gelten können und die bereit sind abzuschwören, nicht bestraft werden. Wenn sie allerdings beim Rückfall ertappt werden, sei die volle Strafe anzuwenden. Insgesamt beurteilt das Gutachten die Sekte der Wiedertäufer als ein Werk des Teufels, der die rechte Lehre zerstören wolle.

Luther unterzeichnete das Gutachten Melanchthons mit dem Zusatz:

> »Placet mihi Martino Luthero. Wiewohl es grausam anzusehen, dass man sie mit dem Schwert straft, so ist es doch grausamer, dass sie das Predigtamt damnieren und kein gewisse Lehre treiben und rechte Lehre unterdrücken und dazu die Reiche dieser Welt zerstören wollen.«[13]

Dieser Vorgang ist charakteristisch: Melanchthon argumentierte auf der Basis des Reichsrechts. Luther erkannte offenbar die Inkonsequenz dieses Urteils: Wird hier nicht doch durch den Staat über die Gewissen regiert – entgegen dem eigenen Postulat der Reformation? Aber er unterzeichnete dennoch das Gutachten – möglicherweise wegen der Gefahr des Aufruhrs. Ist aber diese Diagnose richtig?

Wenige Jahre später gibt es einen neuen Vorgang. Im November 1535 wurden in dem Dorf Kleineutersdorf bei Kahla elf Männer und fünf Frauen verhaftet – eine täuferische Gruppe, die sich dort versammelt hatte. Dazu gehörten Prediger, die aus Sachsen oder Hessen hierher gekommen waren. Alle wurden auf der Leuchtenburg gefangen gesetzt, anschließend z. T. in Kahla und Jena verhört. Melanchthon und

---

12 Die gründlichste Darstellung der Täuferverfolgung in Thüringen bei Paul WAPPLER: Die Täuferbewegung in Thüringen von 1526-1584 (Beiträge zur neueren Geschichte Thüringens; 2). Jena 1913. 541 S.

13 MELANCHTHONS BRIEFWECHSEL: kritische und kommentierte Gesamtausgabe/ hrsg. von Heinz Scheible im Auftrag der Heidelberger Akademie der Wissenschaften. Bd. 5: Texte 1110-1394 (1531-1533). Stuttgart 2003, Nr. 1119. Herrn Dr. Heinz Scheible/Heidelberg verdanke ich wichtige Hinweise.

Caspar Cruciger waren gerade wegen der Seuchengefahr in Wittenberg im Saaletal tätig, so dass Melanchthon als Untersuchungsrichter die offenbar gründlichen Verhöre persönlich leitete und darüber dem jungen Kurfürsten Johann Friedrich berichtete. Die Nachrichten vom Reich der Wiedertäufer und dessen Niederschlagung im Juni 1535 in Münster hatte Schrecken ausgelöst. Die Verhöre wurden mit der Zielstellung geführt, die Täufer und die Getauften wiederum zur Anerkennung der evangelischen Lehre zu führen, was bei einigen gelang. Drei von ihnen blieben aber standhaft bei ihren geistlichen Gegenthesen: Heinz Krauth, Jobst Moller und Hans Peißker. Mit dem kurfürstlichen Hof hatte man sich von Amts wegen auf eine Vermeidung der Todesstrafe verständigt. Als aber jene drei Männer auch nach der »Peinlichen Befragung«, d. h. nach Anwendung der Folter, nicht zum Widerruf bereit waren, wurden sie am 26. Januar 1536 in Jena enthauptet.[14]

Übrigens hatte es im September 1535 schon die Hinrichtungen von Georg Möller, Georg Köhler, Petronella und deren Tante in Sangerhausen gegeben. Ebenso waren 1535 Hans Höhne und Adrian Richter bei Gröningen in der Bode ertränkt worden. Jene Hinrichtungen waren aber auf Befehl katholischer Fürsten erfolgt: Georg der Bärtige war der Landesherr von Sangerhausen, Kardinal Albrecht von Brandenburg im Hochstift Halberstadt. Die Durchführung der Täuferverfolgung war abhängig von den territorialen Verwaltungen. In den verschiedenen Berichten über die Verfolgung der Täufer ist erkennbar, dass die Behörden mehrfach versuchten, die Todesstrafe zu vermeiden. Beispielhaft dafür ist die Situation in Straßburg – zunächst eine offene Stadt, in der sich Menschen ganz unterschiedlicher Bekenntnisse trafen. Seit Beginn der 30er Jahre wurden strengere Maßstäbe an die religiöse Ordnung angelegt und Dissidenten der Stadt verwiesen. Es gab aber in Straßburg keine Hinrichtung. Eine Ausnahmestellung nahm ebenfalls Landgraf Philipp von Hessen ein, der Täufer zwar gefangen setzte, aber keine Todesurteile verhängte.

In dieser Phase der Verunsicherung, wie weit die Verfolgung von Wiedertäufern gehen müsse, legten die Wittenberger Theologen erneut ein Gutachten vor, das für den Landgrafen Philipp von Hessen im Juni 1536 erstellt wurde.[15] Darin wird auf den Grundsatz, dass die Fürsten nicht über geistliche Sachen zu richten hätten, ausdrücklich Bezug genommen. Anders aber wird es gewertet, wenn es sich um Abgötterei und Blasphemie handle. Dann sei es vielmehr Pflicht der Fürsten, Gottes Ehre zu wahren. Auch die Gründung einer anderen Kirche dürfe nicht geduldet werden, wenn die reine Lehre geübt und in der eigenen Kirche die Abgötterei abgewiesen ist. Das Gutachten geht auch auf das Argument der Taufgesinnten ein, dass nach dem Gleichnis vom Unkraut unter dem Weizen die Menschen doch nicht

14 Akten bei Wappler: Die Täuferbewegung …, 394-423 (wie Anm. 12). Dort auch das Gerichtsurteil zur Todesstrafe für Heinz Krauth, Jobst Moller und Hans Peißker (410). Vgl. Melanchthons Briefwechsel. Bd. 6: Texte 1395-1683 (1534-1535). Stuttgart 2005, Nr. 1671.

15 WA 50, 9-15.

Gottes Strafe vorwegnehmen dürften. Das habe das Predigtamt zu beachten. Aber es bleibt die Pflicht des weltlichen Regiments, »Gottes Lästerung, falsche Lehre, Ketzereien zu wehren und die Anhänger am Leib zu strafen.«

Das Gutachten wurde von Martin Luther, Johannes Bugenhagen, Caspar Cruciger und Philipp Melanchthon unterzeichnet. Luther fügte wieder einen Zusatz an: »Dies ist die gemeine Regel, doch mag unser gnädiger Herr, allezeit Gnade neben der Strafe gehen lassen, nach Gelegenheit der Zufälle.« Dieses Gutachten, das nach der Niederschlagung der von den Wiedertäufern in Münster errichteten Theokratie verfasst wurde, macht deutlich, dass die Wittenberger Reformatoren sich nicht von dem allgemeinen Konsens des Reiches, dass der Staat Gotteslästerung nicht zulassen dürfe, getrennt haben. Im Vordergrund stand die Ablehnung des Aufruhrs, aktuell geworden durch die Vorgänge in Münster. Doch darüber hinaus ging es auch um die Abwehr von Sektengründungen gegen die bestehende reformatorische Kirchenordnung.

> »In einem weiten, aber durchaus bestimmten Sinne ist also Luthers Intoleranz politisch begründet; politisch so verstanden, dass der Staat an den Auftrag Gottes, die Ordnung der Welt zu erhalten, gebunden ist. Nicht um des Evangeliums willen […], sondern um des geordneten Lebens willen muss die ketzerische Lehre durch die Obrigkeit unterbunden werden.«[16]

Offenbar ist sich Luther deutlicher als Melanchthon der Inkonsequenz bewusst gewesen. Es belastet unser Reformationsgedenken, dass es nicht nur im katholischen Raum, sondern auch in Kursachsen Hinrichtungen von Täufern gegeben hat. Allerdings sind im Reich auch keine Anhänger des alten römisch-katholischen Glaubens hingerichtet worden!

Auf dem Weg zu Buße und Versöhnung

Die Erinnerung an die Verfolgung der Täufer in der Zeit der Reformation ist bedrückend. Luther und seine Freunde haben Gewissensfreiheit gefordert und die Verbrennung von Ketzern verurteilt. Das war ein entscheidender Schritt auf dem Weg zur Toleranz. Die Grenze für ihre Toleranz bestand aber in dem Grundsatz, dass der Staat die Gotteslästerung bestrafen müsse. Der folgenreiche Fehler in der Auseinandersetzung mit den Täufern war dann die Überzeugung, dass die Infragestellung des Mandats der Regierungsgewalt und der Protest gegen die Kindertaufe bestraft werden müssten. Bis zu der Einsicht, dass der Staat konfessionell neutral sein müsse, brauchte es noch Jahrhunderte.

---

16 Heinrich Bornkamm: Das Problem der Toleranz im 16. Jahrhundert. In: Ders.: Das Jahrhundert der Reformation. 2. Aufl. Göttingen 1966, 271.

Es trägt dieser Einsicht Rechnung, dass Landesbischöfin Ilse Junkermann am 18. Januar 2013 einen Bußgottesdienst in Waltershausen gehalten hat. In ihrer Predigt erklärte sie:

> »Wir erinnern uns, wie der Streit um die Wahrheit des Evangeliums, der Streit, wie es zu verstehen ist, wie dieser Streit zu Verfolgung und Ermordung, zu Spaltung und Religionskriegen geführt hat. Dabei gedenken wir auch der zwei Männer und vier Frauen, die heute vor 483 Jahren ganz in der Nähe, in Reinhardsbrunn, hingerichtet wurden – weil sie eine andere Glaubensüberzeugung hatten als die Lutherischen.«

In Reinhardsbrunn wurde am 31. Januar 2013 eine Gedenkstele enthüllt, auf der die Namen jener Hingerichteten stehen.[17] Wir können die Hinrichtung von Menschen, die wegen ihres anderen Glaubensverständnisses hingerichtet wurden, nur erklären – aber keinesfalls entschuldigen. Die Evangelische Kirche in Mitteldeutschland hat mit diesem Gedenken aufgenommen, was in den gerade zurückliegenden Jahren zwischen einer Kommission des Lutherischen Weltbundes und der Mennonitischen Weltkonferenz zu dem Erbe der lutherischen Verfolgung von Täuferinnen und Täufern erarbeitet wurde. Die Mennonitische Weltkonferenz steht in der Tradition des niederländischen Täufers Menno Simons (1496-1561), der Entscheidendes zur Sammlung der verfolgten Täufer und zur theologischen Konzentration auf die Friedenspflicht der Christen geleistet hat. Die Vertreter des Lutherischen Weltbundes baten 2010 um Versöhnung. Die Mennoniten haben dieser Bitte entsprochen. 2011 wurde in einem Festgottesdienst am Reformationsfest in Wittenberg dieser Versöhnung Ausdruck verliehen und gemeinsam das Abendmahl gefeiert. Dass trotz der Verwundungen und der jahrhundertelangen Trennung eine solche Versöhnung möglich wurde, ist ein Geschenk.

Weichenstellungen auf dem Wege zur Toleranz

Es kann hier nicht der Ort sein, die politischen Bemühungen der Jahre nach 1536 um die Überwindung der Gegensätze zwischen der römischen Kirche und den Reformatoren zu schildern. Immerhin verdient es Beachtung, dass Martin Luther im Jahr 1541 während des in Regensburg stattfindenden Religionsgesprächs konsultiert wurde und sich in einem offiziellen Brief zur Frage der Toleranz ausdrücklich äußerte. Der Begriff der Toleranz erscheint in der Bewertung von 14 Glaubensartikeln, die Basis einer möglichen Einigung werden sollten. Luther begrüßte, dass in den ersten vier fundamentalen Artikeln (zur Rechtfertigung etc.) eine Einigung gegeben sei. Die anderen zehn Artikel blieben kontrovers. Es könne diesen gegenüber »Toleranz« (so wörtlich!) gewährt werden, weil die Hauptartikel eine solche Sprengkraft entfalten würden, dass jene »geduldeten« anderen Artikel hinfällig

17 Bericht in: Glaube + Heimat. Mitteldeutsche Kirchenzeitung vom 27. Jan. 2013, 1. Pröpstin i. R. Marita Krüger (Meiningen) hatte bereits für Zella-Mehlis ein Gedenken an die hingerichteten Täufer gehalten.

würden. Diese Toleranz dürfe aber nicht für alle Zeit gelten.[18] Toleranz ist also im strengen Sinne Duldung – aber auf der Basis der grundsätzlichen Unterscheidung eines Fundamentalkonsens von nachrangigen Streitartikeln. Freilich ist es zu der erstrebten Einigung in Regensburg nicht gekommen.

Eine dauerhafte Klärung findet das Thema der Glaubensverschiedenheit innerhalb des Reiches mit dem Augsburger Religionsfrieden 1555. Der über Jahrzehnte währende Streit um die Durchsetzung der Reformation endet mit einem Patt: Weder die alte Kirche, noch die neue Lehre hatten den Sieg davon getragen. Geblieben war der Grundsatz, dass es in einem Territorium einer einheitlichen Konfession bedürfe. Die Einheit war aber nicht mehr durch das Reich zu gewährleisten, sondern die Entscheidung lag bei den Territorien. Der konkrete Gewinn für die Toleranz bestand in dem neuen »ius emigrandi«: Dissentierende Einwohner wurden nicht unter Zwang zur herrschenden Konfession genötigt, sondern konnten das Fürstentum oder die Stadt verlassen – ein Meilenstein auf dem Weg zur Toleranz. Der Augsburger Religionsfrieden bedeutete aber noch bei weitem nicht die Durchsetzung der allgemeinen Religionsfreiheit, denn weder Calvinisten noch Täufer waren im Reich geduldet.

In dem vielfältigen Schrifttum der Täufer, die um Anerkennung ihres Glaubensverständnisses rangen, spielte Jesu Gleichnis vom »Unkraut unter dem Weizen« eine Schlüsselrolle (Matth. 13, 24-30. 36-43).[19] Dass neben der guten Saat das Unkraut aufgeht, ist das Werk des Teufels. Selbstverständlich wird das Unkraut bei der Ernte ausgerauft und verbrannt. Das aber ist die Quintessenz: Gegenwärtig darf das Unkraut nicht ausgerauft werden, weil die Gefahr besteht, dass zugleich der Weizen mit vernichtet wird. Erst am Ende der Zeit findet die Ernte statt – durch den Weltenrichter selbst. Darauf haben sich die Andersglaubenden berufen. Es ist die Forderung der Toleranz angesichts der eingeschränkten menschlichen Erkenntnis.

Die Verteidigung des eigenen Glaubens im Sinne des Kampfes um Gewissensfreiheit wird aber noch überhöht, wenn die Bindung an irgendeine Kirche relativiert wird. Sebastian Franck (1499-1541), der Mystiker, rechnete sich zu der unsichtbaren Kirche, die unter Heiden ebenso wie unter Juden und Christen unsichtbar gegeben sei.[20] Gott allein kennt die Seinen. Eine organisatorisch-konfessionelle Bindung kommt für Franck deswegen nicht mehr in Frage. Bei einer so radikalen Individualisierung des Glaubens kann keinerlei Verfolgung des Andersglaubenden mehr gerechtfertigt werden. Dieser extreme Spiritualismus wurde jedoch im 16. Jahrhundert von den Territorialgewalten nie akzeptiert.

---

18 Luthers Stellungnahme vom 11./12.6.1541 in: WA. Bd. 9. Weimar 1893, 437-442.

19 Eine gründliche Übersicht bietet Klaus Deppermann: Die Argumente der deutschen Täufer und Spiritualisten gegen ihre Verfolgung. In: Ketzerverfolgung im 16. und frühen 17. Jahrhundert/ hrsg. von Silvana Menchi (Wolfenbütteler Forschungen; 51). Wiesbaden 1992, 231-247.

20 Vgl. die Texte in: Wege zur Toleranz (wie Anm. 5), 138-147.

Der Streit um die Toleranz kulminierte in der Mitte des Jahrhunderts, nachdem am 27. Oktober 1553 in Genf der spanische Arzt und Antitrinitarier Michel Servet verbrannt worden war. Servet war durch Jahre verfolgt worden und hatte vorübergehend unter Pseudonym in Frankreich eine Anstellung als erzbischöflicher Arzt gefunden. Eines Tages wurde er denunziert. Calvin verfolgte ihn in der Überzeugung, dass die Leugnung der Trinität ein Staatsverbrechen sei. Es ging noch einmal um das Prinzip, dass in der Stadtrepublik Genf ausschließlich die evangelische Lehre galt. Die Leugnung der Trinität wurde als Gotteslästerung gewertet. Das löste aber vielerorts Empörung aus, so dass Calvin sich rechtfertigen musste.

Gegen Calvin verteidigte der Humanist Sebastian Castellio die Gewissensfreiheit.[21] Man darf sagen, dass die schneidenden Argumente Castellios den Ertrag der Toleranzforderungen seines Jahrhunderts bündelten. Er hatte in seinem Buch »De haereticis an sint persequendi«, das 1554 unter Pseudonym erschien, Plädoyers für Gewissensfreiheit und Toleranz gesammelt – einschließlich der Aussagen Luthers aus dessen früheren Schriften.[22] Die Tötung eines Häretikers widerspreche fundamental der Gesinnung Christi. Seine entscheidende These gegen Calvin lautete: »Einen Menschen töten heißt nicht, eine Lehre verteidigen, sondern einen Menschen töten.«[23] Seine Argumentation folgte aber im Kern der humanistischen Tradition: Es bestehe doch Übereinstimmung unter allen Völkern in der Würdigung Gottes, seiner Anerkennung als Schöpfer, der Pflicht der Menschen, seine Gebote zu halten. Dagegen könnten doch die einzelnen Dogmen zur Zwei-Naturen-Lehre, über das Abendmahl, die Erbsünde usw. nicht wesentlich sein. Damit werden die einzelnen Inhalte des christlichen Glaubens dem individuellen Für-wahr-halten überlassen. Konstitutiv für die Gemeinschaft in einem Staatswesen können nur die Grundaussagen über Gottes Natur sein. Damit relativiert Castellio den Begriff der Ketzerei. Prägend ist die Erfahrung, dass der Vielzahl der Länder und Territorien auch eine Vielzahl der Konfessionen entspricht: Wer in einem Land als orthodox gilt, wird im nächsten Land als Ketzer behandelt.

> »Wer heute leben will, muss so viele Glaubensüberzeugungen und Religionen haben, wie es Staaten oder Sekten gibt. Es geht ihm gerade so wie dem, der durch die Länder zieht und sein Geld immer wieder wechseln muss, da das, was hier gilt, dort nicht angenommen wird.«[24]

21 Vgl. Stefan Zweig: Ein Gewissen gegen die Gewalt. Castellio gegen Calvin. Berlin 1954, 278 S.

22 Sebastien Castellion: De Haereticis an sint persequendi et omnino quomodo sit cum eis agendum, Luteri & Brentii, aliorumque multorum tum veterum tum recentiorum sententiae. Genf 1554. Übersetzt in: Sebastian Castellio: Das Manifest der Toleranz: über Ketzer und ob man sie verfolgen soll/ hrsg. von Wolfgang F. Stammler (Bibliothek Historischer Denkwürdigkeiten). Essen 2013, 207.

23 »Hominem occidere, non est doctrinam tueri, sed hominem occidere.« In: Contra libellum Calvini in quo ostendere conatur haereticos jure gladii coercendos esse. o. O. 1554.

24 Wege zur Toleranz, 225 (wie Anm. 5).

»Wer möchte denn schon Christ werden, wenn er sieht, dass diejenigen, die den Namen Christi bekennen, von den Christen selbst durch Feuer, Wasser und Schwert ohne jedes Erbarmen umgebracht und grausamer behandelt werden als Diebe und Wegelagerer? Wer müsste da nicht glauben, Christus sei irgendein Moloch oder ein Gott dieser Art, wenn er wünsche, dass die Menschen ihm geopfert und lebendig verbrannt werden?«[25]

Der Zorn über die grausame Hinrichtung eines Dissidenten in einem Staatswesen, das die Reformation bereits eingeführt hatte, verbindet sich bei Castellio mit der Feststellung der faktischen Pluralität der Glaubensformen. Die Erwartung, dass es in einem Land bzw. einer Stadt ein einheitliches Bekenntnis geben müsse, verliert damit ihre Legitimation. Indem Castellio die verschiedenen Glaubensbekenntnisse mit den unterschiedlichen Münzwährungen vergleicht – und dagegenhält, dass es doch eine Goldwährung, die stabil und einheitlich sei, gebe, nämlich den einfachen Glauben an Gott –, relativiert er jedweden Konformitätsanspruch einer Konfession. Damit ist das Toleranzverständnis, das in der Aufklärung durchformuliert wurde, bereits vorweggenommen.

Noch einmal: die Erfindung der Toleranz

In den drei Jahrzehnten von 1523 (Luthers Schrift über die Obrigkeit) bis 1554 (Castellios Protest gegen die Hinrichtung Servets) wurde ein weiter Erkenntnisweg zurückgelegt. Luther hatte mit seiner Forderung, dass der Staat nicht über die Gewissen regieren dürfe, das Tor aufgestoßen zu der künftigen Klärung der Religionsneutralität des Staates überhaupt. Das haben die Reformatoren jedoch nicht durchgehalten, weil der Sozialprotest der Täuferbewegung zugleich die Infragestellung der Heilsnotwendigkeit der reformatorischen Glaubensüberzeugung war. Die konsequentere Forderung nach Glaubensfreiheit durch Täufer und Spiritualisten provozierte Verfolgungen, die etliche von ihnen zu Märtyrern machten. Wer an seinem Bekenntnis festhielt, musste auswandern – zunächst in die Niederlande, nach Polen oder Siebenbürgen. Ein Minimalerfolg zeichnete sich aber ab, wie er dann 1555 im Augsburger Religionsfrieden bestätigt wurde: Zwei sich gegenseitig ausschließende Formen christlichen Glaubens erhielten das gleichberechtigte Existenzrecht im Reich. Und die jeweiligen Dissidenten durften auswandern: Das bedeutete die Etablierung eines Menschenrechtes.

Mit dieser juristischen Lösung wurde aber die Grundsatzfrage, die die Toleranzdiskussion bis heute bestimmt, nicht gelöst: Welche Konsequenz ergibt sich, wenn ein Glaubender, wenn die Gemeinschaft der Glaubenden in einer Kirche überzeugt ist, Gottes Wahrheit erkannt zu haben? Wenn sie sich verpflichtet weiß, dieser Wahrheit Anerkennung unter den Menschen zu verschaffen? Wenn diese Glaubenswahrheit sich in gegliederten, differenzierenden Lehraussagen konkretisiert? Die Toleranz der Humanisten in der Nachfolge Castellios ist verwurzelt in

25 Ebd, 228.

der Relativierung der Glaubensfragen – nach der Natur der Person Christi, nach der Erlösung des Sünders, nach der Legitimation der Kirche in der Verwaltung der Sakramente. Eine derartige Konzentration auf wenige Grundwahrheiten erlaubt dann den Dialog auch über die Grenzen der Religionen hinweg. Toleranz als rechtliche Gewährleistung der Meinungsfreiheit auch des Andersdenkenden ist im wörtlichen Sinn eine Duldung. Sie bedeutet aber nicht die Relativierung der eigenen Wahrheitserkenntnis. Toleranz kann umschlagen in eine Gleichgültigkeit in der Wahrheitsfrage. Als Indifferentismus kann sie sich leicht mit erkenntnistheoretischer Skepsis verbünden. Das war für Luther, Melanchthon, Bugenhagen, Zwingli und Calvin aber undenkbar. Gerade die gegenwärtige Situation unserer Welt zeigt, wie nötig es ist, Toleranz zu gewähren – und wie schwer die Aufgabe geworden ist, in einer pluralistischen Gesellschaft die Suche nach Wahrheit lebendig geltend zu machen.

Religiöser Separatismus im Umland Leipzigs in der zweiten Hälfte des 18. Jahrhunderts

Von Daniel Eißner

In der ersten Hälfte des 18. Jahrhunderts scheint es keine größeren separatistischen Erscheinungen im Leipziger Umland gegeben zu haben.[1] Erst der Siebenjährige Krieg, der besatzungsbedingt die staatliche Autorität der sächsischen Behörden erheblich schwächte und damit auch die geistliche Aufsicht in ihrem Einfluss empfindlich beschränkte,[2] brachte – zwar nicht nachweisbar in Leipzig selbst, dafür auf den Dörfern der Umgebung – Erscheinungen religiösen Separatismus' in nennenswerten Größenordnungen hervor. So lassen sich seit Ende der 1750er Jahre in einigen noch näher zu bezeichnenden, vor allem im Süden und Osten von Leipzig gelegenen Dörfern zahlreiche Separatisten, »Sabbathschänder« und »Verächter der Sacrorum« nachweisen, die z. T. über Jahre hinweg für Aufsehen sorgten.[3] Die nachfolgende Geschichte der Separatisten in den Jahren zwischen ca. 1760 und 1775 ist in wesentlichen Teilen fast untrennbar mit Vertretern der ursprünglich aus Böhlitz stammenden Familie Tostlöwe verbunden.[4]

---

1 Mitte der 1730er Jahre hat es in der Nachbarschaft, genauer: in Mutzschen, eine pietistische Erweckung mit separatistischen Auswüchsen gegeben. Diese stand aber nicht in Zusammenhang mit dem Geschehen in und um Leipzig. Vgl. Felix Richard ALBERT: Die Mutzschener Pietisten. Mitteilungen des Wurzener Geschichts- und Altertumsvereins 2 (1914), 79-117.

2 Schon kurz nach Kriegsausbruch hatten sich der Kurfürst-König und seine Regierung nach Warschau begeben, wo sie bis zum Friedensschluss blieben: »Von Oktober 1756 bis März 1763 hatte das Fürstentum Sachsen unter preußischer Militärverwaltung gestanden. Es war Rekrutierungsreserve, Winterquartierplatz, Finanzquelle für Preußens Armee, Lieferant für Proviant und Ausrüstung. Der Siebenjährige Krieg brachte für die kursächsischen Lande unsagbares Leid, Verwüstung und finanziellen Ruin. […] Die Bevölkerung des Landes ging um acht Prozent zurück« (Reiner GROSS: Geschichte Sachsens. Leipzig [4]2007, 153). Zu den finanziellen Folgen für Leipzig siehe Reinhold KOSER: Die Kontributionen der Stadt Leipzig im siebenjährigen Kriege. Forschungen zur brandenburgischen und preußischen Geschichte 15 (1902), 167-168.

3 Die Masse der Separatisten ist nur indirekt, also über Eintragungen in den Kirchenbüchern oder Schreiben der Pfarrer an den Superintendenten, nachweisbar. Relevant wurde die Kirchlichkeit der Betroffenen nur in Fällen groben Nonkonformismus' sowie bei der Frage nach Art und Weise des Begräbnisses verstorbener Separatisten. Aus diesem Grund sind in die nachfolgende Schilderung Ausführungen zur Begräbnispraxis der Zeit eingelassen.

4 Die Schreibweise des Familiennamens blieb bis ins 19. Jahrhundert hinein dem Gehör und der Sprachphantasie der Pfarrer geschuldet, weshalb neben »Tostlöwe« auch Namensvarianten wie »Tostlöbe« oder »Tostlebe«/»Dostlebe« Eingang in die kirchlichen Unterlagen gefunden haben. Im Text wurde der Name auf »Tostlöwe« vereinheitlicht.

Im Folgenden soll an vorhandene Arbeiten angeknüpft, diese durch Berücksichtigung der verfügbaren kirchlichen Unterlagen möglichst ergänzt und die bisherige Forschungsmeinung einer »separatistischen Bewegung« in der zweiten Hälfte des 18. Jahrhunderts kritisch beleuchtet werden.[5] Darüber hinaus wird das Spektrum der Motive der Separatisten aufgezeigt.

I Eine religiös auffällige Familie

Bei der Beschäftigung mit dem religiösen Separatismus in diesem Zeitraum ist bemerkenswert, dass sich unter diesen devianten Personen auch zwei Nachfahren des bekannten pietistischen Hufschmieds Christoph Tostlöwe (gest. 1699) aus Böhlitz befinden,[6] nämlich die Brüder Johann Joseph (1720-1800) und Johann Christian Tostlöwe (1724-1770). Beide waren Enkel Christoph Tostlöwes, d. h. Söhne des in Stötteritz ansässigen Hufschmieds Joseph Tostlöwe (1686-1753), vermutlich des 1686 in Böhlitz geborenen Sohnes von Christoph Tostlöwe, der, wenn man den Unterlagen glauben kann, zu seinen Lebzeiten beileibe kein Separatist gewesen ist, sondern als »Kirch-Vater« eine maßgebliche Funktion in der kirchlichen Verwaltung der Stötteritzer Gemeinde eingenommen hat.[7] Verheiratet war Joseph seit dem 4. November 1715 mit Anna Catharina, der Tochter des Stötteritzer Einwohners Johann Heidenreich.[8] Aus dieser Ehe geht neben Joseph und Christian noch ein dritter Sohn namens Johann Gottfried (1733-1803) hervor, der später noch Erwähnung finden

---

5 Die maßgebliche Forschungsarbeit wurde in den 1920er Jahren von Hans Leube geleistet. Dieser hat unter Heranziehung des vorhandenen Aktenmaterials in Dresden und Leipzig zahlreiche Separatisten identifiziert, aufgrund seiner Erkenntnisse die These einer »separatistischen Bewegung« aufgestellt und in einem Aufsatz publiziert. Vgl. Hans LEUBE: Pietistisch-separatistische Bestrebungen in und um Leipzig. Beiträge zur Sächsischen Kirchengeschichte 37 (1928), 49-69.

6 Tostlöwe erlangte aufgrund seiner Verwicklung in die sogenannten »Leipziger Pietistischen Unruhen« von 1689/90 und einer Untersuchung vor dem Konsistorium Merseburg als Idealtypus des frommen Handwerkers eine gewisse Prominenz. Vgl. dazu Hans LEUBE: Die Geschichte der pietistischen Bewegung in Leipzig: Ein Beitrag zur Geschichte und Charakteristik des deutschen Pietismus. (phil.Diss.) Leipzig 1920.

7 Diese honorigen Gemeindeglieder, die in den Kirchenordnungen auch als »Gottes-Kasten-Vorsteher« bezeichnet wurden, versahen die Verwaltung des niederen Kirchenvermögens (vgl. Sebastian SCHRÖCKER: Die Kirchenpflegschaft: Die Verwaltung des Niederkirchenvermögens durch Laien seit dem ausgehenden Mittelalter. Paderborn 1934 [Schriften der Görries-Gesellschaft; 67], 189). In dieser Eigenschaft hat Tostlöwe – unter Federführung des weiteren Kirchvaters namens Barthel Findeisen – 1735/36 Klage gegen den Leipziger Schmied Martin Heintze geführt. Im Kern ging es um die juristische Aufarbeitung der missglückten Anschaffung dreier neuer Glocken für die Stötteritzer Kirche; die erhaltenen Akten finden sich in StA-L, Rittergut Stötteritz (Patrimonialgericht), No. 228: Die Kirchen-, Pfarr- und Schulangelegenheiten zu Baalsdorf und Stötteritz, sowie Probstheida (1685-1784), 136 f.

8 Kirchenbuch Baalsdorf-Mölkau-Stötteritz, Trauverzeichnis 1715, 9.

wird. Der älteste Sohn Joseph Tostlöwes, Johann Joseph, übernahm als Hufschmied die Pachtschmiede des Dorfes Liebertwolkwitz und heiratete hier am 22. April 1748 Maria Regina, die Tochter von Martin Bahlich, eines hiesigen Einwohners.[9] Zwischen 1749 und 1758 ließ das Paar in der Wolkwitzer Kirche sechs Kinder taufen, fünf Töchter und einen Sohn. Zu dieser Zeit findet sich in den amtlichen Quellen kein Anzeichen für die kommenden Turbulenzen im Leben der Familie.

Johann Christian Tostlöwe blieb als Hufschmied in Stötteritz[10] und ehelichte am 24. Oktober 1753 Dorothea Elisabeth, die Tochter des Engelsdorfer Einwohners Peter Böttiger, daselbst. 1756 bekam das Paar sein erstes Kind, einen Sohn, der am 2. Juli auf den Namen Christian Carl getauft wurde. Als Paten standen die Brüder des Vaters: Johann Joseph, Hufschmied in Liebertwolkwitz, und Christoph (1718-1789), der als Hufschmied in Ehrenberg lebte.[11]

Irgendwann zwischen 1758 und 1762 muss Johann Joseph Tostlöwe mit der Kirche zerfallen sein, denn nach 1758 lassen sich vom Hufschmied in den kirchlichen Unterlagen vor Ort keinerlei Spuren mehr entdecken. An der Stelle hilft leider nur die Spekulation: So findet sich in den Akten der Superintendentur Leipzig ein Schreiben des Pfarrers von Güldengossa, Immanuel Gottlieb Anton (1722-1792), der in Vertretung des eigentlich die »vacanz in Wolkwitz«[12] versehenden Pfarrers von Magdeborn,[13] 1762 vom Tode eines Einwohners von Liebertwolkwitz berichtet.[14] Dieser Bürger mit dem Namen Gottfried Härtigen sei ein Verächter des Sakraments gewesen, habe über sechs Jahre hinweg weder Gottesdienst, Abendmahl noch Beichte besucht und zudem allen Versuchen des Pfarrers widerstanden, ihn auf den rechten Weg zurückzuführen: »Alle Vorstellungen seines seel. Herrn Beicht-Vaters

---

9 Kirchenbuch Liebertwolkwitz, Trauungen 1748, No. 2, 323 f.

10 Stötteritz war Filial des kleineren, 1 ¾ Stunden östlich von Leipzig liegenden Baalsdorf. Im Gegensatz zu letzterem war Stötteritz kaum bäuerlich geprägt, sondern versammelte eine stattliche Zahl von Handwerkern und Häuslern, die vor allem vom Tabakbau und der damit zusammenhängenden Industrie (als »Tabakspinner«, Pfeifenmacher u. ä.) lebten. Darüber hinaus diente die Gemeinde als Wohnort zahlreicher Personen, die in der benachbarten Handels- und Bücherstadt Beschäftigung gefunden hatten und hier ein billiges Domizil fanden. Vgl. Paul Zinck: Aus den Baalsdorfer Kirchenbüchern. Mitteilungen des Vereins für Sächsische Volkskunde 2 (1902) Nr. 12, 366-377, hier 367.

11 Kirchenbuch Stötteritz, Taufregister 1756, No. 27, 117. Auf die Rolle Christoph Tostlöwes in Ehrenberg wird später noch zurückzukommen sein.

12 Diese erklärt sich wohl daraus, dass der Pfarrer Johann Friedrich Fischer (1699-1762) verstorben und sein Nachfolger, Moritz Wilhelm Schlesier (1732-1812), zu diesem Zeitpunkt noch nicht in Amt und Würden gesetzt war (Album der evangelisch-lutherischen Geistlichen im Königreiche Sachsen von der Reformationszeit bis zur Gegenwart, bearb. von Paul Hermann Kreyßig und Otto Eduard Wilsdorf, Crimmitschau [2]1898, 372).

13 Johann Gottlob Kleinig, geb. 1721 in Delitzsch, seit 1759 Pfarrer in Magdeborn, gest. 1780 (Sächsisches Pfarrerbuch: Die Parochien und Pfarrer der Ev.-luth. Landeskirche Sachsens (1539-1939), bearb. von Reinhold Grünberg, Bd. I, Freiberg i.Sa. 1940, 432).

14 KAL Ephoralarchiv Leipzig I-C99.1: »Acta, die Beerdigung der Selbstmörder, verunglückten, Ermordeten […] ingl. der Verächter der Sacrorum Begräbnis betreffl.«, fol. 45.

haben bey ihm nichts gefruchtet, sondern er hat vielmehr selbigem mit größter Grobheit geantwortet, daß er als Priester nicht für seine Seele zu sorgen habe.« Darüber hinaus sei dieser Härtigen auch ein öffentlicher Dieb gewesen und »habe sich keine Sünde daraus gemacht, weil nach seiner Aussage ein Heiliger, wie er, nicht sündigen könte.« Die Gemeinde sei nicht gewillt, ein öffentliches Begräbnis dieses notorischen Sünders und in solcher Verstockung »dahingefahrenen« Härtigen hinzunehmen, weshalb der Pfarrer in dieser Sache um Anleitung durch den Superintendenten bittet. Über die Durchführung der Beerdigung gibt schließlich das Kirchenbuch Auskunft:

> »Den 17 Juny 1762 wurde auf eingeholte hohe Verordnung Gottfried Haertgen ein Schneider und Einwohner allhier der viele Jahre nicht in die Kirche gegangen und also auch die heil. Sacramente verachtet weil ihm als einen Sacraments-Verächter, wie es in der letzten Verordnung heißet, kein ehrliches und christliches Begräbniß verstattet werden kann, ohne Gesang und Klang Abends nach der Sonnen Untergang auf den alten Kirchhof auf einen Schiebekarren gefahren, und daselbst an einem besonderen Ort begraben.«[15]

Das für unseren Zusammenhang vielleicht Interessanteste am Schreiben Antons an den Superintendenten findet sich in einem Nebensatz; so sei Härtigen der »Urheber einer Secte in Wolkwitz« gewesen. Sollte dies der Wahrheit entsprochen haben, ist es denkbar, dass sich auch der hiesige Pachtschmied zu dieser separatistischen Gruppe gehalten hat.[16] Dessen nächstes Lebenszeichen findet sich jedenfalls nicht an angestammten Ort, sondern im benachbarten Stötteritz, dem Wohnort des Bruders Johann Christian. Das Kirchenbuch von 1762 verzeichnet für den 21. Februar dieses Jahres die Taufe eines Sohnes von Johann Joseph Tostlöwe in Stötteritz.[17] Die Eintragung der Taufe gibt keinen Hinweis auf eventuelle religiöse Auffälligkeiten des Hufschmiedes, dennoch müssen sich diese bis zum ersten November des darauffolgenden Jahres entwickelt haben. An diesem Tage schreibt der Pfarrer von Güldengossa, Immanuel Gottlieb Anton (1722-1792),[18] eine Eingabe an den Leipziger Superintendenten Dr. Johann Christian Stemler (1701-1773), in welchem er sich über das auffällige, abweichende Verhalten des »bekanten Quaker und Schmieds Joseph Dostlebe« beschwert.[19] Einige Bemerkungen Antons deuten darauf

15 Kirchenbuch Liebertwolkwitz, Leichenregister 1762, No. 31, 417f.

16 Die verfügbaren kirchlichen Unterlagen weisen allerdings keine weiteren Spuren für weitere Separatisten in Liebertwolkwitz auf.

17 Kirchenbuch Stötteritz, Taufverzeichnis 1762, No. 7, 162.

18 Anton, Magister in Wittenberg, war seit 1750 Universitätsnachmittagsprediger in Leipzig gewesen, bevor er 1753 sein Amt als Pfarrer in Güldengossa antrat. Sächsisches Pfarrerbuch (wie Anm. 13), 15.

19 Dieses Schreiben ist das prominenteste Zeugnis der Umtriebe Joseph Tostlöwes, welches Leube ob dessen anschaulicher Kraft schon im Anhang seines Aufsatzes von 1928 abgedruckt hat (Hans LEUBE: Pietistisch-separatistische Bestrebungen in und um Leipzig. Beiträge zur Sächsischen Kirchengeschichte 37 [1928], 49-69, hier 67-69). Im KAL findet es sich in der »Acta, die Separatisten und andere Schwärmer allhier und in der Dioeces

hin, dass er schon vorher dem Superintendenten über Tostlöwe berichtet hat; was sich jedoch an den Sonntagen auf dem Tostlöweschen Anwesen – welches noch dazu direkt neben der Kirche gelegen sei – geschah, ließ den Pfarrer erkennbar um Fassung ringen: Der Hufschmied missachte in gröbster Weise die Heiligung des Sabbat, ja er stelle seine Geringschätzung derselben geradezu offensiv zur Schau. »Am jezigen Sontag drusch er, als unter dem Vater-Unser die Bet-Glocke angeschlagen wurde, Weitzen, er schmiert und macht die Wagen zu rechte, er hämmert, hackt und pocht, er curirt Pferde, daß wir alles in der Kirche sehen und hören.« Des Weiteren halte er seine Kinder nicht zur Schule, setze vielmehr den Schulmeister in Bezug auf die religiösen Unterrichtsbestandteile unter Druck und seine Frau sei nicht minder grob, da sie am gestrigen Reformationstage innerhalb des Hauses ganz gotteslästerlich geflucht habe. Noch schlimmer sei allerdings, dass der Schmied mit seinem Verhalten schon weitere Gemeindeglieder »angesteckt« habe, die nun ihrerseits in keine Kirchen-Betstunde mehr kämen und sonntags alle Wochenarbeit verrichteten. Auf Versuche Antons, sie zurechtzuweisen, reagierten sie mit Hinweis auf das ungestrafte Treiben Tostlöwes, denn »was dem recht sey, sey ihnen billig«. Bei der weltlichen Obrigkeit finde er nicht den geringsten Beistand, »denn sie sind selbst die größten Sabbath-Schänder mit hier und geben nur gar zu oft heyloses Exempel«. Überdies müsse er sich von ihnen drangsalieren lassen, da er ihr Mietnehmer sei.

Am 9. Januar 1764 übersendet Anton dem Superintendenten neben Neujahrsgrüßen auch Nachrichten über das weiter ausufernde Treiben Tostlöwes:

> »Der Schmidt Joseph Dostlebe treibet sein Sabbathschänderisch Wesen noch immer zum öffentl. Ärgerniß meiner Gemeinde ungescheut fort. Es kommen ofters 10. 20. Bauern, die eben so wenig als er vom Sabbath halten, Sontags mit eben soviel Pferden in seinen Hof, welche er zur Ader lassen, curiren oder beschlagen muß, und meine Kirchkinder könen in der Kirche alles mit ansehen und anhören. Einige derselben sind schon seinem bösen Beyspiel gefolgt und ich arbeite an Vielen vergeblich und muß sie dem Gerichte Gottes überlassen.«[20]

Anton hat in seinen Schilderungen alle Mittel der Veranschaulichung der schädlichen Wirkungen des Tostlöweschen Treibens eingesetzt: Die rücksichtslose und selbstbewusste Art seines Separatismus' unterminiere nicht nur die Autorität des Pfarrers, sondern bedeute eine Respektlosigkeit gegenüber der Obrigkeit. Und – wie Anton wiederholt anführte – dieses Verhalten sei scheinbar ansteckend; aus einem Schreiben des Konsistoriums an den Superintendenten vom 9. Juli 1766 geht hervor, dass dieser zuvor neben dem schändlichen Treiben des Schmieds und seiner Familie auch Verfehlungen weiterer neun (!) Gemeindeglieder aus Güldengossa gemeldet

betr.« (Ephoralarchiv Leipzig I KAL I C-55 IV, »Acta, die Separatisten und Schwärmer allhier in der Dioeces betr.«, No. 7, o. P.).

20 Ebd, No. 8. Erstaunlich ist hierbei die Erwähnung sabbathentheiligender Bauern; normalerweise gelten diese als besonders fromm.

hatte.[21] Namentlich genannt wurden Gottfried Bahrdten,[22] Carl Rothe, Adam Zorn und Christoph Hentschel, und der Vorwurf bei allen diesen Einwohnern lautete auf Enthaltung von Gottesdienst und Sakramenten. Bei Rothe und Hentschel kommt erschwerend hinzu, dass sie ihre Separation mit verbalen Ausfällen und Drohungen gegenüber dem Pfarrer verbunden hätten. Zur Klärung des Vorgangs informierte das Konsistorium den zuständigen weltlichen Gerichtsherrn und bat den Superintendenten, die betreffenden Personen bei Androhung von 5 Talern Strafe vorzuladen und über Einzelheiten zu befragen.

Vom Fortgang der Ereignisse ist weiter nichts in Erfahrung zu bringen; lediglich ein Inserat Stemlers geht auf die Ergebnisse der Befragung sowohl Gottfried Bahrdten als auch Pfarrer Antons ein.[23] Ersterer habe sich auf Erfordern bei ihm vorgestellt und erklärt, er könne unmöglich bei diesem Pfarrer in die Kirche und zur Beichte gehen. Begründet habe er dies mit mehreren Argumenten: Zunächst habe Anton Bahrdts verstorbenen Vater in der Leichenpredigt »aufs heftigste geschmähet«. Ferner sei seine alte Stiefmutter vom Pfarrer »dereinst auf dem Wege von Leipzig über den Haufen geritten« worden; dessen habe sich Anton vor anderen gerühmt, obwohl die alte Frau »deßhalben bis in den Tod siech geblieben« wäre. Auf dem Sterbebette habe sie sich mit dem Pfarrer aussöhnen wollen, sei jedoch schwach gewesen und habe deshalb statt der Beichte das Vaterunser gebetet. Daraufhin habe sie der Pfarrer angeherrscht, ihr Unaufrichtigkeit und Unbußfertigkeit vorgeworfen und geschlossen, er »wolle sie der Rache Gottes überlassen.« Als Bahrdt ihm das Beichtgeld habe geben wollen, soll Anton sich haben folgendermaßen verlauten lassen: »Er wollte wünschen, daß er in das verfluchte Haus nicht hatte kommen dürffen, auch in seinem Leben nicht wieder in desselben kommen möchte.« Seitdem nutze der Pfarrer jede Gelegenheit, Bahrdtens Haus zu verfluchen und selbst den verstorbenen Vater als »Luder« zu schmähen. Als Bahrdt von Großzschocher nach Güldengossa gezogen war, habe er Anton seine Attestate von Herrschaft und Pfarrer gezeigt, womit jener damals zufrieden gewesen sei. Das habe sich jedoch bald geändert.

> »Nach etlichen Jahren aber habe er [Anton; D.E.] diese Attestate bey volkreicher Versammlung herausgezogen, mit den Worten: Verflucht sind die Attestate. Diese muß ein Schelm, und kein ehrlicher Mann gemacht haben. Worauf er sie in vier Stücken gerissen habe.«

Schließlich habe ihn der Pfarrer höchstselbst vom Abendmahl zurückgehalten, einzig aus dem Grund, dass Bahrdt wegen dringender Arbeit an der Teilnahme an der zuvor stattfindenden Buß-Ermahnung gehindert war.

21 Ebd, No. 19.

22 Von selbigem berichtet Stemler, er »habe sich mit den entsetzlichsten Flüchen vermessen, nie mehr wieder zur Kirche und zum Abendmahle zu kommen.«

23 Ebd, o. P.

Erwartungsgemäß widersprach Pfarrer Anton dieser Darstellung in seiner Vernehmung durch den Superintendenten, und zwar wie folgt:

»Der Pastor verantwortet sich darauß

1) daß Bahrdt der aller unverschämteste Lügner sey, dabey er sich auf das Zeugniß der Gemeinde berufet.

2) daß er seinem Vater kein großes Lob in der Leichenpredigt habe geben können, weil er in Sünden gelebet und allem Anschein nach ohne Buße gestorben wäre

3) die übrigen Beschuldigungen stellet er gänzlich aus Lügnen und versichert bey Gott daß er seine Concepte sorgfältig ausarbeite, und alle vorigen könne: Es wird aber darauß erhellen, daß er die nötige Maaß im Strafen halte, und Güte und Ernst mäßige

4) daß er zwar die Beichtreden fleißig zur Abwartung der Bußermahnung anhalte, aber gleich wohl niemale jemand abgewiesen habe wenn er aus Noth weggeblieben wäre.«

Mit einem abschließenden fünften Punkt bot Anton eine Erklärung für die Motive der Verleumdung durch Bahrdt, nämlich »daß alles Angeben Bahrdts aus Privathasse herrühre«. Dieser wiederum wurzele in der einfachen Tatsache, dass Anton seine Ackerarbeit nicht mehr durch Bahrdt verrichten lassen wolle.

Die Umstände der Separation des Gottfried Bahrdt lassen sich nur bedingt erhellen. Im Falle der Beerdigung des besagten Vaters, des Güldengossaer Syndicus Christoph Bahrdt, könnte den Vorwürfen des Sohnes gegenüber dem Pfarrer durchaus ein Körnchen Wahrheit eignen, wie der Eintrag zum Anlasse der Bestattungsfeierlichkeiten im Kirchenbuch offenbart:

»Den 12. Marty starb allhier der alte notorische Sünder Christoph Barth, Hintersässer und Syndicus der Güldengosser Gemeinde, welcher den 15ten als der geringste Bettelmann den man auf der Gasse gefunden, ohne Leichpredigt und Abdanckung begraben worden weil er zwey ansehnl. Güter und alle das Seinige biß auf den letzten Heller aus teufflischer Rachgier und Boßheit mit jedermann verstritten wie er denn auch in Rache und Unbußfertigkeit dahingefahren und den Priester weder erlanget noch jemahls verlangt. Ψ 49 N. 21. wäre etwann seine Grabschrifft geweßen so ich ihm eine Leichpredigt hätte thun sollen.«[24]

Also war das Urteil des Pfarrers über den für die Rechtsgeschäfte der Gemeinde Güldengossa Bevollmächtigten ein vernichtendes, und so lässt sich nicht ausschließen, dass auch einiges von den Beschwerden Gottfried Bahrdts der Wahrheit entsprach. Dass selbiger jedoch auch kein Kind von Traurigkeit war, bezeugt ein Eintrag im Kirchenbuch vom 27. September 1764: Anlässlich der Hochzeit des Sattlers Johann Christoph Schmidt aus Holzhausen mit der Tochter des Güldengossaer »Schankwirths und Branntweinbrenners« Johann Andreas Leberecht Schütze, Eleonora Elisabeth, sah sich der Pfarrer gezwungen, folgende Notiz anzuhängen:

24 Kirchenbuch Güldengossa 1698-1794, Leichenregister 1754, No. 413, 318. Der angesprochene Psalm 49,21 lautet im Übrigen: »Kurz, wenn ein Mensch in Ansehen ist und hat keinen Verstand, so fährt er davon wie ein Vieh.«

»NB. Auf dießer Hochzeit ging es sehr gottlos in meiner Abwesenheit zu, ein verfluchtes Kirch-Kind allhier, Gottfried Bahrdt nahm sogar die Branndwein-Flasche mit ins Gottes-Hauß besoff sich unter dem ersten Liede in der Kirche und schenckte auch andern Schand- und Belials Kindern so wohl auf dem Kirchwege als auch selbst in der Kirche.«[25]

Schlussendlich sollte es Gottfried Bahrdt doch besser ergehen als seinem Vater: Als er am 23. Februar 1800 im Alter von 76 ½ Jahren verstarb, erhielt er eine öffentliche Beerdigung auf dem hiesigen Kirchhof mit einer Leichenpredigt.[26]

II Das Problem der Leichenpredigten

Der Umstand, wonach man seitens der Hinterbliebenen durchaus Wert auf eine repräsentative Leichenpredigt für den Verstorbenen legte, diese aber dem Pfarrer – schon aus disziplinierenden Gründen – nicht möglich war, bildete einen steten Streitpunkt. Hatte die vorreformatorische Leichenpredigt (zumal in lateinischer Sprache) meist nur vornehmen Personen zugestanden und eine eher untergeordnete Rolle im Rahmen der Begräbnisriten gespielt, erlangte sie in der evangelischen Kirche eine zentrale Rolle, d.h. anstelle der Weihungen und sakramentalen Einwirkungen im Interesse des Toten trat nun – durch die Beseitigung des Fegefeuers, die den Verstorbenen des Einflusses durch die Hinterbliebenen entzog und allein in Gottes Hand legte – das Wort an die Lebendigen: Die Kirche sammelt die Gemeinde um das Wort zum Trost, zur Mahnung und zur Erbauung. Das Unterbleiben der Leichenpredigt galt seit Ende des 16. Jahrhunderts vielen Menschen als Kirchenzuchtmaßnahme,[27] die man verbreitet nicht hinzunehmen geneigt war. Bei Nichtgefallen der Worte des Pfarrers musste sich dieser auf die Proteste der Angehörigen einstellen, zumal für das Halten der Leichenpredigt eine Gebühr erhoben wurde, die dem Pfarrer zustand.[28] Der Betrag war noch Ende des 18. Jahrhunderts ein ganz erheblicher Posten in den Beerdigungskosten, was sich anhand des Falles der Beerdigung des Sakramentsverächters Johann Christian Jacob aus Geschwitz bei Rötha zeigen lässt: Selbiger war am 10. Januar 1789 gestorben, ohne sich von seinem Separatismus ab- und der Kirche wieder zuzuwenden. Nach den Worten des Röthaer Pfarrers Christian Friedrich Martini (1727-1795) war Jacob »6 Jahre lang ein Verächter des

---

25 Kirchenbuch Güldengossa 1638-1794, Traubuch 1760, No. 181, 170 f.

26 Kirchenbuch Güldengossa 1794-1860, Leichenregister 1800, No. 34, 4.

27 »War der Verstorbene lange Zeit hindurch nicht zum Tisch des Herrn gegangen, so wurde ihm Prozession und Predigt verweigert« (Ernst J. ZIMMERMANN: Hanau – Stadt und Land: Kulturgeschichte und Chronik einer fränkisch-wetterauischen Stadt und ehemaligen Grafschaft. Mit besonderer Berücksichtigung der älteren Zeit, Hanau 1913, 201).

28 Hugo GRÜN: Die Leichenrede im Rahmen der kirchlichen Beerdigung im 16. Jahrhundert. Theologische Studien und Kritiken 96/97 (1925), 289-312, hier 294. Vgl. Zu den Stolgebühren auch Superintendent Louis NAUMANN: Die Entwicklung des Stolgebührenwesens bei Beerdigungen. Zeitschrift des Vereins für Kirchengeschichte der Provinz Sachsen 8 (1911), 59-93.

öffentlichen Gottesdienstes und des heil. Abendmahls gewesen, ohne iedoch ein Spötter zu seyn«.[29] Er habe ein sehr nachlässiges Leben geführt, sich weder um sein Seelenheil bekümmert, noch seine Söhne zur Schule angehalten; trotzdem er in jüngeren Jahren ein fleißiger Kirchgänger gewesen sei, habe seine Disziplin im Kirchgang stark nachgelassen, vielmehr sei er nur vereinzelt erschienen und »in Ansehung des heil. Abendmahls ganz ohne Hunger geblieben.«[30] Nun erbitte man Weisungen, wie man mit der Beerdigung verfahren solle:

> »Den vor 11 Jahren verstorbenen Vater, der auch die letzten Jahre ein gleicher Verächter war, haben wir mit Leichen Predigt und Abdankung begraben und Text und Lieder nach den Umständen des Verstorbenen eingerichtet; aber in dem itzigen Falle wagen wir es nicht, die Art des Begräbnisses eigenmächtig zu bestimmen.«[31]

Die Antwort des Superintendenten erfolgte am 12. Januar 1789 und bestimmte die Beerdigung Jacobs »auf dem Gottesacker, doch in der Stille und an einem besonderen Ort.«[32] Über die entstandenen Kosten sind wir durch eine Aufstellung selbiger unterrichtet: Demzufolge betrugen die Gesamtkosten in der Summe 2 Rthl. 15 gl., von denen 1 Rthl. 8 gl. auf die Leichenpredigt (die hier ausnahmsweise vom Diakon Ernst Gottlieb Rötting gehalten wurde) entfielen. Des Weiteren erhielt Pfarrer Martini 18 gl. für Gang und Abdankung, der Kantor Christian Andreas Ritter für Gang, Lebenslauf und Organistengebühr 22 gl. und schließlich der Kirchner Samuel Wilhelm Beilicke 18 gl. für Gang und Läuten.[33] Hier machten der Anteil der Gebühr für die Leichenpredigt ca. 50% aus, was den Stellenwert selbiger im Begräbnisritual verdeutlicht und eine Erklärung für die sich an der Leichenpredigt entzündenden Konflikte liefert.

Als ›Knackpunkt‹ erwies sich hier gewissermaßen die Charakteristik der evangelischen Leichenpredigt, welche Glaubenslehre, Verkündigung und Biographie untrennbar miteinander verband:

---

29 Der Pfarrer führt an diese Bemerkung noch die folgende Charakterisierung des Verstorbenen an: »Es fehlte ihm gar nicht an Erkänntniß der heil. Schrift, und niemand von seinen Bekannten durfte es wagen, mit ihm anzubinden; aber ein besonderer Starr und Eigensinn beherrschte ihn, daß man ihn schwer und auch nicht allmal auf die rechten Wege leiten konnte.« KAL Ephoralarchiv Leipzig I-C96: »Acta Ephor., Johann Christian Jacobs, Nachbars und Einwohners in Geschwitz, eines Sacrament Verächters Beerdigung betr.«, fol. 1^r-2^r, hier 1^r.

30 Ebd, fol. 2^r.

31 Ebd, fol. 2^r. Man beachte das freimütige Geständnis der christlichen Beerdigung des Separatisten durch den Pfarrer.

32 KAL Ephoral-Archiv Leipzig I-C96: »Acta Ephor., Johann Christian Jacobs, Nachbars und Einwohners in Geschwitz, eines Sacrament Verächters Beerdigung betr.«, fol. 5.

33 Ebd, fol. 6. Der letzte Posten verwundert, da das Konsistorium eine Beerdigung »in der Stille«, also nicht öffentlich und ohne Geläut angeordnet hatte und praktisch somit gar keine Kosten für den Kirchner hätten entstehen dürfen.

»In der weiteren Geschichte der Leichenpredigt entpuppte sich vor allem der letzte Punkt als problematisch. Die Deutung der Lebensgeschichte folgte immer mehr den Wünschen der Hinterbliebenen und bedingte einen Charakterwandel der Leichenpredigt. Aus der christlichen Predigt wurde eine Rede mit dem gesellschaftlichen Zweck der Ehrung des Toten. Das ›mortui nihil nisi bene‹ wurde in diesen Leichenpredigten so gesteigert, dass Bezeichnungen wie ›Lügenrede‹ und ›Predigtleichen‹ aufkamen.«[34]

Die Kirche erkannte diese Gefahr durchaus und instruierte ihr Personal entsprechend;[35] so verfügte z. B. die Hohenloher Kirchenordnung von 1688, dass der Pastor sich befleißigen solle, dass seine Predigt und das Leben des Verstorbenen mit einander übereinstimmen. Jedoch ließ es sich in der Praxis gar nicht vermeiden, auf den Lebenswandel des Verstorbenen einzugehen, wobei die Ansprüche der Hinterbliebenen, möglichst viel Schmeichelhaftes zu hören, wuchsen. Der Pfarrer stand dann im Zwiespalt, entweder die Harmonie am Grabe zu wahren, wider besseren Wissens aus einem Sünder einen Heiligen zu machen und damit folglich seine eigenen Anstrengungen zur sittlichen Besserung zu konterkarieren, oder mittels

34 Irmgard WILHELM-SCHAFFER: Gottes Beamter und Spielmann des Teufels: Der Tod in Spätmittelalter und Früher Neuzeit, Köln u.a. 1999, 217. Und dazu auch folgende Klage eines Pfarrers aus dem frühen 18. Jahrhundert: »Schlußendlich kan ich auch nicht umhin, des schlechten Credits zu gedencken, in welchen die Leichen= Predigten bey manchen stehen. Insgemein nennet man sie leichte Predigten, Lügen=Predigten, und was dergleichen Beschimpffungen mehr seyn. Warum sie aber leichte Predigten heissen sollen, weiß ich nicht. Sie erfordern so viel Meditirens und Redens als andere. Einem gewissenhafften Prediger werden sie auch wol schwerer, als eine andere Predigt. Mancher, der alles etwa auf die leichte Achsel nimmt, mag freylich wol sich nicht viel Bedencken machen, auf eine leichtsinnige Art einen zu loben, der wol kein Lob verdient hat. Allein, was können andere redliche und rechtschaffene Knechte GOttes dafür? warum müssen sie sich auch so traduciren lassen? Lügen=Predigten sie zu heissen, wegen des unbilligen Lobes, das manchem wider besser Wissen und Gewissen ertheilet wird, ist auch nicht Christlich. Man solle doch gleichwol bedencken, daß auch göttliche Wahrheiten in denen Leichen=Predigten mit vorgetragen würden. Wenn nun die Predigt überhaupt eine Lügen=Predigt heist, so wird ja geistliche Wahrheit auch mit gelästert« (Christian GERBER: Historie Der Kirchen=CEREMONIEN in Sachsen: Nach ihrer Beschaffenheit in möglichster Kürtze mit Anführung vieler Moralien, und specialen Nachrichten. Dresden und Leipzig 1732, 696).

35 »Es hat aber ein Prediger hier wohl zuzusehen, daß er im Loben, was den Verstorbenen betrifft, nicht zu sehr excedire, [...] Es ist zwar billig, daß bey denen Leich=Predigten der Glaube und Liebe, samt den Früchten, andern zur guten Nachfolge, gerühmet werden, wenn es mit Wahrheit seyn kan: Aber doch sollen die Prediger hierinnen gebührliche Maasse halten, daß der Sachen nicht zuviel geschehe, und es das Ansehen hiermit gewinne, als wenn man mehr auf Gunst der hinterlassenen Verwandten, und Geschencke, als Erbauung derer Zuhörer sehe. [...] Sonderlich, wenn es etwa jedermann bekannt ist, wie der Verstorbene noch den und jenen Fehler an sich gehabt, hat der Prediger behutsam zu gehen, daß er sich nicht selbst ridicule mache, oder auch den Ruchlosen dadurch Gelegenheit gebe, sich in ihrer Boßheit zu stärcken, meynende, im Tode werde alles zum besten gekehrt, also, wenn sie gleich nicht eben wären, wie sie seyn solten, werde ihnen doch schon mal eine gute Leichen=Predigt gehalten werden« (ebd, 689 f).

deutlicher Worte die Verfehlungen des Verstorbenen wahrheitsgemäß zu thematisieren, den Anlass zur Vermahnung der Hinterbliebenen zu nutzen und Konflikte mit selbigen zu riskieren.[36] Wie sich dies im Einzelnen darstellte, ist nicht mehr rekonstruierbar, aber es finden sich in den Kirchenbüchern der Zeit mitunter beredte Anmerkungen der Pfarrer, aus denen sich das Geschehen erhellt. So vermerkte der Pfarrer von Magdeborn, Johann Caspar Loth (1634-1712)[37] zur Beerdigung des hiesigen, im Alter von nur 29 Jahren verstorbenen Landfleischermeisters Christoph Zimmermann am 11. März 1690:

> »Dieser Mensch hat die Zeit seines Lebens sehr wild und weltlich gelebet, dahero habe Ich Ihm seine Leich=Predigt, nach meinem priesterl. Gewißen, gethan, u. die Warheit gesaget, daß Er fast keinen Sontag in die Kirche kommen, außer wenn Ihn die Noth des H. Abendmahls, nur daß Er den Schein des Christenthums dadurch sehen laßen, darzu gezwungen; im Catechismus=Examine aber ist Er niemahls gesehen worden, u. selten ohne übermäßig Trunck einen Tag zugebracht etc. Ich habe aber umb solcher Warheit Willen von seiner Mutter u. andern bösen Anhang sehr viel leiden müßen; Jedoch achte Ich solches alles nicht, sondern habe öffentlich allen meinen Zuhörern gesaget: Ich wolte Ihnen alle Leichen=Predigten thun, wie sie es verdienten, u. den Lebenslauff ablesen, wie sie solchen selber macheten etc. welches aber denen Bösen sehr übel, und denen frommen sehr wohl gefallen hat; Wobey Sie u. Mich der getreue Gott gnädigst erhalten wolle durch Christum Jesum; Amen!«[38]

Besonders hervorzuheben sind hierbei die Ausführung Loths zur mangelnden Kirchlichkeit des Fleischers sowie die geteilte Aufnahme der Ankündigung, einem jeden seine Leichpredigt nach dessen tatsächlichen Wandel zu halten. Gerade in der Auseinandersetzung mit den Abendmahlsverweigerern hat die Ankündigung der Pfarrer, diesen gewissermaßen eine »Anti-Leichenpredigt« zu halten, für Aufsehen gesorgt und muss folglich als ein Disziplinierungsmittel für die Gemeinde angesehen werden.[39]

---

36 »Schwieriger wird es noch dann, wenn die Verstorbenen oftmals noch selbst oder die Hinterbliebenen den Leichentext auswählen« (Paul GRAFF: Geschichte der Auflösung der alten gottesdienstlichen Formen in der evangelischen Kirche Deutschlands bis zum Eintritt der Aufklärung und des Rationalismus. Göttingen 1921, 363).

37 Selbiger hatte 1669 das Theologiestudium an der Universität Leipzig abgeschlossen und versah seit 1673 das Amt des Pfarrers in Magdeborn (Sächsisches Pfarrerbuch Bd. II, 552). Interessant ist in diesem Zusammenhang, dass Loth 1689 mehrfach an den Collegia pietatis August Hermann Franckes in Leipzig teilnahm und auch eines seiner Pfarrkinder (einen frommen Leinenweber) an Francke verwiesen hat. Vgl. Aussage Magister Gotthard Fonne am 01.10.1689, zit. nach Gerichtliches Leipziger PROTOCOLL In Sachen die so genannten PIETISTEN betreffend [...]. Leipzig 1692; abgedruckt in August Hermann FRANCKE: Streitschriften/ hrsg. von Erhard Peschke. Berlin u. a. 1981, 1-112, hier 46).

38 KAL Kirchenbuch Magdeborn 1673-1706, Leichenregister 1690, No. 4, 396f.

39 »In schweren Fällen von unchristlichem Leben verweigerte man darüber hinaus die Leichenpredigt, die speziell bei reichen und angesehenen Stadtbewohnern zur Hervorhebung des Sozialprestiges diente, oder hielt sie in einer verunglimpfenden Weise. Insofern konnte man durch die Androhung einer solchen unehrenhaften Beerdigung gewisse disziplinierende

III Verbreiteter Separatismus

Von den Schilderungen Antons über den sich ausbreitenden Separatismus in einigen Dörfern alarmiert, hatte Superintendent Stemler schon 2 Tage zuvor dem Konsistorium von den Aktivitäten Tostlöwes berichtet. Ein weiteres, allerdings etwas später ergangenes Rundschreiben vom Juni 1776 an die ihm untergebenen Pastoren, in welchem diese von ihnen bekannten Fällen von Sabbatentheiligung, Verachtung der Sakramente und des Gottesdienstes Bericht erstatten sollten, brachte erstaunliches zutage, denn Joseph Tostlöwe in Liebertwolkwitz war bei weitem nicht der einzige religiöse Abweichler. Der Pfarrer von Dewitz, Christian Samuel Schiebler (1732-1784), meldete schon am 13. Januar 1764 neben Sturmschäden an der Kirche, dass der hiesige Sakramentsverächter Johann Reiche wieder in den Schoß der Kirche zurückgekehrt sei.[40] Allerdings sollte sich Pfarrer Schieblers Erfolgsmeldung bald als vorschnell erweisen; in einem Schreiben vom 16. August 1765 an den Superintendenten meldet er den Tod des »Sakraments-Verächters Johann Reichen«. Sechs Jahre habe sich dieser nicht zum Gebrauch der Sakramente entschließen können, vielmehr den Pfarrer, der es mit einer Erinnerung bei ihm versucht hatte, »schroff abgewiesen«. Wohl habe sich Reichen – durch seine Kinder beredet – im Januar 1764 von ihm das Abendmahl reichen lassen und sei auch noch einige Male in die Kirche gekommen, alles »Erinnerns ohngeachtet aber ist er von der Zeit weder in die Kirche noch zum H. Abendmahle gekommen«, weshalb Schiebler im Anschluss nach der angemessenen Verfahrensweise für die Beerdigung fragt.[41]

Schon Jahre zuvor scheint es einige wenige separatistische Personen auf den Dörfern gegeben zu haben. Ein Schreiben des Pfarrers von Probstheida, Connewitz und Dösen, Christian Gottlob Friedrich Wolf (1705-1782), vom 28. September 1760 (!) an den Leipziger Superintendenten Stemler berichtet, der »berüchtigte Fanaticus und Separatist Schröder aus Connewitz [habe] bey mir angebracht, wie seine Mutter gestorben, und er verlange sie ohne Ceremonien begraben zu lassen«. Da selbige ebenfalls und trotz mehrmaliger Ermahnung durch Wolf nicht zum Abendmahle erschienen sei, plädiert der Pfarrer seinerseits – um die irrigen Annahmen des Sohnes nicht noch weiter zu verstärken – für die Bestattung der Frau »ohne Ceremonien und neben dem Gottes-Acker, andern proareticis zur Warnung,

Effekte bei den Untertanen erzielen, wobei sich jedoch die weltliche Obrigkeit die letzte Entscheidungsgewalt vorbehielt« (Oliver Kaul: Undankbare Gäste: Abendmahlsverzicht und Abendmahlsausschluss in der Reichsstadt Ulm um 1600. Ein interkultureller Prozess. Mainz 2003, 288).

40 »Acta, die Separatisten und andere Schwärmer allhier und in der Dioeces betr.« (Ephoralarchiv Leipzig I KAL I C-55 IV, »Acta, die Separatisten und Schwärmer allhier in der Dioeces betr.«, No. 1, o. P.).

41 Ebd, No. 13. Noch am selben Tag antwortete Superintendent Stemler und verfügte die Beerdigung Reiches »in der Stille und ohne Ceremonie auf dem Gottesacker« sowie eine »strenge Vermahnung der Gemeinde« (ebd, No. 14).

und allen zum Abscheu begraben werde.«[42] Ihren Sohn scheint diese Maßnahme jedoch nicht besonders beeindruckt zu haben – die weiteren Geschehnisse lassen eher vermuten, dass er hierdurch in seiner Haltung zur Kirche bestärkt wurde. Der Schuhflicker Johann David Schröter wird – worauf wir noch zurückkommen werden – noch ein Jahrzehnt später als einer der hartnäckigsten und unbelehrbarsten Separatisten in der Leipziger Umgegend genannt werden.

Ferner meldete der neubestellte Pfarrer von Schönefeld, Gottlob Friedrich Richter (1735-1783), am 19. August 1766 über den Zustand der bekannten örtlichen Sakramentsverächter an die Superintendentur:[43] Benz aus Volkmarsdorf gehe zwar zum heiligen Abendmahl, aber selten und meistens alleine; der alte Voigt und der Markthelfer Meyer hätten sich letzthin einmal eingefunden; Philipp Müller in den Kohlgärten »brauchet seit einigen Jahren mit seiner Frau die Sacra ordentlich«. Allein Meister Klahr in Volkmardorf bezeugte bei der mit ihm gehabten Unterredung »einen Groll daß er angeklagt sei, und wünschte die Sache aufgehoben zu sehen«.[44]

Einige dieser separatistischen Kleinbürger fanden auch schon in den Arbeiten von Hans Leube Erwähnung und die eben benannte Häufung von Namen im Bericht des Schönefelder Pfarrers hatte den Kirchenhistoriker dazu bewogen, den Schwerpunkt der separatistischen Bewegung in den besagten drei Gemeinden Schönefeld, Volkmardorf und den Kohlgärten im Osten Leipzigs zu lokalisieren. Leider fehlen hier zu den Namen dieser Akteure größtenteils biographische Angaben, die aufgrund der für diesen Bereich schwierigen Quellenlage – keine Kirchenbücher oder Pfarrakten – auch durch neue Untersuchungen nicht gänzlich zu beheben sind. Einiges jedoch kann nachfolgend ergänzt werden:

Vom Schneidermeister Daniel Klahr ist noch zu erfahren, wie er beim Tod seiner Frau 1767 um ein ehrliches Begräbnis für sie kämpfte – ein Ansinnen, welches der Pfarrer nach Rücksprache mit dem Superintendenten abschlägig beschieden hat.[45] Pfarrer Richter hatte seinem Vorgesetzten auch angezeigt, dass Klahr den Sarg seiner Frau mit den Worten »Es ist wie ein reicher gestorben und begraben, wie ein Gottloser« versehen habe, was als Missbrauch der heiligen Schrift zu bewerten sei. Klahr selbst sollte es wenige Jahre später nicht besser ergehen, denn der Superintendent verfügte in einer Weisung vom 11. März 1772 die Beerdigung Klahrs »ohne Ceremonien in der Stille in loco separato des Gottesackers«.[46] Den Umständen des

---

42 KAL Ephoralarchiv Leipzig I-C99.1 »Acta, die Beerdigung der Selbstmörder, verunglückten, Ermordeten [...] ingl. der Verächter der Sacrorum Begräbnis betreffl.«, fol. 24.

43 Dies Schreiben stellt die Antwort auf eine Anfrage des Superintendenten vom 26.07.1766 dar, in welchem er Auskunft über Zustand und Wandel der Sakramentsverächter Benz, Voigt, Meyer, Kluge, Müller und Klar verlangte (KAL Ephoralarchiv Leipzig I C-55 IV.: »Acta, die Separatisten und andere Schwärmer allhier und in der Dioeces betr.«, fol. 24).

44 Ebd, fol. 28.

45 KAL Ephoralarchiv Leipzig I-C99.1: »Acta, die Beerdigung der Selbstmörder, Verunglückten, Ermordeten [...] ingl. der Verächter der Sacrorum Begräbnis betreffl.«, fol. 78-80.

46 Ebd, fol. 200^{v}.

tags zuvor erfolgten Ablebens des separatistischen Schneidermeisters verdanken wir jedoch einen interessanten Einblick in dessen Bücherbesitz: Da beim Tode Klahrs kein Verwandter zugegen gewesen war und auch später Angehörige in Leipzig nicht ermittelt werden konnten, stellte sich für das zuständige Gericht die Frage, wie mit dem Nachlass des Handwerkers zu verfahren sei. Einerseits wurde mittels Annonce in den Braunschweigischen Anzeigen nach eventuellen Erben gesucht, was jedoch erfolglos blieb.[47] Andererseits nahm man den umfangreichen Nachlass von Amts wegen akribisch auf und führte neben Möbeln, Kleidung und Handwerksutensilien auch die vorgefundene Literatur an.[48] Neben mehreren Exemplaren des Neuen Testaments findet sich hier eine bemerkenswerte Anzahl religiöser Bücher, darunter ›ewige Klassiker‹ der christlichen Erbauungsliteratur wie »Die Nachfolge Christi« Thomas von Kempens oder Johannes Arndts »Paradiesgärtlein«, aber auch zeitgenössische »Bestseller« wie das »Schatzkästlein« Friedrich Philipp Hillers. Noch bemerkenswerter ist jedoch, dass Klahr neben Schriften von Jane Lead und August Hermann Francke auch das »Mysterium Magnum« Jakob Böhmes sowie eine Ausgabe der »Berleburger Bibel« von 1726 im taxierten Wert von 10 Talern besaß.[49] Ohne die Wirkungen einer Lektüre dieses Schrifttums auf den Separatismus des Volkmarsdorfer Schneidermeisters überschätzen zu wollen, kann man zumindest konstatieren, dass hier ein hochreligiöser Mensch der Institution Kirche den Rücken gekehrt hatte.

Mit Johann David Schröter, der bereits 1760 als Separatist in Erscheinung getreten war, zeigte sich ein weiterer hochreligiöser Mensch bis zu seinem Tode uneinsichtig. Die Unterredungen und Vermahnungen durch die Pfarrer gestalteten sich für diese unangenehm und letztlich unergiebig: Der zuständige Pfarrer Christian Gottlob Friedrich Wolf berichtet in einem Schreiben vom 20. August 1766 an den Superintendenten Stemler von seinen Versuchen der Belehrung:

47 Die Suchmeldung wurde in den Braunschweigischen Anzeigen 1772, 39. Stück geschaltet. Die Wahl des Publikationsortes fiel auf diese Zeitung, da Klahr 1703 im braunschweigischen Lehra getauft worden war und man deshalb eventuelle Verwandte in dieser Gegend vermutete.

48 StA-L 20567 Rittergut Volkmarsdorf (Patrimonialgericht) Nr. 95: Nachlass Johann Daniel Klahrs.

49 Die »Berleburger Bibel« stellt das größte radikalpietistische Bibelprojekt dar, welches zwischen 1726 und 1742 in acht Folianten erschien und neben einer Neuübersetzung der Heiligen Schrift auch eine umfängliche Kommentierung umfasste. Sie zeichnet sich durch die Relativierung bzw. die Aufhebung der Grenzen zwischen kanonischen und apokryphen Schriften aus: »Damit steht die Berleburger Bibel in der mystisch-spiritualistischen Tradition und verlässt das reformatorische Schriftverständnis« (Hans SCHNEIDER: Der radikale Pietismus im 18. Jahrhundert. In: Der Pietismus im 18. Jahrhundert/ hrsg. von Martin Brecht; Klaus Deppermann. Göttingen 1995, 162). Vgl. ferner Martin BRECHT: Die Berleburger Bibel: Hinweise zu ihrem Verständnis. Pietismus und Neuzeit 8 (1982), 162-200.

»Daher habe besagten Schröter zu mir rufen laßen, ist aber nicht erschienen, weswegen an iezigen Montag, als den 18. dieses selbsten zu ihm gegangen, und mich bemühet mit aller Freundlichkeit an seiner Seele zu arbeiten und ihn zu gewinnen, muß aber beklagen, daß alles beÿ ihm fruchtlos gewesen. Denn er gab zur Antwort: Er hätte wohl gewust, es würde vergebens seyen, darum wäre er nicht zu mir gekommen, und er wüste gewiss, er stünde in der Wahrheit, Gott wäre sein Vater, er wüste die Bibel, und verstünde dieselbe nach dem Geist, wir aber verstünden sie nur nach den Buchstaben, und er genösse das Heilige Abendmal nach dem Geist.«[50]

Dieser Schuhflicker, so heißt es im Fazit des Pfarrers, »will seine Blindheit nicht erkennen, weil er sich vor erleuchtet hält und seinem Geist folget.« 1770 wird Schröter vom Superintendenten an einschlägiger Stelle erwähnt: »Johann Joseph Tostleben zu Güldengossa Johann David Schröter zu Connewitz und Johann Christian Münch zu Zweynaundorf, von deren Unfuge ich Berichte abgelassen habe, stehen ebenfalls in dem selben forth und lassen sich nicht gewinnen.«[51] Nach Aussage des Superintendenten hat jener sich auch höchstselbst an Schröter versucht – mit dem bekannten Erfolg. Über die nach Dresden abgegangenen Berichte der Leipziger Superintendentur hatte das Oberkonsistorium in Dresden genaue Kenntnis von den separatistischen Entgleisungen vor allem Schröters erhalten und den Sachverhalt an den Kurfürsten weitergemeldet. Über Schröter finden sich die meisten detaillierteren Aussagen, denn jener,

»als man ihnen [den versammelten Separatisten, D.E.], wozu sie wenigstens als Unterthanen in Ansehung derer Landes-Gesetze verbunden wären, vorgehalten, darauß zu behaupten gesucht hätte, es sey beim Friedens-Schlußе, daß ein jeder in seiner Religion geduldet werden solte, festgesetzet worden, Gott zwänge niemanden und der Landes-Herr sey hierzu zu weisen; anbey hätte derselbe, auf die ihm ferner geschehene Vorhaltung, geäußert, daß er andere in gleichmäßige Irrthümer zu ziehen, sich angelegen seyn ließe; er hätte seine Schwester bey sich, und wünschete nicht nur diese, sondern auch das gantze Dorf zu verführen, und hätte endlich boshafterweise die Frage aufgeworfen, ob sie der Menschen Heil, oder ihr Geld suchten? und auf ihre Antwort, daß es ihnen um ersters lediglich zu thun wäre, hätte derselbe versezet: Daß dieses sich dadurch wiederlegte, daß er an die weltliche Obrigkeit dafür: daß selbige ihn vor das Consistorium beschieden – 2gl. – zu entrichten genöthiget gewesen wäre.«[52]

Schröter beließ es jedoch nicht bei dieser Provokation der Obrigkeiten, sondern begründete wie seine Gesinnungsgenossen Tostlöwe und Groschen den Separatismus dezidiert mit Passagen aus der Bibel: Er verstände nicht nur die Aufforderung

50 KAL Ephoralarchiv Leipzig I C-55 IV: »Acta, die Separatisten und andere Schwärmer allhier und in der Dioeces betr.«, No. 29.

51 KAL Ephoralarchiv Leipzig I-C99.1: »Acta, die Beerdigung der Selbstmörder, verunglückten, Ermordeten […] ingl. der Verächter der Sacrorum Begräbnis betreffl.«, fol. 111 f.

52 Schreiben des Oberkonsistoriums Dresden an den Kürfürsten, Dresden den 17.12.1775 (SHStA Dresden 10025 Geheimes Konsilium, Loc. 4618: »Acta, die in denen Chur-Fürstl. Landen sich aufhaltende Separatisten, und deshalb geführte Beschwerde betr. ab anno 1769« o. P.).

zur Beteiligung an Gottesdienst und Abendmahl, sondern die ganze heilige Schrift nicht buchstäblich, sondern nach einem Paulus-Worte eben geistlich.[53] Folglich sei der Tempel in ihnen – und die Teilnahme an weltlichen Praktiken überflüssig. An diesen Überzeugungen hielten die Separatisten so hartnäckig fest, dass sich die Untersuchungsbehörden keinen Rat sahen,

> »da sie zwar leicht zu wiederlegen, keineswegs aber weder aus der Vernunft noch aus der heiligen Schrift, zur Überzeugung zu bringen gewesen, vielmehr zu wiederholten mahlen dectacirt hätten, daß die weder den öffentlichen Gottesdienst besuchen, noch das heilige Abendmahl genießen wolten, so hätten sie sich genöthiget gesehen, dieselben fast ohne Hoffnung zu ihrer Rückkehr, zu entlaßen.«[54]

Zum Separatisten Schröter lassen sich keine weiteren Informationen auftreiben; einzig eine biographische Angabe zum Lebensende (die jedoch mit gehörigen Unsicherheiten verbunden ist) kann noch gemacht werden: Das Kirchenbuch von Probstheida, Connewitz und Dösen verzeichnet im Jahr 1798 – ohne Angabe des Vornamens – für den 7. Oktober die Beerdigung eines gewissen »Schröder, Tage- und Nachtwächter, welcher den 4ten gestorben, in der Stille, weil er das heil: Abendmahl verschmähet, begraben worden: alt etl. 60 Jahre.«[55]

Die Gemeinde Zweinaundorf[56] hatte es mit einem hartnäckigen Separatisten zu tun, nämlich dem in den Berichten aus Leipzig erwähnten Johann Christian Münch. Über den genauen Zeitpunkt von dessen Separation lässt sich näher nichts in Erfahrung bringen, zumal sich Münchs Okkuranz in den kirchlichen Unterlagen durch keine Auffälligkeiten auszeichnet. Am 3. November 1762 hatte er eine Witwe geheiratet[57] und 1765 den ersten Sohn nach christlichem Brauch taufen lassen.[58] Die zwei Jahre darauf erfolgende Taufe der Tochter Johanna Maria verweist darauf, dass Münch in der Zwischenzeit in religiöser Hinsicht auffällig geworden ist: Als Paten wurden nämlich sämtlich honorige Leipziger Bürger, respektive ihre Frauen vermerkt.[59] Dies war seitens der Obrigkeit eine verbreitete Vorsichtsmaßnahme für den

53 1.Kor. 2, 13.

54 Schreiben des Oberkonsistoriums Dresden an den Kürfürsten, Dresden den 17.12.1775 (SHStA Dresden 10025 Geheimes Konsilium, Loc. 4618: »Acta, die in denen Chur-Fürstl. Landen sich aufhaltende Separatisten, und deshalb geführte Beschwerde betr. ab anno 1769« o. P.).

55 Kirchenbuch Probstheida, Connewitz, Dösen, Leichenregister 1798, No. 30, 462.

56 Zweinaundorf war ein Filial von Baalsdorf.

57 Kirchenbuch Zweinaundorf, Trauregister 1762, 277.

58 Taufe Johann Gottlieb Münchs am 03.06.1765 (Kirchenbuch Zweinaundorf, Taufverzeichnis 1765, 62).

59 »Pathen: i. Fr. Gertraud Wilhelmina Elisabeth Zizmannin, Hrn. D. Carl Gottfried Zizmanns, der Consistorii und Obergerichts Advocat, Ehew. ii. Hr. D. Justus Hommel, Jur: Practic. iii. Hr. M. Friedrich Wolfgang Reitz, der großen Fürsten Collegii Collegiate, sämtl. aus Leipzig.« Taufe Johanna Maria Münchs am 15.10.1767 (Kirchenbuch Zweinaundorf, Taufverzeichnis 1767, 65).

Fall, dass separatistische Gemeindeglieder zwar ihre Kinder zur Taufe brachten (um damit der äußeren Form zu genügen), jedoch als Paten einige Vertraute – und damit oft genug Gesinnungsgenossen – bestellten. Aus dem Folgejahr liegt ein – leider nur teilweise überliefertes – Verhörprotokoll vor, aus welchem sich ein Eindruck hinsichtlich der Einstellungen Münchs gewinnen lässt. So habe der Engelsdorfer Pfarrer Johann Christian Uticke (1707-1794)[60] dem Superintendenten berichtet, dass Münch bei der Beerdigung seiner Frau im Frühjahr 1768 zwar die Leiche auf den Friedhof begleitet, die Leichenpredigt dagegen nicht angehört habe, sondern nach Hause gegangen sei. Auf Vorstellungen reagiere Münch zunächst nicht, habe sich jedoch am 4. April 1768 dem Verhör in der Superintendentur gestellt und zu den Gründen seiner Separation folgendes ausgesagt:

> »Er führet an, daß er etwas besseres gefunden habe, und es näher haben könnte. Er habe es vom Herrn, und er hätte vorher eben so gedacht wie seine Nachbarn und Mitglieder der Gesellschaft. Er wäre fleißig in die Kirche gegangen, hätte auch gedacht, daß an seinem Fleiße zu hören nichts ermangele. Nach Mittage wäre er in die Schencke gegangen, und wenn andere zu der gesetzten Zeit zum Abendmahle gekommen wären hätte er es auch mit gethan. Es wäre aber alles ohne Nutzen gewesen wie es bey andern ebenfalls nichts hülffe. Es wäre ihm ietzt viel besser da er das äußere Werck nicht mehr mitmachte, und innerlich erleuchtet wäre.«[61]

Das Reich Gottes müsse in der Seele aufgerichtet werden und das Herz ein Tempel des heiligen Geistes sein. Obwohl die Geistlichkeit in den Folgejahren nicht geringe Anstrengungen unternahm, um die Abweichler über ihre Irrtümer aufzuklären und wieder in den Schoß der Kirche zurückzubringen, hatte dies bei Münch keinen Erfolg, wie die Eintragung anlässlich seiner Beerdigung 1779 beweist:

> »Den 25. Aug. ist Johann Christoph [sic!] Münch, Nachb. u. Einw. in Zweynaundorf nach einem unglückl. Fall vom Baume verstorben, und den 26. ej. weil er viele Jahre ein hartnäckiger Sacraments-Verächter gewesen, auf Befehl s. Hochlöbl. Consistorii zu Leipzig, in der Stille und ohne alle Ceremonien an einen besonderen Ort auf dem Kirchhofe begraben worden. Gott sey seiner armen Seele gnädig. Amen!«[62]

Weitere Separatisten in der Leipziger Umgebung werden beim Blick in die kirchlichen Unterlagen sichtbar: So erfährt man aus den Akten der Leipziger Superintendentur von einem Separatisten in Taucha, der sich ab 1758 vom Abendmahl ferngehalten hatte. Dieser Carl Kuhn war ein Schneider, der am 18. September 1770 ohne Rückkehr in die Gemeinde verstarb.[63] Im Kirchenbuch Kleinzschocher findet sich zeitgleich die Nachricht vom Tode eines alten Separatisten namens Christoph

60 Uticke hatte das Amt des Pfarrers in Engelsdorf seit 1748 inne (Sächs. Pfarrerbuch II, 963).

61 Protokoll des Superintendenten Stemler vom 31.03.1769 (KAL Ephoralarchiv Leipzig I C-55 IV, »Acta, die Separatisten und Schwärmer allhier in der Dioeces betr.« o. P.).

62 Kirchenbuch Zweinaundorf, Leichenregister 1779, 358.

63 KAL Eph.A.Lpz. I C-99.1, »Acta, die Beerdigung der Selbstmörder, verunglückten, Ermordeten [...] ingl. der Verächter der Sacrorum Begräbnis betreffl.«, fol. 135 f.

Birnstein, der am 3. November 1770 im Alter von 89 Jahren und 8 Monaten verstorben war. Auf erhaltene hohe Konsistorialverordnung wurde er drei Tage darauf »Abends ganz in der Stille auf dem Kirchhof begraben«. Dieses Verfahren war erforderlich, »weil er separatistischen und fanatischen Principia gehegt, und seit wenigstens 5 Jahren das heil. Abendmahl nicht genossen« hatte.[64]

Dass der Separatismus nicht per se eine Beerdigung in vollen Ehren verhinderte, lässt sich im gleichen Zeitraum für einen Fall in Seehausen zeigen: Hier wandte sich am 19. November 1772 Johann Gottlieb Schmidt in seiner Eigenschaft als Gemeindepfarrer an den Leipziger Superintendenten und ersuchte selbigen um »Verhaltung«. Den Tag zuvor sei ein Einwohner Seehausens, Gottfried Hüter, »durch einen Schlagfluß gestorben« und müsse nun beerdigt werden. Dies habe Schmidt nach allgemeinem Brauch gerne tun wollen, »wenn nicht deßen ärgerliches Leben meine gantze Gemeinde geärgert« hätte:

> »Dieser Mensch war ein offenbahrer Verächter des Wortes Gottes und derer Gnaden Mittel, ich habe denselben allezeit mit viel Liebe und allen möglichen Vorstellungen zu gewinnen mich bemühet, aber biß an seinen Tod vergeblich: In keine Kirche pflegete er beÿ nahe gar nicht zu gehen, und ich kann nach meinen Beicht Register darthun, daß er wohl beÿ 1 u. ½ Jahr nicht zum Tisch des Herrn gewesen.«[65]

Einen Tag später erfolgte die Entscheidung des Konsistoriums, nach welcher, so die Hinterbliebenen »auf den öffentlichen Sepultur des entseelten Corpus bestünden, selbige nicht verweigert werden könnte«, u. a. deshalb, da »bey denenselben auch die gradus admonibus nicht adhibiret« und »sich derselbe nicht immer von dem cultu publico enthalten habe«.[66]

IV Stötteritz

In Stötteritz bestand die Gemengelage in einer für unsere Betrachtungen interessanten Art, denn auch hier war es ein Angehöriger der Familie Tostlöwe, der scheinbar einen wesentlichen Kristallisationspunkt für separatistische Bestrebungen abgab. Dieser Johann Christian Tostlöwe, Bruder des schon erwähnten Joseph Tostlöwe, hatte wohl als Nachfolger seines Vaters die Schmiede des Ortes übernommen. Seit 1759 hatten sowohl Johann Christian als auch seine Frau die Kirche gemieden und die Sakramente verschmäht. Als Dorothea Elisabeth Tostlöwe am

64 Kirchenbuch Kleinzschocher, Leichenregister 1770, 340.

65 KAL Ephoralarchiv Leipzig I, C-55 IV, »Acta, die Separatisten und andere Schwärmer allhier und in der Dioeces betreffl.«, o. P. Schmidt fasste seine Meinung über Hüter am Ende des Briefes so zusammen: »Kurtz es war ein Mann der göttlicher und politischer Ordnung allzeit zuwider war, dieses war sein Haupt Charakter.«

66 Ebd. Der Verweis auf das noch nicht abgeschlossene Verfahren der Belehrung (hier die fehlende ordentliche Vermahnung des Separatisten) wiegt hier deutlich schwerer als die fehlende Konsequenz des Separatismus.

11. Dezember 1762 im Alter von nur 34 Jahren starb, begrub man sie auf Initiative ihrer Eltern dennoch mit einer Abdankung und einer Leichenpredigt, da sie »sich auch anfangs [habe] mit verführen laßen daß aber keine beharrliche gäntzliche Verächterin Sacroru gewesen« sei.[67] Ihr Mann Johann Christian habe nach dem Gang vom Friedhof die Kirche »alß ein Pesthaus« gemieden und sei wieder nach Hause gegangen. Dasselbe hatte sich schon zwei Monate zuvor bei der Beerdigung des Sohnes Johann Christoph ereignet; das Kirchenbuch vermerkt hier: »Der Vater ging nicht mit zur Kirche.«[68]

In einem Schreiben des Baalsdorfer Pfarrers Friedrich August Kuhl (1719-1779), in dessen Zuständigkeitsbereich die Gemeinde Stötteritz fiel, an den Superintendenten am 4. August 1766 berichtet dieser nach Aufforderung »vom Zustande der Separatisten Tostleben und Groschens« vor Ort.[69] Kuhl konnte aber nur berichten,

> »daß sie nicht nur bisher noch immer bey ihrer irrigen blindheit und Verstockung beharret, sondern auch beyde sich gestern in der Sacristey zu Stötteritz gegen auch ausdrücklich erkläret: dass sie bey ihrem allbereit gethanen Bekäntnißе bleiben, von Menschen sich niemahls ändern laßen, würden, weil sie auf Menschen nicht gewiesen wären.«

Besagter Johann Christian Grosch war der hiesige Bader und stand zu den Tostlöwes in besonders enger Verbindung: Bereits 1748, bei der Taufe der ersten Tochter Christian Groschens, Johanna Regina, findet sich unter den Paten an zweiter Stelle der Name von Regina Tostlöwe, der Ehefrau Joseph Tostlöwes in Liebertwolkwitz.[70] 1756 war Groschen Pate des Sohnes von Christoph Tostlöwe in Ehrenberg gewesen.[71] Zwei Jahre später war seine Frau Johanna Maria Patin bei der Taufe von Gotthilf Joseph, dem Sohn Joseph Tostlöwes in Liebertwolkwitz.[72] Dieser Umstand erklärt sich aus der einfachen Tatsache, dass besagte Johanna Maria Groschen eine gebürtige Tostlöwe – und zwar die Schwester Christian und Joseph Töstlöwes – war,[73] was auch bedeutet, dass Tostlöwe und Groschen nicht nur durch lokale, sondern auch durch familiäre Bande miteinander verbunden waren. Dank eines Vermerks des Pfarrers anlässlich der Taufe von Groschens Tochter Maria Dorothea am 11. Dezember 1761 kennen wir den Zeitpunkt, ab dem der Bader und

67 Kirchenbuch Stötteritz, Leichenregister 1762, No. 64, 351.

68 Ebd, Leichenregister 1762, No. 55, 350.

69 KAL Ephoralarchiv Leipzig I C-55 IV: »Acta, die Separatisten und andere Schwärmer allhier und in der Dioeces betr.«, No. 30.

70 Kirchenbuch Baalsdorf-Mölkau-Stötteritz 1709-1791, Taufverzeichnis 1748, No. 24, 189.

71 Kirchenbuch Gundorf, Taufverzeichnis 1756, No. 2, 78.

72 Kirchenbuch Liebertwolkwitz, Taufverzeichnis 1758, No. 14, 158. Wie das Kirchenbuch Stötteritz, Taufverzeichnis 1754, Nr. 29, 100 und 1759, No. 45, 140 beweist, hat Grosch bis 1759 seine Kinder noch in der hiesigen Kirche taufen lassen.

73 Entsprechende Anmerkungen finden sich in Kirchenbuch Stötteritz, Leichenregister 1762, No. 64, 351.

seine Frau die Sakramente verschmähten: Seit Epiphanias 1759 (6. Januar) habe er die Kirche gemieden.[74] Und noch etwas ist bei dieser Taufe anzumerken: Die dritte der angegeben Paten ist die Frau des Hufschmieds Johann Christian Tostlöwe, neben welchem Groschen zwischen 1766 und 1770 immer als einer der führenden religiösen Abweichler in Stötteritz genannt wurde.

Daneben erscheinen in einer Eingabe des zuständigen Pfarrers aus diesen Jahren und im Kirchenbuch der Gemeinde weitere Namen von Separatisten in und um Stötteritz: Den Feldscher und Chirurg Johann Christoph Hildebrand bewogen wohl nicht primär religiöse Gründe zur Trennung von der Kirchgemeinde. Er hatte nämlich »wegen eines Verdrusses, in welchen Er aber aus Trotz u. Ungehorsam mit der Gerichtsherrschafft gerathen, seit 5 bis 6 Jahren alle Sacra gäntzlich verachtet«. Erst kurz vor seinem Tod, als er »von der Schwulst befallen worden«, ließ sich Hildebrand – wohl von seiner Frau – überzeugen, sich doch noch das Abendmahl reichen zu lassen, was am Abend des 11. Dezember 1767 geschah. In den frühen Morgenstunden des folgenden Tages ist er dann mit 60 Jahren verstorben, aber seine sprichwörtliche Umkehr in letzter Sekunde sicherte ihm ein öffentliches Begräbnis »mit allen christlichen Ceremonien«.[75] Johann Christian Heintze war 1765 aus Schönefeld zugezogen und hatte sich seit dieser Zeit weder in die Kirche noch zum Abendmahle begeben, und ist wohl einige Jahre lang Separatist gewesen. Nach seinem Tod am 15. April 1786 wurde er zwei Tage später christlich – »mit dem Seegen« – begraben.[76]

Christian Freyer war bereits »seit 6 Jahren nicht in die Kirche gekommen« und hatte die Sakramente verachtet, »weil ihm der Findeisensche Kirchen-Stuhl wieder genommen worden«.[77] Das Kirchengestühl als Kern sozialer Repräsentation seit dem Mittelalter,[78] aber auch in der Kirche der Frühneuzeit, war häufig Gegenstand heftiger Konflikte zwischen den Gläubigen; diese wurden heftig und nicht nur verbal ausgetragen.[79] Separation – und schon gar nicht über den Zeitraum von

74 Kirchenbuch Stötteritz, Taufverzeichnis 1761, No. 42, 161.

75 Ebd, Leichenregister 1767, No. 48, 385.

76 Ebd, Leichenregister 1786, No. 10, 371.

77 Ebd, Leichenregister 1763, No. 7, 353.

78 Gabriela Signori: Umstrittene Stühle: Spätmittelalterliches Kirchengestühl als soziales, politisches und religiöses Kommunikationsmedium. Zeitschrift für historische Forschung 29 (2002), 189-213.

79 Allgemein zu Kirchenstuhlstreitigkeiten und sozialer Repräsentation im Kirchenraum siehe Reinhold Wex: Ordnung und Unfriede: Raumprobleme des protestantischen Kirchenraumes im 17. und 18. Jahrhundert in Deutschland. Marburg 1984, sowie ders.: Der frühneuzeitliche protestantische Kirchenraum in Deutschland im Spannungsfeld zwischen Policey und Zeremoniell. In: Geschichte des protestantischen Kirchenbaues: Festschrift für Peter Poscharsky zum 60. Geburtstag/ hrsg. von Klaus Raschzok. Erlangen 1994, 47-61. Ferner vgl. u. a. Martin Scharfe: Soziale Repräsentation im Kirchenraum: Sitzstreitigkeiten in der Martinskirche in Zell u. a., in Alt-Württemberg. Heimatgeschichtliche Blätter der IWZ (Göppingen) 10/1964, Nr. 5 u. 6; Jan Peters: Der Platz in der Kirche: über soziales Rangdenken

mehreren Jahren – war dabei keineswegs die übliche Reaktion auf diese empfundene Herabsetzung, jedoch schien Freyer die Abstinenz als probates Mittel des Protests angesehen zu haben.[80] Nachdem Freyer am 10. Januar 1763 »auf seinem Krankenbette das heil Abendmahl verlanget, u. bekandt, daß Er unrecht gethan solches auf der Gemeinde öffentl. abbitten laßen, so ist er am 1 Febr. mit christl Cerem. öffentlich beerdiget worden. Atatis etliche 60.«[81]

Adam Gottfried Schultze, der sich seit Advent 1765 von der Kirche abgesondert hatte[82], gelobte zwar Besserung, hielt sein Versprechen aber nicht. Nach den Worten des Pfarrers habe er sich gegenüber seiner Frau vielmals auf die Separatisten in Stötteritz berufen: Dächten diese selig zu werden, »welche gleichwohl auch nicht zur Kirche noch zum hl. Abendmahle gingen, so dächte ers auch.« Schultze blieb bis zum 1. Februar 1772 ein »beharrl[icher] Contemptor Sacrorum«, als der er im Alter von 64 Jahren starb und deshalb auf Weisung des Superintendenten »in der Stille auf dem Gottesacker an einen besonderen Ort beerdigt« wurde.[83] Ferner wird Tobias Herold erwähnt, welcher, 1724 in Panitzsch geboren und getauft, sich seit September 1766 nicht mehr zu Beichte und Abendmahl eingefunden hatte. Bis zu seinem Tod, der ihn 45jährig am 20. Februar 1770 ereilte, hielt er seine Absonderung von der Kirche aufrecht, weshalb sein Leichnam wie die der anderen Separatisten am Tag darauf in der Stille ohne Zeremonie auf dem Gottesacker bestattet wurde.[84] Schließlich war da noch Johann Michael Weinmann, der sich seit 1758 nicht mehr

---

im Spätfeudalismus. Jahrbuch für Volkskunde und Kulturgeschichte 28 (1985), 77-106; Claudia ULBRICH: Zankapfel ›Weiber-Gestühl‹. In: Historie und Eigensinn: Festschrift für Jan Peters zum 65. Geburtstag/ hrsg. von Axel Lubinski. Weimar 1997, 107-114; Ralf-Peter FUCHS: Um die Ehre: westfälische Beleidigungsprozesse vor dem Reichskammergericht 1525-1805. Paderborn 1999, 133-138, sowie Thomas WELLER: Ius subselliorum templorum: Kirchenstuhlstreitigkeiten in der frühneuzeitlichen Stadt zwischen symbolischer Praxis und Recht. In: Raum und Konflikt: zur symbolischen Konstituierung gesellschaftlicher Ordnung in Mittelalter und Früher Neuzeit/ hrsg. von Christoph Dartmann; Marian Füssel; Stefanie Rüther. Münster 2004, 199-224.

80 Dass diese Art der Meidung keineswegs die Abwendung vom christlichen Glauben bedeutete, zeigt das Beispiel des Mutzschener Schuhmachers Keyselt: Dieser begründete nach 1735 die Abstinenz seines Hauses von Kirche und Sakrament damit, dass seiner Frau der Kirchen-Stuhl genommen worden wäre und die Leute sie nicht hätten leiden können. Die Abwendung von der Landeskirche ging mit einer Hinwendung zum Pietismus einher. Vgl. Albert: Mutzschener Pietisten … (wie Anm. 1), 117.

81 Kirchenbuch Stötteritz, Leichenregister 1763, Nr. 7, 353. Hier sind die Inkonsequenzen separatistischen Verhaltens gut sichtbar; im Leben stehend konnte man die Appelle der Geistlichen, doch an sein Seelenheil zu denken und sich zur Kirche zu kehren, viel eher ignorieren als schwerkrank und/oder auf dem Sterbebett, auf welchem nicht wenige Separatisten die Umkehr vollzogen haben (s. u.)

82 KAL Ephoralarchiv Leipzig I C-55 IV: »Acta, die Separatisten und andere Schwärmer allhier und in der Dioeces betr.«, No. 33.

83 Kirchenbuch Stötteritz, Leichenregister 1772, No. 4, 412.

84 Kirchenbuch Stötteritz, Leichenregister 1770, No. 4, 339.

hatte absolvieren lassen; bei diesem Sakramentsverächter erfahren wir auch den möglichen Grund seiner Separation: Vermutlich aus Trotz – so die Vermutung des Pfarrers – darüber, dass man seinen einzigen Sohn zu einem Rekruten gemacht hatte, hielt er sich bis zu seinem Tode 1771 von der Kirche fern.[85]

V Und immer wieder Tostlöwes

Zuvor hatte der Tod Johann Christian Tostlöwes für Schriftverkehr mit dem Superintendenten gesorgt; Pfarrer Kuhl meldete am 6. Juli 1770 den Tod des Stötteritzer Hufschmieds, »ein vieljähriger u. beharrlicher Contemtor Sacrorum« und fragte an, wie er sich dem Ansinnen einer sonntäglichen Beerdigung des Separatisten gegenüber verhalten solle.[86] Auf Weisung des Superintendenten erfolgte die Beerdigung wie folgt:

> »Am 5 July ist Mstr. Johann Christian Tostlöbe Nachbar u. Huffschmidt in Stötteritz ein Wittber u. viele Jahre gewesener u. gebliebener Separatiste gestorben und am 8 ej. auf hohe Consistorial Verordnung von 7 ep. außerhalb dem GottesAcker eingepfarret worden.«[87]

Für Johann Joseph Tostlöwe, der sich seit 1763 in Güldengossa aufhielt[88] und nach den kirchlichen Aufzeichnungen als prominentester Sakramentsverächter gilt, sind außer den Gravamina des Pfarrers Anton sonst nur noch spärliche Nachweise zu finden. Im Kirchenbuch von Güldengossa finden sich lediglich zwei Taufeintragungen für Kinder des ansässigen Hufschmieds, wobei die zusätzlichen Bemerkungen des Pfarrers nicht uninteressant sind: Am 24. September 1764 wird Benjamin Tostlöwe geboren und drei Tage später getauft; an die Angabe der Paten schließt Anton folgende Ausführungen an:

> »Der Vater dieses Kindes heißt Joseph Tostlebe, ein Huf- und Waffenschmidt und Pferd[n] e[r] allhier zu Gülden-Gossa. Die Mutter heißt Regina Bahlichin. Beyde Eltern haben sich seit vielen Jahren von der Lutherischen Kirche separirt, gehen zu keinem Abendmahl noch in die Kirche, lassen auch ihre Kinder nicht in Christentum unterrichthen. Sie rühmen sich unmittelbarer Eingebung, des Heil. Geistes bezeuge, aber durch ihr gottloses Leben deutl. genug, sonderl. das Weib, daß sie eine Behaußung deren unreinen Geister sind. Sie sind ihrer Arth wegen von Wolkwitz, Stötteritz und anderer Orte durch christl. Obrigkeit vertrieben doch da ihn der Teuffel hierher geführt. Er hat schon einige mahl in einem hochlöbl. Consistorium vorstehen müssen, da aber alle Priesterl. Vermahnungen

85 Kirchenbuch Stötteritz, Leichenregister 1771, No. 7, 406.

86 KAL Ephoralarchiv Leipzig I-C99.1 »Acta, die Beerdigung der Selbstmörder, verunglückten, Ermordeten […] ingl. der Verächter der Sacrorum Begräbnis betreffl.«, fol. 123.

87 Kirchenbuch Stötteritz, Leichenregister 1770, No. 23, 401.

88 Laut Gerichtsbuch Güldengossa kaufte Johann Joseph Tostlöwe am 16. Mai 1663 ein Gut in Güldengossa »gelegen zwischen Gottfried Barthen und der Kirche, mit 30 Acker Feld an 3 Orten« vom dortigen Einwohner Andreas Vetter und leistete am selben Tag den Bürgereid. StA-L Gerichtsbücher Güldengossa Nr. 44, Bd. 3 (1740-1778), 339 und 451.

fruchtloß abgelauft u. er sich vernehmen lassen: er wolle sich eher in glühend Oel sieden lassen, als zum H. Abendmal gehen, so wird nun an seiner Verjagung auch von diß Ort starck gearbeitet. Gott erbarme sich seiner verirrten u. verwirrten Seele!«[89]

Der zweite Eintrag im Taufverzeichnis datiert vom 3. Mai 1768 und berichtet von einem Zwischenfall bei der Taufe eines Kindes von Joseph Tostlöwe:

»Christoph Tostlebe, ward gebohren dem 30. April. und getauft d. 3. May. Sein Vater heißt Joseph Tostlebe, ein Huf- und Waffenschmidt u. Pferd[n]e[r] allhier, ein Quäcker und Separatiste, wie auch die Mutter Regina eine gebohrene Bahlichin. [...] Die Pathen sollten seyn 1) Regina Bahlichin, der Kindbetterin ihre Mutter 2) August Berger, Einwohner in Stötteritz 3) Johann Gottfried Tostlebe jun. von Ehrenberg, des Kindtaufen Vaters Bruders Sohn. Weil aber diese beyden letzten des Kindes Vaters nächsten Freunde und im Geschrey waren, daß sie eine ihm gleiche Irrthümer hegten, so forderte ich von ihnen ein Beichtzeugniß, Da sie mir aber solches auf eine grobe Weiße verweigerten, so kante sie nach meinen Ammt-Gewissen nicht admittiren, sondern ich erwählte sogleich statt dieser beyden mir verdächtigen Männer, zu Taufzeugen 2) den hiesigen Schulmeister H. Carl Aug: Zichorius und 3) Friedrich Bergern einen Tagelöhner allhier, welche das Geistl. Werk verrichteten.«[90]

Hier hatte also der Ruf Tostlöwes als Separatist – der immerhin seine Kinder taufen ließ oder zumindest seine Frau nicht daran gehindert hat – dazu geführt, dass der verantwortliche Pfarrer die Paten genau unter die Lupe nahm, diese für nicht geeignet befand und seinerseits für – in seinen Augen würdigen – Ersatz sorgte. Ein Vermerk des Leipziger Superintendenten[91] illustriert die Geschehnisse um diese Taufe: So habe einer der aufgebotenen Taufpaten auf die Frage nach seinem Beichtzeugnis »frey bekannt, daß er den Pfarrer seines Orts noch nicht kenne, auch nicht kennen wolle.« Während die Taufe mit den »Ersatzmännern« durchgeführt wurde, hätten dann die anwesenden Frauen der als Taufpaten abgelehnten Männer »öffentlich ausgespien und den Pfarrer überlaut gescholten« sowie auf dessen Ermahnung und Warnung »ungeachtet andere grobe ungebührliche [Handlungen] vorgenommen wodurch der Actus sehr mißhandelt und turbiret worden ist.«

Das Leichenregister des Kirchenbuchs Güldengossa bietet jedoch noch einen frühen Eintrag aus dem Jahr 1763, als ein 1 ¼ Jahr alter Sohn »Joseph Dostlebens, eines Hufschmidts eines Separatisten und Sacraments-Verächters« im elterlichen Hause verunglückte und zu Tode kam, oder mit den Worten des Pfarrers Anton: er »ersoff in der Mist-Jauche in des Vaters Hauße d. 25. Jun[i]«. Der Pfarrer muss schon hier beim Superintendenten um Instruktion für die Beerdigung des »Separatistenkindes« gebeten haben, leider ist dieses Schreiben nicht erhalten. Der Kirchenbuch-Eintrag schließt allerdings, das tote Kind »ward auf hohe Verordnung eines hochlöbl. Consistorii ohne Gesang und Klang in einem Winckel auf dem

89 Kirchenbuch Güldengossa, Taufverzeichnis 1764, No. 620, 430.

90 Ebd, Taufverzeichnis 1768, No. 646, 436 f.

91 Inserat von D. Stemler vom 04.05.1768 (KAL Ephoralarchiv Leipzig I C-55 IV, »Acta, die Separatisten und Schwärmer allhier in der Dioeces betr.« o. P.).

Gottesacker begraben.«[92] Neun Jahre später vermerkt das Kirchenbuch anlässlich der Beerdigung eines weiteren Tostlöwe-Kindes folgendes:

> »Benjamin Tostlebe, ein Kind von 8. Jahren starb d. 10. Nov. a.c. und ward den 13ten auf Verordnung eines hochlöbl. Consistorii zu Leipzig Abends ohne Klang und Gesang in einem Winckel des Gottes-Ackers eingepfarrt, weil sein Vater ein Separatiste und Sacraments-Verächter mit seiner gantzen weitläufigen Familie ist. Siehe im Tauff-Register 1764. No: 620.«[93]

Dies ist zunächst als Bestätigung dafür zu lesen, dass Joseph Tostlöwe in jedem Fall bis zu diesem Zeitpunkt nicht von seinen separatistischen Umtrieben gelassen hat. Der Hinweis auf die »gantze weitläufige Familie« zeigt jedoch noch etwas anderes an: Hier ist nicht nur der Stötteritzer Hufschmied Johann Christian Tostlöwe gemeint. Erinnert sei die Zurückweisung von »Johann Gottfried Tostlebe jun. von Ehrenberg, des Kindtaufen Vaters Bruders Sohn« als Paten durch den Pfarrer aufgrund der Befürchtung, dass er »ihm gleiche Irrthümer hegte«.

Der Vater Johann Gottfrieds ist der dritte Hufschmied mit dem Namen Tostlöwe, der in dieser Zeit auffällig wird: Christoph Tostlöwe wird 1718 in Kleinzschocher als erster Sohn des dortigen Hufschmiedes Christoph Tostlöwe (geb. 1684 als Sohn des Böhlitzer Hufschmieds Christoph Tostlöwe, gestorben am 5. Januar 1730) und seiner Frau Anna geboren und getauft.[94] 1748 heiratete er Regina Elisabeth Freygang, die älteste Tochter eines Böhlitzer Einwohners, in der dortigen Kirche[95] und nahm Wohnsitz im benachbarten Ehrenberg. Nach 1749 wurden einige Kinder des Paares geboren und in der Kirche getauft, darunter – am 19. Februar 1756 – auch besagter Johann Gottfried. Es finden sich zunächst keine Hinweise auf ein irgendwie separatistisches Verhalten Christoph Tostlöwes, zumal seine Kinder ordnungsgemäß in der Gundorfer Kirche getauft wurden; auch im Falle der sechs früh verstorbenen Kinder wurden selbige vom Pfarrer ordentlich bestattet. Erst im Jahr 1770, anlässlich der Beerdigung einer Tochter Tostlöwes vermerkte der Pfarrer im Kirchenbuch: »Den 27. Jun: ist Mstr Tostlöbens, Hufschmidts und Nachb. f. in Ehrenberg, autoris Separatistarum todtgebl. Töchterlein mit Coll: und Seegen begraben worden.«[96] Näheres und auch die genauen Umstände, die zum Entstehen dieses Eintrages führten, wurde hier nicht angegeben, und auch zwei Jahre später notierte der Pfarrer im Taufeintrag von Christian Tostlöwe als Vater »Mstr. Christoph Tostlöbens Hufschmidts u. N.f. zu Ehrenberg (aut: Separ:)« ohne genauere Angaben.[97] Auf die anhand der Taufeintragungen belegbaren engen Kontakte Christoph Tostlöwes zu

92 Kirchenbuch Güldengossa, Leichenregister 1763, No. 484, 325.
93 Kirchenbuch Güldengossa, Leichenregister 1772, No. 546, 331.
94 Kirchenbuch Kleinzschocher, Taufverzeichnis 1718, No. 18, 94.
95 Kirchenbuch Gundorf, Trauregister 1748, No. 1, 6r.
96 Kirchenbuch Gundorf, Leichenregister 1770, No. 7, 66. Die lateinische Bezeichnung »autoris Separatistarum« bedeutet wohl soviel wie »Urheber der Separatisten«.
97 Ebd, Taufverzeichnis 1772, No. 16, 174.

seinen Cousins in Stötteritz und Liebertwolkwitz/Güldengossa ist schon hingewiesen worden; mehr lässt sich allerdings aus dem vorhandenen Material leider nicht mehr ermitteln. Seit dieser Zeit jedoch wird, wenn im Kirchenbuch die Rede auf Christoph Tostlöwe kommt, auf dessen separatistische Umtriebe verwiesen: Als 1784 seine Tochter Johanna Maria Tostlöwe ihr unehelich geborenes Kind Johanna Sophia taufen lässt (der Vater ist ein gewisser Arnold, Markthelfer in Leipzig), bezeichnet der Pfarrer selbige als »berüchtigten Mstr. Christoph Tostlöbens, des Schmidts und Haupt-Separatisten jüngste Tochter«.[98] Der Tod desselben im Jahre 1789 wird wie folgt kommentiert: »Den 14. Aug. Morgens um 9. Uhr stirbt Christoph Tostlöbe, Huffschmidt und N.f. zu Ehrenberg, der als ein 40jähriger Separatist, der so gar den Separatismum im hiesigen Kirchspiel eingespurt [?], aus der Welt gegangen, und wird den 16. ejusd: Abends in der Stille beerdigt.«[99]

Das bekannteste separatistische Mitglied der weitverzweigten Familie Tostlöwe, Johann Joseph Tostlöwe, scheint Güldengossa bis zu seinem Tode nicht verlassen zu haben, aber auch nicht weiter hervorgetreten zu sein. Erstaunlicher – auf Grund der Vorgeschichte – muten jedoch die Umstände seiner Beerdigung an: Diesem separatistischen, in religiöser wie sozialer Beziehung auffälligen Menschen, wurde nach seinem Tod, der ihn am 2. April 1800 im Alter von 80 Jahren infolge eines »Bruchschadens« ereilte, eine würdevolle Beisetzung zuteil. Das Kirchenbuch verzeichnet eine christliche Beerdigung »mit Leichenpredigt und Abdanckung«[100]; hier fehlt jeglicher Hinweis auf die mindestens eine Dekade andauernde Abwendung von der Kirche sowie das ungebührliche Verhalten gegenüber Pfarrer und Kirchgemeinde. Selbiges trifft auch auf die Beerdigung seiner Frau Regina zu, welche am 9. November 1795 im Alter von 66 Jahren »an Brustkranckheit« gestorben war und mit Abdankung und Leichenpredigt christlich bestattet wurde.[101] Der zuständige Pfarrer, Johann Christian August Bauer (1766-1813) war jedoch erst seit fünf Jahren im Amt und gehörte einer anderen Generation an als die Pfarrer, die im dritten Viertel des 18. Jahrhunderts unmittelbar mit dem Separatismus in den Gemeinden des Leipziger Umlandes konfrontiert waren.

Der letzte bekannte separatistische Vertreter der Familie Tostlöwe ist der jüngste der drei Brüder Tostlöwe, Johann Gottfried, gewesen. Dieser hatte 1789 Regina, die älteste Tochter seines Bruders Joseph geehelicht und sich lange Jahre von der Kirche ferngehalten.[102] Am 21. Mai 1803 abends um zehn Uhr starb er im Alter von fast 70 Jahren an Entkräftung und wurde vier Tage später auf dem Gottesacker zu Stötteritz begraben, nachdem er auf dem Totenbett seine kirchenfeindliche Haltung bereute, dem Separatismus abschwor und sich das Abendmahl reichen ließ. Auf den

98 Ebd, Taufverzeichnis 1784, No. 2, 227.
99 Kirchenbuch Gundorf, Leichenregister 1789, No. 13, 101.
100 Kirchenbuch Güldengossa, Leichenregister 1800, No. 35, 4.
101 Ebd, Leichenregister 1795, No. 6, 1.
102 Kirchenbuch Güldengossa, Trauregister 1789, No. 257, 184.

letzten Sinneswandel bezieht sich eine Anmerkung des Pfarrers im entsprechenden Leichenregister, wonach es »merckwürdig [sei], daß Tostleben der sich mit seinem Weibe zu den Separatisten zählte, sich noch auf seinem todtbette bekehrte, und des Herrn Jesu abendmahl genoß.«[103]

VI Ein separatistisches Netzwerk?

Nun gehen aus den spärlichen Belegen in den kirchlichen Unterlagen keine Verbindungen dieser Separatisten untereinander hervor und ebenso fehlen autobiographische Dokumente, die diesen Sachverhalt weiter erhellen könnten. Hans Leube, der aus den Aktivitäten (oder besser: Unterlassungen) dieser Einzelpersonen unter Rückgriff auf die kirchlichen Akten – und den daraus hervorgehenden Einschätzungen der Theologen – die Existenz einer »separatistische Bewegung« auf den Dörfern im Osten und Süden Leipzigs konstatierte, hat damit wohl eher spekulativ Schlüsse gezogen, die sich so aus dem Quellenmaterial nicht ergeben. Es fehlen allgemein Hinweise für gemeinsame Aktionen der Separatisten, auf ein wie auch immer geartetes Kommunikationsnetz sowie schriftliche Äußerungen, die den Zug kollektiver Äußerungen enthalten. Einzig die nachweisbare Anwesenheit bei der ein oder anderen Kindstaufe oder die Zugehörigkeit zur gleichen Dorfbevölkerung lässt zumindest darauf schließen, dass die Abweichler persönliche Beziehungen (wie intensiv und vielgestaltig auch immer) unterhielten. Wenn man die Aufzeichnungen des Superintendenten Stemler studiert, wird man den Verdacht nicht los, dass hier auch das Bedürfnis bestand, die einzelnen »Sectirer, die Unordnung und Aergerniß anrichten« – denn als solche wurde diese zunächst einmal wahrgenommen – zueinander in Beziehung zu setzen, um das Oberkonsistorium in Dresden zum Eingreifen zu bewegen.[104] Da wurde Joseph Tostlöwe einer der maßgeblichen Anführer genannt, was heute aufgrund der spärlichen Quellen und fehlender Selbst-

103 Kirchenbuch Stötteritz, Leichenregister 1803, No. 15, 37. Über ein Schriftstück des Baalsdorfer Pfarrers Künzel aus den 1830er Jahren läst sich ersehen, inwieweit sich die sittlichen Verhältnisse im Vergleich zum vorangegangenen Jahrhundert verändert hatten: »In Dörfern aber, wo entweder keine oder wenig Bauern, wohl aber eine Menge Handwerker und Tagelöhner wohnen, ist das Kirchengehen eine seltene Sache. [...] Das Abendmahl ist leider sehr vielen ein blosses Schiboleth oder ein opus operatus, das völlige Erlaubnis zu neuen Sünden gebe und das sind noch nicht die niedrigsten Christen; eine Menge, zumal in gemischten Dörfern, geht gar nicht zum heiligen Abendmahle, auch wohl nie zur Kirche. [...] Das Bibellesen hat ganz aufgehört; Predigtlesen kommt noch unter 50 Familien in einer vor, aber nur dann, wenn der Hausvater krankheitshalber nicht in die Kirche gehen kann. Kinder und Gesinde haben Sonntags ganz andere Dinge zu besorgen, als sich hinzusetzen und eine geistliche Vorlesung anzuhören« (zit. nach Paul ZINCK: Zur Charakteristik der Bevölkerung des platten Landes im Regierungsbezirke der Leipziger Kreisdirektion. Mitteilungen des Vereins für Sächsische Volkskunde 2 (1901) Nr. 6, 176-182).

104 KAL Ephoralarchiv Leipzig I C-55 IV: »Acta, die Separatisten und andere Schwärmer allhier und in der Dioeces betr.«, No. 29.

zeugnisse nicht überprüfbar ist. Es bleibt so einzig, sich mit den Bewertungen des Charakters der separatistischen Erscheinungen zurückzuhalten und nicht reflexartig – wie beim pietistischen Vorbilde – von einem »separatistischen Netzwerk« oder einer »separatistischen Bewegung« zu sprechen.[105]

Die Dramatisierung der »separatistischen Umtriebe« in den Eingaben aus Leipzig haben zumindest beim Dresdener Oberkonsistorium ihre Wirkung nicht verfehlt: Aufgrund der scheinbar epidemischen Auswüchse auf den Dörfern rund um Leipzig forderten die Theologen 1775 härtestes – und schon lange nicht mehr zeitgemäßes – Vorgehen (nämlich die Landesverweisung[106]) gegen jene, »welche sich in der Kirche, zum Gehör göttlichen Worts ingleichen zum Gebrauch des Hochwürdigen Nachtmahls einzufinden, beständig verweigern, auch weder durch Zureden noch durch Bedrohung zu beßern Gedancken zu bringen sind.«[107] Begründet wurde das Ersuchen um hartes Vorgehen vor allem mit dem Falle Tostlöwes, welcher in potenzierten Maße Anlass zu Ärgernis gab: Neben Sakramentsverachtung und Sabbatschändung sei selbigem erschwerend anzulasten, dass er seine sieben Kinder nicht gemäß der geltenden Gesetze zur Schule schicke, was als besondere Renitenz wahrgenommen wurde.[108] Soweit ersichtlich; ist keiner der namentlich bekannten Separatisten im Umland von Leipzig ausgewiesen worden, stattdessen wurden die Landgeistlichen zu verstärktem Einsatz von »guter Behutsamkeit, Glimpf, Liebe und Sanftmuth« angehalten. Trotz des enormen persönlichen Einsatzes waren die Erfolge selbiger überschaubar; in der Regel zeitigte die Vermahnung mittels von der Obrigkeit geforderten Prozedere durchgängig negative Resultate. So verzeichnete Superintendent Stemler schon im Januar 1768 jene resignative Note in seinen Unterlagen:

105 Eine solche Sprachregelung verführt leicht dazu, Kontinuitäten in den Distanzierungsbewegungen von den Kirchen über ein Jahrhundert hinweg zu sehen, die so einfach nicht nachweisen lassen. Selbst die personelle Kontinuität in der Beteiligung der Familie Tostlöwe an den separatistischen Bestrebungen um Leipzig ist kein Beweis für inhaltliche, religiöse Kontinuität der abweichlerischen Ansichten. Die Wahrnehmung einzelner Separatisten durch eine in den Kriegswirren kopflos agierende Kirche hat im Gesamtbild zweifelsohne die Illusion einer heterodoxen Massenbewegung erzeugt.

106 Vgl. dazu Helga SCHNABEL-SCHÜLE: Die Strafe des Landesverweises in der Frühen Neuzeit. In: Ausweisung und Deportation: Formen der Zwangsemigration in der Geschichte, hrsg. von Andreas Gestrich. Stuttgart 1995, 73-82, sowie Gerd SCHWERHOFF: Vertreibung als Strafe. Der Stadt- und Landesverweis im Ancien Regime. In: Ausweisung – Abschiebung – Vertreibung in Europa: 16.-20. Jahrhundert, hrsg. von Sylvia Hahn Innsbruck u.a. 2006, 48-72.

107 SHStA Dresden 10025, Geheimes Konsilium, Loc. 4618: »Acta, die in denen Chur-Fürstl. Landen sich aufhaltende Separatisten, und deshalb geführte Beschwerde betr. ab anno 1769« o. P.

108 Vgl. dazu Thomas HASE: Anmerkungen zur Geschichte des religiös begründeten Schulboykotts in Deutschland. In: Religion – Staat – Gesellschaft 10 (2009), 81-92.

»Es sind aber diese Leute [die Separatisten; D.E.] keiner Unterweisung, Überzeugung und Besserung fähig. Daher haben mich die Pastores mit Wehmuth mündlich und schriftl. versichert, daß ihre angewanndte Bemühung sie auf andern Sinn zu bringen vergeblich gewesen sey, ohngeachtet sie sich genau nach der Vorschrift gerichtet hätten und sie mit aller Behutsamkeit, Glimpf, Liebe und Sanftmuth von ihrer irrigen Meynung abzubringen gesuchet hätten.«[109]

Inwieweit die Folgerungen der zeitgenössischen Theologen den Tatsachen entsprachen, wird leider nicht mehr zu ermitteln sein. Die Fälle von Separatismus im ausgehenden 18. Jahrhundert zeigen jedoch eine Vielzahl unterschiedlicher Motive: Gründe für eine Meidung der Kirche waren neben dem Verlust eines prestigeträchtigen Kirchenstuhls oder persönlicher Animositäten im Verhältnis zum Geistlichen ebenso oft auch die Ablehnung theologischer Inhalte oder allgemein der kirchlichen Riten. In der Verweigerung des Kirchgangs sowie des Gebrauchs der Sakramente – und sei es, um dem Pfarrer Umstände zu machen – sahen die Menschen oft genug ein adäquates Mittel zur Artikulation von Unzufriedenheit und Dissens. Die Bereitschaft, bei der Austragung sozialer Konflikte den persönlichen Einsatz – nämlich seelisches Heil und soziales Prestige – zu erhöhen, scheint auf Seiten der Laien im 18. Jahrhundert partiell eher gewachsen zu sein. In jedem Falle ist es zulässig, eine Abnahme der subjektiven Wertschätzung der religiösen Anstalt Kirche zur Grundlage dieses Verhaltens zu machen. Der Fall Johann Michael Weinmanns, der aufgrund der Tatsache, dass man seinen Sohn zu einem Soldaten gemacht hatte, die Kirche bis zu seinem Tode mied, verweist noch auf etwas anderes: Hier wurde die Amtskirche offensichtlich auch als weltliche, politische Institution wahrgenommen und als Adressat für politischen Protest angesehen.[110]

Die Abwendung vom Separatismus erfolgte – wenn überhaupt – oft erst auf dem Sterbebette, wohl um der Seele einen ordentlichen Abgang zu ermöglichen und sich ein würdiges Begräbnis zu sichern. Bemühungen der Hinterbliebenen, ihrem separatistischen Verwandten posthum noch eine solche Bestattung zu verschaffen, zeugen davon, dass selbigem im sozialen Zusammenhang noch immer ein hoher Stellenwert anhaftete und ein unwürdiger Abgang eines Familienmitgliedes das Ansehen (Prestige) in den Augen der Mitmenschen deutlich schädigen konnte.[111] Die Amtskirche ihrerseits versprach sich von dieser Einbindung der Abweichler

109 Superintendent Stemler an das Consistorium im Januar 1768 (KAL Ephoralarchiv Leipzig I C-55 IV, »Acta, die Separatisten und Schwärmer allhier in der Dioeces betr.« o. P.).

110 »Die Lutherischen Protestanten sind [...] Zwangsmitglieder einer bürokratisch organisierten Anstaltskirche. Ihre Mitgliedschaft ist schlicht Untertanenpflicht gegenüber dem Landesherrn. Die Ausübung der Religion ist keine selbständige Tätigkeit des einzelnen Individuums, sondern eine Sache der Verwaltung durch die Kirche im Bündnis mit dem Staat« (Richard Münch: Die Kultur der Moderne. Bd. 2: Ihre Entwicklung in Frankreich und Deutschland. Frankfurt am Main 1993, 709).

111 Zu den unterschiedlichen konkurrierenden Handlungserwartungen vgl. Hillard von Thiessen: Das Sterbebett als normative Schwelle: der Mensch in der Frühen Neuzeit zwischen

noch auf dem Sterbelager einen systemstabilisierenden Gewinn. Hier ging es – bei allem bemühten Pathos – nicht nur um die Bedürfnisse des Sterbenden, sondern auch »um die Selbstbestärkung der orthodoxen Kirchlichkeit durch den Widerruf des Sterbenden.«[112]

irdischer Normenkonkurrenz und göttlichem Gericht. Historische Zeitschrift 295 (2012) 3, 625-659.

112 Ulrich BUBENHEIMER: Beobachten – Einbinden – Ausbürgern: Kultur der Anpassung in der Tradition der evangelischen Kirche. In: Auf dem Weg zur Einheit: Aspekte einer neuen Identität/ hrsg. von Herbert Raisch. Idstein 1994, 62-75, hier 70.

Josias Friedrich Christian Löffler (1752-1816)

Hallescher Waisenjunge, Frankfurter Theologieprofessor und Begründer des Gothaer Armenschulwesens. Eine biographische Skizze zum Griechischlehrer Wilhelm von Humboldts

Von Malte van Spankeren[1]

I Einleitung

Im Zentrum Gothas, zwischen der Kreissparkasse Gotha und der Margarethenkirche, steht heute das Löfflerhaus. Dessen Namenspatron Josias Friedrich Christian Löffler (1752-1816) hat sich sowohl durch sein theologisch-kirchliches als auch durch sein karitatives Engagement über Jahrzehnte hinweg nachhaltig zum Wohl der Stadt Gotha eingesetzt. Deshalb verwundert es, dass man, wenn man sich heute über Löffler informieren will, nur mühsam an verlässliche Informationen über ihn gelangt. Dies erstaunt umso mehr, weil Löffler nicht nur als Gothaer Superintendent jahrzehntelang gewirkt hat (1788-1816), sondern ebenso als Frankfurter Theologieprofessor (1782-1788) und überdies als populärer und wirkmächtiger zeitgenössischer Kritiker der Genugtuungs- und Trinitätslehre in seiner Epoche weithin bekannt war.[2] Darüber hinaus war er der Griechischlehrer Wilhelm von

1 Dieser Aufsatz war der Beitrag zum von der Kreissparkasse Gotha ausgeschriebenen Geschichtspreis 2010. Ich bedanke mich herzlich bei der KSK Gotha und insbesondere beim Stiftungsvorsitzenden Herrn Manfred Vitt für die Verleihung des Ersten Preises.

2 Deshalb wird er von Karl Aner in dessen opus Magnum »Die Theologie der Lessingzeit« auch zu den führenden Aufklärungstheologen gezählt. Vgl. Karl ANER: Die Theologie der Lessingzeit. Halle 1929 (ND 1964), 96. Zu Löffler siehe außerdem: Albrecht BEUTEL: Art. Loeffler, Josias Friedrich Christian. RGG⁴ 5 (2002), Sp. 482; Heinrich HOFFMANN: Art. Löffler, Josias Friedrich Christian. RGG² 3 (1929), Sp. 1707; Eberhard Hermann PÄLTZ: Art. Löffler, Josias Friedrich Christian. RGG³ (1960), Sp. 427. Siehe außerdem Heinrich HERZ: Neues zum Lebens- und Charakterbild Christian Löfflers. In: … und fragten nach Jesus. FS Ernst Barnikol. Berlin 1964, 205-220. Allerdings ist der hier nachgezeichnete biographische Lebensweg Löfflers, der nur eine knappe Seite umfasst, viel zu spärlich und die fast fünfmal umfangreichere Nacherzählung der Streitigkeiten um die Errichtung eines Löfflerdenkmals nach Löfflers Tod ist im Verhältnis zu umfangreich und trägt für ein vertieftes Verständnis seiner Person wenig aus; Den instruktivsten Beitrag liefert Volker LEPPIN: Aufklärung auf der Gothaer Kanzel. Zum Wirken des Generalsuperintendenten Josias Friedrich Löffler (1752-1816). In: Ernst II. von Sachsen-Gotha-Altenburg: ein Herrscher im Zeitalter der Aufklärung/ hrsg. von Werner Greiling; Andreas Klinger; Christoph Köhler. Köln u.a. 2005, 361-370. Leppin konzentriert sich auf Löfflers Predigertätigkeit und betrachtet dabei vor allem dessen Verhältnis zur Obrigkeit. Die Ausführungen zu Löfflers Aufenthalt in Halle und seiner Tätigkeit als Frankfurter Theologieprofessor sind dementsprechend auf wenige Zeilen eingeschränkt. Vgl. ebd, 361 f.

Humboldts, und er hat den beiden Brüdern Humboldt während ihres Studiums in Frankfurt/Oder eine Wohnstatt in seinem Haus geboten.

Im Gegensatz zur spärlichen Forschungsliteratur[3] ist die Quellensituation zu Löfflers Leben und Wirken überaus reichhaltig:[4] In der Forschungsbibliothek Gotha liegen sämtliche Werke Löfflers, von denen insbesondere seine posthum herausgegebenen »Kleine[n] Schriften« und seine Predigten von hohem Quellenwert sind. Primär auf der Grundlage dieser Schriften soll im Folgenden eine Kurzbiographie dieses bedeutenden Aufklärungstheologen und Gothaer Kirchenmannes rekonstruiert werden.[5] In einer biographischen Übersicht (II) wird zunächst Löfflers Studien- und Schulzeit nachgezeichnet (II.1). Anschließend wird seine Arbeit als Feldprediger und Frankfurter Theologieprofessor näher beleuchtet (II.2). In einem eigenen Abschnitt wird auf Löfflers Verhältnis zu Wilhelm von Humboldt eingegangen (III). Sodann wird Löfflers Leben in Gotha (IV) skizziert. Dabei wird insbesondere der Prediger und Kirchenmann Löffler ausführlich vorgestellt (IV.1) und anschließend auf seine Tätigkeit als wissenschaftlicher Theologe näher eingegangen (IV.2). Eine Schilderung seiner vielfältigen karitativen Tätigkeiten, die auch die Gründung einer Armenschule in Gotha umfassen, wird dieses Kapitel beschließen (IV.3). In einem abschließenden kurzen Fazit (V) werden die Ausführungen präzise zusammengefasst und einige künftige Forschungsaufgaben im Hinblick auf Löffler benannt.

II Löfflers Werdegang bis 1787

1 Die Schul- und Studienzeit

Josias Friedrich Christian Löffler wurde am 18. Januar 1752 im thüringischen Saalfeld geboren und wenige Tage später von Matthias Nikolaus Semler, dem Vater des Aufklärungstheologen Johann Salomo Semler, bei dem Löffler später in Halle studieren sollte, getauft.[6] Löfflers Vater war Johann Christoph Löffler, der als

3 Auffällig ist, dass Löffler in den einschlägigen Skizzen zur Geschichte der Stadt Gotha nur sporadisch erwähnt wird. Siehe z. B. Rudolf Herrmann: Thüringer Kirchengeschichte Bd. 2. Weimar 1947, 335.

4 Im reziproken Verhältnis zur spärlichen Forschungsliteratur über Löffler in den letzten Jahrzehnten steht auch die ausführliche Würdigung, die sein Leben und Wirken in früheren Jahren fand. Heinrich Döring widmet Löffler eine ausführliche biographische Skizze, die auch ein ausführliches Werksverzeichnis beinhaltet. Vgl. Heinrich Döring: Die deutschen Kanzelredner des 18. und 19. Jahrhunderts. Neustadt an der Orla 1830, 213-224.

5 Grundlegend für eine biographische Erschließung Löfflers ist außerdem: Georg Gottlieb Güldenapfel: Ueber Josias Friedrich Christian Löffler und sein Denkmal. Gotha 1819. Güldenapfels Schrift ist einer der wichtigsten Anhaltspunkte, um sich zuverlässig über Löffler zu informieren. Besonders wertvoll ist Güldenapfels facettenreiche biographische Skizze, die 75 Seiten umfasst.

6 Sein ungewöhnlich anmutender erster Vorname war eine Reminiszenz an den alttestamentlichen König Josia.

Stadtsyndikus und Hofadvokat die Stadt Saalfeld in juristischen Fragestellungen beriet und im Auftrag des Bürgermeisters zahlreiche juristische Gutachten erstellte. Seine Mutter hieß Maria Magdalena, geborene Mahnin.

Seine Schulzeit verbrachte Löffler zunächst in Saalfeld, musste aber aufgrund eines familiären Schicksalsschlages mit elf Jahren die Geburtsstadt verlassen. Der Vater war 1762 auf der Schwelle des Hauses zusammengebrochen und mit 48 Jahren an einem Schlaganfall verstorben,[7] und weil Löfflers Mutter die acht Kinder nicht mehr ausreichend versorgen konnte, wurde Löffler, der drittgeborene, ins Hallesche Waisenhaus übersandt, wo er am 29. September 1763 Aufnahme fand. Bis Oktober 1768 wurde er hier als Waise verpflegt. Seine Schulbildung setzte er zeitgleich 1763 auf der Latina der Franckeschen Stiftungen fort und damit in einer der zeitgenössisch angesehensten Bildungsanstalten.[8] Direktoren der Franckeschen Stiftungen waren damals Gotthilf August Francke und Johann Georg Knapp. Ein zeitgenössischer Eintrag über Löfflers Verhalten im Waisenhaus lautet: »Ingenium egregium, pietas naturalis, mores affabiles (»wacher Geist, natürliche Frömmigkeit, angenehme Verhaltensweisen«)«.[9] 1768 verließ er, gut ausgebildet, die Latina, verbrachte den Winter im Elternhaus und immatrikulierte sich Ostern 1769 an der Friedrichs-Universität in Halle für Theologie. Um sich sein Studium zu finanzieren, arbeitete er mehrere Stunden in der Woche als Lehrer an der Latina: eine für Theologiestudenten übliche Erwerbstätigkeit.

Löffler studierte insgesamt fünf Jahre in Halle und hörte in der Theologie fast ausschließlich bei Johann Salomo Semler[10] und Johann August Nösselt.[11] Für das Studium und zur privaten Weiterbildung bediente er sich nachhaltig aus der gut bestückten Bibliothek Nösselts,[12] der ihn oft und gerne in seinem geräumigen Haus in der Galgstraße (heutige Leipziger Straße) auf Höhe der Hallenser Ulrichskirche empfing. In seinen Privatstudien hat sich Löffler besonders intensiv mit den griechischen Klassikern auseinandergesetzt und weckte damit das Interesse Nösselts, der seit Ende der 1760er Jahre eine Neuausgabe der Werke des spätantiken Theologen

7 Vgl. Güldenapfel: Ueber Josias Friedrich Christian Löffler … (wie Anm. 5), 3.

8 Siehe dazu ebd, 3-6.

9 Zitiert nach ebd, 8.

10 Zu Semler siehe Gottfried Hornig: Johann Salomo Semler: Studien zu Leben und Werk des Hallenser Aufklärungstheologen. Tübingen 1996; ders.: Die Freiheit der christlichen Privatreligion. Semlers Begründung des religiösen Individualismus in der protestantischen Aufklärungstheologie. In: NZSTh 21 (1979), 198-211; Andreas Lüder: Historie und Dogmatik: ein Beitrag zur Genese und Entfaltung von Johann Salomo Semlers Verständnis des Alten Testaments (BZAW 233). Berlin u. a. 1995; Hartmut Schulz: Johann Salomo Semlers Wesensbestimmung des Christentums: ein Beitrag zur Erforschung der Theologie Semlers. Würzburg 1988.

11 Zu Nösselt siehe Malte van Spankeren: Johann August Nösselt (1734-1807): ein Theologe der Aufklärung (Hallesche Forschungen 31). Halle 2012; und für einen Kurzüberblick: Walter Sparn: Art. Nösselt, Johann August. BBKL 6 (1993), Sp. 983 f.

12 Vgl. Güldenapfel: Ueber Josias Friedrich Christian Löffler … (wie Anm. 5), 14.

Theodoret herausgab. Da Löffler als besonders versiert bezüglich der Übersetzung von Handschriften galt, nahm ihn Nösselt dauerhaft als Mitarbeiter in seinem Haus auf.[13] Parallel dazu wurde Löffler im Theologischen Seminar der Fakultät aufgenommen, wo besonders begabte Studenten im praktisch-theologischen Bereich geschult wurden. Insgesamt hat Löffler intensiv studiert und sich insbesondere altphilologisch und praktisch-theologisch weitergebildet. Als er am 24. Juni 1774 die Universität verließ, war er sowohl für eine Tätigkeit als angehender Pfarrer wie auch als Privatlehrer umfassend qualifiziert.

2 Arbeit als Hauslehrer, Feldprediger und Theologieprofessor (1774-1788)

Wie die meisten Anwärter auf eine Pfarrstelle überbrückte auch Löffler die Wartezeit bis zur Festanstellung mit einer Hauslehrertätigkeit: Seit 1774 arbeitete er in dieser Funktion in Berlin. 1776 wurde er außerdem zum Prediger an der Hofgerichtskirche in Berlin ernannt. Zu seinem Bekanntenkreis zählten unter anderem der Philosoph Moses Mendelssohn, der Dichter Johann Jakob Engel, der Aufklärungstheologe Wilhelm Abraham Teller und der bedeutende preußische Kirchenmann und Prediger an der Nikolaikirche Johann Joachim Spalding.[14] Seine Bekanntschaft zu Moses Mendelssohn beschränkte sich nicht allein auf private Kontakte: Auf Mendelssohns Bitte hin redigierte Löffler dessen Übersetzung »Die fünf Bücher Mose, zum Gebrauch der jüdischdeutschen Nation nach der Uebersetzung des Herrn Moses Mendelssohn«. Löffler schrieb dazu außerdem eine Vorrede und gab das Werk schließlich auch heraus. Seine wissenschaftlichen Privatstudien setzte Löffler während seines Berliner Aufenthalts kontinuierlich fort – vor allem mit der Entstehung und Entwicklung der Trinitätslehre hat sich Löffler intensiv in seiner Berliner Zeit beschäftigt – mitunter auch deshalb, weil ihm früh bewusst wurde, dass er seine berufliche Zukunft nicht mehr im Pfarramt sah.

1778 arbeitete er als Feldprediger und nahm mit seinem Regiment am Bayrischen Erbfolgekrieg Teil. Infolgedessen kam er im April 1778 nach Schlesien, wo er zum ersten Mal in ausführlichen persönlichen Kontakt zu katholischen Pfarrern geriet und mit ihnen intensiv über konfessionelle Unterschiede und Gemeinsamkeiten diskutierte.[15] 1779 kehrte er nach Berlin zurück und nahm das Angebot des adligen Berliner Kammerherrn Alexander Georg von Humboldt an, dessen zwei Söhne, Alexander und Wilhelm im Griechischen zu unterrichten. Durch seine Privatstudien und persönlichen Kontakte in Berlin machte er außerdem den Minister Friedrichs des Großen, Karl Abraham von Zedlitz, der seit 1771 das preußische Schul- und

13 Vgl. ebd, 10. Bereits der Dichter des »Münchhausen«, Gottfried August Bürger (1747-1794) und der Philosoph Christian Garve (1742-1798) hatten als Studenten in den 1760er Jahren in Nösselts Haus gewohnt und in Halle Theologie studiert.

14 Vgl. ebd, 36.

15 Vgl. ebd, 42-56.

Hochschulwesen beaufsichtigte, auf sich aufmerksam, der ihn schließlich für eine Professur an der theologischen Fakultät der Universität Frankfurt/Oder vorschlug.

Wie sein ehemaliger Lehrer Nösselt konzentrierte sich Löffler in seiner dortigen Lehrtätigkeit, die er im Oktober 1782 aufnahm, auf Vorlesungen zum Neuen Testament und zur Kirchengeschichte. Seine kirchengeschichtlichen Vorlesungen wurden von seinen Zuhörern als »im wahren Sinne pragmatisch«[16] charakterisiert. Seinen Studenten wollte er in aufklärerischer Absicht eine tolerante Haltung vermitteln, damit sie »weniger anmaßend in Entscheidungen, und nachsichtiger gegen solche würden, die anders urtheilten.«[17] In seinen exegetischen Vorlesungen, zu denen auch Anfängerseminare im Hebräischen gehörten, folgte er strikt dem philologischen Grundsatz, dass auf die biblischen Schriften keine spezielle Hermeneutik anzuwenden sei, sondern sie genauso auszulegen seien, wie alle anderen antiken Schriften.

Auch Löfflers Privatleben gestaltete sich erfolgreich. Am 9. November 1784 heiratete er zum ersten Mal. Seine Frau[18] wurde von seinem späteren Biographen Güldenapfel als »[e]ine Gattin von so vielen Annehmlichkeiten des Geistes und Körpers«[19] gerühmt. Zu dieser Zeit erreichten Löffler verschiedene lukrative berufliche Angebote: Unter anderem wurden ihm eine Stelle als Hamburger Hauptpastor und als Professor in Göttingen angeboten, die er beide ablehnte. Als ihm allerdings 1787 in Aussicht gestellt wurde, als Superintendent nach Gotha zu gehen, entschloss sich Löffler, diese Offerte anzunehmen. Ursächlich für seine Entscheidung waren neben der in Aussicht gestellten ausgedehnteren Wirkungsmöglichkeit, Befürchtungen Löfflers, dass er angesichts der zunehmend konservativen religionspolitischen Großwetterlage in Preußen, nach dem Tod Friedrichs II., künftig unter Einschränkungen in seiner Lehrfreiheit leiden könnte. Denn seit dem Regierungsantritt Friedrichs Wilhelm II. 1786 war eine theologisch konservative Religionspolitik, die verstärkt auf den Lehrinhalt der Symbolischen Bücher Wert legte, mächtig geworden. Unter Zedlitz' Nachfolger, Johann Christoph von Woellner,[20] wurde es eines ihrer zentralen Ziele, bestimmenden Einfluss auf die Lehrtätigkeit an den theologischen Fakultäten zu gewinnen.

Angesichts dieser Motivlage ging Löffler 1788 nach Gotha, wo die Hauptphase seines theologischen Schaffens und Wirkens einsetzte. Von dort hielt er Kontakt zu zwei jungen Männern, die während ihres Studiums in Frankfurt in seinem Haus gewohnt hatten und ihn 1788 auch in Gotha besuchen sollten: Alexander und

16 Ebd, 55.

17 Ebd, 56.

18 Leider war es nicht möglich aus dem bislang vorliegenden Quellenmaterial den Namen von Löfflers erster Frau zu identifizieren.

19 Ebd, 60.

20 Zentral zum Woellnerschen Religionsedikt ist Uta WIGGERMANN: Woellner und das Religionsedikt: Kirchenpolitik und kirchliche Wirklichkeit im Preußen des späten 18. Jahrhunderts. Tübingen 2010; daneben siehe auch Dirk KEMPER: Mißbrauchte Aufklärung?: Schriften zum preußischen Religionsedikt vom 9. Juli 1788 (Mikrofiches). Hildesheim 1996.

Wilhelm von Humboldt. Die Beziehung, die Löffler vor allem mit Wilhelm von Humboldt verband, soll im Folgenden kurz skizziert werden.

III Löffler und Wilhelm von Humboldt

Seit 1779 unterrichtete Löffler insbesondere den älteren der beiden Humboldtbrüder in Altgriechisch.[21] Löffler, der im Theologiestudium intensiv die griechischen Klassiker übersetzt hatte, machte den jungen Wilhelm mit griechischer Literatur und Kultur vertraut. Der Erfolg des Unterrichts kommt wohl am deutlichsten darin zum Ausdruck, dass Wilhelm von Humboldt mit 13 Jahren fließend Altgriechisch sprach.

Am 1. Oktober 1787 immatrikulierten sich die Humboldtbrüder an der Universität Frankfurt/Oder und wohnten während ihres Studiums bei Löffler.[22] Wilhelm von Humboldt verteidigte unter Löfflers Vorsitz seine »Disputatio de mundo optimo«. In einem Brief an einen Freund, den Medizinstudenten Ephraim Beer in Berlin, schilderte Wilhelm seinen Tagesablauf im Hause Löffler:

> »Um fünf Uhr oder etwas später, doch immer vor sechs, steh ich auf und arbeite bis zehn Uhr. Dann hab ich bis Mittag eine Stunde Kirchengeschichte und eine andere Reichsgeschichte. Um zwölf Uhr wird gegessen bis etwa halb zwei. Dann lauf ich allein spazieren oder gehe zu Keverberg bis zwei. Nachher bin ich wieder bis sechs in Kollegien, einem ökonomischen und drei juristischen. Nach sechs, wenn ich nicht ausgebeten bin, was, so selten es auch ist, mir doch noch zu oft kommt, arbeite ich wieder bis acht. Von acht bis zehn wird gegessen und gewöhnlich bei Löffler etwas vorgelesen. Dann arbeite ich noch bis elf, manchmal auch später, und so endigt sich mein Tag.«[23]

Auch nach ihrer Frankfurter Zeit hielten Wilhelm von Humboldt und Löffler ihre Kontakte aufrecht und schrieben sich regelmäßig Briefe.[24] Mitte Dezember 1788 besuchten beide Humboldtbrüder Löffler in Gotha.[25] Dieser hatte sich bereits gut in seiner neuen Heimat eingelebt.

IV Löfflers Leben in Gotha

Löffler, der noch nie vorher in Gotha gewesen war, ging im September 1788 als Generalsuperintendent und Oberkonsistorialrat nach Gotha, wo er die Hauptwirkungsstätte seines kirchenleitenden Wirkens fand.[26] Zu seinen vielfältigen Amts-

21 Vgl. Herz: Neues zum Lebens- und Charakterbild … (wie Anm. 2), 208.

22 Vgl. Wilhelm von Humboldt: sein Leben und Wirken, dargestellt in Briefen, Tagebüchern und Dokumenten seiner Zeit/ hrsg. von Rudolf Freese. Berlin 1955, 39.

23 Zitiert nach ebd, 45.

24 Vgl. Herz: Neues zum Lebens- und Charakterbild … (wie Anm. 2), 209. Die Briefe zwischen Wilhelm von Humboldt und Löffler liegen im Weimarer Goethe-Schiller Archiv.

25 Vgl. Wilhelm von Humboldt (wie Anm. 22), 24.

26 Leppin zählt die Berufung Löfflers als Generalsuperintendent zu den »personalpolitischen Glückgriffen« Ernsts II. Vgl. Leppin: Aufklärung auf der Gothaer Kanzel (wie Anm. 2), 361.

aufgaben zählten unter anderem die Arbeit als Pfarrer an der Gothaer Hofkirche und als Lehrer am dortigen Gymnasium. Auch mit einer Revision des Gothaer Herzogtums wurde er beauftragt. Parallel dazu setzte in Gotha auch die Hauptphase seines wissenschaftlichen theologischen Schaffens ein.

Am 6. Oktober 1788 traf er in Gotha ein, und am 22. Oktober, einem Mittwoch, wurde er feierlich in sein Amt eingeführt. Auch weil sein Vorgänger manchen Anlass zur Klage gegeben hatte, wurde Löffler freundlich in Gotha aufgenommen.[27] Neben seinen kirchenleitenden Aufgaben wirkte er auch als häufig konsultierter Ratgeber seines Herzogs Ernsts II., der von 1772 bis 1804 regierte und der ihm bei einem persönlichen Schicksalsschlag, der Löfflers Einstieg in Gotha bald überschatten sollte, hilfreich zur Seite stand. Denn nachdem sich die Familie, Löffler und seine Frau hatten zwei Töchter und einen Sohn, zunächst kommod in Gotha eingerichtet hatte, starb am 13. Juli 1789 überraschend Löfflers Frau. Ernst II. kondolierte ihm mit den folgenden Worten:

> »Mit unendlicher Empfindung haben wir, meine Frau und ich, den unglücklichen Verlust vernommen, de[r] Sie werthester Freund, so empfindlich trifft […] Könnte unsere Freundschaft, – könnte unsere innige Achtung für Sie, etwas ausfindig machen, oder irgend etwas beitragen, Ihren gerechten Schmerz zu lindern, so bitte und beschwöre ich Sie, mir dazu einen Fingerzeig zu geben«[28].

Der Herzog beließ es nicht bei diesen Worten, sondern überredete Löffler, ihn auf eine Reise in die Schweiz zu begleiten. Außerdem ermunterte er Löffler, sich bald neu zu verheiraten, auch weil er befürchtete, dass Löffler sonst seinen Verbleib in Gotha überdenken könne:

> »Gotha verlöhre einen Mann, […] von dem es viel, ja Alles zu erwarten hat. Sie können viel wirken, Sie thun es schon wirklich, und erst künftige Zeiten werden davon den Nutzen empfinden, – Ihnen für das Gute was Sie thaten, Dank wissen!«[29]

1792 heiratete Löffler ein zweites Mal. Seine Frau wurde Sophie Charlotte Silberschlag, die Tochter eines Generalsuperintendenten aus Stendal. Auch aus dieser Ehe gingen zwei Töchter hervor.[30]

In diesen Jahren gestaltete sich das Leben in Gotha ereignisreich: 1787 wurde der Bau einer Sternwarte in Angriff genommen, der 1791 vollendet wurde. Zeitgleich dazu wurde der Gothaer Schlosspark bedeutend erweitert, – der heute noch existierende Merkurtempel wurde 1778 erbaut – und seit dem 4. Juli 1786 wurde der Park donnerstags und sonntags »für die Noblesse und für die Honoratiores zum

---

27 Vgl. Güldenapfel: Ueber Josias Friedrich Christian Löffler … (wie Anm. 5), 76.

28 Josias Friedrich Christian Löffler: Kleine Schriften. Nach seinem Tode gesammelt und herausgegeben. Bd. 1. Weimar 1817, XXX.

29 Ebd, XLV.

30 Vgl. ebd, XLVI.

freien Spaziergange geöffnet«.[31] Seit 1792 zogen mehrere preußische Armeeeinheiten auf dem Weg nach Frankreich durch Thüringen, sodass auch die Gothaer Bürger verstärkt Einquartierungen erdulden mussten. Als 1794 kranke, gefangene französische Soldaten durch Gotha eskortiert wurden, steckten sich zahlreiche Bewohner bei diesen an und verstarben.[32] Löfflers Leben gestaltete sich zu dieser Zeit in Kontinuität. Er versah seine vielfältigen kirchenleitenden Aufgaben mit Umsicht und Bedacht. Viel Zeit beanspruchte insbesondere seine Predigtätigkeit, die er seit seiner Antrittspredigt Ende 1788 aufgenommen hatte.

1 Löffler als Gothaer Prediger

Löfflers Antrittspredigt in der Gothaer Stadtkirche hielt er über 2Kor 1,24 mit dem Predigttext: »Wir sind nicht Herren über euren Glauben, sondern wir sind Gehülfen eurer Freude«. Dieser Vers war nicht zufällig gewählt, sondern drückte indirekt seine Kritik am Woellnerschen Religionsedikt aus, von dem er insbesondere die Gewissensfreiheit in religiösen Angelegenheiten bedroht sah. Gegen zentrale Paragraphen des Religionsediktes gerichtet, zeigte Löffler in seiner Predigt auf, dass Christus die von ihm verkündeten Wahrheiten niemandem hatte aufzwingen wollen, sondern primär den Verstand zu überzeugen suchte. Vor allem wies Löffler darauf hin, dass keinem Pfarrer das Recht zustehe, sich zum Richter über die privatreligiösen Überzeugungen seiner Gemeindemitglieder zu erheben.[33] Löffler erklärte, dass ein Prediger sich niemals anmaßen dürfe, den Glauben einer Gemeinde rechthaberisch bewerten oder bestimmen zu wollen, und da man »heute eine so nahe Veranlassung habe«[34] über dieses Thema zu reflektieren, legte er in der folgenden Predigt das angemessene Verhältnis eines Predigers zu seiner Gemeinde dar.[35] Dieses kulminiert in der als Selbstverpflichtung verstandenen Aussage: »Ich bin nicht Herr eures Glaubens; ich kann nicht willkührlich befehlen, was ihr in Sachen der Religion als Wahrheit annehmen, oder als Irrthum verwerfen sollet; ich habe keine Herrschaft über Euch und Euer Gewissen«.[36] Löffler begann demnach seine Tätigkeit in Gotha mit einer zeitdiagnostisch kritischen, religionspolitischen Predigt, welche die künftig von ihm öffentlich vertretenen Maximen präzise zusammenfasste.

In der Folge wirkte Löffler als ein seelsorgerlich umsichtiger Pfarrer fast drei Jahrzehnte in Gotha. Löffler, dem es als Superintendent unter anderem oblag, den Gottesdienst an jedem zweiten Feiertag zu Ostern, Pfingsten und Weihnachten zu halten und der den Gottesdienst in der Schlosskirche regelmäßig versah, war ein

31 Zitiert nach August Beck: Geschichte der Stadt Gotha: Geschichte des gothaischen Landes. Bd. 2. Gotha 1870, 63.

32 Vgl. ebd, 56.

33 Vgl. Josias Friedrich Christian Löffler: Antrittspredigt in Gotha. Berlin 1789, 5-11.

34 Ebd, 5.

35 Vgl. ebd, 11 f.

36 Ebd, 10.

beliebter Prediger,[37] an dem mehrere Aspekte lobend hervorgehoben wurden. Die gedankliche Fülle seiner Predigten wurde ebenso wertgeschätzt wie seine Deutlichkeit und Präzision im Ausdruck. Er verstand es, die Aufmerksamkeit seiner Zuhörer zu gewinnen und sie mit religiös-moralischen Predigten zu fesseln.[38] Dabei war er – so die Worte eines Zeitgenossen – um ein eigenes Urteil nicht verlegen: »Was er unbiblisch fand, nannte er unbiblisch, ohne Rücksicht auf Anderer Meinung oder Behauptung«.[39]

Als eines der zeitgenössisch drängendsten Probleme erkannte Löffler den auch in Gotha rückläufigen Gottesdienstbesuch, auf den er mit der Publikation einer Schrift reagierte.[40] Aufklärerisch motiviert warnte Löffler davor, diejenigen, die dem Gottesdienst fernblieben, deshalb »für unmoralische oder gewissenlose Menschen«[41] zu halten. Auch Menschen, die gewisse »speculative Vorstellungen«[42] ablehnten, seien in der Lage, moralisch sachgerecht zu handeln. Schädlich sei vielmehr eine bloß äußerliche Teilnahme am Gottesdienstbesuch, die ohne jede innere Überzeugung einhergehe.[43] Stattdessen will Löffler in seiner Schrift diejenigen, die nicht am Gottesdienst teilnehmen, dazu ermuntern, in die Kirche zu gehen, weil sich ihnen dadurch vielfältige Vorteile böten, die eine Bereicherung für ihr individuelles Leben und ihre gesellschaftlichen Aufgaben darstellten. Denn nach wie vor erfolge im Gottesdienst die primäre moralische Unterweisung.[44] Den Gottesdienst definiert Löffler, neologisch geprägt, als untrennbar mit der Moralthematik verknüpft: »Unser christlicher Gottesdienst hat die Absicht, moralisch religiöse Gedanken, Empfindungen und Vorsätze zu wecken, zu beleben und unter uns zu erhalten.«[45]

Zwar gebe es Schriften, in denen eine angemessene moralische Unterweisung erfolge, doch nur wenige Menschen, so bedauert Löffler, könnten diese Schriften auch tatsächlich kaufen und lesen.[46] Außerdem kursierten zu viele Schriften, deren Inhalte von moralisch zweifelhaftem Wert seien. Deshalb prognostiziert Löffler, dass »mit der Abnahme der Achtung gegen den öffentlichen Gottesdienst auch zugleich die Gleichgültigkeit gegen den Unterricht in der Moral herrschend werde, und daß davon eine große Verschlimmerung eines großen Theils unserer Mitbürger

37 Zu Löfflers Predigttätigkeit siehe die instruktiven Ausführungen bei Leppin: Aufklärung auf der Gothaer Kanzel (wie Anm. 2), 364-370.

38 Vgl. Löffler: Kleine Schriften (wie Anm. 28), LXXIX.

39 Ebd, LXXX.

40 Josias Friedrich Christian LÖFFLER: »Ob es weiser ist, den christlichen Gottesdienst zu verlassen oder zu bessern?«. In: Neue Predigten. Gotha 1817, V-XLVI.

41 Ebd, V.

42 Ebd, VI.

43 Vgl. ebd, IX f.

44 Vgl. ebd, XVII.

45 Ebd, XIII. Zum neologischen Gottesdienst siehe Albrecht BEUTEL: Kirchengeschichte im Zeitalter der Aufklärung: ein Kompendium. Göttingen 2009, 225-230.

46 Vgl. Löffler: »Ob es weiser ist … (wie Anm. 40), XVII f.

die Folge sey.«[47] Deshalb resümiert er, solle es jeder »wohlwollende[...] Patriot«[48] als seine Pflicht betrachten, zur Kirche zu gehen und statt »den Gottesdienst zu verlassen oder zu verspotten«[49] sei es allemal »viel weiser und patriotischer [...] an seiner Verbesserung arbeiten zu helfen.«[50]

Neben seiner Predigttätigkeit nahm Löffler in Gotha auch seine wissenschaftlichen Studien wieder auf, durch die er sich einen bleibenden Platz in der Theologiegeschichte des 18. Jahrhunderts sichern sollte. Denn als Gothaer Superintendent dekonstruierte er, ohne dass er auf einen religionspolitisch konservativen Landesherrn allzu große Rücksicht nehmen musste, getragen von einem aufklärerischen Impetus, zwei wesentliche traditionelle Theologumena: Die Genugtuungs- und die Trinitätslehre.

2 Löffler als wissenschaftlicher Theologe

Laut dem Urteil des evangelischen Theologen Walther Glawe war es Löffler, der »als erster unter seinen rationalistischen Kollegen Ernst damit machte, die praktischen Konsequenzen aus der theologischen Aufklärung zu ziehen«.[51]

Und der bekannte Hallesche Philosophieprofessor Johann August Eberhard, der offensichtlich von Löfflers wissenschaftlichen Forschungen angetan war, schrieb ihm: »Sie haben die Schriftlehre über die Genugthuung so auf's Reine gebracht, daß sich darüber nichts mehr sagen läßt. Nun aber die Dreieinigkeitslehre, und die Lehre von der Gottheit Christi!«[52] Mit diesem Diktum bezog sich Eberhard auf Löfflers Schrift »Ueber die kirchliche Genugtuungslehre. Zwei Abhandlungen«.[53]

Den Anstoß für Löfflers Auseinandersetzung mit der traditionellen Genugtuungslehre bildete die Drucklegung einer Predigt, in der Löffler die Meinung vertreten hatte, dass die Genugtuung nicht nur, wie im traditionellen theologischen Verständnis, eine Erlösung von der Strafe der Sünde, sondern – und das war das Neue und Diskussionen Auslösende – eine Erlösung von der Sünde überhaupt sei. Nachdem es auf diese These mehrere kritische Reaktionen gegeben hatte, entschloss sich Löffler seine Überlegungen ausführlicher darzulegen. Diese instruktive Erörterung Löfflers über die Genugtuungslehre hat ihm einen bleibenden Platz in der Theologiegeschichte des späten 18. Jahrhunderts gesichert, weil er durch seine

47 Ebd, XVIII.
48 Ebd, XIX.
49 Ebd, XLVI.
50 Ebd.
51 Walther GLAWE: Die Hellenisierung des Christentums in der Geschichte der Theologie von Luther bis auf die Gegenwart. Berlin 1912, 212.
52 Löffler: Kleine Schriften (wie Anm. 28), XXVII.
53 Josias Friedrich Christian LÖFFLER: Ueber die kirchliche Genugtuungslehre. Zwei Abhandlungen. Züllichau 1796. Abgedruckt in: Löffler: Kleine Schriften (wie Anm. 28), 244-287.

Ausführungen eine intensive Diskussion über die Relevanz der Genugtuungslehre initiiert hat.[54]

Kernthese seiner zwei Abhandlungen zur Genugtuungslehre war die Überzeugung, dass dieses traditionelle Theologumenon künftig keine Rolle mehr in der kirchlichen Predigtpraxis spielen solle. Dementsprechend forderte Löffler gleich zu Beginn seiner ersten Abhandlung, dass nur diejenigen Lehren auf die Kanzel gehören, die dem Verstand einsichtig seien, keinen inneren logischen Widerspruch enthielten und »dem Eifer im Guten auf keine Weise hinderlich sind«.[55] Aufgrund dieser drei von Löffler als grundlegend verstandenen Maximen brachte er die folgenden vier Haupteinwände gegen die Verwendung der Genugtuungslehre in der kirchlichen Kanzelverkündigung vor:

Löffler argumentiert erstens, dass die Voraussetzung der Genugtuungslehre, laut der Gott vom Menschen einen Gehorsam einfordere, den dieser nicht erbringen konnte, woraufhin die Menschen durch Jesus Christus erlöst werden mussten, eine Forderung Gottes darstelle, die widervernünftig sei. Dass Gott aber eine Forderung hätte erheben sollen, von der er wusste, dass die Menschen sie nicht erfüllen konnten, sei undenkbar.[56] Zweitens sei jeder Mensch gefordert, einen individuellen moralischen Habitus auszubilden. Dieser anthropologischen Bestimmung widerspreche der Gedanke einer stellvertretenden Genugtuung, welche eine individuelle Besserung verhindere.[57] Drittens argumentiert Löffler exegetisch damit, dass Jesus selbst an keiner Stelle den Gedanken einer stellvertretenden Genugtuung gelehrt habe.[58] Viertens schließlich verweist Löffler darauf, dass der Glaube an eine von Jesus für alle Menschen geleistete Genugtuung Löfflers Zeitgenossen dazu verleiten könne, die Relevanz des eigenen moralischen Handelns gering zu schätzen.[59] Aufgrund dieser Einwände forderte Löffler deshalb, die Genugtuungslehre künftig von der Kanzel zu sistieren. Damit stieß er bei seinen Zeitgenossen auf vielfache Zustimmung, aber auch auf scharfe Ablehnung.

Noch in eine andere, zeitgenössisch sehr kontrovers und intensiv geführte Diskussion hat sich Löffler mit einem wissenschaftsgeschichtlich bedeutsamen Beitrag eingeschaltet. Seit 1772 wurde intensiv über den Stellenwert der Trinitätslehre diskutiert. Die Bedeutung von Löfflers Beitrag zu dieser Diskussion lag zum einen darin, dass er eine historisch-genetische Darstellung der Entwicklung des Trinitätsdogmas erarbeitete und dadurch zeigen konnte, dass diese Lehre aufgrund

54 Vgl. Emanuel Hirsch: Geschichte der neuern Evangelischen Theologie im Zusammenhang mit den allgemeinen Bewegungen des europäischen Denkens, Bd. 4. Waltrop 2000, 96.

55 Löffler: Kleine Schriften (wie Anm. 28), 250.

56 Vgl. ebd, 259.

57 Vgl. ebd, 264 f.

58 Vgl. ebd, 265-268.

59 Vgl. ebd, 279: »Es kann also mit der Unterlassung einer guten, dir so schwer werdenden Handlung, oder mit dem Nachgeben gegen eine, dich so sehr reizende Lust, so viel nicht auf sich haben.«

bestimmter zeitgenössischer Erfordernisse, aber nicht aus zwingender theologischer Notwendigkeit, zu einer christlichen Zentrallehre ausgebaut worden war. Zum andern hatte Löffler die erstmals 1700 erschienene Schrift Jacques Souverains »Le Platonisme devoilé, ou Essai touchant le Verbe Platonicien« übersetzt, die scharfe Kritik an den Kirchenvätern und der von ihnen bewirkten Hellenisierung der christlichen Religion formulierte. Mit seiner Übersetzung soll Löffler »einen großen Eindruck auf die theologische Welt und die theologisch interessierten Kreise seiner Zeit«[60] gemacht haben. Die Nachfrage nach der erstmals 1782 anonym erschienenen Übersetzung war so groß, dass Löffler 1792, diesmal auch unter Angabe seines Namens, eine zweite Auflage publizieren ließ.

Zweifellos von der Übersetzung dieses Werks angeregt, untersuchte Löffler in seiner Schrift »Kurze Darstellung der Entstehungsart der Dreieinigkeitslehre. Von Jesu bis auf die nicenische Kirchenversammlung«[61] ob aus dem Neuen Testament die Idee einer Trinitätsvorstellung abgeleitet werden könne (S. 377-429) und kam zu dem Schluss,

> »daß in sämtlichen Schriften des Neuen Testaments keine einzelne Stelle vorhanden sey, in welcher die Dreyeinigkeitslehre in ihrem ganzen Umfange, und nach allen ihren Bestimmungen so vorgetragen wäre, daß daraus nicht nur die dreyfache Zahl der göttlichen Personen, sondern auch die Gleichheit und die Einheit des Wesens unwidersprechlich erhellete.«[62]

Auch nachdem er die traditionellen biblischen Referenzstellen, die bislang zur Legitimierung des Trinitätsdogmas herangezogen wurden, einer gründlichen exegetischen Untersuchung unterzogen hatte, stellte er fest:

> »Es ist keine Stelle des Neuen Testament in welcher die kirchliche Lehre von der Gottheit Jesu deutlich und vollständig enthalten wäre. Er selbst hat sich nie eine anfangslose Existenz, oder eine Gleichheit mit Gott beygelegt, sondern erklärt, daß er sich Sohn Gottes nenne, weil er ein Gesandter Gottes sey«.[63]

Um zu erklären, weshalb die Trinitätsvorstellung trotz dieses aus Löfflers Perspektive eindeutigen Befundes zu einer christlichen Zentrallehre avancierte, skizzierte er in einem anschließenden theologiegeschichtlichen Überblick die Entstehung und Entwicklung der Trinitätsvorstellung in der Alten Kirche.[64] Als Ergebnis seiner Untersuchung hielt er fest, dass es weder bei führenden religiösen Gruppierungen der Alten Kirche, noch bei den in Palästina ansässigen Christen, sondern einzig bei den in größeren Städten wohnenden Christen zur Ausbildung

60 Glawe: Die Hellenisierung … (wie Anm. 51), 213.

61 Abgedruckt in: Josias Friedrich Christian Löffler: Versuch über den Platonismus der Kirchenväter: oder Untersuchung über den Einfluß der Platonischen Philosophie auf die Dreyeinigkeitslehre in den ersten Jahrhunderten. Aus dem Französischen übersetzt und mit Vorrede und Anmerkungen begleitet. 2., verm. Aufl. Züllichau; Freystadt: Frommann 1792, 377-520.

62 Ebd, 379 f.

63 Ebd, 425.

64 Ebd, 430-520

einer Trinitätsvorstellung gekommen sei. Denn diese habe dazu gedient, griechischen Heiden eine Gottesvorstellung nahezubringen, die diese leichter akzeptieren konnten.[65] Dabei sei es zu einer folgenreichen Verwechselung gekommen, indem Jesus zunehmend mit dem Logos identifiziert worden sei.[66]

Gegen die Beibehaltung der Trinitätsvorstellung sprach aus Löfflers Sicht noch ein weiteres, entscheidendes Argument: Aus dieser Lehre könne nichts gewonnen werden hinsichtlich einer moralischen Besserung der Menschen.[67] Aufgrund der fehlenden moralisch-praktischen Relevanz dieser Lehre, wegen ihrer mangelnden biblischen Grundierung und weil gezeigt werden konnte, dass diese Lehre Produkt einer späteren Lehrentwicklung war, sollte sie für Löffler nicht mehr zum Zentralbestand der christlichen Lehrvorstellungen gezählt werden.

3 Josias Friedrich Chrisitan Löffler – ein Gothaer Bürger

Im Folgenden soll Löffler in seinem karitativen und schulreformerischen Wirken in Gotha in den Blick genommen werden. Seine Zuneigung zu der Stadt Gotha, die für ihn zu einer zweiten Heimat geworden war, wurde von ihm mehrfach explizit hervorgehoben. In einer Predigt aus dem Jahr 1790 pries er gegenüber seinen Mitbürgern enthusiastisch die Verdienste der Gothaer Herzöge:

> »[H]ier kriecht nicht […] das Volk im Staube des Aberglaubens und der Dummheit, wo schon seit mehr als einem Jahrhunderte ein frommer Fürst und seine ihm ähnlichen Nachfolger für die Bildung der Jugend und Sittlichkeit der Erwachsenen sorgten, wie vielleicht in keinem Theile unseres Teutschen Vaterlandes.«[68]

Dieser tief empfundene Lokalpatriotismus ließ ihn unter anderem 1809 den Ruf auf eine Professur ausschlagen, und er begründete seine Absage mit folgenden Worten: »Hier kenne ich meine Lage und die Menschen, mit welchen ich zusammenlebe. Sie kennen mich und haben Geduld mit mir.«[69] Zu Löfflers Verwurzelung in Gotha dürfte insbesondere beigetragen haben, dass sein Haus nicht nur für Gothaer Bürger, sondern auch für viele Durchreisende ein häufig besuchter »Tempel der Gastfreundschaft«[70] wurde, in dem zahlreiche Gäste eine freundliche Aufnahme fanden und wo oft und intensiv diskutiert wurde.

Löfflers tiefe Verbundenheit zu Gotha erschöpfte sich nicht in reinen Lippenbekenntnissen, sondern fand ihre praktische Auswirkung mitunter am deutlichsten in seinem vielfältigen karitativen Engagement. Am 28. Oktober 1798 gab er den Auftrag, eine Armenschule zu errichten, in welcher die Kinder mittelloser Go-

---

65 Vgl. ebd, 434-436.
66 Vgl. ebd, 500.
67 Vgl. ebd, 519 f.
68 Löffler: Kleine Schriften (wie Anm. 28), XLV.
69 Ebd, LXI.
70 Ebd, LXXVI.

thaer Einwohner kostenlos unterrichtet werden sollten.[71] Er erstellte dafür einen ausführlichen Plan, der am 25. April 1800 vom Herzog gebilligt wurde. Daraufhin übernahm Ernst II. die Besoldung für zwei Lehrkräfte, und am 20. Mai 1800, einem Dienstag, wurde die »Freischule« in einem Haus neben der Margarethenkirche eröffnet. Zunächst wurden hier 16 Kinder armer Leute unterrichtet, doch schon bald wuchs ihre Zahl deutlich an, sodass sie zwei Monate später bereits bei 76 lag. Unterricht wurde üblicherweise morgens von sieben bis um elf Uhr erteilt und nachmittags von 13 bis 18 Uhr. Nur während der Erntezeit gab es mit Rücksicht auf die Eltern regelmäßig Ferien, die dann auch sechs bis zehn Wochen dauerten. Der Unterricht umfasste neben dem obligatorischen Religionsunterricht auch eine handwerkliche Ausbildung, die Nähen, Stricken und kleinere Handarbeiten vorsah. Um die Motivation der Kinder zu steigern, wurden am Ende jeder Woche kleine Geldprämien an die fleißigsten Kinder ausgezahlt.

Löffler stand dieser Schule als Direktor vor, und der Herzog sicherte die Finanzierung, indem er zunächst als Grundkapital 450 Taler angewiesen hatte und zusätzlich 160 Taler, die aus den Überschüssen der Landeslotterie genommen wurden, als jährlichen Zuschuss bestimmte. Hinzu kamen 100 Taler jährlich, die aus der Armenkasse stammten, und zahlreiche Schenkungen wohlhabender Bürger vermehrten den Grundstock der Freischule ebenfalls in beträchtlichem Maß. In der Folge prosperierte die Schule, und die Zahl der hier unterrichteten Kinder wuchs von 104 im Jahr 1804 auf 201 im Jahr 1830.[72]

Neben diesen karitativen Tätigkeiten hatte Löffler über die drei Jahrzehnte seines kirchenleitenden Wirkens hinweg zahlreiche Amtsverpflichtungen zu erfüllen. Dazu zählte auch die Einführung eines neuen Pfarrers in Gamstädt am 4. Februar 1816, einem Sonntag, die zu Löfflers letzter Amtshandlung werden sollte. Nachdem Löffler bereits im Sommer 1815 krank geworden war und das Haus mehrere Monate nicht verlassen konnte, fühlte er sich im Februar 1816 soweit genesen, die Amtseinführung als zuständiger Superintendent vorzunehmen. Nach seiner Ankunft in Gamstädt klagte er zwar über Kopfschmerzen, konnte diese jedoch mit mehreren Tassen Kaffee vorübergehend lindern. Nach der Predigt des neuen Pfarrers trat Löffler an den Altar, um eine Rede zu halten. Ein Augenzeuge berichtet: Löffler »sprach mit seinem gewöhnlichen Feuer, seiner gewohnten Bestimmtheit und Deutlichkeit, als er plötzlich stockte und sich zu wiederhohlen anfieng [...] dann fieng er an zu wanken, und sank Einigen, die herbeieilten, in die Arme.«[73]

71 Vgl. dazu Beck: Geschichte ... (wie Anm. 31), 541-544. Vgl. zur Armenschule sehr knapp: Christine Schaubs: Tendenzen der Aufklärung in der Bildungspolitik Ernst II. In: Die Gothaer Residenz zur Zeit Herzog Ernst II. von Sachsen-Gotha-Altenburg (1772-1804)/ hrsg. von Allmuth Schuttwolf; Juliane Brandsch. Gotha 2004, 114.

72 Vgl. dazu ebd, 543.

73 Löffler: Kleine Schriften (wie Anm. 28), LXXIII.

Wie sein Vater, so starb auch Löffler vermutlich an einem Schlaganfall. Er wurde in Gamstädt unter der Teilnahme vieler Gothaer Bürger neben der Kirche beerdigt.[74]

Nach Löfflers Tod wurde eine Stiftung ins Leben gerufen, aus deren Zinserträgen seit 1819 jährlich mehreren Kindern der Freischule eine Handwerkerlehre bezahlt wurde und die jedes Jahr an Löfflers Todestag, dem 4. Februar, eine Prämie an Kinder, die besonders fleißig gewesen waren, auszahlte. An der Praxis der Belohnungen für fleißige Leistungen wurde über die Jahrzehnte festgehalten und 1848 wurde – so berichtet der Chronist Beck – »eine Sparcasse für die Kinder eingerichtet, in welche sie den Wochenverdienst einlegen können und aus welchem sie einen kleinen Zinsgewinn beziehen.«[75] In Erinnerung und als Dank für dieses wohltätige Engagement Löfflers wurde auch die 1892 neu errichtete Volksschule nach Löffler benannt. Diese Gothaer Grundschule existiert wie auch das Löfflerhaus noch heute.

V Josias Friedrich Christian Löffler: ein engagierter Thüringer Kirchenmann

Josias Friedrich Christian Löffler war ein bedeutender theologischer Schriftsteller, ein engagierter Kirchenmann und ein heimatverbundener Gothaer Bürger. Seine Zeit in Gotha wurde zur prägenden seines Lebens: Hier entfaltete er ein umfangreiches kirchenleitendes Engagement, das noch einer präziseren Aufarbeitung harrt. Daneben begann in dieser Zeit die Hauptphase seines wissenschaftlichen Schreibens und Wirkens. Als Superintendent schaltete er sich mit anregenden Beiträgen in zwei Debatten ein, die über die theologischen Fachkreise hinaus intensiv geführt wurden.

Die Aufarbeitung seiner Schriften, die heute allesamt in der Forschungsbibliothek Gotha aufbewahrt werden, steht erst ganz am Anfang und dürfte unter theologiehistorischer und regionalgeschichtlicher Perspektive von Interesse sein. Seine eigene theologische Position ist – soweit lassen sich seine zentralen Schriften auf einen vorläufigen Nenner bringen – von einem dezidierten Interesse an moralisch relevanten Fragestellungen geprägt. Aus einer traditionskritischen Perspektive heraus wollte Löffler die alltägliche christliche Glaubenspraxis produktiv befördern. Sein fürsorgliches Engagement im Gothaer Armenwesen war mit Sicherheit auch durch seinen eigenen Aufenthalt im Franckeschen Waisenhaus beeinflusst. Löffler wusste aus eigener Erfahrung um die Nöte und Bedürfnisse armer Kinder, und seine späteren Aktivitäten erfolgten in dem Bestreben, die Lage der Bedürftigen Gothas nachhaltig zu verbessern.

Eine künftige, intensivere Beschäftigung mit Löffler sollte seine zeitdiagnostischen Überlegungen in die theologische Debattenlage im Übergang der Aufklärung zum deutschen Idealismus einzeichnen. Dabei dürfte es insbesondere interessant sein zu eruieren, von wem Löfflers Überlegungen zur Genugtuungs- und Trini-

74 Vgl. ebd.

75 Beck: Geschichte … (wie Anm. 31), 543.

tätslehre rezipiert worden sind. Außerdem wäre es unter territorialgeschichtlichem Interesse besonders aufschlussreich, Löfflers vielfältiges kirchenleitendes Wirken detaillierter aufzuarbeiten. Für die Geschichte der Stadt Gotha um die Wende vom 18. zum 19. Jahrhundert lässt sich hier ein beachtlicher Ertrag erwarten. Schließlich sollte auch die von Löffler begründete Armenschule in ihrer geschichtlichen Entwicklung Gegenstand einer präziseren Untersuchung werden, denn hier ließe sich zeigen, – soviel darf berechtigterweise vermutet werden – wie karitatives Engagement einen administrativ-institutionellen Ausdruck fand. Diese Studie könnte produktiv mit der oben angezeigten territorialgeschichtlichen Untersuchung verknüpft werden. Die Untersuchungen zu diesen Einzelaspekten lassen für die Zukunft einen beträchtlichen Mehrwert erwarten, sowohl für die Erforschung der Stadtgeschichte Gothas zwischen dem Ende des 18. und der Mitte des 19. Jahrhunderts als auch für die Theologiegeschichte der späten Aufklärung.

Das gottesdienstliche Leben in Gautzsch und Zöbigker bei Leipzig im Jahre 1772

Nach einem »Ceremoniel« im Pfarrarchiv Markkleeberg-West

Von Arndt Haubold

Die Orte Gautzsch und Zöbigker, zwei alte Dörfer südlich von Leipzig an der alten Reichsstraße via imperii (heute in der Ortslage von Markkleeberg die Koburger Straße) gelegen, existieren nicht mehr als selbständige Ortschaften. Im Zuge der zunehmenden Verstädterung der Dörfer am Rand der Großstadt Leipzig im 20. Jahrhundert wurde im Jahr 1933 aus den drei Ortschaften Gautzsch, Markkleeberg und Oetzsch die Stadt Markkleeberg gebildet. Sie erhielt ihren Namen nach dem kleinsten Ortsteil, da dieser allein einen germanischen Namen trug, was für die erste Stadtgründung des »Dritten Reiches« von Belang war.[1] Die Gemeinde Zöbigker wurde 1937 ebenfalls nach Markkleeberg eingemeindet. Während der Name Gautzsch verlorenzugehen droht, da die Gautzscher Kirche 1934 den Namen »Martin-Luther-Kirche« erhielt, das Gautzscher Herrenhaus 2007 nach jahrelangem Verfall abgerissen wurde und nur noch ein »Gautzscher Platz« existiert – jedoch ohne raumbildende Bedeutung in der Stadt – hat der Name Zöbigker durch den gleichnamigen Hafen am neuen Touristenmagneten »Cospudener See« und die als »Fahrradkirche Zöbigker« im Wiederaufbau befindliche Kirchenruine eine Perspektive bekommen.

So unbedeutend, wie es dem Fremden erscheinen mag, waren die beiden Orte früher allerdings nicht. Die Patronatsherrschaft über Gautzsch wurde etwa ein Jahrhundert lang (von 1635 bis 1713) durch das Geschlecht derer von Dieskau ausgeübt, deren Angehörige auf der europäischen politischen Bühne mitspielten, wie Epitaphien in der Kirche bezeugen. Patronatsherren auf Schloss Zöbigker waren ab 1714 Johann Jakob Kees d. J. (1677-1726), bis 1712 als Nachfolger seines Vaters Johann Jakob Kees d. Ä. (1646-1705) Besitzer der kursächsischen Post, sowie deren Nachkommen bis 1945. Noch heute zeugen ein außerordentlicher Reichtum an Epitaphien und Grabtafeln in und an der Martin-Luther-Kirche zu Markkleeberg und von z. T. leider zerstörten Grüften in der Ruine der Kirche zu Zöbigker von der einstigen Bedeutung der hier ansässigen Geschlechter. Die Nähe der Messestadt Leipzig und die im vorindustriellen Zeitalter anmutige Lage der Dörfer südlich der Stadt trugen dazu bei, dass sich hier bedeutende Familien niederließen. Der Baumeister der Kirche zu Gautzsch sowie des Schlosses zu Zöbigker war zudem der sächsische Landbaumeister David Schatz, dessen bedeutender Platz in der sächsischen Architektur des Barock in jüngster Zeit erkannt und gewürdigt worden

1 Siehe dazu und zum folgenden Peter Taubenheim: Chronik der Stadt Markkleeberg. In: Markkleeberger Stadtnachrichten (1994-1996).

ist.[2] Heute profitiert Markkleeberg aufs Neue von seiner Stadtrandlage zu Leipzig und der neu entstandenen attraktiven Seenlandschaft mit hohem Freizeitwert und ist ein bevorzugter Wohn- und Ausflugsort. Zudem war Gautzsch bis zur Mitte des 20. Jahrhunderts (dann erfolgten einige Enteignungen) die grundstücksreichste Pfründe in der sächsischen Landeskirche, also eine attraktive Pfarrstelle. Das gilt im großen und ganzen auch noch heute für die Nachfolgegemeinde Markkleeberg-West.

Ein Zufallsfund im Pfarrarchiv der Martin-Luther-Kirche Markkleeberg-West aus dem Jahre 1772 war der Anlass der folgenden Untersuchung. Dort fand sich als ältestes Schriftstück – abgesehen von den Kirchenbüchern – ein vierseitiges Schriftstück im Format 35 x 21 cm, überschrieben »Ceremoniel« und datiert auf den 14. Januar 1772, das die Aufmerksamkeit des Verfassers dieser Studie weckte.[3] Es entpuppte sich als ein interessantes liturgiegeschichtliches Zeitdokument, das das gesamte gottesdienstliche Leben zu jenem Zeitpunkt in den Gemeinden Gautzsch und Zöbigker beschreibt.

Im Jahre 1764 zählte man in Gautzsch 22 Güter (mit ihren Familienangehörigen), dazu 17 Häuser ohne größeren Grundbesitz – das mögen etwa 150 Einwohner gewesen sein.[4] Eingepfarrt waren weiter das Nachbardorf Oetzsch mit 9 Gütern (etwa 50 Einwohner),[5] das Gut Raschwitz (wenige Einwohner) und das Vorwerk Lauer (ebenfalls wenige Einwohner), das dem letzten Braunkohletagebau der DDR noch zum Opfer fiel. Die Gautzscher Kirche war 1717 durch den neuen Patronatsherrn, den Leipziger Ratsbaumeister Wolfgang Jöcher, unter Leitung des sächsischen Landbaumeisters David Schatz völlig neu erbaut worden.[6] Von ihr existiert eine Zeichnung mit Aufriss und Grundriss aus dem Jahr 1879 (siehe Bild)[7] die den Zustand von 1772 im Wesentlichen noch wiedergeben dürfte, da erst 1902/03 eine Erweiterung der Kirche ausgeführt wurde. Die Kirche besitzt bis heute einen eindrucksvollen barocken Kanzelaltar mit zwei Türen zur dahinterliegenden Sakristei. Sie hatte damals aber, anders als seit 1903, einen ziemlich großen freien Altarplatz, einen breiten Mittelgang, zwei seitlich an die Wände heranreichende Bankblöcke und die Emporen (südlich, westlich und nördlich) mit insgesamt etwa 200 Sitzplätzen. Sie waren zum damals üblichen Lösen der Sitze für die Gemeinde ausreichend. Die Gemeinde Zöbigker zählte um das Jahr 1800 70 Einwohner.[8] Eingepfarrt waren hier Prödel und Cospuden (beide Orte mit wenigen Einwohnern

2 Siehe Thomas Trajkovits: Der sächsische Landbaumeister David Schatz (1668-1750). Beucha 2003.

3 Pfarrarchiv Markkleeberg-West, ehem. Gautzsch, Rep. V, Lit. J – Nr. 1.

4 Markkleeberg: Geschichte und Wandel/ hrsg. von der Stadt Markkleeberg. Leipzig 2009, 55.

5 Ebd.

6 Pfarrarchiv Markkleeberg-West, Abschrift der Turmknopfurkunden von 1717.

7 Pfarrarchiv Markkleeberg-West, Rep. V, Lit. A – Nr. 3 (Bild der Kirche von 1879 von Fr. Spillner).

8 Taubenheim: Chronik der Stadt Markleeberg (wie Anm. 1). (1996) Nr. 4, 9.

und ebenfalls Verluste infolge des Braunkohlebergbaus). Von der Kirche, 1726 mit einem neuen Turm versehen und auch sonst renoviert,[9] existieren noch spätere Zeichnungen (siehe Anlage).[10] Sie selbst wurde 1942 ein Opfer der Flammen infolge eines Schwelbrandes am Orgelmotor und wird zur Zeit wiederaufgebaut als »Fahrradkirche Zöbigker«.

Schon seit 1551 waren beide Kirchgemeinden unter einer gemeinsamen Pfarrstelle verbunden, die in Gautzsch angesiedelt war.[11]

Johann Gotthelf Lange war von 1752 bis 1772 der zehnte Pfarrer seit der Reformation in Gautzsch und Zöbigker.[12] Er übernahm das Amt am 26. November 1752 (26. Sonntag nach Trinitatis)[13] von Johann Christian Zscheile, der am 19. August 1752 verstorben war.[14] Lange[15] war 1716 in Zörbig/Anhalt geboren und der jüngste Sohn des Hofpredigers und Superintendenten Johann Moritz Lange in Zörbig, zuletzt ersten Pfarrers in Brehna. Johann Gotthelf Lange besuchte 1729 das Gymnasium in Merseburg, dann in Eisleben, studierte Theologie (Universität unbekannt, nicht in der Leipziger Matrikel zu finden), erwarb den Magistertitel und wurde danach Substitut seines Vaters in Zörbig und Brehna. 1747 wurde er Lehrer (Hauslehrer?) in Leipzig, 1751 Katechet und Nachmittagsprediger an St. Petri in Leipzig und 1752 endlich Pastor in Gautzsch. In diesem Amt führte er auch die Kirchenbücher eigenhändig mit einer schönen Handschrift bis zum Ende des Jahres 1771, als er die Pfarrstelle an den Nachfolger Johann Siegismund Heinrich übergab. Eine stolze ganzseitige Widmung steht dem Traubuch voran:

> »Verzeichnis derer Proclamirten und Copulirten aus Gautzsch, Oetzsch, Raschwitz, Coßbuden und Lauer, von Anfang meines Amtes den 26. Novembr. oder Dca. XXVI p. Trinit. 1752 aufgezeichnet von mir M. Johann Gotthelff Lange Pastor m. m.«[16]

Ein analoger Eintrag findet sich auch am Beginn des Bestattungsbuches. Einer der ersten Einträge ist der seiner eigenen Trauung im Alter von 37 Jahren, obwohl diese gar nicht in Gautzsch, sondern in Zwochau, dem Wohnort der Braut, stattgefunden hatte:[17]

9 Beleg für Kirchenerneuerung Zöbigker 1726.
10 Fundort und Datum der Pläne der Kirche Zöbigker.
11 Siehe die series pastorum in der Sakristei der Martin-Luther-Kirche Markleeberg sowie Reinhold GRÜNBERG: Sächsisches Pfarrerbuch. Freiberg 1939/40 (auch zum Folgenden), Teil 1, 710.
12 Siehe ebenfalls die series pastorum bzw. Grünberg: Sächsisches Pfarrerbuch (wie Anm. 11) (auch zum folgenden), Teil 1, 410.
13 Kirchenbuch Gautzsch 1750-1827, 731.
14 Siehe Tzscheiles Epitaph an der äußeren Südwand der Kirche
15 Zu Lange siehe Grünberg: Sächsisches Pfarrerbuch (wie Anm. 11) Teil 2, 1. Abt., 505.
16 Kirchenbuch Gautzsch 1750-1827, 731.
17 Traubuch Gautzsch, 1753, 733 – Nr. 4.

»Dominica Exaudi, Fer. II Pentecost et fest: Trinit.: sind in der Kirche zu Gautsch öffentlich proclamiret:

Ich, M. Johann Gotthelf Lange, Pastor in Gautsch und Zöbicker. Des weyl. Hoch Ehrwürd. H. H. M Johann Moritz Langens Damahligen Fürstl. Sächs. Hofpredigers in Zörbig zuletzt aber Pastoris Primarii in Brehna nachgelaßener jüngster Sohn

und

die Hochedle H. Jungfrau Christiana Sibylle Wechslerin, des Hochwohledlen H. Mag. Christian Wechslers, Pastoris in Zwochau, Gerbisdorff und Grebehna eheleibl. älteste Jungfer Tochter und den 20. Junii in der Kirche zu Zwochau öffentl. Copuliret

Gott segne uns«

Das dreimalige Aufgebot des Paares zur Trauung fand also am Sonntag Exaudi (letzter Sonntag vor Pfingsten, im Jahr 1753 der 27. Mai), am 2. Pfingstfeiertag (4. Juni) und am Sonntag Trinitatis (Sonntag nach Pfingsten, 10. Juni) statt, die Trauung am 20. Juni in Zwochau.

In den folgenden sechs Jahren wurden dem Ehepaar fünf Kinder geboren: 1754 der Sohn Johann Carl Friedrich,[18] 1755 die Tochter Augusta Christiana Elisabeth,[19] 1757 die Tochter Henriette Wilhelmine,[20] 1758 die Tochter Eleonora Henriette Charlotte[21] und 1760 der Sohn Ernst Christian.[22] Die Taufpaten dieser Kinder sind durchweg standesgemäß; es sind Pfarrer aus der Nachbarschaft, Professoren aus Leipzig, sogar bei der ersten Tochter der Rektor der Universität Leipzig, Dr. Christian August Crusius. Allerdings starben die drei jüngsten der fünf Kinder schon im frühen Kindesalter: Henriette Wilhelmine am 14. April 1758,[23] Eleonore Henriette Charlotte am 19. Mai 1760[24] und Ernst Christian am 1. Oktober 1760.[25] Während das erste Kind feierlich durch zwei Geistliche, Mag. Johann Friedrich Pfündel (Knauthain) und Pastor Johann Peter Hoier (Großstädteln), beide Nachbarn, begraben worden war, heißt es bei den beiden folgenden Kindesbestattungen jeweils: »...aus erhaltener Erlaubnis abends in der Stille beygesetzt worden«.

Johann Gotthelf Lange war knapp 20 Jahre lang Pastor in Gautzsch. Er starb am 22. Juni 1722, sein Sterbeeintrag[26] lautet:

»Den 22. Junii ist im H⌊errn⌋ sel⌊ig⌋ entschlafen Herr M⌊agister⌋ Johann Gotthelf Lange, in die 20 Jahr treuverdienter Pfarrer allhier u⌊nd⌋ in Zöbiker. Deßen entseelter Körper auf höchste Concession den 24. in der Stille auf dem Kirchhofe zu Zöbiker der Erde anvertraut worden ist.«

18 Taufbuch Gautzsch, 1754, 32 – Nr. 20.
19 Taufbuch Gautzsch, 1755, 44 – Nr. 25.
20 Taufbuch Gautzsch, 1757, 52 – Nr. 9.
21 Taufbuch Gautzsch, 1758, 62 – Nr. 16.
22 Taufbuch Gautzsch, 1760, 70 – Nr. 7.
23 Bestattungsbuch Gautzsch 1758, 410 – Nr. 6.
24 Bestattungsbuch Gautzsch 1760, 413 – Nr. 3.
25 Bestattungsbuch Gautzsch 1760, 413 – Nr. 9.
26 Bestattungsbuch Gautzsch, 1772, 431 – Nr. 10.

Diese Nachricht gibt Rätsel auf. Denn die Gräber der Gautzscher Pastoren aus dem 18. Jahrhundert befinden sich noch bis heute an der äußeren Südwand der Martin-Luther-Kirche – es fehlt allein das Grab Langes. Seine Bestattung ohne öffentliches Zeremoniell und auf dem Kirchhof der Filialkirche ist eine Besonderheit. Sie könnte auf einen Selbstmord schließen lassen, dagegen spricht jedoch der Bestattungsort Kirchhof und die Formulierung »im Herrn selig entschlafen«. War es sein eigener Wunsch? War Zöbigker sein Lieblingsplatz? Oder wollte er, wie seine beiden jüngsten Kindlein, still beigesetzt werden (s. o.)? Für einen Pfarrer ist es ungewöhnlich. Leider erfahren wir keine Details und Hintergründe zu seinem Ende. Hat es vielleicht etwas mit jenem Dokument zu tun, von dem hier die Rede ist?

Wer aber war während Langes Amtszeit Schulmeister zu Gautzsch und damit engster Mitarbeiter Langes? Die Frage muss uns beschäftigen, da er in diesem Dokument mehrfach angesprochen wird und für die Durchführung der Gottesdienste mit zuständig war. Es gibt keine Listen der Schulmeister, auch keine Personalakten aus damaliger Zeit. So bleiben allein die Kirchenbücher, deren Einträge zwischen 1752 und 1772 einzeln untersucht werden mussten. Sie enthüllen uns tatsächlich etwas:

Im Jahre 1754, also zwei Jahre nach Langes Amtsantritt, wird ein dreimaliges Aufgebot am 17., 18. und 19. Sonntag nach Trinitatis von Christian Martin Richter, »Schulmeister und Organist allhier« und Sohn des verstorbenen, früheren Schulmeisters Andreas Richter mit Johanna Christiane geb. Krug, der Tochter des Schulmeisters aus Lößnig vermeldet.[27] Zwischen 1758 und 1774 werden dem Ehepaar 9 Kinder geboren, von denen jedoch nur zwei überleben, die anderen sieben sterben zwischen dem ersten und siebten Lebensjahr, davon allein drei innerhalb eines Vierteljahres 1766/67 und zwei innerhalb von sechs Wochen im Jahr 1772.[28] Ein trauriges Familienschicksal! Christian Martin Richter selbst verstarb am 4. September 1785 als »wohlverdienter Schulmeister und Organist«.[29] Er hat also fast die gesamte Amtszeit mit Pastor Lange geteilt, jedenfalls von 1754 bis 1772 – 18 Jahre. Keine Notiz deutet auf einen dienstlichen Konflikt zwischen beiden hin. Bei seiner Trauung hatten wir auch einen Hinweis auf seinen verstorbenen Vater erhalten, Andreas Richter, der auch Schulmeister in Gautzsch gewesen war. Dessen Sterbeeintrag findet sich kurz vor besagter Trauung: Andreas Richter verstarb am 15. Februar 1754 – und jetzt wird der Kirchenbuchführer Lange beredt: Andreas Richter war »fast 30 Jahr gewesener Schulmeister allhier, ein ehrlich frommer Mann, der mir nie mit seiner Miene zu Wieder gewesen«![30] Er verstarb übrigens am Begräbnistag seiner Ehefrau, die drei Tage zuvor verstorben war.[31] Dieser

27 Traubuch Gautzsch 1754, 737 – Nr. 11.

28 Siehe die entsprechenden Einträge in den Tauf- und Bestattungsbüchern Gautzsch, 1758-1778.

29 Bestattungsbuch Gautzsch, 1785, 453 – Nr. 6.

30 Bestattungsbuch Gautzsch, 1754, 401 – Nr. 7.

31 Ebd – Nr. 4.

Schulmeister Andreas Richter hat zu Beginn von Pastor Langes Dienstzeit noch mit ihm gemeinsam knapp anderthalb Jahre amtiert – und ihm offenbar in dieser Zeit auch keinen Kummer bereitet, also etwa während der Vakanz »Ceremonien abgebracht od⌊er⌋ eingeführet« (s. u.)! Woher also rührt Langes Sorge, dies könne leicht geschehen? Entweder ist ihm ein solcher Fall aus der Nachbarschaft bekannt, oder er hatte doch mit seinem Schulmeister Christian Martin Richter Differenzen, über die wir leider nichts mehr erfahren?

Über dieses Jahr 1772 gibt eine Nachbemerkung des auf Lange nachfolgenden Kirchenbuchführers Auskunft: »Vor das Jahr, da eine unerhörte Theuerung das Land drückt, wo viele Menschen aus Sorge u⌊nd⌋ Hunger kranck wurden u⌊nd⌋ starben.«[32]

Allerdings ist die Zahl von 21 Verstorbenen im Jahr 1772 nicht extrem höher als in benachbarten Jahren, nicht etwa mit Pestjahren zu vergleichen!

Doch nun zum Text des »Ceremoniel«! Aus Gründen der besseren Zuordnung zum Text sind die Erläuterungen an den jeweiligen Stellen in eckige Klammern und kursiver Schrift in den Text eingefügt. Auch ist der im Original fortlaufende (fließende) Text hier nach Nummern und Abschnitten übersichtlicher gegliedert, um den Sinn besser erfassen zu können:

Gautsch, d⌊en⌋ 14. Jan⌊uar⌋ 1772

Ceremoniel [*Gottesdienstordnung*]
des Gottesdienstes am Sonn- Fest- u⌊nd⌋ Bußtagen auch die Woche [*auch Gottesdienste in der Woche betreffend*]

NB. Die Kirmes [*Kirchweihfest*] in Gautsch ist allemahl in der Woche, in welcher Martin Bischoff [*Martinstag, 11. November*] fallt, in Zöbicker 8. Tage [*d. h. 7 Tage, veraltete Zeitangabe*] drauf

1. In Gautsch

Sontags

1.) Wo Früh Gottesdienst ist, da ist allezeit [*d. h. jeden Sonntag*] Comunion [*Abendmahlsfeier*] und wird dieselbe einen Sontag um den andren in Gautsch und Zöbicker gehalten.

2.) Wo Frühe Predigt ist da wird um 6 Uhr das 1ste um halb 7 Uhr das andere mahl, und punct 7 Uhr eingelautet. [*Der Frühgottesdienst begann also um 7 Uhr. Noch heute ist das dreimalige Einläuten des Gottesdienstes üblich.*]

32 Bestattungsbuch Gautzsch, 1772, 432, Nachbemerkung.

NB. Nach ¾ muß der Schulmeister auf die Pfarre komen und nach den Liedern [*die offensichtlich der Pfarrer auszuwählen hatte und die der Organist unvorbereitet spielen musste*] und Einlauten [*d. h. wohl nach dem Beginn desselben*] fragen, welches er auch bey allen Wochen Predigten, Bet Stunden, Leichen [*Bestattungsfeiern*], Taufen etc. thun muß und darf nicht eher anfangen zu singen, biß der Pfarr in der Kirche ist. [*Der Beginn des Gottesdienstes lag beim Schulmeister, da der Pfarrer erst beim Gloria Patri auftrat, offensichtlich aber eine Quelle von möglichen Differenzen. Man bedenke, es gab noch keine Kirchturmuhr.*]

3.) Wo späte Gottesdienst wird um 9 Uhr das 1. um halb 10 Uhr das andere mahl und um 10 Uhr eingelautet. [*Der Spätgottesdienst begann, wie heute der Hauptgottesdienst, um 10 Uhr.*]

4.) Wenn Comunion ist muß der Schulmeister den Ornat [*d. h. zum Abendmahl trug der Pfarrer über dem Talar entweder noch das alte Messgewand aus katholischer Zeit – oder einen weißen Chorrock über dem Talar? Erst 1795 wurden diese alten Gewänder in Leipziger Kirchen abgeschafft*[23]] auslegen. Gesungen wird

Kyrie [*»Herr, erbarme dich« – vermutlich vom Kantor intoniert*]

Gloria [*»Ehre sei dem Vater…«*] *vor dem Altar [hierbei trat also der Pfarrer in Aktion*]

Allein Gott [*»Allein Gott in der Höh' sei Ehr'«, heute EG Nr. 179, von Nikolaus Decius 1523/1539*], da indeßen der Pfarr die Oblaten abzählet [*nach der Zahl derer, die am Sonnabend zur Beichte gewesen waren und sich zwei Tage zuvor zur Kommunion angemeldet hatten. Diese Abzählung geschah zur Vermeidung einer möglichen Nachkonsekration von Hostien und Wein*] u⌊nd⌋ den Wein eingießet

intonirt: der H⌊err⌋ sey [*»Der Herr sei mit euch«*] gegen die Gemeine [*d. h., dabei wendet sich der Pfarrer der Gemeinde zu*],

5.) Collecte: [*Kollektengebet, heute Tagesgebet genannt, hat nichts mit der Geldsammlung zu tun, sondern dient der geistlichen Sammlung der Betenden*]

6.) Epistel, gelesen [*also nicht mehr gesungen, wie bis dahin oft noch üblich, es fehlt eine Angabe, ob danach das Halleluja gesungen wurde*]

NB. nicht vor dem Pult [*d. h., es gab ein Lesepult, das heute nicht mehr vorhanden ist, möglicherweise auch einen als Lesepult gestalteten Deckel des Taufsteins*], sondern vor dem Altar,

7.) das Haupt Lied [*heute: Wochenlied*], so Pastor vorschreibt [*mithin das erste sonntäglich wechselnde Lied*],

8.) Evang⌊elium⌋ [*auch hier fehlt eine Angabe über die gesungene liturgische Rahmung des Evangeliums*]

9.) der Glaube [*das Apostolische Glaubensbekenntnis oder Luthers Glaubenslied?*],

10.) Concio [*d. i. die Predigt*]

11.) Auf der Canzel [*d. h., während der Pfarrer schon auf der Kanzel steht, vor Beginn der Predigt*] wird von Weyhnachten biß Lichtmeß [*d. i. 2. Februar*]

gesungen: Ein Kindelein so löbelich [*Nr. XXXVI im Enchiridion von 1528, auch im Leipziger Gesangbuch Nr. 831, im EKG Nr. 18, stets unter dem Titel »Der Tag, der ist so freudenreich«, davon Strophe 2, nicht mehr im EG, von Luther hochgeschätzt, aber älteren Ursprungs*], Hernach biß Fasten [*d. h. bis zum Beginn der Fastenzeit*] u⌊nd⌋ auch durch die Sontage p⌊ost⌋ Trin⌊initatem⌋ H⌊*err*⌋ J⌊*esu*⌋ Christ dich [*»Herr Jesu Christ, dich zu uns wend'«, heute EG Nr. 155*] u⌊nd⌋ liebster Jesu [*»Liebster Jesu, wir sind hier«, heute EG Nr. 161*], wechselsweise [*d. h. abwechselnd einen Sonntag um den andern. Es gab also kein thematisch auf die Predigt bezogenes Predigtlied wie heute*].

12.) nach geendigter Predigt wird Beicht u⌊nd⌋ Absolution [*wie heute in Form der Offenen Schuld*] nebst dem allgemeinen Kirchengebet [*dieses war viel länger als heute*] allein gelesen. Abgekündiget wird alle 14 Tage die Comunion, wenn sie nicht erhebl⌊icher⌋ Ursachen [*Seuche, Krankheit des Pastors*] halber muß ausgesetzet werden. Wen Comunion ist, wird die an die Kirchengebet geschriebene Vorbitte [*spezielle Fürbitten für Verstorbene, Aufgebotene, Getaufte u. ä.*] nebst Erinerung des Allmosens [*entweder Angabe des Zwecks der Sammlung oder Bekanntgabe des Ergebnisses vom letzten Sonntag?*] gelesen. Das Vater Unser wird beydemahl stille gebetet. Die Comunion ist allezeit bey der Früh-Kirche, wenn nicht besondere Umstände das Gegentheil erfodern. Vorbitten, Danksagungen muß Ludimoderator [*d. h. der Schulmeister*] aufschreiben.

5.) [*Hier setzt Lange die Nummerierung von oben fort, womit er allerdings, wie schon beim letzten Unterpunkt 12, das strenge Prinzip verletzt, denn noch ist er bei der Aufzählung der Lieder und müsste mit Punkt 13 fortfahren*] Wenn Comun. ist wird nach der Predigt gesungen: Christe du Lam [*»Christe, du Lamm Gottes«, heute EG 190.2*] als dann consecriret [*Einsetzungsworte gesprochen*], und als dann ohne vorher etwas zu lesen, zu singen angefangen: Laßt uns beten, Vater unser, [*das Vaterunser wird also zum zweiten Mal gebetet, jetzt in gesungener Form vom Pfarrer*]

6.) Weil der Platz vor dem Altare groß ist [*siehe hierzu den o. g. Grundriss der alten Kirche*] werden alle Comunicanten, männl. u⌊nd⌋ weibl. Geschlechts mit dem wahren Leibe erstlich alle und dan auf der andern Seite des Altars mit dem wahren Blute gespeiset. [*Es folgt daraus, dass die Kommunikanten durch die Sakristei wandeln, was wegen der Beschriftung über den Sakristeitüren auch wahrscheinlich ist. Der allein ausspendende Pfarrer konnte jedoch nicht beide Seiten parallel bedienen, so dass eben alle erst auf der Brotseite gespeist wurden und dann durch die Sakristei zur Weinseite wandelten. Dennoch fasste der »große Platz« vor dem Altar auf jeder Seite höchstens 50 Personen, so dass mehrere Abendmahlsgänge nötig gewesen sein könnten.*]

7.) Wenn keine Comunion ist: bleibt Kyrie u⌊nd⌋ Gloria weg [*siehe oben Nr. 1 und 2, sie entfallen als Teile der Deutschen Messe*], und wird gleich angefangen:

allein Gott in der Höhe [*siehe oben Nr. 3*], Nach der Predigt wird ein Lied gesungen, so Pastor vorschreibet [*in dem Falle gibt es dann ein sog. Predigtlied!*] dann inton. Coll. [*s. o.*] u⌊nd⌋ Seegen.

Nachmittags Bet-Stunden ohne Examen

Wird halb 2 Uhr das 1ste mahl u⌊nd⌋ um 2 Uhr eingelautet.

Ein Lied, so Pastor vorschreibet.

Wird ein in der Ordnung folgender Ψ [*griechischer Buchstabe Psi, Abkürzung für Psalm*] oder so sie kurz 2 u⌊nd⌋ dann das Betstunden und Religionsgebet [*ein fest vorgeschriebenes Gebet*] gelesen. Gleich nach Endigung des letztern kniend neml⌊ich⌋ vom Prediger laut das Vater Unser u⌊nd⌋ H⌊err⌋ Gott Vater in Himel [*ein weiteres Gebet*] u⌊nd⌋ dann, ohne etwas weiter zu sagen [*also ohne Predigt*] weg gegangen.

NB. Alle Sontags, Mittwochs u⌊nd⌋ Freytags Betstunden werden auf der Kanzel gehalten. [*Die ausdrückliche Erinnerung daran schien wichtig zu sein. Jedoch dürfte das Vaterunser vor dem Altar gebetet worden sein.*]

Mit Examen

Die Betstunde wird gehalten, wie zuvor stehet, nach dem Schluß Vers [*der leider nicht angegeben wird*] gehet das Ex⌊amen⌋ an [*das Examen bestand aus der Abfrage des Wortlauts des Kleinen Katechismus Martin Luthers*], nach deßen Endigung wird das Vater unser stille gebetet, und weiter nichts gesungen.

NB. Fasten Examen gehet Invocavit [*erster Sonntag der Passionszeit, sechster Sonntag vor Ostern*] an, und ist der Anfang wie bey dem ordin⌊ären⌋ [*gewöhnlichen*] Exam⌊en⌋ außer den Fasten, wird in Gautsch nach geendigter Betstunde ein kurz Lied gesungen, dann gehet das Examen an, wird nach geendeten Kirchengebeten von 2 Knaben ein Hauptstück [*eines der fünf Kapitel aus Luthers »Kleinem Katechismus«*] gebetet, dann gehet gleich das Examen an, an beyden Orten wird der Segen nach dem Examen gesprochen. Bey dem Fasten Examine wird der Segen nach deßen Endigung gesprochen. In Gautsch erstlich mit allen Manns Personen aus Gautsch darzu auch die Männer [*gemeint sind auch die Ehemänner – während das Examen sonst nur die ledigen Männer betraf*] gehören [*auf »erstlich« müsste ein »zweitens« folgen, die Frauen sind jedoch nicht sonntags an der Reihe, s. u.*]

Die Einrichtung muß nach den Sontagen gemacht werden, da man Examen halten kann. Gehet ein Sontag ein [*Bedeutung unklar – da in diesem Abschnitt von der Fastenzeit die Rede ist, könnte ein Sonntag ausfallen, wenn er auf Mariä Verkündigung am 25. März fällt, weil dann der Feiertag dem gewöhnlichen Sonntag vorgeht – was aber höchstens einmal im Jahrhundert vorkommt – oder ist ein Sonntagsausfall wegen Seuchen o. ä. höherer Gewalt gemeint?*], so müßen die Manns Personen in Gautsch und den eingepfarrten Orten [*Raschwitz, Lauer, Oetzsch*] zusamen, die Weibs Personen Mittewochs nach der Betstunden genommen werden. Den anderen Sontag Reminiscere [*zweiter Sonntag der Passionszeit*] wird es in Zöbicker gehalten, u⌊nd⌋ muß man sich ebenfalls mit der Eintheilung nach der Zeit, so man darzu hat, richten. In der Betstunde in den Fasten wird die Passion [*Leidensgeschichte Jesu nach den vier Evangelien*] gelesen.

An Fest-Tagen

Ist es wie am Sontage, da Comunion gehalten wird. An hohen Festen die 1sten 2 Tage, dem 3ten [*die Hochfeste Weihnachten, Ostern und Pfingsten, in besonderen Fällen auch Reformation, wurden mit drei Feiertagen begangen, noch heute ist im Volksmund vom »dritten Feiertag« die Rede*] wie Sontags, da keine Comunion gehalten wird. Von Weynachten bis Lichtmeß [*s. o.*] wird auf der Canzel gesungen: Ein Kindelein so löb⌊e⌋l⌊ich⌋ [*s. o.*] Die Fasten durch Christe du Lamm [*s. o.*] Von Ostern bis Himelfahrt Christ ist erstanden [heute EG 99], die andern Sontage H⌊err⌋ J⌊esu⌋ C⌊hrist⌋ dich zu uns wend [*s. o.*], od⌊er⌋ liebster Jesu wir sind hier [*s. o.*], wechselsweise

Den ersten Feyertag an hohen Festen ist Mittags um 2 Uhr wieder Predigt über die Ep⌊istel⌋ in Gautsch, den 2ten Feyertag wieder Nachmittags Predigt um 2 Uhr über die Epistel in Zöbicker. Die Mittwoche nach Pfingsten ist in Zöbicker über einen beliebigen Text die sogenannte Anger Predigt. Zur Mittags Predigt werden vor der Predigt 2 Lieder, so Pastor giebt, gesungen. Bey der Anger Predigt ists wie bey der Wochenpredigt.

In den hohen Fest Wochen [*den Wochen nach Weihnachten, Ostern und Pfingsten*] ist keine Betstunde.

Wochen Predigten

gehen freytags nach dem 1sten Adv⌊ent⌋ an über den Catechismum [*Kleiner Katechismus Martin Luthers*] biß Invocavit [*s. o.*]. Dom⌊inica⌋ 1 p⌊ost⌋ Epiph⌊aniam⌋ [*erster Sonntag nach Epiphanias, d. h. nach dem 6. Januar*] nehmen sie gleich wieder ihren Anfang. Die Fastnachts Woche ist keine Wochenpredigt. Die Fasten durch wird die Passion gepredigt.

NB. Wenn ein Fest in die Woche fällt ist keine Wochenpredigt.

werden zwei Lieder gesungen, so Pastor angiebt

Predigt, nach dessen Endigung das Betstunden und Religions Gebet [*s. o.*] und die Litaney [*langes gesungenes Bittgebet, heute EG 192, von Martin Luther*] gelesen, so auch in den Betstunden.

Nach der Predigt ein Lied so Past⌊or⌋ Giebt. Inton. Coll. Seegen

NB. Am Reform. Feste ists wie bey der Wochenpr⌊edigt⌋ nur daß auf der Canzel gesungen wird: Erhalt uns H⌊err⌋ bey … [*EG 193, von Martin Luther*]

An Bußtagen

[*in Kursachsen damals drei pro Jahr: im März, Juni/Juli und November, heute in der Ev.-Luth. Landeskirche Sachsens immerhin noch zwei gebräuchlich, Aschermittwoch und Herbstbußtag*]

frühe geht der Gottesdienst an mit dem Liede: Kom H⌊eiliger⌋ Geist Herre Gott [*heute EG 125, Strr. 2 und 3 von Martin Luther*]

als dann der Prediger vor dem Altar: der H⌊err⌋ sey u⌊nd⌋ Coll. weiter nichts, sondern gehet wieder weg vom Altar, wenn die Coll. gesungen [*also ohne Kyrie und Gloria in excelsis*]

ein Lied

Lect. loco Epist. [*Lesung anstelle der Epistel*]

Ein Lied

Lect. loco Ev. [*Lesung anstelle des Evangeliums*]

Litaney

Predigt, auf der Canzel Bußlied od. einige Verse, nach Gefallen, Vater unser u⌊nd⌋ Predigt stille [*stilles Gebet vor der Predigt*] doch von der ganzen Gemeine kniend, nach der Predigt aber kniend u⌊nd⌋ laut H⌊err⌋ höre [*offenbar ein festes Gebet*], V⌊*ater*⌋ U⌊*nser*⌋ H⌊err⌋ Gott V⌊ater⌋. [*Herr Gott, Vater im Himmel, s. o., auch hier wird die Nummerierung etwas unlogisch*]

Ein Lied Coll. u⌊nd⌋ Seegen

Mittags. Wie am Festtage nach Mittage ausgenomen die V⌊*ater*⌋ U⌊*nser*⌋ wie frühe [*also leise gebetet, nicht laut wie am Nachmittag*] Predigt ein Stud. So lässet der Pfarr ihn die Vorbereitung zum V⌊*ater*⌋ U⌊*nser*⌋ nach der Predigt machen, gehet als dan vor den Altar, u⌊nd⌋ betet knieend laut

Beichte

In Gautsch erst ein Bußlied dann 1 BußΨ . gelesen [*sieben Bußpsalmen: Ps. 6, 32, 38, 51, 102, 130 und 143*],

NB. von dem Pult,

dan Betstunden Gebet, V⌊ater⌋ U⌊nser⌋ u⌊nd⌋ H⌊err⌋ Gott Vater Dank i. N. [*wohl auch ein festes Gebet*] unter welchen der Pfarr an Altar gehet. Int. Coll. Seg., wieder i. N. dan auf die Canzel u⌊nd⌋ wird die Bußvermahnung gehalten, u⌊nd⌋ dan das Beichtgebet [*aus Luthers Kleinem Katechismus*] gebetet so geschrieben das K⌊irchen⌋ Gebet angeheftet

In Zöbicker bleibt die Betstunde weg nur 1 Lied gesungen u⌊nd⌋ dan die Bußvermahnung u⌊nd⌋ gebet d. gehet die Beichte an [*von einer Betstunde in Zöbigker war bisher gar nicht die Rede? Oder nur zur Bestätigung dessen?!*]

Tauffen

Wird vor d. Altar biss zum V⌊*ater*⌋ U⌊*nser*⌋ da der Pfarr auf die rechte Seite des Altars wo das Brod ausgetheilet wird [*aus Gemeindesicht links, nördliche Seite???*] knieet gelesen als dan nach T⌊auf⌋Stein gegangen nach geendigter T⌊aufe⌋ gehet der Pfarr⌊er⌋ vor d⌊en⌋ Altar u⌊nd⌋ Lud⌊i⌋m⌊oderator⌋ [*Spiel-, Schulmeister*] singt die beyden letzten V⌊erse⌋ aus d⌊em⌋ Liede Christ unser H⌊err⌋ [*»Christ, unser Herr, zum Jordan kam«, heute EG 202, von Martin Luther*] Inton. Laßet die Kindl⌊ein⌋ [*»Lasset die Kindlein zu mir kommen und wehret ihnen nicht…« Mk. 10,14*], Lud⌊imoderator⌋ resp⌊ondet⌋ den solcher [*Schulmeister antwortet gesungen die Fortsetzung: »…denn solcher ist das Reich Gottes.«*], Coll. H⌊err] Gott der du die ganze Christenheit, heiligest, Seeg. U⌊nd⌋ ein stilles V⌊ater⌋ U⌊nser⌋.

Leichen

Der Pfarrer hohlet die Leich ab, gehet aber ab mit ans Grab, es sey den eine Seeg⌊ens⌋ Leiche [*einfache Form der Bestattung, nur Gebet und Segen am Grab*], sondern gleich in die Kirche. Ist e⌊ine⌋ Seeg⌊ens⌋Leiche d⌊en⌋ Tag wenn Betstunde ist, wird der Segen nicht apart beym Grabe gesprochen, sondern die Betstunde ordentl⌊ich⌋ wie sonst gehalten, nur das man Sterbe Coll. singet. Auch wohl e⌊in⌋ Ψ der vom Tode handelt lieset od⌊er⌋ ein ander Cap. Beym Parentationen [*neue Ausschmückung der Bestattungsfeier, vom lat. parentalia, Totenopfer für die Eltern, bei der eine bürgerliche Dankesrede für den Verstorbenen sowie an die Anwesenden gehalten wird*[33]], welche ich auf Ansuchen der Gemeine eingeführet weil sonst vor mir nie eine geschah, ohne Predigt, wird nach Endigung derselben ein V⌊ers⌋ gesungen u⌊nd⌋ der Segen gesprochen. Ist aber Leichenpredigt u⌊nd⌋ Parentation zugleich so wird nach der Predigt wie sonst der Seg⌊en⌋ gesprochen dann parentiret u⌊nd⌋ mit e⌊inem⌋ still⌊en⌋ Vater unser beschloss⌊en⌋.

NB die Parentation gesch⌊ieht⌋ vor d⌊em⌋ Altar.

Dieses Ceremoniel habe meinen Nachfolgern zu liebe aufgesezt, weil es mir bey d⌊em⌋ Antritt meines Amtes [*1752*] viel Fragens u⌊nd⌋ Wesens gemacht, auch wenn es nicht aufgezeichnet ist, leicht in Vacanzen [*Zeiten der unbesetzten Pfarrstelle*] von d⌊em⌋ Schulmeister Ceremonien abgebracht od⌊er⌋ eingeführet werden können.

Der Schulmeister muss Lieder anstecken.

M. Johann Gotthelf Lange P⌊astor⌋ l⌊oci⌋ [*d. i. Ortspfarrer*]

Aus diesen Angaben lässt sich folgende schematische Übersicht rekonstruieren:

33 Paul Graff: Geschichte der Auflösung der alten gottesdienstlichen Formen in der evangelischen Kirche Deutschlands. Bd. 1. Göttingen 1937, 364.

Tag/Uhrzeit	*Gautzsch*	*Zöbigker*
sonntags	7.00 Uhr Gottesdienst mit Kommunion 14-täglich im Wechsel mit Zöbigker	7.00 Uhr Gottesdienst mit Kommunion 14-täglich im Wechsel mit Gautzsch
sonntags	10.00 Uhr Gottesdienst	
sonntags	14.00 Uhr Nachmittagsbetstun-de ohne Predigt	
Hochfest 1. Feiertag	7.00 Uhr Gottesdienst mit Kommunion	
Hochfest 1. Feiertag	14.00 Uhr Gottesdienst mit Epistelpredigt	
Hochfest 2. Feiertag		7.00 Uhr Gottesdienst mit Kommunion
Hochfest 2. Feiertag		14.00 Uhr Gottesdienst mit Epistelpredigt
Hochfest 3. Feiertag	10.00 Uhr Gottesdienst	
Bußtage	10.00 Uhr Gottesdienst	
Bußtage	14.00 Uhr Nachmittagsbetstun-de	
Mittwoch nach Pfingsten		14.00 Uhr Angerpredigt
mittwochs (außer an Festtagen, in der ersten und zweiten Weihnachts-woche, in der Fast-nachtswoche, in der Osterwoche und in der Pfingstwoche)	14.00 Uhr Betstunde oder Wochenpredigt (?)	
freitags (außer an Festtagen, in der ersten und zweiten Weihnachts-woche, in der Fast-nachtswoche, in der Osterwoche und in der Pfingstwoche)	14.00 Uhr Wochenpredigt (vom Freitag nach 1. Advent bis Freitag vor Invokavit ? über den Katechismus, in den Passi-onswochen über die Passion)	

Tag/Uhrzeit	*Gautzsch*	*Zöbigker*
Invokavit	14.00 Uhr Fastenexamen der Männer	
Mittwoch nach Invokavit	14.00 Uhr Betstunde mit Fastenexamen der Frauen	
Reminiszere		14.00 Uhr Fastenexamen der Männer
Mittwoch nach Reminiszere		14.00 Uhr Betstunde mit Fastenexamen der Frauen ?

Den Text des Ceremoniels schrieb Lange am 14. Januar 1772. Es bleibt unklar, wann er sein Amt aufgegeben hat und aus welchen Gründen. Er ist zu diesem Zeitpunkt erst 58 Jahre alt. Seine letzten Einträge in den Kirchenbüchern stammen vom 25. Oktober 1771 (Taufbuch),[34] 30. Oktober 1771 (Bestattungsbuch)[35] und vom 6. Januar 1772 (Traubuch).[36] Offensichtlich verließen ihn in dieser Zeit die Kräfte. Die nächsten Einträge von anderer Hand stammen vom 19. Januar 1772 (Taufbuch),[37] 23. Februar 1772 (Bestattungsbuch)[38] und vom 30. April 1772 (Traubuch).[39] In den beiden letzten Fällen sind die zeitlichen Lücken recht groß, so dass vielleicht auch Einträge vergessen worden sind. Etwa fünf Monate später ist Lange verstorben, während derer er wahrscheinlich nicht mehr amtiert hat. Sein Nachfolger Johann Siegismund Heinrich konnte jedoch die Stelle nicht sofort übernehmen, denn Langes Witwe wohnte noch im Pfarrhaus.

Ein weiteres interessantes Schriftstück aus dem Pfarrarchiv illustriert die Umstände der Pfarrstellenübergabe – ein »Pfarrvergleich« vom 19. Februar 1773.[40] An diesem Tage wurde eine neunseitige notarielle Vereinbarung getroffen zwischen der Pfarrwitwe, Christiana Sibylle Lange geb. Wechsler, mit ihrem Kurator (Sorgeberechtigten), Mag. Christian Friedrich Wechsler, Pastor in Panitzsch, Sommerfeld und Althen (ihrem Bruder),[41] ihren beiden noch unmündigen Kindern Johann Carl Friedrich Lange und Augusta Christiana Elisabeth Lange, die zu dieser Zeit 18 bzw. 17 Jahre alt waren, mit ihrem Tutor (Vormund), Mag. Immanuel Gottlieb Anton, Pastor in Güldengossa, und dem Amtsnachfolger, Mag. Johann Siegismund Hein-

34 Taufbuch Gautzsch, 1771, 119 – Nr. 17.
35 Bestattungsbuch Gautzsch, 1771, 430 – Nr. 14.
36 Traubuch Gautzsch, 1772, 757 – Nr. 1.
37 Taufbuch Gautzsch, 1772, 119 – Nr. 1.
38 Bestattungsbuch Gautzsch, 1772, 430 – Nr. 1.
39 Traubuch Gautzsch, 1772, 757 – Nr. 2.
40 Pfarrarchiv Markkleeberg-West, Rep. V, Lit. G – Nr. 6, 1-5^{r}.
41 Christian Friedrich Wechsler, geb. 1728 in Zwochau, 1757 Pastor in Panitzsch, verst. 1789 daselbst, Grünberg: Sächsisches Pfarrerbuch (wie Anm. 11) Teil 2.2, 994.

rich, Pastor in Gautzsch und Zöbigker. Es ist im ersten Teil ein Übergabeprotokoll der vasa sacra, der Kirchenbücher und Kirchrechnungen, der Pfarrbibliothek, der Kirchenschlüssel, aber auch »eine[r] gute[n] kupferne[n] Ofen-Pfanne«,[42] und »ein großes Paquet Acten, in welchem alle Zeugniße, Anordnungen, Verfügungen p. p. enthalten, so von 1752 bis 1772 eingelaufen, jedes Jahr besonders, ordentlich zusammengeleget, in allen betragend 19 Päckgen«,[43] mithin ein Inventarverzeichnis des Jahres 1773, das noch einmal die gute Ordnung des verstorbenen Pastors während seiner Amtsperiode belegt. Im zweiten Teil folgen Auflistungen über Naturalien aus dem Pfarrlehn, die bzw. deren Geldwert der Witwe und ihren Kindern noch anteilig zustehen: Hafersamen und Roggenstroh, 6 Kühe, 20 Hühner und ein Hahn, auch 69 Fuder Dünger (Mist!) und anderes mehr. Hinzu kommen die anteiligen Geldeinkünfte aus der Pfarrbesoldung. Alles wird mit dem Nachfolger verrechnet und geregelt.

Es ergeben sich aus dem »Ceremoniel« aber einige Fragen:

Grundsätzlich waren die kirchlichen Zeremonien durch Landesgesetz geregelt, und zwar schon in der »Agende und Kirchenordnung« aus dem Jahre 1580.[44] Es mussten zwar einige Dinge immer wieder einmal neu gesetzlich geregelt werden, so z. B. die »Anordnung wegen der Freitagsbußpredigten und Nachmittagsbetstunden« im Jahr 1626,[45] 1630 ein »Rescript, dass Obrigkeit und Collatoren ins Kirchengebet eingeschlossen werden sollen«,[46] 1680 ein »Generale, wie sich Kirchendiener zur Pestzeit verhalten sollen«,[47] 1708 ein »Befehl, wie lange zu predigen« sei,[48] 1713 ein »Decisivbefehl wegen Verbesserung des Unterrichts alter und junger Leute in ihrem Christenthum, und wie die Katechismus-Examina anzustellen«,[49] und schließlich 1734 ein »Befehl wegen deutlicher und andächtiger Ablesung der Kirchengebete nach den Predigten und in den Betstunden«.[50]

Im ersten Teil (den Gottesdienst betreffend) geht der Verfasser des Ceremoniels gründlicher vor, bei den Kasualien wird manches unklarer. Im Gottesdienst wurden auffällig viele Luther-Choräle gesungen. Das Fehlen des Halleluja ist verwunderlich. Möglicherweise wird es als fester Epistelschluss betrachtet, es entfällt jedoch an bestimmten Tagen, die hier nicht angegeben sind. Bemerkenswert ist die sonntägliche Kommunion, allerdings im Wechsel beider Gotteshäuser. Das Abendmahl wurde von den Kommunikanten nüchtern, d. h. ohne vorherige Mahlzeit, eingenommen,

42 Pfarrarchiv Markkleeberg-West, Rep. V, Lit. G – Nr. 6, 2^{v}.
43 Ebd, 2$^{v/r}$
44 CODEX AUGUSTEUS/ hrsg. von Johann Christian Lünig. Leipzig 1724 (im Folgenden: CodAu), dazu Chronologisches Register usw. bearbeitet von Karl Gotthold Merbeth. Leipzig 1834, 484.
45 CodAu I, 797.
46 CodAu I, 853.
47 CodAu I, 863.
48 CodAu I, 881.
49 CodAu I, 897.
50 CodAu 1. Fortsetzung I, 227.

deshalb konnte es nur um 7 Uhr im jeweiligen Frühgottesdienst stattfinden. Beim Abendmahl wird die Praxis der Wandelkommunion geübt. Die Rede ist von einem Pult – heute gibt es bedauerlicherweise in der barock ausgestalteten Kirche kein barockes Lesepult mehr, sondern einen neuen Ambo aus dem Jahre 2014. Sollte das barocke Lesepult wirklich entsorgt worden sein? Vielleicht war es auch nur ein Pultaufsatz auf dem Taufstein, der, wie im benachbarten Großdeuben (ebenfalls von David Schatz geplant), als Lesetaufe fungierte? Dann wäre sein spurloses Verschwinden verständlicher. Bei der Beschreibung des Gottesdienstraumes bezieht sich Lange leider nur auf die Gautzscher Kirche, dem »1. Gautsch« folgt kein »2. Zöbiker«, so dass wir gerade über die zerstörte Kirche in Zöbigker nichts Erhellendes erfahren.

Die Taufhandlung ist sehr knapp beschrieben, vor allem der Anfang bleibt unklar. Zur Bestattung fehlen Liedangaben. Die Trauung hat Lange völlig vergessen. Bei der Beichte geht nicht klar hervor, wann und wie oft sie gehalten wird, üblich war aber sonnabends vor der Sonntagskommunion mit vorheriger Anmeldung zwei Tage zuvor.[51] Der Ort der Beichte wird nicht beschrieben. Bei der Übergabe der Pfarrstelle an den Nachfolger übergibt jedoch die Witwe ausdrücklich »den Schlüssel zum Beichthause«, neben dem Schlüssel zur Kirche und dem Schlüssel zum Gotteskasten.[52] Vermutlich war die Sakristei das Beichthaus, denn es gibt keine Spuren von Beichtstühlen in der Kirche, die Nutzung der beiden herrschaftlichen Logen als Beichtstuben ist unwahrscheinlich, und auch ein Anbau an der Kirche lässt sich vom heutigen Bau her nicht ableiten.

Fahrradkirche Zöbigker 2014 (Foto: Haubold)

51 CodAu I, 1712, 893.
52 Pfarrarchiv Markkleeberg-West, Rep. V, Lit. G – Nr. 6, 1v.

Kirche Zöbigker ca. 1930er Jahre

An Bußtagen konnte ein Student predigen, da es ein einfacher Wortgottesdienst war. Wahrscheinlich wurden Theologiestudenten aus Leipzig damit betraut, da Lange Verbindungen zu Universitätskreisen hielt.

Bemerkenswert ist das Fehlen der Christvesper am Heiligen Abend, die offenbar noch nicht Brauch war, verwunderlicher aber das Fehlen einer ausdrücklichen Erwähnung des Karfreitags. Wurde dieser wie andere Feiertage ohne Besonderheit begangen? Auch die Konfirmation wird nicht erwähnt, sie war also noch nicht üblich.

Gern wüssten wir auch, welche Feiertage außer den Hochfeiertagen begangen wurden. Darüber schweigt Lange. Nur die Kirmes (Kirchweih) fällt ihm nachträglich ein, und er ergänzt sie als N. B. auf der Titelseite ganz oben links: Sie wird auf die zweite bzw. dritte Novemberwoche datiert, ohne Angabe des Wochentags. Dieses Datum steht im Widerspruch zur tatsächlichen Weihe der (neuen) Kirche, die nach Unterlagen im Turmknauf am dritten Reformationsfeiertag des Reformations-Jubeljahres 1717, also am 2. November stattfand.[53]

Manche Details lassen sich noch nicht genau aufklären, etwa das Schicksal des erwähnten barocken Pultes. Auch bleibt unklar, ob mit dem Ornat des Pastors noch die alte Kasel gemeint ist oder der schwarze Talar mit weißem Überrock. Die innere Ordnung des ganzen lässt zu wünschen übrig: Auf »1. Gautsch« folgt, wie schon erwähnt, kein »2. Zöbiker«, aber auch die Nummerierungen im Text springen gelegentlich.

53 Pfarrarchiv Markkleeberg-West, Abschrift der Turmknopfurkunden von 1717.

Martin-Luther-Kirche
Markkleeberg-West 2014
(Foto: Haubold)

Vor allem jedoch bleiben die Umstände des Todes von Johann Gotthelf Lange rätselhaft. Ein besonderes Problem für ihn scheint der Schulmeister gewesen zu sein, das liest man zwischen den Zeilen deutlich heraus.

Das Ceremoniel von 1772 stellt uns mithin das geistliche Leben einer bedeutenden Dorfgemeinde am Rand von Leipzig am Vorabend der Aufklärung anschaulich, wenn auch mit kleinen Lücken, vor Augen. Alte Formen sind noch lebendig, die in den nächsten Generationen weichen werden, neue Wege deuten sich zaghaft an, etwa in der Bestattungskultur mit der Einführung der Parentationen. Regelmäßig fanden noch Beichte und Examina statt. Für die Kirchgemeinde ist das Dokument eine wertvolle Fundgrube ihrer Geschichte. Zum Reformationsfest 2012 konnte ein historischer Gottesdienst nach dem Ceremoniel von 1772 rekonstruiert und gefeiert werden. Doch auch darüber hinaus gewährt das Ceremoniel einen interessanten Einblick in das kirchliche Leben im damaligen Sachsen.

Der Lebensbericht von Gottlob Herrnsdorf (1789-1863)

Pfarrer in Wahren bei Leipzig von 1823 bis 1863

Von Gerhard Graf

Vorbemerkung

In Archiven finden sich, oft aus dem 18. und 19. Jahrhundert, immer wieder Chroniken oder auch Lebensberichte versteckt am Ende eines abgeschlossenen Kirchenbuches. Das ist auch der Fall bei dem Bericht von Gottlob Herrnsdorf, den er in mehreren Schüben 1848 bis 1861 verfasste.[1]

Mit dem Namen des Pfarrers Herrnsdorf verbindet sich heute in der Wahrener Kirchgemeinde, sofern er überhaupt noch geläufig ist, vor allem der Vorwurf, er habe die alte kostbare mit Eisen beschlagene Tür weggegeben (heute im Stadtgeschichtlichen Museum Leipzig), und durch ihn sei gleichfalls der spätgotische Flügelalter bis auf wenige Reste verloren gegangen. Tatsächlich vermittelt jedoch die von ihm hinterlassene Lebensbeschreibung ein deutlich facettenreicheres Bild.

Es zeigt einen anscheinend rationalistisch orientierten Theologen, vermutlich beeinflusst von seinem Lehrer und Freund, dem Religionspädagogen Friedrich Dinter.[2] Jedenfalls war Herrnsdorf zeitlebens von einem ebenso praktisch durchdachten wie gesellschaftlich bezogenen Handeln bestimmt. Ein Ausdruck dessen sind unter anderem die 28 Taufen von Juden, wohl nicht zuletzt, um ihnen die bürgerliche Anerkennung zu verschaffen; die Aufnahme von mehr als 30 Pensionären aus Nord- und Südamerika, aus England, Schottland, Irland und Frankreich, um sie, er war selbst polyglott, in deutscher Sprache und Kultur zu unterrichten; die energische Modernisierung der Kirchen in Lindenthal und Wahren; die auf Versachlichung bedachte Tätigkeit in den politischen Wirren von 1848/49; der Versuch, in dem ihm angetragenen benachbarten Dorf Möckern nicht nur die kirchlichen, sondern auch die schulischen und sozialen Verhältnisse zu heben.

Dieses Betätigungsfeld deckt sich nicht mit dem damals üblichen Bild von einem Landpfarrer. Nimmt man noch die Nachrichten von Kindheit, Schule, Studium

1 Auf den letzten Seiten des Kirchenbuches von 1784-1800, Pfarrarchiv Gnadenkirche Wahren, Sign. 8. 4/3, jetzt Kirchliches Archiv Leipzig.

2 Gustav Friedrich Dinter (1760 Borna – 1831), 1788 Substitut in Leipzig, 1797 Direktor des Lehrerseminars Dresden-Friedrichstadt, 1807 Pfarrer in Görnitz bei Borna, 1816 Konsistorial- und Schulrat Königsberg/ Ostpreußen, 1817 dort Dr. theol. und Professor.- Auch weitere biographische Angaben zu Pfarrern erfolgen zumeist nach August Hermann KREYSSIG: Album der evangelisch-lutherischen Geistlichen im Königreiche Sachsen von der Reformation bis zur Gegenwart, Crimmitschau 2. Aufl. 1898.

Pfarrhaus Wahren (19. Jh.)

und dem turbulenten Jahr 1813 hinzu, so liegt mit Herrnsdorfs Lebensbericht eine Quelle vor, die nicht nur ein eher kirchliches Interesse bedient, sondern eigentlich einen Beitrag von kulturgeschichtlichem Belang liefert.

Der Bericht umfasst 16 Seiten in annähernd Folioformat (ca. 21 x 34 cm). Besonders in seinem mittleren Teil begegnet eine eilige, kleine und immer schwerer lesbare Schrift, offenbar bedingt durch den ausbrechenden, später zurückgedrängten Grauen Star. Stilistisch trifft man teilweise, wiewohl Herrnsdorf an sich literarische Ambitionen hatte,[3] auf eine recht stereotype Darstellung und Wortwahl. Für die heutige Lektüre des Berichts werden nicht mehr verständliche Worte und Sachen erklärt. Nachgetragen sind außerdem – nicht in jedem Fall befriedigend – möglichst biographische Angaben, die durch vervollständigte Namen, Lebensdaten und Tätigkeit die damals handelnden Personen deutlicher hervortreten lassen möchten. Die originale Rechtschreibung, auch in sich nicht ganz stimmig, wird der unsrigen angenähert. Allzu lange Sätze sind getrennt, möglichst aber bleibt der typische Duktus erhalten.

Der Bericht

/ 1 /

Niedergeschrieben, nachdem ich unter Gottes Beistande das hiesige Pfarramt 25 Jahr verwaltet hatte. Den 10. Oktober 1848.

G. Herrnsdorf Pastor

Gottlob Herrnsdorf, geboren zu Kaufbach bei Wilsdruff den 14. Oktober [April![4]] 1789, ehelicher ältester Sohn von Gottlieb Herrnsdorf, Gutsbesitzer in Kaufbach und Kesselsdorf und zuletzt Rittergutspächter in Wilsdruff. Mein Vater gehörte zu seiner Zeit zu den gebildetesten Bauern der dortigen Gegend. Er las viel, schrieb ganz orthographisch richtig und sehr schön; war in der Geschichte und Geographie sehr bewandert und war überhaupt ein sehr heller Kopf. Deshalb hatte er auch in der ganzen Gegend den Beinamen »der Gelehrte«. Eine lange Zeit bekleidete er das Richteramt und war der Liebling des damaligen Prokuratur-Amtmanns Beck in Meißen, wohin das Dorf Kaufbach gehörte.

Er war der erste, der in dortiger Gegend die größten Verbesserungen in der Landwirtschaft einführte, z. B. den Klee- und den Rapsanbau, die Stallfütterung

3 Z. B.: Erinnerung an die Schlacht bei Breitenfeld am 7. Septbr. 1631 und deren Feier am 7. Septbr. 1831. Leipzig: in Comission bei Leopold Voß, 1831; Art.: Wahren. In: Sachsens Kirchen-Galerie. Bd. 9: die Inspectionen Leipzig und Grimma. Dresden o. J. [vor 1844], 35 f; Erlebnisse eines Augenzeugen aus den Tagen vom 14. bis 19. October 1813: In: Die Völkerschlacht bei Leipzig, nebst Nachrichten von Zeitgenossen und Augenzeugen über dieselbe/ hrsg. von Robert Naumann. Leipzig 1863, 399-403.

4 Bleistiftkorrektur von späterer Hand.

etc. Er führte zuerst den Obstbau in diesem Dorfe ein, wo vorher nie ein Obstbaum außer wilden gestanden hatte. Er genoss eine große Liebe und viel Vertrauen von der ganzen Gemeinde. Sein Leben war ein idyllisches, das durch die damaligen Dichter, die er gern las, sehr belebt wurde. Er liebte sehr Musik und Gesang und spielte selbst mehrere Instrumente, daher er auch Mitglied des Musikalischen Collegiums der Parochie [Kirchgemeinde] Kesselsdorf war und bei den aufzuführenden Kirchenmusiken tätig Teil nahm.

Bis zu meinem siebten Jahr war ich das einzige Kind meiner Eltern, und mein Vater widmete sich sehr meiner Bildung. Ich lernte bei ihm zuerst das Lesen. Das Dorf Kaufbach hatte damals noch keine eigene Schule, weshalb ich in die Parochial-Schule nach Kesselsdorf wandern musste, die beinahe ¾ Stunden entfernt war, [und] weshalb ich oft wegen schlechten Wetters die Schule versäumen musste und daher nicht viel lernte.

Dies bewog meinen Vater, mich auf die Kreuzschule nach Dresden zu bringen, und zwar in den Singechor der Kurrendaner, da er den Gesang außerordentlich liebte. Es war gar nicht sein Plan, mich auf dieser Schule lange zu lassen, da ich Bauer werden sollte, indem ihm dieser Stand über alles ging, und er sehr wünschte, dass ich einst Landmann werden möchte. Als ich 13 Jahr alt war, wollte er mich wieder von der Schule wegnehmen, gab aber meinen Bitten nach, mich auf der Schule zu lassen unter der Bedingung, dass ich mir es später nicht einfallen lassen sollte, wieder zur Ökonomie [Landwirtschaft] zurückzutreten, weil ich dann dazu verdorben sei.

Im April 1799 kam ich auf die Schule, 1805 **/ 2 /** wollte ich die Schule wieder verlassen, da in dieser Zeit die Landleute wegen der hohen Getreidepreise sich alle wohl befanden, und meine Verwandten alle wohlhabende Bauern waren. Dies gab aber mein Vater nicht mehr zu, da ich zur [leichten]Arbeit verwöhnt wäre. Es war nun sein Plan, dass ich bei der Feder bleiben sollte, da er und ich an Studieren nicht dachten.

Allein da ich bis zur Sekunda [Klasse vor dem Abschluss] gekommen war und mehrere meiner Mitschüler mich beredeten, auch zu studieren, bat ich meinen Vater, mich studieren zu lassen, was er nach langem Verweigern zugab. Nach seinen Bitten sollte ich die Rechte studieren, da er eben kein Freund der Theologen war, sondern ganz der rationalistischen Ansicht[5] folgte, was wohl eine Folge seiner Lektüre von den französischen Encyclopädigern[6] war, denn er hatte viel von Voltaire, Rousseau, Montalembert etc.[7] gelesen.

---

5 Hier: Betonung der Vernunft.

6 Als Enzyklopädisten wurden die Verfasser einer vielbändigen Enzyklopädie (1751-1772) aus der französischen Aufklärung, die unter dem Gesichtspunkt der Vernunft Wissenschaften, Künste und Gewerbe behandelte, bezeichnet.

7 Francois Marie Voltaire (1694-1778), Jean Jacques Rousseau (1712 -1778), Montalembert vermutlich falsch für Jean Le Rond d'Alembert (1717-1783) oder Charles des Montesquieu (1689-1755).

Ein Besuch mit meinem Schulfreunde Karl Aster in seinem Vaterhause auf der Pfarre in Grünberg[8] bei Waldheim veränderte meinen ganzen Plan. Nichts fand ich schöner, als das Leben eines Landpfarrers, besonders da ich dort Vossens »Luise« gelesen hatte.[9] Nur schüchtern teilte es ich meinem Vater mit, der anfangs gar nicht damit zufrieden war, sich endlich aber fügte. So bezog ich denn zu Michaelis 1808 die Universität Leipzig als Studiosus der Theologie, aber sehr schlecht vorbereitet, da teils die Kreuzschule damals in einem sehr schlechten Zustande war,[10] teils aber auch durch das viele Singen und andere Unterbrechungen die Schulstunden außerordentlich versäumt wurden.

Mein Vater hatte im Jahre 1806 die Bekanntschaft des damaligen Direktors des [Lehrer-]Seminars zu Dresden D. Dinter gemacht,[11] der ihn oft besuchte und ihm versprach, meine Studien zu leiten. Durch dessen Vermittelung (denn er war 1807 Pfarrer in Görnitz[12] geworden) bekam ich zum Stubenburschen Gottlob Küchenmeister,[13] mit dem ich die ganze Zeit zusammenwohnte und dem ich auch manches zu danken habe. Der größte Teil der ehemaligen Kreuzschüler und von der Schneeberger Schule hielten zusammen. Wir hatten keine so genannte Landsmannschaftliche Verbindung,[14] hielten aber sehr zusammen und trieben besonders viel Gesang, daher ich auch das letzte Jahr [des Studiums] 2.Tenorist im Großen Concert [des Gewandhauses] zu Leipzig war.

Treue Freunde waren besonders zu dieser Zeit: Reich, Andrich, Jacob, Döring, Leipert, Schrumpf, Plesch, Lohdius, Thomas, Wagner, Sturz, Böttger, Kabisch, [Nachtrag am Rand: Liebel, Bernstein, Götze] Vogel, Brückmann, (von Wittenberg: Aster, Frenzel etc.) Kretzschmann.[15]

---

8 Seit 1845 Grünlichtenberg durch die Zusammenlegung von Grünberg und Lichtenberg; Pfarrer Karl August Aster (1749 Colditz –1819).

9 Das lange, in Hexametern geschriebene Gedicht »Luise«, das idyllisch das Leben in einem protestantischen Pfarrhaus schildert, wurde 1795 von Johann Friedrich Voß (1751-1826) verfasst und zu einem großen bleibenden Erfolg.

10 Einen verwahrlosten Eindruck der Kreuzschule erwähnt für 1808 auch der spätere Volksschriftsteller Gustav Nieritz (1795 Neustadt – 1876), vgl. DRESDEN ZUR GOETHEZEIT: die Elbestadt von 1760-1815/ hrsg. von Günter Jäckel. Berlin (Ost) 1987, 55 f.

11 Vgl. Anm. 2.

12 Westlich Borna, 1961 wegen des Braunkohletagebaus aufgelöst.

13 Gottlob Küchenmeister (1791 Wingendorf – 1843), 1820 Diakonus [Bad] Lausick, 1829 Pfarrer Reichenbrand bei Chemnitz.

14 Die Landsmannschaften begannen sich damals auch in Leipzig neu zu formieren, fanden jedoch unter den Studenten viel Widerspruch, vgl. Wilhelm BRUCHMÜLLER: Der Leipziger Student 1409-1909 (Aus Natur und Geisteswelt; 273). Leipzig 1909, 109-115.

15 Als spätere Pfarrer in Sachsen konnten ermittelt werden: Friedrich Traugott Jacob (1789 Hosterwitz – 1860), 1813 Substitut Schmiedefeld, Pfarrer hier 1816; Karl August Lohdius (1790 Dresden – 1873), 1817 Pfarrer Weesenstein, 1868 em.; Heinrich Thomas (1788 Schneeberg – 1869), 1817 Pfarrer Rodewisch, 1865 em.; Georg Friedrich Arnold Sturz (1787 Zeitz – 1830), 1822 Pfarrer Knobelsdorf bei Döbeln; bei der großen Anzahl der Namen ist z. B. auch an eine spätere Laufbahn als Gymnasiallehrer zu denken.

Wir verlebten glückliche Jahre zusammen. Keiner hatte viel zu verzehren. Ich gehörte mit zu den noch Wohlhabenden, denn ich hatte monatlich 10 Taler von meinem Vater, und das zweite Jahr noch eine Königliche Stelle im Konvikt.[16] Zu keiner Familie Leipzigs hatte ich Zutritt, sehnte mich auch nicht darnach, daher mir Leipzig ganz gleichgültig war, und ich mich sehr sehnte, es zu verlassen, als die meisten meiner Freunde die Akademie [Universität] verlassen hatten und ich keine neuen mir gewählt hatte.

Unsere geselligen Vergnügungen bestanden im Gesang, einem niedrigen Solo und Tarock,[17] im Fechten auf der Stube, im vereinigten Ausflüchten [Ausflügen] nach den umliegenden Dörfern, wobei viel gesungen wurde. Die Collegia [Vorlesungen] wurden fleißig besucht, **/ 3 /** nur aber von mir nicht immer verstanden, da es an der tüchtigen Vorbildung fehlte, was meinen Freunden nicht besser ging.

Im Jahr 1809 hielt ich bei Dinter in Görnitz meine erste Predigt, die mir jetzt lächerlich vorkommt. In demselben Jahre predigte ich auch in Wilsdruff zum ersten Male, und wie mir schien, nicht ohne Beifall, was aber nicht auf die Predigt kommt, sondern mehr auf die sonore Stimme und leidliche Aktion. Mein Vater war nun ganz zufrieden, und ich musste alle Ferien in Wilsdruff und in den umliegenden Dörfern predigen, weil ich da überall Verwandte hatte.

Abenteuer hatte ich während meiner Universitätszeit nicht zu bestehen. Mein Leben floss ziemlich ruhig dahin. Zu Ende meiner Universitätsjahre hatte ich eine große Versuchung zu bestehen. Es wurde mir von Seconda, dem Direktor des Theaters,[18] das Anerbieten gemacht, Engagement zu nehmen, da ich einen ziemlich guten Tenor sang und mehrere meiner Schulbekannten schon auf dem Theater waren, wie Klengel, Gerstäcker, Gey, Adam, Pillwitz[19] u. a. m. Allein die Liebe und Dankbarkeit zu meinen Eltern hielt mich ab, ihnen diese Kränkung zu verursachen.

Zu Ostern 1812 verließ ich die Universität Leipzig. Da ich aber noch nicht zum Kandidaten-Examen in Dresden zugelassen wurde, da die Anzahl der Petenten [Bewerber] zu groß war und nur etwa 30 examiniert wurden, so ging ich von Ostern 1812 bis dahin 1813 zu Dintern noch Görnitz, teils um mich zum Examen vorzubereiten, teils um im Pädagogischen mir Kenntnis zu sammeln. Ich gab täg-

16 Hier wurden als so genannter »Freitisch« kostenlos Mittag- und oft zuzüglich auch Abendessen ausgegeben. Es bestanden private und königliche Stiftungen, vgl. auch Alrun Tauché: Das Konvikt an der Universität Leipzig im 18.Jahrhundert: Profil, soziale und wirtschaftliche Bedeutung. In: Universitätsgeschichte als Landesgeschichte: die Universität Leipzig in ihren territorialgeschichtlichen Bezügen/ hrsg. von Detlef Döring (Beiträge zur Leipziger Universitäts- und Wissenschaftsgeschichte; A, 4). Leipzig 2007, 239-259.

17 Beides Kartenspiele.

18 Die »Seconda'sche Truppe« besuchte Dresden und Leipzig im Wechsel; vermutlich ist hier nicht Franz Seconda (1755 – 1831), sondern sein Bruder Joseph, der Operndirektor (1761? – 1820), gemeint, vgl. auch Dresden zur Goethezeit… (wie Anm. 10), 389.

19 Möglicherweise August Gottlob Pillwitz (1784 Lomnitz – 1846), der 1818 Hospitalprediger in Pirna und Schlossprediger in Zehista wurde.

lich einige Stunden an seinem Privat-Institut und erhielt dafür von Dintern über Exegese, Dogmatik und überhaupt examinatorisch über die gesamten theologischen Wissenschaften Privatstunden, so dass ich in diesem Jahre mehr lernte, als die viertehalb Jahre zuvor in Leipzig.

Den 12. Mai 1813 wurde ich in Dresden von dem seligen Superint[tendenten] Tittmann[20] unter dem Donner der Kanonen von den retirierenden [zurückweichenden] Alliierten und unter dem Vorbeimarsche der französischen Armee mit klingendem Spiele von dem Konsistorium examiniert und erhielt im mündlichen Examen wie im Predigen die Zensur »wohl«.

Es war kurz nach der Schlacht bei Lützen den 2. Mai 1813.[21] Ich hielt mich bei meinen Eltern in Wilsdruff auf, wo ich ihnen in der Einquartierung beistand. Mein Vater war damals Pachter des Rittergutes, und er hatte nach und nach die Hauptquartiere von Wintzingerode, Wittgenstein, Miloradowitsch[22] von den Russen. Am 8. Mai sollte das Hauptquartier Napoleons da sein, wo ich mich als Kastellan [Verwalter] des Gutes, (denn die Herrschaft war in Dresden) schon zum Empfange des Kaisers gerüstet hatte. Allein er verließ den Hof wieder, als er eben in denselben einreiten wollte, als ihm eine Depesche überreicht wurde. An diesem Tage wurden meine Eltern stark ausgeplündert, erst von den Russen, zuletzt von den Franzosen, die mehr nach Lebensmitteln suchten, wovon nicht das Geringste mehr zu haben war. Von nun an hörten die Einquartierungen nicht auf, so dass mein Vater wohl mehr als 100 Generale gehabt hat, ohne die ganze Zahl der übrigen Stabsoffiziere.

Den 10. Mai wagte ich mich mitten durch die französische Armee, die von Wilsdruff bis Dresden im Biwak [Feldlager] stand, da sie noch nicht über die Elbe konnte,[23] und kam unangefochten nach Dresden, wo ich mich zum Examen meldete. Das erste Examen musste auf der Superintendentur gehalten werden,[24] da die Kanonenkugeln der Russen nach dem rechten [linken!] Elbufer **/ 4 /** bis auf die Schlossgasse flogen. Da die Kommunikation überall gehindert war, so konnten die ausgeschriebenen Kandidaten nicht zur bestimmten Zeit eintreffen, was auch

---

20 Karl Christian Tittmann (1744 Großbardau – 1820), 1755 Leipzig Dr. theol., Professor der Theologie Wittenberg, 1789 Pfarrer und Superintendent Kreuzkirche Dresden, 1813 Konsistorialrat.

21 Heute unter dem Namen Schlacht bei Großgörschen.

22 Die Verbündeten waren auf dem Weg nach dem Raum Bautzen, um dort Napoleon ein neue Schlacht anzubieten; deshalb die gestaffelte Marschordnung: Ferdinand Freiherr von Wintzingerode (1770-1818), General der russischen Vorhut; Ludwig Adolf Peter Graf Wittgenstein (1768-1843), damals Oberbefehlshaber der russisch-preußischen Verbündeten; Michael Andrejewitsch Graf Miloradowitsch (1770-1826), Kommandierender der russischen Nachhut.

23 Die Passage der Elbe in Dresden war mit Notbauten erst am 11. Mai wieder möglich.

24 Sie lag bei der Kreuzkirche auf der Altstädter Seite.

den neuen Oberhofprediger D. Ammon[25] von Erlangen verhindert hatte, daher ich von Tittmann allein examiniert wurde. Wir waren bloß vier, die zusammengelesen wurden, dabei war der jetzige Archidiakonus Ziller[26] in Dresden.

An diesem Tage kam auch der König von Sachsen[27] wieder zurück, wo ihn Napoleon am Pirnaischen Schlage empfing. Von nun an war Sachsen der beständige Tummelplatz der Armeen. Vom 8. Juni bis 15. August war Waffenstillstand, wo mehr als 300 000 Franzosen, ohne die übrigen Landestruppen, in Sachsen standen und es aussaugten.

In Dresden waren in den Tagen vom 8. bis 14. Mai kein Brot oder andere Lebensmittel zu haben, da die Franzosen alles in Beschlag genommen hatten. Ich aß in diesen Tagen bei dem Schweitzer[28] Gebackenes, das hatten die Franzosen nicht weggenommen.

Den 15. Mai ging ich wieder nach Wilsdruff zurück und blieb daselbst bis zum 15. Juni, wo ich im Hause des Herrn Johann David Förster[29] in Leipzig als Hauslehrer seiner drei Kinder, Gustav 6 ½ Jahr, Karoline 5 Jahr u. Cäcilie ¾ Jahr alt, eintrat. Durch Empfehlung Dinters kam ich in dieses treffliche Haus, wo ich die glücklichsten und schönsten Jahre meines Lebens verlebt habe.

Ich blieb in diesem Hause bis zum Antritt in dieses Amt [Wahren], also 10 Jahr 3 Monate. Mehrmals hatte ich Gelegenheit, eine Anstellung zu bekommen. Allein die außerordentliche günstige Stellung, die freundlichste Behandlung, die guten und trefflichen Zöglinge, und dann die äußerst angenehme Stellung im Winter in Leipzig, im Sommer auf dem Lande (Schönefeld, Mockau, Kleinzschocher[30]) und die Freundschaft der Eltern gegen mich, ließen mich immer davon absehen, so dass ich nichts weniger als eine Anstellung wünschte und dem Drängen meines Vaters

25 Christoph Friedrich von Ammon (1766 Bayreuth – 1850), seit 1813 Oberhofprediger und damit höchster Geistlicher der evangelisch-lutherischen sächsischen Landeskirche.

26 Karl Gottfried Ziller (1790 Kaditz – 1860), seit 1838 an der Kreuzkirche Archidiakonus.

27 Friedrich August I. (1750-1827), in Prag wegen eines Bündnisses mit Österreich, wurde von Napoleon unter Androhung des Verlustes seiner Herrschaft zurückbeordert.

28 Die Schweizer waren in Europa mehrfach mit Zuckerbäckerei vertreten; hier vermutlich die Konditorei von August Baldini am Altmarkt, vgl. Dresden zur Goethezeit… (wie Anm. 10), 91. 359.

29 Johann David Förster (1747-1827), Kaufmann, Kramermeister; sein Ölbild von 1792 in der Sammlung der Innung, vermutlich von Anton Graff, vgl. Cornelius GURLITT: Beschreibende Darstellung der älteren Bau- und Kunstdenkmäler des Königreichs Sachsen. Bd. 17/18: Stadt Leipzig. Dresden 1895/96, 409; zu den Sammlungen der Innung vgl. Katrin SOHL: Das Aerar. In: Leipzig original: Stadtgeschichte vom Mittelalter bis zur Völkerschlacht; Katalog zur Dauerausstellung des Stadtgeschichtlichen Museums Leipzig im Alten Rathaus. Teil I/ hrsg. von Volker Rodekamp. Altenburg 2006, 284-299. Die Gemäldesammlung befindet sich heute im Museum der bildenden Künste.

30 Vgl. auch C[arl] C[hristian] C[arus] GRETSCHEL: Leipzig und seine Umgebungen. 2. Aufl. Leipzig 1836 [Reprint Leipzig 1981], 406 bzw. 392.

immer auszuweichen suchte. Zweimal konnte ich Diakonus in Wilsdruff, dann Substitut[31] in Kirchberg [bei Zwickau], Pfarrer in Rosenthal [bei Pirna] werden etc.

Die Oktobertage war ich in Leipzig im Försterschen Hause, und welcher Gefahr wir ausgesetzt waren, ist leicht zu ermessen, da wir auf der Gerbergasse [heute -straße] wohnten, wo in einer Zeit von einer Stunde die ganzen Dächer und Essen von den Kanonen- und Kartätschenkugeln durchlöchert waren und die letzteren haufenweise nachher im Hofe aufgelesen wurden.[32] Den 18. Oktober 1813 Nachmittag 4 Uhr sah ich vom Boden unseres Hauses den Turm der Schönefelder Kirche brennen und einstürzen. Diesen Abend brannten wohl mehr als 20 Dörfer um Leipzig herum. Den 19. Oktober früh 9 Uhr retirierte ich mit der Familie Förster in das Innere der Stadt, wo alles ganz ruhig war, und überließen die Häuser auf der Gerbergasse dem Personale des Hauses und ihrem Geschick. Um 10 Uhr sah ich Napoleon zum letzten Male auf der Burgstraße vom Schlosse herkommen.[33] Ungefähr gegen 1 Uhr rückten die Monarchen in die Stadt ein, und unser guter König Friedrich August wurde gefangen genommen und unter einer schimpflichen Bedeckung von Kosaken, Baschkiren **/ 5 /** und anderem Gesindel durch die Gerbergasse nach Berlin als Gefangener transportiert. In Hinsicht der politischen Meinung hatte ich in dem Försterschen Hause manches zu leiden, da die Damen Altpreußen waren. Doch bei der unglücklichen Teilung Sachsens[34] änderte sich dieses, da man wohl nun sah, dass ich nicht ganz unrecht gehabt hatte.

Während meines Hauslehrerlebens predigte ich dann und wann in der Nikolaikirche oder in Klein- und Großzschocher, wo mir im letzteren Orte der Herr Pastor Schlosser[35] sehr befreundet wurde, dem ich so manches zu verdanken habe. Im Jahre 1815 wurde ich Mitglied des Montägigen Predigercollegiums, dem ich besonders unter der Leitung des D. Bauer viel zu danken habe.[36] Bis 1818 [1816!] besuchte ich oft Dintern in Görnitz, dann ging er nach Königsberg, blieb zuvor noch einige Tage bei mir in Leipzig. Bis zu seinem Tode [1830] habe ich mit ihm in Briefwechsel gestanden. Mit meinem Zögling machte ich im Jahre 1818 eine

31 Diakonus – 2. Pfarrer; Substitut – Stellvertreter des Pfarrers.

32 Hierzu der ausführlichere Bericht von ihm, vgl. Anm. 3.

33 Herrnsdorf befand sich im Haus Goldene Fahne, Burgstraße ehemals Nr.10, heute neu bebaut; vgl. Herrnsdorf: Erlebnisse … (wie Anm. 3), 403; außerdem Ernst MÜLLER: Die Häusernamen von Alt-Leipzig (Schriften des Vereins für die Geschichte Leipzigs; 15). Leipzig 1931, 14..

34 Im Wiener Frieden von 1815 verlor Sachsen mehr als die Hälfte seines Territoriums fast ausschließlich an Preußen.

35 Ludwig Wilhelm Gottlob Schlosser (1774 Roda – 1859), 1811-1856 Pfarrer in Großzschocher 1813 beteiligt an der Rettung von Theodor Körner und bekannt durch seine 1846 veröffentlichten Erinnerungen an die Kriegszeit 1806-1813.

36 Unter ähnlichen Einrichtungen war das 1624 gegründete Montägliche große Predigerkollegium das älteste, vgl. Gretschel: Leipzig …(wie Anm. 30), 317 f; der Leiter D. Karl Gottfried Bauer (1765 Leipzig – 1842) war seit 1809 Archidiakonus an der Nikolaikirche, seit 1837 dort Pfarrer.

Reise durch das ganze Erzgebirge, die Sächsische Schweiz usw. Auch wurden oft andere Reisen mit der Familie gemacht, die immer höchst angenehm waren.

Im Jahre 1820 sollte ich das Diakonat in Wilsdruff annehmen, da ich es aber ausschlug, gab mir Herr Förster [als Kirchenpatron] das Anrecht auf Kleinzschocher, wodurch ich nun gesichert war. Im Jahr 1822 hatte ich um das Pfarramt in Taubenheim bei Meißen angehalten, und den 3. Weihnachtsfeiertag eine Gastpredigt daselbst gehalten, wo ich viel Hoffnung hatte.

Mittlerweile war zu Ende Februar 1823 der Pastor Schmidt[37] in Schönefeld gestorben, und mein Prinzipal [Förster] hielt für mich darum an; allein die Stelle war schon dem Pastor Neubert[38] in Wahren durch seinen Bruder, den Gerichtsdirektor Neubert,[39] längst zugesagt gewesen. Durch diesen wurde ich nun veranlasst, um Wahren anzuhalten, und ich reiste deshalb mit ihm auf Kosten des Herrn Förster zu Anfange März 1823 nach Waltersdorf bei Luckau zu dem Herrn Hauptmann [Hieronymus Friedrich] von Stammer, als dem damaligen Kirchenpatron, was dieser sehr gut aufnahm und mir die Stelle versprach bis auf die Zustimmung seines Vetters, des Herrn Kammerherren [Gottlob Heinrich Adam] von Stammer auf Görlsdorf [ebenfalls bei Luckau], der gerade in Italien war.

Zu Pfingsten erhielt ich dann die definitive Designation, und am 1.Sonntag nach Trinitatis musste ich eine Gastpredigt in Wahren und Lindenthal halten. Den 29. August wurde ich in Leipzig mit den beiden Herren Söfner und Kritz[40] von Zschirner und Tittmann examiniert.[41] Am 7. September hatte ich schon die Probe in Lindenthal und Wahren, von Magister Ritter[42] abgenommen. Den Dienstag darauf wurde ich in der Thomaskirche ordiniert von Goldhorn unter Beisein von Claus Harms aus Kiel[43] – dann reiste ich mit meinem Vater und Bruder, die zur Probe da

37 Christian Gottlieb Schmidt (1746 Naumburg – 1823), Substitut hier seit 1770, Pfarrer 1779.

38 Johann Wilhelm Christian Neubert (1776 Frohnsdorf – 1826), 1807 Substitut Großgrabe, 1818 Pfarrer Wahren.

39 Johann Christian Neubert (1759 Frohnsdorf ?),Rechtsconsulent [Rechtsberater, Anwalt] und Gerichtsdirektor in Leipzig, sehr einflussreich, dem u. a. die meisten Dorfgerichte rund um Leipzig übertragen waren, vgl. Turmknopfurkunde von 1819 (Aufzählung; auch ein Todesurteil), Pfarrarchiv Wahren, Sign.8.7.1.

40 Johann August Söfner (1785 Sausedlitz – 1859), 1822 Subdiakonus, 1823 Oberdiakonus Neukirche Leipzig, em. 1856; Wilhelm Kritz (1792 Leipzig – 1865), 1823 Subdiakonus Leipzig Neukirche, 1833 Pfarrer Johanniskirche Leipzig.

41 Heinrich Gottlieb Tzschirner (1778 Mittweida – 1828), 1809 Professor der Theologie in Leipzig und zugleich seit 1815 Superintendent hier; Johann August Heinrich Tittmann (1773 Langensalza – 1831), seit 1800 Professor der Theologie in Leipzig, Sohn des Dresdener Superintendenten.

42 Johann Ludwig Ritter (1765 Naumburg – 1840), Rötha1790 Diakonus, 1807 Pfarrer, 1814 zusätzlich Adjunkt der Ephorie Leipzig-Land, Lic.theol. .

43 Johann David Goldhorn (1774 Püchau – 1836), 1818 Professor der Theologie, 1835 Pfarrer Nikolaikirche; Claus Harms (1778-1855), lutherischer Theologe, bekannt durch seine neuen 95 Thesen, hielt sich zufällig damals zu Gesprächen in Leipzig auf, vgl. Christiane

waren, nach Wilsdruff, wo ich einige Tage blieb. Die Kosten der Probe trug ich aus meinen Mitteln, und Herr Förster gab den Wein dazu. Madame Förster besorgte mir die erste Einrichtung des Hauses, mietete mir ein Dienstmädchen, so dass ich den 10. Oktober 1823 einziehen konnte. Den 12. Oktober 1823 als den 20. Sonntag nach Trinitatis hielt ich in Lindenthal und Wahren meine Antrittspredigt.

Meine Sehnsucht und Anhänglichkeit an das Förstersche Haus trieb mich oft, erst nach Zschocher, dann nach Leipzig. Im Monat November feierte ich das Kirchweihfest. Ich war nach Möckern in den Gasthof eingeladen, dessen Besitzer meine Pfarrfelder gepachtet hatte. **/ 6 /** Hier lernte ich zuerst meine liebe Frau Karoline Friederike, geb. Arnold[44] kennen, mit der ich mich den Sylvesterabend 1823 verlobte und von dem Pastor Theile[45] zu Lützschena in der Kirche zu Wahren den 25. März 1824 öffentlich getraut wurde. Die Hochzeit selbst richtete meine Schwiegermutter, damals verehelichte Hofmann, in Möckern aus.[46]

Den 5. Februar 1825 wurde mir meine älteste Tochter Fanny Caroline geboren, den 9. Oktober 1826 mein erster Sohn Paul Gottlob (den aber Gott bald wieder zu sich nahm). Eine lange und schwere Krankheit von 26 Wochen hatte meine gute Frau zu erdulden, und nur durch Gottes Gnade und der Ärzte Geschicklichkeit wurde sie mir erhalten. Jedoch blieb meine Frau immer sehr kränklich.

Im Jahre 1824 wurde mir der Antrag gemacht, einen jungen Franzosen ins Haus zu nehmen, was ich erst nicht wollte, aber auf Zureden mich dazu bestimmen ließ. Es war dies ein junger Pariser, Herr Jules Delchet, 23 Jahre alt. Er blieb nur 3 Monate da, da seiner Mutter Krankheit ihn nach Paris zurückrief.

Im Jahre 1825 zog Herr Bankier Karl Hammer[47] mit seiner Familie in mein Haus. Er richtete sich die obere hintere Stube ein, ließ nach dem Schulgarten hin eine Türe herausbrechen und einen Balkon nebst Treppe bauen, und wohnte im Sommer in meinem Hause, und ließ es sich aller Beschränkungen ungeachtet gefallen, da ihn die Liebe zum Vaterhause alle Unbequemlichkeiten vergessen ließ. Er und seine Familie taten sehr viel Gutes in der Gemeinde. Er gab zu dem Schulbaue in Wahren 100 Taler. Er baute hinter dem Garten, wo sonst die große

---

SCHULZ: Spätaufklärung und Protestantismus: Heinrich Gottlieb Tzschirner (1778-1828). Studien zu Leben und Werk (Arbeiten zur Kirchen- und Theologiegeschichte; 4). Leipzig 1999, 175. 211. 326.

44 Karoline Friederike Herrnsdorf, geb. Arnold (02. 02. 1804 Möckern – 11. 03. 1868 Wahren).

45 Johann Gottlob Theile (1764 Merseburg – 1830), Pfarrer in Lützschena seit 1798.

46 Im Gasthof Möckern; 1819 Besitzerin Marie Elisabeth verw. Arnold, 1824 M. E. Hoffmann, verw. Arnold, 1837 Erbvergleich, hier M. E. verw. Arnold, nochmals verw. Hoffmann, nun verehel. Boldt in Zwenkau (Gerichts-Handels-Bücher Möckern, Nr. 157, F. 544, Stadtarchiv Leipzig).

47 Karl Leberecht Hammer (1792 Wahren – 1833), 1813 Kaufmannsdiener in Leipzig, später Bankier und Kramermeister, sein Bildnis in der Sammlung der Innung, vgl. Gurlitt: Leipzig … (wie Anm. 29), 411.

Linde stand, ein sehr schönes Spalier, weil sein Vater, der bis 1813 Pfarrer hier war[48] und dessen segensreiches Wirken auch heute in der Kirchfahrt sichtbar ist, oft mit seinen Kindern unter dieser Linde gesessen und [mit] den Gemeindegliedern sich unterhalten hatte. Diese Sommer, wo dieser edle Mann in meinem Hause wohnte, gehören mit zu den genussreichsten für mich und meine Familie.

Im Jahre 1825 hatte ich vom Mai bis November einen sehr interessanten Pensionär, Herrn Francisco de Souza Carvalho aus Bahia in Brasilien, ein Mann von 45 Jahren. Er war Kaufmann, aber auch General-Staats-Schatzmeister in Bahia gewesen, und durch die Brasilianische Revolution proskribiert [verbannt] worden. Er lernte sehr gut Deutsch und liebte uns sehr.

Am 19. Mai 1827 starb Herr Johann David Förster in Leipzig, ein schmerzlicher Verlust für mich. Am 31. Juli 1827 starb auch mein einziger Bruder, Gutsbesitzer in Kaufbach und Kesselsdorf.

Im April 1828 trat Herr Danson aus Liverpool auf einige Monate in mein Haus, mit dem ich dann eine Reise nach dem Harze, Kassel, Frankfurt, Wiesbaden etc. machte. Im Jahre 1829-1830 war ein junger Franzose Eduard Bernard aus Moulin in meinem Hause.

Den 25. Mai 1830 wurde die große Linde vor dem Garten durch ein Gewitter mit großem Sturm umgeworfen. Sie war vor einigen 80 Jahren durch den Pastor Broyer gesetzt worden, siehe die Nachrichten davon in dem alten kleinen Kirchenbuche.[49]

Am 25. Juni 1830. war das große Jubelfest zum Andenken der Übergabe der Augsburgischen Konfession. Es wurde in meinen Gemeinden sehr schön gefeiert. Ich hatte jede Gemeinde veranlasst, sich dabei zu beteiligen. Die Schulkinder legten zusammen, **/ 7 /** sowohl hier als in Lindenthal, um eine prächtige Fahne anschaffen zu lassen, die noch heute in beiden Kirchen vorhanden ist.[50] Herr Maler Dietze, Lehrer an der Akademie in Leipzig,[51] hat die für Wahren umsonst gemalt, da er im Sommer bei Verwandten in Stahmeln[52] manchmal wohnte. Der Stoff und die übrigen Zutaten kamen aber wohl mehr als 20 Taler für die Fahne. Das Mangelnde schossen ich und die Familie Hammer zu. Die Männer und Frauen in beiden Kirchspielen ließen Luther und Melanchthon in Gips gießen, die in der Kirche aufgestellt sind. Die Bursche [!] und Jungfrauen schmückten aufs Herrlichste die Kirche mit Girlanden, und palmenähnliche Säulen wurden in den Gängen errichtet, wobei sich Bernard sehr verdient machte. In feierlichem Aufzuge wurde hier und in Lindenthal in die Kirche gezogen, wobei vier Posau-

48 Johann Friedrich Wilhelm Hammer (1758 Waldau – 1813), 1785 Substitut, 1801 Pfarrer in Wahren, starb am Lazarettfieber nach der Völkerschlacht.

49 Im Pfarrarchiv noch vorhanden, Signatur: 8.7.1./8 F R; Heinrich Samuel Broyer (1682 Taucha – 1754), 1716 Substitut, seit 1739 [!] Pfarrer.

50 Heute nur noch in Wahren und in sehr schlechtem Zustand.

51 August Dietze, 1820-1840 Lehrer an der Akademie der bildenden Künste, 1764 gegründet.

52 Das Dorf Stahmeln, von jeher ohne Kirche, gehört bis heute kirchlich nach Wahren.

nenbläser von den Stadtmusicis vorangingen (dabei war der berühmte Queißer[53]). Herr Ferdinand Gruner auf Breitenfeld[54] hatte für Lindenthal, Herr Dr. Mothes,[55] Gerichtsdirektor, hier bezahlt. Die Kinder bekamen ein großes Schulfest, wozu die hier wohnenden Familien Busch, Adam, Lucius, Juvany [?], Hammer, Thieme etc. [finanziell bei-] steuerten. Allgemein war die Freude und der Zudrang sehr groß, da in Leipzig nur eine kirchliche Feier war, indem alles dort verboten war, was den Grund zu der Missstimmung legte, die in den Septembertagen als eine Revolution in Leipzig und Dresden ausbrach.

Im Jahre 1831, im April, reiste ich mit meiner Frau und Tochter nach Wilsdruff, wo ich meine jüngste Schwester mit Herrn Aug. Häntzschel, jetzt Gutsbesitzer des väterlichen Gutes, traute. Kurz dort, sahen wir wie alle Jahre auch meine guten Eltern, die sonst entweder auf einige Aufenthalte zu uns kamen, oder die wir besuchten, was bis zu ihrem später erfolgten Tod der Fall war.

Zu Anfang Mai 1849 [Zahl verschrieben?!] kamen Herr Ellis Bell aus New York in Amerika und im Juni Herr George Brock aus Colchester in England als Pensionäre in mein Haus, um die deutsche Sprache zu lernen. Ersterer blieb bei mir bis gegen Michaelis, letzterer aber 2 ¼ Jahr hier. Ersterer ist in Mexico gestorben, letzterer lebt in Toronto in Kanada. In diesem Jahre ging meine Frau mit Fanny nach Lausick ins Bad, da sie so sehr leidend waren.

Zum 7. September 1831 wurde das 200jährige Jubiläum der Schlacht bei Breitenfeld gefeiert, wozu ich auf Veranlassung Herrn Gruners auf Breitenfeld eine Schrift verfasste »Erinnerung an die Schlacht bei Breitenfeld am 7. September 1831 und deren Feier,« die im Pfarrarchiv niedergelegt ist.[56] Die Beschreibung dieser Feier ist in dieser Schrift enthalten.

Im Jahre 1832, den 26. Dezember, wurde mir meine Emma geboren. In diesem Jahre legte der Schulmeister Schuster[57] wegen Kränklichkeit [sein Amt] nieder und ließ sich Herrn August Hase[58] von Hänichen, den jetzigen Schulmeister, substitu-

53 Carl Traugott Queißer (1800 Döben – 1846), sein Name auch hervorgehoben bei Gretschel: Leipzig … (wie Anm. 30), 377.

54 Johann Rudolph Ferdinand Gruner-Blümner (1769-1851), zur Herrschaft Breitenfeld gehörten außerdem Hayna, Lindenthal, Groß- und Kleinwiederitzsch. Gruner war Besitzer durch die Heirat mit Caroline Blümner, Leipzig.

55 August Ludwig Mothes (1794 Werdau – 1856), Jurist, Konsulent [Berater] der Kramerinnung, als Gerichtdirektor offenbar Nachfolger von J. C. Neubert, vgl. Anm. 39. 1856 ging die Patrimonialgerichtsbarkeit auf den Staat über.

56 Sie war bereits 1957 nicht mehr vorhanden; vgl. Anm. 3.

57 Christian Gottlieb Schuster (1783 Wehlitz – 1836), 1809 Substitut, 1811 Schulmeister, 1831 Senior; Schwiegersohn des Vorgängers.

58 Friedrich August Hase (1802 Hänichen – 1880), 1823 Gehilfe, 1831 Substitut, 1836 Kirchschullehrer, 1873 Ruhestand; letzter Lehrer in Wahren ohne Seminarbesuch, Schwiegersohn von Pfarrer Theile, vgl. Anm. 44.

ieren. Es wurde nun die alte Schule niedergerissen, die sehr schlecht und zu klein war, und die jetzige neu gebaut.[59]

Die Schule wurde während des Baues in der Herrschaftlichen Kapelle der Kirche [Rittergutsloge] gehalten, und der Schullehrer Hase wohnte mit seiner Mutter bisweilen in der hinteren oberen Schule.[60] Die Kosten dieses Baues sind in den Schulakten aufgeführt. Später wurde auch die Schule zu Lindenthal neu gebaut, wozu Herr Gruner auf Breitenfeld viel gab.

In diesem und dem folgenden Jahre 1833 fiel weiter nichts Besonderes vor. Meine Nichte Therese Töpfer, älteste Tochter des Amtsverwalter Töpfer in Döhlen, hatten wir ins Haus zur Erziehung genommen. **/ 8 /** Sie blieb fünf Jahre bei uns und hat uns durch ihre Liebenswürdigkeit und Bildung, wie durch ihren religiösen Sinn viele Freude gemacht. Sie ist später an den Königlichen Förster Pilz verheiratet, ich habe sie in Döhlen im Oktober 18.. [!] getraut.

Im Jahre 1831, den 2. August früh, schlug der Blitz in den Kirchturm und hatte an der Uhr und der Orgel viele Verwüstungen angerichtet, auch einige Balken im Turme zertrümmert. Um die Orgel hingen noch die Girlanden von dem Augsburger Jubelfest. Diese waren entzündet, und, als der Bindfaden verbrannt war, herab gefallen, so dass es glücklicherweise nicht fort gebrannt hatte, sondern nur der auf der Orgel stehende Engel und die übrige Einfassung dort versengt waren.

Im Jahre 1833, den 16. Januar, starb in Leipzig am Scharlach-Fieber meine teure Gönnerin und mütterliche Freundin, Madame Caroline Förster, und in demselben Jahre, den 23. August, Herr Kramermeister und Bankier Hammer.

Im Jahre 1834, den 14. Dezember, wurde mir meine Isidore [Doris] geboren. Im Oktober dieses Jahres kam Herr Pouchard aus Paris in mein Haus, der bis September nächsten Jahres blieb.

Im Mai 1835 waren meine guten Eltern zum Besuch da und blieben den ganzen Monat.

Im Jahre 1836 im Oktober kam Herr Keane aus Irland in mein Haus und blieb 1¼ Jahr. Im November dieses Jahres bekamen er und meine Doris das Scharlachfieber, was eine schreckliche Zeit war.

Im Jahre 1837 machte ich mit Keane und Donner eine sehr angenehme Reise nach Dresden und Umgegend. Im Jahre 1837, den 6. Oktober, starb mein teurer Vater, bald 78 Jahre alt, und versetzte uns in tiefe Betrübnis. Ich reiste sogleich zur Beerdigung, die am 10. Oktober erfolgte, wo ich eine Grabrede in der Begräbniskirche zu Wilsdruff hielt.

59 Derzeit (2015) in sehr schlechtem Zustand noch vorhanden: das kleine Gebäude im Schulhof gegenüber der Kirche.

60 Richtig wohl: der hinteren oberen Stube im Pfarrhaus, so Otto Hase [Enkel des Lehrers]: Pfarrerchronik von Wahren und Lindenthal 1548-1927 (Masch-Schr.),1957, Pfarrarchiv Wahren Sign. 8.7.1. / 8 F H, S. 276.

Der Anfang des Jahres 1838 war äußerst kalt, so dass wir bis Ende [wann?] fast immer 10-18° Kälte hatten. Zu Ostermesse 1838 kamen Herr Servant und Herr Patissier aus Paris in mein Haus. Der Erstere blieb 2¼ Jahr, der Letztere 1 Jahr. Wir machten eine kleine Reise nach Merseburg, Lauchstädt, Kösen etc. In diesem Jahre hatte im Monat Oktober Emma die Masern. Im November kam meine gute Mutter zu uns, sie blieb den ganzen Winter da.

Im Februar 1839 verließ Therese Töpfer unser Haus. Zu Ende Juli dieses Jahres machte ich mit meiner Frau und Servant eine sehr angenehme Reise nach Dresden, die Sächsische Schweiz etc. Am 10. Oktober 1839 reiste meine Frau mit Servants Mutter nach Berlin. Den 21. Oktober kam Fanny nach Leipzig zu Madame Bauer in Pension.

Am 30. Januar 1840 starb mein teurer Amtsbruder und Freund, der Pastor Kessler in Großwiederitzsch,[61] und ich übernahm die Vormundschaft seiner Kinder. / **9** / Am 5. Juni 1840 wurde mein Gustav geboren.[62] Meine gute Frau war aber sehr leidend und das Kind sehr schwach, so dass nur durch Gottes besonderen Schutz es am Leben blieb. Im Juli verließ unser lieber Servant unser Haus.

Die Monate Januar und Februar des Jahres 1841 waren sehr kalt. Am 21. Februar 1841 beschloss meine geliebte Mutter ihren segensreichen Lebenslauf, nachdem ich noch zuvor den 9. Februar ihren Geburtstag in Wilsdruff gefeiert hatte. Sie hatte ein hohes Alter über 76 Jahre erreicht. Ich reiste zu ihrem Begräbnis und hielt noch eine kurze Standrede, wie sie es gewünscht hatte. In diesem Jahre hatte ich mehrere Anfälle von Gicht, wie schon früher, allein es wurde immer schlimmer und war in die Knie gekommen, so dass ich kaum fort konnte. Ich entschloss mich daher nach Teplitz [Teplice, Tschechien] ins Bad zu gehen, wohin ich im Juli abreiste. Herr Tavernier von Paris schloss sich mir an und blieb dann in meinem Hause sechs Monate.

Im April 1842 kamen Herr Gibson aus Rochdale und Herr Hayes von Leeds in mein Haus. In diesem Monate wurden meine Kinder Fanny und Emma sehr krank am Nervenfieber [Typhus], und schwebten lange in Lebensgefahr. Der gütige Gott ließ sie genesen. In diesem Jahre wurde die Lindenthaler Kirche erneuert und sehr verschönert, was die Gemeinde und die Gerichtsherrschaft in Breitenfeld aus ihren Mitteln bewerkstelligte. Es herrschte große Einigkeit, daher das Werk sehr schön vollendet und die Kirche am 18. September 1842 zugleich mit dem Erntefest eingeweiht wurde.

Im Monat Juli 1843 und im September 1843 gingen erst Tavernier und dann Hayes und Gibson fort. Dieses und das vorhergehende Jahr waren sehr angenehm,

---

61 Karl August Keßler (1783 Lübben – 1840), seit 1818 Pfarrer Großwiederitzsch mit Seehausen.

62 Später Musikinstrumentenfabrikant in Markneukirchen, vgl. Hase: Pfarrerchronik … (wie Anm. 60), 291.

indem während des Sommers der Domherr Winzer[63] mit seiner Familie in Wahren wohnte, wo dann oft gesungen wurde.

Im Monat Mai 1844 und Pfingsten erhielt ich aus England vier Pensionäre, Robert und Eduard Goldthorp aus Cleckheaton bei Leeds, William Parkin aus Hightown und Joshua Wordsworth aus Leeds, wovon der letztere 1¼, Parkin 1 Jahr, Robert G. 1½ Jahr und Eduard G. 2 Jahre blieben. Es gab dadurch allerdings sehr viel Unruhe im Hause, da es junge und muntere Leute waren, die zuweilen tolle Streiche begingen. Meine Frau musste wegen ihrer Kränklichkeit ein Bad gebrauchen, und sie wählte [Liegau-]Augustusbad bei Radeberg, wohin sie am 25.Juli mit Doris ging, was ihr auch für diesmal sehr gut bekam.

Schon im Herbste des Jahres 1842 hatte ich für meine Kinder einen Hauslehrer angenommen, da mir der Pensionäre wegen keine Zeit blieb, die Kinder selbst zu unterrichten. Ich hatte den Kandidaten der Theologie Gutzschebauch[64] gewählt, den ich bei dem Hausbesitzer Hecht einmietete, weil in meinem Hause selbst kein Platz mehr war. Später wohnte er bei dem Hausbesitzer Anton. Er war ein sehr guter und tüchtiger Mann, der oft für mich predigte und sehr gern gehört wurde. Zu Anfangs des Jahres 1846 (den 21. Januar) kam er nach Döbeln als Substitut des Archidiakons.

Schon längst war es der Wunsch der Gemeinde und von mir gewesen, unsere Kirche in Wahren im Innern zu restaurieren, aber es fehlten **/ 10 /** die Mittel dazu, da die Kirche kein Vermögen hat. Ich hatte auf mehrere Pläne gesonnen, aber keiner war geeignet, ihn auszuführen.

Da traf es sich, dass der Mauermeister Herr Karl Engert[65] einen Kuhstall auf hiesigem Rittergute baute. Er war der Sohn eines hiesigen Maurers und Einwohners und hatte schon als Schulknabe viele Fähigkeiten gezeigt. Ich konfirmierte ihn 1825, und er hatte mich sehr lieb. Er lernte das Maurerhandwerk, und ich brachte ihn in die Sonntags-Schule nach Leipzig.[66] Er ging dann auf die Zeichnen-Akademie[67] und hatte gute Fortschritte gemacht. Eines unbesonnenen Streiches wegen ging er nach Griechenland und ließ sich anwerben. Dort hatte er durch seine Geschicklichkeit sich soviel erworben, dass er sich loskaufen und zurückkehren konnte, wo er dann

63 Julius Friedrich Winzer (1778 Chemnitz – 1845), Leipzig1811 Professor der Theologie, 1818 Domherr zu Meißen.

64 Johann Gottlob Gutzschebauch (1816 Großstorkwitz – 1905), zuletzt Pfarrer Chemnitz Petri, em. 1887.

65 Karl Engert (1811; Sterbeort und -datum unbekannt), sein Vater in Wahren † 1843.

66 Die Sonntagsschule geht zurück auf die Freimaurerloge Balduin zur Linde, »die sie im Jahr 1816 hauptsächlich für den Zweck stiftete, daß Gesellen und Lehrlinge die oft ohne ihre Schuld in ihren frühern Jahren versäumte Erwerbung gemeinnütziger Fertigkeiten (Rechnen, Schreiben, Zeichnen, Styl u. dgl.) nachholen können«. Gretschel: Leipzig … (wie Anm. 30), 327.

67 D. h. Akademie der bildenden Künste, Abteilung Zeichnen vgl. Gretschel: Leipzig … (wie Anm. 30), 335 f.

hier nach einiger Zeit Meister wurde. Als solcher unternahm er einige Bauten auf der Magdeburger Eisenbahn, die um 1840 herum gebaut wurde, und erwarb sich einiges Vermögen. Später übernahm er größere Bauten an der Bayerischen Bahn, wobei er bedeutend gewann.

Diese Gelegenheit benutzte ich, als er hier auf dem Rittergute baute, und bat ihn, bei der Verschönerung unserer Kirche sich ein Gedächtnis zu stiften. Er übernahm es gegen einen Betrag von 230 Talern, wozu jede Steuereinheit 1 halben Pfennig und jede Haushaltung 10 Neugroschen beitrug, wodurch gegen 180 Taler einkamen. Herr Mühlenbesitzer Schlippe[68] gab ein freiwilliges Geschenk von 50 Talern außer seinen Beiträgen. Ich sammelte außerdem noch freiwillige Beiträge, um noch so manche Verschönerung, [wie] die Altarbekleidung, neue Fenster und dergleichen, anzuschaffen, und war so glücklich, noch gegen 150 Taler zusammen zu bringen. Die Herren Kirchenpatrone gaben 15 Taler, die Möckern'sche Gemeinde auf meine Bitte über 25 Taler.[69] Viele Freunde aus Leipzig steuerten bei, sowie auch viele Glieder der Kirchfahrt. Der Herr Gerichtsdirektor Dr. Mothes beförderte auf alle Weise das Werk, sowie auch die Hohe Kreisdirektion[70] zu Leipzig, von der ich Vollmacht erhielt, den Bau ganz nach meiner Angabe auszuführen, ohne dass jemand etwas hineinreden durfte.

Den 8. Juli 1844 wurde der Bau angefangen.[71] Die Kanzel wurde weggenommen und über den Altar gebracht, wo eine geschnitzte Krönung der Maria war, umgeben von den 12 Aposteln, die die Herren von Stammer in ihre Kapelle haben aufstellen lassen. Wo die Kanzel stand, wurde ein Stück Emporkirche angebaut. Auf dem Altarplatze die alten Sitze weggenommen und neue zweckmäßige angebracht. Die ganzen Weibersitze[72] restauriert und vermehrt. Die Sitze der Männer größtenteils neu gemacht sowie die Treppen [für die Emporen]. Den Vorbau an der unteren Kirchentüre weggenommen, wo die Bahren aufbewahrt wurden und [diese] hinter die Kirche gebracht. Ganz neue Kirchtüren gemacht und im Innern Glastüren.[73]

68 Heinrich Gustav Schlippe (1802 Gohlis – 1876), Einheirat in die Mühle Wahren, auch Besitzer eines Bauerngutes in Gohlis und Möckern.

69 Wegen des weiten Weges nach Eutritzsch kamen schon seit der Reformation Gottesdienstbesucher aus Möckern.

70 Die königliche Verwaltung des Leipziger Kreises, Sitz in der Pleißenburg.

71 Vgl. auch Gerhard Graf: Frömmigkeit im Wandel: die Geschichte des Altars der Gnadenkirche in Leipzig-Wahren. In: Kirchliche Kunst in Sachsen: FS für Hartmut Mai 65. Geburtstag/ hrsg. von Jens Bulisch; Dirk Klingner; Christian Mai. Beucha 2002, 11-25.

72 Das Gestühl für die Frauen unten im Kirchenschiff.

73 Die damals neue Tür an der heutigen, einst oberen Leichenhalle außen ist noch vorhanden; dagegen wurde die bisher von der Vorhalle geschützte und mit Eisenbeschlag geschmückte alte Eingangstür von Herrnsdorf an die »Deutsche Gesellschaft zu Erforschung vaterländischer Sprache und Alterthümer in Leipzig« verkauft; zur Tür vgl. Gerhard Graf: Zwischen Himmel und Hölle: zu Geschichte und Bildprogramm des romanischen Türflügels aus Wahren bei Leipzig, in: Vestigia pietatis: Studien zur Geschichte der Frömmigkeit in Thüringen und Sachsen; Ernst Koch gewidmet/ hrsg. von Gerhard Graf, Hans-Peter Hasse,

Der wichtigste Bau war die Decke, die mit Brettern verschlagen war. Diese wurde berohrt, mit Kalk geputzt und dann gemalt. Dazu gehörte aber eine bedeutende Rüstung, indem das Gewölbe ziemlich hoch ist. Aber es gelang, und die Kirche ist so schön und geschmackvoll durch den Maler Herren Thiele und Gehilfen gemalt worden, wozu sie mehrere Wochen brauchten. Sie blieben [wohnten] in der Schenke, und ich gab ihnen das Mittagsessen. Auch wurde die Orgel durch Meister Zscharnitz von Schkeuditz restauriert und zwei neue Register eingelegt, was er für den billigen Preis von 28 Talern machte. Herr Schullehrer Hase gab ihm Wohnung und Kost. **/ 11 /**

Am 15. September 1844 wurde die Kirche feierlich eingeweiht, die aller Erstaunen erregte, dass durch so wenige Mittel ein so schöner Bau vollendet worden war. Herrn Engert konnte es wohl 4-500 Taler gekostet haben. Ich hatte ihm mit Bewilligung der Kirchväter, der Nachbaren[74] Hecht und Dunkel, einen Sitz bei den Kirchvätern verschrieben, der ihm für seine Lebenszeit verbleibt. Ein frohes Mittagsmahl vereinte die Kircheninspektion,[75] die beiden Baumeister, Herrn Zimmermeister Schröder, der die Zeichnung gemacht und die Zimmererarbeit gemacht hatte, Herrn Mauermeister Engert, Herrn Domherr Winzer, Kommissar Hammer, Mühlenbesitzer Schlippe und andere Freunde in meinem Hause. Wohl hat mir dieser Bau viele Mühen und Sorgen verursacht und mich in eine sehr unangenehme Verwicklung mit den Kirchenpatronen gebracht,[76]ganz zu schweigen von den bedeutenden Zuschüssen, die ich aus meinem Beutel gemacht hatte. Aber ich danke Gott, dass er mir dies schöne Werk hatte gelingen lassen, dass man vielleicht sich noch in ferner Zeit freundlich erinnern wird, wenn mein Grabhügel längst verfallen sein wird. Noch erwähne ich, dass eine Freundin unseres Hauses, Fräulein Henriette Graul und meine älteste Tochter Fanny einen schönen Teppich am Altare der Kirche verehrten.

Im Jahre 1845 machte ich mit den Engländern eine Reise nach Dresden, Prag etc., und später mit Herrn Wordsworth nach Berlin. Im August kam Herr David Goldthorp in mein Haus, im September Herr Frank Vickermann von Huddersfield; Parkin und Wordsworth waren im Laufe des Jahres wieder zurückgekehrt. Im Juni 1845 kamen die beiden Herren Henry Brown aus Selkirk und Robert Hill aus Hallashiel in Schottland, wovon der Erstere 1 Jahr und der Letztere 1¼ Jahr blieb.

Zu Ostern 1846 trat Herr Cand. theol. Delitzsch[77] als Hauslehrer in mein Haus, und im August kamen die Brüder Robert und William Ellis aus Highfield bei De-

---

Markus Hein, Matthias Richter Thomas A. Seidel und Dietmar Wiegand (HCh Sonderbd.; 5). Leipzig 2000, 49-60.

74 Nachbar – hier Rechtsbegriff: vollgültiges Mitglied der Dorfgemeinschaft.

75 Behörde für die Rechnungslegung.

76 Sie waren ungenau informiert und konnten anscheinend nur noch die 12 Apostel des spätgotischen Schnitzaltars retten, die seither in der Rittergutsloge zu besichtigen waren.

77 Später nicht im sächsischen Pfarrdienst.

wsbury in mein Haus. Im Juli gingen meine Frau und Fanny und Doris ins Bad nach Radeberg, es war aber allen nicht gut bekommen.

Im Mai 1847 kam Herr Bourgeot aus Villefranche bei Lyon in mein Haus, und Robert Ellis ging diesen Monat ab, einige Monate später sein Bruder William. Im September kam Herr Charpentier von Paris, blieb aber nur 3 Monate, da er Zögling der Militärschule St. Cyr [nahe Versailles] war.

Die Jahre 1846 und 1847 verflossen still und ruhig, ohne dass etwas Merkwürdiges im Amte und Hause vorgefallen wäre. Den größten Teil der Jahre war meine gute Frau sehr leidend, wovon eine gewisse Stille im Hause die Folge war.

[in Klammer gesetzt und durchgestrichen: (Im März 1848. begann die Revolution in Sachsen, eine Folge der Februar-Revolution in Frankreich, und ihre Folgen waren der Umsturz alles Bestehenden.)]

Zu Anfange des Winters 1846 bis zur Ernte 1847 war eine schreckliche Teuerung, so dass der Scheffel[78] Korn 10 Taler kostete [und] daher große Not herrschte. Wahre Wohltäter für die Armen waren Herr und Madame Schlippe[79] in Wahren, die in dieser Zeit 3 Scheffel Korn wöchentlich für die Armen backen ließen. Ganze Karawanen kamen hierher, um Mehl in der Amerikanischen Mühle[80] zu holen, da nirgends welches zu bekommen war. Gott half durch eine gesegnete Ernte, denn nach dieser 1847 fiel das Korn bis 4 Taler. Nun kam aber das traurige Jahr 1848. –

[In der Folge deutlich veränderte Schrift:]

Es brach in Frankreich die Revolution aus, die Louis Philipp vom Thron stürzte und ihn nebst seiner Familie aus Frankreich vertrieb. Wie ein Blitz entzündete sich in allen deutschen Staaten die **/ 12 /** Revolution und verbreitete sich immer weiter. Auch in Sachsen, das sich so wohl befand und durch seine musterhafteste Regierung sehr wenige Abgaben hatte, wurde eine allgemeine Aufregung durch die Demokraten herbeigeführt, wie durch einen Blum, Zschirner, Todt und andere.[81] Man nötigte den König, seine Minister zu entlassen; es entstanden eine Menge Vereine und Clubs, die einander bekämpften. Es wurde der Landtag zusammengerufen, wo die Demokraten immer mehr siegten. Allgemeines Stimmrecht wurde eingeführt, damit die Parteien ihre Günstlinge in die Kammern brachten. Die Verfassung, besonders das Wahlgesetz, wurden abgeändert. Die Aufregung wurde immer allgemeiner.

---

78 1 Leipziger Scheffel = 136,3 Liter = 218 Pfund Roggen.

79 Wilhelmine Philippine Schlippe geb. Hemme (1798 Wahren – 1888), ihr Vater war Vorbesitzer der Wahrener Mühle.

80 Sie war leistungsfähiger als die bisherigen deutschen Mühlen, vgl. Meyers Großes Konversations-Lexikon. Bd.14. 6. Aufl. Leipzig; Wien. 1909, 217.

81 Robert Blum (1807 Köln – 1848), Publizist und Politiker; Samuel Erdmann Zschirner (1812 Bautzen – 1865), Rechtsanwalt, Mitglied der Provisorischen Regierung in Dresden, wie auch der Liberale Carl Gotthelf Todt (1803 Auerbach – 1852).

Um meinen Parochianen [Gemeindegliedern] über die Verhältnisse und Ereignisse der Zeit Aufklärung zu geben, hielt ich mit meinem Hauslehrer Herrn Kandidat Otto Delitzsch wöchentlich in der Schenke eine Versammlung, die sehr besucht wurde. Ich hütete mich aber Partei zu nehmen, weder für den Deutschen, noch Vaterlands-Verein.[82] Auch in Lindenthal hielt ich aller 14 Tage eine solche Versammlung. Sie gefiel allgemein und wurde auch von anderen Orten besucht und blieb in den Schranken der Gesetzlichkeit, bis demokratische Elemente sich von Leipzig einmischten, z. B. ein Ward,[83] ein Weisflog[84] und andere, die unter manchen Gliedern der Gemeinde Anklang fanden. Man verleumdete mich, um mich herabzusetzen, so dass ich meine Vorträge aufgab. Es entstand nun ein Vaterlands-Verein aus den niedrigsten und schlechtesten Elementen. Doch die Geschichte dieser Zeit ist zu bekannt, um sie weiter hier auszuführen.

Das Jahr vorher bis zu diesem war ein Lyoner, Herr Bourgeot, in meinem Hause, ein sehr feiner und unterrichteter junger Mann.

Im Jahre 1849 waren die schrecklichen Maitage in Dresden, wo Gott sei Dank die Revolution endlich niedergeworfen wurde. Ich sah es, wie ein Mitglied der Gemeinde an einer Linde vor meinem Garten den 6. Mai die Provisorische Regierung anschlug,[85] wollte ihn aber nicht unglücklich machen und ihn anzeigen. Auch von Wahren und Stahmeln gingen einige Verblendete mit nach Dresden.[86]

In meinem Amte fiel nichts / **13** / Außerordentliches vor, was ich hier bemerken könnte, außer dass ich in diesem wie in den vorangehenden Jahren viele

82 Die neue in Frankfurt entworfene Reichsverfassung wurde von der sächsischen Regierung abgelehnt. Am 4. Mai bildete sich schließlich in Dresden eine Provisorische Regierung, die die Annahme durchsetzen wollte, von den Deutschen Vereinen durch Petitionen unterstützt, und durch Gewalt, schließlich Barrikaden, von den Vaterlands-Vereinen.

83 Vermutlich Albin Warth (1821 Kuppenheim – 1892), Schlossergeselle, später Erfinder in den USA, 1848 Mitglied des Ausschusses des Arbeiter- und des Vaterlandsvereins in Leipzig, vgl. MEIN LEIPZIG LOB ICH MIR: zeitgenössische Berichte von der Völkerschlacht bis zur Reichsgründung /hrsg. von Rolf Weber. Berlin (Ost) 1983, 409 bzw. 283-286.

84 Gustav Weisflog (1824 -?), utopischer Sozialist, u. a. Redakteur des radikaldemokratischen »Thurmwart« 1848/49 in Werdau, vgl. HISTORISCHER FÜHRER: Stätten und Denkmale der Geschichte in den Bezirken Leipzig, Karl-Marx-Stadt. Leipzig 1981, 250.

85 Eine Aufforderung der Provisorischen Regierung, sich am Kampf in Dresden zu beteiligen, kam abends am 4.Mai in Leipzig als Plakat an und wurde seit dem nächsten Tag verbreitet und befolgt, vgl. Emil WÖRNER: Aus Leipzigs bewegtesten Tagen im Jahre 1849. Leipziger Kalender: illustriertes Jahrbuch und Chronik 9 (1912), 185-198, bes. 187 f. Katrin KELLER: Landesgeschichte Sachsen. Stuttgart 2002, 257-259. 280-283.

86 Ergänzend heißt es von Herrnsdorf in der Lindenthaler Turmknopfbeilage 1852: »Zur Ehre gereicht es Lindenthal, dass es sich in den beiden Jahren der Auflehnung gegen Gesetze und Ordnung 1848 und 1849 nicht mit fortreißen ließ. Und wenn auch manche communistische Ideen in einigen Köpfen aufkommen wollten, so blieben sie doch in den Schranken und kein Valerlands-Verein konnte in Lindenthal aufkommen, kein Glied der Gemeinde ist zu dem Aufstand in Dresden im Mai 1849 gezogen oder sonst in politischer Untersuchung gewesen,« vgl. Hase: Pfarrerchronik …(wie Anm. 60), S. 286.

Juden aus Leipzig, Hamburg, Frankfurt, Elberfeld, Cernowitz u. s. w. taufte. Es waren sehr gebildete und gut unterrichtete Personen, bei einigen waren es ganze Familien. Über die Aufnahme und die Namen derselben gibt das Kirchenbuch und das aufgenommene Protokoll nähere Auskunft.[87]

Von dieser Zeit an fingen meine Augen an, immer schwächer zu werden, und es trat für mich eine schreckliche Periode ein. Es wurde von Woche zu Woche schlimmer, ich konnte bald gar nichts mehr lesen. Das ist auch die Ursache, warum ich in dieser Zeit fast nichts niedergeschrieben habe, weshalb mir auch manches entfallen ist, was sich auf mein Amt und mein Haus bezieht. Ich war in dieser Zeit ganz unglücklich und war im Begriff, mein Amt niederzulegen. Alle Mittel, die ich gebrauchte, halfen nichts, und der Graue Star bildete sich immer mehr aus, daher keine Brille mehr half.

Auf Zureden meiner Familie ging ich im Oktober 1850 nach Weberstedt bei [Bad] Langensalza zu Madame Graf, die mir unter Gottes Beistand so weit geholfen hat, dass ich wieder gut mein Amt verwalten und mit der Brille alles lesen kann, was mir vorher meine Kinder vorlesen und bei Zeugnissen alles vorsagen mussten.[88] In der Kirche mussten meine Schullehrer Episteln und Evangelien verlesen etc. Es war ein sehr trauriger Zustand, der mich sehr niederbeugte und elend machte, da dazu noch manche große und schwere Sorgen kamen, besonders die immerwährende Kränklichkeit meiner Frau und meiner jüngsten Tochter [Doris], was sehr große Kosten verursachte.

Vom Jahre 1850 an bis Ostern 1850 waren nach und nach Engländer und Franzosen in meinem Hause, als [nämlich] Lockwood, Vettard, Parkin, Cousin, Rollin.

Im September 1853 brannte Nachmittag 4 Uhr die Scheune im hiesigen Gasthofe nieder, was für das ganze Dorf sehr gefährlich werden konnte.[89] Den 7. Juni starb meine geliebte Schwester, die Amtsverwalter Töpfer in Döhlen, was mich und meine Familie in die tiefste Trauer versetzte.

Fortgesetzt am 13. Juli 1861.

Große Sorgen in meinen finanziellen Verhältnissen, da die Kränklichkeit meiner Frau und die Erziehung [und] vieles anderes viel kostete, haben die Fortsetzung dieser kurzen Biographie unterbrochen. Was mir noch erinnerlich ist, will ich noch nachholen. **/ 14 /**

Aus den Jahren 1854 und 1855 weiß ich mich nicht viel mehr zu erinnern. 1855 kam Herr Paillard aus Paris in mein Haus, ein trefflicher junger Mann, der sehr gut deutsch konnte und über ein Jahr blieb. Später kamen noch zwei Pariser, Herr Ponti, der einzige Sohn einer sehr reichen Familie in Paris, sowie ein Herr Irvison, der schon in der französischen Marine gedient und die Erde umsegelt hatte. Er war

87 Die Protokolle schon 1957 nicht mehr auffindbar, vgl. ebd, 255, die 28 Judentaufen fanden 1831-1856 statt, siehe die Taufbücher.

88 Der Pfarrer war damals zugleich der Standesbeamte.

89 Das Pfarrgrundstück lag schräg gegenüber.

als der Sohn sehr vornehmer Eltern in Kenntnissen sehr zurück und machte sehr wenig Fortschritte, war aber ein Mann von Welt und bei den Damen sehr beliebt. Desto kenntnisreicher war Ponti, aber dabei wild, halsstarrig, aber von trefflichem Gemüt. Diese drei Herren hatten sich einen Kahn bauen lassen, da Irvison mit dem Wasser sehr vertraut war. Sie benutzten ihn daher oft.

Im Juni 1856 war ein sehr großes Wasser und es war sehr gefährlich, sich auf den Fluss zu wagen, da die Strömung sehr heftig war. Ich gebot daher den Herren, das Kahnfahren zu unterlassen. Am 21. Juni 1856 tranken wir vereint Kaffee, um 4 Uhr ging ich auf meine Stube, und meine Frau bat dringend, ja nicht auf das Wasser zu gehen, und ½ 5 Uhr kam das Geschrei: »Ponti ist ertrunken.«

Der schrecklichste Tag für mich, meine Frau und Kinder. Die Herren hatten den Kahn bestiegen, waren bis an das große Wehr beim Rittergute gefahren und hatten Lust gehabt, über das Wehr zu fahren. Der Sohn des Schullehrers August Hase, stud. theol.,[90] ein sehr guter Schwimmer, hatte es zuerst gewagt: Es war gelungen, man hatte den Kahn wieder heraufgezogen mit viel Mühe, und Irvison hatte es nun gewagt, und Ponti sich nicht abhalten lassen, teil zu nehmen. Bei dem Hinunterschießen des Kahns schlägt derselbe um, und die beiden fallen heraus. Irvison kommt wieder hervor und rettet auch Ponti, setzt ihn auf den umgestürzten Kahn. Aber eine Welle spült ihn weg, und er sinkt unter, und Irvison rettet sich nur noch mit Mühe. Alles Mögliche wird versucht, Ponti aufzusuchen. Aber umsonst, erst den 26. Juni wurde sein Leichnam bei Lützschena aufgefunden,[91] nachdem ich zwei Leipziger Fischer Tag und Nacht hatte suchen lassen. **/ 15 /**

Ich ließ sogleich nach Paris telegraphieren, und der Leichnam wurde in Leipzig einbalsamiert und durch die Herren Sala & Sohn in Leipzig nach Paris geschafft. Dieser Fall hatte im ganzen Lande und selbst im Auslande außerordentliches Aufsehen gemacht. Dieses Unglück veranlasste mich, in Zukunft weiter keine Pensionäre zu nehmen. Die beiden letzten, Paillard und Irvison, verließen bald darauf mein Haus.

Es sind mir seitdem viele Anträge gemacht worden, ich habe sie aber alle abgelehnt, da auch mein hohes Alter, besonders aber mein vergrößertes Amt dies nicht mehr gestatten würde. Denn vom 1. Oktober 1856 ist das Dorf Möckern provisorisch, und vom 1. Januar 1857 definitiv nach Wahren eingepfarrt worden, und [es] nimmt da ein eigenes Kirchenbuch für Möckern seinen Anfang. Es hat zwar diese Vergrößerung der Parochie keinen großen Einfluss auf die Einnahme, da das Substantial- Einkommen [Grundgehalt] noch der [benachbarte] Eutritzscher Pfarrer[92] ad dies vitae [bis auf weiteres] bezieht, sowie auch das Opfer- und Häuslergeld. Die Akzidenzien [Zusatzeinnahmen] für Taufen, Leichen, Trauungen etc.

90 August Viktor Hase (1835 Wahren – 1896), zuletzt Pfarrer in Auligk, em. 1895.

91 Der lange Weg flussabwärts zeigt zugleich die Gewalt des Hochwassers.

92 Christian Friedrich Kunad (1807 Beicha – 1882), 1842-1876 Pfarrer in Eutritzsch, dort em..

betragen jährlich etwa 50 – 60 Taler, und [es] bleiben noch viele Reste. Ich habe die Gebühren sehr niedrig gestellt, um die gute Sache zu fördern. Über die Aus- und Einpfarrung von Möckern ist ein Aktenstück vorhanden und liegt im Archiv.

Möckern hat mir schon viel Mühe gemacht. Die Erbauung einer sehr schönen neuen Schule, die Anstellung eines 2. Lehrers. Der Tod des Lehrers Julius Böhme im April 1860.[93] Die Anstellung des jetzigen auf Böhme folgenden, eines sehr tüchtigen Mannes.[94] Ferner die Errichtung einer Kleinkinder-Bewahr-Anstalt am 24. Juni 1861 durch ein Vermächtnis von Madame Thärigen[95] aus Leipzig von 1000 Talern.

Ein sehr frohes Ereignis in meiner Familie ist die Verheiratung meiner zweiten Tochter Emma mit dem Herrn Diakonus Mros[96] in Klix in der Oberlausitz. Er ist ein Wende [Sorbe] und seit Ostern 1860 ins Amt eingerückt. Die Hochzeit war den 17. Juli 1860 in Wahren, der die meisten Verwandten und Freunde beiwohnten. **/ 16 /** Ich richtete sie im Gasthof bei Herrn Höhne aus. Meine Kinder erhielten viele Beweise von Liebe und Anhänglichkeit auch von Seiten meiner lieben Gemeinden.[97]

Das Jahr vorher, 1859, den 17. Juli, war die hiesige Kirchen-Visitation, die drei Tage dauerte. Sie wurde von dem Herrn Ephorie-Verweser Magister Vollbeding,[98] Pastor zu Schönefeld, und dem Assistenten Herrn Pastor Magister Klauß[99] aus Colmnitz bei Freiberg abgehalten. Bei der Besprechung mit den Gemeinden hatte sich eine große Liebe und Achtung gegen mich ausgesprochen, aber auch eine Stimme sich geäußert: dass er sich nicht erbauen könne, da ich der rationalistischen Schule angehöre, und es wohl besser sei, dass ich mein Amt niederlege. Ich will den Mann nicht nennen, [es] hat mir aber doch sehr wehe getan, da ich nach Pflicht und Gewissen mein Amt treu und pünktlich verwaltete und Jesum Christum sonn- und festtags predige.[100]

93 Karl Julius Böhme (1821-1860).

94 Der Name fehlt wegen eines Besetzungsstreites; erst sollte es ein Sohn des Wahrener Lehrers Hase werden, dann Carl Friedrich Böhme (1828 Wiesa – 1879), Turmknopfurkunde 2.Sept.1865, Kopie Pfarrarchiv Sign. 8.7.1. / 8 F Q.

95 Therese Thärigen (1807 Leipzig – 1860); sie und ihr Mann Friedrich August Thärigen (1803 Dresden – 1865), u. a. Besitzer des Rittergutes Möckern, zeichneten sich auch in Gohlis und Leipzig durch Wohltätigkeit aus.

96 Ernst Heinrich Mros (1829 Guttau – 1870), 1860 Diakon in Klix, 1863 Substitut, 1864 Pfarrer in Wahren

97 Neben neu Möckern (1857: 767) außerdem Wahren (1864: 662) mit Stahmeln (1843: 218) und Lindenthal (1864: 531) mit Breitenfeld (1852: 123).

98 Gottfried Friedrich Vollbeding (1804 Prettin – 1859), Magister, 1829 Katechet Leipzig Petri, 1837 Hilfsprediger Leipzig Nikolai, seit 1841 Pfarrer in Schönefeld bei Leipzig, 1858 Verweser der Ephorie Leipzig II [Verwalter der Superintendentur Leipzig-Land].

99 Konrad Hermann Clauß (1824 Leipzig – 1891), Dr. phil. u. Lic. theol., 1855 Pfarrer in Colmnitz, 1864 Dresden Neustadt, em.1875, Mitglied der Landessynode 1871 u. 1874.

100 Predigten u. ä. liegen nicht vor. Entlastend sei auf den Beichtbrief eines Konfirmanden vor dem ersten Abendmahl hingewiesen, der auch etwas von Herrnsdorfs Praxis zeigt: »Allmächtiger und barmherziger Vater, mit reuevollen und kindlichen Herzen komme ich zu

Im Winter 1860/1861 war ich drei Monate sehr leidend, ich hatte nämlich einen schlimmen Fuß bekommen, so dass ich keinen Stiefel anziehen konnte. Ich habe aber alle Amtshandlungen verrichtet, da ich mich überall hinfahren ließ. Nach Ostern war es wieder besser, so dass ich mich jetzt noch ganz wohl an Körper und Geist befinde. Man wollte mich zwar durchaus weg haben, und stellte mir den Antrag, mich doch emeritieren zu lassen, ja man sagte, dass ich von meiner höchsten Behörde würde gezwungen werden, es zu tun. Doch habe ich bis heute noch keine Schritte deshalb getan, werde es aber gleich tun, wenn ich mein Amt nicht mehr verwalten kann.

Damit enden die Aufzeichnungen Herrnsdorfs. Sein Schwiegersohn und Amtsnachfolger in Wahren, Ernst Mros, berichtet rückblickend auf den Lebensabend von Pfarrer Herrnsdorf:

»Da seine Kräfte allmälig zu schwinden anfingen, bat er um einen Substituten, der ihm in der Person des dermaligen [gegenwärtigen] Pfarrers im Jahre 1863 beigesetzt wurde. Allein nicht lange sollte er seiner wohlverdienten Ruhe genießen. In Folge eines sehr umfänglichen Reparaturbaues an der Pfarrwohnung im Sommer 1863 wurden seine Kräfte so aufgerieben, daß er schon am 25. Novbr. 1863 Abends ¼ 7 Uhr im Alter von 74 Jahren 7 Mon. 11 Tagen starb, nachdem er über 40 Jahr als Pfarrer gewirkt u. sich die Liebe aller seiner Parochianen erworben hatte. Besonders muß noch als bemerkenswerth verzeichnet werden, daß Herrnsdorf eine große Zahl Juden getauft hat.«[101]

Nachbemerkung

Zurecht spricht Herrnsdorf selbst von einer »kurzen Biographie«. Sie ist beispielsweise nicht zu vergleichen mit der sehr ausführlichen seines benachbarten und befreundeten Amtskollegen Ernst Moritz Reichel (1798-1863) in Lützschena.[102] Dass demgegenüber bei Herrnsdorf häufig nur knappe, wenig anschauliche Notizen

---

dir, gedenke nicht der Sünden meiner Jugend allbarmherziger Vater, und vergieb sie mir um deiner Güte Willen, auf daß ich auch zum ersten mal am Altar meines Heilands knien und von meinen lieben Beichtvater die Worte vernehmen [kann:] ›Auch dir sind deine Sünden vergeben durch das bittre Leiden und Sterben deines lieben Sohnes Jesu Christi.‹ Ich will mit dir den Bund erneuern, o du Vater des Lichts, auf daß ich auch dermaleinst mit Freuden in die Vergangenheit blicken kann, daß auch für mich mein Heiland am Kreuzesstam sein Blud vergossen, und mir die Vergebung meiner Sünden erworben hat. Dein guter Geist führe mich auf ebner Bahn, den Weg zur Seligkeit Amen. Wilhelm Heine in Wahren 1845, g[eboren] d[en] 8.October 1830.«, Pfarrarchiv Sign. 225: Beichte.

101 Turmknopfurkunde Gnadenkirche Wahren: Nachrichten über die Kirche und Parochie Wahren vom Jahre 1819 bis 3.September 1865, Pfarrarchiv Sign. 871, S.3 bzw. Blatt 7; vgl. auch Gerhard GRAF: Die Chronik aus dem Turmknopf der Gnadenkirche von Leipzig-Wahren, in: HCh 18 (1993/94), 81-90.

102 Eine Drucklegung ist in Vorbereitung.

erfolgen, mag man aus dem Rückblick bedauern. Zwar begegnen auch bei ihm Erzählpassagen, aber umso mehr wird dadurch bewusst, dass im anderen Fall heute Wissenswertes verloren ging, bzw. man möglicherweise auch auf unzutreffende Mutmaßungen verfällt.

Trotzdem liegt ein Bericht vor, der viel Anregung vermittelt. Zum einen begegnet ein Zeitgemälde, dessen Betrachtung inzwischen viel Vergessenes oder undeutlich Gewordenes wieder aufhellt. Zum anderen fordert der Bericht aber auch zu weiterem gezielten Nachfragen auf. Das betrifft, um nur drei Beispiele zu nennen, den über das Internet gelegentlich zu verfolgenden Lebensweg ehemaliger Pensionäre, die große Zahl der Judentaufen durch Herrnsdorf und eine, auch im Vergleich zu benachbarten Amtskollegen, genauere Einordnung seines Verhaltens in den Jahren 1848/49. Zudem scheint es vermutlich aussichtsreich, unter Hinzuziehung etwa der Pfarr- und Ephoralakten die Persönlichkeit Herrnsdorfs nochmals deutlicher fassen zu können. In ihrem Handeln jedenfalls ist diese Persönlichkeit ein Kommentar der sich ablösenden Perioden Napoleonzeit, Biedermeier, Revolution und einsetzendes Industrielles Zeitalter. Für letzteres steht das Dorf Möckern mit seiner expandierenden und bereits teilweise der Kirche entfremdeten Bevölkerung. Insofern entwickelt sich Herrnsdorfs Bericht auch – oft ungewollt – durch mehr als sechs Jahrzehnte zu einer Schilderung des allmählichen Abschiedes aus dem herkömmlichen kirchlichen Leben. Zu der hier erfolgten Veranschaulichung dieses Phänomens, eines der Hauptthemen des langen 19. Jahrhunderts, wünschte man sich weitere Berichte von Pfarrern aus dieser Zeit und damit auch eine Verbesserung unserer Kenntnis von jener Epoche.

Mit Gott in den Krieg – mit Luther zum Sieg?

Der Protestantismus zwischen Augustbegeisterung 1914 und Reformationsjubiläum 1917

Von Sebastian Kranich

Auf dem Schlossplatz in Berlin spielte sich am 1. August 1914 nach dem Bericht des Berliner Lokal-Anzeigers folgende Szenerie ab:

> »Die ungeheuren Menschenmassen [...] machten ihrem bewegten Herzen zunächst durch das Absingen des Liedes ›Ein feste Burg ist unser Gott‹ Luft. Dann wurden Rufe nach dem Kaiser laut.«[1]

Dieser trat daraufhin mit der Kaiserin auf den Balkon, dankte für »Liebe« und »Treue« der Versammelten und sagte:

> »In dem jetzt bevorstehenden Kampf kenne ich in meinem Volke keine Parteien mehr. Es gibt unter uns nur noch Deutsche [...]. Es handelt sich jetzt nur darum, daß alle wie Brüder zusammenstehen, und dann wird dem deutschen Schwert Gott zum Siege verhelfen.«[2]

In dieser Schilderung vom Tage des Befehls der Mobilmachung 1914 sind zwei Dinge inhaltlich und metaphorisch verknüpft: Der Gesang von Luthers Lied »Ein feste Burg« und die Verkündung des politischen »Burgfriedens«. Im Jahr darauf beschrieb der Theologe Ernst Troeltsch jenes Zusammenstehen in Gott unter Zurückstellung innerer politischer Differenzen zu Kriegsbeginn so: »Unter diesem ungeheuren Druck schmolz das deutsche Leben zu jener unbeschreiblichen Einheit des Opfers, der Brüderlichkeit, des Glaubens und der Siegesgewißheit [...] zusammen, die das gewaltige Erlebnis jenes unvergeßlichen August war und es noch bis heute ist.«[3] Der schweizerische Theologe Karl Barth hatte zu Kriegsbeginn etwas Ähnliches beobachtet. Er bewertete es hingegen konträr. In Deutschland, so Barth in einem Brief an den Marburger Theologieprofessor Martin Rade, seien »Vaterlandsliebe, Kriegslust und christlicher Glaube in ein hoffnungsloses Durcheinander«[4] geraten.

---

1 Berliner Lokal-Anzeiger (1914) vom 2. August. Zit. nach: Kriegsdokumente: der Weltkrieg 1914 in der Darstellung der zeitgenössischen Presse. Bd. 1/ hrsg. von Eberhard Buchner. München 1914, 70.

2 Ebd.

3 Zit. nach Jeffrey Verhey: Der »Geist von 1914« und die Erfindung der Volksgemeinschaft. Hamburg 2000, 9.

4 Karl Barth; Martin Rade: Ein Briefwechsel/ hrsg. von Christoph Schwöbel. Gütersloh 981, 96.

Gefühlte Gemeinschaft im ›Verteidigungskrieg‹

Doch halten diese wertenden Schilderungen einer historischen Prüfung stand? Bis heute sind die bekannten Bilder der Kriegsbegeisterung vom August 1914 wirkmächtig. Und es ist unbestreitbar: Wohlhabende Bürger und Studenten versammelten sich zu spontanen patriotischen Kundgebungen. Studenten meldeten sich in Scharen freiwillig zum Heeresdienst. Die Sozialdemokraten bewilligten Kriegskredite und selbst in Berliner Hinterhöfen hing die Nationalflagge. Die Deutschen verabschiedeten ihre Soldaten in einem Blumenmeer und schenkten ihnen so viel Schokolade, dass das Rote Kreuz um die Gesundheit der Männer fürchtete. Diese zogen mit dem alten Wahlspruch des preußischen Königshauses ›Gott mit uns‹ auf den Koppelschlössern in den Krieg. Der Berliner Generalsuperintendent Friedrich Lahusen schrieb knapp an seinen Sohn: »Wenn Russland Gott ruft, so ist das Gotteslästerung. Wir können es tun.«[5]

Auch Luther war auf dem Weg an die Front mit dabei. Sprüche mit Anspielungen auf den ›Lutherchoral‹ an Eisenbahnwaggons von Truppentransportzügen legen eine Zustimmung zu Karl Barths Urteil vom ›hoffnungslosen Durcheinander‹ aus ›Vaterlandsliebe, Kriegslust und christlichem Glauben‹ nahe. An einem Waggon stand 1914 zu lesen: »Des Deutschen Gebet: Ein' feste Burg ist unser Gott. Des Franzosen Gebet: Mit unsrer Macht ist nichts getan.«[6] Ein anderer trug die Aufschrift: »Und wenn die Welt voll Russen wär'. Voll Serben und Franzosen. Wir fürchten uns doch nicht so sehr. Wir zieh'n ihnen stramm die Hosen.«[7]

Aufs Ganze gesehen sind Lust und Begeisterung allerdings nicht so einhellig gewesen, wie es die deutsche Kriegspropaganda glauben machen wollte.[8] Zur Realität des Kriegsbeginns gehörten auch große Antikriegsdemonstrationen sozialdemokratischer Arbeiter sowie panische Massenaufläufe vor Lebensmittelgeschäften und Banken in den Grenzgebieten. Der Leipziger Pfarrer Georg Liebster sprach wenige Tage nach der Mobilmachung in einer Predigt – für die Lage durchaus nicht untypisch – von »trübster Stimmung«[9] bei vielen und konstatierte: »Die Abschiede von den Männern und Söhnen haben manchen tief erschüttert«[10]. In seiner Predigt am Tage der Mobilmachung heißt es zuvor:

5 In einem Brief an seinen Sohn vom 31. Juli 1914. Zit. nach Dirk Nishen: August 1914. Ein Volk zieht in den Krieg (Berliner Geschichtswerkstatt, Band 7). Berlin 1989, 174.

6 Zit. nach Michael Fischer: Religion, Nation, Krieg: der Lutherchoral »Ein feste Burg ist unser Gott« zwischen Befreiungskriegen und Erstem Weltkrieg (Populäre Kultur und Musik; 11). Münster 2014, 297.

7 Ebd, 304.

8 Vgl. dazu grundlegend: Verhey: Der »Geist von 1914« … (wie Anm. 3).

9 Zit. nach Sebastian Kranich: »… er liebte die Gegensätze«: eine nationalsoziale Rede und sechs schlichte Predigten von Georg Liebster. Zeitschrift für Neuere Theologiegeschichte 15 (2008) 1, 119-172, 157.

10 Ebd.

»Nun, wie steht es um den Krieg in euren Herzen, ihr Eltern von Söhnen, die in den Krieg ziehen? Hier rede ich als einer, der aus eigner Erfahrung spricht. Es ist einem wie ein Traum. 20 Jahre oder länger hat man sie aufwachsen sehn. Man hat sie großgezogen und nun muß man sie hergeben, daß sie vielleicht auf fremder Erde ihren Tod finden. Vor allem den Müttern ist ein hartes Los beschieden. Ihr denkt wohl zurück an die bangen Stunden, als ihr unter Gefahr des eignen Lebens dem Kinde das Leben gegeben. Und sieh was ihr einst zur Welt brachtet, das ist groß und schön geworden, vielleicht auch brav und gut. Und jetzt wird durch ein hartes Geschick dieser Teil eures eignen Ich aufs Spiel gesetzt. Man kann sich das gar nicht ausdenken.«[11]

Erst mit den ersten deutschen Siegen entluden sich dann Anspannung, Unsicherheit und Ängste in einem doppeldeutigen Gemeinschaftsgefühl. Zwei Wochen nach Kriegsbeginn notierte Liebster in einem Vorstandsrundschreiben der Sächsischen Evangelisch-Sozialen Vereinigung:

»Die Menschen verstehen es nicht, daß wir nicht in den Ruf: ›Mit Gott für König und Vaterland‹ einstimmen. Sogar die Mahnung zur Milde und Menschlichkeit wird einem beinahe übelgenommen. Jedes Verständnis für Jesus, für Demut, Feindesliebe ist im religiösen Kriegsfuror erloschen.«[12]

Andererseits konnte jenes Gemeinschaftsgefühl auch den Gegner umfassen und umgreifen. Als die ersten französischen Kriegsgefangenen ankamen, drängten tausende Frauen auf die Bahnhöfe, um sie mit Blumen und ›Liebesgaben‹ zu empfangen. Ganz zu schweigen von den Verbrüderungsszenen an der Westfront zwischen Deutschen und Franzosen zu Weihnachten 1914.

Entscheidender und konstanter als die wechselnden Gefühlslagen scheint die recht stabile und lagerübergreifende Überzeugung zu sein, dass jener Krieg ein aufgezwungener Verteidigungskrieg sei. »Reinen Gewissens über den Ursprung des Krieges, bin ich der Gerechtigkeit unserer Sache vor Gott gewiß«,[13] so hieß es im kaiserlichen Erlass, der zu Kriegsbeginn von den Kanzeln verlesen wurde. Die gleichen Töne schlug der von 93 Gelehrten unterzeichnete ›Aufruf an die Kulturwelt‹ an, der den Auftakt zum Kultur- und Geisteskrieg zwischen den Intellektuellen der kriegsführenden Nationen bildete. Bereits im ersten Satz ist von »Deutschlands reine[r] Sache in dem ihm aufgezwungenen schweren Daseinskampfe«[14] die Rede. »Glaubt, daß wir diesen Kampf zu Ende kämpfen werden als ein Kulturvolk, dem das Vermächtnis eines Goethe, eines Beethoven, eines Kant ebenso heilig ist wie sein Herd und seine Scholle«[15] – so endet dieser Appell.

Die im Aufruf geschilderte Langmut des deutschen Kaisers, der erst zu den Waffen gerufen habe, als Deutschland von einer Übermacht angegriffen worden

11 Ebd, 154 f.
12 Ebd, 138.
13 Zit. nach Karl HAMMER: Deutsche Kriegstheologie. München 1971, 205.
14 Zit. nach Jürgen VON UNGERN-STERNBERG: Der Aufruf »An die Kulturwelt!«: das Manifest der 93 und die Anfänge der Kriegspropaganda im Ersten Weltkrieg. Stuttgart 1996, 156.
15 Ebd, 159.

sei, findet ihre Parallele in verschiedenen Gedichten, die ›Ein feste Burg ist unser Gott‹ zur Grundlage haben. In einem heißt es: »Lang auf der Wartburg der Geduld, saß deutsche Kraft in ernstem Sinnen«.[16] In einem anderen: »Der Türmer stieß ins Heerrufhorn: wacht auf, ihr alten Recken! Und Luther sprang schnell auf im Zorn: ich will den Trutzgeist wecken.«[17]

Die Überzeugung vom gerechten Verteidigungskrieg teilten zu Kriegsbeginn die allermeisten evangelischen Pfarrer und Theologen. Insofern ist Karl Barths Vorwurf einer »uniforme[n] Kriegstheologie«[18] in Deutschland verständlich, wenngleich sich Engländer und Franzosen gleichfalls in einem gerechten Verteidigungskrieg wähnten. Noch 1925 konstatierte der schlesische Generalsuperintendent Martin Schian:

> »Als der Krieg ausbrach, waren die evangelischen Kirchen Deutschlands mit dem gesamten Volk einschließlich seiner Sozialdemokratie felsenfest davon überzeugt, daß es ein von Deutschland nicht gewollter, von seinen Feinden aufgezwungener Verteidigungskrieg war.«[19]

Theologie, Frömmigkeit und Politik

Damit ist aber noch nicht gesagt, wie das Kriegsgeschehen theologisch zur verarbeiten und zu deuten war, auf welche Weise man damit religiös umgehen konnte, und auch nicht, wie man theologisch prinzipiell zum Krieg stand. Recht bald zeigte sich, dass eine Vermischung »aus Bethlehem und Potsdam«, die Vermengung von preußischem Militarismus und dem Kind in der Krippe wie sie Friedrich Naumann an den Predigten der ersten Kriegszeit kritisierte,[20] weder vollständig noch dauerhaft gelingen konnte. Schon vor dem Krieg hatte es unterschiedliche Positionen zu Frieden und Krieg gegeben. Immerhin 395 Theologen unterzeichneten 1913 einen Aufruf ›Für den Völkerfrieden‹, von denen fast ein Drittel aus dem Grenzgebiet Elsaß-Lothringen stammte. Der Verfasser des Aufrufs, Walter Nithack-Stahn, hielt unermüdlich Vorträge. Wenige Tage nach Einweihung des Völkerschlachtdenkmals sprach der Berliner Pfarrer auch im Saal der Alten Handelsbörse in Leipzig. Hier

16 Zit. nach Fischer: Religion, Nation, Krieg (wie Anm. 6), 298.

17 Ebd, 301.

18 Karl Barth, Martin Rade (wie Anm. 4), 96.

19 Martin Schian: Die deutsche Evangelische Kirche im Weltkriege/ hrsg. im Auftrag des Deutschen Evangelischen Kirchenausschusses. Bd. 2: Die Arbeit der evangelischen Kirche in der Heimat. Berlin 1925, 23.

20 Vgl. Wolfgang Huber: Evangelische Theologie und Kirche beim Ausbruch des Ersten Weltkriegs. In: Historische Beiträge zur Friedensforschung/ hrsg. von dems. (Studien zur Friedensforschung, Bd. 4). Stuttgart, 1970, 134-215, hier 187-190; Zit. 188.

bezeichnete er den Krieg als »Barbarei« und wünschte, das neue Denkmal möge »das Grabmal des Dämons des Krieges«[21] werden.

Als bei Kriegsbeginn auf Anordnung um den Sieg der deutschen Waffen gebetet wurde, weigerte sich Liebster, bei diesem »Schlag gegen die Jesusreligion«[22] mitzutun. Am Tag der Mobilmachung erklärte er offen im Gottesdienst: »Ich bin auch nicht dafür Gott anzuflehn um Sieg für unsere Waffen. Das kann ich einfach nicht, denn die Gegner unseres Volkes sind auch Gottes Kinder, und ich kann Gott nicht bitten, daß er uns helfe, die andern totzuschlagen.«[23] Solche Selbstbehauptungen fanden freilich wenig Beifall. Auch Martin Rade, der wie Liebster Mitglied der Deutschen Friedensgesellschaft war, musste das erfahren. Als er im September 1914 den Krieg als »Bankrott der Christenheit«[24] beurteilte, da der Glaube in den Dienst nationaler Interessen gestellt würde, erhob sich unter den Lesern der von ihm herausgegebenen Zeitschrift ›Die Christliche Welt‹ heftiger Widerspruch. Über 600 kündigten ihre Abonnements.

Ernst Troeltsch, der auch zu den Kritikern Rades gehörte, konstatierte allerdings bereits im Juni 1915 ebenfalls ein Versagen der Kirchen: Im Widerspruch zu »Realpolitikern und Kriegsphilosophen«, so Troeltsch, »hätten sie sagen müssen, dass aus der Welt des Glaubens in die irdische Welt eine Kraft der Versöhnung fließt.«[25]

Nach der religiösen und theologischen Seite hin gab es also schon früh auch Stimmen, die eine einseitige Beanspruchung Gottes für die eigene Sache bestritten. Der universale Zug im Christentum und seine aus dem Geist der Bergpredigt gespeiste Ethik widerstreben eben der völligen Verschmelzung irdischer Reiche mit dem Reiche Gottes. Darüber kann auch die in populären Texten gebetsmühlenartig wiederholte Inanspruchnahme der Zeile ›Das Reich muss uns doch bleiben‹ für das deutsche Kaiserreich nicht hinwegtäuschen. Nur ein Beispiel für eine solche Überblendung, in dem eine besonders verlogene Propaganda greifbar wird: »Das Lutherlied. Zum Reformationsfest« von 1914, Strophe 4:

> »Und mancher sank ins grüne Gras / Und starb den Tod des Helden. / Und als sein Weib die Brieflein las, / die ihr den Tod vermelden, / die Heldin begann: / nehmen sie den Mann, / töten sie den Sohn, / es winkt doch Gottes Lohn: / das Reich muss uns doch bleiben.«[26]

Auch die theologischen Volten des Feldpredigers und späteren Lutherforschers Paul Althaus zeigen die Grenzen jener partikularen Inanspruchnahme. Althaus

21 Zit. nach Sebastian Kranich: Die Sächsische Evangelisch-Soziale Vereinigung: von der Gründung 1903 bis zum Beginn des Ersten Weltkrieges 1914. Eine historisch-systematische Studie (Religiöse Kulturen der Moderne; 13). Gütersloh 2006, 217.

22 Zit. nach Kranich: »… er liebte die Gegensätze« (wie Anm. 9), 138.

23 Ebd, 153 f.

24 Vgl. Martin Rade: Der Bankrott der Christenheit. Christliche Welt 28 (1914), 849 f.

25 Huber: Evangelische Theologie und Kirche … (wie Anm. 20), 181.

26 Zit. nach Fischer: Religion, Nation, Krieg (wie Anm. 6), 301.

erfand einen »Gott der feldgrauen Männer«,[27] den er als ›Machtgott‹ konzipierte, welcher die Hingabe an seinen Kriegswillen fordert.[28] Mag ein solcher situativer Zugriff unter Abblendung wesentlicher Teile der biblischen Überlieferung noch funktionieren, so wird die Interpretation von Jesus dann schon sehr eigentümlich. Jesus habe, so Althaus, ebenso wie sein Vater den »Willen zur Macht«.[29] Nur sei Jesu Machtmittel, seine »Kriegswaffe«, ein anderes – nämlich die »bezwingende Liebe«.[30]

Derartige Interpretationen sind natürlich nicht nur als binnentheologisch zu verstehen. Sie haben gleichermaßen politischen Charakter. Althaus war Feldprediger in Lodz. Als Theologe war er zugleich ein regionaler Vordenker der deutschvölkischen Bewegung. Damit stand er bei weitem nicht allein. Der Theologe und Politiker Gottfried Traub dachte sogar völkisch bis zur Häresie. Für ihn entsprang aus dem Tod des Soldaten die Neugeburt des Volkes, in dessen Fortdauer es ewiges Leben gäbe. Nach Traub müsse Nächstenliebe auf die Angehörigen des eigenen Volkes beschränkt werden.[31]

Politisch gehörten Althaus wie Traub – und auch der spätere Kopf der Lutherrenaissance Karl Holl – zum Lager der Annexionisten, das sich unter Führung des Berliner Theologen Reinhold Seeberg sammelte. Diesem Lager stand ein zweites protestantisches Lager gegenüber, in dem die Befürworter einer gemäßigten Kriegszielpolitik sowie demokratischer und sozialer Reformen zusammenfanden.

Seeberg kooperierte eng mit den Verbänden der deutschen Schwerindustrie. International bekannt machte ihn die im Streit um die Kriegsziele 1915 von 1347 Repräsentanten des öffentlichen Lebens unterzeichnete ›Seeberg-Adresse‹ für eine aggressivere Kriegszielpolitik. Theologisch vertrat er eine völkisch zugespitzte Sozialethik. Aus einer lutherisch begründeten, angeblichen kulturellen Überlegenheit des Deutschtums leitete er das Recht und die Pflicht geistiger wie territorialer Expansion ab. Siegfrieden und unbeschränkter U-Boot-Krieg lauteten die Parolen in Seebergs Lager.

Die sozialliberalen Protestanten um Ernst Troeltsch, Martin Rade und Adolf von Harnack waren dagegen bereits 1915 für eine gemäßigte Kriegszielpolitik eingetreten. Zugleich konzentrierte man sich hier, je länger je mehr, auf die Notwendigkeit innerer und demokratischer Reformen. Ein Schlaglicht auf diese neue Konzentration wirft der bissige Kommentar des Soziologen Max Weber »An der Schwelle des dritten Kriegsjahrs«: »Ja, wofür sterben heute unsere Leute im Felde?

27 Roland LIEBENBERG: Der Gott der feldgrauen Männer: die theozentrische Erfahrungstheologie von Paul Althaus d. J. im Ersten Weltkrieg (Arbeiten zur Kirchen- und Theologiegeschichte; 22). Leipzig 2008, 475.

28 Vgl. Ebd, 201-206.

29 Zit. nach ebd, 208.

30 Ebd.

31 Vgl. Huber: Evangelische Theologie und Kirche … (wie Anm. 20), 193 f.

›Geistreiche‹ Personen haben sich zusammengetan und die ›Ideen von 1914‹ erfunden. Aber niemand weiß, welches der Inhalt dieser ›Ideen‹ war.«[32] Doch, so Weber: »Entscheidend werden die Ideen von 1917 sein, wenn der Frieden kommt«.[33] In diesem Sinne drängte der von Kaiser Wilhelm II. hochgeschätzte Harnack in zwei Denkschriften an den Reichskanzler auf Reformen. Er verlangte eine Wahlrechtsänderung, volle Religionsfreiheit, das Koalitionsrecht für Gewerkschaften und eine Ergänzung der deutschen Politik und Kultur mit westeuropäischen Ideen. Nur so könne das deutsche Volk zu »dem in Gott gegründeten Idealismus«[34] durchdringen. Und Troeltsch forderte in seiner Kaisergeburtstagsrede 1916[35] Verantwortung für eine Nachkriegsordnung und suchte in der Geschichte nach Wertmaßstäben für die Zukunft. Ihm schwebte dabei eine ›Kultursynthese des Europäismus‹ vor.

Reformationsjubiläumsjahr 1917 – Hunger und Streit

Bekanntlich kam der Frieden 1917 aber noch nicht. Vielmehr prallten die beiden protestantischen Lager im Jahr des Reformationsjubiläums hart aufeinander. Als der gemäßigte und reformbereite Reichskanzler Theodor von Bethmann-Hollweg auf Betreiben der Obersten Heeresleitung am 13. Juli entlassen wurde, feierten das die Annexionisten als Sieg. Paul Althaus etwa äußerte darüber »rückhaltlose Freude« und titulierte dessen Amtsnachfolger Georg Michaelis als »Hindenburg unserer Reichsleitung.«[36] Michaelis schwächte die am 19. Juli vom Zentrumsabgeordneten Matthias Erzberger eingebrachte und von den Mehrheitsparteien verabschiedete Reichstagsresolution für einen Frieden ohne Annexionen ab. Und auf die Friedensnote des Papstes Benedikt XV. vom 1. August, der Abrüstung und gleichfalls einen Frieden ohne Annexionen vorschlug, reagierte er ausweichend. Bei Gottfried Traub fand er dafür Beifall. Traub schrieb:

> »Wir gehen nicht nach Rom und nicht nach Stockholm, wir gehen nach Friedrichsruh und auf die Wartburg. Hier holen wir uns die innere Ruhe und Sicherheit und warten mit unserem Kanzler Michaelis, bis der Sieg der deutschen Waffen zu Wasser und zu Land sich voll entscheidet«.[37]

---

32 Max Weber: Studienausgabe der Max-Weber-Gesamtausgabe. Abt. I. Bd. 15: Zur Politik im Weltkrieg: Schriften und Reden 1914-1918/ hrsg. von Wolfgang J. Mommsen in Zusammenarbeit mit Gangolf Hübinger. Tübingen 1988, 332 f.

33 Ebd, 333.

34 Zit. nach Huber: Evangelische Theologie und Kirche … (wie Anm. 20), 174.

35 Vgl. dazu Friedrich Wilhelm Graf: Philosophisch reflektierte Kriegserfahrung: einige Überlegungen zu Ernst Troeltschs Kaisergeburtstagsrede. In: Geschichte durch Geschichte überwinden/ hrsg. von dems. (Troeltsch-Studien NF). Gütersloh 2006, 231-252.

36 Liebenberg: Der Gott der feldgrauen Männer (wie Anm. 27), 406.

37 Zit. nach Gerhard Besier: Die protestantischen Kirchen Europas im Ersten Weltkrieg: ein Quellen- und Arbeitsbuch. Göttingen 1984, 25. Neben der international verbreiteten Kritik am Vorschlag des Papstes gab es auch den Versuch, diesen als im Geiste protestantisch zu deuten: »Und wenn jetzt der Papst sich um den Frieden bemüht, während frühere

In diesen Sätzen wird deutlich, was bei den protestantischen Annexionisten nicht gewollt war: Katholizismus und Sozialismus – Rom und Stockholm, wo im Juni eine sozialistische Friedenskonferenz stattgefunden hatte. Stattdessen wurden Luthers Wartburg und Bismarcks Ruhesitz als Kraftquellen aufgerufen. Allerdings war die Kanzlerschaft von Michaelis von nur kurzer Dauer. Zur Bestimmung des Katholiken Georg Hertling als Nachfolger notierte die ›Evangelische Freiheit‹ knapp und distanziert, dass die »Kanzlerkrise [...] uns zum Geburtstag der Reformation einen Zentrumsführer als Reichskanzler beschert.«[38]

Viele Protestanten waren davon irritiert. Das lange als protestantisch beanspruchte Kaiserreich befand sich politisch, religiös[39] und konfessionell ganz offensichtlich im Umbruch. Etwas davon spiegelt sich auch im Bericht des Magdeburger Pastors Heinrich Danneil über die Magdeburger Reformationsfeier 1917. So thematisierte Danneil im März 1918 im Magdeburger Geschichtsverein die Wiederzulassung der Jesuiten im April des Vorjahres. Das Jesuitengesetz habe zwar praktisch »längst bei den Akten«[40] gelegen. Und man habe auch keine »Angst vor dem Feind«.[41] Aber dass die Wiederzulassung ausgerechnet zum 400. Reformationsjubiläum erfolgte, habe doch »schmerzliches Bedauern« erregt und »viele Gemüter erbittert(e)«.[42]

Im scharfen Kontrast schildert Danneil die gegenwärtige Lage im Vergleich zum Kriegsbeginn: »Da standen nun alle zusammen, ob Katholik, ob Evangelisch. Zumal im Beginn des Krieges war diese Gemeinsamkeit des religiösen Fühlens machtvoll zum Ausdruck gekommen«.[43] Mittlerweile sei allerdings »katholisch Trumpf«.[44] »Mußten wir doch das Reformationsjubelfest feiern«, so Danneil weiter, »als eben ein bayrischer Katholik die Reichkanzlerschaft übernommen hatte.«[45]

Zum Ausfall der für Wittenberg lange geplanten großen Jubiläumsfeier hält er fest, dass manche Gründe dafür vorgebracht worden seien. Es bestehe indes der Eindruck

---

Päpste selbst Krieg geführt, so ist auch da der Einfluß evangelischer Art zu spüren.« (Zur Erinnerung an die Feier des 400jährigen Reformations-Jubiläums in Erlangen. Erlangen 1917, 50).

38 Evangelische Freiheit: Monatsschrift für die kirchliche Praxis in der gegenwärtigen Kultur NF; 17 (1917), 354.

39 Vgl. dazu: Ernst Troeltsch: Ernste Gedanken zum Reformationsjubiläum. In: Deutscher Wille: Des Kunstwarts 31. Jahr (1917) 3, 87-91.

40 Heinrich Danneil: Die Magdeburger Reformationsjubelfeiern 1617, 1717, 1817 und 1917. Geschichts-Blätter für Stadt und Land Magdeburg 53/54 (1918/19 ersch. 1920), 77-104, 102.

41 Ebd.

42 Ebd.

43 Ebd.

44 Ebd.

45 Ebd. Beispiele für Polemiken gegen den Papst und die Jesuiten auch bei Wolfgang Flügel: Ein feste Burg ist unser Gott: Luther im Weltkrieg und das Reformationsjubiläum 1917. In: Dresden im Ersten Weltkrieg. Dresdner Hefte 32. Jahrgang (2014) 3, 59-68.

»daß nicht Rücksichten auf Fleischversorgung und Bahnverkehr allein die Absage veranlaßten. [....] Die Pflicht des Burgfriedens wurde nur sehr einseitig angewendet. Rom heimste ein, und wir sollten nicht einmal die einheitliche Feier haben dürfen.«[46]

In diesen Beschreibungen des Magdeburger Pfarrers wird deutlich, wie sehr sich Lage und Stimmung seit 1914 geändert hatten. Die Gemeinsamkeit des Kriegsbeginns erscheint ferngerückt, der ›Burgfrieden‹ bedroht. Tatsächlich erfolgte die Absage der Wittenberger Feier »zugunsten eines stillen Gedenkens auf lokaler Ebene« primär aus politischer Sorge der Reichsführung um den Burgfrieden zwischen Katholiken und Protestanten.[47]

Konnte in einer Adaption von ›Ein feste Burg‹ zum Reformationsfest 1914 Gott umstandslos »Siegesdank«[48] gesagt werden, so ging es 1917 nach den großen Materialschlachten des Vorjahres vor allem um das Zusammen- und das Durchhalten.

An der ›Heimatfront‹ brachte die Hungersnot des Steckrübenwinters 1916/1917 neue schwere Herausforderungen. Ein für Magdeburg interessantes Zeugnis hierzu ist ein Vortrag, den der Generalsuperintendent Max Stolte am 28. Januar 1917 anlässlich der »Nachfeier von Kaisers Geburtstag«[49] gehalten hat. Er trägt den Titel: »Der Christ und der Wirtschaftskrieg.«[50] Untertitel: »Ein Wort zur Gewissensschärfung und Ermutigung für den Kampf hinter der Front«.[51] Nach Stolte wird der Krieg auch hier entschieden.

Für die Begründung des richtigen Handelns und Verhaltens im »Wirtschaftskrieg« an der Heimatfront zieht er Luthers Kleinen Katechismus heran. Luther soll also auch hier siegen helfen. Stolte zitiert aus Luthers Erklärung des 7. Gebots: »wir sollen Gott fürchten und lieben, daß wir unserm Nächsten helfen und fördern in allen Leibesnöten, und – daß wir ihm sein Gut und Nahrung helfen bessern und behüten.«[52] Und schließt daran an: »Wer mit dieser Liebespflicht Ernst macht, der muß jetzt den Kampf um die Ernährung unseres Volkes in ganzer Treue mitkämpfen.«[53]

Unter dieser Prämisse wirbt Stolte in einer Situation scharfer wechselseitiger Vorwürfe von Nahrungsproduzenten und -konsumenten um das gegenseitige Verständnis von Landbewohnern und Städtern, geißelt Geschäfte mit Notlagen und findet es »doch recht beschämend, wenn immer erst ein Magdeburger Rennen oder Hagenbeck mit soundso viel Raubtieren kommen muß, um den Bürgern ihre

46 Danneil: Die Magdeburger Reformationsjubelfeiern ... (wie Anm. 40), 103.
47 Vgl. Flügel: Ein feste Burg ... (wie Anm. 45), 59.
48 Zit. nach Fischer: Religion, Nation, Krieg (wie Anm. 6), 298.
49 Max Stolte: Der Christ und der Wirtschaftskrieg: Vortrag zur Nachfeier von Kaisers Geburtstag am 28. Januar 1917. Ein Wort zur Gewissensschärfung und Ermutigung für den Kampf hinter der Front. Magdeburg 1917.
50 Ebd.
51 Ebd.
52 Ebd, 6.
53 Ebd.

Goldstücke aus der Tasche zu ziehen, und wenn man noch immer ›Herren‹ und ›Damen‹ mit goldenen Ketten oder Armbändern paradieren sieht, als wollten sie sich recht deutlich als Reichsfeinde kenntlich machen.«[54] Als bezeichnendes Gegenstück dazu dient ihm eine Begebenheit, die sich vor kurzem – in diesem Kontext sicher nicht zufällig – im »Arbeiterviertel von St. Jakob«[55] ereignet habe: »Ein kleiner vierjähriger Junge trat mit seinem großen Vesperbrot aus dem Hausflur auf die Straße, mit Halloh von seinen Spielkameraden begrüßt, die ihn mit hungrigen Blicken umringten, und er — als ob sich das ganz von selbst verstünde — ließ lächelnd jeden einmal abbeißen.«[56]

Seinem zweiten Hauptgedanken legt Stolte Luthers Erklärung des 8. Gebots zugrunde. Man solle »›den Nächsten entschuldigen, Gutes von ihm reden und alles zum Besten kehren.‹«[57] Davon ausgehend kritisiert er die verbreitete scharfe Kritik an der ›Obrigkeit‹, die »oft in einem Tone« vorgebracht werde, »als sei sie und nicht England der Feind, der die ganze Nahrungsnot verursacht hat.«[58] Stattdessen solle man »loben, was zu loben ist. Z. B. die umfassende, unermüdliche, mit der Hingabe edelster Gesinnung geleistete und musterhaft geordnete Fürsorgearbeit unseres städtischen Wohlfahrtsamtes, und besonders die von langer Hand vorbereitete große Wohltat der städtischen Kriegsküche«[59]. Zugleich wandte sich Stolte unter Bezug auf das 8. Gebot gegen die Verbreitung von Gerüchten. Kürzlich sei »im Kreise Wanzleben, der uns bekanntlich mit Kartoffeln versorgen soll, auch von sonst glaubwürdigen Männern der Landwirtschaft erzählt« worden, »hier in M[agdeburg] seien von 100 000 Zentnern Kartoffeln infolge törichter, unzweckmäßiger Einlagerung 80 000 Zentner verdorben.«[60] Stolte weiter: »Durch Erkundigung beim Magistrat konnte ich aber feststellen, daß kein wahres Wort daran ist.«[61]

Es sind besonders die Eindrücke aus dem Kriegsalltag und deren geistliche Verarbeitung, die Stoltes Vortrag interessant machen. Er vermittelt eine Ahnung davon, wie Stimmung und Lage am Anfang des Jahres 1917 beschaffen waren. Dass die Feier des Reformationsjubiläums in Magdeburg, ähnlich wie anderswo, bescheiden ausfiel, kann angesichts der Gesamtsituation nicht wirklich überraschen. Immerhin hatte Stadtsuperintendent Emil Schneider eine Vortragsreihe initiiert, die sich sehen lassen konnte.[62] Den Anfang im Februar machte der Kirchenhistoriker Friedrich Loofs aus Halle. Es folgten der Reformationsforscher Gustav Kawerau,

54 Ebd, 12.
55 Ebd, 9.
56 Ebd.
57 Ebd, 12.
58 Ebd.
59 Ebd.
60 Ebd, 13.
61 Ebd.
62 Vgl. dazu und zum folgenden: Danneil: Die Magdeburger Reformationsjubelfeiern … (wie Anm. 40), 103 f.

der Philosoph und Literaturnobelpreisträger Rudolf Eucken, der vormalige Magdeburger Pfarrer Wilhelm Bornemann sowie der Magdeburger Oberpfarrer Karl Storch. Den vorzeitigen Abschluss bildete der Historiker und Leiter des Magdeburger Staatsarchivs Walter Friedensburg, da Max Lenz kurzfristig absagte und man daher auf den Vortrag des Luther- und Bismarckbiografen ersatzlos verzichten musste. Die Vorträge fanden in Kirchen statt – zumeist in der Ulrichskirche. Es gab jeweils nur eine kurze Umrahmung. Bisweilen bestand sie lediglich aus einem zusammen gesungenen Vers.

Die eigentliche Reformationsfeier »in unsers Herrgotts Kanzlei«[63] beinhaltete hergebrachte Feierelemente in reduzierter Zahl und Form: Am Reformationstag fanden vormittags Gottesdienste statt, zu der Vertreter der Schulen und Behörden eingeladen waren. Am Abend wurden Familien- und Gemeindeabende veranstaltet. Gleichwohl gab es eine größere Feier auf dem Alten Markt. Von der Stadt war ansonsten bis auf eine Kranzniederlegung am Lutherdenkmal nicht viel zu sehen. Besonders hebt Danneil in seinem Bericht die »feinsinnige Lutherausstellung«[64] im Kaiser Friedrich Museum, dem heutigen Kulturhistorischen Museum hervor. Hier waren Lutherbildnisse, Denkmünzen, alte Drucke und Handschriften, neuere Lutherliteratur sowie Luthers Werke in verschiedenen Ausgaben zu betrachten.

Mit Luther ›gegen eine Welt von Feinden‹

Doch wer war dieser Luther eigentlich 1917 für die Zeitgenossen? Welche Funktion konnte er haben zur Zeit des Reformationsjubiläums »mitten drin im härtesten Weltkrieg«, im »Kampf um Sein und Nichtsein«.[65] wie Danneil schrieb. Jede Epoche entwickelt und pflegt ihre Lutherbilder. 1917 stand Luther der Deutsche und Luther der Kämpfer Mittelpunkt. Beide Bilder haben ihre Vorgeschichte. Zum 400. Jahrestag des Wittenberger Thesenanschlags wurden sie aktualisiert, ausgemalt und zugespitzt. Mit Luther wollte man den Sieg erringen.

Im Gedicht ›Luther‹ von Gustav Schüler erscheint der Reformator als Krieger. Die erste Strophe lautet:

»Landsknecht Gottes tritt auf den Plan,
es ging Krieg und groß Hassen an,
und Brand und Blut hoch rauchen.
Mit deiner grimmen Landsknechtsfaust,

63 Ebd, 103.

64 Ebd, 104. Flügel bezeichnet solche Ausstellungen für 1917 als »in der Jubiläumskultur neue Inszenierungsform« (Flügel: Ein feste Burg … (wie Anm. 45), 59). Zumindest in Dresden gab es jedoch bereits 1883 derartige Ausstellungen. Vgl. Sebastian Kranich: Das Dresdner Lutherjubiläum 1883. In: Spurenlese: Reformationsvergegenwärtigung als Standortbestimmung (1717-1983)/ hrsg. von Klaus Tanner; Jörg Ulrich (LStGRLO; 17). Leipzig 2012, 101-143, hier 122 und 125.

65 Ebd, 102.

darein Gott und der Teufel haust,
müssen wir dich brauchen!«[66]

Luther als Landsknecht ist so wenig historisch verbürgt wie Luther als Schmied im Gedicht von Joachim Ahlemann, hinter dem das Bild von Bismarck als Schmied des Reiches steht und in dem verschiedene Elemente der Lutherüberlieferung poetisch kombiniert werden: Der Hammer des Thesenanschlags, der fast zum Hammer des Thor wird, das Feuer bei der Verbrennung der Bannbulle, der ›eherne‹ Luther des 19. Jahrhunderts.
Erste Zeile:

»Zu Wittenberg ein Feuer glüht, Held Luther schwingt den Hammer.«[67]

Beginn von Strophe sechs:

»Du stehst am Amboß, Lutherheld, umkeucht von Wutgebelfer,
und wir, Alldeutschland, dir gesellt, sind deine Schmiedehelfer.«[68]

Schlussstrophe:

»Wir schmieden, schmieden immerzu, wir hämmern und wir schweißen,
Alldeutschland wir und Luther du, das deutsche Gold und Eisen.
Und wenn die Welt in Schutt zerfällt,
wird deutsche Schwertschrift schreiben: das Reich muß uns doch bleiben!«[69]

Der Schluss klingt uns nach der später gesungenen Zeile »Wir werden weiter marschieren. Wenn alles in Scherben fällt«[70] heute besonders grell in den Ohren. Tatsächlich handelt es sich bei diesem Gedicht mit seinen Bezug zu den chauvinistischen Alldeutschen um ein besonders gewalttätiges Stück Lyrik.

Aber auch in den etwas gemäßigteren akademischen Reden, die damals gehalten wurden, wird Luther als Heros stilisiert. So wird an die zeitgenössische Darstellung des Reformators als keulenschwingender ›Hercules Gemanicus‹ erinnert[71] oder Luther als »Roland« vor Augen gestellt, der »seinem Volk die Wacht« halte, »wie der Riese am Rathaus zu Bremen« oder dessen Neuverkörperung in Gestalt des monumentalen Hamburger Bismarckdenkmals.[72]

66 Zit. nach Fischer: Religion, Nation, Krieg (wie Anm. 6), 318.
67 Ebd, 319.
68 Ebd.
69 Ebd, 320.
70 Hans Baumann: Es zittern die morschen Knochen, zit. nach Jürgen Hillesheim: Lexikon nationalsozialistischer Dichter: Biographien, Analysen, Bibliographien. Würzburg 1993, 41.
71 Vgl. Gustav Roethe: D. Martin Luthers Bedeutung für die deutsche Literatur: ein Vortrag zum Reformations-Jubiläum. Berlin 1918, 47 f.
72 Gustav Krüger: Der Genius Luthers: akademische Rede gehalten zur vierten Jahrhundertfeier der Reformation am 31. Oktober 1917 in der Neuen Aula der Universität Gießen. Tübingen 1917, 19.

Eine Besonderheit der Reformationserinnerung 1917 scheint in dem für dieses Erinnerungsdatum erklärungsbedürftigen Gewicht der reformatorischen Urszene in Worms von 1521 zu liegen. Zwar bleibt der Thesenanschlag mit seinen Hammerschlägen in bildlichen Darstellungen dominant. In Predigten und Reden tritt er dagegen hinter die Wormser Szene fast etwas zurück. Offenbar bot der unmittelbar bedrohte und standhafte Luther in Worms noch bessere Anschlussmöglichkeiten für die beabsichtigte Mobilisierung der letzten Kräfte im Krieg. »Wirf dein weltenbeugend: ›Hier stehe ich!‹ / in die welken Zwielichtseelen!« – so lautet die dringende Bitte an den »Landsknecht Gottes«.[73]

Mit Verweis auf Worms wird an die innere Haltung der Deutschen appelliert. Am Ende einer Greifswalder Universitätsrede heißt es:

> »Er stand zu Worms vor Kaiser und Reich in der entscheidenden Stunde seines Lebens. Was schiert mich Gefahr. Was schiert mich die gegnerische Masse! Ich kann nicht anders. Ich bin im Gewissen gebunden. [...] Erst heute verstehen wir den tiefen gewaltigen Sinn, der in dieser alten Geschichte steckt. [...] Der deutsche Luther das deutsche Gewissen!«[74]

Beschworen wird »die stählerne Kampfeslust [...], in der der tapfere Reformator« entgegen »faulem Frieden, matter Schlaffheit weichem Selbstbetrug [...] ausgeharrt hat bis zum Ende«.[75]

Die von der Kriegspropaganda verbreiteten Durchhalteparolen finden auch sonst vielfachen Widerhall: »Das Evangelium die Parole, / Dir, Luther, treu bis in den Tod!«[76] heißt es in einem weiteren Gedicht. Ein anderes beschwört den einsamen Bekenner von Worms: »Er trotzte mächtigen Gewalten, / Er kämpfte gegen eine Welt, / Und dennoch hat er durchgehalten, / Als unbesiegter tapfrer Held.«[77] Das verbreitete Gefühl, in diesem Krieg allein zu stehen,[78] zumal nach dem Kriegseintritt der USA, konterten Redner, Prediger und Dichter mit ›Luthertrotz‹. Der Verbrenner der Bannbulle und Bekenner von Worms ist derjenige, welcher »trotzig die erste

73 Zit. nach Fischer: Religion, Nation, Krieg (wie Anm. 6), 318.

74 Friedrich WIEGAND: Luther der deutsche Volksmann. In: Luthervorträge zum vierhundertsten Jahrestage der Reformation gehalten in Greifswald. Berlin 1918, 5-20, 20.

75 Roethe: D. Martin Luthers Bedeutung ... (wie Anm. 71), 4.

76 Zur Erinnerung an die Feier ... (wie Anm. 37), 71.

77 Zit. nach Fischer: Religion, Nation, Krieg (wie Anm. 6), 325.

78 Vgl. etwa den reformationsgeschichtlichen Rückbezug bei Wilhelm LÜTGERT: Die deutsche Reformation und Deutschlands Gegenwart. Festrede zur Feier der vierten Jahrhundertfeier der Reformation in der Aula der vereinigten Friedrichs-Universität Halle-Wittenberg, Halle 1917, 6: »[...], während Luther selbst das uns heut‘ so wunderbar anmutende Wort gesprochen hatte: ›Es ist keine verachtere Nation, denn die Deutschen. Italiener heißen uns Bestien. England und Frankreich spotten unser und alle anderen Länder.‹ [...]«.

Macht der Welt herauszufordern wagte«.[79] Er ist »der eine deutsche Mann gegen eine Welt von Feinden«.[80]

Dabei konnte Luthers verweigerter Widerruf zum vorbildhaften Verzicht auf einen »Verständigungsfrieden« werden, indem der in Worms nur »scheinbar unterlegen(e)« Reformator »sich lieber von seinen Feinden ans Kreuz schlagen ließ«, anstatt auf »ein Stück der Wahrheit«[81] zu verzichten. Positiv gewendet und aktuell ist die Bezugnahme auf den ›schweren Gang‹ Luthers in Worms in einer Predigt vom Reformationstag in Verbindung mit dem, »[w]as vor zwei Tagen unser Kaiser an den verbündeten Kaiser von Oesterreich telegraphierte: vorwärts mit Gott! Mit Gott! Ja nicht ohne ihn. Mit ihm aber gewiß vorwärts!«[82] Für Gegenwart wie Zukunft soll Luthers »Losungswort« aus, »der Stunde schwerster Entscheidung und größter persönlicher Gefahr« gelten: »Jeder deutsche Soldat, der draußen in zäher Treue seine Pflicht erfüllt, weiß, was es heißt, nur Gott und seinem Gewissen zu gehorchen. Möge in ihm auch die sittliche Selbständigkeit erstarken, die das politische Leben des Friedens […] verlangen wird.«[83] Neben dieser klassischen Referenz auf protestantische Pflichtethik und Gewissensbildung findet sich auch dieser psychologisierende Rückgriff auf die Wormser Szene: Beim Kirchenhistoriker Gustav Krüger »steigt aus den Tiefen unseres Unterbewußtseins eine Erinnerung empor, die Erinnerung an den Großen, der zu Worms vor Kaiser und Reich bekannte«.[84]

In Anbetracht der Feierschwierigkeiten 1917 kursierte seinerzeit die Idee, das Thesenanschlagsjubiläum lediglich als Vorspiel zum 500. Jubiläum von Luthers Auftritt in Worms 1921 zu begreifen.[85] Der Erinnerungsort ›Worms‹ war indes nur eine besonders hervorstechende Ausprägung der Bezugnahmen von Luther bzw. der Reformation zur Nation. Der Heidelberger Kirchenhistoriker Hans von Schubert konstatierte in seiner Rede zum Reformationsjubiläum: »Tausendfach wird die Linie in diesen Tagen ausgezogen«.[86] Das ging bis hin zur Gestaltung der Urkunden für die Ehrenpromotion bei der Reformationsfeier der Greifswalder Theologischen Fakultät. Diese wurden demonstrativ »in deutscher Sprache, und in deutscher Schrift, ausgefertigt«, nachdem das in Greifswald erstmals 1914 beim juristischen Ehrendiplom für den »Erstürmer Antwerpens, dem General von Beseler, einem geborenen Greifswalder« praktiziert worden war.

79 Wilhelm Heitmüller: Luthers Stellung in der Religionsgeschichte des Christentums: Rede zur 400jährigen Reformations-Feier der Philipps-Universität. Marburg 1917, 7.

80 Ebd.

81 Zur Erinnerung an die Feier … (wie Anm. 37), 46 f.

82 Ebd, 37.

83 Roethe: D. Martin Luthers Bedeutung … (wie Anm. 71), 47.

84 Krüger: Der Genius Luthers … (wie Anm. 72), 9.

85 Vgl. Flügel: Ein feste Burg … (wie Anm. 45), 60 f.

86 Hans von Schubert: Die Weltgeschichtliche Bedeutung der Reformation: Festrede bei der Reformations-Gedächtnisfeier der Universität Heidelberg. Tübingen 1917, 4.

Eine zweite signifikante Bezugnahme wird auf einer Postkarte von 1917 anschaulich. Auf ihr sind Bismarck, Luther und Hindenburg versammelt. Alle drei sind mit einem Spruch markiert: Bismarck: Du fügest zum Reich / Alles deutsche Land. Luther: Du schufst deutsche Sprache / Das einende Band. Hindenburg: Du schirmest das Werk / Mit gewaltiger Hand.[87] Angesichts der Kriegslage wird schnell klar, wer der aktuell wichtigste in diesem Dreibund war. Martin Greschat urteilte 1972 für des Reformationsjubiläumsjahr 1917 zugespitzt: »an die Stelle des Theologen und Reformators Martin Luther ist der Generalfeldmarschall Paul v. Hindenburg getreten! Es sind exakt die gleichen Worte, Ideale, Wertvorstellungen, mit denen man beide Männer feiert.«[88]

Tatsächlich wurde der Feldmarschall zu seinem 70. Geburtstags am 2. Oktober 1917 ebenfalls als tapferer und frommer Kämpfer gegen eine Welt voller Feinde gefeiert. Ob Hindenburg als aktueller Hoffnungsträger Luther wirklich ersetzte, ist gleichwohl die Frage. Eher ist es so, dass ganz ähnliche Vorstellungen in beide Männer hineinprojetziert wurden. Der Hauptverbindungspunkt zwischen ihnen scheint dabei deren Frömmigkeit zu sein. Die ›Wartburg‹ schrieb: »Ein Hindenburg ist ein Mann des Gottvertrauens und des Gebetes.«[89] Auf einem Familienabend zum Reformationsfest heißt es in Parallele zum mutigen Entschluss Luthers, trotz Warnung Friedrichs des Weisen im Vertrauen auf Gott die Wartburg zu verlassen: »Wohl uns Deutschen, daß uns Gott in dem gegenwärtigen Weltkrieg einen Mann erweckte, dem die Gewißheit der Gemeinschaft mit Gott die beste Kraft verleiht! Hindenburg könnte seine rettenden Taten nicht vollbringen, wenn er nicht ein bewußter Christ wäre.«[90] In einer Broschüre wurden überdies »Hindenburgworte im Lutherton« und »Lutherworte zu Hindenburggedanken«[91] nebeneinandergestellt.

Gleichwohl gab es noch andere Vergleichspunkte zwischen dem Reformator und dem Feldmarschall. Wie ein schlechtes Omen für noch dunklere Zeiten liest sich die politisch konnotierte Zuspitzung der Rollen Hindenburgs und Luthers durch Martin Schian und Reinhold Seeberg im Reformationsjubiläumsjahr. Schian meinte: »Wenn wir im alten Rom wären: Hindenburg würde nach des Volkes

87 Postkarte abrufbar unter http://www.rpi-loccum.de/imaging/content_img_grid_12/dms/rpi_loccum/Institut/Ausstellung/Luther/Bismarck--Luther--Hindenburg-Postkarte-1917/Bismarck,%20Luther,%20Hindenburg%20Postkarte%201917.jpg?1410891310

88 Martin Greschat: Reformationsjubiläumsjahr 1917. Exempel einer fragwürdigen Symbiose von Politik und Theologie, in: Wissenschaft und Praxis in Kirche und Gesellschaft, 61. Jg., Göttingen 1972, 419-429, 424.

89 Zit. nach ebd, 425.

90 Zur Erinnerung an die Feier … (wie Anm. 37), 66.

91 Zit. nach Greschat: Reformationsjubiläumsjahr 1917 (wie Anm. 88), 425.

Willen unser Diktator sein.«[92] Seeberg sah die Reformation »in einer heroischen Führerpersönlichkeit«[93] gipfeln.

Noch enger als an Hindenburg wurde Luther an Bismarck gekoppelt. Wenn in einer Universitätsrede eingangs gefragt wird, ob man nach der Feier von Bismarcks 100. Geburtstag 1915 angesichts des Krieges jetzt Luther mit seiner Frage nach dem gnädigen Gott überhaupt feiern sollte,[94] so ist das eine rhetorische Frage. Sie findet ihre Antwort etliche Seiten später im Ausruf »Kehre wieder, Luther! Wir brauchen Dich! Nicht Bismarck allein, Bismarck und Luther, Luther und Bismarck!«[95] Geht es dem Redner an dieser Stelle eher um die konventionell-christliche Erneuerung des »Volkslebens mit den Kräften des Evangeliums«,[96] so ist sonst meist das ›Deutschtum‹, der ins Mythische gesteigerten geschichtlichen Gestalten der zentrale gemeinsame Punkt. Ein anderer Theologe konstatierte: »Wir Deutschen sehen in Bismarck, wir evangelischen Deutschen in Luther nicht nur darum unsre Helden, weil sie Bein und von unsrem Bein sind, sondern wesentlich darum, weil wir Fleisch von ihrem Fleisch geworden sind.«[97] Beim Philologen Gustav Roethe wachsen sich die Körpermetaphern für die Kombination von Abstammung und Nachwirkung zum Vergleich körperlicher Eigenschaften aus. Bismarcks Physiognomie ähnle demnach derjenigen Luthers, der »in dem unscharfen, fast schwammigen Gesicht dämonische Löwenaugen trug«.[98] Zudem zeichne beide »die steife, wir würden heute sagen, militärische Haltung«[99] aus. Als Philologe vergleicht er Luthers Sermone und Bismarcks Reden und befindet jeweils eine ähnliche »Stoßkraft«.[100] Am letzten Tag des Jahres 1917 heißt es bei ihm programmatisch: »Luther gehört gleich Goethe und Bismarck zu den Schutzgeistern des deutschen Volkes, deren Bild nicht nachdrücklich genug beschworen werden kann, auf daß wir innere Genesung finden.«[101]

---

92 Zit. nach Günter BRAKELMANN: Der deutsche Protestantismus im Epochenjahr 1917, Witten 1974, 274.

93 Zit. nach Gottfried MARON: Luther 1917. Beobachtungen zur Literatur des 400. Reformationsjubiläums. In: ZKG 93 (1982), 177-221, 194.

94 Heitmüller: Luthers Stellung … (wie Anm. 79), 3 f.

95 Ebd, 30.

96 Ebd, 29.

97 Karl MÜLLER: Die großen Gedanken der Reformation und die Gegenwart: Rede bei der Feier der evangelisch-theologischen Fakultät Tübingen am 31. Oktober 1917. Tübingen 1917, 3.

98 Roethe: D. Martin Luthers Bedeutung … (wie Anm. 71), 4 f.

99 Ebd, 5.

100 Ebd, 24.

101 Ebd, 2.

Die ›feste Burg‹ bröckelt

Jene ›Beschwörungen‹ Luthers, Bismarcks und Hindenburgs – manchmal kommen noch kleinere ›Schutzgeister‹ hinzu – hatten 1917 auch schon etwas Verzweifeltes. Wer wie Roethe ›innere Genesung‹ wünscht, diagnostiziert zugleich Krankheit. Die bisweilen überlaut demonstrierte Siegesgewissheit sollte auch Zweifel übertönen. Doch waren die Erfahrungen mit Not, Sterben und Tod zu stark, als dass sie hätten unterdrückt werden können. Auch der Versuch der Sinngebung des Leidens mit religiösen Mitteln gelingt manchmal nur bedingt: vor allem dann, wenn sie eigentlich heroisch daherkommen soll.

In einem Gedicht von Walter Flex sitzen zwei verwundete, abgemagerte Soldaten im Lazarett in Eisenach. Der eine sieht das erleuchtete Wartburgkreuz und freut sich über einen Sieg. Der andere ist blind und spricht:

» ›Mein Herz ist voll, mein Auge leer – klag‹ nicht um mich! Ich sehe mehr:
Schau auf Kam'rad! Mein Auge sieht das steingeword'ne Lutherlied.
Die feste Burg steht hoch erbaut. Vom Turm der Wächter niederschaut.
Der Wächter Martin Luther heißt. In seiner Hand das Lichtkreuz gleißt.
Es ist das Kreuz, das er erhebt, von toter Helden Glanz umschwebt.
Der Luther leuchtet ihnen vor auf ihrem Weg zu Gott empor …‹
Der Blinde schwieg, und jeder schwieg. Das Kreuz rief über Deutschland: Sieg!«[102]

Ungeschönter wird in der französisch-reformierten Kirche Erlangens zum Reformationsjubiläum über »der Menschen Jämmerlichkeit und Gottes herrliche Macht«[103] gepredigt. Der Prediger bestreitet, dass »alle Bosheit und Jämmerlichkeit auf Seiten der Feinde, auf unserer Seite aber lauter Licht und Recht«[104] sei. Daran schließt die Frage an: »Sind unsere Reformatoren Helden?«[105] Antwort: »Gewiß, aber nicht durchaus und immer.«[106]

Eindrücklich ist die noch heute im Stadtraum sichtbare Kombination der Zeugnisse der Reformationsjubiläen 1883 und 1917 in Erfurt. Vor der Kaufmannskirche steht ein klassisches Lutherdenkmal, eingeweiht 1889. Auf der Vorderseite des Sockels trägt es den Bibelvers: ›Ich werde nicht sterben, sondern leben und des Herrn Werk verkünden‹. Dahinter in der Kirchenmauer wurde ein Steinkreuz eingelassen. Darauf ist zu lesen: ›Am 22. Oktober 1522 predigte in der Kaufmannskirche D. Luther vom Kreuz und Leiden eines rechten Christenmenschen –1917‹.

Mit jener Predigt von Kreuz und Leiden lässt sich der Aufruf zur Nachfolge verbinden und Opferbereitschaft einfordern. So wie es der Evangelische Oberkir-

102 Zit. nach Fischer: Religion, Nation, Krieg (wie Anm. 6), 326.
103 Zur Erinnerung an die Feier … (wie Anm. 37), 38.
104 Ebd, 39.
105 Ebd.
106 Ebd.

chenrat zum allgemeinen Kriegsbettag im März 1917 tat.[107] Zu diesem Zeitpunkt hatte der proklamierte ›Burgfrieden‹ angesichts der Hungersnot schon etliche Risse. Streiks in der Rüstungsindustrie ab April und Flottenunruhen zeigten bald darauf, wie fragil die innere Verfassung Deutschlands mittlerweile war. Max Stolte hatte Ende Januar in Magdeburg noch den Schulterschluss mit der Sozialdemokratie demonstriert. Es sei »doch eine Freude«, so Stolte,

> »daß auch der ›Vorwärts‹ nach dem Scheitern des deutschen Friedensangebots schrieb: ›jetzt wäre jede Tat, jedes Wort, das in seiner Wirkung darauf hinausläuft, den Verteidigungswillen des deutschen Volkes zu erschüttern, ein Verbrechen am deutschen Volke!‹«[108]

Und er berichtete: »Als der sozialdemokratische Reichstagsabgeordnete Noske in einer Versammlung zu Chemnitz den Zwischenruf hörte, die Not könne nicht größer werden, auch wenn der Feind ins Land käme, hat er darauf die Antwort gegeben: kein frivoleres Wort sei je aus Arbeitermund gekommen.«[109]

In einer Rede am Reformationstag in Greifswald tauchten dagegen die altbekannten Vorwürfe gegen die Sozialdemokratie im Gewand der Vorwürfe gegen Schwärmer und Bauern der Lutherzeit erneut auf. Nämlich der Wunsch nach »Demokratie auf kirchlichem und sozialem Gebiet« sowie das Bestreben nach »unbedingter Gleichheit in äußerlichen Dingen« und dem »Glück, das in der Erfüllung materieller Lebenswünsche besteht.«[110] Da Religion das alles nicht bieten könne, lautet das Fazit dieses Gedankengangs: »Noch heute grollt darum Luther aufs bitterste der deutsche Proletarier.«[111]

Auf diese Weise wurde der alte innere ›Reichsfeind‹, die Sozialdemokratie, erneut markiert. Ebenso rückte der gemeinsame und verbindende Gesang von Luthers Glaubenslied ›Ein feste Burg‹ als Symbol des politischen ›Burgfriedens‹ in die zu erinnernde Vergangenheit ein. Generalsuperintendent Paul Gennrich hatte 1915 im Magdeburger Dom am Sonntag Kantate noch ungebrochen das spontane Anstimmen des Deutschlandliedes und des Lutherchorals auf dem Berliner Schlossplatz bei Bekanntgabe der Mobilmachung als »Musikalisierung des Burgfriedens« predigen können.[112] 1917 heißt es in einer Rede dann bereits einschränkend, Luthers Lied sei »zumal in den Anfängen des Kriegs ein Marschlied unserer Soldaten, der evangelischen und der katholischen geworden.«[113]

Diese Ökumene der Anfangszeit umfasst in der Erinnerung letztlich alle Soldaten. In einer anderen Rede wird geschildert, wie die »Feldgrauen«[114] mit der Bahn

107 Vgl. Brakelmann: Der deutsche Protestantismus … (wie Anm. 92), 232. 234 f.
108 Stolte: Der Christ und der Wirtschaftskrieg (wie Anm. 49), 16.
109 Ebd, 5.
110 Wiegand: Luther der deutsche Volksmann (wie Anm. 74), 10 f.
111 Ebd, 11.
112 Vgl. Fischer: Religion, Nation, Krieg (wie Anm. 6), 111, Zit. ebd.
113 Müller: Die großen Gedanken … (wie Anm. 97), 21.
114 Wiegand: Luther der deutsche Volksmann (wie Anm. 74), 16.

an die Westfront fuhren: »Und immer wenn sie an Eisenach vorbeikamen, dann brauste es angesichts der Wartburg aus tausenden von Kehlen ohne Überlegung, ohne Befehl wie mit unwiderstehlicher Naturgewalt: ›Ein feste Burg ist unser Gott‹.«[115] Doch handelte es sich bei dieser Ökumene eben um eine Ökumene unter protestantischen Vorzeichen – politisch wie konfessionell. Sehr deutlich wird das in Formulierungen des Kurators der Wittenberger Lutherhalle Julius Jordan zum Jubiläum. Zunächst wird Luther als »geistiger Nährboden«[116] für die größten Deutschen – Friedrich der Große, Kant, Goethe, Bismarck – dargestellt. Dann heißt es:

> »[W]enn heute unsere Front in Not und Tod unerschüttert steht, wenn jeder Soldat, von unserem herrlichen Hindenburg bis zum schlichten Landwehrmann gleichsam das Lutherwort verkörpert: ›Hier stehe ich, ich kann nicht anders, Gott helfe mit. Amen!‹, dann wird man wohl stolz sagen dürfen, dass sie alle, welcher Konfession sie auch sein mögen, mit einem Tropfen lutherischen Geistes gesalbt sind.«[117]

Als der Krieg vorbei war, war es auch mit dem mühsam bewahrten Burgfrieden endgültig vorbei. Im Kontext der Erzählung von der Dolchstoßlegende wurden die Katholiken, besonders die Jesuiten, zum Teil der ›Schwarzen Internationale‹, die wie die ›Rote Internationale‹ die Niederlage im Krieg mitverursacht habe.[118] Im Kampf um die Deutungshoheit über das Vergangene tat der katholische Lutherforscher Hartmann Grisar das protestantische »Dogma« eines konfessionsverbindenden Gesangs des Lutherliedes als protestantische »Fabel«[119] ab und rechnete deren Entstehung dem Wunsch nach Aufhebung »der konfessionellen Schranken zugunsten des ›deutschen Luther‹«[120] zu. Dabei ging es ihm jedoch weniger um das tatsächliche Geschehen, sondern vielmehr um die Stärkung der eigenen Konfession. So berichtet Grisar wiederum, Protestanten seien von katholischen Liedern beeindruckt gewesen und katholische Soldaten hätten protestiert, als sie im Krieg ›Ein feste Burg‹ singen sollten.[121]

Das Reich muss uns doch bleiben?

Mit Gott war man 1914 in den Krieg gezogen. Mit Luthers Hilfe wollte man den Sieg erringen. 1918 musste der Evangelische Oberkirchenrat die Niederlage verkünden. Als Trost dienten nun Tod und Auferstehung Jesu. Das Kaiserreich war Geschichte. Jetzt ging es wieder um das Reich Gottes: »Er lebt und herrscht, er

115 Ebd, 16 f.

116 Zit. nach Silvio Reichelt: Der Erlebnisraum Lutherstadt Wittenberg: Genese, Entwicklung und Bestand eines protestantischen Erinnerungsortes (Refo500 Academic Studies). Göttingen 2013, 118.

117 Ebd.

118 Vgl. Fischer: Religion, Nation, Krieg (wie Anm. 6), 194.

119 Zit. nach Ebd, 195.

120 Zit. nach Ebd, 198.

121 Vgl. Ebd.

wird siegen. […] Das Reich muß uns doch bleiben«:[122] so heißt es in einem Aufruf vom November. Die Reaktionen auf die Niederlage waren sehr unterschiedlich. Georg Liebster predigte: »Der stolze Bau des neuen deutschen Kaisertums ist zusammengebrochen wie ein Kartenhaus. Es ist nichts mehr davon vorhanden als die leeren Paläste, auf denen die rote Fahne weht.«[123] Und weiter: »Ebensowenig wie ich gleichgültig bleiben könnte, wenn sie mir meinen Vater verjagten kann ich mich freuen, daß sie den Kaiser und den König abgesetzt haben.«[124]

Ernst Troeltsch schilderte den 10. November in Berlin jenseits aller revolutionären Stimmung und gänzlich ohne rote Fahnen so:

> »Die Bürger gingen in Massen wie gewöhnlich im Grunewald spazieren. Keine eleganten Toiletten, lauter Bürger, manche wohl absichtlich einfach angezogen. Alles etwas gedämpft wie Leute, deren Schicksal irgendwo weit in der Ferne entschieden wird, aber doch beruhigt und behaglich, daß es so gut abgegangen war. Trambahnen und Untergrundbahn gingen wie sonst, das Unterpfand dafür, daß für den unmittelbaren Lebensbedarf alles in Ordnung war. Auf allen Gesichtern stand geschrieben: Die Gehälter werden weiterbezahlt.«[125]

Langfristig verhängnisvoll wirkte die Dolchstoßlegende, nach der das Heer im Felde unbesiegt geblieben wäre. Teile der Bevölkerung sowie demokratische, sozialdemokratische bzw. jüdische Politiker seien ihm aber in den Rücken gefallen und hätten die Niederlage verursacht. Einer der Wegbereiter dieser Legende war der Annexionist Reinhold Seeberg. Wie Paul Althaus und Gottfried Traub wirkte er in der Weimarer Republik für den deutschnationalen Weg des Mehrheitsprotestantismus. Wie ein erneutes politisches Echo auf die Erklärung des Evangelischen Oberkirchenrats von 1918 wirkte 1933 die politische Deutung von Tod und Auferstehung Christi durch die Thüringer Deutschen Christen Siegfried Leffler und Julius Leutheuser. Ihrer Meinung nach folgte auf den Weltkrieg, dem »Golgatha des deutschen Reiches« mit Hitler »Deutschlands Auferstehung«.[126]

Den sozialliberalen Protestanten gelang es dagegen, sich auf den Boden der neuen Weimarer Republik zu stellen. Der vor Verdun schwer verwundete Historiker Robert Holtzmann hatte Anfang 1918 die Reformation als »eminent demokratische Bewegung«[127] beschrieben. So konnte man es also auch sehen. Troeltsch saß 1919 für die linksliberale Deutsche Demokratische Partei (DDP) Friedrich Naumanns

122 Zit. nach ebd, 85.

123 Zit. nach Kranich: »… er liebte die Gegensätze« (wie Anm. 9), 163 f.

124 Ebd, 163.

125 Zit. nach Wolfgang Niess: Die Revolution von 1918/19 in der deutschen Geschichtsschreibung: Deutungen von der Weimarer Republik bis ins 21. Jahrhundert. Berlin 2012, 20.

126 Vgl. Kurt Nowak: Evangelische Kirche und Weimarer Republik. zum politischen Weg des deutschen Protestantismus zwischen 1918 und 1932. Weimar 1981, 253 f; Zit. 254.

127 Zit. nach Sebastian Kranich: Martin Luther als evangelischer Schutzheiliger: die Reformationsfeiern an der Universität Halle-Wittenberg 1927-1941. Teil 2: Redner und Reden. In: Spurenlese (wie Anm. 64), 171-193, 178.

in der Preußischen Landesversammlung. Auch Martin Rade war in der DDP aktiv. Zudem wurde Troeltsch Unterstaatssekretär im Preußischen Kultusministerium. Adolf von Harnack war als Reichskommissar für Kirchen- und Schulfragen an der Weimarer Nationalversammlung beteiligt.

In der Katastrophe des Krieges war vielen aus dem liberalen Lager der Wert des Friedens klar geworden. So erklärten fünf Berliner Pfarrer anlässlich des Reformationsjubiläums 1917, dass »die tiefsten Ursachen dieses Krieges in den widerchristlichen Mächten« lägen, »die das Völkerleben beherrschen. In Mißtrauen, Gewaltvergötterung und Begehrlichkeit«.[128] Als »deutsche Protestanten« wolle man einen »Frieden der Verständigung und Versöhnung« und reiche »allen Glaubensgenossen, auch denen in den feindlichen Staaten, von Herzen die Bruderhand.«[129] Den dazu konträren Chauvinismus der Alldeutschen geißelte der praktische Theologe Otto Baumgarten 1918 als antichristlich, da

> »die selbstgefällige, trotzige Verleugnung alles Interesses an der Menschheit, alles Mitleidens unter dem Jammer der Feinde, alles Glaubens an die Möglichkeit der Liebe und Freundschaft der Gegner […] mit der Grundgesinnung eines Jüngers Jesu unvereinbar ist.«[130]

Das breite und prinzipielle Umsteuern in der Haltung zu Krieg und Frieden setzte in der Christenheit freilich erst nach der Katastrophe des zweiten Weltkriegs ein. Die Leitidee des ›gerechten Friedens‹ gewann an Raum. Der Ökumenische Rat der Kirchen erklärte bei seiner Gründungversammlung 1948 prinzipiell, dass Krieg nach Gottes Willen nicht sein soll. Das Umdenken in diese Richtung begann aber früher. Ein letztes, abschließendes Beispiel dafür: Adolf von Harnack hatte 1914 die erste Kriegsbegeisterung geteilt und am 11. August in einer Rede gesagt:

> »Gott hat uns mit einem Male aus der Misere des Tages heraufgebracht auf eine Höhe, auf der wir noch nie innerlich gestanden haben.«[131]

Dreizehn Jahre später, am 31. Dezember 1927 schrieb er an Martin Rade:

> »Mehr und mehr sehe ich auch ein, daß den Frieden zu stützen, zu halten, zu verbreiten zu unsern höchsten Aufgaben gehört. Collaboratores dei heißt heute, auf allen Gebieten den Frieden zu sichern und zu pflegen.«[132]

---

128 Zit. nach Brakelmann: Der deutsche Protestantismus … (wie Anm. 92), 174.

129 Ebd.

130 Zit. nach Günter Brakelmann: Krieg und Gewissen: Otto Baumgarten als Politiker und Theologe im Ersten Weltkrieg. Göttingen 1991, 63.

131 Zit. nach Huber: Evangelische Theologie und Kirche … (wie Anm. 29), 169.

132 Ebd, 174.

Die Theologische Fakultät der Humboldt-Universität zu Berlin 1960 bis 1990

Nach Aufzeichnungen von Hans-Hinrich Jenssen (1927-2003)

Von Gert Haendler

Der 2003 verstorbene Professor für Praktische Theologie Hans-Hinrich Jenssen lehrte 1960 bis 1990 an der Theologischen Fakultät Berlin. Kurz vor seinem Tode hat er seine Autobiographie abgeschlossen, die wegen des Umfangs von 585 Seiten wohl kaum gedruckt werden kann. Die Arbeit liegt im Archiv der Humboldt-Universität. Den Titel hatte Jensen so formuliert: »Wegsuche in vermintem Gelände: eine autobiografisch orientierte Darstellung zur Geschichte der Theologischen Fakultät der Humboldt-Universität Berlin vor allem zwischen 1960 und 1990«.[1] Jenssen wertete viele Quellen aus: eigene Briefe und Memoranden, dazu Antwortbriefe, Akten von Fakultät und Universität, solche der CDU, der SED und verschiedener Ministerien sowie auch Stasiberichte. Zudem standen ihm Tagebücher von Erich Fascher (1897-1978)[2] zur Verfügung. Jenssen wurde auch von seinem kürzlich ebenfalls verstorbenen Kollegen und Neutestamentler Günther Baumbach (1929-2007) unterstützt. Herausgefordert fühlte er sich durch die Darstellung von Dietmar Linke zu Theologiestudenten an der Humboldt-Universität[3] und zitiert mehrfach die umfassende Darstellung Friedemann Stengels über die Theologischen Fakultäten in der DDR.[4] Im Folgenden sollen Jenssens Aufzeichnungen vorgestellt werden, um auf diese Weise künftige Forschung anzuregen.

Jenssen wurde 1927 in Greifswald geboren und erlebte dort Kindheit und Jugend. 1943/45 war er als Flakhelfer im Einsatz. Nach dem Studium schickte ihn das Greifswalder Konsistorium als Vikar auf die Insel Usedom. Als Aspirant kam er 1952 nach Berlin, wo er 1955 planmäßig an der Theologischen Fakultät der Humboldt-Universität promovierte. Dort hält er u. a. einen Schriftwechsel vom Mai/Juni 1953 fest, nachdem »aus dem Garderobenschrank des Dekanats 15 Gesangbücher (mit Stempeln der ehemaligen Studentengemeinde) gestohlen wurden, die wir damals

1 Nachweise aus dieser Quelle werden im Folgenden in runden Klammern im Text eingefügt. Das Manuskript befindet sich im Archiv der Humboldt-Universität zu Berlin unter dem Nachlass Jenssen.

2 Die Familie Fascher/Burmeister hatte Jenssen einige Bände der Tagebücher zeitweise überlassen.

3 Dietmar Linke: Theologiestudenten der Humboldt-Universität: zwischen Hörsaal und Anklagebank. Neukirchen-Vluyn 1994.

4 Friedemann Stengel: Die Theologischen Fakultäten in der DDR als Problem der Kirchen- und Hochschulpolitik des SED-Staates bis zu ihrer Umwandlung in Sektionen 1970/71 (AKThG; 4). Leipzig 1998.

zu kurzen Andachten vor dem Beginn der Vorlesungen von Otto Haendler (1890-1981)[5] benutzten. Natürlich wurde auch dieser mysteriöse Einbruch im immerhin gut verschlossenen Dekanat nie aufgeklärt« (37). In seiner Arbeit fühlte er sich frei auch bei dem Forschungsthema »Probleme intellektueller Diakonie in einer marxistisch geprägten Kultur« (40). Erfahrungen als Pfarrer im vorpommerschen Dorf Spantekow bestärkten ihn in der »Absicht, einen eigenen Weg zwischen SED-Staat und Kirche zu suchen, der dem wohlverstandenen Interesse der Christen in der DDR besser dient, als die bisweilen offiziell oder auch inoffiziell vertretene Auffassung im kirchlichen Raum« (52). Die Frage drängt sich auf: Hatte er sich da nicht zu viel zugetraut? War sein Weg in enger Verbindung mit der (Ost-)CDU besser als der kirchliche Weg? Für Ratschläge aus dem Raum der Kirche war er jedoch dankbar: Bischof Friedrich-Wilhelm Krummacher (1901-1974) war für Jenssen »ein hervorragender Seelsorger. Ohne ihn hätte ich damals in meiner Wegsuche leicht auf falsche Wege geraten können« (54).

Zur Berufung eines Fachvertreters für Praktische Theologie in Berlin 1959 wurden mehrere Namen erfahrener Fachleute vorgeschlagen, die das Staatssekretariat für Hochschulwesen jedoch zurückwies. So kam man auf den gerade promovierten, erst 37 Jahre alten Dorfpfarrer. In seinem Tagebuch notierte Fascher: »Ich bin froh, dass wir nun den anständigen Jenssen haben«. Er hält auch den Beschluss der entscheidenden Sitzung der Fakultät am 17. Dezember 1959 fest:

> »Anwesend Elliger, Vogel, Haendler jun. und sen. (später), Strasser und ich. Übereinkunft nach gründlicher Debatte wie gestern mit Haendler besprochen. Es bleibt kein anderer Weg. Sonst droht – wie die Debatte ergibt – Vogels Schüler Berger und dann ist noch einer mehr neben Hanfried Müller, Klages, Fr!. Bertinetti und Schwarzkopf. Ich denke, diese vier machen uns Rumor und Opposition genug« (57 f).

Zu seiner Berufung zitiert Jenssen das Urteil in Stengels Darstellung: Man kann »nicht von einer Einsetzung gegen den ausgesprochenen Willen der Fakultät, dafür aber von einer abgenötigten Berufung gegen ihre Präferenzen« sprechen (58).[6]

Jenssen beschreibt seine Anfänge in Berlin und erwähnt u. a. eine Disputation mit Heinrich Vogel (1902-1989) im Jahr 1964 zu Fragen der Naturpredigt und der allgemeinen Offenbarung (63 f). Seine Charakterisierung von Fascher stützt sich auf Notizen aus dessen Tagebuch. Jenssen tritt für Hans-Georg Fritzsche (1926-1986) ein, dessen Stasi-Berichte er auch als positive Quelle verwendet. Dem Professoren-Ehepaar Rosemarie und Hanfried Müller (1925-2009) kam Jenssen lange entgegen. Noch im Mai 1964 verzichtete er darauf, als Vertreter der Fakultät in der Synode

5 Kerstin Voigt: Otto Haendler: Leben und Werk. Frankfurt am Main 1993; Christian Plate: Predigen in Person: Theorie und Praxis der Predigt im Gesamtwerk Otto Haendlers. Leipzig 2014.

6 Vgl. Stengel: Die Theologischen Fakultäten … (wie Anm. 4), 398-402, bes. 401. Da hier nicht für alle der genannten Personen Nachweise gegeben werden können, sei auf Stengels umfangreiches Personenregister verwiesen.

mitzuwirken, obwohl das für ihn als dem Praktischen Theologen nahe gelegen hätte und ihm auch angeboten wurde. Aber Jenssen wusste, dass Hanfried Müller diese Funktion anstrebte, um sich bei SED und Staat zu profilieren (108).

Das Kapitel »Die Dekanate E. Faschers von 1960 bis 1964« beginnt mit Faschers Notiz: »Dass Vogel mit Müllers (unter Assistenz von Frau [Friederun] Fessen) eine Gegenfakultät bildet, wird immer deutlicher. Bis jetzt ist das aber eine Minderheit. Wir anderen (ältere und jüngere) müssen jetzt zusammenhalten und durchstehen, was nötig ist« (109). Trotz mancher Widerstände im Staatssekretariat für Hochschulwesen wurde Fascher dreimal zum Dekan gewählt. Seine Bemühungen um eine Dozentur für Baumbach brachten freilich keinen Erfolg, Baumbach ging an das Sprachenkonvikt in der nahen Borsigstraße. Die Ernennung von Rosemarie Müller-Streisand zur Professorin 1963 ließ sich nicht verhindern. Aber Siegfried Herrmann, Hans-Martin Schenke und Jenssen selbst wurden auch Professoren. Insgesamt hat Fascher die geplante Umwandlung der Berliner Fakultät in eine »linksbruderschaftliche, barthianische Richtungsfakultät« verhindert. Dabei stützte sich Fascher auch auf Beziehungen zum CDU-Vorsitzenden Gerald Götting (1923-2015). »Er war Pate eines der Kinder Göttings, das er auch getauft hatte, und verkehrte, wie aus seinem Tagebuch deutlich wird, privat häufiger mit der Familie Götting« (122). 1962 erhielt Fascher den Vaterländischen Verdienstorden der DDR in Silber. Neben der Einflussnahme in Personalfragen hatte sich Fascher auch für die Veröffentlichungen theologischer Bücher eingesetzt sowie auch für die zeitweise gefährdete Theologische Literaturzeitung. Jenssen formuliert: »Es war von den westlichen Kollegen und Verlagen schon recht fair, dass man diese und andere Schwierigkeiten der ThLZ nicht zu einer Gegengründung ausnutzte« (130). Hilfe fand Jenssen bei Fascher auch in seiner Funktion als Vorsitzender der Prüfungskommission, in die er am 26. April 1963 gewählt worden war (132). Außerdem hält Jenssen fest, dass Fascher sich im Gemeindekirchenrat seiner Kirchengemeinde Adlershof engagierte und predigte. Unter Faschers Dekanat begannen die Gespräche mit den vier Generalsuperintendenten (139). Die akademischen Gottesdienste in der Sophienkirche endeten freilich im April 1964, weil der dortige Gemeindekirchenrat danach fragte, welche Landeskirche der vorgesehenen Predigerin Rosemarie Müller-Streisand die Predigterlaubnis erteilt habe. Man wusste natürlich, dass sie überhaupt keine Predigterlaubnis hatte (142). Jenssen überliefert auch gelegentliche Äußerungen Faschers zur damaligen materiellen Lage in der DDR.

Nach dem Mauerbau 1961 in Berlin wurden an allen Universitäten der DDR Zustimmungserklärungen verlangt. Die Dekane Heinrich Benckert (1907-1968) (Rostock) und Erdmann Schott (1900-1983) (Halle) hatten im Senat ihrer Universität die Unterschrift verweigert, in Jena hatte die Prodekanin Hanna Jursch (1902-1972) zugestimmt. Fascher fürchtete um die Existenz der Fakultäten. Damit im Zusammenhang standen Veranstaltungen zur Kommunalwahl am 17. September 1961 sowie eine Diskussion wegen umstrittener Promotionsthesen in Berlin am 13. September 1961 zum Thema »Rechtlich handeln als christliche Maxime«, das der emeritierte Kirchenrechtler Hans-Gotthilf Strasser (1883-1963) vergeben hatte und das von einem jungen marxistischen Juristen kritisiert wurde. Schließlich kam es zu einer Erklärung der Fakultät, deren Wortlaut bei Jenssen fehlt. Stengel bietet den Entwurf von Hanfried Müller und die etwas abgemilderte Endfassung jener Fakultätserklärung vom 26. Oktober 1961 im Paralleldruck und urteilt: »Damit hatte erstmals eine Fakultät die bisher gehaltene neutrale politische Position verlassen, ...«[7] Der ausführlichen Schilderung der damaligen Debatten (148-170) spürt man ab, wie stark sich Jensen auch im Abstand von rund 40 Jahren durch diese Vorgänge belastet fühlte.

Das längste Kapitel ist überschrieben »Meine beiden Dekanate 1964-1968« (171-334). Jenssen teilt zunächst Erfolge mit: Im Oktober 1964 erhielt er den Vaterländischen Verdienstorden der DDR in Bronze. Die für die Theologischen Fakultäten zuständige Referentin Friederun Fessen wurde 1965 durch den verständnisvolleren Siegfried Schneider abgelöst. Jenssen wurde Mitglied im Hauptvorstand der CDU und gehörte einer Kommission zur Endredaktion des Familiengesetzbuches der DDR an. So fühlte er sich »gleichsam katapultartig in die Reihe hoch angesehener Theologen befördert« (172). Von dieser Voraussetzung aus konnte er die personalpolitische Linie seines Vorgängers Fascher weiterführen. Er erreichte Dozenturen für Alfred Raddatz (1928-2006), den Vertreter der Christlichen Archäologie und Kirchlichen Kunst, für den Neutestamentler Günter Baumbach, der vom Sprachenkonvikt zurückgeholt wurde, sowie für Hans-Dieter Döpmann (1929-2012), den Fachmann für Ostkirchenkunde. Auch für seine Parteifreunde Günther Kehnscherper (1929-2004) und Herbert Trebs setzte er sich mit Erfolg ein (187-194). Kritisch sah er die Pläne zur Berufung von Karl-Heinz Bernhardt (1927-2004) auf den alttestamentlichen Lehrstuhl 1965, der seinen Oberassistenten Ludwig Wächter mitbrachte. Bei der Errichtung eines Instituts für Ökumenik wurden 1967 der Jenssen nahestehende Trebs und 1969 Gerhard Bassarak (1918-2008) von der »Müllerpartei« berufen. Als Erfolg verbuchte Jenssen auch die Rückberufung Hans-Georg Fritzsches aus Jena im Jahre 1966 (215).

Für Jenssen öffnete sich eine neue Tür: Der Dekan der Rostocker Theologischen Fakultät, Gert Haendler, schrieb ihm am 12. März 1965, es sei einstimmig die Liste für die Nachfolge des verstorbenen Praktischen Theologen Karl Brinkel (1913-1965) beschlossen worden: primo loco Prof. Dr. Jenssen-Berlin und Pfarrer Dr. Ernst-Rüdiger Kiesow (1926-2003) – Berlin; secundo loco Pfarrer Dr. Norbert Müller – Leipzig. Jenssen zitiert aus jenem Brief,

> »dass der Beschluss der Fakultät einstimmig erfolgte und gerade der langjährige Fachvertreter D. [Gottfried] Holtz sich sehr positiv über Sie ausgesprochen hat. Es war die

7 Ebd, 573; der Paralleldruck ebd, 764 f (Dokument 61).

einhellige Meinung der Fakultät, dass wir in Ihnen einen Praktischen Theologen gewinnen würden, der sowohl über Lehrerfahrung wie auch über praktische Erfahrung im Dienste einer Landgemeinde verfügt. Ich könnte mir wohl vorstellen, das Sie sich hier oben gut einleben würden und möchte der Hoffnung Ausdruck geben, dass Sie uns eine Zusage geben werden« (223).

Jenssen kommentiert: Die Anfrage versetzte mich

»in ein Träumen, wie es denn wäre, wenn ich der spannungsgeladenen Berliner Atmosphäre – im Zusammenhang mit der Berufung Raddatz waren die Gegensätze zwischen dem Ehepaar Müller und mir in personalpolitischen Fragen bereits recht deutlich geworden – entfliehen würde, um in einer Landeskirche zu wirken, die in der mir so wichtigen Frage der allgemeinen Offenbarung nicht so stark barthianisch geprägt war wie die Berlin-Brandenburgische Kirche. Denn in Rostock hatten sehr lange Friedrich Brunstäd (1883-1944) und Friedrich Büchsel (1. 7. 1883 – 3. 5. 1945) gewirkt, die sich in wichtigen Veröffentlichungen positiv zur allgemeinen Offenbarung ausgesprochen hatten, außerdem auch Hellmuth Schreiner (2. 3. 1893 – 28. 4. 1962), dessen Homiletik wegen ihrer Betonung der Anknüpfung an die allgemeine Offenbarung von mir ebenfalls fleißig zitiert wurde« (223).

Aber Jenssen sagt klar, dass er »zwar träumen konnte, aber absagen musste« und nennt drei Gründe:

1) Er wollte Fascher und andere Freunde in Berlin nicht im Stich lassen; hinzu kam noch die bereits erwähnte Ablösung der Ex-Theologin Fessen als Referentin im Staatssekretariat durch den sachlich-ruhigen Juristen Schneider, mit dem er erheblich besser zusammenarbeiten konnte.

2) »Mit gleichem Datum vom 12. 3. 1965 hatte mir Gert Haendler einen rein privaten Brief geschrieben, in dem er offen darlegte, dass die Rostocker ursprünglich nur Kiesow vorschlagen wollten, aber auf Geheiß des Staatssekretariats eine Dreierliste erstellen mussten. Nun lag mir aber an einer Förderung von Kiesow naturgemäß ebenso wie Gert Haendler …«

3) »Wir hatten uns am 19. September 1964, nachdem ich zum 1. September 1964 Professor mit vollem Lehrauftrag und Dekan geworden war, mit finanzieller Unterstützung durch meine Eltern in Berlin-Mahlsdorf ein schönes Haus kaufen können« (224).

Daher sagte Jenssen am 27. März 1965 ab und blieb in Berlin, wo ihn weitere Schwierigkeiten erwarteten: Es ging um die Einfuhr theologischer Bücher aus dem Westen und um die Betreuung von Studenten. Grotesk wirkte die Ernennung von Frau Müller-Streisand zur Institutsdirektorin des Instituts für Christliche Archäologie am 7. Juli 1965, die als »Beitrag zur Klimaverbesserung innerhalb der Fakultät gedacht« war (231). Müller-Streisand erhob kleinliche Forderungen und hielt ein besonderes »Statut« für nötig, obgleich die Aufgabe des Institutsdirektors seit jeher klar war. Zuletzt griff der Rektor der Universität ein: Heinz Sanke (1915-1997), Mitglied des ZK der SED, lud Müller-Streisand und Jenssen ins Rektorat ein und nahm den angebotenen Rücktritt von Müller-Streisand an mit dem Bemerken, »für eine Politik der Verstellung und der Heuchelei fehle ihm jedes Verständnis«. Dekan Jenssen solle für die Wahl eines neuen Institutsdirektors sorgen, das Gespräch sei beendet. Dann ging Frau Müller, der Rektor aber bat Jenssen noch zu bleiben. Unter vier Augen äußerte er den Verdacht. Frau Müller sei wohl »linksradikal«, was damals in der DDR ein hartes Schimpfwort war. Der Rektor forderte Jenssen auf, er solle auf dem »Weg des offenen, aber auch besonnen Fortschritts fortfahren« (235).

Ein Problem waren die Ernteeinsätze, zu denen in der DDR alle Studenten verpflichtet waren. Die Gruppen von Theologen hatten in den jeweiligen Dörfern ihren Einsatz auch zu Andachten und Festen genutzt, die unerwünscht waren. Daher arbeiteten die Theologiestudenten bald nur noch auf Berliner Bahnhöfen. Im Herbst 1965 kam jedoch das 1. Studienjahr wieder in einem Dorf zum Einsatz. Es war die Zeit der Kommunalwahlen. Bei der üblichen Agitation entstanden lebhafte Gespräche. Zur Wahl gingen nur 3 Studenten, 19 blieben fern. Da 100% üblich waren, gab es einigen Ärger. Noch im Jahre 2000 wurde Jenssen vorgeworfen, dass er und seine Kollegen »nicht aktiv geworden sind, um junge, teilweise naive Studenten zu schützen« (239). Jenssen bringt Argumente für sein Verhalten. Auch in diesem Zusammenhang spürt man den Worten ab, wie ihn die damaligen Vorgänge noch nach Jahrzehnten bedrückten. Das gilt auch für eine Freizeit mit Generalsuperintendent Albrecht Schönherr (1911-2009) (242-246).

Stark beschäftigte Jenssen ein Brief von Hanfried Müller vom 5. Mai 1966 an Willi Barth (1899-1988), Mitglied des ZK der SED, »selbstverständlich hinter dem Rücken und ohne Wissen der Fakultät« (249). Darin diskreditierte Müller namentlich Siegfried Herrmann (1926-1999), Alfred Raddatz und Günther Baumbach, dazu ohne Namensnennung auch noch Jenssen und Hans-Georg Fritzsche. Müller blieb bei seinen »Diskreditierungen nicht immer bei der Wahrheit; teils stellte er Fakten so total entstellt dar, dass es einer Lüge gleichkommt, teils erfand er sie auch einfach« (250). Jenssen nennt Hintergründe der erneuten Wahl Müllers zum Fakultätsvertreter in der Synode. Es bestanden Bedenken, weil Müller »keinen Kontakt zur Ortsgemeinde hatte, seine Kinder nicht zur Christenlehre schickte und jahrelang keine Kirchensteuer zahlte« (260). Aber am 22. September 1966 wurde Müller trotzdem wieder zum Vertreter der Theologischen Fakultät in der Synode gewählt (263-266).

Jenssen bedauert seine Memoranden 1966 über die Kirchlichen Hochschulen. Er ist enttäuscht, dass die Suche nach theologischen Konzeptionen mit Anknüpfungspunkten zum Sozialismus von der SED abgelehnt wurde (270-273). Gerald Götting forderte Ende 1966 die Theologen auf, »in der DDR eine eigene theologische Literatur zu schaffen« (274). Am 6. Januar 1967 folgte Jenssen mit seiner Frau einer Einladung Walter Ulbrichts (1893-1973) zum Neujahrsball. Mit Schönherr gab es eine Auseinandersetzung um die Frage, ob ein Christ in der DDR Lehrer werden solle bzw. dürfe. Jenssen hielt das für wünschenswert gerade in mathematisch-naturwissenschaftlichen Fächern.

Wichtig ist der Abschnitt »Der Stralsunder Kirchentag 1967 und meine politische Schwächung« (278-284). Jenssen hatte staatliche Maßnahmen gegen den Kirchentag kritisiert, wodurch seine geplante Kandidatur zur Volkskammer nicht zustande kam. Müller nutzte das zu Aktivitäten in der Fakultät. Erneut gab es Streit mit dem Zoll wegen westlicher Bücher, wegen der Zulassung von tüchtigen Studienbewerbern sowie um Gerhard Bassarak. Eine Gastvorlesung von Ernst Wolf (1902-1971) 1968 hatte eine unerfreuliche Vorgeschichte (292 f). Ohne Probleme wurde eine DSF-Gruppe (Deutsch-sowjetische Freundschaft) gegründet, dagegen erwies sich die Gründung einer FDJ-Gruppe als schwieriger durchführbar.

Aufsehen erregte auch in westlichen Zeitungen der sogenannte »Seeberg -Bilderstreit«. Zu Beginn der Ratssitzung am 13. März 1968 forderte Müller-Streisand, »das Bild des Nazis Seeberg« zu entfernen, der Thesen der »Deutschen Christen« in Sachsen unterstützt habe. Da sie ihren Vorwurf nicht begründen konnte, blieb das Bild an seinem Platz. Müller-Streisand verließ den Raum, gefolgt vom FDJ-Sekretär, alle anderen blieben. Jenssen erkundigte sich nach der Rolle von Reinhold Seeberg (1859-1935). Der Hallenser Kirchenhistoriker Erhard Peschke, 1929/30 Senior in Seebergs Seminar, erinnerte am 27. April 1968 daran, dass Dietrich Bonhoeffer zu den Schülern Seebergs gehörte. Seeberg war deutsch-national, »dem Nationalsozialismus stand er aber sowohl vor dem 30. 1. 1933 als auch danach kritisch-distanziert gegenüber« (311). Wieder fand die Fakultät einen Kompromiss: Alle Bilder im Dekanat wurden den Instituten übergeben. Im Dekanat blieben nur eine Büste Schleiermachers und ein Bild Bonhoeffers. Später entdeckte Jenssen, dass Rudolf Hermann (1887-1962) schon 1959 eine Gedenkfeier zum 100. Geburtstag von Seeberg angeregt hatte, aber kein Referat übernehmen wollte. Auch Otto Haendler (1890-1981), ein Promovend von Seeberg 1925, lehnte eine Festrede ab. Jenssen folgert: »Offenkundig war dieser älteren Generation deutlicher bewusst als uns Jüngeren, welch ›heißes Eisen‹ die Biografie Reinhold Seebergs in sich barg« (315). Der Streit zeigt einmal mehr, wie »vermint« das Gelände tatsächlich war. Bei der Erarbeitung eines Ausbildungsdokuments musste wieder der Rektor eingreifen. Bei einem Gespräch am 4. Juli 1968 »standen uns 11 Vertreter von Rektorat, SED und FDJ gegenüber, während wir, einschließlich des Ehepaares [Müller], mit 12 Leuten erschienen waren« (329). Ein letzter Streit während Jenssens Dekanat betraf dessen Unterschrift unter eine tabula gratulatoria zum 65. Geburtstag von Walter Elliger (1903-1985) (am 9. Dezember 1968). Seinen Kritikern hielt Jenssen entgegen, dass Elliger legal aus der DDR verzogen sei (334).

Der Abschnitt »Das Dekanat Bernhardt 1968 bis 1971« stellt enttäuscht fest, dass Bernhardt nicht »die Politik und Anliegen der Fakultätsmehrheit« fortführen wollte (335). Seine Neigung zu Müllers und Bassarak »war wesentlich stärker als ich vermutete, und von seiner Anbindung an das MfS wusste ich damals natürlich auch nichts« (336). Die Streitigkeiten gingen weiter: Bei einem Examen hatte es

Betrug gegeben, Jenssen wollte den Fall im Rahmen der Fakultät erledigen, aber Müller hatte den Prorektor informiert und »eine Beteiligung von Ratsmitgliedern am Examensbetrug« in Erwägung gezogen (339). Am 7. Oktober 1968 erhielt Jenssen von der Studentenschaft ein Dankschreiben, das seine damalige Wirksamkeit ausführlich würdigte (342). Nach der Ratssitzung am 18. Dezember 1968 notierte Fascher: »Die bisherige Fakultät hat nicht viel zu sagen. Bernhardt verkündet verschiedene diesbezügliche Weisungen des Rektors« (344).

Ein neues Thema wurde erstmals in der Bezirksleitung der SED am 29. Oktober 1968 beraten: die Umwandlung der Fakultät in eine Sektion. Es nahmen sieben Genossen der SED und ein CDU-Funktionär teil, der für die Stasi einen Bericht schrieb, den Jenssen nun als Quelle verwertet. Die Forschungsarbeit der Fakultät solle »kirchenpolitisch wirksame Ergebnisse« bringen, die Kirche dürfe keinen Einfluss mehr haben (345-352). Tagebuchnotizen von Fascher zeigen die gedrückte Stimmung an einzelnen Beispielen. Die Verhaftung von sieben Theologiestudenten im März 1969 beschäftigt Jenssen stark. Das Kapitel »Verzweiflung über die Situation der Fakultät« stützt sich auf Fascher, der nach einem Gespräch mit Raddatz notierte: Die Kollegen »genieren sich vor ihrem alten Dekan, wie weit die Fakultät gesunken ist, die armen Kerle. Jenssen sei besonders verzweifelt, dass die Entwicklung so gelaufen sei. Und im Büro der Otto-Nuschke-Straße stellte man bekümmert fest, dass die CDU-Leute gegeneinander intrigieren« (359). Zur Synode des Kirchenbundes der DDR im Herbst 1969 schrieb Müller einen Brief, der alle Forderungen der SED übernahm. Die Mehrheit der Fakultät lehnte eine Unterschrift ab, stand nun aber unter Zugzwang. Ein moderaterer Entwurf von Jenssen im Sinne der Mehrheit kam nicht zum Zuge. Schließlich wurde ein dritter Briefentwurf eines CDU-Funktionärs abgeschickt. Jenssen bedauert die vertane Chance, »zu signalisieren, dass es an der Fakultät einen moderaten Widerstand gegen die Vereinnahmung durch die Müller-Linie gebe« (361 f).

Der Streit um das »Absolventenbild« füllt die Seiten 362 bis 376. Jenssen kritisiert Stengels Urteil von einem »Streit zwischen den politischen Fraktionen des Berliner Lehrkörpers um Formulierungsfragen [...], die sich in politischer Hinsicht nicht voneinander unterschieden« hätten.[8] Es habe Unterschiede gegeben: Jenssen betonte die »Bündnispolitik«, Müllers die führende Rolle der SED. Entwürfe wurden verändert, Direktor Bernhardt erklärte am 17. Dezember 1969 einen neuen Entwurf ohne Abstimmung für angenommen. Aber die Kirche fragte nach, und in der Fakultät blieben Unklarheiten, so dass eine neue Kommission zur Überarbeitung gebildet wurde. Als deren Arbeit auch scheiterte, verschwand der Entwurf in der Versenkung. Noch 1986 stellte Käthe Gaede als Gewerkschafts-Vorsitzende fest, das Absolventenbild werde von den meisten Kollegen nicht mitgetragen (375). Jenssen bezeichnete den ganzen Streit als »Schandfleck« (376). Ein Bonhoeffer-

8 Siehe Stengel: die Theologischen Fakultäten ... (wie Anm. 4), 652, Anm. 485.

Preis für studentische Arbeiten war ausgeschrieben worden, zwei Studentinnen hatten sich beteiligt, Jenssen hatte positiv votiert. Während der Ratssitzung vom 1. Oktober 1969 sah Müller eine der Arbeiten kurz durch und verriss sie derartig, dass die Preisverleihung unterblieb. Für Jenssen war das »ein Lehrstück für politische und theologische Intoleranz einiger Mitglieder des Lehrkörpers« (378). Über die Umwandlung der Theologischen Fakultät in eine Sektion Theologie verhandelte zuerst der Prorektor mit seinen Genossen der SED-Bezirksleitung. Man fürchtete »Diversion gegen die sozialistischen Länder«, den Dialog zwischen Christen und Marxisten und das Eindringen konvergenztheoretischen Denkens (378). Die akademische Freiheit wirke sich negativ auf die Studienmoral aus, man wollte »alle Formen, offene und versteckte, einer sogenannten akademischen Selbstverwaltung« überwinden (381). Schon vor der Gründung der Sektion war man sich über die Sektionsleitung klar.

Ärger erregte eine von Fritzsche angeregte Seminararbeit des Studenten Karl-Dieter Behm »Die Sündigkeit der Ordnungen und ihre Überwindung – dargestellt am Beispiel des Staates«. Behm hatte sich auch auf Paul Althaus berufen. Müller-Streisand erklärte, Althaus sei ein Faschist gewesen, wogegen Ludwig Wächter protestierte. In einem Brief an Traugott Holtz (1931-2007) schrieb Jenssen am 4. Mai 1970: »M. E. ist die ernsteste Situation in der Geschichte unserer Fakultät eingetreten, denn es geht um den Versuch einer massiven Einmischung in die Lehrtätigkeit« (385). Tatsächlich ging es um eine Grundsatzfrage. Fritzsche verteidigte sich, »dass die prinzipielle Sündigkeit des Menschen nicht durch den gesellschaftlichen Fortschritt und Wandel beseitigt werde, dass es aber sehr wohl einen gesellschaftlich bedingten Symptom-Wandel, einen Gestalt-Wandel der Sünde gebe« (386). Nur schwer vorstellbar ist der folgende Bericht von Jenssen: »Fritzsche schlug kräftig mit der Faust auf den Tisch und erklärte: Jetzt sei für ihn der status confessionis gegeben und verließ den Raum, von [Bernd] Hildebrandt und mir gefolgt« (386). Der Bezirksvorsitzende der CDU hielt es für untragbar, dass Fritzsche »die Erziehung junger Pfarrer anvertraut wird« (388). Gleichzeitig wurde 1970 angeordnet, dass alle Studenten den Wehrdienst abzuleisten hätten. Erst nach längerem Tauziehen wurde für Theologen der Dienst bei den Bausoldaten als Ersatz anerkannt (388 f).

Selbst um eine Andacht gab es Streit. In seiner Andacht zur Semestereröffnung hatte Jenssen am 14. September 1970 von Paulus (1Kor 9,19-23) ausgehend zum Stichwort »Anpassung« formuliert: »Es gilt nicht die Zeit, sondern der Zeit zu predigen. Nicht den Sozialismus gilt es zu predigen, sondern den Sozialisten und schon garnicht sollen wir den Atheismus predigen, sondern den Atheisten«. Müller meldete dies Hermann Matern (1893-1971), einem Mitglied des Politbüros der SED, wo man darin eine politische Provokation sah: »Wir verlangen Mitarbeit, nicht Anpassung« (391). Dekan Bernhardt bat Jenssen um eine Erklärung, wegen jener Andacht »lägen verschiedene Beschwerden vor«. Wieder einmal musste zuletzt der

Rektor schlichten: In einer »klärenden Aussprache« wurde Jenssen gebeten, auf den umstrittenen Begriff »Anpassung« möglichst zu verzichten (392). Als bittere Erfahrung hält Jenssen fest, »wie machtlos ich gegen böswillige Interpretationen durchaus positiv gemeinter, wenn auch kritischer bzw. differenzierter Ausführungen war« (393). Zum Schluss des Abschnitts »Dekanat Jenssen« formuliert Jenssen die grotesk erscheinende Überschrift »Die verhinderte Adventsfeier 1970« (394 f).

Der Abschnitt »Die Sektion Theologie: Das Direktorat Bernhardt 1971-1980« setzt ein mit dem Gründungsdokument der Sektion vom Dezember 1970, das den Direktor als Einzelleiter stärken sollte. Einflüsse der Kirche wurden eingeschränkt: »Über den Besuch kirchlicher Veranstaltungen, zu denen die Sektion Theologie eingeladen wird, entscheidet der Sektionsdirektor« (397). Jenssen hat aber die Veranstaltungen des Sprachenkonvikts stets besucht, da er persönlich eingeladen war (397). Die Kriterien für den wissenschaftlichen Nachwuchs wurden verschärft: Der einzelne Professor sollte nicht mehr seinen »Lieblingsschüler« als Assistenten einstellen können (400). Die Vorlesung »Biblische Propädeutik«, die üblicherweise von den Exegeten gehalten wurde, kam teilweise in die Hände von Müller und seinen Schülern (400). Parallelvorlesungen wurden abgeschafft, um jede Wahlfreiheit auszuschließen. Psychologie, Pädagogik oder gar Naturwissenschaften sollten möglichst gar nicht mehr vorkommen. Jenssen hat aber im Rahmen der Lehrveranstaltungen zur Seelsorge über Psychologie informiert und in der Vorlesung Homiletik auch Probleme der Naturwissenschaft erörtert. Natürlich ging auch Fritzsche »in seiner Hauptvorlesung über die Schöpfungslehre auf solche Dinge ein« (402).

Am 30. November 1971 schied Raddatz aus, um einer Berufung nach Wien zu folgen. Es gehört zu den »positiven Ergebnissen«, dass seine Schülerin Gerlinde Wiederanders (später verheiratete Strohmaier) an der Fakultät bleiben konnte und das Fachgebiet »Christliche Archäologie und Kirchliche Kunst« weiterführte. Raddatz war Ephorus des Studentenheims »Johanneum« gewesen, sein Nachfolger in dieser Funktion wurde Hans-Georg Fritzsche. Größere Bedeutung hatte die Ernennung eines neuen Referenten im Ministerium für das Hochschulwesen im November 1971: Jürgen Janott hatte Theologie studiert und war Marxist geworden. In einem Stasibericht sagt sein Führungsoffizier:

> »In der Methode allerdings, wie das oft bei Menschen ist, die die Fakultät gewechselt haben, versteht er es noch nicht, mit den Theologen richtig umzugehen. Im Gegenteil, während der frühere Referatsleiter, der Jurist war, sehr feinfühlig und dabei doch sachlich und prinzipiell die Fragen der Theologischen Sektionen behandelte, macht das Janott auf eine Art und Weise, die dem eines Führungsoffiziers oder ›Pinkerton-Journalisten‹ entsprechen würde. Er versucht, eine Atmosphäre des gegenseitigen Misstrauens zu schaffen, um daraus für sich Erfolge zu verbuchen« (405).

In einer Stasi-Notiz vom 30. Oktober 1972 fand Jenssen die Mitteilung, dass gegenwärtig die Professoren Helmut Fritzsche (1929-2014) (Rostock) und Ernst-

Heinz Amberg (Leipzig) »unter leitenden Mitarbeitern theologischer Sektionen verschiedener Universitäten eine Unterschriftensammlung organisieren mit dem Zweck, die Ablösung des gegenwärtigen verantwortlichen Referenten für Sektionen Theologie im Ministerium für das Hoch- und Fachschulwesen, Gen[ossen] Janott, zu erreichen« (405).

Noch wichtiger war »Die neue Linie gegenüber Christen in der DDR nach dem Machtantritt Honeckers und dem VIII. Parteitag der SED« (406-411). Nach Ulbrichts Redeweise von einer »sozialistischen Menschengemeinschaft« betonte man 1971 den proletarischen Klassenkampf. Der VII. Parteitag beschloss: »Stärker und in vielfältiger Weise ist der atheistische Charakter der marxistischen Weltanschauung zur Geltung zu bringen« (408). Das bekamen auch die beiden Söhne von Jenssen, in der Schule zu spüren. Eine Entspannung schien Albert Norden (1904-1982) zu bringen mit seiner Formel »Sozialistische Staatsbürger christlichen Glaubens«, die aber seit 1974 schon nicht mehr verwendet werden sollte. Insgesamt folgte jenem VIII. Parteitag ein Bedeutungsverlust der CDU, der sich auch auf die Fakultäten auswirkte. Der letzte Referent für die Theologischen Sektionen im Ministerium, der Stasi-Hauptmann Bernd-Norbert Winkler, forderte noch 1985: »An den Sektionen ist die führende Rolle der Partei gegenüber der CDU zu gewährleisten« (414). Kurz danach schildert Jenssen im Vorgriff auf 1988 die Folge des Verbots der Zeitschrift »Sputnik«, die er in einer DSF-Versammlung miterlebte: Es kam »zu einer tumultuarischen Revolte, wie ich sie bei so vielen Genossen nicht für möglich gehalten hatte« (415). In der Sektion Theologie freilich wurde die Mehrheit der Hochschullehrer in ihrer Einflussmöglichkeit weiter begrenzt. Vor allem Jenssen und Hans-Georg Fritzsche waren betroffen (416).

Jenssen konnte beim Aktenstudium feststellen, dass gegen ihn am 23. Juni 1971 eine Operation der Stasi eingeleitet wurde, die ihm »bewusst negative Tätigkeit« nachweisen sollte (417). Ein Student behauptete, Jenssen habe in seiner Homiletikvorlesung Gedanken der »Deutschen Christen« vertreten. Müller hatte Material gesammelt und am 2. April 1973 einen offiziellen Beschwerdebrief an den Sektionsdirektor Bernhardt geschrieben. Dieser informierte als IM »Jäger« die Stasi von Unruhen unter den Professoren der Theologie. Dabei unterschied er zwei Gruppen: Die eine um die Müllers stünden auf der Linie der Bekennenden Kirche, die andere stehe den Deutschen Christen nahe. In seiner Antwort an Müller hat Bernhardt am 28. April die Vorwürfe der Studenten jedoch als »wohl etwas impulsiv« abgetan. Die damalige Wissenschaftssekretärin Ilse Bertinetti hat in ihren Berichten die Vorwürfe gegen Jenssen als ungerecht bezeichnet (422). In einem seiner weiteren Stasiberichte meinte Bernhardt, Jenssen habe sich wohl selbst isoliert. Aber im Herbst 1976 wurde Jenssen in geheimer Wahl in die Sektionsgewerkschaftsleitung (SGL) gewählt. Offenbar war eine »Zersetzung« nicht gelungen.

Ausführlich hatte Dietmar Linke über einen »Offenen Abend« bei Baumbach am 18. April 1978 berichtet.[9] Jenssen fügt noch Details hinzu. Das Seminarthema »Das Verhalten der Christen in der Welt nach Paulus und Johannes« hatte natürlich (und sicher durchaus beabsichtigt) zu der Frage geführt, wie sich ein Christ in der DDR verhalten solle. Das Problem der Wehrerziehung wurde in der kleinen Runde offen erörtert bis hin zu der Frage, ob es sich denn »lohne, die DDR zu verteidigen« (423). Es gab sehr deutliche Äußerungen, die sich herumsprachen. Ein Student meldete die Vorgänge telefonisch an Müller mit dem Zusatz: »Ich glaube, daraus lässt sich etwas machen.« Das Telefon stand im Assistentenzimmer und war allgemein zugänglich, daher wurde jenes Telefonat mitgehört. Die beteiligten neun Studenten mussten »in Klausur« einen Bericht über jenen Abend schreiben, ebenso Baumbach im Rektorat. Jenssen bringt Äußerungen von Beteiligten und mehrerer politischer Instanzen. Die geplante Ernennung Baumbachs zum Professor war unmöglich geworden. Für sich selbst zog Jenssen die Konsequenz, bei Studenteneinladungen noch vorsichtiger zu sein. Seine Frau hätte ihm schon oft den Vorwurf gemacht, er »hätte wieder einmal politisch zu leichtsinnig geredet« (431).

Zwei Seminararbeiten, deren Thema Hans-Georg Fritzsche 1972 bzw. 1976 ausgegeben hatte, wurden von Müller angegriffen. Dabei ging es ihm nicht um die betroffenen Studenten, sondern um die Herabsetzung Fritzsches. 1972 musste Fritzsche nachgeben, aber 1976 blieb er bei seiner Note »Sehr gut«, die ins Zeugnis eingetragen wurde und jener Studentin später die Möglichkeit zur Promotion eröffnete (441). Bei dem Doktoranden Karl-Dieter Behm gab es 1978 Schwierigkeiten mit dem von Jenssen vorgegebenen Thema »Die menschliche Arbeit im Blickpunkt kirchlicher Verkündigung«, die jedoch überwunden wurden. Fritzsche lenkte eine von ihm angeregte und betreute Arbeit von Hans-Peter Gensichen vorsichtshalber nach Halle um: »Naturwissenschaft und Theologie im Werk von Otto Kleinschmidt«, der als »Vogelpastor« bekannt war. Die Hallenser Fakultät bat den Berliner Tierparkdirektor Heinrich Dathe um ein Gutachten und führte mit dessen Hilfe das Promotionsverfahren durch. Jenssen nennt das »ein trauriges Zeugnis für die Einschränkung der Forschungsfreiheit an der Berliner Sektion Theologie und ein erfreuliches Zeugnis für die Risikobereitschaft der Hallenser Kollegen«. Schließlich überspannten Müllers den Bogen: Sie traten aus der Wettbewerbskommission aus, weil der Sektionsdirektor den Assistenten Bernd Hildebrandt zum Sekretär dieser Kommission berufen hatte. Das führte dazu, dass der Sektionsdirektor am 21. April 1977 an Müller schrieb:

> »[…] Unter Bezugnahme auf unsere zwischenzeitlich geführte Unterredung beauftrage ich Sie hiermit, Ihre Funktion als Mitglied der Wettbewerbskommission unserer Sektion weiterhin wahrzunehmen. Verstehen Sie bitte diesen dienstlichen Auftrag als Wertschätzung Ihrer bisherigen Mitarbeit […]« (443).

9 Siehe Linke: Theologiestudenten … (wie oben Anm. 3).

Es dürfte wohl einmalig sein, dass ein Sektionsdirektor einem gleichaltrigen Kollegen einen »dienstlichen Auftrag« erteilte und diese Handlungsweise dann auch noch leicht ironisch kommentierte.

Bewegend liest sich der Bericht über »die Denunziation Prof. Dresslers 1978« (446-454). Helmut Dressler (1910-1974) wirkte als Fachvertreter für Marxismus-Leninismus in der Fakultät und lag mit Jenssen auf einer Linie. Das Ehepaar Müller agitierte immer offener gegen ihn. In einer Beschwerde vom 7. Dezember 1978 erklärten sie, der DDR drohe eine Konterrevolution wie 1968 in der ČSSR. Sie würde »von vielen Revisionisten in der SED mit vorbereitet, und dazu gehöre auch Prof. Dr. Helmut Dressler« (448). Nach einem zweiten Herzinfarkt äußerte Dressler gegenüber Jenssen, »Sie wissen ja, wem ich das verdanke« (450). Dressler wurde zu den Naturwissenschaftlern versetzt. Müller hatte in einem Memorandum am 27. Oktober 1978 formuliert, es werde »auf Anpassung statt auf Aktivität orientiert«. Dressler zeige als der »Verantwortliche für das marxistisch-leninistische Grundstudium [...] einen prinzipienlosen Opportunismus« (453). Müller machte aber auch dem Ministerium den Vorwurf einer Scheu vor »unumgänglichen Auseinandersetzungen mit zurückgebliebenen Teilen des Lehrkörpers« (453).

Jenssen berichtet danach von einem Vorgang, von dem man auch außerhalb von Berlin hörte: Die Physiker hatten zu einer Veranstaltung am 15. November 1979 eingeladen. Das Thema lautete »Pius XII., Gott und die Physiker«. Jenssen ging hin und schreibt darüber:

> »Als uns der Fall Galilei und der Index der verbotenen Bücher vorgehalten wurde, setzte ich [...] zum ersten Stoß an: Der Index habe ja nicht Bücher, die als gefährlich galten, total verboten, für wissenschaftliche Zwecke habe ein bestimmter Personenkreis die indizierten Bücher durchaus lesen dürfen [...]. Ich verstünde die Aufregung nicht. Das kennen wir doch auch, man brauche doch bloß in die Staatsbibliothek zu gehen, um im Katalog auf die Bücher mit rotem Kreis oder dem Vermerk ›Nur zu wissenschaftlicher Nutzung‹ zu stoßen, die auch nur einem privilegierten Leserkreis ausgeliehen würden. Der ganze Raum tobte« (451).

Jenssen legte noch nach: »Wir kennen doch auch die Verfolgung von unerwünschten Wissenschaftlern«. Jenssen erläuterte, wen er meinte und sprach »von der Verfolgung der Genetik durch Lyssenko und durch Genossen in der SU, von dem Brief Stalins, auf den sich Lyssenko auf jener berüchtigten Tagung im August 1948 berufen konnte, von den Todesopfern, die das damals gekostet habe, der Genetiker Wawilow sei im Gefängnis gestorben, andere hätten Selbstmord begangen« (451).

Kurz vorher war der Leipziger Kirchenhistoriker Kurt Meier 1976 mit einer umfassenden Darstellung des Kirchenkampfes hervorgetreten, die weithin anerkannt wurde. Dagegen warnte Müller:

> »Die ersten beiden Bände von Professor Meier, denen ein dritter folgen soll, werden von den negativen Leuten (und nicht nur an der Sektion der Humboldt-Uni) als Standardwerk hochgespielt, was in der Praxis bedeutet, ihnen den Charakter eines Lehrbuches zu ver-

leihen. Die vorhandene Frontlinie zwischen negativen und positiven Kräften artikuliert sich jetzt in dem Für oder gegen Maier« (454).

In diesem Streit nahm Jenssen Stellung, obwohl er dazu als Fachvertreter für Praktische Theologie nicht verpflichtet war. In der CDU-Zeitung »Märkische Stimme« vom 22./23. Januar 1977 verfasste er den Artikel: »Gedanken aus aktueller Sicht: zu Kurt Meiers Veröffentlichung ›Der evangelische Kirchenkampf‹«. Jenssen äußerte die Zuversicht, Meiers Darstellung werde sich »als ein anerkanntes Standardwerk durchsetzen«. Den innerkirchlichen Streit der Jahre 1933/34 kommentierte Jenssen im Sinne Meiers noch schärfer und spitzte aktuell zu: »Es ist schlimm genug, wenn theologische Engherzigkeit die Breite des potentiellen Widerstandes gegen den Faschismus geschwächt hat, auf gar keinen Fall darf sie die mögliche Breite der Mitarbeit bei der weiteren Gestaltung der entwickelten sozialistischen Gesellschaft beeinträchtigen« (455). Das war zwar ein ziemlich kühner Gedankensprung, aber die damalige Stoßrichtung wird deutlich. In der Monatsschrift »Standpunkt« verriss Müller-Streisand Meiers Darstellung.[10] Die Redaktion des »Standpunkt« hatte zwar auch eine Gegendarstellung von Hans Moritz (Leipzig), einem der Mitherausgeber der Zeitschrift, geplant. Jedoch durfte dieser Beitrag mit dem Titel »Zur historiografischen Bedeutung einer Kirchenkampfdarstellung«, der Jenssen vorliegt, damals nicht erscheinen (457).

Zunehmende Bedeutung gewann die Sektionsgewerkschaftsleitung (SGL), die geheim gewählt wurde und ein gewisses Mitspracherecht hatte. Der Sektionsdirektor musste den SGL-Vorsitzenden zu Dienstbesprechungen einladen. Über die Kommission für den sozialistischen Wettbewerb konnte die SGL auf Kaderfragen Einfluss gewinnen. Jenssen sagt: »Hätte Bernhardt ... mit uns mitgezogen, so hätte diese Konstellation zu echten Erfolgen führen können« (459). Prorektor Dieter Klein notiert am 13. September 1978:

> »Das Ehepaar Müller vertritt in allen Grundfragen parteilich die Politik der DDR, bietet jedoch wiederholt in seinen konkreten Verhaltensweisen, die als sektiererisch empfunden werden, Anknüpfungspunkte für die Verbreitung von Befürchtungen von einer zu starken Position der fortschrittlichen Kräfte der Sektion, die auch in der Sektionsgewerkschaftsleitung artikuliert werden« (463).

Jenssen bringt Einzelheiten unter der Überschrift: »Unsere Kämpfe um Kadergerechtigkeit. Zeitdokumente Ende der siebziger Jahre« (466-75). In einer gewerkschaftlichen Stellungnahme zum Sektionsplan 1978/79 vom 20. Juli 1979 heißt es:

> »Nach Kenntnis der SGL ist das Sektionsklima vergiftet durch das bei einigen Kollegen verbreitete Gefühl, dass manche Sektionsangehörige ungerechtfertigt zurückgesetzt und andere bevorzugt werden. Die SGL hält es für erforderlich, diesbezügliche Beunruhigungen und Ungewissheiten in einer geeigneten Form auszuräumen. Wir würden es

10 Rosemarie MÜLLER-STREISAND: Prinzipienfragen zu einer Kirchenkampf-Darstellung. Standpunkt. 5 (1977), 331-334.

> begrüßen und unterstützen, wenn durch die Leitung der Sektion die bereits seit längerem gestellten Anträge einer Berufung zum a. o. Professor für die Kollegen Dr. Baumbach und Dr. Wächter in Erinnerung gebracht werden« (475)

Zunächst kam es anders. Zwei Vertreter der Müller-Gruppe stiegen auf: Heinrich Fink wurde an Döpmann vorbei zum o. Professor und zum 1. März 1980 zum Sektionsdirektor ernannt. Carl-Jürgen Kaltenborn wurde zum 1. Dezember 1978 zum stellvertretenden Direktor für Erziehung und Ausbildung und zum 1. Februar 1979 zum Dozenten ernannt. Jenssen überschreibt jedoch den folgenden Abschnitt mit: »Trotzdem waren unsere Kämpfe um ›Kadergerechtigkeit‹ nicht umsonst« (475-78). Es kam zu Protesten, Ausreiseanträgen, Wahlverweigerungen und kritischen Diskussionen. Sektionsdirektor Fink bekam Weisung, die Kollegen nach ihrem Leistungsvermögen und ihrem Ansehen bei den Studenten zu würdigen. Am 1. September 1982 wurde Baumbach außerordentlicher Professor, am 1. Februar 1983 Gerlinde Strohmaier-Wiederanders Dozentin und am 1. September 1983 Döpmann ordentlicher Professor.

> »Ohne die Mitwirkung von Fink bei dieser Politik zu unterschätzen, die von uns so nicht erwartet war und gerade deshalb dankbar anerkannt wurde, muss sie wohl als Ergebnis der [...] grundsätzlichen Erwägungen bei SED, Staat, Universitätsleitung und auch des MfS angesehen werden« (478).

Demzufolge kam es zu »Anzeichen der Resignation beim Ehepaar Müller« (478-481). Sie sprachen von der Möglichkeit, nach Halle zu gehen. Aber die Fakultät in Halle galt als konservativ. »In [Gerhard] Wallis, [Traugott] Holtz und [Eberhard] Winkler hätten ihnen Kollegen von fachlichem und menschlichem Schwergewicht an der Seite gestanden, die sie nicht hätten beeinflussen können. Da war die personelle Situation in Berlin für sie letztendlich günstiger« (481).

Der Abschnitt über die Berufung von Fink und seine Einsetzung als Sektionsdirektor bietet ausführliche Details (481-91). Bischof Schönherr ließ Bedenken der Kirche mitteilen, weil Fink zwei theologische Prüfungen nicht bestanden hatte. Emeritus William Nagel (geb. 1905) aus Greifswald warnte vor dem Ansehensverlust der Fakultät gegenüber den kirchlichen Ausbildungsstätten (493). Die Sektionsgewerkschaftsleitung schrieb am 15. März 1978:

> »Unter intersektionellen, gewerkschaftlichen Gesichtspunkten möchten wir darauf hinweisen, dass auch die Kollegen Baumbach, Bertinetti und Wächter langjährige Verdienste in Lehre, Forschung und Erziehung haben«.

Umstritten war die Habilitationsarbeit von Fink, die öffentlich nicht zugänglich war, was oft beklagt wurde. Eine erwartete Umarbeitung hat er nie geliefert. Sein Thema »Karl Barth und die Bewegung Freies Deutschland in der Schweiz« war »keine praktisch-theologische, sondern eine rein kirchengeschichtliche Arbeit« (487). Jenssen nennt einige Aufgaben, die Fink übernommen und nicht geliefert hatte: für das Theologischen Lexikon 1981, zum Handbuch der Seelsorge 1983 und zur Geschichte der Theologischen Fakultät Berlin 1985 (489, Anm. 1002).

Kritisch sieht Jenssen die Darstellung Bernhardts »Die Gruppierungen an der Sektion Theologie der Humboldt-Universität« vom 22. September 1978. Zunächst schrieb Bernhardt über die Müller-Gruppe: »Sie orientieren sich an den Traditionen des antifaschistischen Widerstands der Bekennenden Kirche«. Über die andere Gruppe schrieb er:

> »Die Ausgangsposition der Mannen um Jenssen ist günstig: Sie beherrschen zur Zeit die SGL; sie haben unter den Hochschullehrern die Mehrheit. Weiterhin ist es für sie nützlich, dass H. Müller und R. Müller-Streisand durch einige nicht sehr gut überlegte Aktionen wieder stärker in Isolierung geraten sind und es ihren Freunden nicht immer leicht machen« (493 f).

Diese Formulierung ist kaum überparteilich. Dann kritisiert Jenssen Bernhardts unzutreffende Bemerkung, man wolle in Berlin »Maßstäbe auch für die anderen, wissenschaftlich und gesellschaftspolitisch zur Schweigsamkeit neigenden fünf Sektionen Theologie setzen«. Dagegen nennt Jenssen Leistungen, die in den fünf anderen Sektionen vorgelegt worden sind (495). In Linkes Darstellung von 1994 sagte Bernhardt im Rückblick: »Ich muss sagen, dass mir beide Richtungen nicht sympathisch waren, weil sie immer auf Ausschließlichkeit und nicht auf Kooperation angelegt waren« (500).[11] Dagegen erinnert Jenssen an seine vielen Angebote zur Kooperation. Jenssen erkennt aber an, dass Bernhardt sich sowohl für Gerlinde Strohmaier-Wiederanders wie auch für Karl-Wolfgang Tröger eingesetzt hat, obwohl beide sich politisch stark zurückhielten (502 f).

Der Abschnitt »Das Direktorat Fink 1980-1990« schildert Auseinandersetzungen, bei denen Dieter Kraft zunehmend eine Rolle spielte. Jenssen war vor Kraft gewarnt worden und hatte seinerseits den befreundeten Physiker Hans-Jürgen Fischbeck gewarnt. als dessen Tochter das Theologiestudium in Berlin begann (508). An der Wahl im Mai 1984 nahmen 16 Studenten nicht teil. Der stellvertretende Hochschulminister Gerhard Engel schrieb dem Staatssekretär für Kirchenfragen Klaus Gysi (1912-1999) und begründete »die schlechte Wahlbeteiligung der Berliner Theologiestudenten mit mangelhaftem Engagement der CDU-Mitglieder im Lehrkörper der Sektion Theologie« (510). Für das Planjahr 1983/84 sah die Sektionsleitung für Dieter Kraft eine Dozentur vor. Dazu nahm die Gewerkschaft Stellung: »Bei der Beratung des Planes 1982/83 war die Dozentenberufung Dr. Krafts noch nicht im Plan, im Plan 1983/84 wird aber lakonisch festgestellt, dass der Antrag schon gestellt sei, also vor dem jetzigen Planungszeitraum liege«. Diese Behandlung wirft die Frage auf, wozu Planungen noch gemacht werden.

---

11 Siehe Linke: Theologiestudenten … (wie Anm. 3), 423 Anm. 255

»Seit Jahren wurde regelmäßig der Kaderentwicklungsplan beraten, und dieser sah vor, dass Frau Dr. Gaede die fragliche Dozentenstelle erhalten soll. Davon ist nun aber überhaupt nicht mehr die Rede [...]. Diese Behandlung der Angelegenheit bedeutet, unabhängig von den Personen, um die es geht, eine Krise für die gemeinsame Planberatung« (511).

Schon am 6. August 1983 hatte eine gewerkschaftliche Stellungnahme über Kraft geurteilt, dass seine Promotionsthesen »rechthaberisch, intolerant und denunziatorisch« seien (512). Einen »hilfreichen Einfluss« übte die Gewerkschaft zu Gunsten der Berufung Ludwig Wächters als außerordentlichem Professor zum 1. September 1986 aus (519).

Grabenkämpfe brachten auch die Feierlichkeiten anlässlich des 150. Geburtstages Schleiermachers, die die Sektion Theologie am 30./31. Oktober 1984 durchführte. Hans-Georg Fritzsche wurde erst nach Intervention von Jenssen am Vorabend als Redner zugelassen: Dafür sprach am Vormittag zweimal der Marxist Gerd Irrlitz. Jenssen vermutet, dass die besondere Bevorzugung von Irrlitz von Müllers ausging, die ihren Sohn Ernst Müller, der marxistisch-leninistische Philosophie studierte, fördern wollten. Jenssen teilt dazu mit, dass Müllers nach eigenen Worten auch ihre Tochter (Jg.1955) »auf den Eintritt in die SED hin erzogen hätten« (522). SED-Funktionäre konnten das nur in dem Sinne deuten, »dass das Ehepaar sich nur noch nach außen hin christlich gab und innerlich existentiell atheistisch geworden war, also gut als Trojanisches Pferd in der Kirche zu gebrauchen war« (522). 1985 war für eine Wissenschaftlichen Studentenkonferenz der Beitrag: »Verantwortung von Christen und Marxisten für ihre Umwelt«, angemeldet worden. Er durfte nicht vorgetragen werden, der Streit eskalierte, Studenten verließen die Konferenz, beim MfS liegen zwei Berichte von Informanten vor, die an fünf Abteilungen weitergegeben wurden (526 f).

Das Kapitel »Diskussionen um Behördenwillkür bei Besuchsreisen in den Westen 1986« zitiert aus einem Bericht von Kraft:

»Prof. Jenssen hatte in der zentralen Wahlversammlung der Sektion am 14.5.86 geäußert, bei der unterschiedlichen Behandlung der Anträge auf private Besuchsreisen in das NSW handele es sich um eine ›Willkür der Behörden‹. Prof. Jenssen traf diese Feststellung in Ergänzung der Frage eines Studenten« (529).

Der Vorwurf blieb jedoch folgenlos. Jenssen sagt dazu, dass die Machtübernahme Michail Gorbatschows im März 1985 ein Zeichen für die beginnende Auflösung der DDR war, so dass er weder von einem Prorektor noch der Universitätsgewerkschaftsleitung zur Rechenschaft gezogen wurde (530). Um die »sozialistische Wehrerziehung« wurde immer wieder gerungen. 1969 und 1970 hatte Jenssen den neu immatrikulierten Studenten geraten, die Verpflichtungserklärung mit dem Zusatz zu versehen, dass sie nicht an Schießübungen teilnehmen würden. Das wurde zunächst akzeptiert (531). Später wurden keine Ausnahmen geduldet, wodurch sich vermehrt Studenten bei kirchlichen Hochschulen meldeten und der Frauenanteil an der Fakultät stieg. Jenssen bringt dazu Erklärungen von Studenten, die sich 1987 auf Andre Gromyko (1909-1989) und Gorbatschow beriefen. Das Massaker in Peking im Juni 1989 rief Proteste hervor, die sich auch gegen die einseitige Darstellung in den Medien richtete. Bei den Auseinandersetzungen geriet häufig das kirchliche Studentenheim »Johanneum« in den Blick, dessen Ephorus Jenssen seit 1986 war (544).

Jenssen erinnert an die räumliche Unterbringung der Theologen: In den fünfziger Jahren lag das Dekanat in zwei repräsentativen Räumen des Hauptgebäudes, die Bibliothek jedoch im stark beschädigten Dom, der öffentlich zugänglich war, so dass eine Kontrolle der Bestände schwer möglich war. 1974/75 sollte der Dom restauriert werden, weshalb die Sektion umziehen musste. Die Fakultät kam in einer Baracke unter, in der das Dekanat sowie Räume für Vorlesungen und Seminare lagen, obwohl für den Umzug des Dekanats gar keine Gründe vorlagen. Die Bücher wurden verteilt, die Arbeit für alle erschwert. Zur Ausarbeitung einer Geschichte der Theologischen Fakultät Berlin 1985 war rechtzeitig eine Kooperation vereinbart worden. Wohl schrieb Fink als Sektionsdirektor ein Vorwort, blieb jedoch den versprochenen Beitrag über die Geschichte der Praktischen Theologie im 19. Jahrhundert schuldig. Ebenso fehlte der von Müller übernommene Beitrag zur Systematischen Theologie im 20. Jahrhundert. So kam es, dass Rudolf Hermann überhaupt nicht erwähnt wurde! Zudem kämpfte Jenssen gegen die Bezeichnung von Leonhard Fendt (1881-1957) als Nazi sowie gegen Formulierungen, wonach ein Zusammenhang zwischen der Sportpalastkundgebung der Deutschen Christen 1933 und der Fakultät bestehe. Die Darstellung mit ganz verschiedenen Autoren und Urteilen erregte Aufsehen. Dadurch »kam es zu einem Eklat: Die SED verbot den weiteren öffentlichen Verkauf dieses Heftes« (558).

Jenssen bietet »Kritische Anmerkungen zu Selbstdarstellungen von Angehörigen nach der Wende« (559-72), die Äußerungen von Bernhard und Fink in dem Buch von Dietmar Linke gelten. Jenssen vertritt nochmals die These, dass Aktivitäten in der Prager Friedenskonferenz »nach 1970 für politisch motivierte oder mitmotivierte Ernennungen wesentlich förderlicher« waren als »eine CDU-Mitgliedschaft« (560). Er hält Fritzsche, Jenssen, Trebs, Baumbach und Döpmann für die die Müller-Partei störendsten Mitglieder in der Fakultät. Für am meisten benachteiligt hält er die Kollegen in der »Reihenfolge Baumbach und Döpmann, Wächter, Gaede und Strohmaier-Wiederanders« (568). Dazu kommen Herrmann und Raddatz, die dann jedoch in den Westen berufen wurden, sowie auch Tröger (569).

Im Abschnitt über »Die Fusionen mit den Kirchlichen Hochschulen Berlin-Brandenburg und Berlin-Zehlendorf« nennt Jenssen Daten und Personen, aber er berichtet mehr aus der Distanz. Er beschreibt das Problem:

> »Wir als Fakultät bzw. Sektion hatten den zweifelhaften Ruf einer ›roten Fakultät‹ und hatten die Fakultätserklärung vom Oktober 1961, das Absolventenbild 1970 und eine

Reihe weiterer politischer Akklamationen und – wie sich bald herausstellte – zu einem nicht gerade kleinen Teil des Lehrkörpers eine enge Zusammenarbeit mit dem Staatssicherheitsdienst zu verantworten« (576).

Jenssen wurde am 12. April 1991 als Prüfungsvorsitzender bestätigt. Die ursprünglich vorhandenen Spannungen zwischen den Kollegen aus den drei Ausbildungsstätten haben sich »inzwischen erfreulicherweise weitgehend abgebaut« (578). In einer »Persönlichen Schlussbemerkung« bedauert Jenssen nochmals die zweifelhaften Kompromisse, die er und die Fakultät bzw. Sektion eingegangen sind. Er tröstet sich mit dem Gedanken,

> »dass meine Beiträge zur Festigung oder gar Verbreitung des christlichen Glaubens im Rahmen ›Intellektueller Diakonie‹ schon an sich ein Beitrag zur Erosion des atheistischen Marxismus und damit des politischen DDR-Systems sind [...]. Der Gedanke einer Verantwortung vor Gott, die über Tod und Grab hinausreicht, ist unzweifelhaft eine wesentliche Verankerung des Gewissens und bewahrt in wichtigen Entscheidungssituationen davor, die Stimme des Gewissens leichtfertig beiseite zu schieben, sondern veranlasst zu einer aufrichtigen, ernsthaften Abwägung von Motiven, Mitteln und Zielen«.

In Diktaturen gibt es »Abwägungen darüber, inwieweit man sich auf problematische Kompromisse und Akklamationen einlassen darf« (579).

Es gab auch die »Gefahr, bei der Wegsuche durch ein vermintes Gelände ›hochzugehen‹« (581). Jenssen weiß, »dass manche unseren und meinen Weg nicht billigen werden. Über Verständnis oder gar bedingte Zustimmung freue ich mich, mit Unverständnis und Ablehnung muss ich leben« (582).

Ein Druck der 582 Seiten wird kaum möglich sein, aber vielleicht kann man einzelne Episoden zum Abdruck bringen, etwa die Auseinandersetzungen um den Stralsunder Kirchentag 1967 (278-284), den »Reinhold-Seeberg-Bilderstreit« 1968 (310-316), Jenssens Auftritt vor den Physikern am 15. November 1979 (451) oder den Abschnitt über den Kampf um Kadergerechtigkeit in den siebziger Jahren (466-475). Für Zeitgenossen, die jene Jahre bewusst erlebt haben, ist dieser Rückblick auf jeden Fall ein bewegendes und aufschlussreiches Dokument. An den fünf anderen Fakultäten bzw. Sektionen in der DDR ist es jedenfalls kollegialer zugegangen. Eventuelle Kritiker seien an die Warnung erinnert »Wer ohne Sünde ist, der werfe den ersten Stein«. Bei allen mehr oder weniger großen Bedenken wird man Jenssen persönliche Tapferkeit und Glaubwürdigkeit nicht absprechen können.

Mutter der Armen, Schwester der Kranken

Neuerscheinungen zum 800. Geburtstag Elisabeths von Thüringen 2007

Von Armin Kohnle

Elisabeth von Thüringen (1207-1231) zählt zu den wenigen Heiligengestalten des Mittelalters von konfessionenübergreifender Bekanntheit und Akzeptanz.[1] Nach Gründen für dieses außergewöhnliche Phänomen wird man nicht lange suchen müssen: Die anrührend-traurige Lebensgeschichte dieser ungarischen Königstochter, ihr sozial-karitatives Engagement, ihr schweres persönliches Schicksal als junge Witwe und ihr früher Tod sind der Nährboden ihrer bis heute anhaltenden Popularität. Dass die historische Persönlichkeit durch einen Nebel von Legenden fast vollständig verhüllt wird, hat der Bekanntheit der im Alter von nur 24 Jahren gestorbenen Landgräfin von Thüringen eher genützt als geschadet. Das große Interesse auch der evangelischen Seite hat mit Martin Luthers Hochschätzung der heiligen Elisabeth ebenso zu tun wie mit dem Umstand, dass ihr Leben mit den bedeutenden Reformationsstätten Wartburg und Marburg eng verknüpft war.

Jubiläen dienen nicht nur dem Fortschreiten der historischen Forschung,[2] sondern müssen ebenso die Neugier und Erbauung eines nicht in erster Linie wissenschaftlich interessierten Publikums im Blick behalten. Deshalb werden im folgenden Literaturbericht auch solche Veröffentlichungen einbezogen, die nicht primär eine wissenschaftliche Absicht verfolgen, aber auf seriöse Weise der Popularisierung und Verehrung der heiligen Elisabeth dienen wollen. Hier die Grenze zu dem im Rahmen einer wissenschaftlichen Betrachtung nicht mehr Besprechungswürdigen zu ziehen, war allerdings schwierig. Ausgeschieden wurden historische Romane[3] und Unterrichtsmaterialien für den Gebrauch an Schulen.[4] Auch das große Feld der

---

1 Im Folgenden wird unter Angabe der Nummer auf die im Anhang beigegebene Liste der besprochenen Titel verwiesen.

2 Die Sammelbesprechung von Wolfgang BREUL, András KORÁNYI und Lothar VOGEL: Elisabeth von Thüringen (1207-1231): wissenschaftliche Beiträge zum Jubiläumsjahr 2007. Hessisches Jahrbuch für Landesgeschichte 59 (2009), 180-205 berücksichtigt nur wissenschaftliche Literatur im engeren Sinne. Peter GEMEINHARDT: Mehr als Brot und Rosen!: Erträge des Elisabeth-Jahres 2007. Jahrbuch der hessischen Kirchengeschichtlichen Vereinigung 58 (2007), 127-151 bespricht auch einen Teil der eher populären Neuerscheinungen.

3 Sehr erfolgreich, aber ohne wissenschaftlichen Wert ist der 2007 bereits in 9. Auflage erschienene Roman von Johanna HOFFMANN: Die verratene Heilige: das Leben der Landgräfin Elisabeth von Thüringen 1207 bis 1231. Dülmen: Laumann Verlag, 2007. 290 S.

4 Z. B. Jörg GARSCHA; Hartmuth KOCH; Jutta SOLTENDIECK-VURALDI: Elisabeth von Thüringen: Lernzirkel für den Religionsunterricht in der Sekundarstufe. Donauwörth: Auer Verlag, 2006. 69 S. mit Abb. und Kopiervorlagen.

populären Elisabethverehrung, wie sie 2007 in zahlreichen kleinen Ausstellungen,[5] Vorträgen, Wallfahrten, Predigten und erbaulichen Veröffentlichungen unterschiedlichster Art und Qualität zum Ausdruck kam, kann im Folgenden nicht annähernd abgedeckt werden. Auf Kuriositäten wie ein Elisabeth-Onlinespiel,[6] eine Dokumentation der Sondermünzprägung der Bundesbank auf das Elisabeth-Jubiläum[7] oder eine Ausstellung zum Thema »Biologisch erzeugte und fair gehandelte Nahrung für alle«, die an Elisabeths »Speisegesetz«[8] anknüpfte, kann hier nur am Rande hingewiesen werden.

An Darstellungen des Lebens der heiligen Elisabeth herrschte schon vor dem Jubiläumsjahr 2007 kein Mangel. Die einzige Frau des Mittelalters, die in das Werk »Die großen Deutschen« aufgenommen wurde,[9] ist seit dem Ende des 18. Jahrhunderts in allgemeinhistorischer, kunsthistorischer, medizinhistorischer oder kirchenhistorischer Perspektive immer wieder untersucht worden.[10] Sieht man von den zahllosen Titeln ab, die ausschließlich für die Mentalitäts- und Frömmigkeitsgeschichte ihrer Entstehungszeit von Bedeutung sind, lässt sich die ältere Forschung neben der Elisabeth-Biographik im engeren Sinne in folgende Kategorien gruppieren: Untersuchungen und Editionen zur Elisabeth-Hagiographie, Studien zu Elisabeths Ehemann Landgraf Ludwig IV. von Thüringen, Untersuchungen zu Elisabeths Beichtvater Konrad von Marburg, Untersuchungen zur Wirkungsgeschichte Elisabeths sowie zur Geschichte der Elisabeth-Verehrung und der Elisabeth-Ikonographie. Diese Felder der älteren Forschung, die sich naturgemäß teilweise überlappen, sind zunächst in aller gebotenen Kürze abzuschreiten.

---

5 Ohne Anspruch auf Vollständigkeit sei auf die folgenden Ausstellungen verwiesen: Eine der Burgen der Thüringer Landgrafen, die Runneburg bei Weißensee, zeigte eine Sonderausstellung mit dem originalen Armreliquiar der Elisabeth. Das Museum Burg Creuzburg an der Werra, eine weitere Landgrafenburg, wartete gleich mit drei Ausstellungen auf: Zeitgenössische Kunst zum Elisabeth-Jubiläum; Elisabeth von Thüringen – Lob der Frauen – Frauen im Mittelalter; Elisabeth von Thüringen auf der Creuzburg. Ausstellungen gab es auch auf der ehemaligen Landgrafenburg Schloss Neuenburg sowie in Erfurt. Die evangelischen Kirchen und diakonischen Werke in Hessen veranstalteten eine Wanderausstellung »Krone, Brot und Rosen – 800 Jahre Elisabeth von Thüringen (1207-2007)«, die durch zahlreiche Städte ging und inzwischen als Dauerausstellung auf Burg Pottenstein in Franken gezeigt wird (vgl. http://http://www.burgpottenstein.de/index.php?id=10). Eine Ausstellung zur Darstellung Elisabeths in der Spalatin-Chronik zeigte die Landesbibliothek Coburg (http://www.landesbibliothek-coburg.de/elisabeth.htm).

6 Vgl. http://www.ekkw.de/elisabethjahr/spiel/.

7 https://www.frankenjura.com/bike/news/artikel/565.

8 http://www.akdk.de/Unterseiten/Ausstellungen/elisabetht.htm.

9 Reinhold SCHNEIDER: Elisabeth von Thüringen 1207-1231. In: Die Großen Deutschen: deutsche Biographie/ hrsg. von Hermann Heimpel, Theodor Heuss und Benno Reifenberg. Bd. 1. Berlin 1956, 130.153. Wieder abgedruckt in Nr. 18, 11-81.

10 Die wichtigste ältere Literatur erfasst Erika DINKLER-VON SCHUBERT: Elisabeth von Thüringen (1207-1231). TRE 9 (1982), 513-520. Für das Folgende ist außerdem heranzuziehen: Heinrich HERMELINCK: Ein Jahrhundert Elisabeth-Forschung. ThR NF 4 (1932), 21-38.

I Elisabeth-Forschung des 19. und 20. Jahrhunderts

Am Anfang der modernen Elisabeth-Biographik im engeren Sinne stand die 1797 erschienene Arbeit des Marburger Pfarrers und Professors Karl Wilhelm Justi, die 1835 eine erweiterte und umgearbeitete Neuauflage erlebte.[11] »Justi schreibt als Protestant und Rationalist«, formulierte im Jahr 1861 Franz Xaver Wegele, der Justi zwar »historischen Sinn und ungetrübtes Urtheil« nicht völlig absprach, aber seine unkritische Benutzung der Quellen bemängelte.[12] Immerhin bemühte sich Justi um die Berücksichtigung aller in seiner Zeit bekannter Überlieferungen zur heiligen Elisabeth. Für das 19. Jahrhundert wie für die nachfolgende Elisabeth-Literatur bis in unsere Tage stellt die Behandlung der Elisabeth-Traditionen das zentrale Problem dar. Unreflektierte Übernahme von Legendarischem unterschied damals und unterscheidet heute die wissenschaftliche von der populären Elisabeth-Literatur. Erfolgreicher waren seit jeher die Autoren, die sich am Legendenstoff der Elisabeth-Viten ohne Skrupel bedienten.

Als Exponent dieser legendarischen Richtung kann der liberale Politiker und Historiker Graf Charles de Montalembert genannt werden, dessen 1836 erschienene, auf Erbauung eines katholischen Lesepublikums abzielende romantisierende Geschichte der heiligen Elisabeth in mehreren europäischen Sprachen verbreitet war, in deutscher Übersetzung zahlreiche Auflagen erlebte und 1930 noch einmal nachgedruckt wurde.[13] Dieses Werk darf als die erfolgreichste Elisabeth-Biographie des 19. und frühen 20. Jahrhunderts gelten. Einen Gegenentwurf lieferte der evangelische Pfarrer Gustav Simon,[14] dessen Biographie des Landgrafen Ludwig und seiner Gemahlin Elisabeth zwar den wissenschaftlichen Standards seiner Zeit viel besser entsprach, aber trotzdem über eine einzige Auflage nicht hinauskam. Erst seit dem zweiten Drittel des 20. Jahrhunderts wurde Montalembert auf katholischer

11 Karl W. Justi: Elisabeth die Heilige, Landgräfin von Thüringen und Hessen. Zürich 1797; ders.: Elisabeth die Heilige, Landgräfin von Thüringen und Hessen: nach ihren Schicksalen und ihrem Charakter dargestellt. Marburg 1835. In der Neuauflage weist Justi (ebd, VII) darauf hin, dass er die erste Elisabeth-Biographie seit P[ére] Archange: La vie de Sainte Elisabeth. Paris 1692, verfasst habe.

12 Franz X. Wegele: Die hl. Elisabeth von Thüringen. Historische Zeitschrift 5 (1861), 351-397, Zitate 356.

13 [Charles Forbes] Comte de Montalembert: Histoire de Sainte Elisabeth de Hongrie, Duchesse de Thuringe (1207-1231), Paris 1836; deutsch: Leben der heiligen Elisabeth von Ungarn, Landgräfin von Thüringen und Hessen. Aus dem Französischen von J. Ph. Städler. 3. Aufl. Einsiedeln 1898 (zuerst 1837). Eine »wohlfeile« Ausgabe der Übersetzung von E. Hermeling erreichte 1864 bereits die 5. Auflage.

14 Gustav Simon: Ludwig IV., genannt der Heilige, Landgraf von Thüringen und Hessen und seine Gemahlin, die hl. Elisabeth von Ungarn: ein Lebensbild aus dem Zeitalter Kaiser Friedrichs II. Frankfurt am Main: Heinrich Ludwig Brönner, 1854.

Seite durch neuere Arbeiten allmählich abgelöst.[15] Die Elisabeth-Jahre 1931 (700. Todesjahr)[16] und 1981 (750. Todesjahr)[17] sowie die 700-Jahrfeier der Weihe der Marburger Elisabethkirche 1983[18] haben wichtige Publikationen angeregt, die auch heute noch als grundlegend gelten dürfen. Populäre Darstellungen erschienen in den letzten Jahrzehnten aber immer auch unabhängig von Elisabeth-Jubiläen in größerer Zahl.[19]

Die maßgeblichen Quellen zur Biographie der heiligen Elisabeth waren bereits Justi bekannt.[20] Quellenkritische Studien wurden schon in der älteren Literatur angestellt. Das vor allem im Zuge und zur Beförderung ihrer Heiligsprechung entstandene, auch der älteren Forschung schon verfügbare Material ist seither kaum um maßgebliche neue Texte vermehrt worden.[21] Die vier wichtigsten zeitgenössischen Berichte, die jeder Beschäftigung mit der Heiligen zugrundeliegen müssen, sind die Viten des Konrad von Marburg, des Cäsarius von Heisterbach und des Dietrich von Apolda sowie der sog. »Libellus«, der Zeugenaussagen aus dem persönlichen Umfeld der Heiligen versammelt. Für die Wirkungsgeschichte Elisabeths während des Mittelalters waren außerdem die Wunderberichte der »Legenda aurea« von großer Bedeutung.

Konrad von Marburgs »Summa vitae« aus dem Jahr 1232 konzentriert sich auf die letzten fünf Lebensjahre Elisabeths und wurde im Zusammenhang mit Konrads Bemühungen um eine Heiligsprechung an den Papst übersandt. Im Zusammenhang mit der Zeugenbefragung für den Heiligsprechungsprozess entstand das »Büchlein über die Aussagen der vier Dienerinnen« (»Libellus de dictis quatuor ancillarum

15 Zu nennen wären etwa Alban Stolz: Die heilige Elisabeth: ein Buch für Christen. Freiburg im Breisgau 1911 und Maria Maresch: Elisabeth von Thüringen: Schutzfrau des deutschen Volkes. Bonn 1931.

16 Außer der in der vorigen Anm. genannten Arbeit von Maresch vgl. auch Elisabeth Busse-Wilson: Das Leben der Heiligen Elisabeth von Thüringen: das Abbild einer mittelalterlichen Seele. München 1931.

17 Zur Marburger Ausstellung von 1981/82 erschien der Begleitband: Sankt Elisabeth: Fürstin, Dienerin, Heilige. Aufsätze, Dokumentation, Katalog/ hrsg. von der Philipps-Universität Marburg in Verb. mit dem Hessischen Landesamt für geschichtliche Landeskunde. Sigmaringen 1981. Im Umfeld dieses Jubiläumsjahrs erschien eine Reihe weiterer Titel: So also, Herr …: Elisabeth von Thüringen 1207-1231. Frankfurt am Main 1982; Kaspar Elm: Elisabeth von Thüringen: Persönlichkeit, Werk und Wirkungen. Marburg 1982.

18 700 Jahre Elisabethkirche in Marburg: 1283-1983. 8 Teilbde. Marburg 1983.

19 Aus der großen Zahl von Elisabeth-Biographien der 2. Hälfte des 20. Jahrhunderts seien nur die folgenden beiden, weitverbreiteten Titel genannt: Walter Nigg: Elisabeth von Thüringen: die Mutter der Armen. Mit Bildern von Helmuth Nils Loose. Freiburg im Breisgau 1979; Walter Nigg; Guenter Hoppe: Elisabeth, Landgräfin von Thüringen (Schriften der Wartburg-Stiftung Eisenach 2). Eisenach 1984; dasselbe Jena 1991.

20 Eine erste, noch immer lesenswerte Sichtung der Quellen bei Justi: Elisabeth … 1835 (wie Anm. 11), XVIII–LXXXIV.

21 Vgl. etwa Albert Huyskens: Quellenstudien zur Geschichte der hl. Elisabeth, Landgräfin von Thüringen. Marburg 1908.

S. Elisabeth confectus«), in dem Aussagen der Hofdamen Isentrud von Hörselgau und Guda sowie der Marburger Hospitalschwestern Elisabeth und Irmengard zusammengetragen sind, die Mildtätigkeit und Wunder der Heiligen bezeugten. Die kürzere Fassung stammt von etwa 1235, eine erweiterte Fassung wurde einige Jahre später niedergeschrieben. Auf der Kurzfassung beruhte wiederum eine anonyme Zwettler Vita, die allerdings keine weite Verbreitung fand. Diese im Zuge des Heiligsprechungsverfahrens entstandenen Quellen konnten in der Elisabeth-Biographie des Zisterziensermönchs und Chronisten Cäsarius von Heisterbach, die im Auftrag des Priors des Deutschen Ordens in Marburg verfasst wurde, bereits verarbeitet werden. Sein »Leben Elisabeths« wurde 1237 abgeschlossen. Die am Ende des 13. Jahrhunderts entstandene Elisabeth-Vita des Erfurter Dominikaners Dietrich von Apolda (»Vita sanctae Elyzabeth«) verarbeitete die in seiner Zeit bekannten Überlieferungen zu einer veritablen Heiligenvita und trug zur Popularisierung der Person und zur Verbreitung von Elisabeth-Legenden maßgeblich bei. Alle vier Texte des 13. Jahrhunderts kursierten bereits vor dem Elisabeth-Jubiläum von 2007 in diversen lateinischen Ausgaben und deutschen Übersetzungen.[22]

Landgraf Ludwig IV. von Thüringen interessierte die Forschung als energischer Territorialherrscher und Kreuzfahrer, aber fast noch mehr als Ehemann der heiligen Elisabeth: Ludwig und Elisabeth – das Traumpaar des 13. Jahrhunderts! Zwar währte die Ehe, aus der drei Kinder hervorgingen, nur wenige Jahre, doch diese waren glückliche Jahre eines Paares, das – entgegen der Intentionen bei der Anbahnung – nicht nur aus machtpolitischen Gründen, sondern aus Liebe miteinander verbunden war. Dass die Eheleute auch in ihrer Frömmigkeitshaltung, vor allem hinsichtlich des strengen Armutsideals und der Mildtätigkeit, völlig übereinstimmten, scheint hingegen weniger sicher. Zwei Szenen, die das Verhältnis des Landgrafen zu seiner Frau illustrieren, fehlen in keiner Darstellung: das sog. »Rosenwunder«, wonach Elisabeth gegen den ausdrücklichen Wunsch ihres Mannes einen Korb mit Brot zu den Armen gebrachte habe, dabei von ihrem Mann ertappt und zum Aufdecken des Korbs gezwungen wurde, wo sich das Brot aber in Rosen verwandelt hatte. Auch der anrührende Abschied des Ehepaares, als Ludwig 1227 zum Kreuzzug aufbrach, gehört zu den beliebtesten Szenen dieser Ehe. Ludwigs Heiligenleben aus der Feder seines Kaplans Berthold, erhalten nur in einer mittelhochdeutschen

22 Erwähnt seien hier lediglich: ELISABETH VON THÜRINGEN: die Zeugnisse ihrer Zeitgenossen/ hrsg. von Lee Maril. Einsiedeln; Zürich; Köln 1960; DAS LEBEN DER HEILIGEN ELISABETH VON EINEM UNBEKANNTEN DICHTER AUS DEM ANFANG DES 14. JAHRHUNDERTS/ aus dem Mittelhochdeutschen übersetzt und hrsg. von Manfred Lemmer. Graz 1981 (2. Aufl. 1982); LEBEN UND LEGENDE DER HEILIGEN ELISABETH: nach Dietrich von Apolda. Übersetzt und mit einem Nachwort versehen von Rainer Kößling. Frankfurt am Main; Leipzig 1997.

Übersetzung aus dem ersten Viertel des 14. Jahrhunderts,[23] wurde und wird als ergänzende Quelle zur Geschichte Elisabeths immer wieder herangezogen.

Im Unterschied zum jugendlich-heldenhaften Landgrafen steht Konrad von Marburg, der strenge Asket und Visitator des deutschen Klerus, der unbarmherzige Ketzerverfolger und Beichtvater Elisabeths eher im Ruf einer düsteren Persönlichkeit.[24] Das Verhältnis der Heiligen zu dem »Großinquisitor« hat auf die Literatur seit jeher eine gewisse Faszination ausgeübt und immer wieder Anlass zu Betrachtungen über psychologische Abhängigkeiten und das Geschlechterverhältnis im späteren Mittelalter geliefert.

Die Geschichte der Verehrung der heiligen Elisabeth und die Elisabeth-Ikonographie nahmen schon immer einen wichtigen Platz in der Elisabeth-Literatur ein. Kaum ein Band der jüngeren Vergangenheit verzichtete auf die Wiedergabe von Bildzeugnissen, die das Leben der Heiligen, ihre Wunder oder ihre Verehrung in unterschiedlichen geographischen Räumen zu unterschiedlichen Zeiten illustrieren. Das Elisabeth-Bild in der Kunst wurde mehrfach untersucht.[25]

In die Tradition der älteren Elisabeth-Forschung reihen sich auch die Neuerscheinungen zum Elisabeth-Jahr 2007 bruchlos ein.

II Der Ertrag des Elisabeth-Jahres 2007

Vor dem Hintergrund dieses notgedrungen kursorischen und unvollständigen Durchgangs durch die ältere Elisabeth-Forschung lässt sich der Ertrag des Jahres 2007 präziser beurteilen und einordnen. In die folgende Auswahl eingegangen sind Titel oder Neuauflagen mit den Erscheinungsjahren 2006 bis 2008, von denen anzunehmen ist, dass sie in unmittelbarem Zusammenhang mit dem Jubiläum entstanden oder neu aufgelegt wurden.[26] Das wissenschaftliche Niveau und die kirchenhistorische Zuverlässigkeit der Neuerscheinungen sind naturgemäß sehr unterschiedlich. Populäre Darstellungen, die vor allem unterhalten oder erbauen

23 Das Leben des heiligen Ludwig, Landgrafen von Thüringen, Gemahls der heiligen Elisabeth: nach der lateinischen Urschrift übersetzt von Friedrich Ködiz von Salfeld/ hrsg. von Heinrich Rückert. Leipzig 1851.

24 Matthias Werner: Die heilige Elisabeth und Konrad von Marburg. In: Sankt Elisabeth: Fürstin, Dienerin, Heilige … (wie Anm. 17), 45-70; Martin Scharfe: Die Heilige und ihr Zuchtmeister: ein Marburger Bild zum Geschlechterverhältnis. Vortrag anläßlich des 31. Deutschen Volkskundekongresses 1997 in Marburg (Marburger Universitätsreden; 22). Marburg 1998.

25 Zum Beispiel Brigitte Rechberg: Die heilige Elisabeth in der Kunst: Abbild, Vorbild, Wunschbild. Ausstellung im Marburger Universitätsmuseum für Bildende Kunst. Marburg 1983.

26 Die im Folgenden im Text nur abgekürzt zitierten Titel werden mit Nummern versehen, die auf die Liste der besprochenen Titel in Abschnitt 4 verweisen. Die bereits 1997 erschienene Übersetzung Kößlings (Nr. 4) wird herangezogen, weil sie als Hintergrund der Arbeit von Heiland-Justi (Nr. 5) benötigt wird.

wollen, stehen neben seriösen Arbeiten, denen es gut gelingt, den Inhalt auf dem Stand der aktuellen Forschung an ein breiteres Publikum weiterzugeben. Wissenschaftliche Spezialuntersuchungen finden sich unter den neu erschienenen Titel nur vereinzelt.

a) Quellen

Wie oben festgestellt,[27] herrschte schon vor dem Jubiläumsjahr kein Mangel an Editionen der wesentlichen Quellen zum Leben der Elisabeth. Auf diesem Feld hat das Elisabeth-Jahr 2007 aber weitere Fortschritte erbracht und die Zugänglichkeit der Texte deutlich erhöht. An erster Stelle zu nennen sind die Neueditionen der Elisabeth-Viten, insbesondere des Cäsarius von Heisterbach und des Dietrich von Apolda.

Gleich vier zentrale Texte der Elisabeth-Biographik vereinigt der von Ewald Könsgen herausgegebene Band über das Leben der heiligen Elisabeth (Nr. 1). Neben der »Vita sancte Elysabeth« des Cäsarius von Heisterbach, die den größeren Teil des Bandes einnimmt, werden der ebenfalls von Cäsarius stammende »Sermo de translatione beate Elyzabeth«, die »Summa vitae« des Magisters Konrad von Marburg und der »Libellus de dictis quatour ancillarum sanctae Elisabeth confectus«[28] jeweils lateinisch mit moderner deutscher Übersetzung wiedergegeben. Die Texte sind sparsam kommentiert und mit einigen Abbildungen der Reliefs des Elisabethschreins zu Marburg illustriert. Der Band ist ein nützliches Arbeitsinstrument für die künftige Elisabeth-Forschung und ermöglicht auch einem breiteren, des Lateinischen nicht mächtigen Publikum den Zugriff auf die vollständigen Quellentexte.

Die elaborierteste Elisabeth-Vita, die nicht nur an Wundern, sondern auch an biographischen Details interessiert ist, verfasste der aus dem thüringischen Adel stammende Mönch Dietrich von Apolda. Eine kritische Textausgabe liegt von der Hand Monika Reners bereits seit 1993 vor.[29] Hinzu kommt nun von derselben Autorin eine gut lesbare zweisprachige Ausgabe, deren lateinischer Text auf der kritischen Edition beruht (Nr. 2). Die Ausgabe ist sparsam kommentiert, löst Bibelstellen aber auf. Diese erste zweisprachige Edition der Elisabeth-Vita des Dietrich von Apolda sollte künftig als Textbasis verwendet werden, wo nicht auf die kritische Ausgabe des lateinischen Textes unmittelbar zurückgegriffen werden soll.

Etwas aus dem Rahmen üblicher Quelleneditionen fällt die Arbeit von Werner Heiland-Justi (Nr. 5), die den Text und die Illustrationen einer 1481 im Klarissenkloster in Freiburg im Breisgau angefertigten und mit 14 Miniaturen geschmückten

27 Vgl. oben bei Anm. 22.

28 Dazu auch Ingrid WÜRTH: Die Aussagen der vier Dienerinnen im Kanonisationsverfahren Elisabeths von Thüringen (1235) und ihre Überlieferung im Libellus. Zeitschrift des Vereins für Thüringische Geschichte 59/60 (2005/6), 7-74.

29 DIE VITA DER HEILIGEN ELISABETH DES DIETRICH VON APOLDA/ hrsg. von Monika Rener (Veröffentlichungen der Historischen Kommission für Hessen; 53). Marburg 1993.

Handschrift wiedergibt. Schreiberin war die Nonne Elisabeth, die Illustrationen stammen von der Nonne Sibilla von Bondorf.

Bereits 1997 hatte Rainer Kößling diese in Leipzig liegende Handschrift benutzt und daraus die Lebensbeschreibung der heiligen Elisabeth in moderner deutscher Übersetzung zum Druck gebracht (Nr. 4). Auf eine genauere Einordnung dieses Textes (eine Bearbeitung der Elisabeth-Vita des Dietrich von Apolda) in die Elisabeth-Hagiographie verzichtete Kößling. Auch sind seinem Nachwort keine Angaben über das in der Handschrift enthaltene weitere Quellenmaterial zu entnehmen. Heiland-Justi (Nr. 5) liefert nun gleichsam die Ergänzung zu Kößlings Übersetzung. Den aktuellen Hintergrund bildet ein längerer Rechtsstreit, in dem die Familie Justi, in deren Besitz sich die Handschrift seit den Zeiten des genannten Elisabeth-Biographen Karl Wilhelm Justi[30] bis 1975 befand, ihren Besitzanspruch gegen das deutsche Buch- und Schriftmuseum in Leipzig erfolgreich durchgesetzt hat (vgl. S. 11 f). Die Handschrift verbleibt allerdings weiterhin in Leipzig.

Auf die Wiedergabe des Textes der Elisabeth-Vita verzichtet Heiland-Justi, der sich auf die von Kößling nicht berücksichtigten Teile der Handschrift konzentriert. Darunter findet sich ein angeblich von Elisabeth stammendes Ave Maria, das im Wortlaut (S. 13) und in modernem Deutsch (S. 14) wiedergegeben wird. Es folgt eine längere Nacherzählung des Lebens der Heiligen und ein etwas umständlicher Vergleich eines »Gebets des Kartäusers«, als dessen Verfasser Gregor Reisch identifiziert wird, mit dem »Libellus de dictis quatuor ancillarum«, der von Reisch offensichtlich benutzt wurde. Schließlich folgen eine wortgetreue Edition des »Gebets« in einem allemannisch gefärbten spätmittelalterlichen Deutsch (vgl. S. 72-74) und ein angeblich ebenfalls von Elisabeth stammendes »Gaude Zion« (S. 84 f). Nicht nur die unzutreffende Zuschreibung von Texten an die Heilige, sondern auch die mangelnden Lateinkenntnisse des Bearbeiters, der kein professioneller Historiker zu sein scheint, beeinträchtigen die Qualität des Bandes erheblich. Eine kritische Auseinandersetzung mit den vorliegenden Traditionen wird an keiner Stelle versucht. Für die heilige Elisabeth selbst bietet der Band deshalb wenig Neues. Die Arbeiten Kößlings und Heiland-Justis zusammengenommen sind für die Elisabeth-Verehrung im ausgehenden Mittelalter aber durchaus von Interesse.

Als Gesamtübersicht über die zu Elisabeth von Thüringen erhaltenen Quellen ist die von Sylvia Weigelt herausgegebene Quellenkunde verdienstvoll (Nr. 3). Die Arbeit listet in drei Abschnitten zunächst die mittelalterlichen Urkunden, Briefe und Berichte auf, in denen Informationen zu Elisabeth enthalten sind, kommt dann zu den im Kontext des Heiligsprechungsverfahrens entstandenen Zeugnissen und schließlich zu den Elisabeth-Viten und Lebenszeugnissen bis zum Beginn des 16. Jahrhunderts. Als Leitfaden und Quellenkunde sind schon diese Listen, die nicht

30 Vgl. oben bei Anm. 11.

vollständig sein können und die leider in vielen Fällen auf die Angabe von Fundstellen der Texte verzichten, von Wert. Bildzeugnisse werden nicht berücksichtigt.

Den größeren Teil des Bändchens füllt eine Edition ausgewählter, ins Neuhochdeutsche übertragener Quellen. Darunter finden sich vielfach abgedruckte Stücke wie der »Libellus« mit den Aussagen der vier Dienerinnen oder das Elisabeth-Leben des Cäsarius von Heisterbach (jeweils in Auszügen), aber auch seltener oder noch nie edierte Texte wie das im ersten Drittel des 14. Jahrhunderts entstandene Leben des heiligen Ludwig, des Friedrich Köditz von Salfeld (S. 85-90) oder das in der Mitte des 14. Jahrhunderts verfasste Elisabethleben des Hermann von Fritzlar (S. 90-97). Die oben genannte Handschrift von 1481 (vgl. Nr. 4 und 5) ist der Herausgeberin entgangen. Dennoch kann dieser Versuch, einen Gesamtüberblick über die schriftlichen Quellen zu Elisabeth zu geben, mit Gewinn benutzt werden.

Der Vollständigkeit halber sei erwähnt, dass mittlerweile auch das Elisabethleben des Johannes Rothe aus Reinhardsbrunn (1360-1434)[31] und die Darstellung der Heiligen in der Chronik Georg Spalatins[32] in Editionen greifbar sind.

b) Ausstellungen

Hauptereignis des Elisabeth-Jahres war die von Juli bis November 2007 auf der Wartburg und in der Eisenacher Georgenkirche gezeigte Thüringische Landesausstellung »Elisabeth von Thüringen – eine europäische Heilige« (Nr. 10). Die Dokumentation besteht aus zwei schwergewichtigen Bänden, die ohne Zweifel als die wichtigsten Neuerscheinungen zum Elisabeth-Jubiläum angesprochen werden müssen. Beide Bände sind aufwendig gestaltet, farbig illustriert und sorgfältig redigiert. Ihr Inhalt kann hier nicht annähernd vollständig referiert werden.

Allein am Katalogteil waren etwa 125 Autorinnen und Autoren beteiligt; er bietet alles, was man von einem Ausstellungskatalog erwarten kann: präzise Beschreibung der Exponate, qualitätsvolle Abbildungen, erläuternde Stammtafeln und Karten. Die Exponate werden in elf thematischen Kapiteln präsentiert, die jeweils mit einer historischen Einleitung versehen sind: I.: Elisabeth als Angehörige des europäischen Hochadels; II.: Der Thüringer Landgrafenhof zur Zeit Elisabeths; III.: Hinwendung zur religiösen Armutsbewegung; IV.: Die Heiligsprechung – ein juristisches Verfahren; V.: Anfänge und erste Verbreitung des Kultes; VI.: Das Leitbild evangelischer Armut – die vielen Seiten der Elisabeth-Verehrung; VII.: Elisabeth-Verehrung in der spätmittelalterlichen Stadt; VIII.: Europäischer Horizont

31 JOHANNES ROTHES ELISABETHLEBEN/ hrsg. von Martin J. Schubert und Annegret Haase, Berlin 2005.

32 Silvia PFISTER: Elisabeth von Thüringen (7.7.1207 – 17.11.1231): die Darstellung der frommen Landgräfin in der Spalatinchronik. Aus Anlass des 800. Geburtstages präsentiert von der Landesbibliothek Coburg 9.7. bis 14.9.2007. Coburg 2007 (Typoskript). Die frühneuhochdeutschen Texte der Spalatinchronik und modernisierte Übertragungen sind hier einander gegenübergestellt.

und regionale Bezüge – die Elisabethtexte des Spätmittelalters; IX.: Luther und die Reformation; X.: Elisabeth in der frühen Neuzeit; XI.: Elisabeth in der Moderne. Kaum ein Aspekt der Elisabeth-Thematik, der in diesem Katalog nicht angesprochen würde. Elisabeth selbst und ihre Zeit nehmen freilich nur den kleineren Teil des Platzes ein. Die Wirkungsgeschichte Elisabeths übersteigt die Bedeutung der historischen Persönlichkeit bei weitem.

Das mit dem sich ausbreitenden Elisabeth-Kult stetig wachsende Interesse an Elisabeth als einer Heiligen, die das Frömmigkeitsideal des frühen 13. Jahrhunderts in idealer Weise verkörperte, spiegelt sich auch im Aufsatzteil. Der Reigen der Autoren illustriert zudem die europäische Dimension der Elisabeth-Verehrung. Der Band möchte »als zentraler Beitrag zum Elisabethjahr 2007 die neuesten Ergebnisse der internationalen Elisabeth-Forschung bündeln und damit zugleich Grundlagen wie Anstöße für künftige Forschungen liefern« (S. 9). Dies wird in 43 Beiträgen, die in sieben thematischen Abschnitten gruppiert sind, tatsächlich erreicht: 1. Das frühe 13. Jahrhundert – die Zeit der heiligen Elisabeth; 2. Ungarn, Thüringen und Marburg – die Lebensstationen; 3. Frömmigkeit, Spiritualität und Armenfürsorge; 4. Heiligsprechung und früher Kult; 5. Die vielfältigen Formen der Elisabeth-Verehrung vom 13. bis 15. Jahrhundert; 6. Elisabeth in nachreformatorischer Zeit; 7. Wiederentdeckung und Popularisierung in der Moderne. Längsschnittuntersuchungen und punktuelle Tiefenbohrungen stehen in den Aufsätzen nebeneinander, geben insgesamt aber ein detailreiches Bild der Heiligen und insbesondere ihrer Verehrung und Wirkungsgeschichte.

Der durchgehend farbig bebilderte »Kurzführer« (Nr. 11) bietet eine kompakte, mit knappen Texten und Abbildungsunterschriften versehene Rekapitulation der Höhepunkte der Wartburg-Ausstellung. Zwar ist das Heft nicht in der Erzählform gehalten, die die populäre Elisabeth-Literatur des Jahres 2007 dominiert, es kombiniert aber zuverlässige historische Information mit einer qualifizierten Präsentation ausgewählter Exponate. Wer eine knappe, aber anschauliche und wissenschaftlich zuverlässige Belehrung über Elisabeth von Thüringen, ihre Heiligsprechung und ihren Kult sucht, sollte am ehesten zu diesem Heft greifen.

Während die große Elisabeth-Ausstellung auf der Wartburg gezeigt wurde, war im Landgrafenschloss Marburg eine Referenzausstellung zu sehen, die unter dem Titel stand: »Elisabeth in Marburg. Der Dienst am Kranken« (Nr. 9). Im Mittelpunkt stand Elisabeths Marburger Hospitalgründung und die dadurch begründete Tradition der Krankenpflege in Marburg und darüber hinaus. Der Begleitband vereinigt Berichte über archäologische Grabungen im Umfeld der heutigen Elisabethkirche, dort, wo das von Elisabeth gegründete Hospital einmal gestanden hat. Beiträge über Medizin und Krankenversorgung im Mittelalter, das Hessische Hohe Hospital Haina in der frühen Neuzeit, die Entwicklung des Krankenhauses vom 18. bis in das 20. Jahrhundert und das Krankenhaus der Gegenwart runden den Band ab, der zu Elisabeth selbst eher wenig beizutragen hat, um so mehr aber zu der Tradition der Krankenpflege in Marburg und in Deutschland.

Die evangelischen Kirchen und diakonischen Werke in Hessen präsentierten in Kooperation mit dem hessischen Staatsarchiv Marburg die Wanderausstellung »Krone, Brot und Rosen«, die an etwa 100 Orten in Deutschland und anderen europäischen Ländern gezeigt wurde (Nr. 13). Neben der Biographie Elisabeths finden auch ihre Heiligsprechung und die Geschichte des Elisabeth-Kultes bis in die Gegenwart eine angemessene Berücksichtigung. Zur Erstinformation ist der attraktiv aufgemachte Band durchaus geeignet.

c) Biographien und Bildbände

Ein Klassiker der Elisabeth-Biographik ist das in der Reihe »Persönlichkeit und Geschichte« zuerst 1984 erschienene Bändchen des Freiburger Mediävisten Norbert Ohler. Anlässlich des Elisabeth-Jubiläums kam eine 4. Auflage auf den Markt (Nr. 16). Die Aufmachung des inhaltlich zuverlässigen Bandes spiegelt die Ästhetik der 1980er Jahre noch deutlich wider. Das Literaturverzeichnis ist allerdings auf dem Stand der 2. Auflage von 1992 stehengeblieben.

Die durch ein Grußwort des Thüringer Ministerpräsidenten Dieter Althaus geadelte Elisabeth-Biographie Wilfried Warsitzkas (Nr. 19) bietet eine durchaus gelungene, ausführliche Geschichtserzählung. Eine Problematisierung oder kritische Analyse sind allerdings nicht intendiert. Lücken in der historischen Überlieferung werden nicht selten mit Phantasie aufgefüllt. Die schwarzweiße Bebilderung ist ziemlich wahllos sämtlichen historischen Epochen entnommen. Da ein Abbildungsverzeichnis fehlt, bleibt man bei manchen Illustrationen etwas ratlos hinsichtlich des Abgebildeten.

Die von Ulrich Kneise fotografierte und von Jutta Krauß mit einem knappen und lesbaren Text versehene, kleinformatige »Bilderreise« durch Ungarn, Deutschland, Italien und die Slowakei (Nr. 8) ist hingegen ein gelungenes Beispiel des Zusammenspiels von Text und Bild. Dabei dominieren die Abbildungen deutlich. Sie führen an den Lebensstationen der heiligen Elisabeth entlang, schließen aber auch solche Orte ein, die nur indirekt mit Elisabeth zu tun hatten (Assisi als Ausgangspunkt franziskanischer Frömmigkeit, die italienischen Stationen Ludwigs IV. auf dem Weg in das Heilige Land, Perugia als Ort, an dem Elisabeths Heiligsprechung verkündet wurde).

Auf ein breites, katholisch geprägtes Publikum berechnet ist die Elisabeth-Biographie von Helmut Zimmermann und Eckard Bieger (Nr. 20). Das Leben der Heiligen wird in das Frömmigkeitsmilieu des 13. Jahrhunderts eingebettet und durch thematische Kapitel zur Heiligsprechung, zur Elisabeth-Verehrung, zu ihrer Darstellung in der Kunst und zu ihrer weiteren Wirkungsgeschichte ergänzt. Eigene Kapitel behandeln die Personen im Umfeld der Heiligen und die Elisabeth-Wunder der »Legenda aurea«. Insgesamt versucht der Band, die Waage zu halten zwischen belastbarer historischer Information und Erbauung des Lesers. Ein ähnliches Anliegen verfolgt das kleinformatige Bändchen des Mitglieds der franziskanischen Gemeinschaft Gerald Jaksche (Nr. 12). Das Leben der »Terziarin« Elisabet wird kompakt vorgetragen, ein Anhang liefert knappe Auszüge aus den Elisabeth-Viten. Der Text ist mit historischen Holzschnitten illustriert, über deren Herkunft man hätte sagen dürfen, dass sie der 1520 in Erfurt gedruckten »Cronica sant Elisabeth« entnommen sind.

Die Elisabeth-Biographie von Christian Zippert und Gerhard Jost (Nr. 21) reiht über weite Strecken Auszüge aus den Elisabeth-Viten aneinander und verbindet sie nicht ungeschickt zu einem gut lesbaren Text. Die Verehrung der Heiligen vom Mittelalter bis in die Gegenwart wird in einem eigenen Kapitel behandelt und mit Zitaten bereichert, die insbesondere die evangelische Elisabethverehrung veranschaulichen. Sein besonderes Gepräge erhält das Buch durch die zahlreichen farbigen Illustrationen, die das Leben der Heiligen und ihre künstlerische Verarbeitung, gelegentlich aber auch den zeithistorischen Kontext beleuchten. Dabei werden mittelalterliche Darstellungen und Kunstwerke ebenso zur Veranschaulichung eingesetzt wie die Historienmalerei des 19. Jahrhunderts.

Textlastiger, detailreicher und durch eingeschossene Farbabbildungen sparsamer illustriert ist die Elisabeth-Biographie von Daria Barow-Vassilevitch (Nr. 7). Das Buch erzählt über weite Strecken die Elisabeth-Legenden nach und hat ein besonderes Interesse an Elisabeths Ehe mit Ludwig. Ein tieferes Verständnis der historischen und kirchenhistorischen Zusammenhänge zeigt die Autorin selten; ein germanistisches Interesse scheint gelegentlich durch. Das Nachleben der Heiligen bis zur Gegenwart wird in einem längeren Abschnitt abgehandelt. Dies ist der stärkste Teil des Buches.

Gleich vier Bischöfe, je zwei von katholischer und evangelischer Seite, wirkten an dem Band »Mehr als Brot und Rosen« (Nr. 15) zusammen. Schon dies verweist auf die mit dem Buch verbundene Intention, Elisabeth als »Heilige der noch ungeteilten Christenheit« (S. 11) zu präsentieren. Ein gemeinsames Anliegen der Autoren ist es, Elisabeth für die Gegenwart zum Sprechen zu bringen. Die Beiträge lesen sich dann auch eher wie Predigten, in denen an die christlichen Tugenden der Hingabe, der Zuwendung zum Nächsten und der Solidarität mit den Schwächsten erinnert wird. Elisabeth erscheint so als Identifikationsfigur nicht nur für Christen beider Konfessionen, sondern auch als eine historische Gestalt, die den entchristlichten, säkularen Menschen unserer Gegenwart etwas Wichtiges zu sagen hat.

Einem spezielleren Thema der Elisabeth-Thematik wendet sich der von Lothar Schmelz und Thomas A. Seidel herausgegebene Band »Die heilige Elisabeth in Erfurt« zu (Nr. 17). Auch wenn nicht sicher ist, ob Elisabeth jemals in Erfurt gewesen ist, hat die Verehrung der Heiligen in dieser Stadt doch Spuren hinterlassen, vor allem im Bilderzyklus in der Elisabethkapelle im Nikolaiturm. Träger der Elisabeth-Verehrung war der Deutsche Orden. Um den Deutschen Orden in Erfurt, seine mittelalterliche Bedeutung für das Kirchenwesen der Stadt, um die Geschichte des Nikolaiturms und insbesondere um die Restaurierung der Wandmalereien mit dem Elisabeth-Zyklus kreisen die Beiträge, die wissenschaftlichen Anforderungen durchaus gerecht werden.

Dem Nachleben Elisabeths in der Kunst ist der von Thorsten Albrecht und Rainer Atzbach herausgegebene Band gewidmet, in dem Text und Bild sich in etwa die Waage halten (Nr. 6). Auf einen einleitenden Essay (Atzbach), der im Unterschied zu anderen Lebensbeschreibungen mit mehreren Stammtafeln und Karten angereichert ist, folgt ein Durchgang durch die Darstellung der Heiligen in der Kunst (Albrecht) in drei Schritten: Lebenszyklen, die Elisabethkirche in Marburg und Einzeldarstellungen. In der ersten Kategorie werden der Elisabeth-Zyklus im Heilig-Geist-Hospital zu Lübeck (1440), der Wienhausener Elisabethteppich (um 1480) und der Elisabethteppich im Kloster St. Marienberg in Helmstedt (um 1450) vorgestellt. Unter Einzeldarstellungen werden die Darstellungen Elisabeths mit Bettler, Brotlaib und Kanne, die Szene der Mantelspende, Elisabeth mit Kirchenmodell, das möglicherweise auf die von ihr in Marburg gestiftete Hospitalkirche verweist, Elisabeth mit drei Kronen (Deutung umstritten) und Elisabeth als Krankenpflegerin bzw. bei der Beherbergung von Pilgern verstanden. Der geschmackvoll gestaltete Band liefert einen gelungenen Überblick, auch wenn er das Nachleben Elisabeths in der Kunst nicht vollständig, sondern nur exemplarisch behandeln kann.

Die knappe und illustrierte, in einem katholischen Verlag erschienene Elisabethbiographie Justin Langs (Nr. 14) erzählt das Leben der Heiligen in einer im Predigttonfall gehaltenen Sprache nach. Das Problem der Elisabeth-Reliquien, das in den anderen besprochenen Bänden kaum einmal angesprochen wird, ist wenigsten am Rande berücksichtigt.[33] Anders als der Titel suggeriert, sollte »Elisabeth« nicht mit »Mein Gott ist die Sieben« übersetzt werden, sondern mit »Mein Gott ist meine Stärke«. Zur erbaulichen Zielsetzung des Hefts würde dies auch besser passen.

III Fazit

Das Elisabeth-Jahr 2007 hat aus Sicht des Rezensenten drei wesentliche Ergebnisse gezeitigt:

1. Die Ausstellung auf der Wartburg und die aus ihr hervorgegangene zweibändige Publikation hat eine neue Basis für die künftige Elisabeth-Forschung gelegt. Jede Beschäftigung mit der Heiligen und ihrer Zeit wird künftig auf Katalog und Aufsatzteil (Nr. 10) zurückgreifen müssen.

2. Auch wenn das Elisabeth-Jahr 2007 keine sensationellen neuen Funde von Quellen zur Geschichte der heiligen Elisabeth erbracht hat, sind die bekannten Elisabeth-Viten doch neu erschlossen und in zweisprachigen Ausgaben auch einem

33 Dazu Viola Berghaus: Der erzählte Körper: die Inszenierung der Reliquien Karls des Großen und Elisabeths von Thüringen. Berlin 2005.

nicht primär wissenschaftlich interessierten Publikum gut zugänglich gemacht worden (Nr. 1 und 2).

3. Die Neuerscheinungen zum Elisabeth-Jahr sind ohne Ausnahme bebildert, meist farbig und in guter Qualität. Die Variationsbreite der Abbildungen geht weit über die ewig gleiche Darstellung der Reliefs in der Elisabeth-Kirche zu Marburg oder der Elisabeth-Fresken Moritz von Schwinds auf der Wartburg hinaus, obwohl auch diese nicht vergessen sind (vgl. Nr. 18). Legt man die Neuerscheinungen zum Elisabeth-Jahr nebeneinander, ergibt sich eine Bilderwelt zur Geschichte der heiligen Elisabeth und zur Elisabeth-Rezeption späterer Jahrhunderte, wie sie bisher nicht zur Verfügung gestanden hatte. Naheliegendes und Abgelegenes, häufig Gezeigtes und noch nie Abgebildetes stehen nebeneinander und warten darauf, von Historikern, Kunsthistorikern und Kirchenhistorikern verwendet zu werden.

IV Liste der besprochenen Titel:

a) Quellenausgaben

1. Caesarius von Heisterbach: Das Leben der heiligen Elisabeth (Vita Sancte Elyzabeth Lantgravie. Sermo de Translatione Beate Elyzabeth). Ergänzt durch: Summa Vitae Konrads von Marburg, Libellus de dictis quatuor ancillarum Sancte Elisabeth confectus / hrsg. und übersetzt von Ewald Könsgen (Veröffentlichungen der Historischen Kommission für Hessen; 67 = Kleine Texte mit Übersetzungen; 2). Marburg: N. G. Elwert Verlag, 2007. 196 S. mit Abb.
2. Dietrich von Apolda: Das Leben der Heiligen Elisabeth/ hrsg. und übersetzt von Monika Rener (Veröffentlichungen der Historischen Kommission für Hessen; 67 = Kleine Texte mit Übersetzungen; 3). Marburg: N. G. Elwert Verlag, 2007. 227 S. mit Abb.
3. Elisabeth von Thüringen in Quellen des 13. bis 16. Jahrhunderts/ hrsg. von Sylvia Weigelt (Quellen zur Geschichte Thüringens; 30). Erfurt: Landeszentrale für politische Bildung Thüringen, 2008. 116 S. mit Abb.
4. Leben und Legende der heiligen Elisabeth/ übers. und mit einem Nachwort versehen von Rainer Kößling. Frankfurt am Main; Leipzig: Insel Verlag, 1997. 127 S. mit Abb.
5. Werner Heiland-Justi: Elisabeth: Königstochter von Ungarn, Landgräfin von Thüringen und Heilige. Diese fröwe ist gewesen törlich wise und wiszklich torecht. Lindenberg: Kunstverlag Josef Fink, 2007.106 S. mit Abb.

b) Darstellungen und Bildbände

6. Thorsten Albrecht; Rainer Atzbach: Elisabeth von Thüringen: Leben und Wirken in der Kunst und Kulturgeschichte. 4., verbesserte Aufl. Petersberg: Michael Imhof Verlag, 2007. 199 S. mit Abb.

7. Daria Barow-Vassilevitch: Elisabeth von Thüringen: Heilige, Minnekönigin, Rebellin. Ostfildern: Jan Thorbecke Verlag, 2007. 151 S. mit Abb.
8. Elisabeth – Leben und Legende einer europäischen Heiligen: eine Bilderreise durch Ungarn, Deutschland, Italien und die Slowakei/ Fotogr.: Ulrich Kneise. Texte: Jutta Krauß. Regensburg: Schnell & Steiner Verlag, 2007. 200 S.
9. Elisabeth in Marburg: der Dienst am Kranken. Eine Ausstellung des Universitätsmuseums für Kunst und Kulturgeschichte Marburg, 24. März bis 25. November 2007, Landgrafenschloss Marburg/ red. von Paul Jürgen Wittstock. Marburg: Univ.-Museum für Kunst und Kulturgeschichte, 2007. 221 S. mit Abb.
10. Elisabeth von Thüringen – eine europäische Heilige/ im Namen der Wartburg-Stiftung und der Friedrich-Schiller-Universität Jena unter Mitarb. von Uwe John und Helge Wittmann hrsg. von Dieter Blume und Matthias Werner. Petersberg: Michael Imhof Verlag, 2007. Katalogband 623 S.; Aufsatzband 623 S., zahlreiche Abb.
11. Elisabeth von Thüringen: eine europäische Heilige; Kurzführer. Petersberg: Michael Imhof Verlag, 2007. 30 S. mit Abb.
12. Gerald Jaksche: Die heilige Elisabeth: ihr Leben, ihr Wirken, ihre Zeit. Leipzig: St. Benno-Verlag, 2007. 130 S. mit Abb.
13. Krone, Brot und Rosen: 800 Jahren Elisabeth von Thüringen. Begleitband zur Ausstellung der Evangelischen Kirchen und Diakonischen Werke Hessen in Kooperation mit dem Hessischen Staatsarchiv Marburg/ hrsg. von Jürgen Römer. 2007; 2., aktualisierte Aufl. München; Berlin: Deutscher Kunstverlag, 2008. 93 S. mit Abb.
14. Justin Lang: Elisabeth von Thüringen: »Mein Gott ist die Sieben«. Kehl am Rhein: Sadifa Media Verlag, 2006. 48 S. mit Abb.
15. Mehr als Brot und Rosen: Elisabeth von Thüringen heute. Beiträge von Heinz Josef Algermissen; Martin Hein; Christoph Kähler; Joachim Wanke. Mit einem Lebensbild von Christian Feldmann und Abbildungen aus der Kunst. Freiburg im Breisgau; Basel; Wien: Verlag Herder, 2007. 156 S. mit Abb.
16. Norbert Ohler: Elisabeth von Thüringen: Fürstin im Dienst der Niedrigsten (Persönlichkeit und Geschichte; 114/115). 4. Aufl. Göttingen; Zürich: Muster-Schmidt Verlag, 2006. 105 S. mit Abb.
17. Die heilige Elisabeth in Thüringen: eine historische und sakralkünstlerische Spurensuche/ hrsg. von Lothar Schmelz; Thomas A. Seidel (Beiträge zur Thüringischen Kirchengeschichte NF; 3). Erfurt: Gesellschaft für Thüringische Kirchengeschichte, 2007. 136 S., Abb.
18. Reinhold Schneider: Elisabeth von Thüringen: Mit einem Geleitwort von Bernhard Vogel/ hrsg. von Karl-Josef Kuschel; Walter Schmitz; Carsten Peter Thiede. Mit Bildern von Moritz von Schwind (Insel-Taschenbuch; 2118). Frankfurt am Main; Leipzig: Insel Verlag, 1997. 133 S. mit Abb.

19. Wilfried Warsitzka: Elisabeth: Königstochter, Landgräfin und Heilige. Jena; Quedlinburg: Verlag Dr. Bussert & Stadeler, 2007. 221 S. mit schwarzweißen Abb.
20. Helmut Zimmermann; Eckhard Bieger: Elisabeth: Heilige der christlichen Nächstenliebe (Topos-plus-Taschenbücher; Bd. 598). Kevelaer: Butzon und Bercker, 2006; 2. Aufl. 2007. 160 S.
21. Christian Zippert; Gerhard Jost: Hingabe und Heiterkeit: Vom Leben und Wirken der heiligen Elisabeth. Kassel: Verlag Evangelischer Medienverband, 2006. 128 S. mit zahlreichen farbigen Abb.

Neue Spuren der ernestinischen Visitation in Thüringen 1528/1529

Von Ernst Koch

Nachdem bereits 1988[1] und 1995[2] unbekannte Quellen zur Visitation von 1528/29 vorgestellt werden konnten, werden im Folgenden zwei weitere Texte veröffentlicht, die in den gleichen Zusammenhang gehören. Es handelt sich bei dem ersten von ihnen um einen vom 20. November 1528 datierten Text, betreffend eine Entscheidung der kurfürstlichen Räte auf Grund einer von den Visitatoren getroffenen Regelung, die Widerspruch durch die Betroffenen gefunden hatte. Der andere Text, der bereits 1930 veröffentlicht worden war, bisher jedoch auch in der im Erscheinen begriffenen kritischen Ausgabe des Briefwechsels Philipp Melanchthons unbeachtet blieb, gehört zu den Entscheidungen der Visitationskommission, bei denen es um die künftige Verwendung einer Stiftung aus dem 15. Jahrhundert ging. Er wird nochmals aus dem Originaltext des Stadtarchivs Bad Salzungen mitgeteilt.

Die beiden Texte sind insofern relevant, als sie dazu helfen, die Ergebnisse der Visitation von 1528/29, deren Protokolle nicht vorliegen, deutlicher greifen zu können.[3]

I Antwort der kurfürstlichen Räte (N.N.) an die Gemeinde zu Göttern (Ortsteil von Magdala, Landkreis Weimar) auf eine Bittschrift, Weimar 20. November 1528

Fundort: Thüringisches Hauptstaatsarchiv Weimar, Cop. A 5 (Abschiede, guettliche Handelungen, vnnd vortrege, 1524-1529), Bl. 122v-123r
Provenienz: Ernestinisches Gesamtarchiv
Editionsvorlage: Kopie, 16. Jahrhundert
Kopie: Thüringisches Hauptstaatsarchiv Weimar, Sachsen-Weimar, B 3140, Aktentitel: Abschied der Visitatoren [!] wegen der Pfarrgarben zu Göttern 1528. 18. Jahrhundert
Ungedruckt

1 Ernst Koch: Aktenstücke zur Visitation in Thüringen 1528/29 als Ergänzung zum Briefwechsel Melanchthons und Friedrich Myconius'. HCh [15] (1987/88), 53-59. Einzelne der dort veröffentlichten Texte in teilweise korrigierter Fassung MBW T 3, 409 f (Nr. 730a); 413 f (Nr. 731a); 419 f (Nr. 734a); 422 f (Nr. 736a); 424 f (Nr. 736b).

2 Ernst Koch: Neue Quellen zur Visitation im ernestinischen Thüringen 1528/29. HChr 19 (1995), 111-115. In teilweise korrigierter Textfassung MBW T 3, 410-412 (Nr. 730b); 422 f (Nr. 736a); 427 (Nr. 738a).

3 Dem Stadtarchiv Bad Salzungen sowie dem Thüringischen Hauptstaatsarchiv ist für die Genehmigung zur (Wieder)Veröffentlichung der Texte, Herrn Pfarrer Johann-Friedrich Enke, Bad Salzungen, für umsichtige und tatkräftige Hilfe bei der Beschreibung der Veröffentlichungsvorlage aus dem Stadtarchiv zu danken.

Die in einer Bittschrift der Gemeinde erwähnte Entscheidung des Herzogs Johann Friedrich zur Frage der Pflichtabgabe aller Dorfbewohner zugunsten des Lebensunterhalts des Pfarrers war zu einem nicht zu eruierenden Termin ergangen. Vorausgegangen war ein Konflikt, von dem ein Schreiben des gräflich-gleichenschen Schössers von Blankenhain (Thüringen) Balthasar Hornig vom 13. August 1526 an die kurfürstlichen Räte in Weimar berichtet hatte.[4] Graf Wolf von Gleichen hatte an diesem Tage die Nachricht der Räte erhalten, die sich auf eine Bittschrift des Pfarrers Friedrich Seyfart von Göttern bezog. Der Graf selbst war erkrankt, deshalb antwortete der Schösser in seinem Namen, Graf Wolf von Gleichen habe die Bitte des genannten Pfarrers angenommen, ihn vom Amt eines Pfarrers von Göttern zu entbinden. Habe er sich doch an die Räte gewandt »seynes deczams [Zehnts] vnd lehens halb, das nit ausreicht […] aber von Bawern nichts erlangt«. Da aber die Grafen von Gleichen »nichts sunderlichs in gittern, alleyn di colacion vnd vber die bawern keyn oberkayt ader hulffe haben«, so kann Graf Wolf dem Pfarrer auch nicht zu seinem Recht verhelfen.[5] So bittet der Schösser die kurfürstlichen Räte, sie sollten doch bedenken, »mit was pilligkayt di von gittern vmbgehen solle«, und fragte ironisch, ob der Graf etwa »yme irrs gefallens eynen pfarner schaffen vnd sy wollten yme wy vor alters das seyne nit geben, wo wollten sy zu leczt eynen, der yne getlich were, befinden«. Die Frage bleibe, »Ob sie gotis wort ader iren eigen gniß [Nutzen] suchen.«[6] Die Bauern von Göttern hätten die Anstellung eines Pfarrers namens »Er adam« in Aussicht genommen, der ihnen »etlicher schogk garben erlassen« werde. Wegen dieser Garben hat es Zank mit dem bisherigen Pfarrer gegeben. Der Schösser äußerte die Hoffnung, dass nach dem Wegzug von Seyfart und Klärung der Schuldenforderungen die kurfürstlichen Räte sich an Werner von Harris – vermutlich den Patron von Göttern – wenden werden, »das den armen pristern ihres vordintten lons halb zu bequemer czeit von pawern ausrichtung gesche, yne auch nit gestatten, dj garben eynen zu konftigen pfarner abzubrechen«.[7]

Zwischen August 1526 und November 1528 hatte wohl ein Teil der Dorfbewohner an den sie stärker als andere Dorfbewohner belastenden Abgaben Anstoß genommen, wodurch sie sich benachteiligt fühlten. Die kurfürstlichen Räte legten das Problem der Visitationskommission (Christoph von der Planitz, Philipp Melanchthon, Friedrich Myconius und Justus Menius) vor, die für die Beibehaltung der vor der Entscheidung votierten, die vor der inzwischen erfolgten Entscheidung des Herzogs Johann Friedrich gegolten hatte. Die Gründe für diese Position sind nicht bekannt. Nach Eingang der gemeindlichen Bittschrift legten die kurfürstlichen Räte die Frage nochmals den Visitatoren vor, die auf ihrem ursprünglichen Urteil

4 Thüringisches Hauptstaatsarchiv Weimar. Ernestinisches Gesamtarchiv Reg. Ii 182, Bl. 1r-2r.

5 Ebd, Bl. 1r.

6 Ebd, Bl. 1v.

7 Ebd, Bl. 1v-2r.

beharrten. Die Räte verfassten am letzten Tag des Aufenthalts der Visitatoren in Weimar vor ihrem Aufbruch nach Gotha ihre Antwort an die Gemeinde Göttern unter Hinweis auf die Fortdauer der zusätzlich ergänzenden Unterhaltszahlung an den Pfarrer aus der Umlage, an der alle Dorfbewohner beteiligt waren (»Gotshausgelt«),

> [122v] Abschiedt der gemeinen zu Gitternn,[a]
> Den Mennern zu Gittern vff Ire Suplication-schrifft, DarInnen sie vormeldet, das etwa hiuor durch vnsern gnedigen Jungen hern herzog Johanns Fridrich zu Sachssen etc. vnd etzliche vnsers gnedigsten hern Rethe ausgesprochen vnd beuehl gescheen sein sollte, dieweil der pfarner daselbst eyns Itzlichen Inn dorff diner sein muste, das die Ihenigen, so in Iren fluren vnnd dorff huffen gutter hetten, vnd zuuor kein garben gegeben, hinfort, auch garben, wie die anderrn neben Ihn reichen sollten, Welchs Itzt die vorordenten visitatorn geandert vnd abgethann hetten, Mit bit das es [123r] bey vorigem ausspruch vnd beuelh bleyben mochte etc. haben heut dato des Churfursten zu Sachssen etc. vnsers gnedigsten hern Rethe diesen abschiedt gegeben vnd angezeigt, Nemlich dieweil es mit solchen garben die gelegenheit, das ein Ider Iherlich ein antzalh vnd Irem selbst bericht nach ein halb schock garben von seinen huffen vor alters here gegeben vnd nach gibt, vnd dieße suchung derhalben gethan, Damit Inen an dem, so sie vor alters vorpflicht vnd gegeben, abkurtzung beschehe vnd den andern so zuuorn nichts gegeben, neben In eingezogen worden, vff den falh wu sie die gebur reichen solten, wieuor, doran dem pfarrer nichts zugehorig, er auch derhalben nit geclagtt hat, Zu dem das sie solchs obbemeldten ausspruchs, ader beuelchs keine(n) schein [Nachweis] furzulegen gehabt. So solten sie es bey der vorordenten visitatorn vorschaffung bleiben laßen, Also das die Ihenigen, so fur alters (gestr.: garben) dem pfarrer garben gegebenn, das sie Ime nochmals reichen sollen sambt der andern zulegung aus den gemeinen gotshaus gelt, die andern so hiuor nichts gegeben, mit newer aufflag auch nit beschwerdt sollen werden. Actum weymar Freitags nach Elisabet Anno xxviij°

[a] B: von anderer Hand zugefügt: wegen der Pfarr-Garben

II Die kurfürstlichen Visitatoren (Christoph von der Planitz, Philipp Melanchthon, Justus Menius und Friedrich Myconius) – Entscheidung über die künftige Verwendung der Einkünfte aus einer Altarpfründe in der Pfarrkirche zu Salzungen, [Eisenach] 1. Januar 1529

Fundort: Stadtarchiv Bad Salzungen, Signatur: Ab II 40
Provenienz: Urkundenbestand
Editionsvorlage: Papier, 1 Blatt, 42,8 x 33,1 cm, einfach, danach weitere dreimal gefaltet
Wasserzeichen: Briquet, Variante von 4960
Spuren von vier Siegeln
Ausfertigung von Schreiberhand
Druck: Urkundenbuch des Salzunger Stadtarchivs (1321-1658)/ bearb. und hrsg. von Alfred Rach. Bad Salzungen 1930, 49.

Auff Freitag den tag Circumcisionis Im fünfftzehenhundert vnd neunvndtzwentzigsten Jahre ist für vns, den visitatorn Christoff von der plaunitz, Philippo melanchthone, Justo menio vnd Fridricho Myconio, erschienen Henrich Happ, des lehens halb Beate virginis et trium regum In der pfarkirch tzu Saltzung, welches von yhm tzu lehen geruret, nach dem aber wir befunden, das die nottorff fordert tzu vnterhaltung der kirchendiener tzu Saltzung etwas tzuzulegen, haben wir mit genantem Henrich Happen gehandlet, das er bewilligen wolt, das dasselbig lehen tzu vnterhaltung der kirchendiener zu Saltzung In künfftig gewandt werde, welches genanter Henrich Happ bewilliget, vnd hat alle seine gerechtikeyt, so er an berurtem lehen gehabt, resigniret, doch mit der bedingung, das das hawß, gehorig tzu genanter vicaria yhm oder seinen erben vnd erbnemen erblichen, [gestr.: nach absterben] doch Ern Johansen konigs an seiner gerechtikeyt on schaden volgen soll, Er hat auch die Instauratio vns alß bald vberantwortet, derhalben wir alles einkomen obberurtes lehens Beate virginis et trium regum crafft Churfurstliches beuelhs dem Rad tzu Saltzungen durch diese schrifft tzustellen, das der Radt die selbige nach absterben des Itzigen vicarii Innemen, Aber das hawß tzu berurter vicaria gehorig sollen wir tzu dem Henrichen Happen [Bl. (1v)] oder seinen erben vnd erbnemen erblich, doch ern Johansen konig an seiner gerechtikeit on schaden.

Des tzu vrkund haben wir tzween gleichlautende recess auffgericht, deren einen den von Saltzungen tzugeschickt, vnd den andern Henrichen Happen vbergeben, gescheen vnd geben wie obstehet, vnter vnsern der visitatoren pitzschafften.

[Eingeklebter Zettel, 20. Jahrhundert]:

1529
Die kurfürstl. Visitatoren ordnen das Lehnsverhältnis eines Gutes der Vicarie Beatae virginis neu.
unter d. Visitatoren ist Melanchthon.

[Bl. (2^r) leer]

[Bl. (2^v)]:

[Linke Hälfte, 16. Jh., um 90° gedreht]:

Recess vber das lehenn trium regum Inn der Pfharr kirchen zu Saltzungen
Casten gutlein

[Rechte Hälfte, 17./18. Jh.]:

Heinrich Happen ein willigung wegen des casten gutleins zu Leimbach das damaligen visitatoribus Christoph von der Plaunitz, Phillippo Melanchton Justo Moenio vnndt Friderico Miconio, zur Vnterhaltung der kirchen diener vbergeben Anno
1529.
No. 2.

[17. Jh.]:

NB. hiervon gefallen Jährlich 4 Malter korn 20.4 malter gersten, v. bekommen dz holz beyde diaconi, der hafer aber wirdt in der casten Rechnung vorführt

Es handelt sich bei der 1529 den Visitatoren vorgelegten Stiftung um eine Vikarie des 15. Jahrhunderts, am 12. April 1464 von Johann von Frankfurt, vormals Dechant an St. Crucis in Hünfeld, gestiftet mit der Verfügung, dass sie immer einem Glied der Familie Happe zugute kommen sollte. Der zugehörige Altar lag laut Stiftungsurkunde an der Ecke vor dem Chor der Stadtkirche St. Simplicius. Der jeweilige Vikar sollte dem Stadtpfarrer unterstellt sein. Als Zeugen der Stiftung fungierten der Pfarrer der Stadtkirche Conrad Russe und Vikar Syfard Happe an der Stadtkirche, der wohl identisch mit dem ersten Nutznießer der Stiftung war.[8]

Die Familie Happe gehörte zu den ratsfähigen Familien der Stadt. Ein Hans Happe fungierte 1425 als Ratsmeister.[9]

Den später der Entscheidung der Visitatoren zugefügten Bemerkungen ist zu entnehmen, dass die Erträge der Stiftung dem Gemeinden Kasten der Stadt und der Realbesoldung der Geistlichen zugeführt wurden.

---

8 Urkundenbuch des Salzunger Stadtarchivs (1321-1658)/ bearb. und hrsg. von Alfred Rach. Bad Salzungen 1930, 16. Wie sich die Bemerkung der im Thüringischen Hauptstaatsarchiv Weimar, Reg. Hh 1351 (unfoliiert) enthaltenen Liste der vom Rat bestätigten Verschreibungen (»die fundation der Happen Anno 1463«) zu der Angabe der Urkunde verhält, ist nicht mehr zu ermitteln.

9 Ebd, 5.

Die Erwähnung der Rechte von Johann König bezieht sich vermutlich auf den gleichnamigen Geistlichen, der seit 1514 ein Lehen am Altar St. Anna in der Stadtkirche innehatte und wohl ähnliche Rechte an der im Rezess der Visitatoren erwähnten Stiftung erworben hatte.[10]

Im Jahre 1536 berichtete der Rat von Salzungen in einem verlorenen Schreiben davon, dass ein Bürger zu Hersfeld sich ein Lehen an der Pfarrkirche als das seine anmaßte.[11] Es ist nicht mehr festzustellen, auf welches Lehen sich der Vorgang bezog.

10 Ebd, 47.

11 Thüringisches Hauptstaatsarchiv Weimar (wie Anm. 2).

FACULTATIS THEOLOGIAE
PROGRAMMA IN FESTUM REFORMATIONIS RESTAURATUM
IN PAULINO UNIVERSITATIS LIPSIENSIS

Reformationstag 2012

Franz Volkmar Reinhard und seine Zeit

Wissenschaftliches Kolloquium zum
200. Todesjahr von
Franz Volkmar Reinhard (1753-1812)

Konzeption und Redaktion:
Andres Straßberger und Michael Beyer

»Reinhards Studierstube« – 1811, Georg Friedrich Kersting (1785-1847)
(Berlin, Alte Nationalgalerie)

Grußwort

Von Armin Kohnle

Meine sehr geehrten Damen und Herren,

herzlich heiße ich Sie willkommen im Alten Senatssaal der Universität Leipzig, der Universität, die Franz Volkmar Reinhard in einem Brief vom 8. Juli 1771,[1] damals noch Schüler in Regensburg, als diejenige bezeichnete, die er an zweiter Stelle wählen würde – nach Göttingen. Aber, so heißt es weiter, Leipzig sei genauso teuer wie Göttingen, so dass Reinhard glaubte, sich weder die eine noch die andere Universität leisten zu können. Deshalb ging er 1773 nach Wittenberg, wo er einen Freitisch erhielt, wo er Theologie studierte, wo sich später akademisch qualifizierte und wo er lehrte, bis er 1792 als Oberhofprediger nach Dresden berufen wurde.

Hier in Dresden, im fortgeschrittenen Alter von etwa 58 Jahren, sehen wir ihn am Schreibtisch sitzen. Sie haben das Gemälde »Reinhards Studierstube« des Malers Georg Friedrich Kersting (1785-1847), entstanden vermutlich 1811, als Hintergrundbild unseres Tagungsprogramms vor Augen. In der Dresdener Kunstszene hatte Kersting damals einen guten Namen. Klein und dünn wirkt Reinhard, der fast verschwindet in dem riesigen Sessel, der vor seinem Schreibtisch steht. Kränklich war er sein Leben lang, in jungen Jahren aus wirtschaftlicher Not zudem unterernährt. Kurzsichtig scheint er auch gewesen zu sein, der Oberhofprediger, der sich sein Buch beim Lesen dicht vor die Augen halten muss. Seine Frisur entspricht ganz und gar nicht der Mode von 1811. Die Haare sind nach hinten gekämmt, ganz wie man es in den 1780er Jahren schick fand.

Obwohl Bücher und Akten auf und unter dem Louis-Seize-Stuhl im Hintergrund gestapelt sind, wirkt Reinhards Studierstube seltsam aufgeräumt. Die Bücher im Regal sind sorgfältig aufgestellt, einige liegen zwar auf dem Schreibtisch, rechts vermutlich eine dicke Bibel und ein dünnes Gesangbuch, und trotzdem wirkt der Schreibtisch ordentlich, die große Buchstütze ist völlig leer. Auf einen ordentlichen Menschen weist auch der Korb mit Briefen unter dem Schreibtisch hin, in dem offensichtlich gesammelt wurde, was an Post einging und beantwortet werden musste. Hell wirkt das Zimmer, die großen Fenster lassen trotz der Vorhänge viel Licht herein; im Hintergrund ist die Silhouette der Sächsischen Schweiz mit Königstein, Lilienstein und Pfaffenstein zu erahnen.

1 Leonhard Bertholdt: Dr. Franz Volkmar Reinhard's sämmtliche zum Theil noch ungedruckte Reformationspredigten. Nach dessen Willen in eine besondere Sammlung gebracht und mit historischen Anmerkungen herausgegeben. Mit des verewigten Reinhard's Bildnisse und dessen Biographie. Bd. 1. Sulzbach 1823, 19.

Das auffälligste Accessoire in diesem Arbeitszimmer ist die Büste Martin Luthers, die einen Ehrenplatz hoch auf dem Bücherregal erhalten hat und von dieser hohen Warte aus die Studierstube dominiert. Wir wissen, dass Reinhards Freunde seinen Geburtstag am 12. März in jedem Jahr mit einigem Aufwand vorbereiteten. 1807, zu seinem 54. Geburtstag, erhielt er eine Gipsnachbildung der Büste Martin Luthers, die Gottfried Schadow im Jahr zuvor modelliert hatte. Dass es sich um Schadows Lutherbüste handelt, die auf Kerstings Bild zu sehen ist, dafür gibt es auch schriftliche Belege. Kerstings Gemälde war ebenfalls ein Geburtstagsgeschenk an Reinhard, das er entweder 1811 zu seinem 58. oder 1812 zu seinem 59. Geburtstag erhielt. Es ist heute im Besitz der Staatlichen Museen – Preußischer Kulturbesitz in Berlin.

Reinhards exakten Todestag, den 6. September 1812, haben wir mit unserem heutigen Kolloquium zwar knapp verpasst, aber dennoch gibt es gute Gründe, gerade am Reformationsfest 2012 an seinen Tod vor 200 Jahren zu erinnern. Martin Luther und die Reformation spielten in Reinhards Biographie nicht nur deshalb eine große Rolle, weil er als Theologieprofessor und Prediger lange Zeit selbst in Wittenberg wirkte, sondern es soll ja gerade eine Predigt am Reformationstag des Jahres 1800 gewesen sein, mit der Reinhard einiges Aufsehen erregte, als er gegen einen dem Werk Luthers und den zentralen Anliegen der Reformation nicht mehr verpflichteten Rationalismus zu Felde zog.

Wie auch immer diese Predigt im Rahmen des heutigen Kolloquiums beurteilt werden wird – Luther und die Reformation blieben für Reinhard immer wichtig. Zwei stattliche Bände Reformationspredigten Reinhards, jeweils etwa 500 Seiten stark, sind 1823 und 1824 postum im Druck erschienen. Wie die Herausgeber betonten, war es der Wille des Verfassers, dass diese Predigten gesammelt und separat ediert werden sollten. Reinhard ist also in gewisser Weise zu den frühen Lutherforschern zu rechnen, was Leipzig zum rechten Ort einer Gedenkveranstaltung zu seinen Ehren macht.

Es ist in Leipzig eine alte, auf das Jahr 1705 zurückgehende Tradition, dass im Anschluss an den Festgottesdienst des Reformationstages ein wissenschaftliches Kolloquium veranstaltet wird. Seit einigen Jahren knüpft das Leipziger Institut für Kirchengeschichte an diese Tradition wieder an. Sie soll irgendwann in der neuen Universitätskirche St. Pauli fortgesetzt werden, wo diese Veranstaltungen bis 1968 ihren Platz hatten.

Und nun ist es mir eine besondere Freude, die Referenten unseres Kolloquiums zu begrüßen: Herrn Oberkirchenrat Dr. Thilo Daniel aus Dresden, Herrn Prof. Dr. Christopher Spehr aus Jena und Herrn Dr. Christian Witt aus Wuppertal in Vertretung des Kollegen Martin Ohst. Vielen Dank, dass Sie den Weg nach Leipzig auf sich genommen haben. Zu danken habe ich aber besonders auch Ihnen, verehrter Herr Osthövener, für den Festvortrag, und zu danken habe ich nicht zuletzt den beiden

Organisatoren unseres Kolloquiums, Dr. Michael Beyer und Dr. Andres Straßberger, die über Programm und Referenten schon seit langem gebrütet haben. Ohne die finanzielle Unterstützung der Evangelisch-Lutherischen Landeskirche Sachsens und des Fördervereins der Leipziger Theologischen Fakultät hätte dieses Kolloquium nicht durchgeführt werden können. Deshalb von dieser Stelle ein herzlicher Dank für die Unterstützung.

Franz Volkmar Reinhard und seine Zeit

Von Claus-Dieter Osthövener

Es gibt viele gute Gründe, den Geburtstag der Reformation am 31. Oktober zu feiern, erinnernd an das Jahr 1517 in Wittenberg, auch wenn jedermann klar ist, dass solche historischen Großereignisse nicht an einem Tag beginnen. Es gibt ebenfalls einige gute Gründe, den Geburtstag der deutschen Aufklärung am 31. Oktober zu feiern, zurückdenkend an das Jahr 1687 in Leipzig. An diesem Tag geschah etwas Skandalöses: An das schwarze Brett der Universität wurde eine deutschsprachige Ankündigung einer deutschsprachigen Vorlesung geheftet. Urheber dieses skandalons war Christian Thomasius, Professor der Philosophie allhier.[1]

Die Aufklärung hat zwei Reformationsjubiläen erlebt: 1717, da war sie noch jung, und 1817, da war sie schon betagt, aber durchaus noch rüstig. Wenn wir die Erinnerung an die Reformation und unser Bild von ihr mit der Aufklärung und gleichsam durch sie hindurch und nicht etwa gegen sie oder an ihr vorbei gestalten wollen, dann haben wir allen Anlass, uns gründlicher als bisher mit Franz Volkmar Reinhard zu beschäftigten. Denn immer noch zu wenig bekannt ist die eigentlich zu Tage liegende Tatsache, dass die Zeit der Aufklärung auch eine hohe Zeit der Predigt war, nicht nur in Deutschland, sondern auch in England oder Frankreich. Diese Gattung wurde weithin wahrgenommen und rezipiert. Und so kann Franz Volkmar Reinhard als der erfolgreichste Prediger der Spätaufklärung ein Leitfaden sein in das spannungsreiche Verhältnis von Religion, Theologie und Aufklärung im ausgehenden 18. Jahrhundert. Der Darstellung Reinhards sei daher eine Skizze der Predigt im Zeitalter der Aufklärung vorangeschickt. Ein kurzes Fazit wird meine Ausführungen beschließen.

Die Aufklärung als Zeitalter der Predigt. Perspektivische Skizzen

Einige Skizzen sollen das weite Feld der Predigt in der Aufklärung profilieren. Ich beginne mit der Predigt als sprachbildende Kraft. In einer älteren Predigtgeschichte heißt es hierzu:

1 »Als ich für ohngefehr dreyszig Jahren ein teutsch Programma in Leipzig an das schwartze Bret schlug, in welchem ich andeutete, daß ich über des Gracians Homme de cour lesen wolte, was ware da nicht für ein entsetzliches lamentiren! Denckt doch! ein teutsch Programma an das lateinische schwartze Bret der löbl. Universität. Ein solcher Greuel ist nicht erhöret worden, weil die Universität gestanden. Ich muste damahls in Gefahr stehen, daß man nicht gar solenni processione das löbliche schwartze Bret mit Weyhwasser besprengte« (D. Melchiors von Osse Testament gegen Hertzog Augusto, Churfürsten zu Sachsen … 1556/ hrsg. von Christian Thomasius. Halle 1717, 252).

»Von allen jenen Schriftstellern, die diesen älteren Predigern gleichzeitig waren, konnte keiner einen entscheidenden, Maaß gebenden Einfluß ausüben auf die Darstellung und Sprachbildung unserer Prediger; vielmehr mußten sie selbst, nur im Allgemeinen angeregt durch das Zeitalter, sich eine Sprache bilden, wie sie der Kanzel würdig, und freier gebildeter Lieder der Kirche befriedigend war. So wurden Einige von ihnen selbst Bildner der Sprache und des reineren Geschmacks, und traten mit der fortschreitenden Literatur in Wechselwirkung«.[2]

Anders als England und Frankreich hatte Deutschland noch keine klassische Literatur ausgebildet, das sollte erst im Laufe des 18. Jahrhunderts geschehen. Zugleich war hier länger als sonst in Europa das Lateinische als Gelehrtensprache üblich. Insofern ist es insbesondere die erbauliche Literatur und hier wieder in besonderem Maße die Predigt, die Gelegenheit bot, die Ausdrucksfähigkeit, Wandelbarkeit und Bedeutsamkeit der sprachlichen Darstellung der Religion zu erproben und auszuloten. Das gelang dann mitunter so gut, dass umgekehrt die Predigtsprache einen fördernden Einfluss auf die entstehende klassische Literatur haben konnte.[3]

Da nach reformatorischer Auffassung die Predigt das Zentrum christlicher Verkündigung zu bilden hatte und zugleich mit ihr der »ganze Mensch« angesprochen werden sollte, galt es bei der anstehenden Erkundung des neuen Sprachterrains eine Sprachform zu finden, die zugleich Verstand, Wille und Herz ansprach. Zweifellos sind hierin auch die orthodoxe und die pietistische Predigt auf je ihre Weise stilbildend geworden. Angesichts der noch in den Anfängen stehenden Erforschung der theologischen Frühaufklärung lassen sich deren Einflüsse aber noch nicht randscharf abgrenzen. Ich beginne daher mit der Aufklärungspredigt im engeren Sinne bei Reinbeck, Mosheim und Jerusalem.

Johann Gustav Reinbeck (1683-1741), Konsistorialrat in Berlin, hat sich insbesondere um die sogenannte Philosophische Predigt verdient gemacht.[4] Sie hat ihren Ursprung in Leipzig, im Umfeld von Johann Christoph Gottsched und Christian Wolff. Charakteristisch ist bereits der Titel von Reinbecks wichtigstem hier einschlagenden Werk: »Betrachtungen über die in der Augspurgischen Confeßion enthaltene und damit verknüpfte Göttliche Wahrheiten, welche theils aus vernünftigen Gründen, allesammt aber aus Heiliger Göttlicher Schrifft hergeleitet, und zur Uebung in der wahren Gottseligkeit angewendet werden.« Diese Betrachtungen erschienen in neun Teilen zwischen 1731 und 1747. Die Wolffische Schule ist durchaus zu spüren: Klare Begriffe, transparente Dispositionen und die

2 Karl Heinrich SACK: Geschichte der Predigt in der deutschen evangelischen Kirche: von Mosheim bis auf die letzten Jahre von Schleiermacher und Menken. Heidelberg 1866, 17 f.

3 Christoph Martin Wieland hat einmal gesprächsweise bekannt, dass er seine Prosa an Mosheims Sprachkunst gebildet habe. Vgl. WIELAND-HANDBUCH: Leben, Werk, Wirkung/ hrsg. von Jutta Heinz. Stuttgart; Weimar 2008, 141 f.

4 Vgl. Andres STRASSBERGER: Johann Christoph Gottsched und die »philosophische« Predigt: Studien zur aufklärerischen Transformation der protestantischen Homiletik im Spannungsfeld von Theologie, Philosophie, Rhetorik und Politik. Tübingen 2010.

Verknüpfung von biblischer Tradition und vernünftigen Gründen ergeben eine auch gegenüber der orthodoxen Hochschätzung rationaler Klarheit noch einmal neue Herangehensweise an die homiletische Vermittlung der reformatorischen Tradition. Bereits von hier führt eine markante Linie zu Reinhard, der insbesondere die für den Hörer transparente Disposition der Predigt stets für entscheidend erachtet hat.

Der vermutlich wichtigste Prediger der ersten Jahrhunderthälfte ist Johann Lorenz Mosheim (1693-1755), der »Vater der Kirchengeschichtsschreibung«, einer der gefeierten lateinischen Stilisten seiner Zeit, zugleich einer der bedeutendsten Theologen des 18. Jahrhunderts mit europaweiter Reputation. Ihm kommt in besonderer Weise das Verdienst zu, die Theologie mit der sich entwickelnden Höhe der Sprachbehandlung verknüpft zu haben. Sowohl seine »Heiligen Reden« als auch seine »Sitten-Lehre der heiligen Schrifft«, in sieben, bzw. in neun starken Bänden veröffentlicht und vielfach wieder aufgelegt, haben hier den Grund für alle Späteren gelegt. Auch in der methodischen Reflexion auf das Predigtamt, der Homiletik, hat er ein Fundament geschaffen. Das Werk weist eine Fülle von treffenden Bemerkungen auf, von denen ich hier nur eine, gerade für den heutigen Tag wohl passende, anführen will:

> »Lutheri Art zu predigen fiel denenienigen sehr leicht, die von Natur voll Einbildungskraft, voll Leben und Feuer waren. Aber die philosophischen Köpfe fanden des Melanchton Predigtform viel sicherer, und sie ist es auch in der That. Die Imagination wird erschöpft, und der Witz verliehret oft sein Feuer, wird matt, kalt, und verlässet uns. Allein wer eine Einrichtung, Disposition und Leitfaden für sich hat, und gewisse Regeln in acht nimmt, kann allenthalben und zu allen Zeiten fortkommen«.[5]

Diese Einsicht sollte sich nicht zuletzt an Franz Volkmar Reinhard bewähren, wie wir noch sehen werden.

Schließlich sei Johann Friedrich Wilhelm Jerusalem (1709-1789) genannt, mit dem sich die genuine Aufklärungstheologie endgültig konsolidiert. Er studierte in Leipzig, machte dort die Bekanntschaft mit Gottsched, es schlossen sich langjährige Aufenthalte in den Niederlanden und in England an, wo er nicht zuletzt sich mit verschiedenen christlichen Strömungen und Gruppierungen bekannt machte und auch deren Prediger fleißig hörte. Ihn zeichnet daher eine Weltläufigkeit aus, die ihn wohl tatsächlich für das Leben bei Hofe prädestinierte. Seit 1742 wirkte er im Herzogtum Braunschweig-Wolfenbüttel als Hofprediger, Prinzenerzieher, Bildungsorganisator und kirchlicher Ausbilder, bis zu seinem Tode im Jahr 1789. Seine beiden 1745 und 1752 erschienenen Predigtbände wurden vielfach wieder aufgelegt, sein Stil wurde gerühmt. Graf Ernst Christoph von Manteuffel, ein rühriger Propagandist der Wolffischen Philosophie und Freund Johann Christoph Gottscheds, übersetzte einige der Predigten ins Französische, um sie auch denen

---

5 Johann Lorenz Mosheim: Anweisung erbaulich zu predigen. Erlangen 1763, 67.

bekannt zu machen, die nun einmal nichts Deutsches lesen mochten. Johann Christoph Gottsched schrieb im »Neuen Büchersaal«:

> »Ob es wohl unsre Absicht überhaupt nicht ist, ins theologische Fach zu greifen: so können wir doch nicht umhin, von diesem Bändchen geistlicher Reden etwas zu erwähnen, da sie in das Feld der wahren Beredsamkeit laufen, und einen so gesunden und vernünftigen Geschmack an sich haben, als noch wenige Predigten bey uns gewiesen. Der Hochehrwürdige Herr Verfasser, ist ein Mann, der sich nicht zwingt, ein Redner zu seyn, und es doch ist; der keine Zierlichkeit in der Schreibart zu suchen scheint, aber nicht anders als schön schreiben kann; der nicht künstelt, aber doch alle Regeln der Kunst beobachtet; der nicht witzig thut, und weder in Gedanken noch in Worten, spitzfündigen Einfällen, oder seltsamen Redensarten nachjaget; sondern bloß darum ordentlich, vernünftig und schön denkt und redet, weil er nicht anders kann: wie man solches unter den Alten von dem Demosthenes und Cicero geurtheilet hat«.[6]

Es lohnt sich, diese hymnische Begrüßung der neuen Predigtart mit Reinhards Rezension ihrer letzten Auflage der Jahre 1788/89 zu vergleichen. Dieser schreibt:

> »Sie haben sich, in Verbindung mit den Mosheimischen, das grosse Verdienst erworben, die heilsame Veränderung zu stiften, durch welche der Vortrag auf der Kanzel die bessre und zweckmässigere Einrichtung erhalten hat, durch die er sich itzt auszeichnet. Wer sollte also diese Predigten, als die ersten glücklichen Versuche, ohne die in der Folge so viel bessre und zum Theil meisterhafte Arbeiten wohl kaum zum Vorschein gekommen seyn würden, nicht gern einmal durchlesen?«[7]

Man kann sich über dieses einigermaßen zurückhaltende Lob damit trösten – wenn man sich darüber trösten möchte –, dass Reinhards eigene Predigten ein halbes Jahrhundert nach seinem Tod mit ebensowenig Verständnis beurteilt worden sind.[8]

Zu diesen Gründergestalten aufgeklärter Predigtkultur kann man auch noch den populären Theologen Johann Joachim Spalding (1714-1804) zählen, der mit seinem schlichten Stil und Predigten von überschaubarer Länge Verstand und Tugend mit der Aufmerksamkeit auf die Regungen eines frommen Herzens auf verständliche Weise zu verbinden wusste.[9] Kein Wunder also, dass der späte Goethe im Rückblick anerkannte, dass »Männer […] wie Jerusalem, Zollikofer, Spalding, in Predigten und Abhandlungen durch einen guten und reinen Stil der Religion und der ihr so nah verwandten Sittenlehre, auch bei Personen von einem gewissen Sinn und Geschmack, Beifall und Anhänglichkeit zu erwerben suchten«.[10] Auch Reinhard gehört

6 Neuer Büchersaal der schönen Wissenschaften und freyen Künste 1 (1845, 379 f.

7 Allgemeine Literaturzeitung (1792) Nr. 45, 358 f.

8 Vgl. Christian-Erdmann Schott: Möglichkeiten und Grenzen der Aufklärungspredigt dargestellt am Beispiel Franz Volkmar Reinhards. Göttingen 1978.

9 Zu Spalding vgl. jetzt Albrecht Beutel: Johann Joachim Spalding: Meistertheologe im Zeitalter der Aufklärung. Tübingen 2014.

10 Johann Wolfgang von Goethe: Dichtung und Wahrheit. In: Ders.: Sämtliche Werke. Bd. 10. 2. Aufl. Zürich 1962, 305.

in diese Tradition der Sprachbildung noch hinein, wenngleich sich zu seiner Zeit die Weimarer Klassik um Wieland, Herder, Goethe und Schiller bereits etabliert hatte.[11]

Zur Charakterisierung der Bedeutung der Predigt im 18. Jahrhundert sind weiterhin die Adressaten der Predigt ins Auge zu fassen. Bereits 1727 hat Mosheim die gebildeten Verächter der Religion als eine wichtige Zielgruppe seiner Predigten namhaft gemacht:

> »Es giebt viele, die nichts von geistlichen Büchern lesen, und alles verachten, was zur Religion gehöret, aber dennoch aus den Versammlungen der Heiligen nicht bleiben, damit sie nicht in den Verdacht des Unglaubens kommen. Wie soll man diesen Leuten die heimlichen Gedanken benehmen, die ihrer Bekehrung im Wege stehen, wenn man nicht von der Kanzel auf den Grund ihres Herzens dringt und ihre verborgenen Winkel untersuchet. Man muß zuweilen mehr sagen, als die Einfalt begreifen kann, woferne man dem Unglauben steuren und viele gewinnen will, die man bey keiner andern Gelegenheit fassen kann«.[12]

Auch über die Art dieser Gebildeten hatte Mosheim bereits präzise Vorstellungen:

> »Kein geringer Theil unserer heutigen Welt, sonderlich derjenigen, die nicht stets im Joche gehen darf, um ihr Brodt zu erwerben, besteht aus Leuten von beyderley Geschlecht, die ein Theil ihrer Zeit mit Lesen zubringen, und daher mehr wissen, als daß man sie für ganz Ungelehrte, und weniger, als daß man sie für Gelehrte ansehen könnte. Diese sind es eigentlich, unter denen der Unglaube, dessen Wachsthum und Fortgang alle treue Diener des Evangelii beseufzen, sein Werk am stärksten und glücklichsten treibet. Und insgemein sind die Herolde, die ihn ausrufen, nichts mehr als die muthigsten, muntersten und lustigsten Mitglieder dieser halbgelehrten Gesellschaft; Leute, die witzig denken und angenehm schreiben, weil sie nicht arm an Einbildung sind, die leicht und viel reden, weil sie viel gelesen, gesehen und gehöret haben, und die wenig wissen, weil sie die Dinge, die sich ihnen vorstellen, nie ergründen, und nur stets auf der äußersten Fläche derselben herum schweben«.[13]

Man sieht, wie hier der (noch nicht so genannte) Gebildete dabei ist, den Gelehrten abzulösen in der öffentlichen Meinungsführerschaft,[14] ein Wechsel, der dann um 1800 bereits vollzogen war. In seinen vielfach aufgelegten und vielgelesenen »Heiligen Reden« hat Mosheim die Gelegenheit genutzt, die theologische Überlieferung vorsichtig auszuleuchten und in einer neuen Weise zu präsentieren.

---

11 Vgl. Franz Blanckmeister: Dresden und Weimar: Beziehungen Franz Volkmar Reinhards zu Goethe, Herder, Wieland, Humboldt. BSKG 40 (1931), 30-34.

12 Johann Lorenz Mosheim: Heilige Reden, Vorrede zur ersten Auflage des zweiten Bandes; zit. nach Ders.: Heilige Reden über wichtige Wahrheiten der lehre Jesu Christi. Bd. 1. Hamburg 1757, 20.

13 Origenes: Acht Bücher von der Wahrheit der Christlichen Religion wider den Weltweisen Celsus / Johann Lorenz Mosheim hat sie aus dem Griechischen übersetzet und durch Anmerkungen aufgeklähret. Hamburg 1745, Vorrede, 18.

14 Vgl. hierzu auch Hans Erich Bödeker: Strukturen der deutschen Frühaufklärung 1680-1720. Thesen. In: Strukturen der deutschen Frühaufklärung 1680-1720/ hrsg. von dems. Göttingen 2008, 9-20.

Mit der Entstehung des Bürgertums entstand zugleich eine neue Form der »Öffentlichkeit«, die nicht nur das frühe Bildungsbürgertum umfasste, sondern vom Adel bis zum Handwerksmeister einen durchaus vielfältigen Adressatenkreis darstellte.

Der Hebel, wenn man so will, der theologischen Aufklärung setzte hier an, bei den »Gebildeten«, später weitete sich dann der Blick auch zunehmend auf die Landgemeinden und das sogenannte einfache Volk. Gerade die zweite Jahrhunderthälfte war in starkem Maße mit der »Volksaufklärung« befasst. Franz Volkmar Reinhard hatte sowohl in Wittenberg als auch in Dresden Hörerinnen und Hörer, die man wohl eher zum Bildungsbürgertum rechnen darf.

Wie aber steht es um die religiösen und theologischen Inhalte der Predigten? Wir haben nun eine ungefähre Vorstellung, wie gepredigt wurde, wem gepredigt wurde und mit welchem Erfolg. Aber was wurde eigentlich gepredigt? War es ein bloßer Wechsel der Darstellung und der Methode? Oder vollzog sich auch inhaltlich ein Umschwung, wurde das Christentum neu gedeutet, mit neuen Akzenten und Gewichtungen versehen? Zweifellos war dies alles der Fall, doch ist es gar nicht leicht, das im Einzelnen klar zu markieren. Die theologische Aufklärung steht in der Tradition des 17. Jahrhunderts, sowohl der Orthodoxie, des Pietismus wie des Humanismus. Mit der Orthodoxie verbindet sie das Streben nach Rationalität, nach Klarheit, auch nach Zusammenhang und System. Sie ist aber weniger an äußerer Vollständigkeit interessiert, auch nimmt sie auf Schrift und Bekenntnis nicht mehr als auf unbezweifelbare Autoritäten Bezug, sondern im Rahmen einer zwar vorgegebenen und vorgefundenen Überlieferung, die aber jederzeit im Horizont ihrer Empfänger plausibilisiert und neu angeeignet werden muss. Mit dem Pietismus teilt sie das hohe Interesse an der Soteriologie und an der Erkundung der Innenwelten, an der Emotion. Sie bemüht sich aber um eine Weitung des Blicks.

Das Interesse an metaphysischen Rekonstruktionen hochstufiger Dogmen wie der Trinität oder der Zwei-Naturen-Christologie geht spürbar zurück, andere Themen liegen dem Zeitalter näher. Eine gewisse Distanz zur Tradition läßt sich auch in der Anthropologie beobachten, insbesondere in der Lehre von der Erbsünde. Ein insgesamt helleres Menschenbild hält Einzug in die Theologie, ein fehlbares Wesen zwar, aber doch guten Willens und besserungsfähig, so wird es in der Regel gezeichnet. Zwar hat noch Mosheim vehement für die Ewigkeit der Höllenstrafen gestritten, aber daß dieser Streit überhaupt entstand, ist doch bezeichnend genug. Als Kant 1793 das Konzept des »radikalen Bösen« entfaltete, erntete er weithin Unverständnis. Die Schöpfungslehre wurde zu einem soliden Fundament des Gotteslobs ausgebaut, Hand in Hand gleichsam mit der naturwissenschaftlichen Erkundung der natürlichen Lebensgrundlagen. Barthold Hinrich Brockes monumentale Gedichtsammlung »Irdisches Vergnügen in Gott« (1721-1748 in neun Bänden) hat dieses Terrain ausgiebig sondiert und nicht zuletzt die Ausdrucksfähigkeit der deutschen Sprache wesentlich gefördert. Die Soteriologie stand, durchaus in reformatorischem Sinne, im Mittelpunkt des Interesses, man hatte auch in der ersten Jahrhunderthälfte noch ein Gespür für die Dialektik von Buße und Vergebung, für die inneren Abgründe und Verstrickungen menschlicher Existenz vor Gott. Jesus Christus wurde in dieses Bild als lichtvolle Erscheinung hineingezeichnet, oft mit einigem psychologischen Geschick. Die Heilsgeschichte und mit ihr auch Bibel und Kirche wurden von autoritativen Vorgaben zu hilfreichen Leitfäden, die nach und nach der gesellschaftlichen Aufbruchstimmung eingezeichnet wurden. Plausibilität sollte in allem sein, Stimmigkeit und Simplizität. Es war allenthalben ein Umbauen, ein Aneignen und Neufassen im Schwange, das sich aber im Ganzen der Tradition der Kirche auf seine Weise verpflichtet wusste.

Als historische Epoche endet die theologische Aufklärung etwa mit Schleiermachers Tod, am Ende des ersten Drittels des 19. Jahrhunderts. Eine seitdem und bis heute vieldiskutierte Frage lautet, ob damit auch die Anliegen der Aufklärung zu Ende gingen, oder ob nicht ihre Projekte und Gestaltungen sei es auch im neuen Gewand nach wie vor und vielleicht heute erst recht unsere Aufmerksamkeit verdienen und wohl gar nach wie vor unabgegolten sind. Ich werde diese sehr weiträumige Frage hier nicht beantworten können, möchte sie aber zum Anlass nehmen, über die Stellung Franz Volkmar Reinhards in seiner Zeit nachzudenken und daran anschließend nach seiner Bedeutung für die Gegenwart zu fragen, der akademischen, der kirchlichen, der religiösen.

Franz Volkmar Reinhard als Prediger

Franz Volkmar Reinhard wurde am 12. März 1753 in der Oberpfalz geboren. Sein Vater, ein allseits beliebter Prediger, unterrichtete ihn selbst, nicht zuletzt in den alten Sprachen. Bis zu seinem Tode las er mindestens eine halbe Stunde täglich in seinen »lieben Heiden«, wie er sich ausdrückte.[15] Auch begann er bereits sehr frühzeitig mit der eigenständigen Lektüre der Bibel:

> »In den Sprüchen Salomonis […] lernte ich lesen; und kaum hatte ich einige Fertigkeit im Lesen erlangt, so beschenkte mich mein Vater, dem die Schrift in Sachen der Religion Alles war, mit einer Bibel. Als ein Knabe von fünf Jahren fieng ich also an, die Bibel zu lesen«.[16]

Er selbst bezeichnet dieses Unternehmen als ein »kindisches Wagestück«,[17] fuhr aber immer damit fort, später auf dem Gymnasium dann auch im neutestamentlichen Griechisch.

---

15 Zitiert nach Paul GABRIEL: Der Streit um Reinhards Reformationsfestpredigt vom Jahre 1800. ZKG 41 (1922) 94-131 [130].

16 Franz Volkmar REINHARD: Geständnisse seine Predigten und seine Bildung zum Prediger betreffend in Briefen an einen Freund. Sulzbach 1810, 50 f.

17 Ebd. 51.

Bereits mit zehn Jahren versuchte sich der junge Reinhard darin, die Dispositionen der Predigten seines Vaters zu merken und zu Hause aufzuschreiben. Seine Eltern verlor er im jungen Alter von 15 Jahren. Er besuchte das Gymnasium zu Regensburg (1768-1773) und ging sodann auf die Universität Wittenberg. Hier studierte er fleißig Philosophie und Theologie, freilich mit einer bemerkenswerten Einschränkung, von der er selber schreibt: »Ohnehin hatte ich damals, welches freilich zu bedauern ist, nicht einmal eine Gelegenheit diejenigen Wissenschaften zu treiben, die mit dem Geschäfte des Predigers in der genauesten Verbindung stehen; weder über die theologische Moral, noch über Pastoraltheologie, konnte ich, so lang ich studierte, ein Collegium höre, eben so wenig habe ich in der Homiletik Unterricht gehabt, oder an einem Prediger Collegio Theil genommen; und wer den Zustand der Universität zu Wittenberg in den Jahren 1773 bis 1776 genauer kennt, der wird wissen, daß dieß alles meine Schuld nicht war«.[18] Er gibt dann selbst zu bedenken:

> »Das mag man meinen Predigten vielleicht ansehen; es mag ihnen der Zuschnitt und die Einrichtung gar sehr fehlen, welche sie nach den Regeln der Homiletik haben sollten. Daß ich aber, ohne diese Regeln gelernt zu haben, im Stande gewesen bin, so viele Predigten zu machen, und ihnen eine wenigstens erträglioche Gestalt zu geben; das bin ich dem fleißigen Lesen der alten Rhetoren und Redner, und dem nicht weniger eifrigem Studio der Philosophie schuldig«.[19]

Es ist dieses antike Maß, das so manchen Schriftsteller des 18. Jahrhunderts geprägt und beflügelt hat, das auch für Reinhard vorbildlich geworden ist. Wahre Beredsamkeit, so führt er aus, ist »etwas ganz anders, als poetische, oder, wie Kant sie sehr richtig nennt, tollgewordene Prosa; etwas ganz anders [...], als jener Sturm und Drang, als jenes Sprudeln und Schäumen, [...] der den großen Hauffen in Erstaunen sezt«.[20] In der Tat, Sprudeln und Schäumen sucht man in den Predigten vergeblich, und wohl auch angemessenerweise. Allerdings, so ein wenig, wie Christoph Martin Wieland sagen würde, »attisches Salz« hätte hier und dort vielleicht auch nicht geschadet. Ausgewogen und wohlwollend ist Goethes Urteil über ihn: »Seine schöne sittliche Natur, sein ausgebildeter Geist, sein redliches Wollen, sowie seine praktische Einsicht, was zu wünschen und zu erstreben sei, traten überall in ehrwürdiger Liebenswürdigkeit hervor«.[21] Im Ganzen, so nennt er sich selber, war er »ein Eklectiker, der das zusammen zu fassen, und zu einer bequemen Uebersicht zu ordnen suchte, was ihm in allen Systemen das Haltbarste und Beste zu seyn schien«.[22] Wir denken heute beim Wort Eklektik oder Eklek-

18 Ebd, 43.

19 Ebd, 51.

20 Ebd, 55.

21 Johann Wolfgang von Goethe: Tag- und Jahreshefte 1807. In: Ders.: Sämtliche Werke. Bd. 11. 2. Aufl. Zürich 1962, 814.

22 Reinhard: Geständnisse ... (wie Anm. 16), 72.

tizismus zumeist an mangelnde Originalität, an fehlenden Zusammenhang und derlei wenig erstrebenswerte Dinge. Das 18. Jahrhundert hörte hier anders, und feiner.[23] Die Eklektik prägte bereits die frühe Aufklärung und verstand sich als ein Gegensatz zu den unfruchtbaren Schul- und Systemstreitigkeiten. Mit Horaz »nicht auf eines Meisters Worte zu schwören« und mit Paulus »alles zu prüfen und das Gute zu behalten«, das war die Einstellung, die noch in Immauel Kants berühmter Formulierung, sich seines eigenen Verstandes zu bedienen, durchscheint.

1780 schließlich wurde Reinhard außerordentlicher Professor der Philosophie, 1782 ordentlicher Professor der Theologie, 1784 Konsistorialassessor und Probst an der Schloss- und Universitätskirche, als solcher Sonntags und Feiertags zum Predigen verbunden. 1792 ging er als Oberhofprediger, Kirchenrat und Oberkonsistorialasessor nach Dresden. Er war maßgeblich beteiligt an der Leitung der evangelischen Kirche, der Universitäten und Schulanstalten Sachsens. Auch hier predigte er fast ausnahmslos jeden Sonntag und Feiertag. Für Reinhard war das Predigen, ganz im reformatorischen Sinne, ein wichtiger und bedeutender Teil seiner Arbeit. Er widmete sich der Vorbereitung mit unermüdetem Fleiß und war stets wohlpräpariert. Nicht selten schrieb er seine Predigten einige Wochen im Voraus, so wurde er einmal am 1. Trinitatissonntage beim Schreiben der Predigt für den 7. Trinitatissonntag gesehen.[24] Eine rechte Neigung, sich mit der älteren oder neueren Geschichte der Predigt zu befassen, konnte er aber auch in Dresden nicht ausbilden, wiewohl er dem Predigerkollegium vorstand, dem auch eine Lesegesellschaft zugeordnet war, zu deren umlaufendem Lesestoff »die besten Predigtsammlungen« gehörten, »welche man damals hatte, und welche die Studirenden als Muster betrachten sollten. Allein so fleißig sie auch von diesen gelesen wurden; ich hatte keine Zeit, mich damit abzugeben«. Erst viele Jahre später fand er dann doch Muße genug, sich manches anzuschauen, jedoch: »nun war ich zum Nachahmen zu alt geworden«.[25] Freilich empfiehlt er seinen Lesern ein solches Vorgehen nicht.

An dieser Stelle soll zunächst eine allgemeinere Charakteristik seiner Predigten versucht werden. Das 18. Jahrhundert unterschied die analytische von der synthetischen Predigtweise. Gemeint ist im Wesentlichen die eingehende Auslegung des biblischen Textes (analytisch), die man von einer vor allem thematisch orientierten Predigt (synthetisch) abhob. Bei Reinhard sucht man eine eigentliche Auslegung des biblischen Textes oft vergebens, vielmehr liegen die Ausführungen über das jeweilige Thema vielfach weit vom Text ab. Freilich ist das auch dem Umstand geschuldet, dass im 18. Jahrhundert Jahr für Jahr über jeweils denselben Text gepredigt wurde und es daher kaum zu vermeiden war, sich vom Text zu entfernen,

23 Vgl. aus der Fülle der Literatur Michael ALBRECHT: Eklektik: eine Begriffsgeschichte mit Hinweisen auf die Philosophie- und Wissenschaftsgeschichte. Stuttgart-Bad Cannstatt 1994.

24 Vgl. Gustav DIEGEL: Franz Volkmar Reinhard. Leipzig 1891, XXIV.

25 Reinhard: Geständnisse … (wie Anm. 16), 87.

wenn man ein einigermaßen breites Themenspektrum präsentieren wollte. Reinhard hat sich um die Änderung dieser Perikopenordnung bemüht.[26]

Die religiösen Themen der Predigten konzentrieren sich ganz im reformatorischen Sinne auf die dogmatischen Felder der Gnade, der Rechtfertigung, der Versöhnung durch Christus und die göttliche Vorsehung. Sehr breit aufgestellt sind die Predigten zu moralischen Themen. Reinhard pflegte ein Faible für die psychologische Erörterung, die gleichsam das Fundament bildet für die moralischen und religiösen Themata. Aber nicht nur grundsätzliche Fragen werden berührt, sondern auch ganz lebenspraktische Probleme, beispielsweise »Von der Gewohnheit, die Vernachlässigung wichtiger Pflichten mit dem Mangel an Zeit zu entschuldigen«.[27] Auch zeitdiagnostische Predigten fehlen nicht, die freilich nicht allzu hoffnungsfroh ausfallen: »Von der traurigen Mittelmässigkeit, die sich überall an unserem Geschlechte zeigt«.[28] Mitunter fasste Reinhard auch thematisch zusammengehörige Predigten zu einem kleinen Band zusammen, so etwa die »Beyträge zur Schärfung des sittlichen Gefühls und der Aufmerksamkeit auf den Zustand des Herzens in einigen Predigten« (Leipzig 1799). Darin geht es etwa über darum »Wie viel darauf ankomme, ein vernünftiger Beobachter seiner inneren Verfassung zu sein« (45-126), oder darum, »Daß ernsthaftes Nachdenken über die Menschwerdung des Sohnes Gottes das beste Mittel sey, ein lebhaftes Gefühl von der Würde unsrer Natur in uns zu erwecken« (149-192). Er formuliert dort einen dem 18. Jahrhundert sehr vertrauten Gedanken: »Keine Trübsal wird uns zu schwer, wenn wir ein lebhaftes Gefühl von der Würde und dem unendlichen Werth unsrer Natur besitzen« (153). Und der Grund dafür liegt eben in der Menschwerdung Gottes: »Nichts kann uns [...] mehr Aufklärung über die Wichtigkeit unsrer Natur vor Gott; über den Adel ihrer Fähigkeiten; und über ihren Zusammenhang mit einer höhern und unsichtbaren Welt geben« (155). Der lange Weg der christlichen Kirchen zur Anerkennung einer allgemeinen Menschenwürde, den nicht zuletzt die Aufklärung angetreten hat, ist hier ein gutes Stück vorangekommen, wenngleich noch eingeschränkt durch die spezifisch christliche und vor allem christologische Fassung des Würdegedankens. Aufschlussreich sind in diesem Zusammenhang auch die Ausführungen darüber, »Daß eine heitere gleichmüthige Geistesfassung unentbehrlich zu einer thätigen Frömmigkeit sey« (303-324). Das wird, versteht sich, an Jesus selbst veranschaulicht:

> »Betrachtet ihn bey allen Veränderungen und Auftritten seines Lebens; innige Theilnehmung, lebendiges Gefühl und rastlose Thätigkeit werdet ihr überall an ihm bemerken; aber nie werdet ihr finden, daß er sich einer allzu großen Freude, oder einer finstern

26 Vgl. den Beitrag von Andres Straßberger in diesem Band.

27 Franz Volkmar Reinhard: Predigten im Jahre 1798 bey dem Churfürstl. Sächsischen evangelischen Hofgottesdienste zu Dresden gehalten. Bd. 2. Sulzbach 1806, 66-85.

28 Ders.: Predigten im Jahre 1799 bey dem Churfürstl. Sächsischen evangelischen Hofgottesdienste zu Dresden gehalten. Bd. 2. Sulzbach 1806, 215-236.

Traurigkeit überläßt; nie werdet ihr Gemüthsbewegungen bey ihm wahrnehmen, die ihn ausser Stand setzen, mit Ueberlegung seine Kräfte zu brauchen, und überall den Willen des Vaters zu thun; heitre Ruhe, gleichmüthige Fassung, ununterbrochne Gegenwart des Geistes ist der herrschende Ton seiner Seele, und läßt ihn überall groß und gut und edel handeln« (307).

Man sieht daran, wie sehr in der religiösen Stimmung und in der Zeichnung Jesu Reinhard hier nahe bei Schleiermacher ist, der in der kontinuierlichen Kräftigkeit des Gottesbewusstseins den hauptsächlichen Charakterzug Jesu herausstellte. Von der spätmittelalterlichen Bußfrömmigkeit, die Luther umgetrieben hatte, und die dieser trotz aller Transformationen auch in sein reformatorisches Glaubens- und Sündenverständnis integrierte, ist diese Religiosität und Theologe recht weit entfernt. Das verdient besonders hervorgehoben zu werden, wenn man an die außerordentlich heftigen Auseinandersetzungen denkt, die Reinhard eher gegen seinen Willen, jedenfalls wohl gegen seine Absicht, durch seine Reformationspredigt des Jahres 1800 ausgelöst hatte.[29] Ich möchte im Folgenden anhand einiger weniger Predigten eine nähere Charakteristik des Predigers Reinhard umreißen.

Aus dem Jahr 1798 stammt die Predigt: »Daß viel darauf ankomme, die Art und Weise nicht zu verkennen, wie die Religion auf das menschliche Herz wirkt«.[30] Bereits die Eingangsdiagnose stellt sich mitten hinein in ein vieldiskutiertes Grundproblem: »Es gehört unter die seltsamsten und schädlichsten Arten des Missverstandes und der Verblendung, M. Z., daß so viele Menschen mit der Religion in dem besten Vernehmen zu stehen glauben, und ihr doch im Grunde völlig fremde sind« (100). Diesem »Grund« nun spürt Reinhard im Folgenden nach, um bei dieser Gelegenheit auch das Wesen der Religion näher zu erkunden.

»Die Religion ist nicht eine Sache, mit der man sich durch eine Art von äusserlichem Cärimoniell, durch gewisse Höflichkeitsbezeigungen abfinden kann. Geist und Leben ist sie, M. Z., sie ist eine Kraft Gottes, selig zu machen, alle, die daran glauben« (101).

Dieser durchaus traditionellen Unterscheidung von Innen- und Außenseite der Religion wird aber nun noch deutlicheres Profil verliehen:

»die Veränderung, welche die Religion bey uns wirken muß; jene Erleuchtung unsers Verstandes, jene Reinigung unsers Herzens, jene Ausrottung und Vertilgung alles Bösen, jene Bezähmung unsrer Triebe, jene Uebung aller unsrer Kräfte, jene herrschende Liebe zu allem Guten, jene Angewöhnung zur Achtung gegen Schuldigkeit und Pflicht, jene Veredlung unsers ganzen Wesens, jene Verklärung desselben zum Bilde Gottes und Jesu; [...] diese ganze Verwandlung also ist ein so grosses, ein so zusammengeseztes, ein so schweres Werk, daß sie ohne festen Entschluß, ohne männliche Standhaftigkeit, ohne beharrliches Ausdauern und unermüdeten Fleiß unmöglich entstehen und vollendet werden kann« (111 f).

29 Vgl. den Beitrag von Christopher Spehr in diesem Band.

30 Franz Volkmar REINHARD: Predigten im Jahre 1798 bey dem Churfürstl. Sächsischen evangelischen Hofgottesdienste zu Dresden gehalten. Bd. 1. Sulzbach 1806, 100-119.

In diesem Satz steckt in nuce ein ganzes Programm. Zunächst: Veränderung und Verwandlung ist und bewirkt die Religion. Zugleich aber ist sie ein komplexes Gebilde, so dass die biographische Diskontinuität nicht leicht auf einen Nenner zu bringen ist. Der Aufklärung zollt die »Erleuchtung des Verstandes« Tribut, nicht minder die »Bezähmung der Triebe«. Die »Ausrottung des Bösen« wurde gerade erst wieder von Kant in seiner Religionsschrift (1793) zu allseitiger Verwunderung als ein Hauptpunkt der Religion in die Diskussion eingebracht. Die »Liebe zu allem Guten« konnte sich dagegen allgemeiner Zustimmung sicher sein, in der Wendung der »Achtung gegen Schuldigkeit und Pflicht« scheint wieder eine kantische Perspektive durch. Doch all diese Anknüpfungen und Aneignungen finden ihr Zentrum in den Stichworten der Veredlung und der Verklärung. Es scheint, dass hier die thematische Vielfalt der Predigten eine gestaltende Mitte hat. Hier zeigt sich Reinhard als der spezifisch religiöse Aufklärer, dem nicht die pietistisch angehauchte Diskontinuität des Bußkampfes das Wesentliche ist, sondern eine kontinuierliche und stetige Prozessualität der ins Auge gefassten Veränderung, die aber freilich sich nicht im Moralischen oder im Äußeren erschöpft, auch nicht nur die Herzensbildung vor Augen hat, sondern die zum »Bilde Gottes und Jesu« geformt wird, sich formen lässt. Dazu allerdings kann der religiöse Mensch auch etwas beitragen, auf seine Weise, ist es doch »die wichtigste Pflicht [...], alles, was wir von ihren [sc. der Religion] Wahrheiten wissen, auf alle nur mögliche Weise mit den Angelegenheiten des Lebens zu verknüpfen«. Das wird noch einmal prägnant eingeschärft: »lasset uns nie vergessen, daß sie ganz und vorzüglich für das Leben gehört« (117). Religion und Leben – das soll sich wechselseitig bereichern und beflügeln. Passenderweise schließt diese Predigt mit dem markanten Jakobus-Zitat: »Seyd Thäter des Worts, und nicht Hörer allein« (118), ein Zitat um dessen willen Luther bekanntlich den Jakobusbrief eine »stroherne Epistel« genannt hatte.[31]

Eine andere Predigt befasst sich mit einem Zentrum des spezifisch religiösen Lebens, dem Gebet: »Wie viel uns das Gebet schon als Erhebung des Herzens werth seyn müsse«.[32] Reinhard beginnt die Predigt mit einigen deutlich identifizierbaren Kant-Zitaten, die der allgemeinen Anmerkung zum vierten Stück der Schrift »Die Religion innerhalb der Grenzen der bloßen Vernunft« entnommen sind, in der sich Kant mit den Gnadenmitteln auseinandersetzt, nicht zuletzt auch mit dem Gebet. Das freilich kann nach Reinhard keinen Eindruck machen auf Christen, »die den Geist ihrer Religion kennen, diesen edlen, freyen, kindlichen Geist, dem es ein so grosses Bedürfniß ist, sich zu Gott zu erheben, und sich vor ihm zu öffnen« (157). Anders als Kant, der die Gnadenmittel auf ihre Grundfunktion hin zuspitzt, weitet Reinhard den Blick:

31 »Darum ist sanct Jacobs Epistel eyn rechte stroern Epistel« (Vorrede Zum NT von 1522; Martin LUTHER: Die gantze Heilige Schrifft. Bd. 3. München 1974; 241*). Vgl. aber die Vorrede zum Jakobusbrief »letzter Hand« (ebd. 2454 f).

32 Reinhard: Predigten im Jahre 1798 ... Bd. 1 (wie Anm. 30), 355-373.

»Ich brauche das Wort Gebet hier in der weitesten Bedeutung […], die es haben kann, von jedem mit Rührung verknüpften Andenken an Gott« (360). Dadurch gewinnt das Beten wiederum eine ganz neue lebenspraktische Bedeutsamkeit: »Ist nämlich das Gebet eine Erhebung unsers Geistes: so ist es als Sammlung der Seele; als Richtung des Gemüthes; als Merkmal unsrer Verfassung; als Gefühl unsrer Würde; als Mittel der Besserung als Quelle des Genusses endlich von der größten Wichtigkeit für uns« (360).

Auch hier, wie oben im Fall der Religion, steckt ein ganzes Programm in dieser Aufzählung, wobei es für Reinhard durchaus typisch ist, Programme in der Form aneinanderreihender Grundthesen aufzustellen. Eine nach Prinzipien verfahrende Systematisierung im Sinne Kants oder später Schleiermachers gehörte nicht zu seinen Stärken. Dennoch ist es bemerkenswert, wie er immer wieder den verschiedenen Themen eine Vielfalt von Beziehungen zu verschaffen vermag. Erhebung und Sammlung, Würdegefühl und Besserungsmittel, dazu noch Quelle des Genusses – mehr kann man vom Beten wahrlich nicht verlangen. Es wird darüber hinaus auch in seinem affektiven Status reich ausgestattet: »Empfindungen des Glaubens, der Ehrfurcht, der Demuth, der Unterwerfung, des Vertrauens, der Dankbarkeit, der Hoffnung und Liebe sind es also, die sich in ihm regen, wenn sich sein Geist auf Gott lenkt« (360 f). Die Aufmerksamkeit auf die Gefühlswelt ist ein Grundzug der theologischen Aufklärung.[33] Es gibt allerdings »Grade dieser Erweckung«, die »sich vom klaren Bewußtseyn bis zur Begeisterung, bis zum feurigen Entzücken erheben« können (362), Ausführungen, die man bei Reinhard vielleicht nicht ohne weiteres erwartet hätte. Denn die Begeisterung, der Enthusiasmus, ist ein vieldiskutiertes Thema der theologischen Aufklärung, das aber oftmals in der Nachfolge John Lockes eher an den Rand gedrängt wird. Immer aber muss diese Erhebung des Geistes zugleich »Sammlung der Seele« sein (363). Diese Konzentration ist nun zwar nach Innen gewandt, sie ist aber zugleich eine »Richtung des Gemüths« (365), das von sich fort auf seinen Schöpfer zielt, einen »kühnen Schwung zur Unendlichkeit wagt« (366).

Man kann an diesen sehr fein unterteilten und sehr präzise die verschiedenen Merkmale und Aspekte des Betens unterscheidenden Predigten recht viel lernen, auch für Reinhards Stellung in seiner Zeit. Nehmen wir einmal zum Vergleich ein Standardwerk aus der Zeit der protestantischen Orthodoxie zur Hand, Johann Gerhards »Schola pietatis«, die Schule der Frömmigkeit, das in geradezu handbuchartiger Fülle die Betätigungen und Äußerungen der Religiosität ausbreitet und das noch 1736 von Johann Georg Walch ins Deutsche übersetzt wurde, also offenbar auch der frühen Aufklärung etwas zu sagen hatte. Es gibt wohl keinen Aspekt des Betens, den Gerhard übersehen hat, aber im Vergleich mit den Ausführungen der theologischen Aufklärung, die sehr deutliche Akzente setzt und daher auch vieles

33 Vgl. Claus-Dieter Osthövener: »Affectionate Religion«: Religion und Gefühl in der englischen und deutschen Aufklärung. In: Theologie der Gefühle/ hrsg. von Roderich Barth; Christopher Zarnow. Berlin; Boston 2015, 79-112.

nur am Rande oder gar nicht behandelt, liegen doch diese vielfältigen Aspekte und charakteristischen Kennzeichnungen gleichsam alle auf einer Fläche. Und eben dies kehrt im Kleinen nun bei Reinhard wieder. Er bemüht sich um eine annähernde Vollständigkeit der Bestimmung des Gebets, aber er vernachlässigt darüber etwas, was der theologischen Aufklärung der Jahrhundertmitte sehr wichtig war, nämlich die genetische Nachvollziehbarkeit, die psychologische Verständigung über den Prozess des Betens und des Beters. Hier lohnen sich gewiss noch genauere Vergleiche und Untersuchungen. Denn gerade die zweite Hälfte des 18. Jahrhunderts hat sich vielfach mit psychologischen Fragen aller Art beschäftigt.

Über die »edle Begeisterung, die zum Christentum gehört«, hat Reinhard in zwei Pfingstpredigten noch weitere Besinnungen vorgelegt.[34] Begeisterung ist zunächst einmal ein »Zustand starker Gefühle und lebhafter Wirksamkeit, in welchen man durch einen wichtig scheinenden Gegenstand versetzt worden ist« (219). Reinhard unterscheidet »eine Begeisterung der Sinnlichkeit, eine Begeisterung der Einbildungskraft und eine Begeisterung der Vernunft«, die erste ist die tierische, die zweite die dichterische und die dritte schließlich die edle oder sittliche Begeisterung (220). Die Gegenstände aber der Vernunft sind »Wahrheit, Tugend und Religion« (222), woraus man bereits den recht umfassenden Vernunftbegriff Reinhards ermessen kann. Er ist damit weit von Schleiermachers Isolation der Religion als einer vom Denken und Handeln abgegrenzten Provinz im Gemüte entfernt. Er denkt auch hier, ja: gerade hier integrativ. Integrativ übrigens auch darin, dass selbst diese edle und vernünftige Begeisterung mit starken Gefühlen einhergeht. Urbild dieser Begeisterung ist Jesus selbst: »Würde er in einer Welt, wo alles um ihn her sittlich todt und erstorben war, etwas haben ausrichten können, wenn er nicht mit einem Eifer, mit einer Wärme, mit einer Fülle von Geist gehandelt hätte, die sich überall mittheilte und neues Leben wirkte«? (223 f). Doch auch in der Geschichte des Christentums gab es immer wieder solche Phasen edler Begeisterung. »Bald in diesem bald in jenem Lande hat sie sich geregt; bald da bald dort hat sie Zeugen der Wahrheit und thätige Verbesserer erweckt, ohne sie ist keiner von allen den Männern gewesen, die sich um das Christenthum wahre Verdienste erworben haben; sie hat insonderheit die Kirchenverbesserung des sechzehnten Jahrhunderts gewirkt« (226). Dieser Enthusiasmus ist nun durchaus ein Kriterium des Christenstandes, das einigermaßen umstandslos zur Anwendung kommt:

> »Es ist hart, was ich euch sagen muß, ihr, die ihr von religiöser Begeisterung noch gar nichts wisset, die ihr euch nicht entsinnen könnet, durch die Religion kräftig gerührt, bewegt, und in den Zustand starker Gefühle und lebhafer Wirksamkeit versetzt worden zu seyn. Ach es ist wahrscheinlich, daß ihr noch ganz rohe Menschen seyd« (244)

34 Franz Volkmar REINHARD: Predigten im Jahre 1797 bey dem Churfürstl. Sächsischen evangelischen Hofgottesdienste zu Dresden gehalten. Bd. 1. Sulzbach 1805.

Doch ist auch Selbstkritik am Platze, muss uns doch diese Einsicht »zu einer strengen Prüfung veranlassen, wenn wir religiöse Begeisterung bei uns antreffen; wir haben nämlich genau zu untersuchen, ob wir nicht Schwärmerei, oder müßiges Tändeln mit frommen Gefühlen für die edle Begeisterung halten, die den wahren Christen auszeichnet« (248). Schwärmerei ist es, nicht die Vernunft und nicht die Schrift, sondern »lebhafte Einbildungen und Gefühle in der Religion zur Regel zu machen« (248). Noch weniger kann das müßige Tändeln mit wahre christlicher Einstellung verwechselt werden, es wird praktiziert von »Christen, die sich absondern und zurückziehen, um in der Stille frommen Rührungen nachzuhängen, die sich nur mit solchen vereinigen, die nach ähnlichen Rührungen schmachten« (250).

Was aus diesen Beispielen deutlich geworden sein dürfte, ist der thematische Reichtum, der Reinhards Predigten auszeichnet, verbunden mit einem mitunter ein wenig pedantischen Willen zur Klarheit und Deutlichkeit, der aber doch immer in der homiletischen Tugend der Verständlichkeit begründet ist. Man darf da durchaus Parallelen zur zeitgenössischen Popularphilosophie ziehen, wie ja überhaupt die Theologie der zweiten Jahrhunderthälfte bedeutende Beispiele einer solchen Populartheologie hervorgebracht hat.

Franz Volkmar Reinhard starb 6. September 1812 in Dresden, hochgeehrt und gefeiert. Seine Art zu predigen blieb bis etwa 1840 maßgeblich, sein Einfluss war sehr viel größer als etwa derjenige Schleiermachers, dessen Art auch kaum zu kopieren war, während Reinhards Stil durchaus ein Muster abgeben konnte für den Sonntag für Sonntag predigenden Pfarrer.

Reinhard und seine Zeit – ein Fazit

Am 3. Advent des Jahres 1802 predigte Reinhard zum Thema: »Ueber das Schicksal, bald vergessen zu werden«.[35] Im Eingang der Predigt führt er aus,

> »daß wir so gern etwas anordnen, stiften und hervorbringen, was als ein Beweis unsrer Thätigkeit angesehen werden und als ein Denkmal von uns übrig bleiben kann; daß es uns so angenehm ist, unsern Namen in Verzeichnissen zu wissen, aus welchen er nicht so leicht verschwinden, sondern mit einer Art von Zuverlässigkeit auf die Nachwelt kommen kann; daß wir so begierig Alles ergreifen, wodurch wir unser Andenken bei Andern erneuern, lebhafter machen und sichern können; alle diese Maßregeln und Bestrebungen, was sind sie anders, als Versuche, das traurige Schicksal, vergessen zu werden, von uns abzuwenden und die Kenntniß von uns, die Achtung, die Dankbarkeit und das Wohlwollen gegen uns so lange als möglich unter unseren Mitmenschen zu erhalten!« (123).

Der Text, der dieser Predigt zugrundeliegt stammt aus dem 11. Kapitel des Evangeliums nach Matthäus, die Erzählung von Johannes dem Täufer im Gefängnis, der alsbald über der Aufmerksamkeit auf Jesus von Nazareth in Vergessenheit geraten sollte. Die Predigt geht dann sehr feinsinnig den Gründen des Vergessens

35 Vgl. Diegel: Franz Volkmar Reinhard (wie Anm. 24), 122-138.

nach, die sowohl in eigenen Fehlern zu suchen sind, als auch in Fehlern anderer. Es ist immer verdient und unverdient zugleich. Am meisten jedoch liegt am »Alles überwältigenden Einfluß der Gegenwart« (132). Ihm kann man sich kaum entziehen, da verblasst das bloße Andenken schnell. Am Ende wird an das Pflichtbewusstsein appelliert:

> »die Aussicht, daß unser Name, wenn wir die Erde verlassen werden, vielleicht ganz und auf immer verschwinden wird, soll uns nicht niederschlagen und muthlos machen, soll uns nicht einen Augenblick hindern, jede Art von Verdienst mit demselben zu verknüpfen, um Gottes und des Gewissens willen wollen wir unsre Pflicht thun und darauf rechnen, wenn uns auch die ganze Welt vergessen hat, unser Name wird theuer vor Gott und im Himmel angeschrieben sein« (137).

Adolf von Harnack hielt in seinen vorbereitenden Notizen zum »Wesen des Christentums« unter anderem Folgendes fest: »Beginne mit Schleiermachers Reden! Fichte's Reden und Reinhardt's Predigten«.[36] Harnack wollte sich offenbar mit seinen Vorlesungen hineinstellen in die vorige Jahrhundertwende, in die Zeit der »Reden« Schleiermachers, der »Reden an die deutsche Nation«, mit der Fichte die Napoleonischen Kriege zum Anlass nahm, um Deutschland neuen Mut einzugeben, und eben die Zeit der Predigten Reinhards, dessen Nennung hier einigermaßen überraschend ist, da er sonst in Harnacks Œuvre keine Rolle spielt. Aber er wurde offenbar von ihm als repräsentativ erachtet. Interessant ist nun die Begründung, die Harnack seinen Notizen hinzufügt: »Das Klassische, das Zopfige, das Sentimentale versteht das Volk, nicht aber das Romantische, so ist ihnen die Religion entfremdet worden. Predigten wie die Reinhardt's würden auch heute wirken.« Das ist nun ein einigermaßen zweischneidiges Lob. Zwar wird Reinhard gegenüber Schleiermacher und vielleicht auch gegenüber Fichte herausgehoben, als ein sinnvolles und wichtiges Gegengewicht gegen »das Romantische«, das eben nicht im engeren Sinne volkstümlich ist; und zumindest für die Frühromantik mag das in vieler Hinsicht zutreffen. Aber: Er wird eben nicht nur als »klassisch« bezeichnet, sondern muss auch mit den wenig schmeichelhaften Charakterisierungen »zopfig« und »sentimental« leben.

Man muss hier nicht in allem Harnacks Meinung sein und doch hat er etwas Richtiges getroffen. Beginnen wir mit dem Klassischen. Das mindeste, was man darunter verstehen kann, ist etwas seine Zeit Überragendes, das zugleich auch noch für künftige Zeiten immer aufs Neue vorbildlich oder auch maßgeblich ist. Reinhart Koselleck hat es einmal sehr präzise in die Worte gefasst: »Definition eines Klassikers: Unmöglich, zu ihm zurückzukehren, aber ebenso unmöglich, über ihn hinauszukommen«.[37] Wie steht es in diesen Punkten mit Reinhard? Vermutlich würden die meisten dem ersten Punkt zustimmen, zurückzukehren, in einem schlichten

36 Adolf von Harnack: Das Wesen des Christentums/ hrsg. von Claus-Dieter Osthövener. 3. Aufl. Tübingen 2012, 178.

37 Reinhart Koselleck: Goethes unzeitgemässe Geschichte. Heidelberg 1997, 6 f.

Sinne, zu diesem Predigtstil, wie überhaupt zu vergangenen Predigtstilen, dürfte nicht das Ziel einer erneuten Beschäftigung und Aneignung sein. Sehen wir jedoch auf den zweiten Punkt, so fällt eine Antwort nicht so leicht: Wer ist denn in einem präzisen Sinne »über ihn hinausgekommen«? Das hängt nun freilich sehr von der je eigenen Sichtweise ab. Richard Rothe, selber eher der erwecklichen und konfessionellen Richtung zugeneigt, kann in Reinhard nicht gerade den Gipfelpunkt des Predigens erblicken, er hebt Schleiermacher sehr viel höher. Und doch: Wer nach Reinhard (von Schleiermacher einmal abgesehen) hat denn je wieder einen solchen Erfolg mit seinen Predigten erzielt? Eine solche zahlreiche Hörerschaft und auch Leserschaft um sich versammeln können? Diesen Punkt scheint auch Harnack im Auge zu haben, wenn er die allgemeine Verständlichkeit so stark betont. Und vielleicht dürfen wir hier das »Zopfige« und das »Sentimentale« berühren. Sentimental dürfte man Reinhard im Schillerschen Sinne wohl nennen, sofern damit ein Gegenbegriff zum Naiven gemeint ist. Diese Predigten sind in der Tat nicht naiv, nicht unmittelbar ergreifend, nicht, wie Theodor Fontane es in seiner »Frau Jenny Treibel« mit milder Ironie sagt »von Herz zu Herzen« sprechend. Sie sind reflektiert, durchdacht, wohlerwogen und stets darauf bedacht, nichts dem Zufall zu überlassen, schon gar nicht das richtige Verständnis des Gemeinten und Gesagten. Hier tut der Prediger Reinhard lieber zuviel als zuwenig, womit auch schon das »Zopfige« sich einstellt, ein Ausdruck, den die frühe Aufklärung mit dem Pedantischen zusammenstellte und als Gegenbegriff einer frei schwingenden Urteilskraft auffasste.[38] Aber wir wollen auch nicht ungerecht sein. Auf seine Weise hat Reinhard seine Zeit, wenn schon nicht, wie es nach Hegel die Philosophie tut, in Gedanken, so doch »in Predigten gefaßt«. Dass er ihren Nerv getroffen hat, steht außer Zweifel und vielleicht sollte gerade das uns zu denken geben.

Denn zu den wichtigen Erkenntnissen, die eine Beschäftigung mit Reinhard uns vermitteln kann, gehört die Tatsache, dass all die vermeintlich viel aufregenderen Epochen, Perioden und Episoden dieser Zeit, von etwa 1790 bis 1820 eben doch nicht so prägend und ins Weite wirkend waren, wie wir uns das häufig in unseren Geschichten der Theologie, Philosophie und Literatur einbilden. Wer hat sich denn damals für die Frühromantik interessiert, wer für den Deutschen Idealismus, wer für die Spitzenprodukte der Deutschen Klassik? Es wäre wohl an der Zeit, einmal neu darüber nachzudenken, die einsetzende Breitenwirkung und allgemeine Partizipation, die durch die Erfindung einer »Öffentlichkeit« mit dem 18. Jahrhundert begann, auch für diese Zeit neu fruchtbar werden zu lassen. Also auch die zweite und die dritte Reihe zu Wort kommen zu lassen, die Signatur des Zeitalters, um einmal ein recht großes Wort zu verwenden, nicht nur an den Gipfeln, sondern an

38 »Nebenbei sei bemerkt, daß Reinhard einer der Geistlichen war, die zuerst wieder ihr eigenes Haar trugen und die Perücke bei Seite ließen, obwohl der Mangel einer solchen bei seinem Eintritte in die Fakultät in Wittenberg lautes Murren erregte.« Diegel: Franz Volkmar Reinhard (wie Anm. 24), XI.

allen Höhenlagen mitsamt den Ebenen zu erheben und zu profilieren. Dafür scheint mir ein Mann wie Reinhard ganz besonders geeignet, ähnlich geeignet wie vielleicht Friedrich Nicolai, der ja ebenfalls bis heute ›misskannt‹ wird, von sehr wenigen Ausnahmen abgesehen. Mit dieser Aufmerksamkeit auf die mittleren Lagen sollte dann auch eine Aufmerksamkeit auf das Lokale einhergehen, das für die deutsche Aufklärung, die kein Zentrum wie Paris oder London aufzuweisen hat, so charakteristisch ist. Hier hat die Forschung bereits vieles Interessante zu Tage gefördert, insbesondere ist Leipzig in seiner herausragenden Stellung für die Frühaufklärung bereits sehr intensiv und zugleich vielversprechend Gegenstand der Forschung geworden. Da könnten nun auch die Wirkungsorte Reinhards, Wittenberg und vor allem Dresden in den Blick genommen werden.

Wenn wir die Aufklärung als ein Zeitalter der Predigt würdigen wollen und zugleich zur Kenntnis nehmen, dass die Gattung der Predigt in der Regel eben nicht ein solitäres Kunstwerk oder auch nur eine aufschlussreiche Abhandlung ist, sondern eine Gattung, die eigentlich für den Tag geschrieben und gesprochen ist, eine Gattung, die geradezu als Gebrauchsliteratur angesehen werden kann und zugleich, in religiöser Hinsicht, doch so sehr anderes ist als dieses, wenn wir also just diese schwer zu greifende Gattung als Leitfaden für eine nähere Erkundung des Zeitalters uns aussuchen, dann stellen sich damit einige interessante Probleme, deren Lösung noch nicht ohne weiteres vor Augen liegt. Und Reinhard könnte hier durchaus als ein Experimentierfeld für das Testen solcher Lösungen dienen. Denn was wissen wir etwa über die Wirkung seiner Predigten? Erfährt man etwas darüber in der Tagespresse? Welche Rolle spiele sie in den Magazinen seiner Zeit? Wurden die Rezensionen seiner gedruckten Predigtbände gesammelt und ausgewertet? Diese Art der Wirkungsforschung steht noch sehr in ihren Anfängen, gerade in der Theologie. Sodann: Wie soll ein solches umfassendes Œuvre präsentiert und erschlossen werden? Eine gedruckte kritische Edition wäre vermutlich nicht finanzierbar, auch würde sich kaum ein Verlag für ein solches Unternehmen finden. Hier bieten sich neuere editorische Verfahren, wie sie in den »Digital Humanities« erprobt werden, geradezu an. Gerade Predigten, nicht nur diejenigen Reinhards, stellen hier die Forschung vor besondere Aufgaben. Sie müssen in ihrer inneren und äußeren Vernetzung mithilfe solche digitalen Verfahren erschlossen werden, um einen richtigen Eindruck zu gewinnen. Das gilt im Grunde für die gesamte Aufklärungszeit, es wäre jedenfalls ein ebenso lohnendes wie langfristig anzulegendes Unternehmen. Über die Religion und Theologie dieser Epoche würden wir sehr viel lernen können.

Würden wir auch über unsere Epoche etwas lernen? Oder müssen wir am Beginn dieses Jahrhunderts eher noch zurückhaltender urteilen als Harnack es bereits über Reinhard tat? Es ist nicht ganz leicht, solche Fragen so zu beantworten, dass die Antwort nicht ihrerseits in die Gattung der Sonntagsrede abrutscht. Die Aufklärung ist uns in vieler Hinsicht näher, als das 19. Jahrhundert, freilich in mancher Hinsicht auch fremder. Es käme eben darauf an, hier eine plausible Balance zwischen Aneignung und Abgrenzung je im einzelnen Falle und im Ganzen zu probieren, über die sich aber aus nachvollziehbaren Gründen nicht gut etwas vorschreiben lässt. Immerhin, eine gewisse Neubegier täte gut, ein erneutes Erwägen der Verdienste Reinhards um seine Kirche und seine Zeit. Das könnte vielleicht auch einmal ohne die recht verstaubten und wenig trennscharfen Etiketten des Supranaturalismus und des Rationalismus möglich sein. Denn genau besehen: Was hat denn Reinhard mit seinem sogenannten Supranaturalismus anderes getan, als die jeder Religion und dann auch jeder Theologie eigene Überschwänglichkeit im Blick auf die Alltagsrationalität kraftvoll hervorzuheben. Wir sind heute vorsichtiger geworden mit dem Versuch, das zarte Pflänzchen der Religion allseitig rationalisieren zu wollen, so anerkennenswert uns auch die Versuche erscheinen, sie nicht dem bloßen Irrationalismus preiszugeben. Und wir sind vielleicht auch geneigter, diesen Überschwang, der bei Reinhard ein recht nüchterner Überschwang gewesen ist, über die alltägliche Verständigkeit nicht zuletzt an den Themen der christlichen Religion und der christlichen Theologie zu orientieren. Die theologische Aufklärung ist in ihren Höhenlagen immer eine sachhaltige und gehaltvolle Unternehmung gewesen. Sie hat die Versuche, die Religion ihrer durch eine lange Geschichte wertvollen Überlieferungen zu entledigen immer skeptisch oder ablehnend kommentiert.

Ganz am Schluss seiner Predigt über das Vergessen, heißt es:

> »Sind wir einmal ein wirksamer Theil dieses unermeßlichen Zusammenhangs der Dinge gewesen, […] haben wir uns einmal als thätige Kräfte in dem Reiche Gottes geäußert, so können die Spuren dessen, was wir gethan haben, nie wieder verschwinden; dem schwachen Auge der Menschen können sie unsichtbar werden […]; aber darum hören sie nicht auf mit dem Ganzen verflochten zu sein, in demselben fortzuwirken«.[39]

Es ist noch nicht an der Zeit, Reinhards Wirken unsichtbar werden zu lassen. Darüber nachzudenken, in welcher Weise er gewirkt hat und in welcher Weise er nach wie vor, sei es auch weniger merklich, wirkt und wirken wird, ist immer noch lohnenswert.

39 Ebd, 137 f.

Franz Volkmar Reinhard als Oberhofprediger in Dresden[1]

Von Thilo Daniel

Franz Volkmar Reinhard genießt bis heute den Ruf eines hervorragenden Predigers. Manchen gilt er als Erfinder des Reformationsjubiläums. Diese Zuschreibung hat ihm in kirchlichen Kreisen gegenwärtig wieder Popularität gebracht. Relativ offen sind die historischen Fragen: Wer war Franz Volkmar Reinhard, und wo lagen die Wurzeln seiner ungemeinen Popularität? Wie ist seine Rolle als Mitglied des Dresdner Konsistoriums zu sehen? Diese Fragen sind weitgehend offen. Reinhards Wirken ist bislang nur schemenhaft erkennbar geworden. Er verbirgt sich hinter seiner Verkündigung. Das ist für einen Prediger kein Makel. Doch für die Zunft der Kirchenhistoriker bleibt hier ein Defizit. Bereits Franz Dibelius reflektiert kritisch über Reinhard. Andererseits würdigt ihn die Kirchengeschichtsschreibung des 19. Jahrhunderts bis hin zu Franz Blanckmeister. Danach gerät er mehr und mehr in Vergessenheit. Erst das ausgehende zwanzigste Jahrhundert hat ihn als eine der letzten großen sächsischen Oberhofpredigergestalten wiederentdeckt.

Als mir aufgetragen wurde, die Dresdener Quellen neu zu befragen, war mir bewusst, dass diese Aufgabe weniger leicht lösbar sein würde, als es erscheinen mag. Das hat unterschiedliche Gründe: Einen privaten Nachlass Reinhards gibt es nicht. Das Landeskirchenamt verwahrt nur vereinzelte Stücke zu seinem Wirken. Das Oberkonsistorium war Teil der Landesregierung. Das Sächsische Hauptstaatsarchiv verwahrt daher das Gros der Akten. Ausgehend von diesem Material, den

1 Auf Bitten der Veranstalter habe ich mich dem Thema gestellt und die Dresdner Archive befragt. Der entstandene Beitrag versteht sich nicht als umfassende Aufarbeitung des Themas. Es handelt sich um eine erste, exemplarische Spurensuche. Ein vertiefender Blick in die Archive, insbesondere zur Dresdner Schulgeschichte, kann weiterführen und gewiss manche hier vertretene Position korrigieren. Der Vortragstil wurde beibehalten. Herrn Pfarrer Dr. Volker Wappmann aus Vohenstrauß danke ich für seine freundliche Unterstützung. Neben den in den Anmerkungen genannten Literaturtiteln stützt sich der Beitrag auf folgende Literatur: Franz DIBELIUS: Die Perikopenordnungen der evangelisch-lutherischen Kirche in Sachsen. Beiträge zur sächsischen Kirchengeschichte 7 (1892), 77-125; Ernst Wilhelm FÖRSTEMANN: Franz Volkmar Reinhard. ADB 28, 32-35; Harald RABE: Die Veränderung im Freiheitsverständnis von Franz Volkmar Reinhard durch die Aufnahme lutherischer Theologie. Leipzig 2004 (Manuskript, CD-ROM. – Leipzig, Univ., Theol. Fak.. Diss., 2004; Christian-Erdmann SCHOTT: Möglichkeiten und Grenzen der Aufklärungspredigt dargestellt am Beispiel Franz Volkmar Reinhards (Arbeiten zur Pastoraltheologie; 16). Göttingen 1978; DERS.: Franz Volkmar Reinhard. RGG[4] 7, 248; DERS.: Franz Volkmar Reinhard. NDB 21, 354; Susanne SIEBERT: Franz Volkmar Reinhard. BBKL 7 (1994), 1534-1537; Volker WAPPMANN: Franz Volkmar Reinhard: zur Persönlichkeitsentwicklung eines Theologen der Aufklärung. Oberpfälzer Heimat 27 (1983), 73-82.

biographischen Vorarbeiten und Reinhards autobiographischen Zeugnissen sollen zwei Aspekte besonders in den Blick genommen werden:

Zum einen: Biographisches

Zum anderen: Wo lagen die Schwerpunkte von Reinhards Tätigkeit?

Beide Fragen werden im Folgenden allenfalls in ihrer Bedeutung angerissen. In jedem Teile bleibt am Ende das große Desiderat: Das Wirken Reinhards bedarf intensiver Erforschung weit über das im Rahmen dieses Beitrags Mögliche hinaus.

I Biographisches

In der Literatur wird gerne Reinhards bayerische Herkunft betont. Das ist aus heutiger Warte zutreffend. Auf Reinhard bezogen ist es freilich wenig hilfreich, da anachronistisch. Geboren ist er in Vohenstrauß. Seine Heimat ist die Oberpfalz gewesen. Das ist konfessionell und frömmigkeitsgeschichtlich keine marginale Unterscheidung und für seinen Werdegang nicht völlig ohne Bedeutung gewesen. Nach der Schlacht am Weißen Berg aus der Regentschaft des Winterkönigs Friedrichs V. unter bayerische Herrschaft gekommen, ist die Oberpfalz Schauplatz intensiver römisch-katholischer Reformbestrebungen geworden, die in der Oberpfalz a la longue als Gegenreformation empfunden worden sind.[2] Erst 1697 war mit dem Rijswijker Frieden ein Ende des konfessionell geführten Konfliktes abzusehen. In all den Stürmen war die Oberpfalz weit davon entfernt geblieben der calvinistischen Konfession ihrer kurpfälzischen Landesherrn zu folgen, noch waren die Wittelsbacher Vorstöße der Rekatholisierung vollends zielführend gewesen. Im oberpfälzischen Sulzbach galt seit 1652 ein Simultaneum[3]. Die Oberpfalz blieb im Kern lutherisch geprägt. Reinhard wuchs hier als Sohn eines evangelischen Pfarrers auf und erfuhr eine christliche Erziehung in bodenständiger Frömmigkeit. Seine Wurzeln im Oberpfälzischen waren ihm zeitlebens bewusst. Ich werde abschließend darauf zurückkommen. In Regensburg, dem reichsstädtischen Zentrum der Region, hatte er die Schule besucht und das Studium begonnen, bevor er an den

2 Volker WAPPMANN: Durchbruch zur Toleranz: die Religionspolitik des Pfalzgrafen Christian August von Sulzbach 1622-1708 (Einzelarbeiten zur Kirchengeschichte Bayerns; 69). Neustadt an der Aisch 1995. – Zugl.: Erlangen, Nürnberg, Univ., Diss., 1994.

3 Vgl. Christoph SCHÄFER: Das Simultaneum: ein staatskirchenrechtliches, politisches und theologisches Problem des Alten Reiches (Europäische Hochschulschriften: Reihe 2, Rechtswissenschaft; 1787). Frankfurt am Main; Berlin; Bern; New York; Paris; Wien 1995. – Zugl.: Freiburg (Breisgau), Univ., Jurist. Fak., Diss., 1995; Cyrill SCHÄFER: Staat, Kirche, Individuum: Studie zur süddeutschen Publizistik über religiöse Toleranz von 1648 bis 1819 (Europäische Hochschulschriften: Reihe 3, Geschichte und ihre Hilfswissenschaften; 522). Frankfurt am Main; Berlin; Bern; New York; Paris; Wien 1992. – Zugl.: Freiburg (Breisgau), Univ., Phil. Fak., Diss., 1991; Wolf Friedrich SCHÄUFELE: Christoph Matthäus Pfaff (1686-1760) und die Kirchenunionsbestrebungen des Corpus Evangelicorum 1717-1726 (Veröffentlichungen des Instituts für Europäische Geschichte, Mainz; 172: Abt. abendländische Religionsgeschichte). Mainz 1998.

Ursprungsort der lutherischen Reformation weiterzog: nach Wittenberg, an den Ort seiner akademischen Karriere. Vielfältige materielle Unterstützung, Stipendien und Gönner unter seinen Lehrern ermöglichten erst den Weg, den das Elternhaus nicht hätte bahnen können. Die Erinnerung hieran erscheint in seinem späteren konsistorialen Wirken sehr lebendig.

Reinhards Großvater Georg Franz stand dem Pietismus nahe, der im Sulzbachischen durchaus eine Anhängerschaft hatte. Unter der Herrschaft des 1655 zum Katholizismus konvertierten Pfalzgrafen Christian August und dessen Beratern Knorr von Rosenroth und Johann Baptist von Helmont war zeitweise der Spiritualismus tonangebend gewesen. Unter der Herrschaft von Christian Augusts Sohn, Theodor Eustach, wurde der Pietismus ein Gegengewicht zu dessen gegenreformatorischen Bestrebungen. Reinhards Vater hat die schulische Bildung seines Sohnes bis zu dessen 15. Lebensjahr selbst übernommen. Danach besuchte Reinhard das Gymnasium in Regensburg.[4] All dies geschah im Rahmen des seit 1652 geltenden Simultaneums. Reinhard war es von Kindheit an vertraut, als evangelischer Christ in einem gemischtkonfessionellen Territorium mit einem römisch-katholischen Landesherrn zu leben und zu glauben.

Reinhards Biograph Karl Heinrich Ludwig Pölitz berichtet, dass er während seiner Schulzeit durch den kursächsischen Legationssekretär Karl Gottfried Mirus[5] unterstützt wurde.[6] Regensburg, der Sitz des ständigen Reichstages, beheimatete immer wieder »Talentscouts« der frühen Neuzeit. Reinhard wurde auf diese Weise 1773 Student der kursächsischen Universität in Wittenberg. Nach dem Studium der Rhetorik und der Philosophie schlossen sich fünfzehn Jahre akademischer Lehrtätigkeit an, in denen Reinhard sich in der Rückschau als Suchender sah. 1780 wurde er außerplanmäßiger Professor der Philosophie und heiratete die Professorenwitwe Christine Dorothea Schmid. 1782 wurde er Lehrstuhlnachfolger Ernst Friedrich Wernsdorfs, 1783 Propst.

In den »Geständnissen« des Jahres 1810, ein in Briefform gestalteter Bericht über den eigenen Werdegang und eine Homiletik, weist Reinhard darauf hin, dass die entscheidende theologische Positionsfindung mit einer Rückbesinnung auf die Erziehung und Frömmigkeit der Kindheit gewesen ist:

---

4 Vgl. Wappmann: Franz Volkmar Reinhard (wie Anm. 1), 73-82.

5 Intelligenzblatt der Allgemeinen Literatur-Zeitung (1790) Nr. 94 (24. Juli), 763 »Am 26 Apr. verschied zu Regensburg in einem Alter von 77 Jahren der Chursächsische Legationssecretair, Herr Carl Gottfried Mirus. Er bekleidete seinen Posten 39 Jahre lang. Das theologische Studium war seine Lieblingsbeschäftigung. Er ist Verfasser folgender Schriften die er nur mit den Anfangsbuchstaben seines Namens herausgab: Geschichte unsers Herren Jesu Christi auf Erden. 8. Leipz 1765. 2) Versuch einer Geschichte des Königs David. 8. Nürnb. 1783«; http://reader.digitale-sammlungen.de/de/fs1/object/display/bsb10541055_00387.html.

6 Karl Heinrich Ludwig Pölitz: Franz Volkmar Reinhard nach seinem Leben und Wirken. 2 Bde. Leipzig 1813-1815.

»Was die Theologie anlangt, so erhielt mich der Grundsatz, nichts zu billigen, was mit den klaren Behauptungen der Bibel streite, auf einem Mittelweg, wo ich hinlängliche Freyheit zum Prüfen hatte, ohne mich allzuweit verirren zu können. Daß hierbei ein Vorurtheil der Jugend mitwirkte, will ich gar nicht in Abrede seyn. Da ich die Bibel, wie ich Ihnen neulich erzählt habe, mein Freund, schon als Kind gelesen, sie als Wort Gottes an die Menschen gelesen und sie zu gebrauchen nie aufgehört hatte, so war sie mir so heilig, ihr Ansehen war mir so entscheidend geworden, daß ein Satz, der ihr widersprach, mein Religionsgefühl so sehr empörte als eine unsittliche Behauptung meinen moralischen Sinn. Daß ich in der Folge nicht unterließ, die Gründe zu prüfen, auf welchen das Ansehen der Schrift beruht, werden Sie mir zutrauen. [...] Ich war noch überdieß in einer Kirche geboren, die das eigentliche Reich der Schrift ist, wo sie allein und unbeschränkt herrscht und den ganzen Lehrbegriff bestimmt. Dieser schien mir auch der Schrift, wenn man nicht an ihr künstelt und sie gewaltsam verdreht, weit gemäßer zu seyn als der Lehrbegriff irgendeiner anderen christlichen Religionsparthey. Daher kam es denn, daß ich, so groß auch die Gährung in meinem Inneren war, und solang ich auch mit Zweifeln aller Art zu kämpfen hatte, dennoch den Lehrbegriff der evangelischen Kirche gleich von Anfang an nicht nur vortragen konnte, sondern, wenn ich gewissenhaft handeln wollte, auch vortragen mußte.«[7]

Was Reinhard in Wittenberg schätzte und ihm zeitlebens wichtig war, ist die ihm dort vergönnte intensive Zeit zur Arbeit. Sein Biograph und Intimus Pölitz formuliert es so: »Schon an sich hat Wittenberg als Universitätsstadt den Vorzug, daß geräuschvolle Vergnügungen daselbst zur Seltenheit gehören.«[8] Reinhard pflegte von 5:00 bis 19:30 Uhr zu arbeiten. Ruhe zur Arbeit suchte Reinhard auch nach seiner Berufung zum Oberhofprediger nach Dresden 1792. In der Dresdner Zeit pflegte er um 6:00 Uhr aufzustehen. Bis 23:00 währte der Arbeitstag. Pölitz fügt hinzu, dass Reinhard seit einem Beinbruch im Jahre 1803, von dem er sich nie erholte, eine längere Arbeitszeit nicht mehr möglich gewesen sei.

In Dresden gehörten zum Amt des Oberhofpredigers die Geschäfte eines Mitgliedes im Oberkonsistorium, dessen leitender Geistlicher und Vizepräsident Reinhard freilich erst 1809 wurde. Dreimal wöchentlich von 9.00 bis 13.00 Uhr fanden die Sitzungen der geistlichen Behörden statt. Im Vordergrund stand die Predigttätigkeit. Dem lutherischen Bekenntnis entsprechend, leiteten die Oberhofprediger ihre Kirche durch Wort und Sakrament – sine vi sed verbo. Nach wie vor war das Oberhofpredigeramt in Dresden das erste evangelische geistliche Amt im Reich. In Regensburg, wo Reinhard erstmals in den Blick der kursächsischen Regierung in Gestalt des Legationssekretärs Mirus getreten war, hatte Kursachsen den Vorsitz im Corpus Evangelicorum inne. In die Rolle des Oberhofpredigers fand sich Reinhard nach allem, was bekannt ist, gut und umgehend ein. Reinhards Wirken war in einer Weise maßvoll und konservativ, dass Zeitgenossen, die ihn aus seiner Wittenberger Wirksamkeit kannten, ihn des Opportunismus bezichtigten. Auslöser hierfür war

---

7 Franz Volkmar REINHARD: Geständnisse seine Predigten und seine Bildung zum Prediger betreffend in Briefen an einen Freund. Sulzbach 1810, 73 f.

8 Pölitz: Franz Volkmar Reinhard ... (wie Anm. 6) 1, 72.

oftmals seine Auseinandersetzung mit Johann Gottlieb Fichte im sogenannten Atheismusstreit. Fichte war in Wittenberg Reinhards Schüler gewesen. Als Oberhofprediger hatte Reinhard sich schroff gegen Fichtes Veröffentlichung »Versuch einer Kritik aller Offenbarung« 1792 geäußert, dessen zweite Auflage Fichte Reinhard hatte widmen wollen. Neben der persönlichen Distanzierung, die damit einherging, war bereits von den Zeitgenossen beachtet worden, dass Reinhards Kritik inhaltlich gut begründet war. Zudem hatte er als Mitglied des Oberkonsistoriums zu dieser Veröffentlichung votieren müssen. Überdies lässt sich Reinhards persönliche Haltung Fichte gegenüber nur schwer rekonstruieren. Sie ist durch die Sicht seines Biographen und Schülers Pölitz geprägt, der Konkurrent und Gegner Fichtes gewesen war und seine Sicht in die Biographie Reinhards hineingetragen hat, wie dies in der Fichte-Literatur bereits mehrfach festgehalten worden ist. Bei der Sichtung der Quellen zeigen sich jedenfalls andere Inhalte seiner Tätigkeit als prägend.

Ein privates Moment ist bei alldem noch zu beachten, bevor die Tätigkeit selbst in den Blick genommen werden soll:[9] Ein Einschnitt in Reinhard Biographie verbindet sich mit dem Tod seiner ersten Ehefrau kurz nach seinem Amtsantritt in Dresden. Er heiratete 1794 erneut: Ernestine von Charpentier, Tochter des sächsischen Berghauptmanns und Professors an der Bergakademie in Freiberg Johann Friedrich Wilhelm von Charpentier.[10] Sie war dreiundzwanzig Jahre jünger als Franz Volkmar Reinhard. Ihre jüngere Schwester Julie war die Verlobte Friedrichs von Hardenberg – Novalis. Mit der Romantik eines Novalis konnte Reinhard sich freilich nie befreunden. Beide blieben sich fremd. Mit der Eheschließung fand Reinhard mühelos Anschluss an die Akademikerschaft der Residenzstadt und zum Hofadel. Hier begegnet Reinhard uns als Examinator und Bildungspolitiker. Mehrere hundert Zuhörer aus den ersten Ständen der Residenzstadt Dresden waren bei den Kandidatenprüfungen anwesend.[11] Die Sorge für die Universitäten und Schulen prägte seine Amtstätigkeit.[12]

Neue Gesangbücher, die Regeneration der älteren Agende, die »stillschweigende Beförderung der allgemeinen Beichte« und »Anordnung der abwechselnden Erklärung neuer Perikopen« standen im Mittelpunkt seines Wirkens, so der Biograph Pölitz.[13] Dies soll nun im Einzelnen betrachtet werden.

9 Pölitz: Franz Volkmar Reinhard … (wie Anm. 6) 1, 134.

10 Charpentier, Mathematiker und Jurist, war 1766 Professor für Mathematik und Zeichenkunst an der Bergakademie Freiberg geworden, wo er gleichzeitig das Studium der Bergwissenschaften betrieb. Seit 1773 war er Berg-Kommissionsrat wurde Mitglied des Sächsischen Oberbergamtes. Vgl. Wilhelm von Gümbel: Charpentier, Johann Friedrich Wilhelm. ADB 4, 105-107; Erich Krenkel: Charpentier, Johann Friedrich Wilhelm von. NDB 3, 193.

11 Pölitz: Franz Volkmar Reinhard … (wie Anm. 6) 1, 99-103.

12 Ebd, 103-108.

13 Vgl. darüber hinaus: Georg Reichelt: Geschichte des Perikopenwesens der Evangelisch-Lutherischen Landeskirche Sachsens. 2 Bde. Leipzig 1964 (Manuskript). – Leipzig, Univ., Theol. Fak., Diss., 1963.

II Wo lagen die Schwerpunkte von Reinards Tätigkeit?

1 Bildung

In der zweiten Hälfte der Amtszeit Reinhards ist sein Interesse an der Bildungspolitik unübersehbar. Es sind dies zum einen seine Visitation und Revision der beiden Landesuniversitäten Leipzig und Wittenberg sowie zum anderen der drei sächsischen Landesschulen Pforta, Grimma und Meißen in den Jahren 1810 und 1811. Dazu findet sich in den Akten des Sächsischen Hauptstaatsarchives immerhin ein knapper Hinweis:

> »Auf einen, von dem Ober-Consistorio über die im vorigen Jahre erfolgte Revision der Land= und Fürsten=Schulen erstatteten Bericht [in der Akte nicht vorhanden] hat das Geheime Consilium genehmigt, daß aus der Landschulen-Caße zu Meißen vom jetzt lauffenden Jahre an ein Quantum von Zehn Thalern jährlich zu Anschaffung der zum Unterrichte nöthigen Landcharten [...] entnommen werde [...].«[14]

Am Ende dieser Visitationstätigkeit stand überdies eine Zustiftung von 200 Talern, die Reinhard St. Afra in Meißen zuwendete. Ein leistungsbezogenes Stipendium, das jährlich ausgeschüttet werden sollte, war sein Ziel. Die Zustiftung war ein Ergebnis der zuvor erfolgten Visitation. Reinhard schrieb am Tage der Stiftung, Martini, dem 11. November 1811:

> »Es ist mir nehmlich, als ich von dem Zustande dieser Schule genauere Kenntniß erhielt, klar geworden, daß das Privatstudium der Schüler, und die von ihrer eigenen Wahl abhängige Lectüre, Aufmunterung und Leitung bedürfe.«[15]

Die Stiftung an St. Afra macht deutlich, dass für ihn der begabte Schüler im Blick war. Aktivitäten sollten gefördert und belohnt, die Vergabe seines Stipendiums an die individuelle Leistung geknüpft und dabei materielle Bedürftigkeit behoben werden. Diese Schwerpunktsetzung verdient es, festgehalten zu werden.

Auch die Visitation der Universität Leipzig ist hier zu nennen. Offensichtlich bestand ein guter Kontakt zu Johann Georg Rosenmüller an der Theologischen Fakultät. Auch diese Zusammenhänge bedürfen einer eingehenden Betrachtung und verdienen in unserem Zusammenhang wenigstens noch einmal der Erwähnung. Im Falle der Revision der Universitäten und der Landschulen handelte Reinhard offenkundig in königlichem Auftrag. Der Impuls ging nicht ursächlich von ihm aus. Er kam dem Auftrag nach, der an das Amt des Kirchenrates gebunden war, zu visitieren und wenn nötig, Revision anzuordnen.

Auffällig ist Reinhards Personalpolitik: Das Dresdener Pageninstitut, die örtliche Ritterakademie, besetzte Reinhard 1804 mit einem prominenten Vogtländer, dem aus Reichenbach stammenden Karl August Böttiger, Chronist der Weimarer

14 SHStA Dresden, 11125. Ministerium des Kultus und öffentlichen Unterrichts. Loc. 23029. Nr. 32.

15 Ebd, Stiftungsurkunde.

Klassik und damit prominenter Zugang der pädagogischen Szene Dresdens, wo er eine fulminante Karriere machen sollte.[16] Mit der Berufung von Christian Gustav Friedrich Dinter verfolgt Reinhard ebenfalls die Stärkung des Schulwesens. Dinter war in Borna aufgewachsen. Sein Vater war dort als Anwalt ansässig. Der Grimmaer Fürstenschüler studierte anschließend in Leipzig Theologie, Philosophie und Philologie. Nach einer Tätigkeit als Substitut in Kitzscher bei Leipzig wurde er 1797 von Reinhard als Direktor an das Seminar in Dresden-Friedrichstadt berufen.[17] Reinhard erfuhr in Dinters Autobiographie eine herzliche Würdigung. Schließlich ist der wesentlich jüngere Julius Friedrich Winzer zu nennen, den Reinhard 1801 an die Ritterakademie als Hilfslehrer holte und in seiner Laufbahn weiter begleitete. [18]

Mit Dinter, dem Pädagoge und späteren Theologieprofessor in Königsberg sowie dem Lehrer und späteren Theologieprofessor Winzer ist Reinhards Nachwuchspolitik verbunden. Während seiner Amtszeit wurden Dresdener Schulstellen mit geeigneten Nachwuchskräften aus Sachsen besetzt, die Reinhard offenkundig gefördert und theologisch geprägt hat. Als Winzer nach seiner Dresdener Zeit den ersten Band seiner Dämonologie veröffentlichte,[19] der die Kritik rationalistischer Theologen hervorrief, schrieb ihm der Förderer Reinhard:

> »Ew. Hochw. Haben durch Jhre Jnauguraldissertation einen rühmlichen Beweis nicht nur ihrer grossen ausgebreiteten Gelehrsamkeit, sondern auch, was ich noch mehr schätze, Jhrer Freymüthigkeit und Wahrheitsliebe gegeben. Denn in der That bey unseren

---

16 Zu ihm vgl. Karl Ludwig von Ulrichs: Böttiger, Karl August. ADB 3, 205-207; Ludwig Sickmann: Böttiger, Karl August. NDB 2, 414.

17 Zu Dinter vgl. Jürgen Bennack: Gustav Friedrich Dinter: seine Bedeutung für Schule und Lehrerstand. Ratingen, Kastellaun 1975. – Zugl.: Köln, Pädagog. Hochsch. Rheinland, Diss.; Karlheinz Biller: Gustav Friedrich Dinter (1760-1831). In: Bedeutende Schulpädagogen: Werdegang – Werk – Wirkung auf die Schule von heute/ hrsg. von Hans Glöckel … Bad Heilbrunn 1993, 11-24, Sander Hagenbach: Dinter, Gustav Friedrich. RE^3 4. 670 f; Heinrich Julius Kämmel: Dinter, Christian Friedrich. ADB 5, 243–245; Maritta Kohn: Gustav Friedrich Dinter als Lehrerbildner am Friedrichstädter Volksschullehrerseminar (1797-1807). Dresden 1988 (Manuskript) – Dresden, Pädagog. Hochsch., Diss. A, 1988; Martin Schmidt: Dinter, Gustav. NDB 3, 734; Friedrich Wilhelm Bautz: Dinter, Gustav Friedrich. BBKL 1, 1312-1314.

18 Winzer wurde 1800 zum Doktor der Philosophie promoviert; 1801 Hilfslehrer an der Ritterakademie in Dresden im Palais Wackerbarth; 1803 Gymnasialprofessor an der Fürstenschule St. Afra in Meißen; 1809 Adjunkt der philosophischen Fakultät in Wittenberg; dann Professor für Ethik und Politik; 1815 Heirat mit Friedericke Julie Franke, Tochter des Wittenberger Bürgermeisters; kehrte mit Reinhards Biografen Pölitz wieder nach Leipzig zurück und wurd Professor für Altes und Neues Testament; 1818 Domherr in Zeitz und in Meißen; 1831 im Sommersemester Rektor der Universität; vgl.: Heiner Lück: Wittenberg, Universität. TRE 36, 232-243, hier: 240; Heinz Kathe: Die Wittenberger Philosophische Fakultät 1502-1817 (Mitteldeutsche Forschungen; 117). Köln 2002.

19 Das Hauptwerk, auf das Reinhards Brief anspielt, wurde von Winzer zwischen 1812 und 1822 in 5 Teilen in Leipzig veröffentlicht: »De daemonologia in sacris Novi Testamenti libros proposita commentatio«.

rationalistischen Theologen werden sie mit Jhrer Abhandlung sehr anrüchig werden. Nichts glauben diese Herren so ganz aus dem Umfang der christlichen Lehre verbannt zu haben wie den Teufel mit seinem ganzen Wesen. Man wird sich nicht wenig wundern ihn von Jhnen mit seinem ganzen Anhang wieder zurückgeführt zu sehen, und zwar mit exegetischen Gründen, welche schwerlich zu widerlegen sein dürften.«[20]

Reinhards theologische Prägung zeigt sich hier exemplarisch in der Unterstützung Winzers, den er bestärkt und auf seiner Laufbahn begleitet hat.

2 Arbeit am Gottesdienst

Hinsichtlich des Gottesdienstes ist es Reinhards Arbeit an einer neuen Ordnung der Predigtperikopen in der Zeit von 1808 bis zu seinem Tod 1812, die das Augenmerk zu Recht auf sich gezogen hat. Auch dieses Vorhaben wird in der Forschung ganz mit seiner Person verbunden. Er selber schilderte es als Arbeit im Auftrag des Oberkonsistoriums und des Landesherrn. Was also hat sich zugetragen? Reinhard handelte auch hier gezielt und konzertiert. Offensichtlich hatte er das Konsistorium auf seiner Seite. Wie es um sein Verhältnis zu dessen Präsidenten bestellt war, lässt sich freilich nicht abschließend sagen. Zu Beginn von Reinhards Tätigkeit hatte Christoph Gottlob von Burgsdorff dieses Amt inne. Er war ein gebürtiger Dresdener und leitete das Konsistorium bis zu seinem Tod im Jahr 1807. Ab 1810 stand Heinrich Victor August Freiherr von Ferber im Amt des Oberkonsistorialpräsidenten. Bereits sein Vater war hoher Beamter am Hof gewesen. Ferber wird in der Literatur als »Biedermann im eigentlichen Sinn des Wortes« beschrieben.

Von 1807 bis 1810 antierte Gottlob Adolf Ernst von Nostitz-Jänkendorf als Konsistorialpräsident. Er stammte aus See bei Niesky und ist unter dem Pseudonym »Adolf von Nordstern« sogar zu gewissem literarischem Ruhm gelangt. 1790 trat er der Oberlausitzischen Gesellschaft der Wissenschaften in Görlitz bei. Er war Mitglied des Johanniterordens und der Bautzener Freimaurerloge. Politisch war er vor allem auf dem Feld des Sozialen tätig und widmete sich der Waisenfürsorge. Es fällt auf, dass Reinhards Reformtätigkeit auf den Feldern von Schule, Gottesdienst und Universität vor allem in den Zeitraum fällt, in dem Nostitz dem Konsistorium vorstand. 1809 wurde er als Konferenzminister in das Geheime Consilium berufen und durch von Ferber abgelöst.[21] Entscheidend war zudem die Übereinstimmung mit dem ersten Theologen im Konsistorium, den Reinhard selbst 1809 ablöste.: In Karl Christian Tittmann aus Großbardau bei Grimma[22] begegnete Reinhard ein

20 Landeskirchenarchiv der Ev.-Luth. Landeskirche Sachsens. Bestand 77: Teilnachlass Julius Friedrich Winzer. 1759-1918. Nr. 21: Schreiben an Winzer vom 14. August 1812.

21 Franz Brümmer: Gottlob Adolf Ernst von Nostitz und Jänkendorf. ADB 24, 32-33; Felix A. Voigt: Gottlob Adolph Ernst von Nostitz (Arthur vom Nordstern) als Dichter. In: 150 Jahre Oberlausitzischer Gesellschaft der Wissenschaften 1779-1929: Wegweiser durch die Geschichte von 1779-1928/ von Richard Jecht. Görlitz 1929, 61-75.

22 Zu Tittmann: 1756-1762 Fürstenschule Grimma; Studium in Leipzig; 1766 Magisterpromotion; 1767 Katechet Peterskirche Leipzig; 1770 Diakonus in Langensalza; 1784 Erster

vertrauter ehemaliger Kollege aus Wittenberg. Das Zusammentreffen beider in Dresden wird kaum rein zufällig gewesen sein. Franz Blanckmeister beschreibt die Arbeit des Oberkonsistoriums auf die ihm eigene Weise:

> »Die Nationalzeitung schrieb damals: ›Die weise Langsamkeit, mit welcher unser Oberkonsistorium in kirchlichen Verbesserungen Fortschritte macht, ist wohltätig. Wir haben dadurch ein vorzüglich gutes, vielleicht das beste Gesangbuch [1797] bekommen. Bei uns kann das Bedürfnis eines neuen Gesangbuchs in Jahrhunderten nicht eintreten, denn es hat D. Tittmann dem Dresdnischen Gesangbuche die mögliche Vollkommenheit gegeben, und die reine Lehre Christi, wie sie hier in ausgewählten Liedern vorgetragen wird, ist über alle Verbesserungen erhaben.‹ Zur Vollkommenheit des Gesangbuches rechnete man auch dies, daß man die neuesten sächsischen Sänger stark mit berücksichtigt hatte, nicht nur Gellert mit 53 und Cramer mit 95 Liedern, sondern auch Christian Felix Weiße, Johann Adolf Schlegel, selbst Tittmanns Sohn mit dem Liede: ›Jhr Bürger eines Staates, Brüder, vereinigt euch zum Lobgesang.‹«[23]

Das Urteil der unmittelbaren Nachwelt fiel auch in diesem Falle besonders kritisch aus.

Die Reformen, die Reinhard mit Tittmann anging, waren vom Rationalismus geprägt, vom Supranaturalismus bewirkt und an Gottesdienst und Verkündigung ausgerichtet maßvoll. Reinhards Perikopenreform hatte die Gestalt der intensiven Erprobung. Sie kam nie unverändert in der Landeskirche zur Anwendung. Das Gesangbuch, dass entgegen Franz Blanckmeisters Vorhersage kaum ein Jahrhundert Bestand hatte, wurde in seiner Entstehungszeit wegen seiner Ausgewogenheit gewürdigt.

Reinhards Predigen aber waren »state oft the art« und so populär, dass der Prediger selber darüber ins Staunen geriet. Er hielt seine Predigten für zu sehr an einem Thema orientiert, zu methodisch, fast für überorganisiert und formalisiert. Genau dies aber war es, was ihren Erfolg ausmachte. Paul Drews beschreibt noch 1902 »Die sächsische Predigtweise« wie folgt:

> »Dennoch kann man mit gutem Recht von einem spezifisch sächsischen Charakter der Predigt reden, der sich sehr deutlich z. B. von der Predigtweise Württembergs oder der der Rheinlande abhebt.« Sie zeichne sich durch »homiletische Korrektheit« (166) aus. Und, so fährt Drews fort: »Noch heute giebt es viele Geistliche, namentlich ältere, die es als unerläßlich für eine gute Predigt halten, daß sie mit der Einleitung, dem Exordium, beginnt, daß darauf die Textverlesung zu folgen und daß man endlich durch den Transitus hindurch zum Thema zu gelangen habe.«[24]

Professor der Theologie und Generalsuperintend; 1789 Oberkonsistorium Dresden und Superintendent. Vgl.: Paul TSCHACKERT: Tittmann, Karl Christian. In: ADB 38, 387-388.

23 Franz BLANCKMEISTER: Sächsische Kirchengeschichte. 2. Aufl. Dresden 1906, 379 f.

24 Paul DREWS: Das kirchliche Leben der Evangelisch-Lutherischen Landeskirche des Königreichs Sachsen (Evang. Kirchenkunde; 1). Tübingen; Leipzig 1902, 165-171; hier: 165 f.

Dass Reinhards Perikopenordnung nicht lange überdauerte, führte Franz Dibelius 1862 in seinem Beitrag über die Perikopenordnung der sächsischen Landeskirche auf Reinhards Nachfolger Christoph Friedrich von Ammon zurück. Hierin mag er zu Teilen Recht haben. Es sei nochmals darauf hingewiesen, dass sich auch diese Reformbemühung auf den Zeitraum zu beschränken scheint, in dem von Nostitz das Amt des Konsistorialpräsidenten innehatte. 1810, mit seinem Aufstieg in den Ministerrang, verlangsamte sich der Reformwille des Konsistoriums, da auch die Präsidentschaft vakant blieb. Und 1812 starb Franz Volkmar Reinhard. Selbst diese zentrale Reformbestrebung Reinhards war sowohl inhaltlich wie zeitlich ein begrenztes Projekt und blieb unvollendet.

Reinhards Vorschlag war zeitgemäß und in höchstem Maße zeit- und personengebunden. Es war Reinhard nicht daran gelegen, einen Gleichklang von Lesungen und Predigtworten im Gottesdienst zu erzielen. Gelegen war ihm daran, das religiöse Gefühl auf differenziertere Weise zu reizen, als dies durch die reine Evangelienpredigt möglich gewesen ist. Es ging um sein Ziel der Themenpredigt und seine Predigtweise. Nicht von ungefähr firmierten die Perikopen dieser Jahre unter dem Namen »Reinhardsche Perikopen«.

Lässt sich in Reinhards Predigttätigkeit eine Entwicklung nachzeichnen? Anhand eines Beispiels sei dies gezeigt. Reinhards Predigten über das Evangelium des siebenten Sonntags nach Trinitatis, das Speisewunder in der Fassung des Matthäusevangeliums, Kapitel 8, zeigen die Entwicklung des Wittenberger Theologen zum Oberhofprediger und Seelsorger an der Hofkirche in Dresden. Dies kann im Rahmen dieses Beitrages nur holzschnittartig geschehen.

Die »Auszüge aus einigen im Jahre 1795 gehaltenen Predigten«[25] zeigen einen an der Aufklärung geschulten Prediger der Wundergeschichten: »Viel größer als das Wunder, daß Jesus mit wenig Brot und Fischen Viertausend sattgemacht habe, sei das andre, daß er eine so große Menge rein lehrend drei Tage lang bei sich fest und unter seinem Einfluß halten konnte«. Es sind »Kleinigkeiten in der Geschichte unseres Herrn«,[26] die hier verhandelt werden. Sie bezeugen die »Ueberlegenheit der Tugend«.[27] Sie sollen »euch, ihr Guten, zu dem edlen Eifer entflammen, immer vollkommner und musterhafter zu werden«.[28]

25 Franz Volkmar REINHARD: Auszüge aus einigen im Jahre 1795 bey dem Churfürstlich Sächsischen Evangelischen Hofgottesdienste zu Dresden gehaltenen Predigten. Teil 2. Nürnberg; Sulzbach 1804, 257-271; Vgl. Emanuel HIRSCH: Geschichte der neuern evangelischen Theologie im Zusammenhang mit den allgemeinen Bewegungen des europäischen Denkens. Band 5 (Hirsch, Emanuel: Gesammelte Werke; 9). Nachdruck. Waltrop 2000), 83.

26 Reinhard: Auszüge … (wie Anm. 25), 257.

27 Ebd, 260.

28 Ebd, 270.

Die »Auszüge aus einigen im Jahre 1796 [...] gehaltenen Predigten«[29] zeigen Reinhard zurückhaltender: »Gott will, Gott kann also auch das Wenige und Geringe reichlich segnen.«[30] »Gott kann und will kleine Vorräthe in Ueberfluß verwandeln.«[31] Thema der Predigt ist die »Demuth vor Gott«[32] – und damit auch das Staunen vor dem Wunder Jesu; »diese Treue, diese gewissenhafte[33] Thätigkeit in unserm Beruf, ist eben das Dritte, wozu dieser Gedanke uns verbindet« neben der Demut und neben Vertrauen und Zuversicht.

In den »Predigten im Jahre 1800«[34] wird die Entwicklung in der Auslegung und der Verkündigung noch deutlicher: »Es war nicht die Liebe zur Wahrheit, nicht die Begierde nach dem Unterricht Jesu, nicht die Verwunderung seiner Tugend und sittlichen Grösse, was diese Menschen so mächtig herbey zog, und so lang an ihn fesselte.« Die Predigthörer sollen ihre Situation mit der des Matthäusevangeliums vergleichen, um die Antwort zu finden: »Ein Schauplatz grosser Wunder war also die Wüste geworden«. Jesus hat »nicht blos belehrt, auch unterhalten«.[35] Damit hat er seine Hörer drei Tage lang aufmerksam gehalten. Es geht um die »Besserung des Herzens«,[36] »anfangende Bestrebungen nach Erkenntniß und Glauben«[37] und »vorbereitende Regungen zu einer gründlichen Sinnesänderung«.[38] »Vorwürfe des Gewissens« sind die Vorstufe »Pflichtübungen«.[39] »Die Zärtlichkeit ist rührend, mit der Jesus diese Schonung im Evangelio beweiset. Tausend gute Vorstellungen, tausend heilsame Rührungen hatte Er bey der Menge geweckt, die drey Tage lang bey ihm geblieben war.«[40] »Ueberleget endlich, was ihr euch selbst und eurer Zufriedenheit schuldig seyd.«[41] Das Ziel ist die Seligkeit. Das Wunder dient der Besserung des Menschen. Das war Reinhards Ziel in der Bildungspolitik und in der Predigttätigkeit. Konsequent setzte Reinhard die Auslegung von Mt 8, 1-9 im Jahre 1806 aus. Im ersten Reformpredigtjahr wählt er ein thematisches Äquivalent: Röm 6, 19-23. Das menschliche Reden von der Schwachheit und das Evangelium der

---

29 Franz Volkmar Reinhard: Auszüge aus einigen im Jahre 1796 bey dem Churfürstlich Sächsischen Evangelischen Hofgottesdienste zu Dresden gehaltenen Predigten. Neue für Minderbegüterte veranstaltete Aufl. Teil 2. Nürnberg, Sulzbach 1805, 295-310.

30 Ebd, 296.

31 Ebd, 298.

32 Ebd, 305.

33 Ebd, 307.

34 Franz Vokmar Reinhard: Predigten im Jahre 1800 bey dem Churfürstl[ich] Sächsischen evangelischen Hofgottesdienste zu Dresden gehalten. Neue für Minderbegüterte veranstaltete Aufl. Teil 2., Nürnberg, Sulzbach 1806, 123-142.

35 Ebd, 126 f.

36 Ebd, 128.

37 Ebd, 129.

38 Ebd, 130.

39 Ebd, 131.

40 Ebd, 134 f.

41 Ebd, 141.

Rechtfertigung sind das Interpretament, das Reinhard zur Auslegung des Propriums am siebten Sonntag nach Trinitatis entdeckt hatte.

Die »Predigten im Jahre 1808«[42] zeigen den gereiften Konsistorialtheologen: Es sind »fromme Uebungen«[43], die er der Gemeinde empfiehlt. Die Ausrichtung an Jesus Christus ist die Frucht der Ausrichtung am Evangelium in Mt 8.

3 Kirchenpolitik

Den Weg, der in der Predigttätigkeit seine Vervollkommnung gefunden hat, ist Reinhard wie bereits gezeigt, nicht allein gegangen. Sie ist Teil einer behutsamen, aber konsequent betriebenen Reformpolitik, die alle Bereiche des christlichen Lebens erreichen sollte und sie erfasst hatte. Wie zu allen Zeiten haben dies die Kritiker am ehesten erfasst:

»Auf die Predigt von der Gnade Gottes.
Anders find ich kein Reiten statt
Als auf Reinhards Schimmel,
wer kein neu Gesangbuch hat,
der kommt nicht in'n Himmel.

Wer symbolisch denkt und lehrt,
der wird hochgepriesen,
doch wer Kant und Fichten ehrt,
der wird Lands verwiesen.

Drum getrost und unverzagt
Ruf ich allen Sündern:
Gottes freie Gnade macht
euch zu seinen Kindern.

Inspiriert von Gräberduft,
wie Reinhard allmählich,
wird aus Gnade jeder Schuft,
selbst ein Burgsdorff selig.«[44]

42 Ebd, 307. Franz Volkmar REINHARD: Predigten im Jahre 1808 bey dem Königlich Sächsischen evangelischen Hofgottesdienste zu Dresden gehalten. Neue für Minderbegüterte veranstaltete Aufl. Teil 2, Sulzbach 1806. Bd. 2. Nürnberg, Sulzbach 1809, 71-87.

43 Ebd, 75.

44 Zitiert nach Schott: Möglichkeiten und Grenzen … (wie Anm. 1), 29.

Sei es die Reform des Gesangbuchs mit Zedtwitz und Tittmann, die 1797 abgeschlossen wurde; sei es die Perikopenreform; sei es die unter der Hand vollzogene Abkehr von der Einzelbeichte, die durch die beständige Empfehlung der allgemeinen Beichte im Hauptgottesdienst betrieben wurde.[45] All dies geschah unter der Federführung Franz Volkmar Reinhards – doch nicht ohne das Oberkonsistorium. Das Einvernehmen mit der Leipziger Fakultät tat ihr Übriges dazu. Johann Georg Rosenmüller muss hier zumindest genannt werden.[46]

4 Das Wirken in der Stadt Dresden

Ein letztes Beispiel mag belegen, dass Amt und Person in Franz Volkmar Reinhard eine Einheit fanden, in der sich Bodenständigkeit und Reformwille untrennbar verbanden Seine Mitgliedschaft im reformerisch-sozial tätigen »Verein zu Rath und That« in Dresden: Der Verein koordinierte unter dem Protektorat des sächsischen Königs die verschiedenen wohltätigen Aktivitäten der »höheren Stände« und war bis zur Einrichtung einer staatlichen Armenversorgung 1830 für die öffentliche Wohlfahrt zuständig. Er wurde am 18. Februar 1803 ins Leben gerufen.[47] Reinhard zählte zu den aktivsten Gründern. 1810 konstituierte sich der Verein dauerhaft. Geleitet wurde er vom sächsischen Konferenzminister Gottlob Adolf Ernst von Nostitz und Jänkendorf, ehemals Präsident des Konsistoriums, und von seinem Nachfolger Heinrich Victor August Freiherr von Ferber. 1823 gründete der Verein in der Hundsgasse nahe von Reinhards Garten auf der Mittelgasse in der Wilsdruffer Vorstadt eine evangelische Freischule. Reinhard begegnet bis ans Ende seines Wirkens als Förderer sozialer Bildungsprojekte, von denen er selber profitiert hatte. In diesem Verein begegnen die Konsistorialpräsidenten von Nostitz und von Ferber ebenso wieder wie Karl August Böttiger, selbst einer der führenden Pädagogen und Geisteswissenschaftler der Stadt, Führungskopf des erwachenden Museumswesens und der antiken Bildung verpflichtet, wie Reinhard. Reinhard, der in Förderung und Fürsorge weniger privilegierter junger Pädagogen und Theologen

45 Vgl. hierzu die grundlegende Arbeit von Thomas BÖTTRICH: Schuld bekennen – Versöhnung feiern: die Beichte im lutherischen Gottesdienst (Arbeiten zur Pastoraltheologie, Liturgik und Hymnologie; 46). Göttingen 2008. – Zugl.: Leipzig, Univ., Theol. Fak., Diss., 2004.

46 Zu Rosenmüller: 1756 Theologiestudium in Altdorf; 1767 Pfarrer in Hildburghausen; 1768 Pfarrer in Heßberg bei Hildburghausen; 1772 Diakonus und adjungierter Superintendent in Königsberg (Franken); 1773 Professor und Pfarrer in Erlangen; 1783 Ordinarius und Superintendent in Gießen; 1785 Ordinarius in Leipzig und dort Präsident des Konsistoriums; 1793 Domherr in Meißen; 1806 Prälat. – Vgl. Carl Gustav Adolf SIEGFRIED: Rosenmüller, Johann Georg. ADB 29, 219-221; Klaus-Gunther WESSELING: Rosenmüller, Johann Georg. BBKL 8 (1994), 683–686.

47 Vgl. Dirk HEMPEL: Literarische Vereine in Dresden: kulturelle Praxis und politische Orientierung des Bürgertums im 19. Jahrhundert (Studien und Texte zur Sozialgeschichte der Literatur; 116). Berlin; New York; Tübingen 2008. – Zugl.: Hamburg, Univ., Phil. Fak., Habil., 2005/06).

sowie in der Lektüre der Bibel die Wurzeln seines Könnens und seiner Wissenschaft gesehen hat. Hierin ist er wohl besser zu erkennen als durch die Zuordnung zu theologischen und geistesgeschichtlichen Zeitströmungen, die oft vorgenommen worden sind. Bei allem Reformwillen eignete ihm eine gewisse Bodenständigkeit, die prägenden positiven Erfahrungen der Kindheit in Vohenstrauß und der Schulbildung in Regensburg. Sämtliche Predigtbände hat kein Dresdner Verleger veröffentlicht. Sie erschienen bei dem renommierten Verleger Johann Esaias von Seidel in Sulzbach in der Oberpfalz. Er förderte durch seine Verlegertätigkeit die theologische Irenik. Er war ein Vertrauter Maximilians von Montgelas, des großen bayerischen Reformers. Seidels Verlag war unter dessen Ägide der Ort offizieller Veröffentlichungen. Seidel, selbst der Fichteschen Philosophie abhold, war er auch der Verleger des Fichte-Kritikers Franz Volkmar Reinhard. Erst vor wenigen Jahren hat der Verlag geschlossen. Das Archiv steht seitdem offen und verspricht weiterhin Neues über den Oberhofprediger Franz Volkmar Reinhard aus Dresden und Vohenstrauß in der Oberpfalz.[48]

48 Vgl. Volker WAPPMANN: Franz Volkmar Reinhard (wie Anm. 1), 73-82. Pfarrer Dr. Volker Wappmann danke ich für den Hinweis auf das Verlagsarchiv.

Tzschirner und Reinhard*

Von Martin Ohst

Mit noch nicht vierzig Jahren wurde Franz Volkmar Reinhard, bisher Professor der Theologie in Wittenberg, im Jahre 1792 als Oberhofprediger, Kirchenrat und Mitglied des Oberkonsistoriums in Dresden installiert.[1] Damit bekleidete er nun die höchstangesehene Stellung, welche ein evangelischer Theologe im damaligen deutschen Protestantismus zu erlangen vermochte. Dieser Karrieresprung bedeutete für ihn keinen Rückzug aus den wissenschaftlich-theologischen Gesprächszusammenhängen. Im Gegenteil: Gerade während seiner letzten Lebensphase im hochrangigen kirchlichen Amt stieß er zwei lebhafte, sich weit erstreckende Debatten an. Er hielt seine kirchenleitende Funktion und seine theologischen Debattenbeiträge jedoch derart sorgfältig und zuverlässig auseinander, dass auch innerhalb der von ihm maßgeblich geleiteten Kirche des Kurfürstentums bzw. Königreiches Sachsen Widerspruch gegen seine Thesen sich geltend machen konnte, ohne dass das zu irgendwelchen Verwerfungen geführt hätte.

Eine solche Debatte, in der ein Mann, der von Reinhard einst nachhaltig gefördert worden war, gegen ihn in die Schranken trat, vergegenwärtigt diese kleine Studie. Diese Erinnerung hat deshalb mehr als bloß territorialgeschichtlichen Wert, weil sich in und an ihr zugleich eine bestimmte Phase in der protestantischen Spielart des Prozesses der neuzeitlichen Umformung des Christentums nachvollziehen lässt: Reinhards Votum und das seines literarischen Kontrahenten stehen jeweils für deutlich unterschiedliche Strategien des konstruktiven Umgangs mit dem dauerhaften Pluralismus religiöser Haltungen und theologischer Positionen im kirchlichen Protestantismus. Im Folgenden wird zunächst Reinhards Gesprächspartner kurz vorgestellt (I). Die beiden folgenden Arbeitsgänge (II und III) schildern die Debatte zwischen Reinhard und ihm; ein Ausblick (IV) zieht das Fazit.

---

* Da ich am Reinhard-Symposium selbst nicht teilnehmen konnte, hat mein Assistent, Herr Dr. Christian V. Witt, eine etwas kürzere Fassung dieses Texts vorgetragen und in der Diskussion vertreten. Dafür bezeuge ich ihm auch an dieser Stelle gern meinen Dank!

1 Vgl. David Erdmann: Reinhard, Franz Volkmar. RE³ 16, 560-563, hier: 561.

I Heinrich Gottlieb Tzschirner

Als Karl Hase[2] 1826 von seiner akademischen Wanderfahrt, die ihn in die Tübinger Privatdozentur, aber auch auf die Festung Hohenasperg geführt hatte, nach Sachsen zurückkehrte, da wollte er sich an seiner Heimatuniversität Leipzig zum zweiten Mal für das akademische Lehramt qualifizieren, an einem notorisch pedantischen Ort also, wo »eine Todsünde leichter übersehen wurde als eine Verfehlung im Lateinischen«.[3]

Unter den hier damals regierenden Platzhirschen war es vor allem einer, der sich auf diesem spiegelglatten Parkett des außergewöhnlichen Habilitanden annahm: Heinrich Gottlieb Tzschirner. Hase hat ihm seine treue Dankbarkeit mehrfach bezeugt. Nachdem Tzschirner, erst 49 Jahre alt, am 17. Februar 1828 einem qualvollen Luftröhrenleiden erlegen war, gab Hase dessen hinterlassene Dogmatik-Vorlesungen gedruckt heraus, die in meist elegantem Latein formulierten Leitsätze samt den deutschen Erläuterungen auf der Grundlage studentischer Nachschriften.[4] Das sicher nicht zufällig auf den 31. Oktober 1828 datierte Vorwort ehrt Tzschirner als jemanden, »der im eigenen Leben so herrlich bewährt hat, was Christenthum und was Protestantismus eigentlich sey«.[5] Und in seiner Autobiographie »Ideale und Irrthümer«[6] hat Hase dem selbstlosen Förderer seines zweiten akademischen Anfanges nochmals ein Denkmal gesetzt, indem er die Berichte von Tzschirners frühem Siechtum und Tode und seinem eigenen Weg ins akademische Lehramt höchst geschickt dramatisierend miteinander verschränkte. Tzschirner wird uns hier vor Augen gestellt als ein fröhlicher, freundlicher, zupackender, gar nicht steifleinerner Mann, der im persönlichen Gespräch aus seinem Herzen keine Mördergrube machte und ein von vielen Menschen geschätzter Prediger war, wie die große Teilnahme bei seinem Leichenbegängnis zeigte.

---

2 Vgl. Bernd JAEGER: Karl von Hase als Dogmatiker (LKGG 12). Gütersloh 1990, sowie jetzt Magdalena HERBST: Karl von Hase als Kirchenhistoriker (BhTh 167) Tübingen 2012.

3 Karl HASE: Ideale und Irrthümer (1871). Leipzig ^{3}1890, 177. Natürlich spielt Hase hier auf universitätstypologische Klischees des 18. Jahrhunderts an: Während Halle durch pietistische »Kopfhänger« geprägt sei, geben in Jena die Trinker und Schläger den Ton an, und in Leipzig dominieren unter den Studenten die reichen Stutzer und unter den Professoren die gelehrten Pedanten. Aber vielleicht stand ihm auch AUGUSTINS (354-430) Kritik an seiner Schulbildung (Confessiones lib. 1 cap. 16, 25 - 20, 31) vor Augen: »Quid autem mirum, quod in vanitates ita ferebar et a te, deus meus, ibam foras, quando mihi imitandi proponebantur homines, qui aliqua facta sua non mala si cum barbarismo aut soloecismo enuntiarent, reprehensi confundebantur, si autem libidines suas integris et rite consequentibus verbis copiose ornateque narrarent, laudati gloriabantur?« (ebd lib. 1 cap. 18, 28).

4 D. HEINRICH GOTTLIEB TZSCHIRNERS VORLESUNGEN ÜBER DIE GLAUBENSLEHRE NACH DEM LEHRBEGRIFFE DER EVANGELISCH-PROTESTANTISCHEN KIRCHE/ hrsg. von Karl Hase. Leipzig 1829.

5 Ebd, VI.

6 Hase: Ideale und Irrthümer, 177.

Tzschirner muss zu denjenigen akademischen Lehrern gezählt haben, die primär nicht durch intellektuelle Brillanz oder gar Originalität gewirkt haben, sondern durch die innere Stimmigkeit und durch die Wucht ihrer geradlinigen, verlässlichen Persönlichkeit: Hase zitiert aus seinem Tagebuch jener Zeit den Bericht über seinen Abschied von Tzschirner, der im offenen Sarg in seinem Hörsaal aufgebahrt lag: »Da hab' ich ihm geschworen, seine Bahn zu gehen, wie er für Recht und Freiheit, für Christenthum und Protestantismus ein treuer Hort zu werden.«[7] Auch in jungen Jahren scheint Tzschirner schon auf besondere Weise persönlich gewirkt zu haben, so hat Carl Immanuel Nitzsch, der bei ihm in Wittenberg exegetische, kirchengeschichtliche und konfessionskundliche Vorlesungen gehört hatte, bezeugt, er verdanke »seiner vorzüglichen Unterweisung um so mehr, je größer das Wohlwollen war, das er mir bewies«.[8]

Wenn denn, wie man sagt, der Stil der Mann ist, dann bestätigen Tzschirners Schriften, und er hat sehr viel geschrieben, diese durch und durch sympathischen Impressionen der Mitlebenden. Er schrieb völlig klar und unprätentiös, einfach, anschaulich und geradlinig, und darum macht es, anders als bei vielen seiner Zeit- und Altersgenossen, auch heute noch einfach Freude, ihn zu lesen, obwohl man bei ihm eigentlich keine irgendwie eingreifenden und durchschlagenden neuen Erkenntnisse findet: Er hat eine bestimmte Schulrichtung später protestantischer Aufklärungstheologie in stimmiger Verbindung mit frühliberalem bürgerlich-politischen Selbstbewusstsein literarisch anspruchs- und wirkungsvoll vertreten und wacker vor allem gegen katholische Anfeindungen verteidigt. Aber nun erst einmal ein paar biographische Basisinformationen, die kurz ausfallen können.

Vor uns liegt die ganz schlichte, geradlinige Biographie eines sächsischen Theologen jener Zeit.[9] Tzschirner kam am 14. November 1778 in Mittweida zur Welt, wo sein Vater als Oberpfarrer wirkte. Der unterrichtete ihn selbst, bis er 13jährig nach Chemnitz auf das Gymnasium zog. Von dort ging es 1796 zum anscheinend ganz selbstverständlich aufgenommenen und zügig absolvierten Theologiestudium nach Leipzig. Im I. Examen prüfte ihn Reinhard. Der erkannte Tzschirners Begabung und ermunterte ihn, das akademische Lehramt anzustreben. Schon 1800 habilitierte sich Tzschirner mit einer Arbeit über die Eigenart des Apostels Paulus als Briefautor. Dann ging es erst einmal an die andere, zweitrangige kursächsische Universität nach Wittenberg, wo, ganz gemäß dem damaligen cursus honorum, philosophische Lehrveranstaltungen sein Teil wurden, bis er 1801 nach Mittweida zurückkehren musste, um seinen todkranken Vater zu unterstützen. Nach dessen Tode wurde er dort Diaconus, übernahm also ein untergeordnetes Pfarramt.

7 Ebd, 183.

8 Willibald BEYSCHLAG: Karl Immanuel Nitzsch: eine Lichtgestalt der neueren deutsch-evangelischen Kirchengeschichte. Bonn 1872, 38, vgl. auch 53.

9 Das Folgende nach Gustav FRANK: Tzschirner, Heinrich Gottlieb. ADB 39, 62-66; vgl. auch P. M. TZSCHIRNER: Tzschirner, Heinrich Gottlieb. RE³ 20, 178-182.

Indessen publizierte er weiter wissenschaftlich, u. a. ein Werk über die altkirchliche Apologetik,[10] zu dem Reinhard ein ebenso leutseliges wie langstieliges Vorwort[11] beisteuerte – einen Text, aus dem sich vorzüglich lernen lässt, wie man gefällig über ein Buch schreibt, das man nicht gelesen hat, und das von einem Gegenstand handelt, den man nur aus sicherer Entfernung zur Kenntnis genommen hat. Trotzdem oder deshalb: Auf dem Titelblatt werden dieses Vorwort und sein Verfasser mit größeren Drucktypen annonciert als der Autor selbst. Dieser Akt der öffentlichen Patronage erfüllte jedenfalls seinen Zweck, denn schon 1805 wurde Tzschirner als ordentlicher Prof. der Theologie an Luthers Universität zurückberufen. Der nächste Schritt auf der Karriereleiter war dann 1809 die Berufung nach Leipzig. Eine Unterbrechung des akademischen Alltags trat 1814 ein: Tzschirner zog mit sächsischen Truppen als Feldpropst zum scheinbaren Endkampf gegen Napoleon nach Frankreich. Nach dieser Episode ging es weiter voran: In der Fakultät rückte er durch das Ausscheiden älterer Kollegen immer weiter auf, und es kamen die Stellungen als Pfarrer an der Thomaskirche sowie als Superintendent hinzu. Soviel zunächst ganz äußerlich. Nun zu seiner literarischen Auseinandersetzung mit Reinhard, in und an der auch die Konturen seiner Theologie deutlicher hervortreten werden.

II Reinhards toleranter Supranaturalismus

A)

Reinhard hat, wie gesagt, erst als Dresdener Oberhofprediger literarisch für Aufsehen gesorgt, zuerst mit seiner Reformationsfestpredigt des Jahres 1800[12] und dann noch einmal mit seiner Autobiographie, den »Geständnissen, seine Predigten und seine Bildung zum Prediger betreffend in Briefen an einen Freund«, die 1810 erschienen.[13] In zwölf Brief-Essays an einen wohl fiktiven Korrespondenzpartner

10 Heinrich Gottlieb TZSCHIRNER: Geschichte der Apologetik, oder Historische Darstellung der Art und Weise, wie das Christenthum in jedem Zeitalter bewiesen, angegriffen und vertheidigt ward […] nebst einer Vorrede von D. Franz Volkmar Reinhard […]. Erster [einziger] Theil. Leipzig 1805.

11 Ebd, III-X.

12 Siehe Harald RABE: Die Veränderung im Freiheitsverständnis von Franz Volkmar Reinhard durch die Aufnahme lutherischer Theologie. Leipzig 2004 (Manuskript). Leipzig, Theol. Fak., Diss. Leipzig 2004; besonders wertvoll ist der synoptische Abdruck von Reinhards Reformationsfestpredigt zusammen mit einer zeitgenössischen Parodie ebd, 246-267.

13 Mir liegt vor die 2. unveränderte Auflage, Sulzbach 1811; ich zitiere sie im folgenden unter Angabe der Seitenzahlen im Text. – Einen Eindruck vom Debattenkontext, in den die »Geständnisse« hineingehören, und von den Wirkungen, die sie hier hatten, vermitteln u. a. die beiden folgenden viel gelesenen zeitgenössischen Werke: Karl Gottlieb BRETSCHNEIDER: Systematische Entwickelung aller in der Dogmatik vorkommenden Begriffe. Leipzig [3]1825, 198-203 sowie Julius August Ludwig WEGSCHEIDER: Institutiones Theologiae Christianae Dogmaticae. Halle [6]1829, 32-55, speziell zu Reinhards »Geständnissen« und ihrer Wirkung

gibt Reinhard in angenehmer, schlichter Sprache Rechenschaft von seinem Lebens- und Bildungsgang, allerdings nicht, um den eigenen Geltungsdrang oder die müßige Neugier des Lesepublikums zu befriedigen, sondern mit der Absicht, es anderen möglich zu machen, aus den positiven und negativen Wendungen seiner Bildungsgeschichte Nutzanwendungen für ihre Selbstbildung und für ihre Bildungsarbeit an anderen zu ziehen. Es ließe sich hier viel Interessantes vor allem zur Pädagogik und zur Homiletik vorführen; ich muss mich jedoch auf einen ganz kurzen Blick in diejenigen beiden der Briefe beschränken, die damals für Aufsehen sorgten und eine klärende Debatte anstießen, zu der Tzschirner sein damals viel beachtetes und uns hier primär interessierendes Votum beisteuerte: Im VII. Brief berichtet Reinhard von der Entstehung seiner philosophischen und theologischen Position, und in Brief IX ordnet er im Zuge der Erörterung dessen, was man heute wohl seine materiale Homiletik nennen würde, seine theologische Position in die Debatten seiner Zeit ein.

B)

In Brief VII fasst Reinhard die Zeit zwischen 1778 und 1784 ins Auge, also die Jahre, in denen er sich nacheinander ins philosophische und theologische Lehramt einarbeitete und dann auch als Propst an der Wittenberger Schlosskirche ein geistliches Amt mit regelmäßiger Predigtverpflichtung übernahm. Als Reinhard mit der philosophischen Lehre begann, war er, wie er berichtet, gemäß seinem Herkommen Crusianer. Nun jedoch sah er sich verpflichtet, auch andere philosophische Denkweisen zur Kenntnis zu nehmen, und zuvor fraglose Gewissheiten zerbröckelten: Überall nahm er Plausibilitäten wahr, aber kein System, auch nicht das von Immanuel Kant (1724-1804), vermochte ihn ganz und gar zu binden. Die intellektuelle Verunsicherung griff auch in den existentiellen Bereich über. Reinhard bewältigte diese wirklich tiefe Krise, indem er, wie er selbst sagt, »Eclektiker« wurde, »der das zusammen zu fassen, und zu einer bequemen Uebersicht zu ordnen suchte, was ihm in allen Systemen das Haltbarste und Beste zu seyn schien« (72). Die feste Basis, das fundamentum inconcussum für dieses Unternehmen fand er im vortheoretischen Raum, nämlich in der Maxime, »mich in der Philosophie für nichts zu erklären, was meinem sittlichen Gefühl widersprach« (71). Und, so fährt der zitierte Satz fort, für die Theologie hatte er eine Maxime von derselben Art:

35 f, Anm. h. – Karl Hase: Kirchengeschichte. Lehrbuch für academische Vorlesungen. Leipzig 1834, 561, berichtet: »Der Gegensatz des Rationalismus und des Supranaturalismus, so alt als Priesterreligionen und religiöse Selbständigkeit, wurde besonders durch Reinhard [Fußnote mit Verweis auf die »Geständnisse«, M.O.] als der wesentliche und alleinige Gegensatz aller Ansichten vom Christenthume geltend gemacht«. In der 8. Aufl., Leipzig 1858, ist an der entsprechenden Stelle (553) die namentliche Erwähnung Reinhards gestrichen.

»in der Theologie nichts zu behaupten, was mit den klaren Ausdrücken der Bibel stritt« (ebd).

Unbestreitbar sympathisch hieran ist die Offenheit, mit der Reinhard von den Voraussetzungen seines Denkens Rechenschaft ablegt; ebenso unbestreitbar sind die hier zutage tretenden Reflexionsdefizite. Aber folgen wir weiter Reinhards Rechenschaft, insbesondere bezüglich der Fundamente seines theologischen Denkens. Für seine Stellung zur Bibel beruft er sich auf zwei Begründungszusammenhänge: Einmal sei es ihm seit seiner Kindheit zur Gewohnheit geworden, sie als »Wort Gottes an die Menschen zu lesen« (73); zum andern habe er es nicht unterlassen, »die Gründe zu prüfen, auf welchen das Ansehen der Schrift beruht« (74). Aber, so fährt er fort, das Ergebnis dieser Prüfung habe ihm immer schon festgestanden, und zwar durch den festen Willen, sich nicht in Widerspruch mit einem Buch zu setzen, »das einem so großen Theil unsers Geschlechts ein von Gott selbst herrührender Unterricht ist; dessen göttliche Kraft ich so oft an meinem eigenen Herzen empfunden hatte, und für das sich mein ganzes Gefühl immer entscheidender erklärte« (74). Auch hier wieder fällt das Nebeneinander der unterschiedlichen Motive ins Auge und der dezidierte Verzicht auf stringente Letztbegründungen. Die Distanz zu all den Reinhard ja sicherlich bekannten Versuchen, die Wahrheit und Göttlichkeit der Schrift apriorisch oder aposteriorisch zu »beweisen«, ist überdeutlich, und auch der Rekurs auf das »Gefühl« bleibt ganz formelhaft: Was hätte zu diesem Thema etwa ein Pietist hallischer Provenienz nicht alles beitragen können! Statt hier irgendwie zu vertiefen, schließt Reinhard gleich noch ein weiteres Thema an: Der »Lehrbegriff«, also die in den Bekenntnisschriften kodifizierte Doktrin der lutherischen Kirche habe sich ihm als der (relativ!) schriftgemäßeste erwiesen, und so habe sich ihm gezeigt, dass er ihn »nicht nur vortragen konnte, sondern, wenn ich gewissenhaft handeln wollte, vortragen mußte« (74).

C)

Brief IX setzt nun mit der betrübten Feststellung ein, dass er, Reinhard, wegen der Schrift- und Bekenntnisorientierung seiner Predigten oftmals kritisiert worden sei. Und schwerer noch als die Kritik habe ihn die entschuldigen wollende Vermutung getroffen, man »müsse es also für eine Bequemung nach den Umständen und Verhältnissen halten, daß ich so spräche« (92). Nein, so will Reinhard in der Gestalt seines fiktiven Briefpartners seine Leser überzeugen, mit den normativen Grundlagen seiner Predigten und seines theologischen Werks überhaupt war und ist es ihm wirklich ernst; er hat sich hier niemandem akkommodiert, niemandem nach dem Munde geredet, im Gegenteil: Als er die Bühne betrat, da habe man nur für einen seriösen Theologen gegolten, wenn man sich traditionskritisch gerierte. Wenn er also mit dem Strom hätte schwimmen wollen, dann hätte er sich ganz anders profilieren müssen (vgl. 91 f).

Und um hier möglichst unmissverständlich Stellung zu beziehen, entfaltet Reinhard einen eigentlich sehr simplen Gedankengang, der dann seinen autobiographischen Briefen ihren Platz in der Geschichte der deutschen protestantischen Theologiegeschichte der Neuzeit gesichert hat. Er verlässt die Ebene der persönlichen Rechenschaft und vermisst auf seine Weise das Feld der prinzipientheoretischen Diskussionen in der Theologie seiner Gegenwart (1810). Hierzu ein paar knappe Bemerkungen. Jene Debatten waren durchgängig bestimmt von Kants Religionsschrift aus dem Jahre 1793, insbesondere standen sie unter dem Bann von Kants Legitimation und Limitation der historisch-positiven (christlichen) Religion als eines »Vehikels« oder »Introduktionsmittels« für die wahre, rein ethische Vernunftreligion.[14] Diejenigen, welche hier eine reine Zweck-Mittel-Relation lehrten, die also das geschichtliche Christentum nur als Mittel zum Zweck der Verwirklichung der in der menschlichen Vernunft immer schon angelegten ethischen Religion anerkannten, die also den geschichtlich-spezifischen Anschauungen und Lehren des Christentums keinen dauerhaft unabdingbaren Wahrheitsanspruch zuerkannten, nannte man Rationalisten: Sie vertraten die Ansicht, die ihrer selbst innegewordene menschliche Vernunft und Religion genüge sich selbst, sie erinnere sich an das geschichtliche Christentum lediglich pietätvoll als an eine, wenngleich die entscheidende, Stufe ihrer eigenen Bewusstwerdung. Die volle Gegenposition zu den Rationalisten vertraten die Supranaturalisten. Sie behaupteten, Gottes Selbsterschließungen in der Geschichte des alten Bundesvolkes und in Wort und Geschichte Jesu hätten die menschliche Vernunft und Religion auf eine qualitativ neue Stufe erhoben, und diese Höhenlage könne religiöse Humanität nur dann halten, wenn sich dieses Erhobenwerden der Vernunft über sich selbst hinaus durch die übernatürliche Offenbarung von Geschlecht zu Geschlecht, von Mensch zu Mensch immer neu ereigne: Die göttliche Lehrkundgabe bleibt der vernehmenden menschlichen Vernunft dauerhaft vor- und übergeordnet.

Diese Alternative warf eine kaum übersehbare Reihe von Folgedilemmata auf, die von den theologischen Letztbegründungsfragen über die Exegese biblischer Texte bis zum Berufsverständnis des Pfarrers reichten. Und es gereicht der damaligen deutschen Theologen- und Pfarrerschaft zur Ehre, dass sie, soweit sie sich an den Debatten beteiligte, in ihrer breiten Mehrheit nicht einfach für eines der Extreme votierte, sondern nach Vermittlungen suchte, zu deren Selbst- und Fremd-

14 Immanuel KANT: Die Religion innerhalb der Grenzen der bloßen Vernunft. 1793 (^{2}1794), III. Stück, Kapp. V und VII. – Zum Umfang dieses heute wenig beachteten Stranges von Kants Wirkungsgeschichte bemerkt Karl ROSENKRANZ: Geschichte der Kant'schen Philosophie (1840)/ hrsg. von Steffen Dietzsch. Berlin 1987, 272-279, bes. 272: »Die durchgreifendste Wirkung hatte Kant's System auf die Theologie«. Vgl. weiterhin Wilhelm GASS: Geschichte der Protestantischen Dogmatik. Bd. 4. Berlin 1867, 286-330, und Emanuel HIRSCH: Geschichte der neuern evangelischen Theologie Bd. 4. Gütersloh 1952, 320-325; Bd. 5. Gütersloh 1954, 1-70.

bezeichnung Zungenbrecher wie »Rationaler Supranaturalismus« etc. geschaffen wurden.[15] Ich kann darauf hier nicht näher eingehen, man lese das in den beiden nach wie vor besten Gesamtdarstellungen der Theologiegeschichte jener Zeit von Wilhelm Gaß oder Emanuel Hirsch nach.[16]

Zurück zu Reinhard. Der bezeugt, es habe sich ihm im Laufe seiner positionellen Klärungen herausgestellt, dass allein der Rationalismus und der Supranaturalismus jeweils in sich stimmige, schlüssige Denkformen seien. Der Rationalist nimmt für die gegebene menschliche Vernunft abgeschlossene Vollständigkeit an. Sie enthält in sich immer schon alles, dessen der Mensch zu seiner ethisch-religiösen Orientierung bedarf. Was der Mensch nicht als seiner Vernunft konform zu beurteilen vermag, das kann er für sich nicht annehmen. Die Bibel ist ein religiöses und ethisches Exempelbuch, das zur Bestätigung dessen dient, was der Mensch an Religion und Sittlichkeit immer schon in sich trägt – nicht mehr und nicht weniger. Der Supranaturalist hingegen empfängt aus der Heiligen Schrift »von Gott herrührenden Unterricht« (96). Ihm ist die Vernunft nur das Organ, das diesen Unterricht empfängt und im Empfangen billigt. Wenn sie mit Unterrichtsgegenständen zunächst nichts anzufangen weiß, dann akzeptiert sie sie zunächst auf Autorität – solange »sie nur nichts an sich Widersprechendes« (96) enthalten.

---

15 Schleiermacher hat bekanntlich über diese Terminologie und ihre unendlichen Ausdifferenzierungen seinen Spott ausgegossen: »Mir meines armen Theils wird schon ganz unheimlich, wenn ich das Ra und Irra und Supra daherrauschen höre, weil mir nehmlich vorkömmt als ob sich diese Terminologie immer krauser verwirre; und mir wäre es eben so lieb mich von dieser in eine einfache und klare Darstellung zu retten, als Herr Ammon sich sehnt nach landgütlicher Ruhe vor den Wirbeln der hohlen Zeitphilosophie. Damit aber das Concert vollstimmig werde, und die hohle Zeittheologie sehe, in was für Kreisen sie sich noch nach Herzenslust herumdrehen kann, so bringe ich unmaßgeblich nicht nur zu dem irrationalen und rationalistischen Supranaturalism auch einen supranaturalistischen Rationalism und Irrationalism, sondern noch einen naturalistischen und innaturalistischen Suprarationalism in Vorschlag, und wenn diese geharnischten Erdensöhne, denn höheren Ursprungs möchten sie wol alle nicht sein, sammt und sonders da stehen werden, – zum Trost und zur Freude aller derer, welche meinen daß viel Wissen wirrt, und sich deswegen in wenig Wissen und viel Meinen und Scheinen und Aber und Dennoch ihre Hütten bauen – so hoffe ich wird die alte Lust sie anwandeln sich unter einander todtzuschlagen« (Friedrich SCHLEIERMACHER: Zugabe zu meinem Schreiben an Herrn Ammon [1818]. Originaldruck 14, KGA I/10, 110). – Christoph Friedrich von Ammon (1766-1850) war bekanntlich seit 1813 als unmittelbarer Nachfolger Reinhards Oberhofprediger in Dresden. Er hatte die von Schleiermacher prominent vorangetriebene und öffentlich vertretene Preußische Union literarisch aus einem schwer entwirrbaren Geflecht von heterogenen Motiven heraus angegriffen; daraufhin hat ihn Schleiermacher, wie Wilhelm Dilthey (1833-1911) ebenso lapidar wie zutreffend urteilte, »als theologische Persönlichkeit vernichtet« (Wilhelm DILTHEY: Friedrich Daniel Ernst Schleiermacher. In: DERS.: Gesammelte Schriften Bd. 4. Leipzig; Berlin 1925, 354-402, hier 383).

16 Siehe oben Anm. 14.

Allen Konstruktionen, die zwischen diesen Extrempositionen vermitteln wollen, erteilt Reinhard eine deutliche, unmissverständliche Absage. Zwischen den beiden Quellen, aus denen sich die christliche Religion speist, Schrift und Vernunft, muss immer ein klares Verhältnis der Subordination obwalten. Jeder Versuch der Koordination beider Größen wird immer nur zu neuen Spielarten der »regellosen Willkür« (97) führen, also zu einem Neben- und Gegeneinander unübersehbar vieler theologischer Privatpositionen, deren Differenzen jeweils letztlich auf persönlichen Vorlieben und Abneigungen beruhen und deshalb nicht miteinander verständigungsfähig sind. Für ihn selber, so Reinhard, stellte sich die Alternative ebenso klar wie unausweichlich.

> »Es blieben mir also nur zwey Auswege übrig; ich mußte entweder ein strenger Rationalist werden und das Evangelium, nebst aller höhern Offenbarung verwerfen; oder mich zu einem eben so strengen Supernaturalismus entschliessen, und die Vernunft in Sachen des Glaubens der Schrift unterordnen« (99).

Er hat sich, so bezeugt er, in seinen entscheidenden Bildungsjahren für die zweite Seite der Alternative entschieden und bringt für diese Entscheidung eine ganze Reihe ihrerseits vernünftiger Gründe bei, die einerseits in der Skepsis gegen die vielstimmige Philosophie ihren Grund haben, anderseits in seiner Kindheits- und Jugendprägung. Wie weit entfernt das ist von den Theorien über die Schriftautorität, die zwischen der Reformation und der frühen Aufklärung (Christian Wolff/Alexander Gottlieb Baumgarten) entworfen worden sind, bedarf kaum der Erwähnung.[17]

D)

Mit dieser Entscheidung für die Bibel und für den Supranaturalismus, so führt Reinhard weiter aus, fiel für ihn zugleich die zugunsten des lutherischen »Lehrbegriffs«, allerdings, wie er sofort hinzufügt, mit gewichtigen Vorbehalten:

> »Hiemit billigte ich denn nicht jede Bestimmung und weitere Ausbildung, welche die ältern Theologen und Polemiker diesem Lehrbegriff und der erweislichen Schriftlehre gegeben haben; nur die leztere hielt ich vest, nur sie suchte ich in dem Zusammenhange darzustellen, welchen sie in der Schrift selbst hat, und der sie zu einem vest verknüpften consequenten Ganzen macht« (101).

Das Fundament seines Predigens und Lehrens ist also, wie Reinhard freimütig einräumt, »ein blosser Glaube an Auctorität« (104). Auch hierfür weiß Reinhard dann wieder vernünftige Gründe beizubringen, bis hin zu dem, dass ein Prediger, der seines Amtes auf dieser Basis waltet, einfach mehr erreicht, denn viele Men-

17 Siehe hierzu einige Bemerkungen bei Martin Ohst: Schleiermachers Kanonkritik zwischen Semler und Harnack. In: Orientierung für das Leben (Festschrift Manfred Schulze)/ hrsg. von Patrik Mähling. Münster 2010, 259-287 sowie ders.: Aus den Kanondebatten in der Evangelischen Theologie des 19. Jahrhunderts. In: Kanon in Konstruktion und Dekonstruktion/ hrsg. von Eve-Marie Becker; Stefan Scholz. Berlin; Boston 2012, 39-70.

schen, und zwar nicht nur solche aus dem »großen Haufen« und dem »anderen Geschlecht«, »werden wir nie zu Selbstdenkern machen« (105). Aber man spürt doch beim Lesen unterschwellig die ganze Zeit, dass Reinhard um die eigentliche Hauptsache herumschreibt, und erst am Ende des Briefes gibt er seinen wichtigsten Grund preis: Aus seiner eigenen, ganz persönlichen Lebenserfahrung heraus weiß er angesichts der realistischen Einsicht in seine eigene sittlich-religiöse Beschaffenheit keine andere Quelle der Lebensgewissheit als die Sündenvergebung um Christi willen allein aus Gnade durch den Glauben, also das paulinische Evangelium in seiner reformatorischen Transformationsgestalt, die dann allerdings, was ich hier nicht weiter vorführen kann,[18] in seiner Formulierung noch einmal wieder ganz eigene Züge annimmt:

> »Bey dieser Beschaffenheit und Stimmung meines sittlichen Gefühls ist es zu meiner Beruhigung schlechterdings nöthig, eine eigne Erklärung Gottes zu haben, daß er den Sünder begnadigen könne und wolle, und eine Anstalt zu wissen, durch welche dieß auf eine Art geschieht, die Gottes vollkommen würdig, und der moralischen Natur des Menschen angemessen ist« (108).

Darin, dass er die reformatorische Rechtfertigungslehre nicht einzuholen vermag, liegt für Reinhard der letzte und wichtigste Grund dafür, dass ihm der Rationalismus fern und fremd gegenübersteht. Dennoch: Reinhard lässt den Brief versöhnlich ausklingen:

> »Und nun genug über den orthodoxen Inhalt meiner Predigten. Ich lasse gern Jedem seine Meynung, und kann es ertragen, daß man andern, den meinigen entgegengesezten Ueberzeugungen folge; aber freilich wünsche ich, daß man dieselbe Billigkeit auch mir widerfahren lasse, und mich nicht anfeinde, weil ich lehre, wie ich nach meinem Gewissen lehren muß« (109 f).

Man sieht also: Einerseits streicht Reinhard den Gegensatz zwischen Rationalismus und Supranaturalismus so scharf wie nur möglich heraus, bescheinigt den Vermittlungsversuchen in Bausch und Bogen Untauglichkeit und stellt sich selbst ganz kompromisslos auf die letztere Seite. Aber man muss genau hinsehen und darf sich nicht durch anderweitige Vorstöße den Blick trüben lassen. Anders als August Hahn, der, 1827 von Königsberg nach Leipzig berufen, den Gegensatz ähnlich scharf zeichnete und daraus den Schluss zog, die Rationalisten müssten zum Ausscheiden aus der evangelischen Kirche bewegt werden,[19] waren Reinhard solche Gedanken an eine durchgreifende Flurbereinigung offenkundig weltenfremd. Er war kursächsischer bzw. königlich sächsischer Oberhofprediger und Kirchenrat; er examinierte alle zukünftigen Pfarrer und Superintendenten, er hatte die Oberaufsicht über die Landesschulen und die Universitäten. Aber es ist nichts darüber bekannt, dass er

---

18 Verwiesen sei auf Albrecht RITSCHL: Die christliche Lehre von der Rechtfertigung und Versöhnung. Bd. 1. Bonn ²1882, 419-428

19 Vgl. Karl HASE: Die Leipziger Disputation: eine theologische Denkschrift. Leipzig 1827; siehe auch Julius KÖSTLIN: Hahn, August. In: RE³ 7, 340-343.

seine amtlichen Stellungen dazu gebraucht hätte, um seiner theologischen Richtung auch nur Vorteile zu verschaffen; er förderte begabte junge Leute auch dann, wenn sie ganz anders dachten als er. In seinem vielgebrauchten kirchengeschichtlichen Lehrbuch hat Karl Hase Reinhard als denjenigen charakterisiert, »der voll gelehrter Zugeständnisse an die neue Zeit, doch mit altkirchlichem Ernste dem Kirchenwesen vorstand, jedes Talent anerkannte und jeden Druck ermäßigte«[20] – ein besseres Zeugnis kann man dem leitenden Geistlichen einer evangelischen Landeskirche wohl kaum ausstellen. Trotzdem: Diese schroffe Absage an alle die Vermittlungsversuche und das öffentlichkeitswirksame Eintreten eines Mannes von seinem Einfluss sorgten für Furore. Reinhards »Geständnisse« lösten eine Debatte aus.[21]

---

20 Hase: Kirchengeschichte (wie Anm. 13), 562; wörtlich wiederholt in der 8. Aufl. (wie Anm. 13), 554.

21 Siehe oben Anm. 13. – Auf eine Wirkungslinie der Auseinandersetzung Tzschirners mit Reinhard sei hier noch insonderheit verwiesen: Johann Friedrich Röhr (1777-1848) – vgl. Gustav Frank: Röhr, Johann Friedrich. RE³ 17, 67-71, sowie Rudolf Herrmann: Thüringische Kirchengeschichte. Bd. 2. Weimar 1947 [photomechanischer Nachdruck Waltrop 2000], 315-317. 403-408 u. ö. – als Weimarer Oberhofprediger und Generalsuperintendent dritter Amtsnachfolger Herders und wohl Goethes wichtigster Verbindungsmann zu Theologie und Kirche, war, wie Tzschirner, ein Protegé Reinhards. Unter dem Pseudonym »Landprediger Sachse« publizierte er seine erste selbständige Stellungnahme zu Reinhards »Geständnissen« – in einer Reihe fiktiver Briefe: [Johann Friedrich Röhr]: Wer ist konsequent? Reinhard? – oder Tzschirner – oder keiner von beiden? [Zeitz] 1811. – Scharfsinnig weist Röhr nach, dass sowohl Reinhard als auch Tzschirner mit unterschiedlichen Graden an Konsequenz bzw. Inkonsequenz letztlich doch Rationalisten sind, weil und sofern sie der Vernunft das Urteil darüber einräumen, welche als Offenbarungsinhalte ausgegebenen Propositionen Zustimmung, also »Glauben« beanspruchen können. Wirklich konsequent ist also allein der reine Rationalismus. Diesen Standpunkt hat Röhr dann bald darauf in seiner bekanntesten Schrift, den anonym und mit fingiertem Druckort (Aachen) 1813 in Zeitz erschienenen »Briefe[n] über den Rationalismus« ausführlich dargelegt (jetzt leicht greifbar als photomechanischer Neudruck, hrsg. von Wolfgang Erich Müller, Waltrop 1997 (Wissen und Kritik 8). Weder in der Einleitung zu seiner Edition noch in einem Aufsatz zum Thema (Wolfgang Erich Müller: Radikale Reduktion der Dogmatik – Die »Briefe über den Rationalismus« von J. Fr. Röhr. In: Theologie und Aufklärung/ hrsg. von Hartmut R. H. Schulz [FS für Gottfried Hornig]. Würzburg 1992, 242-263) findet sich ein Hinweis auf den zeitgeschichtlichen Kontext von Röhrs Schrift, obgleich dieser selbst darüber deutlich Auskunft gibt (Briefe über den Rationalismus, 1-10).

III Tschirners Rationalismus

A)

Zu den Autoren, die gegen Reinhard auftraten, gehörte auch Tzschirner. Auch er bediente sich der Form der Briefe[22] an einen fiktiven Korrespondenzpartner, dem er die ziemlich blassen Züge eines bildungseifrigen, fern vom akademischen Leben seines Amtes waltenden Landpredigers verleiht (z. B. 46). Diesem gegenüber stilisiert sich Tzschirner zwar dezidiert nicht als Freund oder Vertrauter Reinhards, aber als jemand, der ihn durchaus persönlich kennt und schätzt, ja verehrt (5). Und so ergibt sich die Rahmenhandlung dieser reizvollen Reihe von Brief-Essays: Der Briefpartner legt Tzschirner seine Leseeindrücke, also seine Beobachtungen, Fragen und Bedenken, vor, und der fungiert als Reinhards angelus interpres und Kritiker, lässt aber auch viel eigenes einfließen, so etwa Geständnisse über seine eigene zeitweilige Faszination durch die Schellingsche Naturphilosophie und ihre theologischen Adepten, zu denen er wohl auch den am Rande kurz auftauchenden Friedrich Daniel Ernst Schleiermacher zählt (47-65).

Der fiktive Landprediger, wie ich ihn fortan nenne, hat Anstoß genommen an Reinhards schroffer, jeden Vermittlungsversuch abweisender Scheidung von Rationalismus und Supranaturalismus. Er seinerseits ist insofern Rationalist, als er jede Rede von einer göttlichen Offenbarung ablehnt, welche die menschliche Vernunft mit ihr zuvor völlig fremden Inhalten anzureichern beansprucht. Was er hingegen bejaht, ist die Annahme eines göttlichen Eingreifens in die Geschichte mit dem Zweck, die menschliche Vernunft durch Aufklärung fortzubilden, also ein göttliches Erziehungshandeln, das die gegebenen menschlichen Bewusstseinsinhalte und Fähigkeiten zwar nicht von außen durch gleichsam additive Erweiterungen in ihrer ontologischen Qualität verändert, ihnen aber auf neuartige Weise Klarheit über sich selbst gewährt und sie mit neuen Impulsen zur Verwirklichung ihres wahren Wesens ausstattet. Genau ein solches göttliches Handeln dokumentiert nach Ansicht des Landpfarrers die Bibel, und deren Inhalte, die sich so nicht verstehen lassen, schiebt er ruhigen Gewissens als allein zeitgeschichtlich relevante mythologische Vorstellungen an den Rand. Zwei Argumente kommen hinzu: Der Glaube an göttliche Offenbarungen ist ein menschliches universale, also scheint er selbst in der menschlichen Vernunft begründet zu sein. Sodann hält der Kern der Heiligen Geschichte der historischen Nachprüfung stand, und dieser Befund sowie auch die Geschichte und der Bestand der Kirche mit ihrem unermesslich großen Beitrag zur Entstehung und Verbreitung von Humanität und Kultur geben doch wohl allen Anlass zu der Vermutung, dass hier die göttliche Vorsehung in besonderem Maße gewaltet habe (75-78).

22 Heinrich Gottlieb TZSCHIRNER: Briefe veranlaßt durch Reinhards Geständnisse seine Predigten und seine Bildung zum Prediger betreffend. Leipzig 1811; im folgenden zitiert unter Angabe der Seitenzahlen im Text.

B)

Tzschirners Stellungnahme zu diesem Einwand seines fingierten Briefpartners fällt mehrschichtig aus. Einmal: Er ermutigt ihn, guten Gewissens weiterhin diese angedeutete Spielart des rationalen Supranaturalismus seiner populär-praktischen Lehre/Predigt zugrunde zu legen. Sodann aber stimmt er der von Reinhard eingeführten scharfen Dichotomie zu, sofern es auf der Ebene der Theorie um ein »System der christlichen Glaubenslehre« (79) geht: Hier, also, grob gesprochen, in der dogmatischen Prinzipienlehre, muss jeder, der mitreden will, sich entscheiden, ob er als oberstes generatives wie normativ-kritisches Prinzip der christlichen Religion die der Ergänzung weder fähige noch bedürftige menschliche Vernunft oder aber die Schrift als Medium der autoritativ-zuverlässigen Mitteilung übernatürlicher, also der Vernunft selber nicht erschwinglicher, göttlicher Belehrungen setzen will. Damit sind also schon einmal Korrekturen bzw. Präzisierungen am Standpunkt des Landpredigers wie an dem des Oberhofpredigers vorgenommen: Gegen Reinhard ist der eigentliche Geltungsbereich des von ihm aufgewiesenen Dilemmas beschränkt, das freilich – gegen den Landprediger – in seiner ganzen Schärfe verteidigt wird.

Aber Tzschirner wagt sich noch weiter vor, indem er für den Rationalismus, also für die Position, welche der menschlichen Vernunft in der Besinnung auf den Wahrheitsgehalt religiöser Vorstellungen den Primat zuerkennt, nach differenzierten Möglichkeiten des Verständnisses der geschichtlichen Religion tastet. Wenn man den Begriff der Offenbarung entschränkt, ihn also nicht einfach mit der »Bekanntmachung des der sich selbst überlassenen Vernunft Unerkennbaren« (79) gleichsetzt, sondern ihn ein Stück weit historisiert, unter Offenbarung also »die Gründung der Kirche« und die »Bestätigung der Vernunftreligion durch das Ansehen eines göttlichen Gesandten« (80) versteht, dann ist er mit dem Begriff und Anspruch der Vernunft durchaus verträglich. Denn, so führt Tzschirner aus, dieses beides vermag die Vernunft durchaus als ihr gemäß zu akzeptieren, und es bleibt ihr demzufolge selbstverständlich der entscheidende Urteilsanspruch darüber gewahrt, welche Bestandteile des Riesenwustes an christlicher Lehrüberlieferung hiermit im Zusammenhang stehen bzw. vereinbar sind: Das Urteil über Geltungsansprüche behält sich die Vernunft also eindeutig vor, wiewohl sie das geschichtliche Christentum als Lehr- und Erziehungsinstanz ihrer selbst durchaus zu ehren und zu schätzen weiß.

Es ist dieser Standpunkt, für den Tzschirner den Namen »Rationalismus« reklamiert, und zur Abgrenzung stellt er den Begriff des Naturalismus zur Debatte: Der soll denjenigen Standpunkt markieren, welcher gar keine erzieherisch-bildnerische Einflussnahme des Herrn und Schöpfers auf die Vernunft seines edlen Problemgeschöpfes anerkennen will. Trotzdem: Der von Tzschirner selbst offenkundig vertretene und solchermaßen nach »links« sorgfältig abgegrenzte Rationalismus steht, letztlich nicht anders als bei Reinhard, dem Supranaturalismus unvermittelt und unvermittelbar gegenüber, weil Tzschirner zwar, einige Gedanken aus Kants Religionsschrift aufnehmend, den Offenbarungsbegriff ansatzweise zu historisieren vermag, ein vergleichbarer innovativer Zugriff auf den Vernunftbegriff jedoch anscheinend weit jenseits seiner Möglichkeiten liegt – trotz oder vielleicht auch wegen seiner eingestandenen kurzzeitigen Affäre mit der Naturphilosophie.

C)

Zwei weitere Vermittlungsmöglichkeiten deutet er jedoch dem Landprediger gegenüber an. Einmal verweist er auf materialdogmatische Gemeinsamkeiten, die Rationalismus und Supranaturalismus verbinden: Beide nehmen die Existenz Gottes und der menschlichen Freiheit an, beide lehren die Unsterblichkeit, und beide sind überzeugt, dass der Schöpfer der fragilen Krone seiner Schöpfung die Sündenvergebung gewährt. Auch ein Rationalist kann also in der evangelischen Kirche guten Gewissens seines Amtes walten, denn es ist die Besonderheit dieser Kirche, dass sie »freye Prüfung gestattet« (84), und darum liegt es in ihrem Wesen gegründet, dass sie »auch solche Lehrer dulden [muss], die sich von dem System, das sie zu der Zeit ihrer Gründung mit allgemeiner Uebereinstimmung annahm, entfernen« (84 f). Hier deutet Tzschirner also neben den materialdogmatischen Gemeinsamkeiten eine weitere Möglichkeit der Verklammerung von Rationalismus und Supranaturalismus an, nämlich eine Theorie des Protestantismus. Damit stehen wir bei einem theologischen Lebensthema Tzschirners, in dessen Behandlung noch einmal deutlicher wird, dass er einer anderen Generation und einer anderen Formation aufklärungstheologischen Denkens angehört als Reinhard.

Tzschirners Förderer hatte in seiner Reformationspredigt des Jahres 1800 auf ebenfalls weithin kontrovers diskutierte Weise die Rückbesinnung auf die reformatorische Rechtfertigungslehre, auf die Ur- und Erstgestalt protestantischen Christentums, seiner Gegenwart zur Pflicht machen wollen.[23] Tzschirners Zugangsweise zum Thema war eine ganz andere; hierzu nur wenige Worte, denn ich kann hier auf die schöne Monographie von Christiane Schulz[24] verweisen. Tzschirner wurde von außen auf dieses Thema gedrängt, nämlich durch die damals wirksame Vorgängergestalt des heutigen römisch-katholischen Ökumenismus: Der übt bekanntlich sehr geschickt Konsensdruck aus, indem er behauptet, die Entchristlichung der modernen Welt habe ihre wesentliche Ursache in der durch die Reformation verschuldeten Kirchenspaltung, welche also durch eine neukonstituierte kirchliche Einigung nach römisch-katholischen Vorgaben überwunden werden müsse. Im frühen 19. Jahrhundert wurde dieselbe Melodie in einer anderen Tonart gespielt: Die Reformation wurde als die Mutter aller weiteren blutigen Revolutionen und Unordnungen in der seitherigen europäischen Geschichte denunziert. Wer also Frieden und Ordnung

23 Siehe oben Anm. 12.

24 Christiane SCHULZ: Spätaufklärung und Protestantismus: Heinrich Gottlieb Tzschirner (1778-1828); Studien zu Leben und Werk (AKThG 4). Leipzig 1999.

wolle, müsse für die Rückkehr der Getrennten in den Schoß der Kirche sorgen und damit möglichst bald selbst auf diesem Wege mit gutem Beispiel vorangehen.[25] Im Schlussakkord klingen also beide Variationen aufs schönste zusammen: Der Protestantismus als relativ selbständige Spielart der christlichen Religion mit ganz eigenständigen Lebens- und Organisationsformen hat schleunigst von der Bildfläche zu verschwinden, nachdem er mehr als genug Unheil angerichtet hat.[26]

Im frühen 19. Jahrhundert leisteten durchaus prominente protestantische Intellektuelle dem römischen Ruf Folge wie z. B. einer der wichtigsten Begründer konservativen politischen Denkens, der Berner Ratsherr Karl Ludwig von Haller.[27] Dessen Konversion kommentierte Tzschirner mit einem viel gelesenen Büchlein.[28] Hier wie anderswo[29] stellte er die katholische Genealogie des Unglücks massiv in Frage und machte eine sehr beachtliche Gegenrechnung auf: Es sei doch höchst bedenkenswert, dass die Revolution gerade in Frankreich ausgebrochen ist, einem Stammland des bigotten, autoritären Katholizismus, der in der Verfolgung der Jansenisten und vor allem der Hugenotten seine hässliche Fratze gezeigt hat. Der Protestantismus hingegen habe in England, in den Niederlanden und in Deutschland unter Beweis gestellt, dass er Menschen zur vernünftigen Autonomie bilde, welche in den Tugenden des verlässlichen Untertanen sich verwirklicht. Und den verlässlichen Untertan will Tzschirner, darin mit anderen Protagonisten des Frühliberalismus wie dem Leipziger Philosophen Wilhelm Traugott Krug (1770-1842)[30] und dem Heidelberger Theologen Heinrich Eberhard Gottlob Paulus (1761-1851)[31] einig, alsbald zum verantwortungsfähigen und -bereiten Staatsbürger transformiert

25 Vgl. dazu auch Martin Ohst: Atheismus – ein Begriff im Spannungsfeld der Konfessionen. In: Gott – Götter – Götzen (VWGTh 38)/ hrsg. von Christoph Schwöbel. Leipzig 2013, 83-105.

26 Vgl. auch Martin Ohst: Eine Konversionsschrift – und was aus ihr zu lernen ist. Kerygma und Dogma 59 (2013), 149-162.

27 Vgl. zu dessen historischer Bedeutung in Kürze Hirsch: Geschichte … (wie Anm. 14) Bd. 3. Gütersloh 1951, 200-204. Zu Hallers Konversion und ihrer publizistischen Vermarktung vgl. Friedrich Nippold: Welche Wege führen nach Rom?: geschichtliche Beleuchtung der römischen Illusionen über die Erfolge der Propaganda. Heidelberg 1869, 215-233.

28 Heinrich Gottlieb Tzschirner: Der Uebertritt des Herrn von Haller zur katholischen Kirche. Leipzig 1821. Vgl. zu dieser Seite von Tzschirners und Krugs Schriftstellerei auch Nippold: Welche Wege … (wie Anm. 27), 79-81. Hier ist noch viel Forschungsarbeit zu tun!

29 Vgl. vor allem Heinrich Gottlieb Tzschirner: Protestantismus und Katholicismus aus dem Standpuncte der Politik. Leipzig ²1822.

30 Vgl. Friedrich Wilhelm Graf: Theonomie: Fallstudien zum Integrationsanspruch neuzeitlicher Theologie. Gütersloh 1987, 39-76.

31 Aus der neueren Literatur über Paulus sticht qualitativ hervor Christoph Burchard: H. E. G. Paulus in Heidelberg 1811-1851. In: Semper Apertus: sechshundert Jahre Ruprecht-Karls-Universität Heidelberg Bd. 2/ hrsg. von Wilhelm Doerr. Berlin; Heidelberg; New York; Tokyo 1985, 222-297. Aus der älteren Literatur bleibt allemal lesenswert Adolf Hausrath: Heinrich Eberhard Gottlob Paulus. In: Ders.: Kleine Schriften religionsgeschichtlichen Inhalts. Leipzig 1883, 391-415.

sehen, der mitnichten dem christlichen Glauben entwächst, sondern ihm in der ihm gemäßen Ausdrucks- und Vermittlungsform treu bleiben will:

> »Dem Standpuncte einer solchen Welt nun, welche bürgerliche Freyheit will und in allen Dingen nach der Ursache und nach dem Grunde zu fragen pflegt, scheint mir die Kirche am angemessensten zu seyn, welche Geistesfreyheit gewährt, und die Lehre, welche sie verkündiget, nicht auf ihr Ansehen und Wort nur angenommen wissen will. Auch die Christen dieser Zeit wollen glauben, aber nicht's [!] darum, weil man's geglaubt hat und weil die Bischöfe früherer Jahrhunderte also zu glauben gelehrt haben; sie fragen nach dem Glaubensgrunde und verlangen Zeugniß und Beweis«[32].

Tzschirner sieht also im Protestantismus, der den Christen von der gebietenden Autorität der kirchlichen Heilsanstalt emanzipiert,[33] das religiöse Prinzip der friedlichen Evolution, während die um ihres Wesens als Heilsanstalt notwendig autoritäre Papstkirche letztlich den gewaltsamen Umsturz bzw. Heuchelei und Verlogenheit[34] begünstige.

D)

In unserm Zusammenhang ist eine andere Facette von Tzschirners Protestantismusverständnis unmittelbar von Belang, nämlich seine These, dass mit der Reformation ein neuartiger Typus christlichen Kirchentums entstanden sei, welcher eben, anders als der katholische, durchaus dazu imstande ist, innerhalb seiner selbst widerstreitenden theologischen Optionen Raum zu bieten.[35]

Ich greife hierzu auf die schon eingangs erwähnten von Hase edierten dogmatischen Vorlesungen Tzschirners zurück. Die wiederum sind ein Unicum in der Geschichte der protestantischen Dogmatik. Seit dem letzten Drittel des 18. Jahrhunderts hatte sich die Dogmatik, wie Wilhelm Gaß formuliert hat, »zu einer Geschichte ihrer selbst«[36] transformiert: Zu jedem Lehrstück wird, beginnend mit dem biblisch-exegetischen Befund, die dogmengeschichtliche Entwicklung bis in die Gegenwart entfaltet, und am Ende zieht der Autor ein kritisches Fazit, in dem er, mehr oder minder ausführlich, seinen eigenen Standpunkt entfaltet. Das blieb bis ins letzte Drittel des 19. Jahrhunderts so, und dann emanzipierte sich die Dogmengeschichte als Königsdisziplin der historischen Theologie von der Dog-

---

32 Tzschirner: Der Uebertritt … (wie Anm. 28), 63 f.

33 Dieser Leitgesichtspunkt tritt auch deutlich hervor in Heinrich Gottlieb Tzschirner: De perpetua inter catholicam et evangelicam ecclesiam dissensione. (1824). In: Ders.: Opuscula Academica/ hrsg. von Julius Friedrich Winzer. Leipzig 1829, 310-317. Es handelt sich, wie vor allem der Schlussabschnitt zeigt, um eine Rede zum Reformationsgedenken.

34 Zur Situation im Frankreich der Restaurationszeit bemerkt Tzschirner: »Mancher trägt den Rosenkranz in der Hand und den Unglauben im Herzen« (Protestantismus und Katholicismus [wie Anm. 28], 70).

35 Schön ausgewählt sind hierzu die Tzschirner-Zitate bei Kurt Leese: Der Protestantismus im Wandel der neueren Zeit (Kröner Taschenausgabe; 180). Stuttgart 1941, 90-92.

36 Gaß: Geschichte … Bd. 4 (wie Anm. 14), 452.

matik, die, erheblich entlastet, neue Wege suchen konnte. Dass ein Dogmatiker fremde Standpunkte geduldig referiert, und dass solche Referate den größten Teil des Buchumfanges ausmachten, war also zu Tzschirners Zeiten der Normalfall. Tzschirner nun hat aus diesem Nacheinander ein Nebeneinander gemacht. Zu jedem dogmatischen locus stellt er zunächst die »Doctrina Biblica« dar und dann die »Sententia Rationalistarum«. Und mit »doctrina biblica« ist eben nicht der biblische Befund gemeint, sondern jeweils eine vollständige dogmatische Sachanalyse und Problemrekonstruktion etwa in den Spuren Franz Volkmar Reinhards. Und dann stellt Tzschirner eben im zweiten Arbeitsschritt die rationalistische Sicht der Dinge dar, genauer gesagt, er traktiert den jeweiligen Sachgehalt des locus im Geiste und nach dem Verständnis des rationalen Supranaturalismus. Hase hat das in der Vorrede seiner eingangs erwähnten Edition in unnachahmlicher Weise gewürdigt und unterschwellig kritisiert; jedenfalls machte diese Eigenart, so weiß er zu berichten, die besondere Attraktivität von Tzschirners Vorlesungen aus, denn die Studenten bekamen zwei Dogmatiken in einer aufgetischt.

Zurück zum Thema: Im Katholizismus sieht Tzschirner eine Spielart der christlichen Religion, die sich seit der nachapostolischen Zeit allmählich gebildet hat und den Christen in seinem Glauben und Denken unverbrüchlich an die kirchlich-hierarchische Autorität bindet; ihr ist letztlich auch die Schrift ein- und untergeordnet, weil diese als Erzeugnis der Kirche verstanden wird und für ihre zuverlässige Auslegung die Notwendigkeit der kirchlichen Lehrvollmacht postuliert wird.[37] Die Reformation hat der institutionalisierten Kirche mit dem Verweis auf die Schrift diese Funktion der Letztbegründung des Glaubens genommen und damit zugleich ein neues Verständnis der Kirche entwickelt: Die Kirche ist eben nicht um ihres Wesens als Heilsanstalt willen notwendig autoritäre Lehr- und Rechtsanstalt, sondern Gemeinschaft der religiösen Kommunikation, der Lehre, wie Tzschirner wohl lieber sagen würde, und eine so verstandene Gemeinschaft vermag innerhalb ihrer selbst auch ohne eine autoritativ entscheidende Letztinstanz wie das Papsttum Meinungsdifferenzen auszuhalten und konstruktiv zu verarbeiten.

E)

So ist Tzschirner also über seinen Förderer Reinhard ein bedeutendes Stück weit hinausgekommen. Wo Reinhard bloß die Unmöglichkeit des Kompromisses einschärft und Toleranz für divergierende Standpunkte gewährt und einfordert, da kann Tzschirner zumindest in konstruktiver Weise Ansätze ausarbeiten, die über das bloße Konstatieren faktischer Koexistenz und das daraus sich ergebende Toleranzpostulat herausweisen: Er sucht und tastet nach einem wirklichen Verstehen des Nebeneinanders unterschiedlicher Lebens- und Reflexionsgestalten protestantischen Christentums in der evangelischen Kirche, einem Verstehen,

37 Vgl. Tschirner: Vorlesungen … (wie Anm. 4), 58-61.

das echte Akzeptanz der gegebenen Situation anbahnt und bloße Toleranz positiv in Richtung auf Anerkennung überwindet. Und er greift hierfür auf eine von der Reinhards weit unterschiedene Sichtweise der Reformation zurück. Während im Zentrum von Reinhards Reformationsverständnis die reformatorische Zentrallehre in ihrer ursprünglichen Gestalt steht, deutet Tzschirner ein Verständnis an, welches die Reformation als Epoche fasst, also als Beginn eines neuen Zeitalters christlichen Glaubens, Denkens und Sichorganisierens. Was für Reinhard das bleibende Wesen evangelischen Christentums ist, wird ihm zur Anfangsgestalt, die am Beginn einer ins Unabsehbare sich streckenden Reihe von Entwicklungen steht.

IV Ausblick

Wenn man den Befund auf ein Begriffsschema unserer Zeit bringen will, dann kann man sagen: Gerade im Vergleich mit Reinhard wird deutlich, dass Tzschirner über das bloße Widereinander positioneller Theologien hinaus strebte und nach so etwas wie einer kritischen Theologie suchte[38] – die Suchbewegungen sind noch unsicher und tastend, aber doch schon deutlich erkennbar. Zur selben Zeit war in Berlin Tzschirners fast auf den Tag genau zehn Jahre älterer Zeit- und Berufsgenosse Friedrich Schleiermacher auf diesem Wege schon erheblich weiter fortgeschritten. Er hat seine Wesensbestimmung des Christentums[39] so konstruiert, dass von Anfang an deutlich wird: In ihrem Kern, der in allen ihren geschichtlichen Erscheinungsformen wirkt, aber niemals empirisch rein zu isolieren ist, sondern sich nur annäherungsweise in Begriffe fassen lässt, ist die christliche Religion so verfasst, dass sie sich überhaupt immer nur in einer Mehrzahl von unterschiedlichen lebens- und lehrmäßigen Spielarten geschichtlich verwirklichen kann. Gerade das Zentrum von Schleiermachers Wesensbestimmung, der Begriff der Erlösung[40], ist so gefasst, dass mit zwingender innerer Notwendigkeit in der Christologie und in der Anthropologie positionell differente Lehrbestimmungen entstehen müssen. Das legt Schleiermacher in seiner Theorie der »natürlichen Kezereien des

38 Vgl. Dietrich Rössler: Positionelle und kritische Theologie. Zeitschrift für Theologie und Kirche 67 (1970), 215-231.

39 »Das Christenthum ist eine eigenthümliche Gestaltung der Frömmigkeit in ihrer teleologischen Richtung, welche Gestaltung sich dadurch von allen andern unterscheidet, daß alles einzelne in ihr bezogen wird auf das Bewußtsein der Erlösung durch die Person Jesu von Nazareth«; Friedrich Schleiermacher: Der Christliche Glaube. Erstauflage [1821/22], § 18 Leitsatz; zitiert nach KGA I/7.1/ hrsg. von Hermann Peiter. Berlin; New York 1980, 58. Zur Interpretation in dem hier angedeuteten Fragehorizont ist grundlegend Matthias Schröder: Die kritische Identität des neuzeitlichen Christentums: Schleiermachers Wesensbestimmung der christlichen Religion. (BhTh 96). Tübingen 1996, 55-100.

40 Vgl. dazu Claus-Dieter Osthövener: Erlösung: Transformationen einer Idee im 19. Jahrhundert. (BhTh 128). Tübingen 2004, 89-101.

Christenthums«[41] dar. So zeigt er: Eine religionsphilosophisch, d. h. logisch oberhalb des Christentums sich konstituierende Theologie muss sich nicht im fruchtlosen Widereinander fixierter Positionen erschöpfen, sondern sie vermag die Divergenzen, welche unterschiedliche Optionen aus sich heraussetzen, wahrhaft zu verstehen. Die Parteischlagworte »Rationalismus« und »Supranaturalismus« stehen jeweils verkürzend und vereinseitigend für Momente, die, recht verstanden, allesamt der Selbstverständigung der christlichen Religion unveräußerlich sind. Gerade in ihrem Widerspiel gehören sie also zu einander, ja, fordern einander! Dieser in ganz neue Dimensionen protestantischer Selbstverständigung vorstoßende Denkansatz, der im charakteristischen Gegensatz zum schon damals ansatzweise und seither immer stärker papstkirchlich sich durchbildenden Katholizismus das Bei- und Miteinander von differenten Frömmigkeitsstilen und Denkformen ohne eine sakralautoritäre Instanz gestalten will,[42] hat sich Tzschirner, der auf der Höhe seiner Schaffenskraft abgerufen wurde, nicht mehr erschlossen.

41 Schleiermacher: Der christliche Glaube (wie Anm. 39), § 25, Leitsatz. Bd. 1, 93.

42 Man nennt Schleiermachers Sendschreiben an Lücke gern und mit Recht sein »theologisches Testament«. Ebenso könnte man sein Sendschreiben an seine Breslauer Kollegen Daniel von Cölln und David Schulz (KGA I/10, 395-326) zusammen mit seinen Augustana-Predigten als sein »protestantismustheoretisches Testament« bezeichnen. Dort steckt Schleiermacher dem deutschen landeskirchlich verfassten Protestantismus das Ziel, »als Gegenstück zu der englischen und amerikanischen Vielspaltigkeit in einer ganz freien Gemeinschaft zu leben, welche gegenüber der katholischen Gebundenheit nur durch die evangelische Freiheit zusammenhält« (ebd, 425).

Reinhards Reformationsfestpredigt im Jahr 1800

Von Christopher Spehr

»Wir lassen euch hierdurch unverhalten seyn, daß Unserm geheimen Consilio eure, des Oberhofpredigers D. Reinhard, am letzten Reformations-Fest gehaltene Predigt zu besondrem Wohlgefallen gereicht hat, und daß daßelbe solche, als ein Wort, zu seiner Zeit geredet, der öffentlichen Bekanntmachung durch den Druck vorzüglich werth, auch deren möglichste Verbreitung, sowohl von allgemeinem Nutzen, als insonderheit für diejenigen, die mit dem Unterrichte in der Religion durch öffentliche Vorträge, oder sonst sich zu beschäftigen haben, in vielen Rücksichten belehrend zu seyn erachtet«.[1]

Diese Worte stammen aus der Feder von Christoph Gottlob von Burgsdorff (1735-1807), sächsischer Konferenzminister und Wirklicher Geheimer Rat des Geheimen Konsiliums zu Dresden.[2] Unter dem Namen des Kurfürsten Friedrich August III. von Sachsen hatte er am 3. November 1800 ein Reskript erlassen, welches die obrigkeitliche Anverwandlung einer Reformationsfestpredigt enthielt.[3]

Die Predigt hatte der sächsische Oberhofprediger Franz Volkmar Reinhard (1753-1812) wenige Tage zuvor am Reformationstag in der Dresdener Sophienkirche gehalten. Jetzt, eine knappe Woche später, gelangte die Predigt zusammen mit der obrigkeitlichen Rezeptionsanweisung in die Druckpresse und fand als Broschüre ihren Weg in die Superintendenturen und Pfarrämter Kursachsens unter dem Titel: »Predigt am Gedächtnißtage der Kirchenverbeßerung, den 31 October 1800 bey dem Chursächsischen Evangelischen Hofgottesdienste zu Dresden, gehalten von D. Franz Volkmar Reinhard«.

War die Verbreitung einer Predigt durch obrigkeitliches Mandat im Kursachsen des frühen 19. Jahrhunderts etwas Ungewöhnliches, so wirkte die Predigt zu diesem Zeitpunkt wie eine Sensation. In ihr beklagte Reinhard den aufklärerischen Zeitgeist in der Theologenzunft, kritisierte die Abkehr der Prediger von der Lehre Martin Luthers und rief zur Wiederentdeckung der reformatorischen Lehre von der

1 VON GOTTES GNADEN FRIEDRICH AUGUST […]. In: Franz Volkmar REINHARD: Predigt am Gedächtnißtage der Kirchenverbeßerung, den 31 October 1800 bey dem Chursächsischen Evangelischen Hofgottesdienste zu Dresden. Dresden; Pirna o. J., (3 f).

2 Zu Burgsdorff vgl. HISTORISCHE NACHRICHTEN. 1: Todesfälle vom Januar und Februar 1807. In: Journal für Prediger. Bd. 52. Halle 1807, 315-318.

3 Das Originalmanuskript ist abgelegt im Sächsischen Hauptstaatsarchiv Dresden (= SHStAD), 10025, Geheimes Konsilium, Loc. 4570/19: Acta Die von dem Ober-Hof-Prediger Dr. Reinhard am Reformations=Feste 1800. in der Evangelischen Hofkirche allhier [auch sonst] gehaltene[n] Predigt[en], deren Druck und öffentliche Bekanntmachung [s(owie) w(as) d(em) m(it) a(nhängig)] betr: 1800. [sqq.], Bl. 1^v-2^r. Abgedruckt ist das Reskript ohne Seitenangaben in Reinhard: Predigt am Gedächtnißtage … (wie Anm. 1), (3-6).

freien Gnade Gottes in Christus als Grundlage der evangelischen Kirche auf. Die obrigkeitlich gebotene Veröffentlichung der Predigt löste einen Sturm der Entrüstung aus, der sich in einer Vielzahl von Broschüren, Artikeln und Rezensionen niederschlug. Gegner verteidigten die von Reinhard angegriffene Aufklärungstheologie und desavouierten den Prediger als obrigkeitshörig, rückwärtsgewandt und sogar psychisch krank. Reinhards Freunde und Gesinnungsgenossen verteidigten seine theologische Position und beschuldigten ihrerseits die Kritiker der Intoleranz und Substanzlosigkeit. Die Predigt wurde als Wende Reinhards zur theologischen Strömung des Supranaturalismus[4] und schließlich sogar als Anfang der »Wiederentdeckung und -erweckung Luthers zu Beginn des 19. Jahrhunderts«[5] interpretiert, wodurch Reinhards Predigt kirchenhistorisch-epochale Bedeutung zugeschrieben wurde.

Aber worum ging es eigentlich in der Predigt? Was beabsichtigte Reinhard mit seiner Predigt am Reformationstag? Und wieso fand die Predigt ein derart polarisierendes und weitreichendes Echo?

I Die Reformationsfestpredigt in der Forschung

Bevor diese Fragen näher fokussiert werden können, sei ein Blick auf die kirchenhistorische Forschung zu Reinhards Reformationsfestpredigt gestattet. In der zeitgenössischen Gedächtnisliteratur zu Reinhard wurde der Streit um die Reformationsfestpredigt regelmäßig kurz thematisiert.[6] Die Reformationsfestpredigt selbst wurde in den predigtgeschichtlichen Beiträgen des 19. Jahrhunderts mit wenigen

4 Theodor Christlieb: Art. Predigt, Geschichte der christlichen bis in die neuere Zeit. RE² 18 (1888), 466-653 hier: 583. Zum Supranaturalismus vgl. den Überblick bei Albrecht Beutel: Aufklärung in Deutschland (KiG 4 O2). Göttingen 2006, 302-305. Zu Reinhard siehe die Beiträge von Claus-Dieter Osthövener und Martin Ohst in diesem Band.

5 Paul Glaue: Art. Reinhard, Franz Volkmar. RGG² 4 (1930), 1846.

6 Die nach Reinhards Tod erschienenen Biografien stammten zum überwiegenden Teil von Freunden und Schülern, so dass sie in der Bewertung der Reformationsfestpredigt für Reinhard Partei ergriffen. Vgl. z. B. Friedrich August Koethe: Ueber D. Franz Volkmar Reinhards Leben und Bildung. Zwey Vorlesungen, beym Beginn des Winterhalbjahrs auf der Herzogl. Sächs. Gesammtakademie Jena gehalten. Jena 1812, 17; Carl August Böttiger: D. Franz Volkmar Reinhard, gemalt von Georg von Charpentier, literarisch gezeichnet. Dresden 1813, 5f. 34; Karl Heinrich Ludwig Pölitz: D. Franz Volkmar Reinhard nach seinem Leben und Wirken dargestellt. Zweite Abtheilung: Charakteristik. Leipzig 1815, 164f; Johann Heinrich Schäzler: Franz Volkmar Reinhards Leben und Wirken, Freuden und Leiden und seliger Tod, größtentheils nach Familien-Nachrichten und nach Briefen von ihm selbst. In: Leonhard Bertholdt: Dr. Franz Volkmar Reinhard's sämmtliche zum Theil noch ungedruckte Reformationspredigten. Nach dessen Willen in eine besondere Sammlung gebracht und mit historischen Anmerkungen herausgegeben. Mit des verewigten Reinhard's Bildnisse und dessen Biographie. Sulzbach 1823, 61f.

Ausnahmen traktiert und bisweilen kritisch analysiert.[7] Mit kurzen theologischen Beurteilungen versehen, wurde der Sachverhalt in der Regel auch in den älteren biografischen Artikeln zu Reinhard notiert.[8] Während die Reformationsfestpredigt und der Streit um sie keinen Eingang in die von mir untersuchten kirchengeschichtlichen Überblicksdarstellungen im 19. Jahrhundert fanden,[9] machte 1860 ein von der Forschung bisher übersehener Beitrag auf die Reformationsfestpredigt erneut aufmerksam. Unter dem Titel »Ein ›Zeugnis‹ auf der Hofkanzel in Dresden. Zur Erinnerung an D. F. V. Reinhard's im Jahre 1800 gehaltene Reformationspredigt«

7 Über Reinhards Homiletik allgemein und zur Reformationsfestpredigt im Besonderen vgl. u. a. Heinrich Doering: Die deutschen Kanzelredner des 18. und 19. Jahrhunderts. Nach ihrem Leben und Wirken dargestellt. Neustadt an der Orla 1830, 315-332 (ohne Erwähnung der Reformationsfestpredigt!); Carl Georg Heinrich Lentz: Geschichte der christlichen Homiletik, ihrer Grundsätze und der Ausübung derselben in allen Jahrhunderten der Kirche. Zweiter Theil. Braunschweig 1839, 242-250 hier: 248; Karl Heinrich Sack: Geschichte der Predigt in der deutschen evangelischen Kirche von Mosheim bis auf die letzten Jahre von Schleiermacher und Menken. Heidelberg 1866, 241-261 hier: 248. 253 f (formale Kritik an der Reformationsfestpredigt); Albert Brömel: Homiletische Charakterbilder. Bd 2. Leipzig 1874, 43-84 hier: 45-48 (ausführliches Referat). 52 u. ö.; Theodosius Harnack: Geschichte und Theorie der Predigt und der Seelsorge (Praktische Theologie; 2). Erlangen 1878, 150 f hier: 150; August Nebe: Zur Geschichte der Predigt. Bd. 2: Charakterbilder der bedeutendsten Kanzelredner in der evangelischen Kirche Deutschlands von Luther bis Albertini. Wiesbaden 1879, 181-234 hier: 199-201. Keine Erwähnung findet die Reformationsfestpredigt bei Richard Rothe: Geschichte der Predigt von den Anfängen bis auf Schleiermacher, aus Rothe's handschriftlichem Nachlaß/ hrsg. von August Trümpelmann. Bremen 1881, 454-457; Alfred Krauss: Lehrbuch der Homiletik. Gotha 1883, 61-63 hier: 62 Anm. 2; Heinrich Bassermann: Handbuch der geistlichen Beredsamkeit. Stuttgart 1885, 317-319 (keine Erwähnung der Reformationsfestpredigt); Christlieb: Art. Predigt … (wie Anm. 4), 582-584 hier: 583 (Erwähnung mit Bedeutung für Reinhards Theologie).

8 Friedrich Wilhelm Lindner: Art. Reinhard (Franz Volkmar). Conversations-Lexicon oder encyclopädisches Handwörterbuch für gebildete Stände 8 (1818), 132-141 hier: 136 u. ö.; Christian Palmer: Art. Reinhard, Dr. Franz Volkmar. RE 12 (1860), 611-620 hier: 612; David Erdmann: Art. Reinhard, Franz Volkmar. RE^2 12 (1883), 608-617 hier: 612 f; David Erdmann: Art. Reinhard, Franz Volkmar. RE^3 16 (1905), 560-563 hier: 562. Wie bereits für die Homiletikgeschichte festgestellt, fand die Reformationsfestpredigt keine Erwähnung in späteren Artikeln, so z. B. von Ernst Wilhelm Förstemann: Art. Reinhard, Franz Volkmar. ADB 28 (1889), 32-35.

9 Johann Traugott Leberecht Danz: Lehrbuch der christlichen Kirchengeschichte. Zum Gebrauch akademischer Vorlesungen. 2. Teil. 1. Hälfte. Jena 1826, 457 f weist in § 178 im Rahmen des Thesenstreites über Claus Harms (1817) lediglich auf den durch Reinhards Schrift »Geständnisse« ausgelösten Streit über Rationalismus und Supranaturalismus hin. Karl Rudolf Hagenbach: Kirchengeschichte von der ältesten Zeit bis zum 19. Jahrhundert. Bd. 7: Die Kirche des achtzehnten und neunzehnten Jahrhunderts in ihrer geschichtlichen Entwicklung. 2. Teil. 4. Aufl. Leipzig 1872, 89-99 zeichnet ein kritisches Bild vom Prediger Reinhard ohne Erwähnung der Reformationsfestpredigt. Karl August Hase: Kirchengeschichte. Lehrbuch zunächst für akademische Vorlesungen. 11. Aufl. Leipzig 1886, 547 beschränkt seine Informationen über Reinhard auf vier Zeilen.

betonte der Colmnitzer Pfarrer Lic. theol. Conrad Hermann Clauß (1824-1892), dass eine »Erneuerung einiger Notizen über diesen Gegenstand nicht ganz ohne Interesse« sein dürfe, »da die damalige Generation der Augen- und Ohrenzeugen nun wohl fast ausgestorben und eben deshalb der ganze Vorgang, in welchem sich übrigens jene Zeit recht deutlich abspiegelt, für eine rein historische Darstellung geeigneter geworden« sei.[10] Der im homiletischen Monatsblatt »Gesetz und Zeugnis« erschienene Aufsatz skizzierte Reinhards Predigt und thematisierte den durch sie ausgelösten Streit. Clauß' lesenswerte Darstellung schloss mit der Dokumentation eines bis dahin unbekannten Brief Reinhards an den Bornaer Superintendent Friedrich August Unger (1758-1846) zur Thematik.[11]

Ausführlich und wissenschaftlich umsichtig widmete sich aber erst der Hallenser Domprediger Paul Gabriel in einem umfangreichen Aufsatz in der »Zeitschrift für Kirchengeschichte« aus dem Jahr 1922 dem »Streit um Reinhards Reformationsfestpredigt vom Jahre 1800«.[12] Hierin zeichnete der Aufklärungsforscher ein differenziertes und aus den Quellen gearbeitetes Bild des durch die Predigt ausgelösten theologiegeschichtlich bedeutsamen Streites. Gleichzeitig prägte er in seiner Untersuchung die These, die Predigt stehe »am Anfang der Geschichte der Wiederentdeckung Luthers und der Reformation zu Beginn des 19. Jahrhunderts«[13]. Gabriels Studie sollte für mehr als 50 Jahre das Referenzwerk zu Reinhards berühmtester Predigt markieren, blieb aber nicht unwidersprochen. 1961 warnte Erich Beyreuther in der dritten Auflage der »Religion in Geschichte und Gegenwart« davor, die Wirkung der Predigt zu überschätzen.[14]

1965 ging Harald Martin in seiner ungedruckten Jenaer Dissertationsschrift auf »Die Bedeutung des Theologen Franz Volkmar Reinhard; unter besonderer Berücksichtigung seiner homiletischen Wirksamkeit« ein, in der er auch die Reformationsfestpredigt berührte.[15] Seiner Interpretation, welche auf die bei Reinhard wahrgenommene und letztlich gescheiterte Verbindung von Luthertum und Aufklärung zielte, mangelte allerdings ein Verständnis für aufklärungstheologische

10 Conrad Hermann CLAUSS: Ein »Zeugniß« auf der Hofkanzel in Dresden. Zur Erinnerung an D. F. V. Reinhard's im Jahre 1800 gehaltene Reformationspredigt. In: Gesetz und Zeugniß. Ein Monatsblatt zum homiletischen Studium und zur Erbauung. Zweiter Band. Leipzig 1860, 212-220. Zitat ebd, 212.

11 Ebd, 219 f.

12 Paul GABRIEL: Der Streit um Reinhards Reformationsfestpredigt vom Jahre 1800. In: ZKG 41 (1922), 94-131.

13 Ebd, 101.

14 Erich BEYREUTHER: Art. Reinhard, Franz Volkmar. RGG[3] 5 (1961), 946: »Seine heftig umstrittene, aber von der Sächsischen Regierung begrüßte Reformationsfestpredigt vom 31. 10. 1800 bahnte in Sachsen eine Wiederentdeckung Luthers mit an. Ihre Wirkung darf aber nicht überschätzt werden, da der flache Rationalismus noch lange die Kanzeln beherrschte.«

15 Harald MARTIN: Die Bedeutung des Theologen Franz Volkmar Reinhard; unter besonderer Berücksichtigung seiner homiletischen Wirksamkeit. Diss.masch. Jena 1965, 135-140.

Fragestellungen. Erst die umfangreiche Monografie von Christian-Erdmann Schott »Möglichkeiten und Grenzen der Aufklärungspredigt. Dargestellt am Beispiel Franz Volkmar Reinhards« (1978) sollte die Reinhardforschung – nicht nur aus predigtgeschichtlicher Sicht – voranbringen.[16] Die Studie enthält bis heute wertvolle Informationen, Beobachtungen und Interpretationen und stellt die gewichtigste Reinhardstudie der letzten Jahrzehnte zur Reformationsfestpredigt dar, an die alle jüngeren Arbeiten und Überblicksdarstellungen anknüpfen.[17]

Zu diesen Anknüpfungen zählt auch die von Harald Rabe verfasste theologische Dissertation »Die Veränderung im Freiheitsverständnis von Franz Volkmar Reinhard durch die Aufnahme lutherischer Theologie«. Dieses 2004 von der Leipziger Theologischen Fakultät angenommene Werk akzentuiert auch Reinhards Reformationsfestpredigt, ohne allerdings eine vertiefende kontextuelle und weiterführende inhaltliche Analyse und Interpretation zu bieten.[18]

Obwohl Reinhards Reformationsfestpredigt somit zwar durchweg von der Forschung wahrgenommen, aber erst im 20. Jahrhundert in komplexere Untersuchungen einbezogen wurde, blieb eine differenzierte Analyse der Predigt, des Veröffentlichungsvorganges der Predigt und ihrer Wirkungsgeschichte ein Desiderat der Forschung. Von beiläufigen Bemerkungen abgesehen ist die Frage, welches Bild von Reformation im Streit ventiliert wurde, fast völlig unberücksichtigt. Im Folgenden will ich mich auf drei Fragestellungen konzentrieren. 1. Worüber handelte die Predigt? 2. Warum wurde die Predigt durch ein Reskript bekannt gemacht? 3. Welches Bild von Reformation wird im Streit ventiliert?

II Reformationsfestpredigt

Ob der Gedenktag der Reformation im Jahre 1800 in Sachsen herausragend gefeiert wurde, wie es von früheren Reformationsfesten überliefert ist,[19] entzieht sich meiner Kenntnis. Zumindest in Dresden stellte das bedeutendste Ereignis an diesem

16 Christian-Erdmann SCHOTT: Möglichkeiten und Grenzen der Aufklärungspredigt. Dargestellt am Beispiel Franz Volkmar Reinhards (APTh 16). Göttingen 1978, 250-263.

17 Vgl. Susanne SIEBERT: Art. Reinhard, Franz Volkmar. BBKL 7 (1994), 1534-1537; Christiane SCHULZ: Spätaufklärung und Protestantismus. Heinrich Gottlieb Tzschirner (1778-1828): Studien zu Leben und Werk (Arbeiten zur Kirchen- und Theologiegeschichte 4). Leipzig 1999, 59; Beutel: Aufklärung in Deutschland … (wie Anm. 4), 304 f. Aufgrund der Kürze des Artikels findet die Reformationsfestpredigt keine Erwähnung mehr bei Christian-Erdmann SCHOTT: Art. Reinhard, Franz Volkmar. RGG[4] 7 (2004), 248.

18 Harald RABE: Die Veränderung im Freiheitsverständnis von Franz Volkmar Reinhard durch die Aufnahme lutherischer Theologie. Diss.masch. Leipzig 2004, 150-163. Am aufschlussreichsten ist ein im Anhang gebotener Vergleich zwischen der Reformationsfestpredigt von 1800 und ihrer Imitation ebd, 246-267.

19 Vgl. Wolfgang FLÜGEL: Konfession und Jubiläum. Zur Institutionalisierung der lutherischen Gedenkkultur in Sachsen 1617-1830 (Schriften zur Sächsischen Geschichte und Volkskunde; 14). Leipzig 2005.

Freitag, dem 31. Oktober, Reinhards Festpredigt in der evangelischen Hofkirche, der Sophienkirche, dar. Der seit 1792 in Dresden wirkende Oberhofprediger, der zu den populärsten und begnadetsten Predigern Sachsens zählte, zog bis zu 4.000 Menschen unter seine Kanzel.[20] So kam es regelmäßig vor, dass diejenigen, die keinen festen Sitzplatz in der Kirche hatten, bis zu eineinhalb Stunden vor Anfang des Gottesdienstes im Kirchraum sein mussten, um überhaupt einen Stehplatz zu erlangen.[21] Auch an diesem Festtag waren vermutlich weit über 2.000 Menschen zum Gottesdienst gekommen, um Reinhard predigen zu hören, darunter die Mitglieder des Geheimen Konsiliums, der obersten Regierungsbehörde Kursachsens.

Der begabte und gefeierte Kanzelredner, der seine Predigten seit 1795 in regelmäßigen Jahrgangsteilbänden veröffentlichte, die mehrere Nachdrucke, Neuauflagen und Sondersammlungen erfuhren und bis 1812 auf 35 Bände anwachsen sollten,[22] hatte elementaren Einfluss auf die zeitgenössische Homiletik. Aufgrund seiner enormen Publizität und intellektuellen Originalität übertraf er alle zeitgenössischen Kanzelredner an Popularität. Seine die Gottesdienstgemeinde ansprechenden Predigten waren nicht nur bei den Zuhörern überaus beliebt,[23] sondern galten auch unter der Predigergeneration um 1800 als vorbildlich.

Charakteristisch für seine Predigt war die Akzentuierung eines zentralen Themas, das er aus dem Predigttext ableitete und in einem pointierten Satz konzentrierte. Im Aufbau folgten seine Kanzelvorträge stets einer streng logischen Disposition, die kennzeichnend für Reinhards synthetische Predigtweise war.[24] In der Regel begann er mit einer ausführlichen Einleitung, in der das Thema eingeführt und in ein kurzes Gebet übergeleitet wurde. Es folgte die Verlesung des Bibeltextes und häufig eine zweite Einleitung mit Formulierung des Predigtsatzes. Entfaltet wurde der aus dem Bibeltext eruierte Predigtsatz sodann in zwei oder mehr Hauptteilen. Der erste Hauptteil bewies in Unterpunkten die Notwendigkeit (und Richtigkeit) des Satzes, der zweite entfaltete – ebenfalls in Unterpunkten gegliedert – die praktische Anwendung des Satzes bzw. die Folgen für das eigene Verhalten. Die sprachliche Ausführung gestaltete Reinhard mit Stilmitteln wie der rhetorischen

20 Vgl. Pölitz: D. Franz Volkmar Reinhard … Charakteristik (wie Anm. 6), 159.

21 Vgl. Schäzler: Reinhards Leben und Wirken … (wie Anm. 6), 50.

22 Bibliografie zu den Predigtbänden vgl. Rabe: Die Veränderung … (wie Anm. 18), 16 f.

23 Über Reinhards Predigtwirkung berichtet Schäzler: Reinhards Leben und Wirken … (wie Anm. 6), 50 f: »Es war ein herzerhebendes und rührendes Schauspiel, den herrlichen Mann auf der Kanzel zu sehen, wie er so ganz ergriffen, durchdrungen und begeistert von seinem Gegenstande, voll Glaubenskraft, Feuer und Ernst, das Wort des Herrn verkündigte; und zu bemerken, mit welcher Aufmerksamkeit die Blicke Aller an seinem Munde hingen, und wie das, was er selbst von Herzen sprach, wieder zu Herzen gieng, so daß nicht selten die ganze Versammlung von allgemeiner Rührung ergriffen wurde.«

24 Vgl. ausführlich Schott: Möglichkeiten und Grenzen … (wie Anm. 16), 222-232.

Frage oder der Wiederholung von Sätzen.[25] Obwohl der einstige Wittenberger Theologieprofessor in seinen Vorträgen stets Zitate aus der Lutherbibel einstreute, wirkte Reinhard nie als exegetischer Textprediger, sondern immer als intellektuell-erbaulicher Themenprediger. Analog seiner formalen Homiletik gestaltete er auch seine Reformationsfestpredigt, die er mit größter Wahrscheinlichkeit in der später publizierten Form auf der Kanzel hielt.

Reinhard beginnt seine Predigt mit einer emotionalen Ansage: Bereits seit einigen Jahren befalle ihn ein »heimlicher Kummer« und eine eigenartige Verlegenheit, wenn er am Reformationstag predigen müsse.[26] Früher habe er dieses Fest voller Begeisterung und Wärme begangen, erinnere es doch an »die merkwürdigen Umstände und Bemühungen, denen unsere Kirche ihr Daseyn« verdanke, erneuere »das Andenken der großen Männer« und betrachte den Triumph der »Wahrheit über den Irrthum, [der] Freiheit über die Tyranney, und das Evangelium Jesu über den Aberglauben«.[27] Insbesondere als Propst der Wittenberger Schlosskirche[28] habe er mit Freude »an den Gräbern der großen Männer, welche die Kirchenverbesserung bewirkten«, gepredigt.[29] Doch jetzt mindere ein stiller Kummer seine einstige Freude. Diesen Kummer benennt Reinhard wie folgt:

---

25 Als Ideal betonte Franz Volkmar Reinhard: Geständnisse seine Predigten und seine Bildung zum Prediger betreffend in Briefen an einen Freund. Sulzbach 1810, 54 f: »Könntest du [...] also auf der Canzel sprechen, daß deine Rede allezeit ein streng geordnetes, in allen seinen Theilen vest verknüpftes, und in der natürlichen Ordnung fortschreitendes Ganzes wäre; könntest du allezeit einen interessanten, in einem nahen Zusammenhang mit den wichtigsten Angelegenheiten deiner Zuhörer stehenden, und für das Leben fruchtbaren Stoff behandeln; könntest du dieß so thun, daß du jeden Gedanken immer in die Worte kleidetest, die ihn im ganzen Schatz der Sprache am richtigsten und treffendsten bezeichnen; könntest du folglich beym Lehren immer den faßlichsten, beym Beschreiben den anschaulichsten, beym Ermahnen den kräftigsten, beym Warnen den erschütterndsten, beym Trösten den beruhigendsten Ausdruck finden; könntest du dich der Sprache so bedienen, daß jede Schattirung der Begriffe, jeder Wechsel der Gefühle, jede Steigerung des Affects durch sie sichtbar würde, und immer die Saite des Herzens träfe, die angeregt werden soll; könntest du endlich deiner Rede eine Fülle ohne Wortschwall, einen Wohlklang ohne erkünstelten Rhythmus und einen leichten ungehinderten, Ohr und Herz gleichsam überströmenden Fluß verschaffen: so würde das die Beredtsamkeit seyn, die sich für die Canzel schickte; dein Vortrag würde deutlich für den Verstand, behältlich für das Gedächtniß, erweckend für die Empfindung, ergreifend fürs Herz seyn.«

26 Reinhard: Predigt am Gedächtnißtage ... (wie Anm. 1), 1.

27 Ebd, 2.

28 Neben seinem Amt als ordentlicher Theologieprofessor wirkte Reinhard von 1784 bis 1792 als Propst der Schloss- und Universitätskirche zu Wittenberg, so dass er verpflichtet war, regelmäßig an Sonn- und Feiertagen zu predigen. Eine Auswahl dieser Predigten erschien zuerst unter folgendem Titel im Druck: Franz Volkmar Reinhard: Predigten. Erster Theil. 2. Aufl. Wittenberg; Zerbst 1792; Zweiter Theil: 1793.

29 Reinhard: Predigt am Gedächtnißtage ... (wie Anm. 1), 2 f.

»Ich habe mir's nehmlich schon lange nicht mehr verbergen können, daß sich unsre Kirche, daß sich wenigstens die, welche am lautesten in derselben sprechen, und für die vorzüglichsten und aufgeklärtesten Lehrer derselben gelten wollen, von der eigentlichen Lehre Luthers und seiner Freunde, und von ihrem wahren, aus ihren Schriften erweißlichem Sinn, immer mehr entfernen; daß der große Mann, an dessen Verdienste wir uns heute erinnern, und dessen Nachfolger die Lehrer unsrer Kirche seyn wollen, sie, wenn er aus seinem Grabe wiederkehren sollte, unmöglich für die Seinigen halten, und zu der von ihm gestifteten Kirche rechnen könnte; daß, wenn es so fort geht, wenn sich unsre Glaubensgenossen so wenig daran erinnern, auf welche Lehren und Wahrheiten unsre Gemeine ursprünglich gegründet worden ist, wir bald die Kirche gar nicht mehr seyn werden, welche durch die Bemühungen Luthers und seiner Freunde entstanden ist.«[30]

Reinhard beklagt sodann, dass heute das reine Evangelium Jesu Christi, welches Martin Luther predigte, verunklart sei und gerade von denen bestritten werde, die »sich […] am lautesten auf Luthern berufen[,] und sich seines freyen kühnen Geistes mit großer Selbstgefälligkeit rühmen«.[31] Man habe sich daher zu »ganz falschen Vorstellungen von der Kirchenverbesserung des sechzehnten Jahrhunderts, und von dem dabey herrschenden Geist und Sinn,« verleiten lassen.[32] Nach dieser theologischen Zeitdiagnostik, durch die der Oberhofprediger und Oberkonsistorialrat massiv Kritik an der eigenen Kirche und ihren Predigern übt, schlägt er als Therapie vor:

»So mag es denn das Geschäft dieser Stunde seyn, euch an den eigentlichen wahren Ursprung unsrer Kirche zu erinnern, […] euch zu zeigen, auf welche Haupt- und Grundlehre sie durch die Anstrengungen Luthers und seiner Freunde erbauet worden ist.«[33]

Mit diesen einleitenden Bemerkungen, die Reinhard mit der Anrede an den Hörer, sich selber ein Urteil zu bilden, und einem Gebet enden lässt, leitet er zum Predigttext über: Röm 3,23-25.[34] Diese drei Verse des Apostel Paulus charakterisiert Reinhard als »Hauptsache des Christenthums« und akzentuiert sie als Hauptgeschäft Luthers und als Kern der evangelische Lehre. Drucktechnisch wird dies in den folgenden Sätzen durch Hervorhebung einzelner Begriffe und Wendungen visualisiert: »Sünder«, »ohne alles eigne Verdienst«, »Vermittelung Jesu«, »ver-

30 Ebd, 3 f.

31 Ebd, 5.

32 Ebd.

33 Ebd.

34 Laut Repertorium sämmtlicher Predigt-Sammlungen des Herrn Dr. F.V. Reinhard […] ein für Pfarrer und Pfarramts-Candidaten nützliches und für die Besitzer der Reinhard'schen Predigtsammlungen unentbehrliches Handbuch/ hrsg. von J. B. Stapf mit einer Vorrede von Heinrich Theodor Stiller. Sulzbach [2]1828, 184 predigte Reinhard nur noch einmal über Röm 3,23-25. Am ersten Bußtag 1802 thematisierte er die Bibelstelle unter dem Mottosatz »Daß auch wir uns in jeder Hinsicht am besten rathen, wenn wir unser Heil von der Gnade Gottes in Christo erwarten«. Siehe Franz Volkmar Reinhard: Predigten im Jahre 1802 bey dem Churfürstl. Sächsischen evangelischen Hofgottesdienst zu Dresden gehalten. Bd. 1. Amberg; Sulzbach 1803, 273-299.

söhnende Tode«, »Glauben«.[35] Durch diese Lehre habe Luther sich von der alten Kirche unterschieden. Von ihrer Wahrheit seien der Wittenberger Theologe und seine Freunde bei allem ausgegangen. In der Gegenwart hingegen werde es um diese Zentrallehre immer stiller. Ja, einige evangelische Theologen behaupteten sogar, es sei ein Irrtum, »wenn man ohne Verdienst, und bloß aus Gnaden, gerecht vor Gott und ewig selig werden will; so muß man sich selber helfen, und durch seine Tugend der Glückseligkeit würdig werden.«[36]

Unüberhörbar klingt hier die Kritik an der rationalistischen Theologie mit ihrem moralischen Glückseligkeitsstreben durch, die allerdings nicht näher spezifiziert wird. Stattdessen kündigt Reinhard an, »in die Geschichte, und zu dem wahren Ursprung unsrer Kirche« zurückzuführen und so an die Hauptlehre zu erinnern.[37] Daher laute das Thema seiner Predigt auch: »wie sehr unsre Kirche Ursache habe, es nie zu vergessen, sie sey ihr Daseyn vornehmlich der Erneuerung des Lehrsatzes von der freyen Gnade Gottes in Christo schuldig.«[38]

Warum Reinhard durchgängig von der freien Gnade Gottes in Christus und nicht von Rechtfertigung spricht, sei an dieser Stelle als Auffälligkeit bemerkt.[39] Der von Pölitz mitgeteilte Hinweis auf die Entstehungsgeschichte der Predigt hilft hier leider nicht weiter.[40] Demnach wurde das Thema der Predigt durch ein Manuskript eines katechetischen Werkes veranlasst, welches der Leipziger Buchhändler Johann Gottfried Dyck (1750-1813) Reinhard 1799 oder 1800 zur Begutachtung zugeschickt hatte.[41] Beim Lesen fand der Oberhofprediger, dass in dem Werk die freie Gnade Gottes durch Jesus Christus in Bezug auf Röm 3 nicht bedacht worden sei, monierte dies und legte das Thema in seine Materialmappe für zukünftige Predigten.

Den naheliegenden Begriff ›Rechtfertigung‹ vermeidet Reinhard – abgesehen von einem Lutherzitat[42] – durchgehend, während er die Wendung ›freie Gnade Gottes in Christus‹ betont. Es gebe kein anderes Mittel, Gott wohlgefällig und ewig selig zu werden, »als in diese Bedingung einzuwilligen, als dieser Einrichtung Gottes sich zu unterwerfen, als nichts von Rechtswegen fordern, sondern alles aus Gnaden annehmen zu wollen, oder, welches einerley ist, zu glauben«.[43] Ich vermute, dass Reinhard die Betonung der Gnade als in Römer 3 vorgegebenen Begriff unterstreichen und von möglichen Missverständnissen, die der Begriff

35 Reinhard: Predigt am Gedächtnißtage … (wie Anm. 1), 7.
36 Ebd, 8.
37 Ebd.
38 Ebd, 8.
39 Zu Bedeutung und Funktion der Rechtfertigungslehre bei Reinhard vgl. Schott: Möglichkeiten und Grenzen … (wie Anm. 16), 195-209.
40 Pölitz: D. Franz Volkmar Reinhard … Charakteristik (wie Anm. 6), 164 f.
41 Weil nicht bekannt ist, ob die Schrift zum Druck gebracht wurde, konnten Titel und Autor des Manuskripts bisher nicht ermittelt werden.
42 Reinhard: Predigt am Gedächtnißtage … (wie Anm. 1), 15.
43 Ebd, 9.

›Rechtfertigung‹ enthält, unbeschadet halten will. Dass das Adjektiv ›frei‹ hinzugesetzt wird, soll einerseits Gottes Souveränität unterstreichen, lässt aber auch andererseits aufklärerische Züge bei Reinhard erkennen, die er allerdings hier nicht anthropologisch, sondern christologisch fundiert.[44] Eine Erklärung des Wortes ›frei‹ bietet er in seiner Predigt nicht. Durch die Betonung des aktiven Handelns Gottes im Erlösungsprozess, die durch die von Reinhard gebrauchte Wendung zum Ausdruck kommt, wird der Mensch auf die glaubende Annahme dieses Geschehens konzentriert. Die Betonung der verstärkt passiven Haltung des Menschen steht im Widerspruch zur zeitgenössisch rationalen Philosophie und Theologie, welche die menschliche Freiheit und Autonomie hervorhebt. Reinhards Kritiker werden hier u.a. ansetzen.[45]

Das Thema seiner Predigt entfaltet Reinhard nach diesen ersten thematischen Orientierungen (zweite Einleitung) entsprechend seines homiletischen Schemas in zwei Hauptteilen.

Im ersten Teil sucht er den »Beweis« für die These zu erbringen, dass die evangelische Kirche »ihr Daseyn [...] der Erneuerung des Lehrsatzes von der freyen Gnade Gottes in Christo« verdanke.[46] Hierzu beruft er sich 1. auf die Ursache für Luthers Kritik, 2. auf die Bekenntnisschriften, 3. auf Luthers Eifer für diese Lehre und 4. auf die reformatorische Kirchengestalt. In der vorgegebenen Reihenfolge entfaltet der Oberhofprediger seine Beweisführung. Als erstes Argument führt Reinhard den Ablassmissbrauch an, der Luther zur Erneuerung des Lehrsatzes von der freien Gnade und zur theologischen Standhaftigkeit getrieben habe. Durch diese Einsichten sei der evangelischen Kirche ihr Dasein gegeben worden.[47] Das zweite Argument bilden die lutherischen Bekenntnisschriften, welche die Lehre von der freien Gnade Gottes als »Grundlehre« der Kirche bezeugen.[48] Als Beispiel zitiert er die Einleitung zu Artikel 4 aus Melanchthons Apologie der Confessio Augustana nach Johann Georg Walchs »Christlichem Concordienbuch«.[49] Das dritte Argument liefern Zeugnisse aus Luthers Schriften, von denen der Prediger

44 Zum Freiheitsverständnis bei Reinhard vgl. Rabe: Die Veränderung ... (wie Anm. 18), 203-225.

45 Vgl. [Valentin Karl Veillodter]: Wie sehr die Protestantische Kirche Ursache habe, es nie zu vergessen, sie sey ihr Daseyn vornehmlich der Erneuerung des Lehrsatzes von der wahren evangelischen Freiheit schuldig. Eine veränderte Auflage der vom Herrn D. Franz Volkmar Reinhard am Gedächtnistage der Kirchenverbesserung den 31ten October 1800 in Dresden gehaltenen Predigt. Dresden; Pirna 1801.

46 Reinhard: Predigt am Gedächtnißtage ... (wie Anm. 1), 9 f.

47 Ebd, 10-12. Ein differenziertes Verständnis von Luthers Kirchenbegriff wird hier ebenso ausgeblendet wie die historische Entwicklung. – Die Kenntnis der einschlägigen Forschungsliteratur zum jungen Luther und dem Beginn der Reformation setze ich als bekannt voraus, so dass ich auf ihre Auflistung verzichte.

48 Ebd, 12-14.

49 Vgl. Apologie der Augspurgischen Confession. In: Christliches Concordienbuch worinnen sämtliche gewöhnlichste symbolische Schriften der evangelischlutherischen Kirche

Textbeispiele aus Luthers Auslegung des 6. bis 8. Kapitels des Johannesevangeliums und des Propheten Jesaja bietet.[50] Für diese Textzitate greift er auf die 24-bändige Lutherwerkausgabe des Jenaer Theologieprofessors Johann Georg Walch (1693-1775) zurück, die er besaß und als Handbuch benutzte.[51] Schließlich beruft sich Reinhard auf die auf der Heiligen Schrift basierende Ordnung der evangelischen Kirche, durch die alle nicht mit dem Lehrsatz von der freien Gnade Gottes übereinstimmenden gottesdienstlichen Gebräuche, Mönchsgelübde, Werkheiligkeit, Heiligenwesen u. a. niedergestoßen worden seien.[52]

Seinen Beweisgang schließt Reinhard mit erneuter Kritik an den zeitgenössischen Theologen: Dieser Ursprung der Kirche sei entweder vergessen oder als unzeitgemäß problematisiert worden. Viele Theologen »verzeihen es den Stiftern unsrer Kirche bloß, daß sie demselben eine so große Wichtigkeit beylegten, und glauben, Luther selbst würde sich von demselben lossagen, wenn er zu unsern Zeiten leben, und das Licht derselben genießen könnte.«[53] Die Ursprungsvergessenheit der Lehre von der freien Gnade Gottes in Christo ist für Reinhard daher ein untragbarer Skandal. So empört er sich:

> »Wie [?], gerade in der Hauptlehre sollen sie [die ehrwürdigen Männer] gefehlt, einen Irrthum, eine bedenkliche, oder wohl gar schädliche Lehre sollen sie für das wahre Evangelium gehalten, sie sollen für einen Wahn gekämpft haben, der bey zunehmender Aufklärung verschwinden muß?«[54]

Der zweite Hauptteil seiner Predigt entfaltet die Anwendung: »Wie sehr unsere Kirche Ursache hat, diesen Ursprung nicht zu vergessen.« Thetisch widmet sich Reinhard der Einschärfung des Nichtvergessens der lutherischen Hauptlehre, wenn er betont:[55] Wir seien es (1.) den Stiftern unsrer Kirche schuldig. Wir seien es aber (2.) noch viel mehr der Wahrheit selbst schuldig. Diese Zuspitzung führt Reinhard zur gegensätzlichen Frage nach der Begründung der Heilsvermittlung: »Denn wählet, was ihr wollet, beantwortet die wichtige Frage, wie der sündige Mensch des göttlichen Wohlgefallens theilhaftig werden soll, nach der Schrift, oder nach

---

deutsch und lateinisch enthalten sind, mit historischen Einleitungen/ hrsg. von Johann Georg Walch. Jena 1750, 80.

50 Reinhard: Predigt am Gedächtnißtage … (wie Anm. 1), 14-18.

51 D. Martin Luthers sowohl in Deutscher als Lateinischer Sprache verfertigte und aus der letztern in die erstere übersetzte Sämtliche Schriften. 7. Teil: Auslegungen des Evangelisten Matthäi, Lucae und Johannis bis zum 14. Capitel desselben/ hrsg. von Johann Georg Walch. Halle 1741, 2065. 2107; D. Martin Luthers sowohl in Deutscher als Lateinischer Sprache verfertigte und aus der letztern in die erstere übersetzte Sämtliche Schriften. 6. Teil: Auslegung derer grossen und kleinen Propheten/ hrsg. von Johann Georg Walch. Halle 1541, 1006. 1156. – Vgl. Böttiger: D. Franz Volkmar Reinhard … (wie Anm. 6), 16.

52 Reinhard: Predigt am Gedächtnißtage … (wie Anm. 1), 18-20.

53 Ebd, 20 f.

54 Ebd, 23.

55 Ebd, 21-29.

der Vernunft«.[56] Seine Argumentation beginnt Reinhard mit der Fundierung der Wahrheit durch die Heilige Schrift. Unzweifelhaft lehre sie den Weg zur Besserung, Beruhigung und Seligkeit. Allerdings herrsche bezüglich der Auslegung eine große Willkür. So beklagt Reinhard, dass die Wahrheit durch die scholastischen Theologen zur Zeit Luthers missbraucht wurde, welche er »Sophisten« nennt und mit den Aufklärungstheologen identifiziert:

> »welcher Künste und Erfindungen man sich bedient hat, um Christum, [...] in einen Lehrer zu verwandeln, der nur von guten Werken predige, und einem Gesetzgeber gleich sey; um es unkenntlich zu machen, daß er Gnade austheile, und sich für den Weg zum Leben erkläre?«[57]

Auch die Vernunft – so seine Kritik an rein rationalistischen Positionen – müsse dieser Wahrheit verpflichtet bleiben, wenn sie die menschliche Gebrechlichkeit, die Sündhaftigkeit des Menschen und die Grenzen des Tugendstrebens ernst nehme und akzeptiere.

Die evangelische Kirche habe (3.) um ihres Bestandes willen – Reinhard spricht von »Sicherheit« – die Hauptlehre zu bewahren.[58] Kurz aufblitzen lässt er die nach außen gerichtete konfessionspolitische und kirchenrechtliche Frage, was passieren würde, wenn sich die Kirche von den Inhalten ihrer Bekenntnisschriften lossagte. Wichtiger erscheint ihm aber die nach innen gerichtete Ordnungsfrage: Durch die Erneuerung des Lehrsatzes könne verhindert werden, dass der Aberglaube wieder Gestalt gewinne sowie willkürliche Gottesdienste, Werkheiligkeit, Schwärmerei und unwürdige Gefühle sich in ihr verbreiteten. Gleichzeitig kritisiert Reinhard den »Tugendstolz« und seine schriftwidrigen Vorstellungen von der Person Jesu Christi, »nach welcher man nichts weiter, als einen Lehrer der Wahrheit, als ein Muster der Tugend in ihm erblickt«.[59] Stattdessen müsse er als »Mittler zwischen Gott und Mensch« erkannt und als göttliche Offenbarung bekannt werden.[60]

Letztlich (4.) erfordere die Seelenruhe der Kirchenmitglieder auch die Lehre von der freien Gnade. Allein der Glaube an die Gnade durch die Erlösung, an das Evangelium, könne die Gewissen beruhigen. »Und« – so beschließt Reinhard seine Predigt – »sey denn Gnade, Gnade mit Allen, die da lieb haben unsern Herrn Jesum Christ unverrückt, Amen.«[61]

Mit seiner Predigt griff Reinhard pointiert das aufklärerische, besser rationalistische Tugendverständnis an, das er als Werkgerechtigkeit identifizierte, und kontrastierte es mit der reformatorischen Zentrallehre von der Rechtfertigung allein aus Glauben. In der Lehre von der Rechtfertigung nutzte er das ihr innewohnende

56 Ebd, 24.
57 Ebd, 25.
58 Ebd, 27.
59 Ebd, 28.
60 Ebd.
61 Ebd, 30.

kritische Potenzial gegen einen seiner Meinung nach die menschliche Vernunft und Moral vergöttlichenden Zeitgeist. Das aufklärerische Bild von Jesus Christus als Lehrer problematisierte er ebenso wie die Infragestellung der Rechtfertigungslehre durch die zeitgenössische Theologie. Zurückhaltend äußerte er sich zum zeitgenössischen Katholizismus, was neben der innerprotestantischen Ausrichtung der Predigt der Tatsache geschuldet sein dürfte, dass sein Kurfürst und Landesherr römisch-katholisch war.

Das Bild der Reformation Luthers entfaltete Reinhard von der Rechtfertigungslehre her und entwickelte hierdurch ein Kontrastbild zum die Gewissensfreiheit betonenden Lutherbild der Aufklärung. Dennoch blieb Reinhard im Stil und nicht zuletzt in der Rede von der »freien Gnade Gottes« seiner neologischen Gesinnung treu, die nun aber nicht moralisch, sondern christologisch-gnadentheologisch akzentuiert war.

III Obrigkeitliche Indienstnahme

Die Predigt hätte vermutlich über Dresden hinaus kaum Aufsehen erregt und wäre nicht zur Sensation geworden, wenn nicht das sächsische Geheime Konsilium sie mit einem Reskript verbunden und den Universitäten, Pfarreien und Religionslehrern zur Rezeption befohlen hätte. Hierin werden der Kirchenrat und das Oberkonsistorium im Namen des Kurfürsten aufgefordert:

> »Ihr habt aber bey dieser Gelegenheit die euch untergeordneten öffentlichen Religionslehrer im Allgemeinen durch die Behörden nachdrücklich erinnern zu laßen, daß auch sie die in dieser Predigt abgehandelten wichtigen Grundlehren von der freyen Gnade Gottes in Christo; von der Rechtfertigung allein durch den Glauben an sein Verdienst; und von der Unzulänglichkeit aller menschlichen Tugend ohne diesen Glauben, zum Hauptgegenstande ihrer öffentlichen Vorträge, so, wie bey den Zusprüchen an den Krankenbetten, und bey dem Religionsunterricht der Jugend machen, nicht minder auf den theologischen Kathedern, in dergleichen Druckschriften, und wo sie sonst deren zu gedenken haben, dieselben deutlich und bestimmt, dem Sinne der heiligen Schrift, und den protestantischen Lehr- und Glaubensbekenntnißen allenthalben gemäß, und dergestalt, daß veste und fruchtbare Ueberzeugung von der Wahrheit und Kraft des Evangelii, und von dessen wohlthätigem Einfluß auf das Wohl des Staats, dadurch hervorgebracht werde, vorzutrage, sich iederzeit gewißenhaft befleißigen mögen.«[62]

Gezeichnet war das Reskript, wie bereits anfangs erwähnt, durch den geschäftsführenden Minister in evangelicis, Christoph Gottlob von Burgsdorff, sowie den Hofrat und Geheimen Referendar der Kanzlei des Geheimen Konsiliums, Hanns Ernst von Teubern (1738-1801).[63] Mitgetragen wurde das Reskript laut des in den

62 Von Gottes Gnaden Friedrich August …. (wie Anm. 1), (5). Abdruck auch in: Neues Magazin 10 (1801). 1. Stück, 278 f.

63 Von Teubern, der auch als Schriftsteller (z. B. »Dubois und Gioconda. Eine korsische Geschichte« [1766]; »Der Philosoph, ohne es zu wissen. Ein Lustspiel aus dem Französischen

Akten des Sächsischen Hauptstaatsarchiv Dresden aufbewahrten Konzeptmanuskripts namentlich von den Konferenzministern und Wirklichen Geheimen Räten Georg Wilhelm Graf von Hopffgarten (1740-1813),[64] Peter Friedrich Graf von Hohenthal-Dölkau (1735-1819)[65] und Carl Wilhelm von Carlowitz (1742-1806),[66] die zusammen mit von Burgsdorff das Geheime Konsilium bildeten.[67]

Dieser Schritt, der durch Ausführungsbestimmungen Burgsdorffs vom 5. November an die Konsistorien, Landschulen, Superintendenten sowie Universitäten Leipzig und Wittenberg geregelt wurde, verlieh der Predigt höchst kirchenamtlichen Charakter.[68] Das anstelle des römisch-katholischen Kurfürsten von Sachsen handelnde evangelische Geheime Konsilium, das seit dem Übertritt des Herrschers zum katholischen Glauben die geistliche Regierung innehatte, verlieh mit diesem Befehl seinem lehramtlichen Führungsanspruch als landesherrlichem Kirchenregiment Ausdruck.[69]

---

des Sedaine« [1776]; »Die Engel am Grabe Jesu. Eine Kantate« [1784]) in Erscheinung trat, leitete seit 1771 im Geheimen Konsilium die Abteilung für Oberkonsistorial-, Kirchenrats-, Schul- und Universitätssachen.

64 Von Hopffgarten, Sohn des kursächsischen Wirklichen Geheimrats und Naumburger Dompropsts Friedrich Abraham von Hopffgarten (1702-1774), hatte von Jugend an in kursächsischen Diensten gestanden. Er war Dompropst zu Meißen und Domherr in Naumburg. 1790 wurde er in den Reichsgrafenstand erhoben. Vgl. Albert von BOYNEBURG-LENGSFELD: Art. Hopffgarten. AEWK. Sect. 2, 9 (1832), 419-424 hier: 423.

65 Der aus der einflussreichen sächsischen Adelsfamilie stammende Peter Friedrich von Hohenthal-Dölkau wirkte von 1779 bis 1799 als kursächsischer Comitialgesandter zu Regensburg und folgte 1799 Otto Ferdinand Graf von Löben (1741-1804), der ins Geheime Kabinett berufen worden war, ins Konferenzministerium. Er ist nicht zu verwechseln mit seinem Vetter, dem Juristen Peter Karl Wilhelm Graf von Hohenthal-Königsbrück (1754-1825), der seit 1800 als Appellationsgerichtspräsident wirkte und nach dem Tode von Burgsdorff 1807 zum Konferenzminister ernannt wurde. Vgl. Heinrich Theodor FLATHE: Art. Hohenthal, von. ADB 12 (1880), 695 f.

66 Carlowitz, ebenfalls aus sächsischem Dienstadel stammend, durchlief als Hof- und Justizrat eine kursächsische Karriere. Er wirkte als Landeshauptmann in der Nieder-Lausitz, als Präsident des Appellationsgerichtshofs und wurde nach dem Tod Friedrich Ludwig von Wurmbs (1723-1800) im Jahr 1800 ins Geheime Konsilium berufen.

67 Vgl. SHStAD, Loc. 4570/19, Bl. 1^{v}-2^{r} (Entwurf, datiert 3.11.1800). – Zur Struktur und Organisation der Kursächsischen Behörden vgl. CHURFÜRSTLICHER SÄCHSISCHER HOF- UND STAATS-KALENDER AUS DEM JAHR 1801. Leipzig [1801]. Zur personellen Zusammensetzung des Konferenzministeriums und Geheimen Konsiliums siehe ebd, 91.

68 Vgl. SHStAD, Loc. 4570/19, Bl. 3^{v}-4^{v} (»An die Consistoria zu Leipzig, Wittenberg, […], Ad speciale zum 3.ten Nov. 1800«. Entwurf, datiert 5.11.1800); Ebd, Bl. 5^{v}-6^{v} (»An die Superintendenten des Meißnischen und Erzgebirgischen Kreyßes. Ad spec. d.d. den 3. Nov. 1800«. Entwurf, datiert 5.11.1800).

69 Zur Bedeutung des Geheimen Konsiliums, dessen kirchenamtliches Wirken noch der wissenschaftlichen Erschließung harrt, vgl. die weiterführenden Hinweise in dem Aufsatz von Andres Straßberger in diesem Band.

Die Predigt wurde in einer Auflage von 6.550 Exemplaren gedruckt, für die der Staat 272 Taler und 22 Groschen bezahlte,[70] und Anfang Dezember mit z.T. gesonderten Schreiben des Ministers von Burgsdorff an die kirchlichen Behörden versandt.[71] So wurden mit der Post am 11. Dezember 1800 beispielsweise 450 Exemplare nach Bautzen und 700 an das Konsistorium zu Lübben oder am 10. Dezember 600 Exemplare nach Merseburg und 350 nach Zeitz verschickt.[72] Dem kursächsichen Vorgehen schloss sich das Konsistorium von Nassau-Usingen an und ließ Reinhards Predigt ebenfalls verbreiten.[73]

Der mit der Verbreitung der Reformationsfestpredigt sichtbar gewordene Kurs setzte eine Richtung der kursächsischen Regierung fort, die wiederholt die Aufklärungsprediger kritisierte und für eine ›konservative‹ Lehrgestalt plädierte. Diese vielleicht am ehesten als konservativ-lutherisch zu bezeichnende Linie, die durch leitende Persönlichkeiten des kursächsischen Dienstadels getragen und nun von Burgsdorff befördert wurde, stand im Gegensatz zur führenden Theologenelite, welche in der zweiten Hälfte des 18. Jahrhunderts zunehmend aus neologischen oder rationalistischen Vertretern bestand. Bereits am 2. Oktober 1776 war unter dem kurfürstlichen Namen Friedrich Augusts vom Oberkonsistorium ein antiaufklärerisches Reskript ausgegangen, das die Verbreitung der unter dem Begriff »socinianische Lehrsätze«[74] summierten aufklärungstheologischen Richtung zu unterbinden suchte. Darin war den Konsistorien, Universitäten und Superintendenten befohlen worden, alle Theologen und Lehrer anzuzeigen, die »mancherley irrige und besonders Socinianische Lehrsätze« annehmen und »auch sogar durch öffentliche Schriften« verbreiten.[75] Unterschrieben war es vom Vizepräsidenten des

70 Vgl. Rabe: Die Veränderung … (wie Anm. 18), 154.

71 SHStAD, Loc 4570/19, Bl. 8v-9r (»An den Amtshauptmann zu Bodißin von Schönberg […] An das Consistorium zu Lübben […]«. Entwurf, datiert 4.12.1800); Ebd, Bl. 9r (»An das Stiftsmerseburgische Consistorium […] An das Stiftsnaumburgische Consistorium […]«. Entwurf, datiert 4.12.1800).

72 Vgl. ebd, Bl. 8v. 9r.

73 Vgl. Neue theologische Annalen und theologische Nachrichten 2 (1801), Nr. VIII.

74 Zur zeitgenössischen Interpretation des Begriffs vgl. z. B. Art. Socinus (Faustus), Alexandri. In: Peter Bayle: Historisch-kritisches Wörterbuch im Auszuge neu geordnet und übersetzt. Erster Theil für Theologen. Lübeck 1779, 443-469 hier: 458.

75 Churfürstl. Sächs. Befehl, wider die Ausbreitung der von einigen Gelehrten angenommenen socinianischen Lehrsätze (Dresden, 2.10.1776). In: AHENT 3 (1776), 994-996: »Von Gottes Gnaden Friedrich August etc. Nachdem zeithero wahrzunehmen gewesen, daß von einigen Gelehrten in der Evangelischen Kirche mancherley irrige, und besonders Socinianische Lehrsätze angenommen auch so gar, durch öffentliche Schrifften verbreitet werden wollen. Wir aber dergleichen der evangelischen Religion zum großen Nachtheil gereichendes Uebel von unsern Landen zu entfernen vor nöthig befinden; – Als ist hiermit unser Begehren, ihr wollet deshalber genaue Obsicht führen, und wenn wider Verhoffen unter den Geistlichen hiesiger Lande in Kirchen und Schulen, oder auch andren, sie seyen, wes Standes sie wollen, entweder durch öffentliche Lehren, oder auch in Schrifften und sonst sich dergleichen Irrthümer hervor thun sollten, davon mittelst Berichts behörige Anzeige thun. Daran

kursächsischen Oberkonsistoriums, Peter Freyherr von Hohenthal (1726-1794), der den preußischen Pietismus unterstützte, regelmäßig Erbauungsstunden in seinem Haus abhielt und seit 1775 als Anhänger der Herrnhuter Brüdergemeine galt.[76] Den vorgezeichneten Kurs verschärfte von Burgsdorff, der von 1788 bis 1793 als Präsident das Dresdener Oberkonsistoriums leitete und seit Oktober 1793 als Konferenzminister mit Sitz und Stimme im Geheimen Konsilium wirkte.[77] Jetzt war er die treibende Kraft. Als Leiter des Geistlichen Departements konnte er das Geheime Konsilium zudem prägen, nachdem der langjährige Vorsitzende, der Kabinetts- und Konferenzminister sowie einstige Rosenkreuzer Friedrich Ludwig von Wurmb, am 18. Januar 1800 gestorben war. Wurmb wurde als »äußerst strenggläubig« beschrieben, der nichts bezweifelte, »was in der Bibel stand« und deshalb ein »Gegner aller freier denkenden Menschen« war, »obgleich er gegen sie nie amtlich« aufgetreten sei.[78] Neben seiner biblizistischen Frömmigkeit schien Wurmb gesprächs- und kompromissbereit zu sein, was Reinhard über von Burgsdorff nicht zu sagen vermochte. In einem Brief an Carl August Böttiger (1760-1835) vom 11. Februar 1800 klagte Reinhard über den neuen Leiter des Geistlichen Departements:

> »Setzen Sie noch hinzu, daß Wurmb, der mit so viel Eigenschaften des großen Ministers auch die verband, Vorstellungen anzunehmen und sich bedeuten zu lassen, dem geistlichen Departement durch den Tod entzogen worden ist; und dieses Departement ist gegenwärtig – – – in den Händen des H.E. v. Burgsdorff.«[79]

---

geschiehet unsere Meynung.« Im Auszug mitgeteilt bei Heinrich Philipp Conrad HENKE: Beurtheilung aller Schriften, welche durch das Königlich Preußische Religionsedikt und durch andre damit zusammenhängende Religionsverfügungen veranlaßt sind. Kiel 1793, 10 f Anm.

76 Vgl. Horst SCHLECHTE: Einleitung. In: Die Staatsreform in Kursachsen 1762-1763. Quellen zum Kursächsischen Rétablissement nach dem Siebenjährigen Kriege/ hrsg. und eingeleitet von Horst Schlechte (Schriftenreihe des Sächsischen Landeshauptarchiv Dresden 5). Berlin 1958, 68-70.

77 Am 8. November 1798 hatte das Geheime Konsilium auf Empfehlung des Oberkonsistoriums im Streit gegen Johann Gottlieb Fichte (1762-1814) obrigkeitlich eingegriffen und dessen Entlassung aus der Universität Jena angestoßen. Vgl. Heinrich Hubert HOUBEN: Verbotene Literatur von der klassischen Zeit bis zur Gegenwart II. Ein kritisch-historisches Lexikon über verbotene Bücher, Zeitschriften und Theaterstücke, Schriftsteller und Verleger. 2. Nachdruck der Ausgabe Bremen 1928, Hildesheim; Zürich; New York 1992, 131 f. Zum Atheismusstreit, in dem sich auch Reinhard gegen Fichte engagierte, vgl. FICHTES ENTLASSUNG: der Atheismusstreit vor 200 Jahren/ hrsg. von Klaus-M. Kodalle; Martin Ohst (Kritisches Jahrbuch der Philosophie; 4). Würzburg 1999.

78 Stanislaus Graf GRABOWSKI: Vertraute Geschichte der Sächsischen Höfe und Staaten seit Beendung des dreißigjährigen Krieges. Bd. 3. Berlin 1861, 100.

79 Brief Reinhard an Böttiger, 11. Februar 1800, zitiert nach Gabriel: Der Streit … (wie Anm. 12), 127.

Burgsdorff, der sich für die Reinheit der lutherischen Lehre engagierte, daher auch als »eifrig orthodox«[80] charakterisiert wurde, und aufgrund seiner verwandtschaftlichen Beziehungen zu Nikolaus Ludwig Graf von Zinzendorf (1700-1760)[81] spätpietistisch-herrnhutisch beeinflusst war, prägte den antiaufklärerischen Kurs der kurfürstlichen Regierung. Dass sich Reinhards Predigt in idealer Weise eignete, diese aufklärerungskritische Linie zu vertiefen, die durch von Burgsdorffs lutherisch-gnadentheologischen Glauben getragen wurde,[82] problematisierten schon die Zeitgenossen.[83] Weil die Predigt als obrigkeitliche Maßnahme gegen die kirchliche Aufklärung in Sachsen erschien, löste sie einen ähnlichen Proteststurm aus wie wenige Jahre zuvor das Woellnersche Religionsedikt in Preußen.[84]

Im Bewusstsein, dass das Reskript die Predigt zu einem obrigkeitlichen Dokument instrumentalisierte und somit zu einem Streitobjekt werden lassen konnte, legte Reinhard beim Geheimen Konsilium Widerspruch ein. Er erreichte, eine auf den 6. November 1800 datierte »Vorerinnerung« voranstellen zu dürfen. In dem kurzen Text entschuldigte er sich beim Publikum, dass diese Predigt nicht – wie üblich – erst mit seinen Jahrgangspredigten veröffentlicht werde, sondern bereits früher, und betonte, dass der obrigkeitliche Charakter weder ursprünglich geplant, noch beabsichtigt gewesen sei. Aus »ehrfurchtsvollste[m] Gehorsam« komme er aber der »Anordnung« nach.[85]

Anfang Februar 1801 berichtete Reinhard über den Vorgang an Gottfried Heinrich Schatter (1752-1822) in Neunhofen bei Neustadt an der Orla:

80 Martin PHILIPPSON: Geschichte des Preußischen Staatswesens vom Tode Friedrich des Großen bis zu den Freiheitskriegen. Bd. 1. Leipzig 1880, 198.

81 Vgl. hierzu Andres Straßberger in diesem Band.

82 Burgsdorffs Theologie und Frömmigkeitspraxis bestand aus einer Mischung spätorthodoxer und spätpietistischer Elemente, deren genauere Bestimmung eine eigene Untersuchung wert wäre. Über seine Frömmigkeit äußerte sich Peter Karl Wilhelm Graf von Hohenthal im Nachruf, Historische Nachrichten … (wie Anm. 2), 317 f: Burgsdorffs »inneres Leben im Glauben des Sohnes Gottes, durch herzerhebende Aeußerungen und Gebete, in den letzten Tagen seiner Wallfarth, deren herannahendes baldiges Ende er nun schon fühlte«, wurde lauter. »So entschlief er sanft, wie ein müder Wanderer, und im festen Vertrauen auf das Verdienst seines Erlösers, der ihn als einen mit seinem Blute gewaschenen und gereinigten Sünder in Gnaden annehmen würde – dies waren die eigenen Worte des Sterbenden, – innig betrauert von seinen Kindern, Schwester, Bekannten und Freunden«.

83 Zur theologiegeschichtlichen Einordnung vgl. Friedrich Wilhelm GRAF: »Restaurationstheologie« oder neulutherische Modernisierung des Protestantismus? Erste Erwägungen zur Frühgeschichte des neulutherischen Konfessionalismus. In: Das deutsche Luthertum und die Unionsproblematik im 19. Jahrhundert/ hrsg. von Wolf-Dieter Hauschild (LKGG 13). Gütersloh 1991, 64-109 hier: 71 f.

84 Vgl. Uta WIGGERMANN: Woellner und das Religionsedikt: Kirchenpolitik und kirchliche Wirklichkeit im Preußen des späten 18. Jahrhunderts (BHTh; 150). Tübingen 2010.

85 Reinhard: Predigt am Gedächtnißtage … (wie Anm. 1), (1 f).

»Drucken hätte ich sie [die Reformationsfestpredigt] ohnehin lassen, weil alle diese Sächelchen gedruckt werden. Aber daß sie mit einem Rescripte an der Stirne erscheinen sollte; das war mir in mehr als einer Hinsicht unangenehm. Rescripte, welche nicht die Kirchenzucht, sondern das Dogma betreffen, habe ich nie gebilliget, und kann sie noch nicht billigen. Ich mußte auch besorgen, man werde mir Schuld geben, ich sey entweder von der Regierung genöthigt worden, so zu sprechen, oder mit derselben einverstanden. Zwar habe ich mich durch die Vorerinnerung decken wollen, welche das geheime Consilium, auf mein dringendes Bitten vorsetzen zu dürfen, mir erlaubte. Allein wie wenig diese Vorerinnerung wirke, zeigt sich bereits«.[86]

Weder verhinderte Reinhards Verlegenheitserklärung den vorausgesehenen Proteststurm, noch hinderte sie das Geheime Konsilium daran, antiaufklärerische Folgemaßnahmen zu ergreifen. Die Predigt selbst fand als Broschürendruck Verbreitung und wurde aufgrund der erheblichen Resonanz, die sie auslöste, nachgedruckt und beispielsweise ins Schwedische übersetzt.[87] Außerdem fand sie Eingang in Reinhards Jahrgangspredigtband von 1800[88], in der zwischen 1823 und 1825 herausgegebenen und kommentierten dreibändigen Sammlung »Sämmtliche[r] zum Theil noch ungedruckte[r] Reformationspredigten« Reinhards[89] sowie in spätere Publikationen.[90]

---

86 Brief Reinhard an Schatter (Dresden, 11.2.1801). In: Pölitz: D. Franz Volkmar Reinhard … Charakteristik (wie Anm. 6), 222-226 hier: 223 f. Siehe auch Brief Reinhard an Sarwey (Dresden, 20.12.1801). Ebd, 233-237; Brief Reinhard an Scheibler (Dresden 22.4.1801). In: Maximilian Friedrich SCHEIBLER: Aus dem Leben Franz Volkmar Reinhards: in einigen Briefen von demselben an den Herausgeber. Leipzig 1823, 24-30 hier: 25-27.

87 Franz Volkmar REINHARD: Predigt am Gedächtnißtage der Kirchenverbeßerung, den 31. October 1800 by dem Chursächsächsischen Evangelischen Hofgottesdienste zu Dresden gehalten. Frankfurt am Main o. J. [1800]; DERS.: Predigt am Gedächtnisstage der Kirchenverbesserung, den 31. October 1800 […]. Straßburg o. J. [1800]; DERS: Predikan på lutherska reformationens åminnelsedag, den 31 october 1800, hållen uti chursaxiska håfkyrkan i Dresden [...] Öfwersättning. Stockholm 1801.

88 Ohne Vorwort und Reskript abgedruckt unter XXXVIII. Am Reformationsfeste. In: Franz Volkmar REINHARD: Predigten im Jahre 1800 bey dem Churfürstl. Sächsischen evangelischen Hofgottesdienste zu Dresden gehalten. 2. Bd. Amberg; Sulzbach 1801, 270-295. DERS.: Predigten im Jahre 1800 […]. 2. Bd. Neue für Minderbegüterte veranstaltete Auflage. Sulzbach 1806, 270-295; DERS.: Sämtliche Predigten. Bd. 17. Reutlingen 1818, 232-253; DERS.: Predigten im Jahre 1800 […]. 6. Jahrgang 2. Bd. (Dr. Franz Volkmar Reinhard's Predigten Bd. 12). Sulzbach 1835, 205-224.

89 III. Wie sehr unsre Kirche Ursache habe, es nie zu vergessen, sie sei ihr Daseyn vornehmlich der Erneuerung des Lehrsatzes von der freien Gnade Gottes in Christo schuldig (1800). In: Bertholdt: Dr. Franz Volkmar Reinhard's … (wie Anm.6), 169-192. 193-248 (Anm.). 1824 erschien Band 2 und 1825 Band 3 der Sammlung.

90 Predigt des ehemal. Oberhofpredigers D. Franz Volkmar Reinhard, am Gedächtnistage der Kirchenverbesserung: den 31. October 1800 gehalten bei dem Chursächsischen Evangelischen Hofgottesdienste zu Dresden. Zum Besten der Diaconissen-Anstalt hrsg. Dresden 1850. Abgedruckt wurde sie in der Sammlung: Franz Volkmar REINHARD: Ausgewählte Predigten. Mit einer einleitenden Monographie/ hrsg. von Johann Gustav Diegel (PdK 15). Leipzig 1891, 70-86.

Nachdem die Predigt die kursächsischen Geistlichen erreicht hatte, begann der literarische Streit, den von Burgsdorff mit Strafmaßnahmen begleitete. So wurde eine für die Leipziger Zeitung bestimmte Anzeige über die 1801 erschienene Gegenschrift »Sendschreiben eines sächsischen Landpredigers«[91] von der Zensur unterdrückt und die Verbreitung der Schrift der Sommerschen Buchhandlung in Leipzig untersagt.[92] Die Gegenpredigt des rationalistisch gesinnten Sondershausener Superintendenten Gottfried Christian Cannabich (1745-1830), die er Weihnachten 1800 zum Thema »Daß die Lehre von Gottes Vaterliebe die Grundlehre der christlichen Religion sei« hielt und später als Broschüre veröffentlichte,[93] wurde »wegen anstößiger Grundsätze, die Person Jesu Christi und die Versöhnungslehre betreffend«[94] bei Strafe von 20 Talern durch das Oberkonsistorium konfisziert. Die kursächsischen Superintendenten wurden gleichzeitig verpflichtet, die Predigtkandidaten aus dem Schwarzburg-Sondershausenschen auf ihre Rechtgläubigkeit zu prüfen, bevor sie eine sächsische Kanzel betreten durften.[95]

Wie sehr der obrigkeitliche Kurs der kursächsischen Regierung kritisiert und mit dem Namen von Burgsdorff verbunden wurde, verdeutlicht ein im Winter in Dresden verbreitetes Pasquill:

»1. Anders find't kein Reiten statt
Als auf Reinhard's Schimmel,
Wer kein neu Gesangbuch hat,
Der kommt nicht in' Himmel.

2. Wer symbolisch denkt und lehrt,
Der wird hoch gepriesen,
Doch wer Kant und Fichten ehrt,
Der wird Land's verwiesen.

3. D'rum getrost und unverzagt,
Ruf ich allen Sündern,
Gottes freye Gnade macht
Euch zu seinen Kindern.

4. Inspirirt von Gräberduft,
Wie Reinhard allmählig,
Wird aus Gnaden jeder Schuft
Selbst ein B[urgsdorff] selig!«[96]

91 [Johann Friedrich Rohr]: Sendschreiben eines sächsischen Landpredigers an einen seiner Amtsbrüder über die von D. Franz Volkmar Reinhard, chursächsischer Oberhofprediger, am Reformationsfeste 1800 gehaltene Predigt. Leipzig 1801.

92 Über das Verfahren siehe u. a. SHStAD, Loc. 4570/19, Bl. 10v-11r (Entwurf von Burgsdorff, datiert 9.2.1801) und die Ausführungsmeldung des Oberkonsistoriums: ebd, Bl. 12v-15v (Schreiben Oberkonsistorium, datiert 27.2.1801).

93 Gottfried Christian Cannabich: Daß die Lehre von Gottes Vaterliebe die Grundlehre der christlichen Religion sey. Text Luk 2, v. 15 bis 20. Eine Predigt am zweiten Weihnachtsfeiertage in der Stadtkirche zu Sondershausen gehalten und auf Verlangen einiger Zuhörer dem Drucke übergeben. Sondershausen; Leipzig 1801. – Zu Cannabich vgl. Neuer Nekrolog der Deutschen 8 (1830) Teil 2. Ilmenau 1832, 683-688.

94 Zitat nach Gabriel: Der Streit … (wie Anm. 12), 111f.

95 Vgl. ebd, 112.

96 Zitiert nach Clauß: Ein »Zeugniß« auf der Hofkanzel … (wie Anm. 10), 214, der darauf hinweist, dass diesem Spottlied sogleich ein »Antipasquill« gegenüber gestellt wurde. Das in der ersten Strophe erwähnte »neu Gesangbuch« spielt an auf das im aufklärerischen Geist redigierte *Dresdnische Gesangbuch, auf höchsten Befehl herausgegeben* (Dresden 1797) und den dadurch entfachten öffentlichen, z. T. mit Zensurmaßnahmen begleiteten Streit; vgl.

Dass das obrigkeitlich-restaurative Vorgehen nicht nur Kritiker auf den Plan rief, sondern auch Befürworter fand, belegt ein Schreiben des niederländischen Literaturwissenschaftlers und Politikers Rijklof Michaël van Goens (1748-1810) an seinen Schwager, den Politiker Hieronymus van Alphen (1746-1803). In seinem Brief lobte der in Dresden wirkende spätpietistisch gesinnte Politiker das Vorgehen von Burgsdorff, informierte über die daraus resultierende Aufregung unter der »ganze[n] Neologische[n] clique« und zeigte sich überrascht vom Sinneswandel Reinhards, der als einer der Häupter dieser Gruppe »unvorsehens ihr party« verlassen habe. Über die Bedeutung der Predigt bemerkte van Goens: »Würcklich macht die Predigt epoche, u. ist ein höchst merkwürdiges phenomen in den jezigen zeiten.«[97]

Zu den gegen Reinhard erhobenen Anschuldigungen, die u. a. darin gipfelten, er habe sich nur bei von Burgsdorff einschmeicheln wollen, sei ein Heuchler oder habe den katholischen Landesherrn verraten,[98] schwieg Reinhard. Lediglich den Vorwurf

dazu einführend Franz Dibelius: Zur Geschichte der lutherischen Gesangbücher Sachsens seit der Reformation. BSKG 1(1882), 169-255, hier: 248-253.

97 Brief R.M. van Goens ann Hieronymus van Alphen (Dresden, 3.2.1801). In: P. J. Buijnsters: Brieven an Rijklof Michael van Goens aan Hieronymus van Alphen. Deel III. In: Documenta tieblad werkgroep Achttiende eeuw 21/1 (1989), 139-174. 141-152 hier: 142. Weil besagter Brief in der Forschung bisher nicht beachtet wurde, sei er hier im Auszug wiedergegeben: »Auch schicke ich Ihnen hierneben eine Predigt, die hier seit ein paar monathe eine erstaunliche Sensation macht, wie Sie wohl muthmassen werden. Sie freuen sich gewiss sehr darüber, nehmlich besonder über den da voran gestellte Belobungs. Rescript. Welch ein Dorn in den Augen der ganze Neologische clique dieses sey, brauche ich Ihnen wohl nicht zu sagen. Inzwisschen verwunderen Sie sich da nicht über, denn der bekannte und ostensible Urheber davon, mein verehrter freund B[urgsdorff], der jezt als Conferenz-Minister das ganze geistliche Departement unter sich hat, stand schon seit lang sehr übel bey ihnen angeschrieben. Nur dass *ihr* vortreflicher *Reinhard* (der Verfasser sovieler geschäzter, bloss moralischer, Wercken) den sie als einen ihrer Häuptern verehrten, und von dem sie vielmehr alles gegengestellte erwarteten, so unvorsehens ihr party verlässt, und sich öffentlich zu die Lehre des *freye Gnade in Xto* bekennt, das ist ihnen unbegreiflich. u. unerträglich, darüber speyen sie feuer und galle, und wissen nicht wie sich zu rächen. Würcklich macht die Predigt epoche, u. ist ein höchst merkwürdiges phenomen in den jezigen zeiten. Ich wünschte sehr, dass Sie eine Uebersezung davon konnten machen lassen, mit einer Vorrede, zur belobung besonder auch des Rescripts. Ich konnte allenfalls wohl einige hauptzüge dazu an der hand geben.«

98 Brief R.M. van Goens ann Hieronymus van Alphen (Dresden, 3.7.1801). Ebd, 160 f: »Er [Reinhard] selbst bleibt das ziel der giftigsten, boshaftesten Anfälle der gereizten Gegenparthey, und noch täglich erscheinen die hämischten recensionen, libellen, und Schriften ohne zahl wider ihn. Die meisten praetendiren, dass er seine wahre Gesinnungen nicht gesagt, sondern bloss demjezigen factotum, meinem freunde dem Conferenz. Minister v. B[urgsdorff] hat schmeicheln wollen! Lezt hat einer die Bosheit so weit getrieben, dass er der Sache eine ganz neue, höchst gehässige wendung hat suchen zu geben, und gesagt, R[einhard] hatte sich an seinen *Catholischen* Landesherrn vergangen mit seiner Predigt! Und das thun sogenannten *Lutherischen* Theologen und Geistlichen! So weit wird der Wuth wider die *Versöhnungslehre* getrieben. Ich habe hier gesagt, was Sie mir schreiben: ›Es wäre bey Ihnen der mühe nicht werth die Predigt zu übersezen: bey ihnen wird *überall* so gepredigt.‹ Man lächelt, und sagt:

der Heuchelei wies er in seiner Bußtagspredigt vom 13. März 1801 zurück,[99] hielt sich dann aber aus dem Streit heraus. Gegenüber Maximilian Friedrich Scheibler (1759-1840) betonte er am 22. April 1801: »Auf Streitigkeiten lasse ich mich nicht ein. Ich antworte keinem meiner Gegner ein Wort«.[100]

IV Reformationsbild im Streit

Die gegensätzliche Resonanz auf die Predigt ist hinreichend bekannt und durch Paul Gabriel bereits untersucht worden. Gleichwohl dürften intensivere Forschungen, die den hier gebotenen Rahmen sprengen würden, zu einem differenzierten Bild des durch Reinhard angeregten Diskurses um Luther, Reformation und Aufklärung führen. Weil die zahlreichen Broschüren – Christian-Erdmann Schott zählt insgesamt 23 gedruckte Streitschriften[101] – je ein eigenes Profil besaßen und aus unterschiedlichen theologischen Perspektiven und kirchlichen Handlungsfeldern stammten, dürften sie Aufschluss über das von ihnen vertretene Luther- und Reformationsbild um 1800 geben. Zur Untersuchung hinzugezogen werden müssten zudem die zahlreichen Zeitungsmeldungen und Rezensionen, die über Reinhards Predigt ebenso berichteten wie über die Gegenschriften.[102] Beispielsweise wurde in Friedrich Nicolais »Neue[r] Allgemeine[n] Deutsche[n] Bibliothek« eine aus aufklärungstheologischer Perspektive verfasste Rezension zu Reinhards Predigt abgedruckt, die von hohem theologischen Sachverstand des Verfassers zeugte.[103]

---

welch ein glückliches Land denn noch! In Deutschland predigt *niemand* mehr so. Und das ist wahr: Die Ausnahmen sind so wenig, dass sie in kein betracht kommen können. *Moral*, und nichts als *Moral*, hört man sogar in der Charwochen.«

99 Franz Volkmar REINHARD: Predigten im Jahr 1801 bey dem Churfürstl. Sächsischen evangelischen Hofgottesdienste zu Dresden gehalten. 1. Bd. Amberg; Sulzbach 1802, 222-248. Die Predigt handelte über den Satz: »Daß christliche Lehrer für die größten Bedürfnisse des Geistes und Herzens ihrer Zuhörer noch immer nicht besser sorgen können, als durch ein stetes Hinweisen auf Jesum den Gekreuzigten« zu 1. Kor. 2,2.

100 Brief Reinhard an Scheibler. In: Scheibler: Aus dem Leben Franz Volkmar Reinhards … (wie Anm. 86), 27. 1810 bezog er rückblickend zum Streit Stellung. Siehe Reinhard: Geständnisse … (Anm. 25), 91-94.

101 Schott: Möglichkeiten und Grenzen … (wie Anm. 16), 255 f Anm. 31. Eine nach inhaltlichen Diskursen geordnete Aufstellung bot z. B. Carl Gottlieb BRETSCHNEIDER: Systematische Entwicklung aller in der Dogmatik vorkommenden Begriffe nach den symbolischen Schriften der evangelisch-lutherischen und reformirten Kirche und den wichtigsten dogmatischen Lehrbüchern ihrer Theologen. Nebst der Literatur, vorzüglich der neuern über alle Theile der Dogmatik. 4. Aufl. Leipzig 1841, 634 f.

102 Eine Zusammenstellung von publizierten Broschüren und Rezensionen bietet u. a. Wilhelm KÖSTER: Neueste protestantische Bekenntnisse über Sectengeist und Kanzelkrieg, veranlaßt durch die Reinhardische Reformationspredigt von 1800, gesammelt zum Besten seiner Amtsbrüder. Deutschland 1802.

103 Rez. zu Reinhard: Predigt am Gedächtnißtage … (wie Anm. 1). In: Neue Allgemeine Deutsche Bibliothek 58 (1801). 2. Stück, 489-495.

Im selben Rezensionsorgan wurden nachfolgend auch zahlreiche Gegenschriften kritisch kommentiert.[104] Eine weitere Quelle bilden die Korrespondenzen zeitgenössischer Theologen und Gelehrten. Es wäre der Schweiß des Edlen wert, die verstreuten Äußerungen und Bewertungen zu sammeln und auszuwerten.

Ein für die Aufklärungszeit charakteristisches Problem ergibt sich in der namentlichen Zuordnung. Die meisten Streitschriften gegen Reinhard waren – nicht zuletzt um möglichen obrigkeitlichen Unannehmlichkeiten zu entgehen – anonym verfasst. Obwohl mittlerweile einige Schriften zugeordnet werden konnten, bleiben andere Akteure in der Reinharddebatte unbekannt.

Während der Oberhofprediger auch schon zu früheren Reformationsfesten unter allgemeinem Beifall kirchenkritisch gepredigt hatte, besaß die obrigkeitlich verbreitete Kanzelrede jetzt eine doppelte Brisanz: Sie griff zum einen die rationalistischen Theologen an und betonte zum anderen die Rechtfertigungslehre als Zentrallehre der evangelischen Kirche. Durch die Predigt wurden neologisch, mehr noch rationalistisch geprägte Theologen gegen die von Reinhard ventilierte supranaturalistische Richtung aufgebracht. Seine Reformationsfestpredigt wirkte folglich als Katalysator, der zu verschiedenen Diskursen und zu Polarisierungen führte. Die Predigt und die durch sie ausgelöste Diskussion bildete somit einen theologiegeschichtlichen Markstein im Übergang vom 18. zum 19. Jahrhundert. Welcher Art die Diskurse näherhin waren, sei hier lediglich angedeutet.

Der rationalistisch orientierte Hilfsprediger an der Leipziger Universitätskirche Johann Friedrich Röhr (1777-1848), Reinhardschüler und spätere Weimarer Generalsuperintendent,[105] widersprach in seinem bereits erwähnten anonymen »Sendschreiben eines sächsischen Landpredigers« der theologischen Position des Oberhofpredigers. Hierbei scheute er sich nicht, theologische Differenzen mit persönlichen Vorwürfen zu vermischen und Reinhard zu skandalisieren.[106] In

104 Rez. zu [Röhr]: Sendschreiben … (wie Anm. 91). In: Neue Allgemeine Deutsche Bibliothek 63 (1801). 2. Stück, 329-332; Rez. zu Cannabich: Daß die Lehre von Gottes Vaterliebe … (wie Anm. 93). Ebd, 332-334; Rez. zu Sendschreiben eines sächsischen Stadtpredigers über das Sendschreiben des sächsischen Landpredigers […]. Wittenberg 1801. Ebd, 334-336: Rez. zu [Veillodter]: Wie sehr die Protestantische Kirche … (wie Anm. 45). Ebd, 337-339; Rez. zu Johann Theophilus Hofmann: Antwort auf das Sendschreiben des sächsischen Landpredigers an einen seiner Amtsbrüder […]. Dresden 1801. In: Neue Allgemeine Deutsche Bibliothek 69 (1802). 1. Stück, 3-6; Rez. zu Johann Gottlob Steinert: Ist die Lehre von der freyen Gnade Gottes in Christo im eigentlichen Sinne Lehre Jesu? […]. Zittau 1801. Ebd, 6-11; Rez. zu Johann Friedrich Teller: Ad virvm magnificvm D. Franc. Volkmar Reinhardvm […]. Lipsiae 1801. Ebd, 12-15. Rez. zu Versuch einer Kritik der Lehre von der freyen Gnade Gottes in Christo. Ein Seitenstück […]. Leipzig o.J. In: Neue Allgemeine Deutsche Bibliothek. Anhang 29-68 (1802). 1. Abt., 3-7; Rez. zu Köster: Neueste protestantische Bekenntnisse ... (wie Anm. 102). In: Neue Allgemeine Deutsche Bibliothek 74 (1802). 1. Stück, 15-20.

105 Zu Röhr vgl. G. Frank: Art. Röhr, Johann Friedrich. ADB 30 (1890), 92-94.

106 [Röhr]: Sendschreiben … (wie Anm. 91).

parodierender Weise griff der ebenfalls rationalistisch engagierte Nürnberger Prediger Valentin Karl Veillodter (1769-1828) die Predigt in seiner, Reinhards Rede imitierender Flugschrift »Wie sehr die Protestantische Kirche Ursache habe« an.[107] Er betonte, dass die eigentliche Grundlehre des Protestantismus nicht die Lehre von der freien Gnade Gottes in Christus, sondern die Lehre von der evangelischen Freiheit sei.[108] Dass die paulinische Rechtfertigungslehre eine Einseitigkeit des Paulus darstelle, aber nicht die Lehre Jesu, hob – unabhängig von Röhrs »Sendschreiben« – auch Cannabich in seiner Weihnachtspredigt hervor. Jesus habe nicht die Gnade, sondern die Vaterliebe gepredigt. Zudem kontrastierte Cannabich Vernunft und Bibel und wies der Vernunft höhere Autorität zu.[109] Ein damit zusammenhängender Diskurs problematisierte Reinhards Anthropologie. Während Röhr vom aufgeklärten Menschenbild her gegen die Rede von der menschlichen Gebrechlichkeit und Sündhaftigkeit polemisierte, griff Cannabich von der Gotteslehre her den Supranaturalisten an. Es sei nicht nachvollziehbar, warum Gott seine Gnade über die Vermittlung durch Christus gewähre. Schließlich warfen Cannabich und andere Reinhard vor, die für die rationalistische Theologie grundlegende sittliche Kraft und Verpflichtung des Menschen abzuschwächen. Warum solle sich der Mensch noch moralisch verhalten, wenn er sowieso begnadigt werde? Es müsse im Interesse der Sittlichkeit sein, jenen Missbrauch der Rechtfertigungslehre abzuwehren, der auf die eigenen guten Werke verzichte.[110]

Reinhards Verteidiger suchten u. a. die paulinische Rechtfertigungslehre mit dem Evangelium Jesu in Übereinstimmung zu bringen und wiesen das von den Gegnern gezeichnete Lutherbild zurück.[111] Die von Luther wiederentdeckte Rechtfertigungslehre sei – anders als von den Gegnern behauptet – keine situationsbedingte Interpretation des Wittenberger Theologen, sondern die Zentrallehre des gesamten Neuen Testaments und von bleibender Bedeutung für die evangelische Kirche.[112] Aufgrund dieses Befundes soll abschließend gefragt werden, welches Bild von Luther und der Reformation im Streit transportiert wurde.

---

107 [Veillodter]: Wie sehr die Protestantische Kirche … (wie Anm. 45).

108 Vgl. die hilfreiche Gegenüberstellung von Reinhards Predigt mit Veillodters Imitation bei Rabe: Die Veränderung … (wie Anm. 18), 246-267. Zur Interpretation ebd, 156-159.

109 Cannabich: Daß die Lehre von Gottes Vaterliebe … (wie Anm. 93).

110 Ebd, 29.

111 Vgl. Antwort auf das Sendschreiben des sächsischen Landpredigers an einen seiner Amtsbrüder über die von D. Franz Volkmar Reinhard […], am Reformationsfeste 1800 gehaltene Predigt. Dresden o. J.

112 Vgl. z. B. [Rulemann Friedrich Eylert]: Nähere Beleuchtung des Schreibens an den Herausgeber der neuen theologischen Annalen in der Beilage zum siebenten Stück, worin die von dem Oberhofprediger Reinhard am Gedächtnisstage der H. Reformation gehaltene Predigt eben so nachtheilig als unbegründet und schriftwidrig beurtheilet wird. Allen Freunden evangelischer Wahrheit gewidmet von einem ähnlichgesinnten Freunde. Frankfurt am Main 1801, 19.

In seiner Reformationsfestpredigt spricht Reinhard statt von »Reformation« durchgehend von »Kirchenverbesserung«, was bereits im Titel anklingt. Sein Blick ist programmatisch auf die Kirche und ihre Erneuerung gerichtet, während er dem Begriff »Reformation« nicht die Bedeutung zubilligt, welche ihm im späteren 19. Jahrhundert zugeschrieben wurde. Reinhard streitet um die Besserung der Kirche, genauer der evangelischen Kirche, und hofft mit Hilfe der Rechtfertigungslehre die Erneuerung zu aktualisieren.

Dagegen schreibt die »Neue Allgemeine Deutsche Bibliothek« in ihrer neologisch akzentuierten Rezension statt von »Kirchenverbesserung« von »Religionsverbesserung«,[113] wodurch der Fokus nicht auf die Kirche, sondern auf die Religion – die öffentliche wie die private – gelenkt wird. In ihr wird der »Geiste des Lutherthums oder Protestantismus« beschworen, der in einer »fortdaurenden Protestation gegen alle Gewissenstyrannen, allen Irrthum, Aberglauben und Mißbrauch in der Kirche und Religion« bestehe.[114] Diesen Aspekt streicht der Rezensent als Zentralpunkt der Reformation hervor: »Das ist die große Hauptsache, welche die Reformatoren durch ihren Muth erkämpft haben, und welche aufzugeben, Verrath an ihrer Asche seyn würde.«[115] Als Beispiel für diese Freiheit nennt er Luthers Vorrede zur Deutschen Messe von 1526, in welcher der Reformator explizit betont habe, seine Vorschläge nicht zu Gesetzen erheben zu wollen.

Zieht man die übrigen Streitschriften mit hinzu, so kann in der Tat ein differentes Bild von Luther und der Reformation gezeichnet werden, in welchem sich Grundlinien des beginnenden 19. Jahrhunderts widerspiegeln. Auf der einen Seite steht die Betonung Luthers und der Reformation als Besserer der Kirche und Erneuerer der christlichen Zentrallehre sowie des Bekenntnisses. Auf der anderen Seite werden Luther und die Reformation als Gewissens- und Freiheitsförderer in Sachen der Religion hervorgehoben. Wie sich diese Linien im 19. Jahrhundert entfalten sollten, das ist eine neue Frage, die über die Reinharddebatte weit hinaus weist.

Eine memoriale Lutherverehrung, wie sie für das 19. Jahrhundert prägend werden sollte, lehnte Reinhard strikt ab. Gefragt, was er von Plänen für ein Lutherdenkmal halte, äußerte er sich 1804 brieflich gegenüber einem Freund:

> »Luthern ein Denkmal zu setzen, scheint mir noch etwas weit ungereimteres, als die Ilias nach dem Homer. Was würde der Gottesmann selbst gegen diese Götzenbilder sagen? Denn davon will ich nicht sprechen, daß Eitelkeit oder noch niedrigere Absicht zum Grunde liege. Giebt es keine Waisenknaben mehr verständig zu erziehen? Keine Schule oder Seminar mehr zu stiften?«[116]

113 Rez. zu Reinhard: Predigt am Gedächtnißtage … (wie Anm. 103), 492.

114 Ebd.

115 Ebd.

116 [Carl August BÖTTIGER]: An meine christlichen Mitbürger.: in den Stunden nach D. Reinhard's Beerdigung geschrieben. Beiträge zur Belehrung und Unterhaltung. (Dresden 1812) Nr. 70 vom 14. September, 554-559 hier: 559 Anm. 5.

Franz Volkmar Reinhard und die Reform des sächsischen Perikopenwesens am Beginn des 19. Jahrhunderts

Von Andres Straßberger

Die Kirchenordnung Herzog Heinrichs hatte 1539 für Kursachsen festgelegt, dass die Predigten im sonn- und festtäglichen Hauptgottesdienst über das Evangelium des Tages zu halten seien.[1] Diese Regelung, die der gottesdienstlichen Wortverkündigung jener Zeit eine verbindliche liturgische Ordnung gab, verengte sich späterhin zum sogenannten Perikopenzwang.[2] Denn soweit es die benannten Gottesdienste betraf, hatten die Prediger bei der Wahl der biblischen Textlesungen und Predigttexte fortan keinerlei Spielraum oder Abwechslung mehr; sie blieben die folgenden 300 Jahren dazu verpflichtet, jahraus, jahrein dieselben Evangelientexte zu verwenden.[3] Diese Situation stellte die homiletischen Fähigkeiten der Prediger vor keine geringe Herausforderung, und es gibt nicht wenige Predigthistoriker, die gewisse homiletische Zeitphänomene damit in ursächlichen Zusammenhang bringen.[4] Mit dem Aufkommen pietistischer Frömmigkeitsströmungen in der zweiten Hälfte des 17. Jahrhunderts meldeten sich allerdings auch zunehmend Stimmen zu Wort, die Kritik an diesem Zustand übten. Ein wirkungsgeschichtlich weitreichendes Votum stammte beispielsweise vom »Vater des lutherischen Pietismus«, von Philipp Jakob Spener, der rund 100 Jahre vor Franz Volkmar Reinhard als Dresdener Oberhofprediger wirkte und sich auf der Grundlage seines pietistischen Bibelverständnisses nachdrücklich für eine Lockerung des Perikopenzwanges aussprach.[5] Gleichlau-

1 EKO 1 I, 264-281, hier 271. Für die nachmittäglichen Gottesdienste wurde ebd, 272 die Auslegung eines Stücks aus dem Katechismus empfohlen; in größeren Stadtkirchen bürgerte sich hingegen eine Predigt über die Epistel des Tages ein; für Wochengottesdienste bestand freie Textwahl.

2 Vgl. einführend in die Gesamtproblematik Peter C. BLOTH: Schriftlesungen I. TRE 30 (1999), 520-558; zur Situation im 17. und 18. Jahrhundert ebd, 538-541; über die Entwicklungen in Sachsen informiert detailliert Georg REICHELT: Geschichte des Perikopenwesens der Evangelisch-Lutherischen Landeskirche Sachsens. Leipzig 1963. (Manuskript). – Leipzig, Univ., Theol. Fak., Diss. 1963.

3 Das gilt freilich nur für die Predigtpraxis in den lutherischen Kirchen; in den reformierten Kirchen gab es keinen Perikopenzwang. Hier hatten die Prediger bei der Wahl ihrer Predigttexte freie Hand.

4 Für die Predigtpraxis des konfessionellen Zeitalters siehe die entsprechenden Bemerkungen bei Albrecht BEUTEL: Predigt VIII: Evangelische Predigt vom 16. bis 18. Jahrhundert. TRE 27 (1997), 296-311, hier 300,25-39; im Hinblick auf die von Reinhard geübte Kunst der Predigtdisposition siehe für den Sachzusammenhang Hermann HERING: Die Lehre von der Predigt. Berlin 1905, 204.

5 Reichelt: Geschichte … (wie Anm. 2), 36-39; Johannes WALLMANN: Philipp Jakob Spener und die Anfänge des Pietismus. 2. Aufl. Tübingen 1986, 211-215.

tende oder ähnliche Forderungen rissen auch im Zeitalter der Aufklärung nicht ab, aber sie führten zu keinem allgemeinen liturgisch-homiletischen Konsens.[6] Wohl hauptsächlich aus diesem Grund war es bis zum Ende des 18. Jahrhunderts auch kaum zu greifbaren Resultaten in der kirchlichen Praxis gekommen. Anders als gelegentlich behauptet, bestand der Perikopenzwang um 1800 in den allermeisten lutherischen Landeskirchen fort, und die Pfarrer unterwarfen sich ihm in aller Regel.[7] Lediglich in Schleswig-Holstein war es 1798 im Zusammenhang einer unter aufklärerischem Vorzeichen stehenden Agendenreform zu einer ebenso grundlegenden wie kurzzeitigen, weil von restaurativen Kräften bald wieder rückgängig gemachten Einführung neuer Perikopen gekommen.[8] Die übrigen Reformversuche trugen demgegenüber überwiegend vorsichtigen Charakter,[9] führten sie doch nicht zur Einführung neuer Perikopenbücher, sondern höchstens zu Ergänzungen der alten Lektionstexte durch neue Predigtperikopen.[10]

Angesichts der durchaus vielschichtig begründeten Zurückhaltung in der Zeit der späten Aufklärung, neue Perikopenordnungen kirchlich verbindlich zu machen, kann es also nicht verwundern, wenn am Beginn des 19. Jahrhunderts im vergleichsweise theologisch »konservativen« Kursachsen die alte Kirchenordnung ebenso wie die Herzog-Heinrich-Agende – zumindest offiziell – noch immer in Geltung standen.[11] Mit Franz Volkmar Reinhard war 1792 jedoch ein Mann an die Spitze

---

6 Für eine partiell kritische Position im Blick auf die Perikopenfrage siehe MÜLLER: Noch eine Stimme, die Abschaffung oder Beibehaltung der Perikopen betreffend. In: Neue homiletisch-kritische Blätter 1 (1799), 197-206 (mit etlichen Literaturhinweisen in den Anmerkungen).

7 Gegen Alfred NIEBERGALL: Geschichte der christlichen Predigt. In: Leiturgia: Handbuch des evangelischen Gottesdienstes/hrsg. von Karl Ferdinand Müller; Walter Blankenburg. Bd. 2. Kassel 1955, 181-354, hier 309, der den historischen Befund erheblich verzeichnet, wenn er behauptet, in der Aufklärung würde die »bisherige Bindung an die Perikopenreihen [...] entweder stillschweigend ignoriert oder von den kirchlichen Behörden aufgehoben«.

8 Detlef REICHERT: Untersuchungen zur Adlerschen Agende von 1798. In: Schriften des Vereins für schleswig-holsteinische Kirchengeschichte II/36 (1980), 27-60; 38 (1982), 7-48.

9 Vgl. Bloth: Schriftlesungen (wie Anm. 2), 541, sowie Paul GRAFF: Geschichte der Auflösung der alten gottesdienstlichen Formen in der evangelischen Kirche Deutschlands. Bd. 2. Nachdruck der Ausgabe von 1939. Waltrop 1994, 94-96.

10 So kamen z. B. in Sachsen-Weimar unter der Führung Johann Gottfried Herders 1798 bis 1804 drei Reihen von Predigttexten zweimal zur Anwendung, wobei erwogen werden kann, ob diese Praxis nicht eigentlich auf ein neues Perikopenbuch zielte, das durch den Tod Herders (1803) nicht zur Umsetzung gelangte. Vgl. dazu Martin KESSLER: Johann Gottfried Herder – der Theologe unter den Klassikern: das Amt des Generalsuperintendenten von Sachsen-Weimar. Teil I (AKG 102/I). Berlin; New York 2007, 392-423.

11 Siehe bei Alexander BARTMUSS: Eine neue Ordnung: zur Entstehung der »Heinrichsagende« 1539. In: Zur Kirche gehört mehr als ein Kruzifix: Studien zur Kirchen- und Frömmigkeitsgeschichte. Festgabe für Gerhard Graf zum 65. Geburtstag/ hrsg. von Michal Beyer; Martin Teubner; Alexander Wieckowski. Leipzig 2008, 301-313.

der Landeskirche getreten, der sich selbst zum einflussreichen Fürsprecher einer Reform des Perikopenwesens machte. Sein die theologisch divergenten kirchlichen Lager übergreifendes Ansehen weckte auf breiter Ebene die berechtigte Hoffnung, dass eine solche Reform unter seiner Führung zum Erfolg geführt werden konnte. Umso verwunderlicher erscheint es rückblickend, dass nach vielversprechenden Anfängen das ganze Projekt am Ende doch scheiterte. Erst 1840 erhielt das Königreich Sachsen das ersehnte neue Perikopenbuch.[12] Was mochten die Gründe und Hintergründe für das Scheitern gewesen sein? Halten die bislang darauf gegebenen Antworten einer kritischen Befragung stand, oder kann eine erneute Durchsicht der Akten zu anderen Sichtweisen führen?[13]

I Das ius liturgicum im Spannungsfeld von staatlicher und kirchlicher Zuständigkeit

Für die Interpretation der in behördlichen Akten dokumentierten Vorgänge ist es von entscheidender Bedeutung, die beteiligten Institutionen und Protagonisten hinsichtlich ihrer amtlichen Zuständigkeit und der damit gegebenen Entscheidungskompetenz sachgemäß einzuordnen. Insbesondere zwei Aktenfaszikel aus dem Sächsischen Hauptstaatsarchiv Dresden kommen für die gegenwärtige Untersuchung in Betracht, Akten, aus denen auch die erste Darstellung zu unserem Thema maßgeblich geschöpft hat.[14] In beiden Quellen wird die amtliche Kommunikation, soweit sie vom Geheimen Konsilium[15] als der obersten Regierungsbehörde und vom Oberkonsistorium[16] als der obersten Kirchenbehörde in der Angelegenheit geführt wurde, vollständig dokumentiert.

Kirchengeschichtlich weniger versierte Leser möchten bereits an dieser Stelle fragen, warum bei einer derart innerkirchlichen Angelegenheit, wie einer Peri-

12 Erstmals wurden die hier nur angedeuteten Vorgänge von Franz Dibelius: Die Perikopenordnungen der ev.-luth. Kirche im Königreich Sachsen. BSKG 7 (1892), 77-125, hier bes. 90-125 zur Darstellung gebracht.

13 Der Sicht von Dibelius folgen die u. a. die Darstellungen bei Martin Sachsenweger: Die Höhezeit des Rationalismus in Dresden. Dresden 1938, 74-79; Reichelt: Geschichte … (wie Anm. 2), 86-92; Christian-Erdmann Schott: Möglichkeiten und Grenzen der Aufklärungspredigt: dargestellt am Beispiel Franz Volkmar Reinhards. Göttingen 1978, 211 f.

14 Dibelius: Die Perikopenordnungen … (wie Anm. 12), 90-125.

15 Sächsisches Hauptstaatsarchiv Dresden, 10025, Geheimes Konsilium, Loc. 4659/02: Acta Die über andere Texte als die gewöhnlichen Evangelien in hiesigen Landen an Sonn= und Festtagen zu haltenden Predigten betr. 1805-1831 (300 Bl.). Vgl. Dibelius: Die Perikopenordnungen … (wie Anm. 12), 92.

16 Sächsisches Hauptstaatsarchiv Dresden, 10088, Oberkonsistorium, Loc. 1902: Acta die bey dem Vormittags-Gottesdienst an Sonn- und Fest-Tagen statt der gewöhnlichen Perikopen vorgeschriebenen Texte betr. 1809-1831 (194 Bl.). Vgl. Dibelius: Die Perikopenordnungen … (wie Anm. 12), 94.

kopenordnung, überhaupt eine staatliche Institution am Entscheidungsprozess beteiligt war? Die Antwort lautet: Wegen des landesherrlichen Kirchenregiments, unter dem die deutschen Landeskirchen bis 1918 standen. In Kursachsen war die Lage nach dem 1697 erfolgten Übertritt Kurfürst Friedrich Augusts I. zum römisch-katholischen Glauben allerdings von nochmals besonderer Art. Zwar hatte auch hier der Kurfürst aufgrund von Weichenstellungen, die in die Reformationszeit zurückreichten, bis zu seinem Konfessionswechsel die Funktion eines »Notbischofs« für die Landeskirche inne gehabt. Doch nach der Konversion Augusts des Starken zum Katholizismus waren dessen bischöflichen Rechte, zu denen nach damaligem Verständnis auch das ius liturgicum in Ausübung des ius circa sacra gehörte, den Ministern in evangelicis übertragen worden, die allesamt dem Geheimen Konsilium, der obersten Regierungsbehörde des Landes, angehörten.[17] Religions- und Kirchenpolitik wurde in landesherrlichen Belangen fortan nominell zwar noch immer vom Kurfürsten bestimmt, faktisch aber unabhängig von ihm durch seine in evangelicis beauftragten Minister im Geheimen Konsilium gemacht.[18]

Obgleich das Geheime Konsilium die kirchlichen Rechte des Kurfürsten formal als ein Kollegium wahrnahm, bedeutete das für den Geschäftsgang nicht, dass die Minister über jede kirchen- und religionspolitische Angelegenheit in einer Sitzung kollegial beratschlagten und entschieden. Vielmehr hatte sich ein schriftliches Umlaufverfahren etabliert, das die praktische Vorrangstellung einer ganz bestimmten Abteilung der Behörde und des ihr vorstehenden Ministers, der zugleich ein in evangelicis beauftragter Geheimer Rat war, mit sich brachte. Denn federführend für die Erstellung von Vorlagen, die Angelegenheiten in evangelicis betrafen, war

17 Obschon nach heutiger Rechtsauffassung das *ius liturgicum* als ausschließliche Sache des *ius in sacra* anzusehen ist, wurde es von zahlreichen absolutistischen Herrschern im 18. Jahrhundert – in unterschiedlich hohen Maße – als Angelegenheit des *ius circa sacra* behandelt. Vgl. beispielhaft das Selbstverständnis des brandenburg-preußischen Herrscherhauses im sogenannten »Agendenstreit«; vgl. Jürgen KAMPMANN: Die Einführung der Berliner Agende in Westfalen. Die Neuordnung des evangelischen Gottesdienstes 1813–1835. Bielefeld 1991. Zur Einführung in die kirchenrechtliche Problematik siehe Albrecht GECK: Kirchliche Selbständigkeitsbewegung in Preußen zu Beginn des 19. Jahrhunderts. Jahrbuch für westfälische Kirchengeschichte 90 (1996), 95-119, bes. 96-100; zur allgemeinen kirchenrechtlichen Auffassung im 16. und 17. Jahrhundert siehe insbesondere Johannes HECKEL: Cura religionis, ius in sacra, ius circa sacra. In: Festschrift Ulrich Stutz zum siebzigsten Geburtstag. Dargebracht von Schülern, Freunden und Verehrern (Kirchenrechtliche Abhandlungen 117/118). Stuttgart 1938, 224-298; mit besonderem Bezug auf die sächsischen Verhältnisse Georg MÜLLER: Verfassungs- und Verwaltungsgeschichte der sächsischen Landeskirche: 2. Vortrag. Das landesherrliche Kirchenregiment. [...]. BSKG 9 (1894), 36-84, bes. 63-70; Rudolf ZIESCHANG: Die Anfänge eines landesherrlichen Kirchenregiments in Sachsen im Ausgange des Mittelalters. BSKG 23 (1909), 1-156.

18 Friedrich Christian August HASSE: Dresden dargestellt aus dem Gesichtspunkte der Cultur. Dresden 1804, 134: »Doch kann das Geh. Consilium im Religions- und Schulwesen [...] unabhängig vom Kurfürsten verordnen.«

der Konferenzminister eben jenes Departements im Geheimen Konsilium, das neben Anderem auch mit der Bearbeitung der kirchlichen Angelegenheiten befasst war. Wenn ich die Aktenlage richtig interpretiere, gingen die hier erarbeiteten Entwürfe an die anderen in evangelicis beauftragten Minister und Räte, die mit einem Sichtvermerk ihre Zustimmung, ggf. auch Änderungswünsche, signalisierten und auf diese Weise den kollegialen Konsens herstellten. Die Ausfertigungen der amtlichen Schreiben wurden dann vom zuständigen Konferenzminister signiert und von einem anderen in evangelicis beauftragten Geheimen Rat kontrasigniert.[19] Diese Organisationsstruktur innerhalb der sächsischen Kirchenverwaltung wirft für die Perikopenreform zur Zeit Reinhards die Frage auf, inwieweit das Geheime Konsilium bzw. die in evangelicis beauftragten Geheimen Räte als ein anonymes, undifferenzierbares Kollektivgremium angesehen werden kann oder ob nicht insbesondere die Person des »geschäftsführenden Ministers in evangelicis« stärker als bislang in den Blick zu nehmen ist.[20]

Vergleichbares gilt auch im Blick auf das Oberkonsistorium bzw. auf den mit ihm verschmolzenen Kirchenrat.[21] Auch hier muss analog zum Geheimen Konsilium differenziert nach den personalen Anteilen der einzelnen Akteure gefragt werden. Das Oberkonsistorium setzte sich um 1800 neben dem (juristischen) Präsidenten aus vier weiteren wirklichen Räten, zwei theologischen und zwei juristischen, zusammen, die einmal wöchentlich in einer Kollegiumssitzung berieten und entschieden. Die zwei theologischen Räte waren im hier interessierenden Zeitraum Reinhard und Karl Christian Tittmann,[22] die beide von Amts wegen, der eine als Oberhofprediger, der andere als Superintendent von Dresden, dem Oberkonsistori-

19 Vgl. Heinrich SCHORCH: Allgemeines Europäisches Staats- und Address-Handbuch. Zweiter Band für das Jahr 1811, welcher die sämmtlichen Staaten des Rheinischen Bundes enthält. Weimar 1811, 165 f: »2) *Das Geheime Consilium*, die höchste Landesstelle für die gesammten vereinigten, und nicht vereinigten Lande: ihm ist die Direction der Kirchen-, Justiz, Lehns-, Polizei-, Militair- und Steuerverfassung in dem ganzen Königreiche anvertraut; [...] Es theilt sich in fünf Departemente: a) für die erbländischen Sachen, pacta domus, Recesse und Verfassung der Collegien, Kirchensachen und stiftischen Angelegenheiten; b) für Kammersachen, Berg-, Münz- und Commerzialwesen; c) für Justiz-, Lehns- und Polizeiwesen; d) für die Angelegenheiten der beiden Lausitzen; und e) für die Landtags-, Steuer-, Accis- und Militairsachen. Die Direction in jedem Departement führt ein wirklicher Geheimer Rath, der zugleich Conferenzminister ist: Der Vortrag bei jedem derselben geschieht durch die geheimen Referendarien.«

20 Dibelius behandelt die *in evangelicis* beauftragten Minister im Geheimen Konsilium durchgehend als ein anonymes Kollektivgremium; der ressortleitende Konferenzminister Peter Karl Wilhelm von Hohenthal findet lediglich in einer einzigen Anmerkung beiläufige Erwähnung als Unterzeichner eines zitierten Dokuments (Dibelius: Die Perikopenordnungen ... [wie Anm. 12], 94 in Anm. 1).

21 Vgl. Georg MÜLLER: Verfassungs- und Verwaltungsgeschichte der sächsischen Landeskirche: 3. Vortrag. Die kirchlichen Behörden. [...]. BSKG 9 (1894), 85-151, hier 136 f.

22 Zur Person siehe Paul TSCHACKERT: Tittmann, Karl Christian. ADB 38 (1894), 387 f.

um angehörten. Anders als das vom jeweiligen Konferenzminister »absolutistisch« geführte Departement für Religions- und Kirchensachen, ist im Falle des Präsidenten des Oberkonsistoriums unklar, ob er sein Amt in gleicher Weise ausübte oder ob der Oberhofprediger als ranghöchster Geistlicher der Landeskirche eine zumindest faktische Vorrangstellung behauptete. Die Schreiben des Geheimen Konsiliums an das Oberkonsistorium sind formal zwar immer an den Präsidenten adressiert, aber er erscheint im vorliegenden Ereigniszusammenhang nie als Mitunterzeichner der oberkonsistorialen Antwortschreiben, die in der Regel lediglich von den vier übrigen Räten unterschrieben sind. Muss man daraus schließen, dass er in die Entscheidungsprozesse nicht eingebunden war? Allerdings ist für die zweite Hälfte des 18. Jahrhunderts (bei jedoch anderer Behördenstruktur) belegt, dass der Vizepräsident zeitweise maßgeblich die Kirchenpolitik des Oberkonsistoriums bestimmen konnte.[23] Nach Lage der Dinge agierten Reinhard und Tittmann wirklich kollegial, was vielleicht auch damit zusammenhing, dass beide als sogenannte »rationale Supranaturalisten« dieselbe theologische Grundsatzposition teilten: beide waren Vertreter eines aufgeklärten Christentums, standen aber der theologischen Tradition des sächsische Luthertums gleichermaßen positiv gegenüber.[24] Angesichts der insgesamt etwas unklaren Lage hinsichtlich der Behördenstruktur und der Hierarchien innerhalb des Oberkonsistoriums muss das Anliegen differenzierter Betrachtung bei der gegenwärtigen Untersuchung daher etwas zurücktreten.[25]

---

23 Vgl. für den Fall des Oberkonsistorialvizepräsidenten Peter von Hohenthal (Amtszeit 1764 bis 1778) bei Horst Schlechte: Einleitung. In: Die Staatsreform in Kursachsen 1762-1763: Quellen zum kursächsischen Rétablissement nach dem Siebenjährigen Kriege/ hrsg. und eingel. von Horst Schlechte. Berlin 1958, 69 f.

24 Ein aufschlussreiches Dokument sowohl ihrer gemeinsamen theologischen Interessen wie auch ihrer harmonischen Zusammenarbeit bei einem anderen liturgischen Projekt ist die Einführung des innerkirchlich recht umstrittenen sogenannten »Dresdnischen Gesangbuches« (1797), das theologisch dem Geist der Aufklärung verpflichtet war. Vgl. dazu die Hinweise bei Franz Dibelius: Zur Geschichte der lutherischen Gesangbücher Sachsens seit der Reformation. BSKG 1 (1882), 169-255, hier bes. 251-253; Sachsenweger: Die Höhezeit des Rationalismus … (wie Anm. 13), 142. – Eine detailliertere Untersuchung zum Thema wäre in territorialkirchengeschichtlicher, frömmigkeitshistorischer und gesangbuchgeschichtlicher Hinsicht wünschenswert.

25 Aus diesem Grund kann freilich nicht ausgeschlossen werden, dass die im Folgenden zu behandelnden Vorgänge sich partiell anders präsentieren, sofern es gelingt, diesen Aspekt bei zukünftigen Darstellungen stärker Rechnung zu tragen.

II Das Vorspiel: Reinhards Epistelpredigtjahrgang im evangelischen Hofgottesdienst (1806)

Auf Seiten des Geheimen Konsiliums beginnt die Aktenüberlieferung mit einem auf den 4. Dezember 1805 datierten Schreiben Reinhards an Kurfürst Friedrich August III.[26] Darin äußerte der Oberhofprediger die Bitte, im Kalenderjahr 1806 im evangelischen Hofgottesdienst anstatt über die »von mir so oft behandelten evangelischen Perikopen einmal über die epistolischen, welche bekanntlich Jahr aus und Jahr ein vorgelesen werden, aber ohne Erklärung und Anwendung bleiben«, predigen zu dürfen.[27] Zur Begründung dieses Anliegens führte er aus:

> »[…] da ich nicht nur öffentlich und privatim mehrmals aufgefordert worden bin, auch über diese Texte zu sprechen; sondern dieß auch eine der Aufmerksamkeit und Andacht vortheilhafte Abwechßlung in die gottesdienstlichen Uebungen, und Gelegenheit geben würde, manchen wichtigen Gegenstand der christlichen Glaubens und Sittenlehre […] ins Licht zu setzen und einzuschärfen.«[28]

In seiner Antwort vom 12. Dezember erteilte der »geschäftsführende Minister in evangelicis« Christoph Gottlob von Burgsdorff[29] dem Oberhofprediger die gewünschte Erlaubnis, verbunden mit der Auflage, dass in den Nachmittagsgottesdiensten die zwei anderen Hofprediger, Johann Georg August Hacker (1728/62-1823) und Friedrich Christlieb Döring (1757-1827), über die Evangelien predigen sollten.[30] Noch am selben Tag wurde das Oberkonsistorium über diese Regelung informiert.[31] Mit dem Neujahrstag 1806 begann Reinhard daher zum ersten Mal in seiner homiletischen Praxis, ein Jahr lang die Episteltexte auf der Kanzel der Sophienkirche auszulegen. Wie alle seine Dresdener Predigten erschienen auch diese Kanzelreden im Druck.[32] Gegenüber Karl Gottlieb Bretschneider, den als »theologischer Rationalist« klassifizierten späteren Gothaer Superintendenten, der sich zu eben jener Zeit an Reinhard mit der Bitte gewandt hatte, eine Homiletik auf der Grundlage seiner Predigten schreiben zu dürfen – eine Homiletik, die über

---

26 Aufgrund der oben beschriebenen Behördenstruktur richtet Reinhard seine Schreiben stets zwar nominell an den König, faktisch aber an die Minister *in evangelicis* im Geheimen Konsilium.

27 SHStAD, Loc. 4659/02, Bl. 1v.

28 Ebd.

29 Zu von Burgsdorff s. u. in Abschnitt VI.

30 SHStAD, Loc. 4659/02, Bl. 7-8 (Entwurf).

31 SHStAD, Loc. 4659/02, Bl. 11 (Entwurf).

32 Franz Volkmar Reinhard: Predigten. Bd. 23/24: Predigten im Jahre 1806 bei dem Churfürstlichen Sächsischen evangelischen Hofgottesdienste zu Dresden. Neueste nach dem Original=Manuscript revidierte Ausgabe. Sulzbach 1835.

das Stadium der Planung allerdings nicht hinaus kam –, zeigte er sich über seine Erfahrungen mit der neuen homiletischen Textgrundlage positiv beeindruckt.[33]

Anders als es die Reinhard- und predigtgeschichtliche Forschung bislang behauptet hat, wurde ein zweiter Antrag des Oberhofpredigers, im folgenden Jahr noch einmal über die Episteln predigen zu dürfen, in der Folge allerdings nicht einfach abgelehnt.[34] Ein solches Urteil kann sich zwar auf eine von Reinhard selbst in Umlauf gesetzte Sicht stützen,[35] nicht aber auf die Aktenüberlieferung. Demnach fragte Reinhard mit Bezugnahme auf das königliche Reskript vom 12. Dezember 1805, in welchem ihm erstmals die Erlaubnis, über die Episteltexte zu predigen, erteilt worden war, beim Geheimen Konsilium an, wie er, da die seinerzeitige Erlaubnis angeblich »nur bis zu weiterer Anordnung ertheilt worden« sei, im kommenden Jahr fortfahren solle: nämlich »ob auch im künftigen Jahre mit Erklärung der Episteln fortgegangen, oder zu den Evangelien zurückgekehrt werden soll«.[36]

Diese Anfrage Reinhards ist mit Blick auf seine öffentlich verbreitete Sicht doppelt merkwürdig. Zum einen formulierte der Oberhofprediger hier gar keinen expliziten Antrag um Wiederholung der Ausnahmegenehmigung, sondern stellte vielmehr eine Alternative zur Entscheidung; zum anderen und damit zusammenhängend findet sich im überlieferten Entwurf des erwähnten Reskripts nicht der geringste Anhalt dafür, dass die Reinhard vormals gegebene Erlaubnis tatsächlich

33 Karl Heinrich Ludwig Pölitz: Franz Volkmar Reinhard nach seinem Leben und Wirken. Bd. 2. Leipzig 1815, 214 f: »Seit dem neuen Jahre predige ich über die epistolischen Perikopen. Diese müssen, wie mich Nachdenken und Erfahrung bald überzeugt haben, ganz anders behandelt werden als die Evangelia. Die Predigten dieses Jahres werden sich daher, in Absicht auf Methode und Bearbeitung des Textes, von allen, die bisher erschienen sind, merklich unterscheiden. Das, was man populäre Schrifterklärung nennt, läßt sich bei den Evangelien fast gar nicht anwenden; bei den Episteln hingegen scheint mir diese Behandlungsart die einzige nutzbare zu sein.«

34 Dibelius: Die Perikopenordnungen … (wie Anm. 12), 91; Schott: Möglichkeiten … (wie Anm. 13), 212. Bei Karl Heinrich Sack: Geschichte der Predigt in der deutschen evangelischen Kirche von Mosheim bis auf die letzten Jahre von Schleiermacher und Menken. Zweite wohlfeile Ausgabe. Heidelberg o. J. [1866], 255 findet sich das wirkungsgeschichtlich weitreichende Urteil: »Es ist ein gar beklagenswerter, unserem jetzigen kirchlichen Bewußtsein, vielleicht auch schon dem sächsischen, wenn es nicht das neulutherische ist, kaum erträglicher Gedanke: ein Reinhard befehlsweise verhindert, über die Episteln zu predigen.«

35 In der auf den 19. Januar 1808 datierten Vorrede zu den gedruckten Predigten des Jahres 1807 äußert Franz Volkmar Reinhard: Predigten. Bd. 25: Predigten im Jahre 1807 bei dem Churfürstlichen Sächsischen evangelischen Hofgottesdienste zu Dresden. Sulzbach 1835, V: »Es geschah auf ausdrücklichen höchsten Befehl, daß ich im vorigen Jahre bei meinen Predigten zu den evangelischen Pericopen zurückkehrte. Die verordneten epistolischen Abschnitte wenigstens noch einmal bei meinen Vorträgen zum Grunde legen zu dürfen, hätte ich freilich sehr gewünscht; […] Doch dieß ist hier mir, wie gesagt, nicht verstattet worden.«

36 SHStAD, Loc. 4659/02, Bl. 12^{r-v}; das Schreiben datiert 16.12.1806.

»bis zu weiterer Anordnung« erteilt worden war; sie war vielmehr als einmalige Abweichung von der Regel gegeben worden.[37] Man wird daher annehmen müssen, dass der Oberhofprediger mit seiner zitierten Formulierung strategisch argumentierte, indem er sich davon die von ihm so sehr gewünschte Verlängerung der Erlaubnis erhoffte, über die Epistelperikopen zu predigen. Seine Hoffnung erfüllte sich aber nicht. Noch am selben Tag wurde seine Anfrage bearbeitet. Und in einem ebenfalls auf den 16. Dezember 1806 datierten Entwurf eines Antwortschreibens, das vom designierten Nachfolger von Burgsdorffs, Peter Karl Wilhelm von Hohenthal unterzeichnet ist,[38] wurde dem Oberhofprediger mitgeteilt, dass »Wir nunmehro für gut [befunden], die vorhin statt gefundene Ordnung vom Anfangs künftige Jahres 1807 an wiederum« zu praktizieren, d. h. vereinbarungsgemäß zu den Evangelien als Predigtgrundlage der Vormittagsgottesdienste zurückzukehren.[39]

Diese Episode im homiletischen Wirken Reinhards als Oberhofprediger in Dresden kann als Vorspiel zum Versuch einer umfassenden Reform des sächsischen Perikopenwesens angesehen werden. Denn obschon sich zwischen beiden Ereignissen keine direkten Verbindungslinien ziehen lassen,[40] so mag doch diese Episode ein Beleg für Reinhards starkes Interesse sein, auf eine Lockerung des Perikopenzwangs hinzuarbeiten.[41] Dass er dabei den evangelischen Hofgottesdienst, den auch die in evangelicis beauftragten Geheimen Räte in der Regel besuchten, in einer Vorreiterrolle für die gesamte sächsische Landeskirche sah, zeigte der Gang der weiteren Entwicklung.

III Die verheißungsvollen Anfänge der Perikopenreform (1808/09)

Ohne weitere, auf ein solches Vorhaben hindeutende Vorzeichen bat Reinhard am 15. November 1808 beim König um die Genehmigung einer neuen Perikopenreihe für den Hofgottesdienst im kommenden Jahr.[42] In Verlängerung pietistischer Reformforderungen und analog zu (spät-)aufklärerischen Parallelunternehmen,

37 SHStAD, Loc. 4659/02, Bl. 7-8 (Entwurf).

38 Am 19.1.1807 starb der bisherige Konferenzminister Christoph Gottlob von Burgsdorff. Bereits zuvor war Peter Karl Wilhelm von Hohnenthal die Verwaltung seines Geschäftsbereichs übertragen worden, bevor er im August 1807 offiziell in seine Nachfolge eintrat. Zu von Burgsdorff und von Hohenthal s. u. in Abschn. VI.

39 SHStAD, Loc. 4659/02, Bl. 13-14 (Entwurf).

40 Reichelt: Geschichte … (wie Anm. 2), 86 eröffnet mit Ausführungen zu Reinhards Episteljahrgang das zweite Kapitel seiner Darstellung, die er unter die Überschrift stellt: »Der Zeitraum des Experimentierens 1805/06-1839«. Reichelt vermutet ebd, 87 zwar, dass die Reinhard erteilte Ausnahmegenehmigung »[…] das Signal für weitere Veränderungen im P[erikope]nwesen in Sachsen [gewesen] sein [dürfte]«, direkt belegen kann er diese Ansicht aber nicht.

41 Reinhards Klagen über den Perikopenzwang notiert Reichelt: Geschichte … (wie Anm. 2), 87 f.

42 SHStAD, Loc. 4659/02, Bl. 17-19; abzüglich der formellen Anrede und der Schlussformel vollständig abgedruckt bei Dibelius: Die Perikopenordnungen … (wie Anm. 12), 92-94.

wie z. B. den Versuchen mit neuen Predigtperikopen in Sachsen-Weimar unter der Führung Johann Gottfried Herders[43], war sein Hauptanliegen hauptsächlich dadurch motiviert, damit einer dem Perikopenzwang angelasteten Unkenntnis der Bibel im Volk entgegenzuwirken. Reinhard hielt neue Perikopen für nötiger denn je, um, wie er sich ausdrückte, »in Zeiten, wie die unsrigen sind, die christlichen Gemeinen auch mit andern Teilen der heiligen Schrift bekannt zu machen und die Neigung, das Neue Testament insonderheit fleissig selbst zu lesen, auf alle Weise zu wecken und zu leiten«.[44] Um möglichen Einwänden der Minister zuvorzukommen, beeilte er sich klarzustellen, dass sein Vorschlag »gar nicht auf eine gänzliche Abschaffung der evangelischen Perikopen, sondern nur auf einen von Allerhöchst denenselben künftig noch genauer zu bestimmenden Wechsel mit denselben«[45] abzielte. Wie ein solcher Wechsel von neuen und alten Perikopen aussehen sollte, stellte er damit der Überlegung und Entscheidung der Minister in evangelicis anheim. Den Vorschlag einer neuen Textreihe fügte er seinem Schreiben mit bei.[46]

Für die Komposition der neuen Predigtperikopen war bei ihm der Gedanke leitend, insbesondere den Hauptfesten des Kirchenjahres adäquate Bibeltexte zuzuweisen. In diesem Zusammenhang versuchte er u. a., chronologische Widersprüche zu vermeiden, etwa wenn, wie in den alten Evangelien, die Abschiedsreden Jesu nach Ostern und vor Pfingsten eingereiht waren. An den Anfang des Kirchenjahres[47] setzte er für die Gottesdienste im Advent alttestamentliche Land-, Bundes- und Heilsverheißungen. Diesen folgten für den Weihnachts- und Osterfestkreis Texte, die von der Menschwerdung Jesu, von der Verkündigung des Täufers, von Jesu Wirken und Leiden sowie von seinem Tod und Auferstehung handelten. Mit Pfingsten setzte bei seinem Vorschlag dann eine lange Reihe von Texten aus

43 Herder richtete als Generalsuperintendent am 4. Mai 1789 eine Eingabe an den Großherzog, in der er beklagte, dass den »Gemeinden [...] ausser diesen Evangelien die Bibel so gut als unbekannt bleibt [...] Manche Gemeinden sind also gerade zu unserer Zeit beinahe in dem Fall, in dem man unter dem Papismus war, nämlich dass ihnen der grösste, vielleicht erbaulichste, aufmunterndste Teil der Bibel ein unbekanntes oder doch ungenütztes Buch bleibt«; zit. nach Dibelius: Die Perikopenordnungen ... (wie Anm. 12), 89.

44 SHStAD, Loc. 4659/02, zit. nach Dibelius: Die Perikopenordnungen ... (wie Anm. 12), 94.

45 Ebd, zit. nach Dibelius: Die Perikopenordnungen ... (wie Anm. 12), 93 f.

46 SHStAD, Loc. 4659/02, Bl. 21-22: »Stellen der Schrift, welche statt der gewöhnlichen Evangelischen Perikopen im Jahre 1809, gebraucht werden könnten.«; darin mit Rot einige Änderungen vorgenommen, die Dibelius: Die Perikopenordnungen ... (wie Anm. 12), 95-97 dokumentiert; vgl. zu dieser Textreihe auch Reichelt: Geschichte ... (wie Anm. 2), 94-98 (die Texte sind ebenfalls aufgelistet ebd, Anhang: A. 45).

47 Wenngleich Reinhard seinen Antrag für den Beginn des Kalenderjahres 1809 stellt, hält er bei der inhaltlichen Konzeption der Perikopenreihe dennoch am Gedanken des Kirchenjahres fest. Von einer Auflösung des Kirchenjahresgedankens kann deswegen also nicht die Rede sein.

der Apostelgeschichte ein, in der das Wirken der Jünger und die Ausbreitung der Kirche thematisiert wurden.[48]

Minister von Hohenthal und die übrigen in evangelicis beauftragten Geheimen Räte erklärten sich umgehend mit Reinhards Vorschlag grundsätzlich einverstanden.[49] Allerdings wurden am eingereichten Perikopenentwurf einige Ergänzungen und Änderungen vorgenommen.[50] Nichtsdestotrotz war im Ergebnis für Reinhard der Weg frei, im Kalenderjahr 1809 im Dresdner Hofgottesdienst erstmals über eine völlig neue Perikopenreihe zu predigen.[51] Während er noch mit seinen Predigten über die neuen Texte beschäftigt war, stellte er am 3. Oktober 1809 aber schon einen weiteren Antrag: nämlich die von ihm im Hofgottesdienst ihrer praktischen Bewährung unterzogenen neuen Perikopen im Jahr 1810 für alle Kirchen der sächsischen Lande verbindlich zu machen.[52] Wie sich jetzt zeigte, schien dieses gestufte Vorgehen von ihm von Anfang an geplant gewesen zu sein. Für den Fall, dass das Geheime Konsilium seinem Antrag zustimmten sollte, stellte Reinhard es zugleich der Entscheidung der Geheimen Räte anheim, »ob dieser Gebrauch [sc. der neuen Texte; A. S.] mit dem Anfange des kirchlichen, oder, wie es bey Allerhöchst=Dero Hofgottesdienst gehalten worden ist, mit dem Anfange des bürgerlichen Jahres Statt finden solle«.[53] Ging es nach Reinhards Plänen, sollte es bei der einmaligen Anwendung einer neuen Perikopenreihe allerdings nicht bleiben. Wie sein oben zitierter Antrag im weiteren Verlauf der Ausführungen zeigte, ging er bereits mit der Idee eines zweiten Jahrgangs neuer Perikopen schwanger. Denn er fragte zugleich an, wie er selbst im kommenden Jahr im evangelischen Hofgottesdienst weiter verfahren solle, ob er abermals über die neuen, historisch orientierten Perikopen

48 Diese letztere Entscheidung begründete Reinhard im Anschluss an sein oben genanntes Hauptanliegen damit (zit. nach Dibelius: Die Perikopenordnungen … [wie Anm. 12], 93): »[…] weil unsre Gemeinen mit dem wichtigen Buch der Apostelgeschichte und folglich auch mit dem darin beschriebenen Zustande der ältesten christlichen Kirche viel zu wenig bekannt zu sein pflegen. Wie viele und reiche Gelegenheit, Dinge von der grössten Wichtigkeit für die Belehrung und Besserung der Zuhörer zur Sprache zu bringen, dem Prediger hiermit gegeben sei, bedarf keines Beweises.«

49 SHStAD, Loc. 4659/02, Bl. 23-24 (17.11.1708); das Schreiben ist, wie auch alle weiteren in der Angelegenheit vom Geheimen Konsilium erlassenen, durch von Hohenthal unterzeichnet.

50 Beispielsweise wurden die Texte der Passionszeit von Estomihi bis Judica komplett mit anderen vertauscht; ebenso wurde der von Reinhard für Karfreitag vorgesehene Text Hebr 10,4-10 durch Lk 23,46 ersetzt. Auf wen diese Änderungen zurückgehen, ist unklar. Denkbar ist von Hohenthal, aber auch ein anderer *in evangelicis* beauftragter Geheimer Rat, möglicherweise Graf von Nostitz-Jänckendorff (s. zu ihm unten in Anm. 105).

51 Franz Volkmar Reinhard: Predigten. Bd. 29/30: Predigten im Jahre 1809 bei dem Königlich Sächsischen evangelischen Hofgottesdienste zu Dresden gehalten. Neueste nach dem Original-Manuscript revidirte Ausgabe. Sulzbach 1836.

52 SHStAD, Loc. 4659/02, Bl. 25-26.

53 Ebd, Bl. 26r.

oder über die alten Evangelien oder aber über eine zweite, neu zu konzipierende Textreihe predigen solle, für die er, sofern gewünscht, einen Vorschlag unterbreiten könne. Für die Konzeption dieser zweiten, nun stärker Lehrtexte berücksichtigenden Reihe stellte er in Aussicht, dass die darin enthaltenen Perikopen »eine Gelegenheit darböten, alle Hauptstücke der christlichen Glaubens= und Sittenlehre abzuhandeln: so dürften sie ein sehr nützliches Mittel der Erbauung werden, und manche Wahrheit zur Sprache bringen, welche bey den bisher gewöhnlichen Perikopen ohne Zwang nicht erläutert werden konnte«.[54]

Zwei Tage nachdem Reinhard dieses Ansinnen vorgetragen hatte, erhielt er vom Konferenzminister die zwar kurze, aber »gnädigste« Aufforderung, einen Vorschlag für eine zweite Perikopenreihe im vorgestellten Sinn zu unterbreiten.[55] Parallel dazu erging an das Oberkonsistorium der Befehl, alles Notwendige in die Wege zu leiten, dass mit Beginn des Jahres 1810 in allen Kirchen des Landes über die Texte der ersten Reinhardschen Perikopenreihe gepredigt werden könne.[56] Diesem Befehl war ein »Inserat« beigefügt,[57] in welchem – scheinbar unvermittelt – die Anregung ausgesprochen wurde, die alten evangelischen Perikopen, die weiterhin im Gottesdienst zur Verlesung kamen, einer vorsichtigen Revision zu unterziehen.[58] Rückblickend gesehen bedeutete das Inserat jedoch nicht nur den Startschuss zur Revision der alten evangelischen Perikopen, sondern zugleich der ganzen Agende, was durch landesherrliche Verordnung vom 19. Oktober 1809 dann auch offiziell wurde. Das Ergebnis der umfassenden Agendenrevision, in die sich die Überarbeitung der alten Perikopen als Teilprojekt einfügte, mündete in das Kirchenbuch von 1812, was allerdings ein eigenständiges Thema ist und hier nicht weiter verfolgt werden kann.[59]

54 Ebd, Bl. 25^{v}.

55 SHStAD, Loc. 4659/02, Bl. 29^{r} (Entwurf, datiert 5.10.1809).

56 SHStAD, Loc. 1902, Bl. 1^{r-v} (Ausfertigung [Abschrift]).

57 SHStAD, Loc. 4659/02, Bl. 30^{r-v} (Entwurf); SHStAD, Loc. 1902, Bl. 2^{r} (Ausfertigung [Abschrift]); abgedruckt bei Dibelius: Die Perikopenordnungen … (wie Anm. 12), 103 f.

58 Dabei sollten zum einen durch synoptische Parallelen gegebene Textdoppelungen eliminiert, und zum anderen sollte dem Neujahrstag als einem im bürgerlichen Festkalender zunehmend an Bedeutung gewinnenden Tag ein neuer Text zugewiesen werden. Denn in der kirchlichen Tradition wurde an diesem Tag der Beschneidung Jesu gedacht, weswegen auch Lk 2,21 das Evangelium des Tages war. Bereits Dibelius hatte gemeint, dass dieser Vorschlag nicht auf Reinhard zurückging, sondern vielleicht auf den an einer Perikopenreform selbst interessierten Konferenzminister von Hohenthal.

59 Siehe dazu Sachsenweger: Die Höhezeit des Rationalismus … (wie Anm. 13), 80-85; die Einführung der allgemeinen Beichte in den Dresdner Kirchen im Jahre 1812 (ebd, 85-94) gehört auch in diesen Zusammenhang. – Für die Festschrift zum 65. Geburtstag von Prof. Gerhard Graf (wie Anm. 11) hatte Günther Wartenberg einen Beitrag »Das Kirchenbuch von 1812« angekündigt, dessen Ausarbeitung aber durch seinen plötzlichen Tod (2007) verhindert wurde. So ist das Thema noch immer ein Desiderat der sächsischen Territorialkirchengeschichte.

Dass der »geschäftsführende Minister in evangelicis« die von Reinhard initiierte Perikopenreform zwischenzeitlich selbst zur »Chefsache« gemacht hatte, legte aber nicht nur das Inserat nahe, sondern auch der Schluss seines an das Oberkonsistorium gerichteten Schreibens. Denn hier äußerte von Hohenthal, möglicherweise im Anschluss an die von Reinhard in seinem Antrag vom 15. November 1808 den Räten in evangelicis anheimgestellte Entscheidung über den zukünftigen Rhythmus von alten und neuen Perikopen, zur weiteren Richtung der Reformbemühungen:

> »Ob und in welcher Weise Wir in den folgenden Jahren mit der Erklärung dieser Texte die Behandlung der evangelischen und epistolischen Perikopen, und nach Befinden, noch anderer vorzuschreibender Texte, welche eine Gelegenheit darbieten, alle Hauptstücke der christlichen Glaubens= und Sittenlehre abzuhandeln, abwechseln laßen wollen, darüber behalten Wir Uns vor, annoch Entschließung zu faßen, und euch solche zu seiner Zeit bekannt zu machen.«[60]

Diese Äußerung ist als Richtungsentscheidung in zweifacher Hinsicht aufschlussreich: Einerseits wird dem Oberkonsistorium, dem Reinhard selbst angehörte, bedeutet, dass die zweite Reihe mit neuen Perikopentexten, zu deren Ausarbeitung der Oberhofprediger eben erst den ministeriellen Auftrag erhalten hatte, nach dem Vorgang der ersten Perikopenreihe landesweite Verbindlichkeit erlangen könnte, und zwar ohne dass – wie noch beim ersten Mal – Reinhard selbst um diesen Schritt ausdrücklich gebeten hatte. Andererseits und an Tragweite weitreichender erscheint der Gedanke, »in den folgenden Jahren« die alten evangelischen und epistolischen Perikopen mit den zwei Reinhardschen Textreihen »abwechseln laßen [zu] wollen«. Damit wird im Zusammenhang des Vorgangs der Perikopenreform zum ersten Mal der Gedanke einer vierreihigen Textordnung, bestehend aus zwei Reihen alter und zwei Reihen neuer Perikopen, in den Raum gestellt. Wie bereits oben angedeutet, ist nicht auszuschließen, ja sogar wahrscheinlich,[61] dass Reinhard und von Hohenthal bei der ganzen Angelegenheit abgestimmt agierten. Zogen der »geschäftsführende Minister in evangelicis« und der oberste Geistliche des Landes aber tatsächlich an einem Strang, hätte die Perikopenreform eigentlich kaum scheitern dürfen. Da am Ende aber genau das dennoch passierte, stellt sich die Frage nach dem Grund in zugespitzter Weise.

IV Das Scheitern der Reform (1810) – gezielter Akt oder unglückliches Versehen?

Nachdem der Minister von Hohenthal bestimmt hatte, dass die neuen Predigtperikopen nicht mit Beginn des Kirchen-, sondern mit Beginn des neuen Kalenderjahres 1810 in den sächsischen Kirchen einzuführen seien, erarbeitete Reinhard noch

60 SHStAD, Loc. 1902: Bl. 1v.

61 Siehe dazu die Ausführungen unten unter Abschnitt VI.

auftragsgemäß den Vorschlag zu einer zweiten Textreihe.[62] Bei dieser Gelegenheit erläutert er nochmals ausführlich die dieser Perikopenreihe zugrunde liegende theologisch-liturgische Konzeption, an der u. a. die Berücksichtigung etlicher alttestamentlicher Texte auffällt.[63] Wenig später erteilte von Hohenthal dem Oberhofprediger dann die Erlaubnis, im kommenden Jahr im evangelischen Hofgottesdienst über die vorgeschlagenen neuen Perikopen zu predigen.[64] Zugleich wurde die oberste Kirchenbehörde angewiesen, diese Texte im Jahr 1811 für alle übrigen sächsischen Prediger verbindlich zu machen.[65] In diesem Zusammenhang wurde ferner der bislang nur angedeutete Plan einer neuen Perikopenordnung konkretisiert. Beginnend mit dem Jahr 1812 sollten demnach die zwei alten Perikopenreihen und die zwei neuen Reinhardschen Reihen »in vier auf einander folgenden Jahren abwechseln, auch nach deren Ablauf von 1816. an, dieselbe Reyhenfolge in Erklärung der biblischen Texte Statt finden [...] laßen«.[66] Damit wurde von oberster

---

62 SHStAD, Loc. 4659/2, Bl. 40 f (Anschreiben, datiert 23. November 1809). 42-44 (»Texte für ein vollständiges Kirchen=Jahr«). Den Brief zitiert Dibelius: Die Perikopenordnungen ... (wie Anm. 12), 97 f ausführlich; die Texte von Reinhards zweiter Perikopenreihe werden ebd, 98-102 dokumentiert; vgl. zu dieser Perikopenreihe auch Reichelt: Geschichte ... (wie Anm. 2), 99-103 (die Texte aufgelistet ebd, Anhang: A. 46).

63 Von einer grundsätzlichen Abneigung gegen das Alte Testament, wie sie der Aufklärungspredigt gelegentlich unterstellt wird, kann angesichts dieses Befundes und zahlreicher weiterer Belege von aufklärerischen Predigten über alttestamentliche Texte m. E. nicht pauschal und undifferenziert die Rede sein. Aus diesem Grund sind die entsprechenden Ausführungen bei Niebergall: Geschichte der christlichen Predigt (wie Anm. 7), 309 sowie bei Walter Rupprecht: Die Predigt über alttestamentliche Texte in den lutherischen Kirchen Deutschlands. Stuttgart 1962 (AzTh II/1), 113-122 zu revidieren. Rupprecht, der Reinhards alttestamentliche Perikopenreihe als »m. W. überhaupt der erste Entwurf einer fast vollständig alttestamentlichen Reihe« (ebd, 135; vgl. auch die weiteren Ausführungen ebd, 145 f) bezeichnet, entzieht diesen Predigtjahrgang des Dresdner Oberhofpredigers zu Unrecht einer Geschichte der alttestamentlichen Predigt in der Aufklärungszeit. Gründe für das relative Zurückgehen von Predigten über alttestamentliche Texte im 18. Jahrhundert im Vergleich zum 17. Jahrhundert ist selbst Gegenstand aufklärerischer Analyse; vgl. z. B. die bei Rupprecht nicht berücksichtigten Überlegungen von Josias Friedrich Christian Löffler: Warum in der neuern Zeit so wenig Gebrauch von dem alten Testamente im Religionsunterrichte, vorzüglich in Predigten gemacht wird? (1805) In: ders.: Kleine Schriften. Bd. 3. Weimar 1818, 189-194.

64 SHStAD, Loc. 4659/02, Bl. 46 (Entwurf, datiert 29. November 1809). – Die Predigten liegen gedruckt vor in: Franz Volkmar Reinhard: Predigten. Bd. 31/32: Predigten im Jahre 1810 bei dem Sächsischen evangelischen Hofgottesdienste zu Dresden gehalten. Neueste nach dem Original-Manuscript revidierte Ausgabe. Sulzbach 1836.

65 SHStAD, Loc. 1902, Bl. 17r. – Dibelius: Die Perikopenordnungen ... (wie Anm. 12), 103 in Anm. 1 zitiert aus diesem Schreiben, wobei die Passage, in der die Anweisung erteilt wird, dass 1811 die zweite Reinhardsche Perikopenreihe den Predigten in Sachsen zugrunde zu legen sei, bei ihm ausgelassen wird (die Auslassung ist durch »...« markiert).

66 SHStAD, Loc. 1902, Bl. 17r; ebenfalls zit. bei Dibelius: Die Perikopenordnungen ... (wie Anm. 12), 103 in Anm. 1.

staatlicher Stelle die landeskirchliche Verbindlichkeit einer neuen, vierreihigen Ordnung von Predigtperikopen offiziell und verbindlich in Aussicht gestellt. Bevor dieser Plan allerdings Wirklichkeit werden sollte, wollte der Minister die Meinung des Oberkonsistoriums hören.[67]

Erstaunlicherweise reagierte das Oberkonsistorium auf die Anfrage des Ministers nicht. Acht Monate verstrichen, ohne dass die Akten irgendwelche Hinweise auf die Aktivitäten und Entwicklungen in jener Zeit geben. Dieses Schweigen erscheint nach dem bisherigen Gang der Dinge durchaus rätselhaft. Gab es hinter den Kulissen Schwierigkeiten oder Konflikte? Deutete es auf Widerstände oder einen Meinungsumschwung? Tauchten neue Gesichtspunkte auf, die Gesprächsbedarf hervorriefen? Etc. etc. Obwohl eine Erklärung für die achtmonatige Überlieferungslücke in den Akten möglicherweise den Generalschlüssel zum Verständnis der nachfolgenden Ereignisse liefert, können die aufgeworfenen Fragen ohne die Hinzuziehung weiteren Materials nicht beantwortet werden.[68] Das aber würde den Rahmen der vorliegenden Studie sprengen und muss daher weiteren Nachforschungen vorbehalten bleiben. So aber kann lediglich konstatiert werden, dass die Akten als nächstes ein vom Konferenzminister unterzeichnetes Schreiben dokumentieren, mit dem sich dieser am 9. August 1810 erneut an das Oberkonsistorium wandte.[69] Darin

67 SHStAD, Loc. 1902, Bl. 17[r-v]: »Bevor Wir aber darüber bestimmt Entschließung faßen, begehren Wir an euch gnädigst, Uns wollet ihr: ob euch überhaupt dabey ein erhebliches Bedenken beygehe? Demnächst insonderheit: ob in Absicht der epistolischen Perikopen nicht auch eine oder die andere Änderung, wie wegen der evangelischen, im Inserat=Rescripte vom 5ten vorigen Monats angedeutet worden, rathsam seyn möchte? ingleichen: ob und welche Maasregeln zu den nöthigen Abänderungen in den Calendern, welche in Unsern Landen herausgegeben werden, zu nehmen seyn möchten? endlich ob an den Orten, wo an den Sonn= und Festtagen Nachmittags Gottesdienst mit Predigt gehalten wird, und nicht der bestehenden Observanz nach über den Catechismus gepredigt zu werden pflegt, eine Abwechslung mit den vorzuschreibenden biblischen Texten ebenfalls anzuordnen seyn möchte? euer ohnmaßgebliches Gutachten eröfnen.« – Zugleich fragte von Hohenthal an, inwiefern eine Revision der alten Episteln, analog zur bereits angeregten Revision der alten Evangelien, wünschenswert sei. S. dazu nochmals oben bei Anm. 57; vgl. hierfür auch Dibelius: Die Perikopenordnungen … (wie Anm. 12), 104.

68 Es gibt Hinweise, dass die öffentliche Meinung in ihrer Stellung zu Reinhards Perikopen differenzierter zu beurteilen ist, als bislang angenommen. Entgegen dem Anschein, dass die zwei neuen Textreihen auf nahezu ungeteilte Zustimmung in der sächsischen Geistlichkeit bzw. der kirchlichen Öffentlichkeit gestoßen sind, berichtet der mit den Vorgängen gut vertraute Reinhard-Biograf Pölitz: Franz Volkmar Reinhard … (wie Anm. 33) Bd. 1, 119, dass »gegen einige in diesen beiden Jahrgängen ausgewählte Texte, und namentlich über die Identität derselben mit manchen evangelischen und epistolischen Perikopen, in öffentlichen Blättern, besonders in der Jenaischen Literaturzeitung, nicht ungegründete Erinnerungen gemacht worden, welche sich aber wohl leicht beseitigen lassen dürften«. Vielleicht reagierte die durch von Hohenthal an Reinhard herangetragene Forderung, seine zwei Textreihen nochmals zu überarbeiten, auf solche öffentliche Kritik.

69 SHStAD, Loc. 1902, Bl. 20[r-v]; ausführlich zit. bei Dibelius: Die Perikopenordnungen … (wie Anm. 12), 104 f.

erinnerte er die oberste Kirchenbehörde zunächst an die längst überfällige Reaktion auf seine bislang unbeantwortete Anfrage aus dem November des Vorjahres.[70] Sodann gab er dem Vorhaben der in Aussicht genommenen Einführung einer neuen, vierreihigen Perikopenordnung eine unerwartete Wendung. Sollte nämlich der Zyklus von alten und neuen Texten ab 1812 tatsächlich kirchlich-liturgische Verbindlichkeit erlangen, schienen dem Konferenzminister nun nicht mehr nur die alten Evangelien- und Epistelreihen einer (vorsichtigen) Revision bedürftig, sondern auch die zwei Reinhardschen Perikopenreihen. Diese Forderung überrascht. Denn die neuen Perikopen hatten nach den geschilderten internen Überarbeitungen bislang stets die Zustimmung des Geheimen Konsiliums gefunden und waren im Einvernehmen mit diesem im Hofgottesdienst zur Erprobung gelangt. Wer stand also hinter diesem Ansinnen?

Was die behaupteten Mängel der Reinhardschen Perikopen betraf, trug der Minister diese in seinem Schreiben detailliert vor.[71] Eingeführt und begründet wurden sie mit Worten, denen nicht zweifelsfrei zu entnehmen ist, ob es sich um von Hohenthals eigene Bedenken oder um nur weitergereichte Einlassungen von dritter Seite handelte.[72] Die Antwort auf diese Frage findet auch hier einmal mehr ihre Grenze an den herangezogenen Akten, die dazu nichts Weiterführendes beinhalten.[73] Der folgende Gang der Dinge zeigt aber, dass mit der Forderung nach erneuter Überarbeitung der zwei Reinhardschen Perikopenreihen die Reform insgesamt zum Scheitern kam. Denn während der Oberhofprediger der ministeriellen Aufforderung, die alten Perikopen einer vorsichtigen Revision zu unterziehen,[74] anstandslos nachkam,

70 SHStAD, Loc. 1902, Bl. 20^{v}: »Nachdem Wir nun über diese Bemerkungen gleichfalls eure unmaasgebliches Dafürhalten zu vernehmen gemeinet sind, so begehren Wir an euch gnädigst, ihr wollet darauf bei Erstattung des vorstehend in Erinnerung gebrachten gutachtlichen gehorsamsten Berichts, mit Rücksicht nehmen.«

71 In der Summe formulieren die Änderungswünsche des Ministers ein recht umfängliches Revisionsprogramm. Allein der Punkt 4 (»Überhaupt wäre zu wünschen, dass die Reden Jesu noch mehr, als bisher geschehen, zu den Texten benutzt werden möchten«; zit. nach Dibelius: Die Perikopenordnungen … [wie Anm. 12], 105) hat das Potential, das theologisch durchdachte Profil von Reinhards Textreihen erheblich zu verändern.

72 Die Bedenken an Reinhards Perikopenreihen werden wie folgt eingeführt (SHStAD, Loc. 1902, Bl. 20^{r}; zit. nach Dibelius: Die Perikopenordnungen … [wie Anm. 12], 104): »Es ist uns das Bedenken beigegangen, ob nicht, ehe diese Abschnitte […] zu einer fortwährenden Norm und Abwechslung mit den älteren evangelischen und epistolischen Perikopen hinausgegeben werden, ratsam sein möchte, einige Abänderungen an ihnen zu treffen.«

73 Siehe dazu auch unten in Abschnitt VI bei Anm. 105.

74 SHStAD, Loc. 1902, Bl. 21 (undatiert; in der chronologisch aufgebauten Akte nach dem Dokument vom 9.8. und vor dem 14.9.1810 eingebunden). Den Änderungsvorschlag dokumentiert Dibelius: Die Perikopenordnungen … (wie Anm. 12), 104, allerdings mit irreführendem Bezug auf das Schreiben von Hohenthals vom 29.11.1809. Es dürfte kein Zweifel bestehen, dass der Vorschlag Reinhards in Bezug auf das ministeriale Schreiben vom 9.8.1810 abgefasst wurde, in welchem an die Einlösung der im Vorjahr geäußerten Gutachten gemahnt wurde. – Reinhards Änderungen an den alten Perikopen fanden

lehnte er es entschieden ab, seine eigenen Perikopen nochmals zu überarbeiten. Vor einer Sitzung des Oberkonsistoriums, in welcher über eine Antwort auf die Anfragen von Hohenthals beraten werden sollte, ließ der Oberhofprediger die anderen Oberkonsistorialen auf schriftlichem Wege wissen, dass er bei der Sitzung nicht anwesend sein werde, und zwar »weil ich iene Texte in unmaasgeblichen Vorschlag gebracht, und meine Meynung deutlich genug ausgesprochen habe [und] überdieß meines Orts kein Ursache [finde], von iener Meynung abzugehen«.[75] Diese Worte geben durchaus den verletzten Stolz des Oberhofpredigers zu erkennen. Die Kritik an seinen Perikopen wies er daher auch Punkt für Punkt zurück.[76] Das Ergebnis der deshalb in Abwesenheit des Oberhofpredigers stattgefundenen Beratung teilte das Oberkonsistorium am 17. September 1810 dem Minister mit.[77] Das eingeschickte Gutachten ist neben den drei übrigen Oberkonsistorialen aber auch von Reinhard unterschrieben, was signalisiert, dass die Stellungnahme in seinem Sinne war und er demnach innerhalb der Behörde keineswegs isoliert stand.[78]

Was nun die Frage nach der landesweiten Verbindlichkeit der zweiten Reinhardschen Perikopenreihe für das Jahr 1811 betraf, so erklärte sich das Oberkonsistorium mit ihr aus weiter unten dargelegten Gründen in der im Hofgottesdienst zur Erprobung gelangten Fassung einverstanden; ebenso damit, dass im Jahr 1812 die

überwiegende Aufnahme in die 1812 im Königreich Sachsen eingeführte neue Agende: Kirchenbuch für den evangelischen Gottesdienst der Königlich Sächsischen Lande auf allerhöchsten Befehl herausgegeben. Erster Theil. Dresden 1812; zu den hier abgedruckten Perikopen siehe Reichelt: Geschichte … (wie Anm. 2), 110-117.

75 SHStAD, Loc. 1902, Bl. 22 f, Zitat ebd, Bl. 22r; ausführlich zit. bei Dibelius: Die Perikopenordnungen … (wie Anm. 12), 105-109. – Der Sinn und Zweck dieses unadressierten, in halbseitigen Spalten notierten, auf den 14. September1810 datierten und von Reinhard selbst ge- und unterschriebenen Texts ist nicht ganz klar. Dibelius, ebd, 105 bezeichnet es als »Gutachten«, was m. E. die Sache nicht wirklich trifft. Mir scheint die Form des Texts eher darauf hinzudeuten, dass der Text vielleicht als Tischvorlage für die beratschlagenden Kollegen gedacht war, mit der diesen die (von ihnen dann nicht wahrgenommene) Möglichkeit geboten werden sollte, in der freien Spalte Korrekturen oder Ergänzungen anzubringen. Reinhard selbst formuliert als Intention (Bl. 22r): »[…] muß es aber von daher […] der Collegii überlassen, wohin das in dem höchsten Rescript erforderte Gutachten zu richten seyn dürfte. Vielleicht kan es aber dieses Gutachten erleichtern, wenn ich die Gründe auseinander setze, welche mich bey der Wahl der in Frage stehenden Texte geleitet haben. Diß thun zu dürfen, erbitte ich mir hiermit die Erlaubniß; und bescheide daher die im Rescripte zu einem Gutachten gesteleten Puncte mit einigen unmasgeblichen Bemerkungen.« Daran schließen sich die bei Dibelius: Die Perikopenordnungen … (wie Anm. 12), 106-109 zitierten Ausführungen Reinhards an.

76 Vgl. Dibelius: Die Perikopenordnungen … (wie Anm. 12), 105-109, der die Argumentation Reinhards vollständig dokumentiert.

77 SHStAD, Loc. 4659/02, Bl. 52-58.

78 Dibelius: Die Perikopenordnungen … (wie Anm. 12), 109 f fasst den Inhalt des umfangreichen oberkonsistorialen Gutachtens leider nur knapp zusammen, weil er in seiner Studie einseitig auf Reinhard und seinen Anteil am Geschehen fokussiert.

alte Evangelien in der von Reinhard vorsichtig überarbeiteten Form vorgeschrieben werden sollten.[79] Gegen von Hohenthals Plan aber, die Epistelreihe im Jahr 1813 als Predigttexte auszugeben, wandte man sich mit zwei Argumenten, die wenig plausibel erscheinen. Denn zum einen gab man zu bedenken, »daß manche der in hiesigen Landen angestellten Geistlichen nicht vermögen werden, über selbige, ihren und der Sache angemeßene, erbauliche und fruchtbringende CanzelVorträge zu halten«.[80] Zum anderen argumentierte man, dass in zahlreichen Stadtkirchen am Nachmittag bereits über die Episteln gepredigt würde, weswegen es unmöglich wäre, bereits am Vormittag über dieselben Texte zu predigen.[81] Aus diesem Grund regte man an, 1813 eine separate Reihe mit ganz neuen Episteltexten für die Vormittagspredigten zu entwerfen.[82]

Was aber den zentralen Punkt der Perikopenreform, nämlich den Plan eines vierjährigen Turnus betraf, erklärte man diesem aus dem Oberkonsistorium nun eine grundsätzliche Absage. Als kaum minder plausible Begründung äußerte man die Befürchtung, dass eben jene Kritik, die jetzt die alten Perikopen treffe, über kurz oder lang auch die zwei neuen Reihen treffen werde;[83] außerdem bedeute ein vierjähriger Turnus einen unklugen liturgisch-homiletischen Zwang, von dem grundsätzlich abzuraten sei. Unter Bezug auf die auch vom Minister geteilte Ansicht, durch neue Perikopen das Kirchenvolk mit dem Reichtum des biblischen Wortes bekannter zu machen, empfahl man stattdessen für diejenigen Jahre, in denen nicht über die alten evangelischen oder epistolischen Perikopen gepredigt werden sollte, jeweils stets neue Textreihen zusammenzustellen und rechtzeitig bekanntzumachen.[84] Was schließlich die ministerielle Aufforderung einer Überar-

79 SHStAD, Loc. 4659/02, Bl. 53^{r-v}.

80 Ebd, Bl. 53^{v}-54^{r}. – Worauf sich diese etwas merkwürdig anmutende Einschätzung stützt, ist mir weder ersichtlich, noch kann ich darüber mutmaßen.

81 Als hätte man in diesem Fall für die Nachmittagspredigten nicht die Evangelientexte vorschreiben können, so wie es im Fall von Reinhards Epistelpredigten 1806 im Hofgottesdienst der Fall gewesen war!

82 Dibelius: Die Perikopenordnungen … (wie Anm. 12), 109 f referiert diesen Punkt unzutreffend, heißt es doch (SHStAD, Loc. 4659/02, Bl 54^{r}): »[…] ob nicht auf dem Fall, daß *Allerhöchstdieselben* unsere […] [ein Wort unleserlich; A. S.] Zweifel gegründet erachten sollten, Statt den epistolischen Pericopen ebenfalls besondere Bibel Abschnitte auszuwählen seyn möchten, über welche bey dem Vormittags Gottesdienste sodann zu predigen wäre«.

83 Vorgeschoben erscheint dieses Argument im Kontext der von Reinhard und mutmaßlich auch von Tittmann eigentlich befürworteten Einführung des neuen, vierjährigen Turnus. Faktisch griff das Oberkonsistorium damit eine Argumentation auf, die ein »voreiliger Rezensent« in einer öffentlich publizierten Kritik an Reinhards Perikopenplan geäußert hatte, was den Oberhofprediger wiederum am 16. Februar 1810 zu einer privaten brieflichen Klarstellung gegenüber Karl Heinrich Ludwig Pölitz veranlasste; vgl. Pölitz: Franz Volkmar Reinhard … (wie Anm. 33), Bd. 1, 119 f.

84 SHStAD, Loc. 4659/02, Bl. 54^{r-v}: »Uiberhaupt aber hat uns die Bestimmung eines Vierjährigen turni für die den Vormittagspredigten zum Grunde zu legenden Texte, so wir solchem in dem allerhöchsten Rescripte vom 29. November vorigen Jahres angegeben ist, nicht so

beitung der zwei Reinhardschen Perikopenreihen betraf, so stellten sich die übrigen Oberkonsistorialen, einschließlich des Präsidenten, hinter die ablehnende Haltung des Oberhofpredigers.[85]

Die insgesamt offenkundig fadenscheinige Argumentation illustriert handgreiflich eine Zwickmühle, in der sich das Oberkonsistorium angesichts der ministeriellen Aufforderung nach Überarbeitung der Reinhardschen Perikopenreihen und des kategorischen Nein des Oberhofpredigers befand. Da von ministerieller Seite das Projekt einer neuen, vierreihigen Perikopenordnung – von wem auch immer veranlasst – an die Bedingung einer nochmaligen Überarbeitung der zwei Reinhardschen Textreihen geknüpft worden war, der Oberhofprediger aber aus verletztem Stolz nicht Willens war, darauf einzugehen, blieb den oberkonsistorialen Kollegen, sofern sie Reinhard nicht in den Rücken fallen wollten, gar nichts anderes übrig, als den Plan einer neuen Perikopenordnung in Gänze abzulehnen. Die stattdessen vorgeschlagene Alternative, je nach Bedarf zukünftig neue Textreihen vorzuschreiben, war unter diesen Umständen nur als Notlösung zu bezeichnen. Inwieweit das Oberkonsistorium unter anderen Ausgangsbedingungen – also ohne die ministerielle Aufforderung zur Revision der zwei Reinhardschen Perikopenreihen und der Verweigerungshaltung des Oberhofpredigers – über den Plan eines vierjährigen

zuträglich geschienen, daß wir auf dessen Normirung für immer anzutragen vermöchten. Denn zum Theil würde der Tadel, welcher die zeither in Ansehung der Evangelischen Pericopen bestandenen Einrichtung traf, auch diese Einrichtung treffen, und letztre in der Länge der Zeit ebenfalls Einförmigkeit den CanzelVorträgen, Trägheit unter den Predigern, und Gleichgültigkeit und Lauheit bey den Zuhörern hervorbringen, auch der in dem allerhöchsten Befehle vom 9ten vorigen Monats ad 2. angegebenen sehr zweckmäßigen Absicht, die Zuhörer immer mehr mit dem Inhalte der ganzen heiligen Schrift bekannt zu machen, nicht entsprechen, zu geschweigen, daß ein dergleichen Vorschrift einen für künftige Zeiten nicht wohl anzurathenden Zwang enthalten würde. Wir sind daher des unmaßgeblichen Dafürhaltens, daß auf die beabsichtigte Bestimmung einer festgesetzten Reihenfolge gewißer vorgeschriebener Texte für diejenigen Jahre, in welchen über die Evangelischen oder Epistolischen Pericopen nicht gepredigt werden soll, allemal besondere Texte auszuwählen und im Jahre zuvor bekannt zu machen seyn dürften.«

85 SHStAD, Loc. 4659/02, Bl. 54v-55r: »Soviel aber die auf das heurige Jahr bereits vorgeschriebenen, und für das künftige Jahr noch vorzuschreibenden Texte, so wie die deshalb durch das allerhöchste Rescript vom 9ten. vorigen Monats zu erkennen gegebene Bedenken insbesondere betrift, da beziehe ich der Oberhofprediger, mit allergnädigster Erlaubniß mich wegen der Gründe, welche mir ihre Beybehaltung rathsam erscheinen laßen, auf den fol: 22. Act: Loc: XLV. No: 254. befindlichen Aufsatz, und wir der Präsident und übrigen Räthe finden, da obgedachtermaßen auf eine Normirung für immer das Absehen hierunter nicht zu richten seyn dürfte, aus den in dem nurangezogenen Aufsatze angeführten Gründen kein Bedenken dabey, daß in sämtlichen LandesKirchen über die unterm 29. November vorigen Jahres zugefertigten Texten bey dem VormittagsGottesdienste im Jahre 1811. gepredigt […] würde.« – Der Hinweis »fol: 22. Act: Loc: XLV. No: 254.« bezieht sich unzweifelhaft auf das oben in Anm. 75 beschriebene Schriftstück Reinhards. Die Akte, in die diese Stellungnahme Reinhards eingebunden ist, trägt auf dem Umschlag die alte Beschriftung »No: 254.«, und auch die Blattnumerierung stimmt mit der angegebenen überein.

Turnus geurteilt hätte, bleibt zwar Spekulation. Vieles spricht aber dafür, dass die Zustimmung dazu gegeben worden wäre.[86] So aber scheiterte das Projekt einer neuen sächsischen Perikopenordnung bereits zu einem Zeitpunkt, an dem die darauf gerichtete Einführungsphase noch gar nicht an ihr Ende gelangt war.

V Das Nachspiel: der Weg zum neuen Perikopenbuch (1811-1840)

In der Folgezeit gelangte manches, aber keineswegs alles von dem, was das Oberkonsistorium in seinem für das Schicksal der Perikopenreform so fatalen Gutachten dem Minister vorgeschlagen hatte, zur Umsetzung:[87] 1811 wurde in allen Kirchen vormittags über die zweite Reinhardsche Perikopenreihe und nachmittags über die Psalmen gepredigt. Der Oberhofprediger erhielt in diesem Jahr die Genehmigung, im evangelischen Hofgottesdienst über eine dritte neue Textreihe zu predigen, die nahezu ausschließlich aus alttestamentlichen Texten zusammengestellt war.[88] Im Jahr darauf sollte er sich wieder mit den übrigen Predigern der sächsischen Lande vereinigen und wie diese vormittags über die alten Evangelien in der von ihm

86 Damit wende ich mich gegen die Deutung des Vorgangs bei Dibelius: Die Perikopenordnungen … (wie Anm. 12), 110 f, der aus dem Gutachten eine prinzipielle Abneigung des Oberkonsistoriums gegen eine Neuordnung des Perikopenwesens herausliest bzw. glaubt, dass Reinhard »allein […] der Träger des ganzen Bewegung« gewesen sei. Wenn Dibelius ebd, 111 meint, dass sich Reinhards Kollegen bislang lediglich »seinem persönlichen Einfluss gefügt [hatten], ohne innerlich für seine Sache erwärmt zu sein«, dann übersieht er, dass sich Reinhard mit seiner Unterschrift selbst hinter die im Gutachten vorgetragene Auffassung des Oberkonsistoriums stellte.

87 Das Antwortschreiben von Hohenthals datiert auf den 4.10.1810 (SHStAD, Loc. 1902, Bl. 31 f). Darin wird nicht nur die Verbindlichkeit der zweiten Reinhardschen Perikopenreihe in ihrer unrevidierten Form für das ganze Königreich Sachsen im Jahr 1811 festgestellt, sondern auch Folgendes (Bl. 31^{r-v}): »Demnächst ist im Jahre 1812. über die evangelischen Perikopen, jedoch mit den von euch vorgeschlagenen Veränderungen, im Jahre 1813. über die epistolischen Perikopen, mit den ebenfalls von euch vorgeschlagenenen Veränderungen, wiewohl in der Art, daß für den Sonntag Sexagesimae statt des Texts 1. Cor: XI. 19.-33. welcher zugleich den Text zu der epistolischen Pericope des grünen Donnerstags enthält, […] jene auch der Feyer dieses Tages angemessener ist, ein anderer […] Text vorgeschrieben werde, welchen Wir eurer Wahl aberlassen, zu predigen.« Für die Nachmittagsgottesdienste »ist den Geistlichen aufzugeben, daß sie gewiße, ihnen von euch vorzuschreibende Bücher der heiligen Schrift, nach der Reihe der einzelnen Capitel bei ihren NachmittagsPredigten zu erklären, […] Bei der Verlesung der gewöhnlichen Perikopen am Altare, hat es auch ferner sein Bewenden« (Bl. 31^{v}). Für das weitere Verfahren ab 1814 finden sich keine Angaben.

88 Der diesbezügliche Schriftwechsel zwischen Reinhard und dem Minister in: SHStAD, Loc. 4659/2, Bl. 72-84. Zum liturgischen Profil der Reihe siehe Reichelt: Geschichte … (wie Anm. 2), 104-107; die Texte aufgelistet ebd, Anhang: A. 47. – Franz Volkmar REINHARD: Predigten. Bd. 33/34: Predigten im Jahre 1811 bei dem Königlich Sächsischen evangelischen Hofgottesdienste zu Dresden gehalten. Neueste nach dem Original-Manuscript revidirte Ausgabe. Sulzbach 1836.

vorsichtig revidierten Fassung predigen; nachmittags aber sollte, wo es üblich war, über die ebenfalls leicht überarbeiteten Episteln gepredigt werden.[89]

Am 6. September 1812 verstarb der Oberhofprediger. Eine der treibenden Kräfte im Reformprozess fiel damit aus. Im darauffolgenden Jahr wurde vormittags entsprechend dem ursprünglichen Plan des Ministers über die Episteln, nachmittags aber über neue, nicht mit den evangelischen Perikopen übereinstimmende Texte aus den vier Evangelien gepredigt.[90] Der Vorschlag des Oberkonsistoriums, vormittags über eine ganz neue Epistelreihe zu predigen, gelangte demnach nicht zur Umsetzung. Nach der oberkonsistorialen Absage an von Hohenthals Plan, 1814 und 1815 über die zwei nochmals zu revidierenden Reinhardschen Textreihen zu predigen, fragte der Minister im August 1813 beim Oberkonsistorium an, wie stattdessen weiter zu verfahren sei, nämlich ob, wie im Gutachten vom Oberkonsistorium vorgeschlagen, eine neue Textreihe vorzuschreiben oder ob zu den Evangelien zurückzukehren sei.[91]

Die postwendende Antwort des Oberkonsistoriums ist bereits vom neuen Oberhofprediger Christoph Friedrich Ammon mit unterschrieben, der 1824 in den Adelsstand erhoben wurde.[92] Angesichts der vom Minister selbst vorgeschlagenen Alternative spricht man sich dafür aus, im Jahr 1814 zu den Evangelien zurückzukehren, was mit einer Würdigung des Werts der alten evangelischen Perikopen verbunden wird.[93] Diese Würdigung erschien dem Historiker, der sich zuerst mit den

---

89 Ein Schreiben des Oberkonsistoriums an den Minister, u. a. mit Hinweis auf die bevorstehende Einführung des neuen Kirchenbuchs, in: SHStAD, Loc. 4659/2, Bl. 62-65 (datiert 17.10.1810).

90 SHStAD, Loc. 4659/02, Oberkonsistorium an das Geheime Konsilium, Bl. 92 f (datiert 14.9.1812).

91 SHStAD, Loc. 1902, Bl. 47 (Ausfertigung; datiert 19.8.1813); Loc. 4659/02, Bl. 98 (Entwurf); vgl. Dibelius: Die Perikopenordnungen … (wie Anm. 12), 111.

92 SHStAD, Loc. 4659/02, Bl. 100 f (datiert 25.8.1813); vgl. Dibelius: Die Perikopenordnungen … (wie Anm. 12), 111 f mit Zitat aus diesem Schreiben.

93 SHStAD, Loc. 4659/02, Bl. 100^{v}-101^{r}: »Nach unserm unmaßgeblichen Erachten dürfte nun in dem nächstbevorstehenden Jahre wiederum über die Evangelischen Pericopen bey dem VormittagsGottesdienste so wie solche in das Kirchenbuch aufgenommen worden sind zu predigen seyn. Denn nicht nur daß die meisten derselben in unmittelbarer Beziehung mit den Sonn– und Festtagen stehen, an welchen über sie gepredigt werden soll, und daher gewißermaßen einen historischen Werth haben, sondern sie gewähren auch einen so reichhaltigen Stoff zum Nachdenken und zur Erbauung, daß ein geübter und fleißiger Prediger durch ihre öftere Behandlung, wohl nicht leicht in Gefahr kommen dürfte, sich in seinen Canzel=Vorträgen zu wiederholen, oder einseitig zu werden. Hierzu kömmt, daß einige Abwechslung in Ansehung der Predigttexte im künftigen Jahren schon dadurch entsteht, daß im heurigen Jahre, wie unterm 14. Septbr. vorigen Jahres von uns gehorsamst angezeigt worden ist, bey dem Vormittags=Gottesdienste über die epistolischen Pericopen, und bey dem Nachmittags=Gottesdienste über Texte aus den Vier Evangelien in dem Maße, daß dazu keine Stellen aus den Evangelischen Pericopen genommen werden, gepredigt wird.« Vgl. Dibelius: Die Perikopenordnungen … (wie Anm. 12), 112.

hier beschriebenen Vorgängen auseinandersetzte, noch wie ein Verrat an Reinhards Wirken für eine Perikopenreform.[94] Doch besteht nach den bisherigen Ausführungen für eine derart dramatische Sicht kein Anlass. Zwar ist nicht zweifelsfrei auszumachen, warum das Oberkonsistorium sich gegen eine neue Textreihe aussprach. Doch lassen sich mehrere mögliche Gründe für diese Entscheidung benennen.[95] Unter diesen Umständen schien es dem Oberkonsistorium vielleicht am bequemsten, auf die vorhandene Evangelienreihe zurückzugreifen, was der Minister im Übrigen selbst als Möglichkeit eingeräumt hatte. Die geäußerte Wertschätzung der alten Evangelien liest sich dann als der Versuch, die oberkonsistoriale Entscheidung zu begründen, ohne den Minister damit zu brüskieren.

Wie der Gang der Dinge zeigte, blieb von Hohenthal auch weiterhin ein engagierter Anwalt für die Sache einer Perikopenreform. Allerdings waren dem Oberkonsistorium seit seiner verhängnisvollen Ablehnung einer neuen Perikopenordnung für eine umfassende Reformlösung die Hände gebunden. Gemäß dem eigenen Vorschlag musste man sich in der Folgezeit mit gelegentlichen Abwechslungen in den Predigttexten begnügen, sei es, dass wiederholt die epistolischen Perikopen zur Grundlage der sonn- und festtäglichen Vormittagspredigten bestimmt wurden (z. B. 1816) oder dass neue Textreihen für einzelne Kirchenjahre ausgearbeitet und vorgeschrieben wurden (1816/17: neue evangelische Texte; 1819/20: alttestamentliche Texte; 1822/23: eine Mischung aus Evangelien- und Episteltexten u.s.w.).[96] Eine neue Perikopenordnung konnte dieses permanente ad-hoc-Verfahren nicht ersetzen.

Eine erste Wendung hin zu einer grundsätzlichen Lösung bedeutete daher die durch von Ammon vorangetriebene Entscheidung, ab 1830 zunächst den bereits vor Jahren vorgeschlagenen vierjährigen Turnus einzuführen. Demnach sollte

94 Dibelius: Die Perikopenordnungen … (wie Anm. 12), 112: »[…] dass man die grosse Arbeit *Reinhard's*, nachdem dieser kaum die Augen geschlossen, zu den Toten werfen wolte, […]«

95 Zum einen entsprach der vom Oberkonsistorium vorgetragene Plan, je nach Bedarf neue Textreihen auszuarbeiten und vorzuschreiben, ja keinem wirklichen Bedürfnis, sondern war – wie dargelegt – eine Verlegenheitslösung, die sich aus der erzwungenen Ablehnung des ministeriellen Vorschlags der vierreihigen Perikopenordnung ergab. Angesichts des Umstandes, dass 1810 und 1811 über neue Texte sowie 1813 über die Episteln gepredigt wurde, mochte der Bedarf, 1814 erneut über neue Perikopen zu predigen, als eher gering eingeschätzt worden sein. Zum anderen hatte der Minister klare Vorstellungen geäußert, wie eine neue Textreihe beschaffen sein sollte, nämlich dass sie Texte der vier Evangelien, besonders aber des Evangeliums nach Johannis, berücksichtigen sollte. Vgl. dazu SHStAD, Loc. 4659/02, Bl. 98^{r-v} (Entwurf): »[…] sind zugleich unvorgreifliche Vorschläge wegen der zu wählenden Texte Uns von euch vorzulegen, und Wir geben eurer Erwägung anheim ob nicht dabei auf die vier Evangelien, und besonders auf das Evangelium Johannis, und solche Abschnitte dieser vier Bücher, welche in den bisherigen Perikopen nicht erklärt zu werden pflegen, Rücksicht zu nehmen seyn dürfte.«

96 Vgl. dazu Dibelius: Die Perikopenordnungen … (wie Anm. 12), 112-125; Reichelt: Geschichte … (wie Anm. 2), 129-176.

im ersten und zweiten Jahr über die Evangelien bzw. die Episteln und im dritten und vierten Jahr über jeweils von der Kirchenbehörde festzulegende, neue Texte gepredigt werden. Im Kirchenjahr 1833/34 wurde dafür beispielsweise auf die Reinhardschen Perikopen von 1811 zurückgegriffen. 1840 hatte aber auch dieses Interim ein Ende. Die sächsische Landeskirche bekam nun endlich das langersehnte neue Perikobenbuch.[97] Dieses umfasste, so wie es von Hohenthal in mutmaßlicher Übereinstimmung mit Reinhard einst vorgeschlagen hatte, vier Reihen, bestehend aus einer evangelischen, einer epistolischen, einer historischen und einer Reihe mit Lehrtexten. Dieses Perikopenbuch war rund ein halbes Jahrhundert im Gebrauch, bevor es 1892 durch ein neues ersetzt wurde.[98]

VI Die sächsische Perikopenreform am Beginn des 19. Jahrhunderts im Kontext von Spätpietismus, Aufklärung und Erweckungsbewegung

Blicken wir am Ende der Ausführungen nochmals auf den gescheiterten Versuch einer Reform des sächsischen Perikopenwesens am Beginn des 19. Jahrhunderts zurück, so kann in kirchengeschichtlicher Perspektive Folgendes resümiert werden: Den initialen Anstoß zu dieser Reform gab der Dresdner Oberhofprediger Franz Volkmar Reinhard. Mit seinem Anliegen sprach er, wenn vielleicht auch nicht allen, so doch den meisten Theologen[99] und Pfarrern der Landeskirche aus dem Herzen.[100] Wie sein Rekurs auf Spener bei der Begründung des Reformvorhabens zeigte, stand das Vorhaben nicht nur im Einklang mit der aufklärerischen, sondern auch mit der pietistischen Kritik am Perikopenzwang.[101] Unklar ist, wie sich Reinhard zum Zeitpunkt seines ersten Antrages für eine neue Perikopenreihe im evangelischen Hofgottesdienst die Lösung des Perikopenproblems im Blick auf die gesamte Landeskirche vorstellte. Man kann erwägen, ob er zunächst noch gar nicht das Ziel einer neuen Perikopenordnung verfolgte, sondern vielmehr an jährlich neu zu bestimmende Predigttexte dachte.[102] In diesem Fall wäre der »geschäftsführende

97 PERIKOPEN-BUCH FÜR DIE EVANGELISCHEN KIRCHEN DES KÖNIGSREICHS SACHSEN. 2 Tle. Dresden 1840/42. Vgl. dazu Reichelt: Geschichte … (wie Anm. 2), 177-271.

98 PERIKOPEN FÜR DIE EVANGELISCH-LUTHERISCHE LANDESKIRCHE DES KÖNIGREICHS SACHSEN. Leipzig 1892. Vgl. hierzu bei Reichelt: Geschichte … (wie Anm. 2), 272-344.

99 Zu Johann Georg Rosenmüllers (1736-1815) und Heinrich Gottlieb Tzschirners (1778-1828) Auffassungen in der Perikopenfrage siehe Reichelt: Geschichte … (wie Anm. 2), 118-122 (Rosenmüller); 123-129 (Tzschirner).

100 Vgl. zur öffentlichen Kritik an Reinhards Perikopen aber nochmals oben in Anm. 68.

101 Der von Spener ausgehenden Linie der Kritik am Perikopenzwang im 18. Jahrhundert widmet Reichelt: Geschichte … (wie Anm. 2), 36-68 erhellende Ausführungen.

102 In diese Richtung weist eine Bemerkung des Glauchaer Superintendenten Andreas Gottlob Rudelbach (1792-1862), eines herausragenden Vertreters des sächsischen Neuluthertums. Im Zusammenhang der Diskussionen um eine Perikopenreform in den 1830er Jahren trat er mit einem kirchenamtlichen Gutachten an die Öffentlichkeit, für das er Einblick in die oberkonsistorialen Akten genommen hatte. Möglicherweise auf dieser Grundlage kam er

Minister in evangelicis« von Hohenthal der eigentliche Ideengeber für eine ab 1812 avisierte neue Perikopenordnung gewesen. Wahrscheinlicher ist aber, dass diese Idee auf Reinhard selbst zurückging[103] und er sie hinter den Kulissen mit dem Konferenzminister abgesprochen hatte, der sie dann offiziell lancierte. Diese Überlegung setzt allerdings eine nähere Beziehung zwischen dem Oberhofprediger und dem Konferenzminister voraus. Gibt es Hinweise, die eine solche Annahme stützen?

Durch die obigen Ausführungen ist kaum zweifelhaft, dass Peter Karl Wilhelm von Hohenthal als Konferenzminister des Departements für Religions- und Kirchenangelegenheiten frühzeitig hinter dem von Reinhard initiierten Anliegen einer Perikopenreform stand und sich dafür selbst stark engagierte. Dass er dabei in enger Abstimmung mit Reinhard agierte, könnte zunächst vielleicht aus dem Umstand geschlossen werden, dass von Hohenthal reichlich zweieinhalb Jahre nach dem Tod des Oberhofpredigers die Witwe des Verstorbenen, Ernestine geb. von Charpentier, ehelichte. Ohne entsprechende, bereits zuvor geknüpfte private Kontakte, ist dieser Schritt schwer nachvollziehbar. Auf eine freundschaftliche Beziehung zwischen Reinhard und von Hohenthal deuten aber auch einige öffentlich geäußerte Worte des Ministers hin. Vom Verleger um ein Vorwort zum fünften und letzten, postum erschienenen Band von Reinhards System der christlichen Moral gebeten, leitete die inzwischen wiederverheiratete Witwe Reinhards die Bitte an ihren neuen Gatten weiter, der in einer Vorerinnerung auf diesen Vorgang zu sprechen kam und bemerkte: »Ich habe diesem Wunsch um so lieber erfüllt, da ich dem vieljährigen freundschaftlichen Umgange mit dem Verewigten und seinen Belehrungen viel, sehr viel zu verdanken habe.«[104] Sofern man diese Äußerung nicht als Floskel abtun

---

zu dem Schluss, dass Reinhard »im Jahr 1809 seinen Wunsch in Erfüllung gehen sah, daß eine neue Perikopenreihe, *zuerst mit unbestimmter Wiederkehr*, neben den gewöhnlichen Perikopen eingeführt wurde«; Andreas Gottlob RUDELBACH: Amtliches Bedenken über die zweckmäßige Einrichtung der kirchlichen Perikopen. In: DERS.: Die Sacrament-Worte oder die wesentlichen Stücke der Taufe und des Abendmahls, historisch-kritisch dargestellt. Nebst zwei theologischen Gutachten über die Sächsische Kirchen-Agende von 1812, und über das Perikopen-System. Leipzig 1837, 117-133, Zitat ebd, 122 (Hervorhebung A. S.).

103 Der auch in der Perikopenfrage mit Reinhard in engem Briefkontakt stehende, in vielem hervorragend informierte Karl Heinrich Ludwig Pölitz reklamiert die Idee des vierjährigen Turnus für den Oberhofprediger; Pölitz: Franz Volkmar Reinhard … (wie Anm. 33), Bd. 1, 118.

104 Franz Volkmar REINHARD: System der christlichen Moral. Fünfter Band. Nebst einer Vorerinnerung von Peter Carl Wilhelm von Hohenthal. Wittenberg 1815, III-VIII (Vorerinnerung, datiert 16. August 1815), Zitat ebd, VII. – Ob der Verfasser eines Nachrufs auf von Hohenthal sich bei seiner Erwähnung der engen, freundschaftlichen Beziehung zwischen Reinhard und dem Minister auf die zitierte Vorerinnerung oder auf eine andere Quelle stützt, vermag ich nicht zu entscheiden: N.N.: Peter Karl Wilhelm Graf von Hohenthal: eine kurze Darstellung seiner Lebens- und Handelsweise. Aus d[em] neuen Nekrolog d[er] Deutschen 3ter Jahrg[ang] besonders abgedr[uckt]. Zum Besten der Gesellschaft zu Rath und That. Ilmenau 1827, 14: »Mit dem unvergeßlichen Oberhofprediger D. *Reinhard* hatte er [sc. Von Hohenthal; A. S.] mehrere Jahre hindurch einen höchst innigen und vertrauten Umgang.«

will, erscheint von Hohenthals fatale Forderung nach erneuter Überarbeitung der zwei Reinhardschen Perikopenreihen entweder als unbedachte Eigenmächtigkeit oder aber – viel wahrscheinlicher – als Folge einer Einmischung von dritter Seite. Wer aber könnte die von Hohenthal dann nur weitergereichte Kritik an Reinhards Perikopen vorgebracht und deren Berücksichtigung eingefordert haben? Man muss hier wohl an eine mit von Hohenthal gleichrangige Person denken, also einen anderen in evangelicis beauftragten Geheimen Rat oder an den Präsidenten des Oberkonsistoriums.[105] Die Involvierung dieses Personenkreises in den Prozess der Perikopenreform ist auf der vorhandenen Quellenbasis allerdings nicht weiter aufzuhellen und muss – wie bereits gesagt – zukünftigen Forschungen vorbehalten bleiben.

Blickt man daher nochmals auf den neben Reinhard zweiten maßgeblichen Protagonisten der sächsischen Perikopenreform, Peter Karl Wilhelm Graf zu Hohenthal, so sticht an ihm zunächst dessen theologisches Profil ins Auge. Denn während man Reinhard den Reihen der Aufklärungstheologie zurechnen kann, kommt mit dem Konferenzminister ein spätpietistisch beeinflusster Vertreter in den Blick, bei dem sich zahlreiche Berührungspunkte zur Herrnhuter Brüdergemeine nachweisen lassen (s. u.). Dieser Umstand ist für ein Mitglied des Geheimen Konsiliums bzw. einen in evangelicis beauftragten Geheimen Rat für sächsische Verhältnisse

105 Besonders interessant ist in diesem Zusammenhang die Personalie Gottlob Adolf Ernst von Nostiz-Jänckendorf (1765-1836). Er war von 1806 bis 1809 Präsident des Oberkonsistoriums; seit 1810 bekleidete er das Amt eines Konferenzministers im Geheimen Konsilium, wo er auch als *in evangelicis* beauftragter Geheimer Rat tätig war (das geht aus einem von ihm angebrachte Sichtvermerk auf dem Entwurf eines Schreibens an das Oberkonsistorium vom 5. Oktober 1809 hervor; SHStAD, Loc. 4659/02, Bl. 29r-30r). Von Nostitz-Jänckendorf war als aktiver Freimaurer und als religiöser Schriftsteller (Pseud.: Arthur v. Nordstern) der Vertreter einer dezidiert aufklärerischen Frömmigkeit, ebenso wie sein Nachfolger im Amt des Oberkonsistorialpräsidenten (seit 1810), Heinrich Victor August Freiherr von Ferber (1770-1821). Die Beiden können gegenüber der pietistischen, Herrnhut nahestehenden Ministerriege, zu der u. a. Karl Peter Wilhelm von Hohenthal zu zählen ist (s. u.), als mehr der Aufklärung und ihres Gedankenguts verpflichtete Vertreter der sächsischen Ministerialbürokratie angesehen werden. Wie in vielen Punkten, so auch im Zusammenhang der Perikopenreform, sind Pietismus und Aufklärung aber nicht als Gegensatz, sondern vielmehr als Verbündete anzusehen. So kann es nicht verwundern, wenn beispielsweise von Nostitz-Jänckendorf und von Ferber mit den der pietistischen Partei zuzurechnenden Ministern von Hohenthal und von Einsiedel in der Dresdner Bibelgesellschaft zusammenarbeiteten. – Zur engen Zusammenarbeit Reinhards mit den zwei Genannten im von Dresdner Freimaurern 1803 initiierten »Verein zu Rath und That«, dem ab 1810 Konferenzminister von Nostitz und Oberkonsistorialpräsident von Ferber vorstanden, vgl. Karl Spazier: D. Reinhard's Todtenfeier in Dresden. In: Zeitung für die elegante Welt 12 (1812) Nr. 228 vom 14. November, 1817 f; Pölitz: Franz Volkmar Reinhard … (wie Anm. 33) Bd. 2, 268; Dirk Hempel: Literarische Vereine in Dresden. Kulturelle Praxis und politische Orientierung des Bürgertums im 19. Jahrhundert. Berlin; New York 2008, 66; hier 67 Erwähnung der Mitgliedschaft von Nostitz-Jänckendorfs in einer Dresdner Freimaurerloge.

keineswegs ungewöhnlich, sondern bezeichnet vielmehr eine Eigentümlichkeit, die auf etliche Vertreter der hiesigen Ministerialbürokratie seit der zweiten Hälfte des 18. Jahrhunderts zutrifft.[106] In Kenntnis dieses bislang allerdings noch kaum erforschten[107] Sachverhaltes beschloss Günther Wartenberg seinen Literaturbericht zum Pietismus in Sachsen mit folgendem, bemerkenswertem Ausblick: »Während der Pietismus in Kursachsen auf Gemeindeebene und innerhalb der Pfarrerschaft keine Resonanz fand, wurde er nach der allgemeinen Katastrophe von 1763 zum Motor weitreichender Veränderungen.«[108] Als eine dieser Veränderungen kann zweifelsohne die Perikopenreform am Beginn des 19. Jahrhunderts eingeschätzt werden, an der aus den Reihen eines für den Spätpietismus aufgeschlossenen sächsischen Beamtenadels neben von Hohenthal auch der bereits erwähnte Christoph Gottlob von Burgsdorff sowie Detlef von Einsiedel mitgewirkt haben. Die spätpietistische Profilierung der drei Genannten soll abschließend kurz umrissen werden.

Christoph Gottlob von Burgsdorff war derjenige, der als »geschäftsführender Minister in evangelicis« den Episteljahrgang Reinhards im Jahr 1806 genehmigt hatte (s. o. 2.). Über seine Mutter, Henriette Sophie von Gersdorff,[109] war er mit Nikolaus Ludwig Graf von Zinzendorf verwandt; sie waren Cousins. Vielleicht auch aus diesem Grund ist dem spätpietistisch beeinfussten[110] Minister die Zinzendorf-Biographie Gottlieb Benjamin Reichels gewidmet, mehr noch aber wohl wegen

106 Horst Schlechte: Pietismus und Staatsreform 1762/63 in Kursachsen. In: Archivar und Historiker: Studien zur Archiv- und Geschichtswissenschaft. Zum 65. Geburtstag von Heinrich Otto Meisner/ hrsg. von der Staatlichen Archivverwaltung im Staatssekretariat für Innere Angelegenheiten. Berlin 1958, 364-382; ders.: Einleitung (wie Anm. 23), 5-122.

107 Dem Thema ist ein Dissertationsprojekt Lutz Bannerts gewidmet, das zum Zeitpunkt der Manuskriptabgabe des vorliegenden Beitrages (Januar 2013) allerdings noch nicht abgeschlossen war; eine Projektbeschreibung gibt der Verfasser in: Lutz Bannert: Religiöse Prägung und Reformhandeln in der Spätaufklärung: neue Untersuchungen zum sächsischen Rétablissement (1762-1806). Neues Lausitzisches Magazin N. F. 14 (2011), 101-110.

108 Günther Wartenberg: Der Pietismus in Sachsen – ein Literaturbericht. PuN 13 (1987), 103-114, Zitat ebd, 114 mit zustimmendem Hinweis auf Schlechtes Arbeiten.

109 Henriette Sophie von Gersdorff stand mit August Hermann Francke in intensivem Briefkontakt (20 Briefe von ihr im Archiv der Franckeschen Stiftungen im Zeitraum 1709-1726 überliefert). Ihre Mutter war Henriette Catharina von Gersdorff, die Förderin Speners und Erzieherin Zinzendorfs, ihres Enkels. 1721 war Henriette Sophie Stifterin des Großhennersdorfer »Katharinenhofes«, eines Waisenhauses nach Halleschem Vorbild; vgl. Robert Langer: Pallas und ihre Waffen: Wirkungskreise der Henriette Catharina von Gersdorff. Dresden 2008, 217. 221; Walter Erbe: Zinzendorf und der fromme hohe Adel seiner Zeit. Leipzig 1928, 93.

110 Auf von Burgsdorffs Hinneigung zu einer traditionsorientierten, dem Pietismus verbundenen Theologie und Frömmigkeit weist vielleicht auch ein Besuch hin, den der erweckungstheologisch geprägte Jung-Stilling bei einer Reise durch Sachsen im März 1803 dem »verehrungswürdigen Minister von Burgsdorf« in Dresden abstattete, von welchem er bei dieser Gelegenheit »[…] wie ein christlicher Freund empfangen [wurde]«; Johann Heinrich Jung-Stilling: Lebensgeschichte/ hrsg. von Gustav Adolf Benrath. Darmstadt 1976, 586.

seines schon am Ende des 18. Jahrhunderts mit Anerkennung und Zustimmung bedachten Eintretens für die Reinheit der lutherischen Lehre.[111] Insofern nimmt es nicht wunder, wenn von Burgsdorff im Jahr 1800 die Anschaffung der Reformationspredigt Reinhards allen Kirchen des Landes verordnete und ihr damit jene – kirchengeschichtlich verschiedentlich missdeutete, weil völlig überschätzte – Bedeutung verlieh, die sie in den Augen ihres Autors zum Zeitpunkt ihrer Abfassung nie hatte.[112]

Der für die Sache der Perikopenreform zu Lebzeiten Reinhards auf maßgebliche und nach dessen Tod auch weiterhin auf rührige Weise tätige[113] Peter Karl Wilhelm Graf von Hohenthal war Sohn des in der Restaurierungskommission von

---

111 Gottlieb Benjamin Reichel: Leben des Grafen von Zinzendorf, Stifters der Brüdergemeine. Leipzig 1790. – Die Dedikationszuschrift ergeht an von Burgsdorff als Präsidenten des Oberkonsistoriums. Reichel begründet diese Widmung offiziell damit, dass der Widmungsempfänger sich »ganz besondre, von jedem aufmerksamen Beobachter hinlänglich anerkannte Verdienste um die Reinheit der christlichen Lehre« (ebd, *3^{r-v}) verdient habe.

112 Aufschlussreich ist in dieser Hinsicht ein Brief Reinhards an Maximilian Friedrich Scheibler: Aus dem Leben Franz Volkmar Reinhards: in einigen Briefen von demselben an den Herausgeber. Leipzig 1823, 24-30 (Dresden, den 22. April 1801), in welchem der Oberhofprediger erklärt (ebd, 25 f): »Vielleicht werden Sie von dem Aufsehen gehört haben, das eine am vorigen Reformationstage von mir gehaltene, und freilich auf eine etwas ungewöhnliche Art ins Publicum gebrachte Predigt in der theologischen Welt verursacht hat. Ich sprach an diesem Feste ganz unbefangen einmal von der freyen Gnade Gottes in Christo, als von der Lehre, deren Erneuerung die Evangelische Kirche ihr Daseyn schuldig sey. Zufälliger Weise machte dieser Vortrag auf die anwesenden Cabinetts= und Conferenzminister des Churfürsten einen so großen Eindruck, daß sie beschlossen, diese Predigt, mit einem Rescript an der Stirne, einzeln drucken, und an alle Geistliche des ganzen Landes mit der Anweisung vertheilen zu lassen, daß sie die darin enthaltenen Wahrheiten fleißig vortragen, und den Charakter ächt evangelischer Prediger behaupten möchten. Es that mir leid, daß das Ministerium diese Maßregel ergriff, weil ich Rescripte, welche nicht die Kirchenzucht, sondern das Dogma betreffen, nie gebilligt habe. Allein es war nicht in meiner Macht, die Sache zu hintertreiben, ich mußte gehorchen. Was ich aber vorher sah, das erfolgte. Von allen Seiten her erhob sich die Stimme der Mißbilligung über diese Predigt.« Wenn der Eindruck Reinhards zutreffend ist, dann war das von Burgsdorff unterzeichnete Reskript nicht ausschließlich seiner theologischen Lesart der Predigt verpflichtet, sondern zugleich auch anderer, möglicherweise gleich ihm spätpietistisch gesonnener Minister im Geheimen Konsilium bzw. in der Regierung. – Zu Reinhards Reformationspredigt siehe auch den Beitrag von Christopher Spehr (Jena) im vorliegenden Band.

113 Im Nachruf auf Peter Karl Wilhelm Graf von Hohenthal: Leben … (wie Anm. 104), 7 wird sein besonderes Interesse an der Tätigkeit als Konferenzminister im Departement für Religions- und Kirchenangelegenheiten mit folgenden Worten benannt: »[…] und im August 1807 in das hohe Conferenzministerium aufgenommen, wo ihn seitdem unaufhörlich die Sorgfalt für die wichtigen Landesangelegenheiten beschäftigte. Insbesondere gehörte das Directorium des Consistorial=Departements in sein Ressort und er hat hier des Guten nicht wenig gethan und mit einer besonderen Vorliebe sich diesem Geschäftskreise unterzogen.«

1762/63 tätigen Peter Freiherr von Hohenthal.[114] Über die Beziehungen seines Vaters zum Herrnhuter Pietismus sowie dessen kirchenpolitisch weitreichende Tätigkeiten als Vizepräsident des Oberkonsistoriums (17634 bis 1778) ließe sich manches ausführen.[115] Erwähnenswert ist nicht zuletzt die auf ihn zurückgehende Gründung des Uhyster Adelspädagogiums (1782), das bis 1804 von der Herrhuter Brüdergemeine betrieben wurde und das den Geist Herrnhuterischer Frömmigkeit an zahlreiche Nachkommen nicht nur sächsischer Adeliger vermittelte. Peter Karl Wilhelm Graf von Hohenthal knüpfte selbst an die Frömmigkeitstradition seines Vaters an und gilt seit Karl Hennigs (mittlerweile in vielem allerdings veralteter) Studie zur sächsischen Erweckungsbewegung daher als einer von deren hervorgehobenen Vertretern.[116]

Zuletzt ist im hier interessierenden Zusammenhang auf den territorialkirchengeschichtlich einschlägigen Kabinettsminister Detlev Graf von Einsiedel zu verweisen, der bis zu seiner politischer Entmachtung im Jahr 1830 der einflussreiche Repräsentant theologisch und politisch restaurativer Tendenzen im Königreich Sachsen war.[117] Auch er gilt als Sympathisant jener Frömmigkeitsbestrebungen, die unter dem Begriff der »Erweckungsbewegung(en)« subsumiert werden.[118] Sein Vater Detlev Karl war ein hervorragendes Mitglied der Herrnhuter Diaspora, und auch sein Onkel, Johann Georg, pflegte intensive Kontakte in diese Richtung.[119] Über die Onkellinie ergab sich seit Peter von Hohenthals zweiter Ehe mit Friederike Henriette Gräfin von Gersdorf eine angeheiratete verwandschaftliche Beziehung zwischen Peter Karl Wilhelm von Hohenthal und Detlev Graf von Einsiedel.[120]

---

114 Der Urgroßvater, Peter Hohmann (1663-1732), ein Leipziger Kauf- und Handelsherr, war 1717 als von Hohenthal geadelt worden. Sein Sohn Peter (1694-1763), Peter Karl Wilhelms Großvater, heiratete eine Tochter des berühmten Leipziger Gelehrten Johann Burchhard Mencke (1674-1732); vgl. Georg SCHMIDT: Die Familie der Grafen von Hohenthal. Halle 1896; eine Stammtafel bei Schlechte: Die Staatsreform … (wie Anm. 23), Anhang: Tafel V.

115 Seit etwa 1756 dem Berliner und Hallenser Pietismus nahestehend, näherte er sich seit etwa 1768 immer mehr den Auffassungen der Herrnhuter Brüdergemeine an, als deren Anhänger er seit etwa 1775 galt; vgl. dazu Schlechte: Einleitung (wie Anm. 23), 68-70.

116 Karl HENNIG: Die sächsische Erweckungsbewegung im Anfange des 19. Jahrhunderts. Inauguraldissertation zur Erlangung der philosophischen Doktorwürde der philosophischen Fakultät. Leipzig 1929, 145-150.

117 Zur ersten Orientierung siehe Karlheinz BLASCHKE: Detlev von Einsiedel (1773-1861). In: Persönlichkeiten der Verwaltung: Biographien zur deutschen Verwaltungsgeschichte 1648-1945/ hrsg. von Karl G. A. Jeserich; Helmut Neuhaus. Stuttgart u. a. 1991, 107-111.

118 Blaschke: Detlev von Einsiedel (wie Anm. 117), 110 spricht ohne jeden Vorbehalt von »seiner [sc. von Einsiedels; A. S.] pietistischen Frömmigkeit«, die er u. a. von einer Lektüre Herrnhuter Erbauungsliteratur beeinflusst sieht; zu von Einsiedel siehe auch Hennig: Die sächsische Erweckungsbewegung … (wie Anm. 116), 150-162.

119 Zu Johann Georg von Einsiedels Wirken in der Restaurierungskommission von 1762/63 und seinen Beziehungen zur Herrnhuter Brüdergemeine, der er 1782 beitrat, siehe Schlechte: Einleitung (wie Anm. 23), 70 f.

120 Vgl. dazu bei Schlechte: Die Staatsreform … (wie Anm. 23), Anhang: Tafel V.

Beide spielten dann auch in der 1814 gegründeten Dresdener Bibelgesellschaft eine leitende Rolle: von Hohenthal als ihr erster Vorsitzender und nach dessen Tod von Einsiedel als sein Nachfolger in diesem Amt.[121]

So gesehen notierte Johannes von Müller den bei einer Reise nach Dresden Anfang 1804 mit Blick auf die vorgefundene geistige Situation ausgesprochenen und auch für das aufklärerisch-pietistische Bündnis in Sachen Perikopenreform zutreffenden Eindruck: »Es weht von Herrnhut so ein alter christlicher Geist hinüber.«[122] Wenn das durch Reinhard und von Hohenthal gemeinsam betriebene Reformprojekt zunächst dennoch scheiterte, hatte dies nichts mit angeblich »konservativen Behörden« zu tun, die den veränderten Zeitverhältnissen keine Rechnung tragen wollten.[123] Schon gar nicht eignet sich das Scheitern der Reform als Beleg für die These, »daß es dem Rationalismus in Dresden nicht gelungen ist, schnell und gründlich Fuß zu fassen«.[124] Die Gründe waren, wie oben dargelegt, weniger grundsätzlicher, als vielmehr zufälliger Natur. Wenn es die – von wem auch immer aufgebrachte und in ihren Folgen wohl auch kaum vorhergesehene – Forderung nach nochmaliger Überarbeitung der zwei Reinhardschen Perikopenreihen nicht gegeben hätte, wäre die sächsische Landeskirche sehr wahrscheinlich eine der ersten gewesen, die im 19. Jahrhundert eine neue Perikopenordnung erhalten hätte. So aber wurde sie eine der letzten.[125] Wie oft im Leben, so auch in diesem Fall, liegt zwischen Erfolg und Scheitern ein nur schmaler Grat.

121 Vgl. Hennig: Die sächsische Erweckungsbewegung … (wie Anm. 116), 98-102.

122 Am 25. Januar 1804 schrieb Johannes von Müller von Weimar aus an Johann Georg Müller: »Du hast in Dreßden viele warme Freünde: den ehrwürdigen Rheinhard, den Präsidenten v[on] Hohenthal, den Minister v[on] Burgsdorf, mehrere. Es weht von Herrnhut so ein altchristlicher Geist hinüber.«; BONSTETTIANA: Briefkorrespondenzen Karl Viktor von Bonstettens und seines Kreises. Bd. 9: 1801-1805. Teilband IX/2: Bonstettens Niederlassung in Genf. Le Groupe de Coppet/ hrsg. und komm. von Doris und Peter Walser-Wilhelm unter Mitarbeit von Anja Höfler. Göttingen 2002, 595.

123 So die im Anschluss an Dibelius erfolgte Deutung von Sachsenweger: Die Höhezeit des Rationalismus … (wie Anm. 13), 74-79, Zitat ebd, 76; ebd, 77 bezeichnet er die oberste Kirchenbehörde als »retardirendes Moment«. Auch Reichelt: Geschichte … (wie Anm. 2), 92 bewegt sich mit seiner Deutung in den Bahnen von Dibelius: »Es hat den deutlichen Anschein, als ob das Geheime Consilium und Reinhard die entscheidenden Anstöße zur Neuerung gegeben haben, während das Oberkonsistorium, wenn es sich nicht überhaupt gegen Änderungen sträubte, eine sehr zurückhaltende Stellung einnahm.«

124 Sachsenweger: Die Höhezeit des Rationalismus … (wie Anm. 13), 79.

125 Die Nachwirkungen von Reinhards Perikopenreihen im sächsischen Perikopenwesen thematisiert Reichelt: Geschichte … (wie Anm. 2), 107-109.

Berichte aus den Arbeitsgemeinschaften für Kirchengeschichte

Arbeitsgemeinschaft für pommersche Kirchengeschichte e.V. (AG) Jahresbericht 2012

Der im August 2011 neugewählte Vorstand hat seine Arbeit gemeinsam mit den Kuratoren der Arbeitsgemeinschaft aufgenommen. Im Vordergrund standen zunächst Verabredungen für die weitere Arbeit. Eine kleine Arbeitsgruppe hat sich gebildet, die mögliche Projekte und Vorhaben zum Reformationsjubiläum 2017 erarbeiten wird. Im weiteren Zusammenhang dieses Jubiläums steht die für 2013 geplante Exkursion »Auf den Spuren reformierter Traditionen in Altvorpommern« und die Jahrestagung 2014, die dem Besuch der schwedischen Kirche gewidmet sein wird.

Regelmäßig haben Vorstand und Kuratoren den Stand der Forschungsvorhaben und Publikationen beraten. Rechtzeitig zur Gründung der Nordkirche konnte der Sammelband zur Geschichte der pommerschen Konsistorien vorgelegt werden, der neben Arbeiten über die Kirchenbehörden in Greifswald und Stettin auch Berichte über die Zusammenarbeit mit evangelischen Kirchen und wissenschaftlichen Partnereinrichtungen im heute polnischen Teil Pommerns enthält.[1] Ebenfalls fertiggestellt und veröffentlicht ist die kunst- und frömmigkeitsgeschichtlich bedeutsame Arbeit über »Taufengel in Pommern«.[2] Von der Arbeitsgemeinschaft begleitet werden in Zusammenarbeit mit der Historischen Kommission für Pommern und der Gesellschaft für Pommersche Geschichte, Altertumskunde und Kunst die »Forschungen zur pommerschen Geschichte«. Hier ist auf die Veröffentlichung des Bandes 45 hinzuweisen »Die pommerschen Herzöge: Zeugnisse der Herrschaft des Greifenhauses«.[3] Schließlich soll hier auf den im September 2012 erschienenen Band 4 der Studien über »Die baltischen Lande im Zeitalter der Reformation und Konfessionalisierung« hingewiesen werden, an dessen Erarbeitung auch Vorstandsmitglieder der pommerschen Arbeitsgemeinschaft beteiligt waren.[4]

---

1 487 Jahre Rechtsprechung, Organisation, Leitung und Verwaltung der Pommerschen Evangelischen Kirche/ hrsg. von Christoph Ehricht. Schwerin: Thomas Helms Verlag, 2012.

2 Brigitte Becker-Carus: Taufengel in Pommern. Schwerin: Thomas Helms Verlag, 2012.

3 Die Herzöge von Pommern: Zeugnisse der Herrschaft des Greifenhauses/ hrsg. von Norbert Buske; Joachim Krüger; Ralf-Gunnar Werlich (Forschungen zur pommerschen Geschichte; 45). Wien; Köln; Weimar: Böhlau 2012.

4 Die baltischen Lande im Zeitalter der Reformation und Konfessionalisierung: Livland, Estland, Ösel, Ingermanland, Kurland und Lettgallen. Stadt, Land und Konfes-

Gemeinsam mit dem Gesamtverband der Deutschen Geschichts- und Altertumsvereine, der Historischen Kommission für Pommern und der Gesellschaft für Pommersche Geschichte, Altertumskunde und Kunst hat die Arbeitsgemeinschaft eingeladen zum 39. Tag der Landesgeschichte, der am 12. und 13. Oktober in Greifswald stattfand. Er stand unter dem Thema »Regionales Selbstbewusstsein contra gesamtstaatliche Integrationsbestrebungen« und wurde eröffnet durch einen Vortrag von Prof. Dr. Dr. Rudolf von Thadden »Pommern und die Verpreußung der Provinz«. Die Konferenz bot für viele Teilnehmer und Gäste aus Deutschland, Skandinavien, Polen und dem Baltikum viele Gelegenheiten, die Universität und die Kirchen der Hansestadt Greifswald kennenzulernen und Eindrücke aus der Geschichte Pommerns und der Gegenwart der vorpommerschen Region zu gewinnen.

Zu berichten ist von der internationalen Konferenz »Das Erbe der Reformation in Danzig und Pommern«, die am 21./22. Oktober 2012 in Gdansk/Danzig stattfand. Die Arbeitsgemeinschaft war an Vorbereitung und Durchführung der Konferenz beteiligt, die veranstaltet wurde von der Diözese Pommern-Großpolen der Ev.-lutherischen Kirche AB Polens und an der sich Repräsentanten des wissenschaftlichen und kulturellen Lebens aus Gdansk und ganz Polen beteiligten und die in Politik und Medien starke Beachtung fand. Anliegen der Veranstalter war es vor allem, neben regionalgeschichtlichen Forschungsergebnissen auch Grundzüge der lutherischen Theologie und des evangelischen Kirchenverständnisses in das Gespräch mit der polnischen Öffentlichkeit zu bringen. Die Konferenz reiht sich ein in viele Projekte der Zusammenarbeit mit polnischen Partnern, die der pommerschen Arbeitsgemeinschaft stets ein besonderes Anliegen sind. Das Reformationsjubiläum wird weitere Gelegenheiten bieten, diese Zusammenarbeit fortzusetzen und die Bedeutung der Reformation auch in und für Polen zu vermitteln.

Ein regionales Ereignis ist zu erwähnen: im Juni 2012 wurde das 725-jährige Stadtjubiläum von Grimmen gefeiert. Aus diesem Anlass konnte eine detailreiche Darstellung der »Geschichte der Marienkirche und der Kapellen im Kirchspiel Grimmen« von Norbert Buske zur Verfügung gestellt werden, die zunächst in Form eines bildreichen Kirchenführers vorliegt, deren ausführliche Textfassung aber zur Drucklegung vorbereitet wird. Den Festvortrag über die Geschichte Grimmens hielt im Rahmen der Jubiläumsfeierlichkeiten vor der städtischen und kirchlichen Öffentlichkeit der vorpommerschen Kreisstadt der stellvertretende Vorsitzende der Arbeitsgemeinschaft, Dr. Haik Porada.

Auf der nächsten Mitgliederversammlung wird eine Änderung der Satzung der Arbeitsgemeinschaft zu beschließen sein, die den neuen Verhältnissen nach Übergang der Pommerschen Evangelischen Kirche in die Nordkirche Rechnung

sion 1500-1721. Teil 4/ hrsg. von Matthias Asche, Werner Buchholz, Anton Schindling Aschendorff Verlag Münster 2012

trägt. Vor dem Hintergrund dieser neuen Kirchenstruktur haben Gespräche mit dem Verein für schleswig-holsteinische Kirchengeschichte begonnen. Beraten werden Möglichkeiten einer verstärkten Kooperation bei bestimmten Vorhaben und eines besseren Austauschs von Informationen über die Arbeit der beiden Vereine.

Greifwald — Christoph Ehricht

Verein für Kirchengeschichte der Kirchenprovinz Sachsen e. V.
Aus der Arbeit des Vereins 2009 – 2013

Da ein Arbeitsbericht des provinzsächsischen Kirchengeschichtsvereins zuletzt im Jahrgang 2008 in dieser Reihe publiziert wurde, soll der folgende zeitlich etwas weiter ausgreifen. In den zehn Jahren seit seiner Wiederbegründung im Oktober 2003 hat der Verein sich zum Ziel gesetzt, möglichst in allen Gebieten der ehemaligen Landeskirche mit Veranstaltungen präsent zu sein und keine Epoche der Kirchengeschichte zu vernachlässigen. Dabei sind natürlich die anstehenden Gedenktage auch immer ein wesentlicher Gesichtspunkt bei der aktuellen Themen- und Ortswahl.
Im Jahr 2009 bestimmten insbesondere zwei Jubiläen die Vereinsaktivitäten: 20 Jahre Friedliche Revolution und der 500. Geburtstag des Reformators Calvin. Dem jüngeren und die Geschicke der Region stärker prägenden Jubiläum widmete der Verein seine Jahrestagung, die unter dem Titel »Gewaltlos in die Wende: die Rolle der Evangelischen Kirchen im Raum Sachsen-Anhalt auf dem Weg zur friedlichen Revolution 1989« vom 9. bis 10. Oktober 2009 in Dessau stattfand. Für die in Kooperation mit der Kammer für Kirchengeschichte der Evangelischen Landeskirche Anhalts verantwortete Tagung konnten folgende Referenten gewonnen werden: Prof. Dr. Peter Maser (Bad Kösen): Gewaltlose Wende, Friedliche Revolution oder trotz allem geglückter Umbruch? Zum Charakter der Ereignisse in der DDR im Herbst 1989; Prof. Dr. Ulla Fix (Leipzig): Eine andere Stimme. Die Sprache der Kirche im entdifferenzierten Diskurs des letzten Jahrzehnts der DDR; Pfr. Uwe Koch (Magdeburg): Friedensethik – Friedensbewegung – Friedensdienst: Handlungsebenen kirchlicher Friedensarbeit in der DDR; Propst i. R. Dr. Heino Falcke (Erfurt): Die Bedeutung des konziliaren Prozesses und der Ökumenischen Versammlung für den Aufbruch im Herbst 1989; Markus Meckel (Berlin): Der Helsinki-Prozess und der Aufbruch zur Demokratie; Pröpstin Elfriede Begrich (Erfurt): Das Bekennen in der Friedensfrage und die Jugendarbeit; Pfr. i. R. Dr. Edelbert Richter (Weimar): Die Wiederentdeckung der nationalen Frage. Diskurse an der Kirchlichen Hochschule Naumburg; Bischof i. R. Dr. Christoph Demke (Berlin): Umbruch und Reform? Meine Erfahrungen aus dem Herbst 1989; Pfr. Andreas Lindemann: Anhalt – Erfahrungen aus dem Jahr 1989. Außerdem bot eine von dem Journalisten Andreas Montag moderierte Podiumsdiskussion mit Zeitzeugen auch Raum für Erinnerungsberichte aus dem breiten Kreis der Tagungsbesucher. Mit

finanzieller Unterstützung der Landeszentrale für politische Bildung konnten die Dessauer Vorträge im Jahre 2011, wenn auch leider nicht vollständig, als Band 5 der Vereinsschriftenreihe im Druck vorgelegt werden.

Den zweiten inhaltlichen Schwerpunkt des Jahres 2009 bildete das Calvin-Jahr. In Kooperation mit dem Reformierten Kirchenkreis, der Evangelischen Landeskirche Anhalts und dem Archiv der Kirchenprovinz Sachsen erarbeitete eine Arbeitsgruppe unter der Leitung der Unterzeichnerin eine Wanderausstellung zur Geschichte der Reformierten in Mitteldeutschland, die in einer festlichen Eröffnung am 16. August 2009 in der Wallonerkirche in Magdeburg der Öffentlichkeit präsentiert wurde. Im Magdeburger Begleitprogramm zur Ausstellung referierte Dr. Wilhelm Hüffmeier (Potsdam) am 14. September 2009 auf Einladung des Vereins über die »Spuren Johannes Calvins bei Theodor Fontane«. Die Ausstellung durchlief in den folgenden zwei Jahren zahlreiche Stationen in der EKM und in Anhalt. Vertiefend zur Ausstellung konnte im Folgejahr auch der Begleitband »Die andere Reformation – Johannes Calvin und die Reformierten in Mitteldeutschland« als Sonderband 1 der Vereinsschriftenreihe publiziert werden. Der Band enthält folgende Beiträge: Eberhard Gresch: Johannes Calvin – Leben, Werk und Wirkung; Martin Filitz: Im Zentrum: Das Wort. Einige Bemerkungen zur Geschichte und Gestalt reformierter Gottesdienste; Christoph Schröter: Die konfessionelle Entwicklung Anhalts seit der Reformation; Hans Seehase: Auf dem Weg zu einer Union zwischen Lutheranern und Reformierten in der Kirchenprovinz Sachsen; Margit Scholz: Auf den Spuren der Reformierten in Mitteldeutschland.

Für die Jahrestagung 2010 wählte der Vorstand mit der »Entwicklung des Patronatswesens in der Kirchenprovinz Sachsen seit dem späten Mittelalter. Vom Herrschaftsinstrument zur Reallast« ein sowohl von der Rechts- wie von der Kirchengeschichte lange vernachlässigtes Thema, zu dem sich der Tagungsort Kloster Drübeck im Harz (10.-11. September 2010) inhaltlich anbot. Der Kreis der Vortragenden setzte sich interdisziplinär aus Juristen, Theologen und Historikern zusammen: Prof. Dr. Gerhard Lingelbach (Jena): Das Patronatsrecht im Spannungsfeld zwischen kirchlichem und staatlichem Recht; Dr. Ulman Weiß (Erfurt): Der Erfurter Rat als Kirchenpatron in Spätmittelalter und Frühneuzeit; Dr. Hans Seehase (Magdeburg): Patronat und Fiskalbaulasten am Beispiel der brandenburgischen Kirchengemeinden der ehemaligen Kirchenprovinz Sachsen; Dr. Michael Scholz (Genthin): Vogtei – Landesherrschaft – Patronat: Das Kloster Drübeck und die Grafen von Stolberg-Wernigerode vom Mittelalter bis ins 20. Jahrhundert; Dr. Reinhard Creutzburg (Stendal): Zur Haltung altmärkischer Kirchenpatrone während des Kirchenkampfes (1933-1945) – Beobachtungen im Kirchenkreis Stendal; Dr. Lilian Hohrmann (Berlin): Der Verband der Patrone evangelischer Kirchen Deutschlands e. V. in der NS-Zeit; Prof. Dr. Harald Schultze (Magdeburg): Patronatsverantwortung eines Gutsherrn – Tilo Freiherr von Wilmowsky aus Marienthal bei Eckartsberga (1878-1966). Den krönenden Abschluss der Tagung bildete die

Besichtigung des ehemaligen Klosters Ilsenburg, dessen Patronatsverhältnisse (Stolberg-Wernigerode) bis heute nachwirken.

Einen besonderen Höhepunkt im Jahre 2011 bildete die thematische Exkursion nach Roßleben und Schulpforte unter dem Motto: »Auf den Spuren nachreformatorischer Schulgeschichte« (19. Mai). Den Auftakt vor Ort bildete der Vortrag von Dr. Hans Seehase (Magdeburg) zur hundertjährigen Geschichte der Klosterschulkirche Roßleben und dem Ende der Klosterkirchengemeinde. Daran schlossen sich Besichtigungen der Klosterschule Roßleben und des historischen Gebäudekomplexes der Landesschule Pforta an.

Da nicht wenige Vereinsmitglieder zu den ehemaligen Absolventen der Kirchlichen Hochschule Naumburg zählen, lag es nahe, sich 20 Jahre nach der Auflösung dieser zentralen kirchlichen Bildungseinrichtung auch inhaltlich mit deren Geschichte zu beschäftigen. In Begleitung des damals noch laufenden Buchprojekts »Im Schatten des Domes« bot die »Arbeitsgruppe zur Geschichte der Kirchlichen Hochschule Naumburg« gemeinsam mit unserem Kirchengeschichtsverein vom 8. bis 9. Juli 2011 eine zweitägige wissenschaftliche Tagung zu dem Thema »Das Ministerium für Staatsicherheit und das Kirchliche Oberseminar Naumburg« in Naumburg an.

Die Gründung des altmärkischen Klosters Diesdorf im Jahre 1161 inspirierte den Verein zu seiner Jahrestagung 2011 mit dem epocheübergreifenden Thema »Klöster und Stifte im Elbe-Saale-Raum seit dem hohen Mittelalter» (2.-3. September). Trotz des an der Grenze zu Niedersachsen und damit einigermaßen abgelegenen Standorts zählte die Tagung zu den am besten besuchten in der jüngeren Vereinsgeschichte. Folgende Vorträge wurden in der Klosterkirche Diesdorf gehalten: Dirk Martin Mütze (Dresden): Augustinerchorherren- und -frauenstifte im Bistum Magdeburg; Dr. Christian Gahlbeck (Potsdam): Die Benediktinerinnen- und Zisterzienserinnenklöster in der Altmark nach 1250; Bernd Schmies (Münster): Die Franziskanerklöster im nördlichen Sachsen-Anhalt; Dr. Sabine Kramer (Halle): Die Schwestern der Katharina von Bora – Entlaufene Nonnen nach 1517; Daniel Lorek (Magdeburg): Die Situation der katholischen Klöster des Erzstifts Magdeburg nach der Reformation; Dr. Michael Scholz (Genthin): Diesdorf und die altmärkischen Klöster im hohen Mittelalter – Zur Entstehung einer Klosterlandschaft bis 1250. Am zweiten Tag schloss sich eine Exkursion zu verschiedenen ehemaligen altmärkischen Klöstern an. Die Rundreise begann in Salzwedel mit der Mönchskirche (ehemalige Franziskanerkirche) und dem ehemaligen Augustinerchorherrenstift zum Heiligen Geist, dessen immer noch beeindruckende Reste normalerweise nicht öffentlich zugänglich sind. Die Besichtigungstour setzte sich unter der Führung der Kunsthistorikerin Dr. Cornelia Oefelein (Kremmen) in den beiden ehemaligen Benediktinerinnenklöstern Arendsee und Krevese fort und schloss mit einem Rundgang durch die Gebäude des ehemaligen Zisterzienserinnenklosters Neuendorf bei Gardelegen.

Im Jahr 2012 beteiligte sich unser Kirchengeschichtsverein wiederum mit mehreren Referenten an einer wissenschaftlichen Tagung, deren Planung federführend bei einem anderen kirchlichen Veranstalter lag: In Kooperation mit der Evangelischen Akademie Thüringen und dem Lothar-Kreyssig-Ökumene-Zentrum (Magdeburg) wurde vom 11. bis 13. Mai 2012 zu dem Thema »Lothar Kreyssig – Walter Grundmann: zwei kirchenpolitische Protagonisten des 20. Jahrhunderts in Mitteldeutschland« nach Neudietendorf eingeladen.

Die Jahrestagung des Vereins am 14./15. September 2012 in Heiligenstadt war gleichfalls einem zeitgeschichtlichen Thema gewidmet. Zur Erinnerung an die »Aktion Ungeziefer«, der willkürlichen Zwangsumsiedlung im Zuge der Errichtung des DDR-Grenzregimes im Jahr 1952, war das Tagungsthema »Vom Arendsee zur Werra: kirchliches Leben im Sperrgebiet 1952-1989« ausgewählt worden. Folgende Vorträge, die im Gemeindezentrum der Evangelischen Kirchengemeinde gehalten wurden, harren derzeit noch der Veröffentlichung: Rainer Potratz M. A. (Potsdam): Vom Provisorium zur Systemgrenze und der Einschließung der eigenen Bevölkerung. Das Grenzregime von SBZ und DDR an der innerdeutschen Grenze – ein Überblick; Hildigund Neubert (Erfurt): Die Zwangsaussiedlungen aus den Thüringer Grenzgebieten; Jörg Stoye (Magdeburg): »Das grenzbezogene Denken der Bürger« – Versuche der Kontrolle und Disziplinierung von Einwohnern der «Grenzkreise» durch die MfS-Bezirksverwaltung Magdeburg ab den 1960er Jahren; Dr. Hans Seehase (Magdeburg): Evangelisches Leben im Sperrgebiet – Berichte aus den Kirchengemeinden; Dr. Margit Scholz (Genthin): Die Besetzung der Pfarrstellen im Sperrgebiet (1952-1989); Torsten Müller M. A. (Erfurt): Dauerausnahmezustand – Die Situation der katholischen Kirche im eichsfeldischen Sperrgebiet. Das Zeitzeugenforum am Freitagabend machte die immer noch vorhandenen Verwundungen aus diesen Grenzerfahrungen spürbar und nachvollziehbar. Eine Führung durch das neu gestaltete Grenzlandmuseum Eichsfeld in Teistungen beschloss das Tagungsprogramm.

Das Jahr 2013 war dann wieder deutlicher geprägt von der voranschreitenden Lutherdekade. Unter der Federführung der Historischen Kommission der Sächsischen Akademie der Wissenschaften beteiligte sich der Verein an der Vorbereitung einer internationalen Tagung zur Person des Kurfürsten Friedrich der Weise von Sachsen (1463-1525) anlässlich seines 550. Geburtstags. Die nach Torgau ins Schloss Hartenfels an den Geburtsort Friedrichs und somit auf dem Gebiet der Kirchenprovinz Sachsen einberufene Veranstaltung beschäftigte sich vom 4. bis 6. Juli 2013 mit »Europäische[r] Politik – Kulturtransfer, höfische[r] Repräsentation und Humanismus – Frömmigkeit und frühe[r] Reformation«.

Diese hochkarätige Tagung fand ihre inhaltliche Ergänzung in der Gedenkveranstaltung des Vereins zum 500. Todestag des Erzbischofs Ernst von Sachsen (1464-1513), den Bruder Friedrichs des Weisen. In Kooperation mit der Evangelischen Domgemeinde Magdeburg erinnerte der Verein am 3. August 2013 mit einem Vespergottesdienst in der Erzbischof-Ernst-Kapelle im Westwerk des Doms an den letzten Magdeburger Erzbischof der vorreformatorischen Zeit. Im anschließenden Festvortrag zur »Grablege Erzbischofs Ernsts von Sachsen im Magdeburger Dom. Liturgie und Memoria im Wandel der Zeit« verband Dr. Markus Leo Mock (Potsdam) eindrucksvoll kunsthistorische Erkenntnisse mit liturgiewissenschaftlichen Interpretationsansätzen.

Mit der Jahrestagung 2013 wandte sich unsere kirchengeschichtliche Arbeit wieder der Neuzeit und erneut einem historischen Jubiläum zu. In Erinnerung an die im April 1813 bei Möckern stattgefundenen Gefechte und die Völkerschlacht bei Leipzig behandelte der Verein das schwierige und noch weitgehend unerforschte Thema »Kirche, Krieg und nationaler Aufbruch im Jahr 1813. Evangelische Parteinahme und Verkündigung« (11.-12. Oktober). Prof. Dr. Gerhard Graf (Leipzig) eröffnete mit einem Überblick über »Preußens religiöse Erfahrung in den Befreiungskriegen als nationalpolitisches Credo«. Dr. Matthias Wolfes (Berlin) beleuchtete mit seinen Ausführungen zu Friedrich Schleiermacher die Rolle des wohl bedeutendsten evangelischen Theologen in dieser Epoche preußischer Geschichte. Der Vortrag von Prof. Dr. Mathias Tullner (Magdeburg) bot den notwendigen ereignis- und diplomatiegeschichtlichen Hintergrund des Jahres 1813 in unserer Region, um die kirchlichen Entwicklungen angemessen einordnen zu können. Die Situation der evangelischen Kirchengemeinden in Magdeburg und seinem Umland um die Wende vom 18. zum 19. Jahrhundert analysierte Dr. Hans Seehase aus Magdeburg. Das beste Verständnis für die Mentalität der Zeit vermittelte der »Blick auf die Lyrik der Befreiungskriege«, den Christina Neuß M. A. (Magdeburg) unter dem Titel »Verse von Freiheit, Gott und Vaterland« für die Teilnehmer skizzierte. Eine unorthodoxe Verknüpfung von Kunst-, Familien- und Mentalitätsgeschichte mit ganz neuen Erkenntnissen zur lokalen Erinnerungskultur gelang Heinz Doberitz (Magdeburg) mit seinem Vortrag über »Gedenktafeln – Spiegelbild der Gefallenen der Feldzüge 1812-1815«. Einen weiteren Höhepunkt der Veranstaltung bildete die Führung von Dr. Udo Rönnecke (Möckern) durch die Heimatstube im Schloss Möckern, die mit zahlreichen Exponaten die Protagonisten und die Ereignisse um die Gefechte bei Dannigkow-Vehlitz-Zeddenick am 5. April 1813 für die Besucher anschaulich machte.

Die einzelnen Vortragsveranstaltungen der Jahre 2010 bis 2013 sollen hier wegen der großen Anzahl nur unkommentiert aufgelistet werden:

- Prof. Dr. Dr. Johannes Schilling (Kiel) zum Thema: »Philipp Melanchthons Bildungskonzeption« (Magdeburg am 9. Juni 2010);
- Richter am Landgericht Thomas Kluger (Magdeburg) zum Thema: »Helmut Waitz (1910-1993): ein Leben für Kirche und Recht« (Magdeburg am 29. Juni 2010);
- Dr. Margit Scholz (Genthin) zum Thema: »Die Reformierten in Stendal und in der Altmark seit 1613« (Stendal am 11. Oktober 2010);
- Dr. Harald Bollbuck (Wolfenbüttel) zum Thema: »Philipp Melanchthon und die Magdeburger Centurien« (Magdeburg am 5. März 2011);

- Bischof a. D. Axel Noack (Halle) zu dem Thema: »Die Auswirkungen des Mauerbaus 1961 auf die Kirchenprovinz Sachsen« (Magdeburg am 12. August 2011);
- Dr. Margit Scholz (Genthin) zum Thema: »Die Situation der evangelischen Kirchengemeinden Magdeburgs in den ersten Nachkriegsjahren« (Magdeburg am 29. Oktober 2011);
- Bischof a. D. Prof. Axel Noack (Halle) zum Thema: »Mut zur Wahrheit. Pfarrer Johannes Hamel zum 100. Geburtstag« (Halle am 30. November 2011);
- Pfarrer Dr. Matthias Paul (Mansfeld) zum Thema: »Die Lutherpredigten von Cyriakus Spangenberg« (Lutherstadt Eisleben am 7. Dezember 2012);
- Prof. Dr. Harald Schultze zum Thema: »Die zögerliche Erfindung der Toleranz im Jahrhundert der Reformation« (Magdeburg am 8. März 2013);
- Dr. Achim Detmers (Neudietendorf) zum Thema: »Was ist dein einziger Trost?" 450 Jahre Heidelberger Katechismus« (Halle am 8. November 2013).

Neben den Veranstaltungen hat sich unser Verein gemeinsam mit der Thüringischen Gesellschaft für Kirchengeschichte seit 2010 um den Aufbau eines Regionalmoduls der EKM zur Ergänzung der EKD-Internetausstellung »Evangelischer Widerstand im Nationalsozialismus« bemüht, wie es in ähnlicher Form bereits von der bayerischen Landeskirche der Öffentlichkeit vorgestellt werden konnte. Die biographischen Teile zu den Juristen Dr. Lothar Kreyssig und Dr. Friedrich Weißler sowie den Theologen Superintendent Ludolf Müller, Pfr. Wolfgang Staemmler, Pfr. Dr. Friedrich Müller und Pfr. Walter Gabriel werden demnächst online gestellt werden. Die sachthematischen Beiträge sollen baldmöglichst folgen. Angesichts des für Mitteldeutschland noch sehr unzureichenden Forschungsstands stellte dieses Projekt, das vor allem auch die jüngere Generation anzusprechen hofft, eine besondere Herausforderung bei der Gewinnung der Autoren, der Themenauswahl und Beschaffung der geeigneten Quellen dar. Für die aufwendige Vorbereitung wurde eine spezielle Arbeitsgruppe unter Leitung unseres Vereinsvorsitzenden, Prof. Dr. Harald Schultze, gebildet.

Mit diesem auch medienpädagogisch neuartigen Projekt und dem eher klassisch strukturierten Veranstaltungsprogramm dürfte der Verein seinem selbst gesteckten Ziel, den Mitgliedern und der interessierten Öffentlichkeit in den ehemaligen Territorien der Kirchenprovinz Sachsen ein regional und thematisch breites Bildungsangebot zu bieten, ein gutes Stück näher gekommen sein. Der bis auf wenige Ausnahmen durchweg gute Besuch der Veranstaltungen und die stetig steigende Mitgliederzahl bestätigen das bisherige Konzept, das gleichermaßen Vereinsmitglieder zur aktiven Beschäftigung mit kirchengeschichtlichen Themen motiviert als auch Fachleuten von außen ein Forum zur Präsentation ihrer aktuellen Forschungen bietet.

Magdeburg — Margit Scholz

Arbeitsgemeinschaft für Sächsische Kirchengeschichte

64. Jahrestagung, 7.-9. Juni 2012 in Rochlitz

Die 64. Tagung für sächsische Kirchengeschichte fand 2012 in der St. Petri- sowie in der Kunigundenkirche zu Rochlitz statt. Der thematische Schwerpunkt lag auf der Geschichte und Kirchengeschichte der Stadt vom Hochmittelalter bis in das 20. Jahrhundert, wobei der Reformationsgeschichte von Rochlitz – eng verbunden mit Herzogin Elisabeth von Rochlitz, der Tochter Landgraf Philipps von Hessen und Schwiegertochter Herzog Georgs von Sachsen – ein besonderes Gewicht zukam.

Vortragsprogramm:

- André Thieme (Dresden): Im Spannungsfeld sächsischer Geschichte. Burg und Schloss Rochlitz im Mittelalter; im Anschluss Besichtigung des Schlosses Rochlitz nach den umfangreichen Bau- und Renovierungsarbeiten der Jahre 2011/12
- Heiko Jadatz (Leipzig, jetzt Roßwein): Die Reformation in Rochlitz – ein Sonderfall im albertinischen Sachsen
- Markus Hein (Leipzig): Alfred Otto Meyer (1886-1965) in Rochlitz: ein sächsischer Superintendent in drei politischen Systemen
- Stephan Altensleben (Hof): Die vergessene Welt der Rechtsdenkmäler – Gegenstände, Bilder, Zeichen und Inschriften alten Rechts in Sachsen
- Harald Rabe (Dresden): Der sächsische Oberhofprediger Franz Volkmar Reinhard (1753-1812)

Die Exkursion führte über Seelitz und Wiederau nach Wechselburg mit einer Führung in der Stiftskirche (Heinrich Magirius, Radebeul) sowie in der Kirche St. Otto (Gerhard Graf, Leipzig).

Zum Abschluss der Tagung wurde Gerhard Graf als Vorsitzender der Arbeitsgemeinschaft für Sächsische Kirchengeschichte verabschiedet. Den Vorsitz übernahm in seiner Nachfolge Armin Kohnle, Professor für Kirchengeschichte an der Theologischen Fakultät der Universität Leipzig.

65. Tagung für sächsische Kirchengeschichte, 4.-6. Juli 2013 in Torgau

Anlässlich des 550. Geburtstages Friedrichs des Weisen, der am 17. Januar 1463 auf Schloss Hartenfels in Torgau geboren wurde, fand in Torgau eine internationale Konferenz statt, an der neben der Arbeitsgemeinschaft für Sächsische Kirchengeschichte die Staatlichen Kunstsammlungen Dresden, die Historische Kommission der Sächsischen Akademie der Wissenschaften zu Leipzig, die Gesellschaft für Thüringische Kirchengeschichte, der Verein für Kirchengeschichte der Kirchenprovinz Sachsen sowie das Forschungsprojektes Ernestinisches Wittenberg (1485–1547) beteiligt waren.

In 22 Vorträgen wurde der ganzen Breite des Wirkens Friedrichs des Weisen nachgegangen, mit dessen Namen die Bemühungen um die Reichsreform, die Förderung der Wissenschaften und Künste (Lucas Cranach d. Ä., Stiftung der Universität Wittenberg, Begründung der Bibliotheca Electoralis, Schlossbauten), die Königswahl 1519 sowie vor allem die Ausbreitung und Einführung der Reformation Wittenberger Prägung verbunden sind. Die breit gefächerte Palette der Vortragsthemen gliederte sich in die fünf Sektionen Außenpolitik; Innenpolitik; Höfische Repräsentation, Kunst und Kultur; Frömmigkeit und frühe Reformation sowie Humanismus.

Vortragsprogramm:
Grußwort von Landesbischöfin Ilse Junkermann (Ev. Kirche in Mitteldeutschland, Magdeburg)

I Außenpolitik:
- Armin Kohnle (Leipzig): Friedrich der Weise auf den Reichstagen und im Reich
- Christian Winter (Leipzig): Friedrich der Weise und sein Bruder Herzog Johann von Sachsen
- Heiner Lück (Halle): Friedrich der Weise und die Königswahl von 1519
- Sina Westphal (Marburg): Außenpolitische Korrespondenz. Friedrich der Weise und die Reichsstadt Nürnberg
- Michael Scholz (Potsdam): Familiäre Bindung und dynastische Konkurrenz. Friedrich der Weise und die Erzbischöfe von Magdeburg
- Eike Wolgast (Heidelberg): Die deutschen Fürsten vor der Herausforderung durch die frühe Reformation, öffentlicher Festvortrag im Festsaal des Rathauses, im Anschluss Empfang durch die Oberbürgermeisterin der Stadt Torgau und Auftritt des Renaissanceensembles der Stadt Torgau

II Innenpolitik
- Enno Bünz (Leipzig): Nähe und Distanz: Friedrich der Weise und Herzog Georg von Sachsen
- Thomas Lang (Leipzig): Friedrich der Weise zwischen Reisen und Residieren
- Björn Schmalz (Marburg): Geheimsekretär, weltlicher Rat, Seelsorger. Georg Spalatin – Schnittstelle zwischen Friedrich dem Weisen und Martin Luther

III Höfische Repräsentation, Kunst und Kultur
- Andreas Tacke (Trier): Marketing Frederick – Friedrich in der bildenden Kunst
- Matthias Herrmann (Dresden): Musik am Hofe Friedrichs des Weisen
- Uwe Schirmer (Jena): Der Hof Friedrichs des Weisen
- Jürgen Herzog (Torgau): Residenz und Stadt Torgau während der Regierungszeit Friedrichs des Weisen

- Frank Schmidt (Rochlitz): Friedrich der Weise und die Graffiti im Schloss Rochlitz
- Martina Schattkowsky (Dresden): Der Traum Friedrichs des Weisen am 30./31. Oktober 1517

IV Frömmigkeit und frühe Reformation

- Hartmut Kühne (Berlin): Friedrich der Weise als Wallfahrer
- Bernd Stephan (Chemnitz): Friedrich der Weise und Luther. Distanz und Nähe
- Hans-Peter Hasse (Dresden): Friedrich der Weise und Philipp Melanchthon
- Jürgen von Ahn (Trier): »... zw fruntlicher bruderlich ergetzung ...« Die Reliquiensammlungen der Brüder Ernst und Friedrich von Wettin

V Humanismus

- Franz Fuchs (Würzburg): Dr. Christoph Scheurl im Dienste Friedrichs des Weisen
- Manfred Rudersdorf (Leipzig): Friedrich der Weise und die Gründung der Leucorea in Wittenberg
- Thomas Fuchs (Leipzig): Buchdruck im Kurfürstentum Sachsen (1495-1525)

Das Tagungsprogramm wurde abgerundet durch Morgenandachten in der Marienkirche und in der Schlosskirche Torgau sowie durch ein abendliches Orgelkonzert in der Marienkirche, gespielt von KMD Ekkehard Saretz.

Leipzig — Christian Winter

Gesellschaft für Thüringische Kirchengeschichte e.V.

Jahrestagung 2012 vom 31. August bis 1. September im Zinzendorfhaus Neudietendorf

Thematisch vom Mittelalter ins 19. Jahrhundert und zurück, führten die Themen der Jahrestagung 2012: von der »Herrnhutischen Oase Neudietendorf« zu den Wirkungsorten von Friedrich Christoph Perthes und Wilhelm Hey.

Die Tagung eröffnete Dr. Ulman Weiß (Erfurt) mit einem öffentlichen Vortrag über die »Bibliotheca Amploniana« der älteren Erfurter Universität. Prof. Dr. Armin Kohnles (Leipzig) Vorstellung einer neuen Konzeption zur Kirchengeschichte Sachsens wurde kontrovers diskutiert. Das Augustana Jubiläum von 1830 im Großherzogtum Sachsen-Weimar-Eisenach wurde von Johannes Hund (Mainz) vorgestellt. Andres Straßberger (Leipzig/Chemnitz) zeichnete in seinem Vortrag das Bild von Christian Gotthilf Salzmann (1744-1811) als Prediger der Aufklärung. Saskia Pütz (Hamburg) referierte anhand zahlreicher Bilder über den Gothaer Verleger Friedrich Christoph Perthes (1772-1843). Der »Freundeskreis Wilhelm Hey« nahm die Gelegenheit wahr und zeigte in Leina das neu entstandene Hey-Museum. Des Pfarrers, Lehrers und Fabeldichters Wilhelm Hey (1789-1854) wird in einem

Verbund mehrerer »Hey-Orte« gedacht. Über Bauvorhaben des Collegiatsstiftes St. Georg & Marien rund um Kloster und Schloß Ichtershausen informierte Dr. Thomas A. Seidel.

Jahrestagung 2013 vom 20. bis 21. September im Evangelischen Allianzhaus Bad Blankenburg

2013 kehrte die Gesellschaft für Thüringische Kirchengeschichte e.V. an einen ihrer wichtigsten Tagungsorte zurück. Gleich zu Beginn der Tagung erinnerte der Vorsitzende Dr. Thomas A. Seidel an die Ersterwähnung des Pfarrers Conradus in Blankenburg im Jahr 1323 und an die Einführung der Reformation in Blankenburg 1533. Die Vortragthemen der Jahrestagung waren breit gefächert.
Michael Siebenbrodt, Kustos des Bauhaus-Museums Weimar fragte in seinem Eröffnungsvortrag »Bauhaus und Romanik« nach den kunsthistorischen Gemeinsamkeiten dieser Epochen. Nach einer Andacht in der Nicolaikirche, die mit ihren Gemälden protestantischer Glaubenszeugen beeindruckte führte Franziska Stiebritz (Jena) in die Anfänge des Klosters Lausnitz ein. Der Historiker Holger Trautzettel aus Halle legte die neuesten Forschungsergebnisse über den Hallenser Theologen und Anstaltsgründer August Hermann Francke (1663-1727) und seine Beziehungen zu den Adelshäusern dar. Der nun pensionierte ehemalige Direktor des Gnadauer Theologischen Seminars Falkenberg in Brandenburg, Werner Beyer, berichtete von seinem Engagement für die Bibliothek der Evangelischen Allianz in Bad Blankenburg. Mit seiner Hilfe wurde eine umfangreiche Bibliothek zur Allianz-Geschichte aufgebaut. Eine Führung durch das Friedrich-Fröbel-Museum mit der Leiterin Margitta Rockstein rundete die Tagung ab.

Apolda Susanne Böhm

Buchbesprechungen

THILO VON TROTHA: Merseburgs legendärer Kirchenfürst. Ausstellungskatalog/ hrsg. von Markus Cottin; Claudia Kunde; Holger Kunde. Petersberg: Michael Imhof Verlag, 2014. 384 S.: Ill. (Schriftenreihe der Vereinigten Domstifter zu Merseburg und Naumburg und des Kollegiatstiftes Zeitz; 7)

1000 JAHRE KAISERDOM MERSEBURG. Ausstellungskatalog/ hrsg. von Markus Cottin; Václav Vok Filip; Holger Kunde. Petersberg: Michael Imhof Verlag, 2015. 399 S.: Ill. (Schriftenreihe der Vereinigten Domstifter zu Merseburg und Naumburg und de Kollegiatstiftes Zeitz; 9)

Die beiden hier anzuzeigenden Kataloge haben eine Vorgeschichte. Als im Rahmen der großen Ausstellung »Zwischen Kathedrale und Welt« 2004 in Merseburg ein Aufsatzband nebst einem opulenten Katalog erschienen (vgl. HCh 28/29 [2004/05], 342 f), wurde zugleich erklärt, dass diese Präsentation nur ein Anfang sein könne. Zusätzliche Forschungen und Restaurierungsmaßnahmen seien angestrebt und würden zu gegebener Zeit vorgestellt. Erstmals war das der Fall, als 2008 für die neue Dauerausstellung als Begleitbuch der stattliche Band »Der Merseburger Dom und seine Schätze« herausgebracht wurde (vgl. HCh 32/33 [2008/09, 232).

Seither ruhte die Forschung zu Detailfragen nicht, und auch die Bausubstanz de Domes und der angrenzenden Gebäude zeigt sich inzwischen wieder intakt. Damit war der Anlass gegeben, das Erreichte wiederum in großen Ausstellungen, ausgedehnt bis in den Schlossbereich, öffentlich zu machen.

2014 orientierte man sich dabei am 500. Todesjahr Thilos von Trotha. Der ihm gewidmete Katalog erinnert an einen Bischof, der durch fast 50 Jahre in vielfältiger Weise sein Amt versah. In einem ersten Teil erfolgen dazu Essays, so zu Thilos geistlicher Karriere (u. a. Studium in Perugia), zu seinen Reisen und zum damaligen Baugeschehen. Der eigentliche Katalog, beginnend mit der bekannten Raben-Sage, veranschaulicht Geschäftsbereiche, in denen sich Thilo besonders engagierte, etwa als Bauherr, Förderer des Buchdrucks, als Kanzler der Universität Leipzig und streitbarer Landesherr. Auf ihn geht ebenfalls – seit 2014 in neuem Glanz und gestaltet mit einem modernen Fenster – die Bischofskapelle zurück (zugleich die eigene Grablege). Theologiegeschichtlich sehr informativ lesen sich die langen Exkurse zu Memoria, Sakralität des Bischofsamtes sowie zum liturgischen Handeln im Bistum Merseburg. Allein im Katalogteil sind die stets kommentierten Einzelzeugnisse durch etwa 150 Abbildungen unterlegt. Beteiligt waren an der Ausarbeitung des Katalogs 46 Autoren mit ihrem speziellen Fachwissen. Ein ausführliches Quellen- und Literaturverzeichnis ist beigefügt.

In bemerkenswert rascher Folge schloss sich ein Jahr darauf die Ausstellung zur Erinnerung an den Baubeginn des heutigen Domes 1015 an. Der Aufriss des dazu veröffentlichten Katalogs gleicht dem zu Thilo-Gedächtnis (12 Essays, annähernd 120 Katalogtexte, teilweise mehrfach bebildert, 70 Autoren, Quellen- und Literaturverzeichnis). Als wiederholtes Thema begegnet König bzw. Kaiser Heinrich II., 1004 der Wiederhersteller des Bistums und ebenso der Initiator des Dombaues 1015. Behandelt wird in diesem Zusammenhang die ganze damalige Epoche, hier auch eingehend auf Bischof Thietmar und die Frühzeit der Christianisierung. Zusätzliche Aufmerksamkeit erfährt der 1146 heilig gesprochene Kaiser durch die um 1537 geschaffene - inzwischen ebenfalls restaurierte – Heinrichskapelle mit entsprechendem Altar, die Bauherr Bischof Sigismund von Lindenau sich zur Grablege erwählte. Durch den späteren Orgeleinbau in eine Vorhalle abgewandelt, wurde die ursprüngliche Anlage während der Ausstellung durch eine virtuelle Bildwand nachgestaltet, die den Blick aus der Kapelle (nun auch als Abbildung im Katalog) in das offene Kirchenschiff freigab. Ein eigenes Kapitel ist der Verehrung des heiligen Kaiserpaares Heinrich und Kunigunde gewidmet. Daneben sind im Katalog weitere Königs- oder Kaiseraufenthalte in Merseburg dokumentiert. Dabei erfahren auch die Ausführungen zu Gegenkönig Rudolf von Schwaben (†1080), seiner Grabplatte im Dom sowie den Relikten (Schwurhand und Dolch) nochmals ein Erweiterung. Einen breiten Raum nehmen die bauarchäologischen Berichte ein. Die Qualität der Photographie und der heutzutage mögliche Farbdruck vermitteln eine Art der Begegnung mit der Baugeschichte, die sich hier im Katalog sogar noch intensiver gestalten kann als vor Ort, zumal in den letzten Jahren Freigelegtes öfter bereits wieder verschwunden ist. Vorgestellt wird außerdem ein – nun endgültiger? – Bauphasenplan, der den Dom, die Klausur und das Kapitelhaus umfasst und bündelt, was im Einzelnen dazu seit 2004 geforscht und geschrieben wurde.

Beide Kataloge zeigen wiederholt Leihgaben, die zur Illustration Merseburger Ereignisse und Zeugnisse herangezogen werden. Zu ihnen gehören Beispiele aus Dänemark, Italien, Österreich, Polen, Schweden, Schweiz und Tschechien, sowie aus verschiedenen deutschen Bistümern und anderen Institutionen. Auf diese Weise wird zugleich die Verflechtung mit der Geschichte des alten Reiches deutlich.

Insgesamt ist die Fülle des Mitgeteilten eigentlich fast schon immens. Jedenfalls werden unterschiedlichste Interessen bedient, wenn im Katalog plötzlich der Helm von Stößen (6.Jh.?) als Hinweis des beginnenden Christentums auftaucht oder bald darauf der Paradehelm, den möglicherweise Boleslaw Chrobry, der Widersacher Heinrichs II., in Merseburg getragen hat. Neben vielen anderen Sachgegenständen sind ausgiebig in beiden Katalogen sakrale Textilien und liturgisches Gerät (darunter das Reichskreuz Rudolfs von Schwaben) präsentiert. Schriftgut, überraschend darin auch das »Hersfelder Zehntverzeichnis« und die frühdeutsche »Zeitzer Beichte«, wird zusammen mit Urkunden, Codices und Druckerzeugnissen in einer beachtlich großen Zahl angeboten, und zwar überwiegend in einer gut lesbaren Wiedergabe. Gleichfalls fehlt mehrfach eigens angefertigtes Kartenmaterial nicht. Begünstigt noch dazu durch die überall vorzügliche Abbildungstechnik, entsteht so über dem Studium der Kataloge ein Arbeitsklima, wie man es sich besser kaum wünschen kann. Künftige Sachdiskussionen und Ergänzungen werden wie schon bisher gewiss nötig sein. Zunächst aber freut man sich, dass durch die Bemühungen vor allem seit 2004 nunmehr ein viel helleres Licht auf ein bedeutendes (kirchen)geschichtliches Zentrum Mitteldeutschlands fällt.

Leipzig Gerhard Graf

Die Merseburger Fürstengruft: Geschichte – Zeremoniell – Restaurierung/ hrsg. von Ulrike Wendland; Elisabeth Rüber-Schütte; Redaktion: Markus Cottin ... Petersberg: Imhof, 2013. 607 S.: Ill. (Landesamt für Denkmalpflege und Archäologie, Sachsen-Anhalt: Arbeitsberichte; 11) (Schriftenreihe der Vereinigten Domstifter zu Merseburg und Naumburg und des Kollegiatstifts Zeitz; 6)

Der großformatige, sorgfältig ausgestattete Band hält, was er im Untertitel verspricht. Aber darüber hinaus bietet er erheblich mehr. Denn neben den speziellen Beiträge zur Gruft, ihrer Geschichte bis in die Gegenwart, zum Begräbniszeremoniell sowie der Restaurierung von Gruft und Särgen der Sachsen-Merseburger Sekundogenitur (17./18 Jh.) stehen solche, die das eigentliche Thema in den historischen Zusammenhang der gesamten wettinischen Begräbniskultur vom 16. Bis zum 18. Jh. stellen (Claudia Kunde, 11-76) oder die zahlreichen fürstlichen mitteldeutschen Gruftanlagen in Hessen, Thüringen und Sachsen Anhalt unter denkmalpflegerischem Aspekt betrachten (Bernhard Mai, 373-380).

Auch die umfangreichen Beiträge zum Begräbniszeremoniell aus musikgeschichtlicher Perspektive (Christa Maria Richter, 231-286) oder zu den Leichenpredigten aus kirchenhistorischer und homiletikgeschichtlicher Sicht (Andres Straßberger, 287-326) dürfen als herausragende Forschungsbeiträge verstanden werden. So kann Richter z. B. zeigen, wie die von der sächsischen Kurlinie abhängigen Sekundogenituren das Trauerzeremoniell als Medium ihres Identitätsbewusstseins gegenüber Dresden einsetzten. Straßberger verweist auf den eher zufälligen zeitlichen Zusammenhang zwischen dem Ende der Merseburger Fürstenlinie und dem allgemeinen Niedergang der lutherisch-orthodoxen Leichenpredigt, der in der Mitte des 18. Jh. offenkundig ist, und verortet die durchaus qualitativ unterschiedlich ausfallenden Predigten im frömmigkeitsgeschichtlichen Wandel hin zu Pietismus und Aufklärung.

Besonders muss auf die Ausstattung des Bandes mit klein- oder großformartigen Bildern hingewiesen werden, die in allen Beiträgen mehr sind als bloße Illustration. Besondere Bedeutung bekommt die Bebilderung z. B. bei den einander gut ergänzenden Beiträgen zur Portalwand der Fürstengruft mit dem zentralen Bild der Grablegung Christi in Anwesenheit des herzoglichen Paares (Peter Findeis, 111-128) und zu den Prunksärgen der Herzöge als Ausdruck der Entwicklung des Zusammenhangs zwischen Bekenntnis und Herrscheramt (Ellinor Brandtner, 207-230).

Die Redaktion des Bandes hat dafür gesorgt, dass er sich auf vielfältige Weise erschließen lässt. Zunächst sei das umfangeiche »Begriffs-, Orts-, Personen- und Sachregister« (560-600) genannt. Ihm schließt sich ein »Register der Bibelstellen« (600-602) an, das durch besondere Kennzeichnung auch einen schnellen Zugriff auf die sich verändernde Rezeption der Heiligen Schrift auf den einzelnen Särgen herstellt. Ihm korrespondiert das separate »Register der Särge« (603 f) sowie ein den Referenzteil abschließendes »Verzeichnis der Särge in der Merseburger Fürstengruft« in Tabellenform (605 f), das u.a. auch die genealogische Numerierung enthält.

Zusätzlich bietet der Band Referenzbeiträge im weiteren Sinn: Die Ausführungen zur »Genealogie des Hauses Sachsen-Merseburg« (Richter; Markus Cottin, 455-474) sind mit einer Stammtafel ausgestattet. Darüber hinaus gibt es zwei Quellenanhänge, die zwischen voranstehende Beiträge eingeschaltet sind. Der erste zeigt bzw. beschreibt Dokumente »zur Baugeschichte der Fürstengruft und ihrer Vorgängerbauten« (Cottin; Reinhard Schmitt, 99-110) im Anschluss an den baugeschichtlichen Beitrag (Schmitt, 77-98). Der zweite Quellenanhang enthält 27, teilweise sehr umfangreiche Berichte bzw. Protokolle zu fast allen Begräbnissen mit detaillierten Berichten zu Leichenzügen, Bestattungen oder auch der Liedfolge bei den Funeralien (Cottin; Richter, 475-502). Beigegeben ist ein durchgehend bebildertes »Inventar der Särge in der Merseburger Fürstengruft« (Brandtner; Cottin, 503-548) sowie »Pläne zur Aufstellung der Särge …« (Cottin, 549-558).

Die genannten Referenzteile mehren neben der Fülle der einzelnen Beiträge, etwa zu den Sterbemedaillen, zum Kunsthandwerk oder zu den Restaurierungen, die hier nicht alle eigens erwähnt werden können, auf eindrucksvolle Weise den Reichtum des Bandes. Verfassern und Redaktion ist es am Beispiel des Sekundogenitur-Fürstentums Sachsen-Merseburg gelungen, die Funeralkultur des Herzogtums für den Zeitraum seines Bestehens in all ihren Facetten darzustellen sowie den erheblichen Aufwand für die Erhaltung dieses erinnerungskulturellen Erbes zu dokumentieren.

Leipzig/ Schönbach Michael Beyer

Martin PETZOLDT: Die Altäre der Thomaskirche zu Leipzig, Taufstein und Kanzeln/ mit Fotos von Markus Eckhardt. Leipzig: Evang. Verlagsanstalt, 2012. 110 S., zahlreiche farb. Abb.

Als renommierter Bachforscher, emeritierter ordinierter Hochschullehrer und langjähriger Kirchvorsteher und damit intimer Kenner der Leipziger Thomaskirche legte der inzwischen verstorbene Martin Petzoldt ein gut zu lesendes und mit zahlreichen Abbildungen versehenes Buch über ihre Prinzipalstücke vor. Die aussagekräftigen Fotos stammen von Markus Eckardt, der als wissenschaftliche Hilfskraft in der Theologischen Fakultät Petzoldt mit Rat und Tat zur Seite stand. Ihm ist die gelungene bildnerische und graphische Darstellung zu verdanken. Die Schrift erschien im Rahmen des Jubiläums von Thomaskirche, Thomasschule und Thomanerchor: »800 Jahre Thomana zu Leipzig«.

Von den insgesamt nachweisbaren vier Hauptaltären, drei Taufsteinen und drei Kanzeln werden alle vier Altäre, ein Taufstein und zwei Kanzeln ausführlich beschrieben. Dabei treten geschichtliche Zusammenhänge und bedeutsame Ereignisse sowie an der Thomaskirche tätige Persönlichkeiten deutlich in den Blick. Somit ist diese Schrift auch ein Beitrag zur Leipziger Stadt- und Kulturgeschichte. Die Reihe der bekannten Hauptaltäre beginnt mit dem spätgotischen Passionsaltar um 1500. Seit 1722 befindet er sich in der Lutherkirche zu Plauen im Vogtland. Bei diesem Werk handelt es sich um einen geschnitzten Flügelalter mit Predella. Im Zentrum steht die Grablegung Jesu. Detailliert und kenntnisreich werden die einzelnen Szenen erläutert. Interessant ist der Vergleich mit dem nicht mehr erhaltenen »Osteraltar« aus der Leipziger Nikolaikirche, der möglicherweise um 1605 als bewusstes Pendant zum Passionsaltar der Thomaskirche gestaltet worden ist. Gehören die Rückseiten der beweglichen Altarflügel mit den Darstellungen des Schmerzensmanns und Marias zur originalen Ausstattung (Korrektur zu S. 38), so sind die Standflügel mit der Darstellung von Johannes dem Täufer bzw. dem Evangelisten und der obere Aufbau Zutaten von Valentin Silbermann und Michael Treuding von 1587. Auf diesem sind u.a. Maria Magdalena und der Apostel Thomas zu sehen, die ganz stark an die Ritzzeichnung der größten Glocke der Thomaskirche, der Gloriosa von 1477, erinnern.

Bei dem zweiten bekannten Altar handelt es sich um den sogenannten Bornschen Altar, der von 1721 bis 1885 aufgestellt war und vom damaligen Bürgermeister und Konsistorialpräsidenten Dr. Jacob Born (†1709) gestiftet wurde. Nach 1895 gelangte dieser barocke Portikusaltar ohne das große Kruzifix von Caspar Friedrich Löbelt in die Leipziger Johanneskirche und wurde beim Bombardement auf Leipzig am 3./4.12.1943 zerstört. Ein Nachbau des Bornschen Altars einschließlich des Kruzifixus findet sich heute in der Kirche zu Großröhrsdorf bei Pulsnitz. Zwischen 1889 und 1964 schmückte der neugotische Altar von Constantin Lipsius den Altarraum der Thomaskirche. Das ikonographische Programm mit der Abendmahlseinsetzung im Mittelpunkt entwickelte Superintendent Oskar Pank. Bei der Innenerneuerung der Kirche Anfang der 1960er Jahre kam der Altar in die Südkapelle, die Mensa von Julius Oskar Müller brach man ab. Bis 1984 schmückte dann das Löbeltsche Kruzifix die von Hans-Joachim Blödow neu entworfene Altarmensa. Anschließend gelangte der spätgotische Paulineraltar der 1968 gesprengten Universitätskirche St- Pauli etappenweise in die Thomaskirche. 1993 konnte er – komplett restauriert – geweiht werden und war als Dauerleihgabe der Universität Leipzig bis Ende 2014 Zierde der Kirche. Auch dieser zweiflügelige Schnitzaltar mit seinem Christus- und Marienzyklus sowie den Darstellungen aus dem Leben Pauli wird von Petzoldt detailliert beschreiben und theologiegeschichtlich erörtert.

Die Stärke des Buches liegt in der Präsentation und historisch-theologischen Verortung der Kunstwerke. Dagegen bleiben die Ausführungen in liturgiegeschichtlicher Hinsicht eher blass. Liturgisch gesehen besteht der Altar aus Mensa und Stipes; das Retabel ist dabei ein nicht notwendiges Beiwerk. So geht es streng genommen bei Petzoldt gar nicht um die Altäre, sondern um die Retabel. So würdigt er die mit dem Löbeltschen Kruzifix ausgestaltete Altarmensa zwischen 1964 und 1984 mit keiner bildlichen Darstellung. Auch die zur Ausstattung eines Altars gehörenden Vasa Sacra und die Paramente finden keinerlei Erwähnung. Weiterhin ist die Einschränkung der Darstellung auf die sogenannten Hauptaltäre nicht ganz einsichtig. So erfährt der Leser nichts von dem noch erhaltenen spätgotischen Flügelaltar, der im Mittelbild die Anbetung der Heiligen Drei Könige zeigt. Dieser Altar befindet sich in der Nordsakristei und wird vielleicht einer der 16 Nebenaltäre gewesen sein, die die Thomaskirche vor der Reformation besaß.

Nach den Altären behandelt Petzoldt den Taufstein von 1615. Dieses Meisterwerk, zu dem ursprünglich noch ein kunstvoller Holzdeckel und ein schmiedeeisernes Gitter gehörte, hatte in der Geschichte unterschiedliche Standorte bis er 1885/89 vor dem mittleren Joch des Chorraums zur heutigen Aufstellung kam. Der Taufstein besticht durch seine theologische Konzeption. An seinem Gewände sind abwechselnd vier Bildwerke aus Alabaster (Kämmerer aus dem Morgenland, Sintflut, Naeman und Elisa, Zug durchs Rote Meer) und vier Schrifttafeln mit neutestamentlichen Textstellen zu sehen. Diese ikonographische Konzeption, die auf der Planung des damaligen Superintendenten Georg Weinrich beruht, entwirft eine ganze Tauftheologie, die Petzoldt sehr anschaulich beschreibt. Überhaupt gelingt dem Autor in diesem Abschnitt ein echtes Kabinettstück. Von besonderem Interesse ist die Nennung eines Wickeltisches, der sich nach den Gestühlsplänen hinter der Mittelsäule unter der Chorempore in Nähe des Taufsteines befand. Er verweist darauf, dass die Kleinkinder zur Taufe ausgezogen wurden, ob er auch als Beweis für ein mögliches Untertauchen der Kinder bei der Taufe gelten kann, muss offen bleiben. Leider gibt Petzoldt keinen Hinweis, ob zum Taufstein ursprünglich auch eine Taufschale gehörte oder ob im Taufstein ein Abfluss für das Taufwasser integriert war.

Abschließend wird neben der aktuellen neugotischen Kanzel von 1889 auch deren Vorgängerin vorgestellt. Diese Barockkanzel von 1738 soll bis heute, vermauert in einem Kellerhohlraum unter dem inneren Westportal ihr Dasein fristen.

Petzoldt führt in seinem Werk die Prinzipalstücke einer Kirche als Spiegelbilder des Glaubens in einer wechselvollen Geschichte plastisch vor Augen. Gern weilt dabei das Auge auf den zahlreichen Abbildungen. Das Buch ist so eine willkommene theologische Ergänzung zum kunsthistorischen Inventarwerk von Heinrich Magirius (Die Bau- und Kunstdenkmäler von Sachsen: Stadt Leipzig. Die Sakralbauten. Bd. 1. München; Berlin 1995, S. 153-335).

Großhennersdorf Alexander Wieckowksi

Martin Luther: Deutsch-deutsche Studienausgabe/ hrsg. von Johannes Schilling mit Albrecht Beutel; Dietrich Korsch; Notger Slenczka; Hellmut Zschoch. Bd. 1: Glaube und Leben/ hrsg. von Dietrich Korsch. Leipzig: Evang. Verlagsanstalt, 2012. XVII, 676 S.

Der Verlag lässt seiner Lateinisch-deutschen Studienausgabe von ausgewählten Werken Martin Luthers (2006-2009) eine ebenfalls auf drei umfangreiche Bände angelegte Deutsch-deutsche Studienausgabe folgen. Während diese Rezension abgefasst wurde, erschien Band 2 (2015), mit dem dritten Band ist in absehbarer Zeit zu rechnen. Mit dieser Ausgabe wird Neuland beschritten! Zwar hat jedes Jahrhundert seit der Reformation seine eigenen Gesamt- oder Teilausgaben von Luthers deutschen Schriften mit mehr oder weniger gelungenen Übertragungen in die jeweilige deutsche Gegenwartsprache hervorgebracht, aber eine zweisprachige, frühneuhochdeutsch-neuhochdeutsche Ausgabe wird hier zum ersten Mal überhaupt vorgelegt. Und eine solche war wirklich nötig. Luthers Deutsch hatte sich über die Jahrzehnte seiner Schriftstellerei zwar zusehends zu einer verständlicheren Sprache entwickelt, aber ein mit dem Frühneuhochdeutschen wenig vertrauter Leser wird dennoch Schwierigkeiten beim Verstehen auch seiner späteren Texte haben. Die Probleme erschließen sich dem Leser selbst allerdings nur schwer, weil er davon ausgeht, einem zwar alten, aber eben doch muttersprachlichen Text zu begegnen. Sogenannte »falsche Freunde«, also Wörter gleichen Aussehens aber inzwischen gewandelter Bedeutung, gibt es ohne Zahl, ebenso verhält es sich mit den grammatischen Strukturen. Man muss sich klar machen, dass das Frühneuhochdeutsche für heutige deutsche Leser eine Fremdsprache ist; für Nichtmuttersprachler – Luther wird ja weltweit rezipiert – dürfte die Problematik noch viel größer sein.

Die Entscheidung, auch frühneuhochdeutsche Texte mit einer synoptisch angelegten modernen Übersetzung zu präsentieren, muss in jedem Fall als Bedingung einer erfolgreichen modernen Lutherrezeption gewertet werden. Die zweisprachige Ausgabe hat überdies eine weitere wichtige Funktion: die der Kontrollmöglichkeit. Wer auch nur ein wenig mit dem Geschäft des Übersetzens vertraut ist, weiß, dass auch jenseits echter Fehler eine Menge unterschiedlicher Ebenen des Verstehens existieren, die mit dem Vorwissen von Übersetzern und Rezipienten zusammenhängen. Wer sich mit viel Mühe seine Übersetzung erstellt hat, also eine, die er selbst versteht, muss damit noch lange nicht allgemein verständlich sein. Herausgeber wie Übersetzer dieser neuen Ausgabe dürften sehr viel Zeit und Engagement geteilt haben, um diesen Band zum Erscheinen zu bringen. Es sei ihnen ausdrücklich gedankt.

Johannes Schilling als Hauptherausgeber hat in seinem Vorwort eine Übersicht zu den erfolgreichen Studienausgaben des vorigen Jahrhunderts gegeben und die vorliegende Form ausreichend begründet. So ist es angesichts der relativ leichten Erreichbarkeit von originalen Drucken über das Internet heute nicht mehr nötig, einen Luthertext schlicht diplomatisch getreu wiederzugeben, also etwa vorkommende Abbreviaturen von Buchstaben innerhalb von Wörtern nachzubilden oder gekennzeichnet aufzulösen, was beides den Lesefluss stört. Mit dem Begriff »Studienausgabe« war bisher auch eine mehr oder weniger umfangreiche Kommentierung der Texte verbunden, was Stellennachweise oder auch Worterklärungen einschloss. Die kritische Kommentierung erübrigt sich in dieser Ausgabe nicht ganz, wird teilweise jedoch durch die parallel gebotene Übersetzung ausgeglichen. Wichtig und angemessen erscheint jedoch, ein bereits in der Lateinisch-deutschen Studienausgabe praktiziertes Verfahren beizubehalten: die originale Zeichensetzung sowie die ursprüngliche Absatzgliederung. Auch wenn Virgel, Punkt, Doppelpunkt oder Komma oft an für uns zunächst ungewohnt erscheinenden Stellen vorkommen – gerade sie geben Auskunft über die rhetorische Struktur der Texte. Ebenso ist es angemessen, dass die neuhochdeutschen Übersetzungen in einem Deutsch abzufassen waren, das sich grundsätzlich an der Gegenwartssprache orientiert, Fremdes weder ausblendet noch künstlich verstärkt und sich gleichzeitig Modernismen verbietet. Als Referenzausgabe wird die große Weimarer Gesamtausgabe von Luthers Werken (WA) herangezogen; deren entsprechende Seitenzahlen sind durch Marginalien kenntlich gemacht und stellen so das schnelle Auffinden der betreffenden Stellen sicher. Es ist zu bedauern, dass auf diese Weise nicht auch die weit verbreitete, ausführlich die Originaltexte kommentierende, alte Martin-Luther-Studienausgabe der Evangelischen Verlagsanstalt (1979-1999) zur Referenz herangezogen wurde. Denn die dort edierten Texte übertreffen an Genauigkeit die der WA bei Weitem. In jedem Fall ist mit der neuen Ausgabe jedoch jetzt der Begriff »Studienausgabe« neu definiert: angemessen kritisch und vor allem zweisprachig.

Der Band trägt den Titel: »Glaube und Leben«, die beiden folgenden werden sich den Themenkreisen »Wort und Sakrament« sowie »Christ und Welt« widmen. Mit der Entscheidung, Luthers Schrifttum nicht generell chronologisch zu bieten, sondern einzelne Themenkreise in chronologischer Ordnung vorzustellen, folgt diese Ausgabe einer bewährten Tradition deutscher Auswahlausgaben. Dietrich Korsch als Bandherausgeber setzt sich in seiner Einführung mit Begriff und Sache der »Frömmigkeit« auseinander. Ich verstehe ihn so, das Luther im Aufgreifen der Tradition und ihrer Umformung in der Perspektive von Glauben und Leben zu einer neuen Art von Frömmigkeit fand und zugleich in der Lage war, dies vielen seiner Zeitgenossen sprachlich so zu vermitteln, dass sie ebenfalls zu einem neuen Gottes- und damit Nächstenverhältnis gelangen konnten.

Der Band enthält 18 Lutherschriften. Zwölf von ihnen entstammen den ersten Jahren der Reformation zwischen 1518 und

1522. Darunter sind einige der für die frühe Lutherrezeption breiterer Schichten wichtigen »Sermone«, mit denen Luther auf herkömmliche Frömmigkeitsäußerungen seiner Zeit einging, sie kritisierte und neu justierte. Es handelt sich z. B. um Schriften zu Ablass und Gnade, zur Passionsfrömmigkeit, zur Ars moriendi, der Buße oder den guten Werken. Hinzu kommen die ersten katechetischen Schriften: Dekalog-, Vaterunser- bzw. Credoauslegungen, die Schrift über die christliche Freiheit, die Magnifikatauslegung sowie Hinweise zur Bibelhermeneutik. Aus den späteren Jahren, in denen Luther frühe Themen der neugefundenen Frömmigkeit neu bedenkt und auch Abgrenzungen und Fixierungen vornimmt, finden sich das »Bekenntnis« aus der großen Abendmahlsschrift von 1528, der Kleine Katechismus, die Gebetsanleitung für einen Freund sowie die hochpolemische Schrift gegen den Versuch der sog. »Antinomer«, die Sündenerkenntnis aus dem Zusammenhang von Gesetz und Evangelium in Richtung des Evangeliums als Gesetz Christi zu verschieben. Den Band beschließt Luthers Vorrede zum ersten Band seiner gesammelten deutschen Schriften mit der nach wie vor aktuellen Bestimmung dessen, was (nicht nur) als Kriterium für den (professionellen) Theologen zu gelten habe, sondern die Frömmigkeit eines jeden Christen ausmacht: die Kommunikation mit Gott durch Gebet und Bibelstudium unter der harten, alltäglichen Erfahrung des endlichen Lebens.

Die Konzeption des Bandes erscheint nach diesem knappen Durchgang durch die erhaltenen Schriften gut ausgedacht. Die Übersetzungen lassen sich insgesamt gut lesen und stellen m. E. gegenüber älteren in Bezug auf ihre Qualität einen Fortschritt dar. Sie im Einzelnen zu kommentieren oder auch nur Stichproben vorzustellen, ist im Rahmen einer Rezension unangemessen. Die kurzen Einführungen in die einzelnen Schriften informieren sachgerecht über den Kontext und bieten oft meisterliche inhaltliche Zusammenfassungen. Dem Band ist eine breite Rezeption zu wünschen!

Leipzig/Schönbach — Michael Beyer

Melanchthons Briefwechsel/hrsg. von Heinz Scheible. Bd. T 6: Texte 1395-1683 (1534-1535) bearb. von Christine Mundhenk unter Mitwirkung von Roxane Wartenberg und Richard Wetzel. Stuttgart-Bad Cannstadt: Fromman-Holzboog 2005. 588 S.

Melanchthons Briefwechsel/hrsg. von Heinz Scheible. Bd. T 7: Texte 1684-1979 (1536-1537) bearb. von Christine Mundhenk unter Mitwirkung von Heidi Hein und Judith Steiniger. Stuttgart-Bad Cannstadt: Fromman-Holzboog 2006. 613 S.

Während der Doppelband T 4 (vgl. HCh 34/35 [2010/11], 284 f) sich ausschließlich mit den epochalen Ereignissen des Jahres 1530 befasste, schildern die nun anzuzeigenden beiden Bände eher die Mühen der Ebene und spiegeln in der Korrespondenz Melanchthons vor allem die Auswirkungen der Augsburger Konfession auf verschiedenste Weise wider.

Die Jahre 1534 bis 1535 (T 6) sind für Melanchthon vor allem mit zwei Themen ausgefüllt. Zum einen geht es um eine, wie ihm scheint, unabdingbar notwendige Konkordie mit den Oberdeutschen in der Frage des Abendmahls, zum anderen beschäftigt er sich mit den Kontakten zu Frankreich und England, nicht immer zur reinen Freude aller Beteiligten. Sorgen bereitet ihm auch die Rückführung Herzog Ulrichs von Württemberg in seine Stammlande durch den Landgrafen Philipp von Hessen. Den Frieden von Kaden (MBW 1463), der die Rückgabe Württembergs durch König Ferdinand besiegelte, erwähnt er aber nur beiläufig. Im Dezember 1534 kommt es dann auf Drängen des Landgrafen zu einem Treffen mit Bucer in Kassel. In Vorbereitung dazu verfasst Luther eine ausführliche Instruktion, welche Zugeständnisse möglich sind. (MBW 1511). Ein gemeinsam von Melanchthon und Bucer erarbeitetes Kommunique zum Abendmahlsverständnis auf Deutsch (! MBW 1514) sollte in den folgenden Jahren für Gesprächsstoff sorgen. Beeindruckend ist die Mühe mit der sich Melanchthon eigenhändig an die verschiedenen süddeutschen Reformatoren wendet, um für die Einheit zu werben.

Sowohl der König von Frankreich wie der von England hatten den Kontakt zu Melanchthon, wenn auch aus höchst unterschiedlichen Motiven, gesucht. Im August 1534 verfasste Melanchthon ein ausführliches Gutachten für Guillaume du Bellay (MBW 1467), an dem auch Bucer und Kaspar Hedio beteiligt waren, wie die religiösen Konflikte in Frankreich beigelegt werden könnten. Das Gutachten ist in vier Fassungen überliefert und diente als Grundlage für die Überlegungen am französischen Hof, den Wittenberger nach Paris einzuladen. Ein Jahr später waren die Pläne so weit gediehen, dass Melanchthon den bis dahin völlig ahnungslosen Kurfürsten um eine Reiseerlaubnis bat (MBW 1603). Der überraschte Johann Friedrich ließ durch seine Räte Melanchthon erklären, warum die Erlaubnis keinesfalls erteilt werden könne (MBW 1605). Das hielt Melanchthon nicht davon ab, die Bitte wenige Tage später zu erneuern. Der nun allerdings geharnischte Brief des Kurfürsten markiert den Tiefpunkt seiner Beziehungen zu Melanchthon (MBW 1610). Der fühlte sich verletzt und beklagte sich bei verschiedenen Freunden, während er zeitgleich seine Korrespondenz mit Thomas Cranmer, dem Erzbischof von Canterbury und dem König Heinrich VIII. dem er die zweite Fassung seiner »Loci communes« gewidmet hatte, fortsetzte (MBW 1606-1607). Allerdings versöhnten sich der Landesherr und sein wichtigster theologischer Berater bald wieder. Auf der Versammlung des Schmalkaldischen Bundes im Dezember 1535 stammen die wichtigsten diplomatischen Texte, soweit sie die Religion betreffen, aus seiner Feder (MBW 1677, 1679, 1680, 1681).

Allerdings hielt die große Politik Melanchthon nicht davon ab, sich weiterhin seinen Pflichten als Universitätslehrer zu widmen. Dazu gehört eine scheinbar endlose Reihe von Bittbriefen und Empfehlungen für bedürftige Studenten (MBW 1539, 1540 und öfter). Ungebrochen blieb sein Interesse an Naturgeschichte und -philosophie, wenn er etwa Spalatin den Unterschied zwischen Stören und Welsen erläutert (MBW 1477), eine ausführliche Vorrede für Peurbachs »Theoricae novae planetarum« liefert (MBW 1509) oder sich über eine neue Hippokrates-Edition freut (MBW 1430). Auch die Ausgestaltung der Kirchenreform wie etwa in Frankfurt am Main (MBW 1657) oder Fragen des Eherechts (MBW 1411) halten ihn in Atem.

Wie immer, ist Persönliches nur am Rande zu erfahren. Mehr als seltsam bei einem so warmherzigen Menschen mutet der kurze und höchst formale Brief an seinen Sohn an (1598). Wenn er dem abwesenden Luther Aufträge von dessen Frau überbringt, die Melanchthon die »Domina« nennt, wird deutlich, dass das Verhältnis zwischen ihnen so schlecht nicht gewesen sein kann. (MBW 1465) Mit Joachim Camerarius war Melanchthon herzlich verbunden. 32 Briefe an ihn sind für den zu besprechenden Zeitraum überliefert. An keinen anderen schreibt er so of, wenn sich auch nur ein einziger Antwortbrief erhalten hat (MBW 1494).

Textband 7 ist der erste, der vollständig nach den neuen Editionsregeln zur Beschleunigung der Arbeit gestaltet ist (S. 7). Schon 2003 war verabredet worden, auf Detailrecherchen zu verzichten, wenn sie einen unverhältnismäßigen Aufwand erforderten, was sich im Apparat niederschlägt. »Oberster Grundsatz bleibt aber die durchsichtige Information des Benutzers.« (S. 8) Das kann als voll erfüllt gelten.

Aus der Sicht Melanchthons bilden in den Jahren 1536 und 1537 die Wittenberger Konkordie, die Schmalkaldische Bundesversammlung Anfang 1537 und das damals noch für Mantua geplante allgemeine Konzil, das dann erst 1545 in Trient eröffnet wurde, die Arbeitsschwerpunkte. Als die Konkordie im Mai 1536 in Wittenberg endlich geschlossen wird, ist es Melanchthon, der so intensiv dafür gearbeitet hat, der dem Frieden nicht recht traut. (MBW 1744 u. ö.) Im selben Jahr darf er eine Reise in die Heimat machen, wobei er unterwegs ein langes Gedicht an Eoban Hesse verfasst, zu Pferde, wie er am Schluss vermerkt, aber nicht dem Trojanischen (in equo, sed non Troiano, MBW 1782). Auf dieser Reise arbeitet er auch intensiv an der Reform der Tübinger Universität mit (MBW 1795/96). Für das geplante Konzil hat er im Auftrag des Kurfürsten gewöhnlich in Abstimmung mit den anderen Reformatoren verschiedene Positionspapiere zu erarbeiten (MBW 1769), die auch Europaweit verschickt werden (MBW 1877). Die Verhandlungen auf dem Bundestag in Schmalkalden im Februar 1537 erscheinen ihm schwierig, nicht zuletzt wegen der schlechten äußerlichen Bedingungen, so gibt es keinen anderen als schwefligen Frankenwein (MBW 1851). Der Vorbehalt zur Rolle des Papsttums bei seiner Unterschrift unter die Schmalkaldischen Artikel ist bekannt (MBW 1845). Eine interessante Variante liefert er in der Erzählung von Luthers schwerer Steinerkrankung in Schmalkalden. Nach seiner Überzeugung hätte sich die Krise vermeiden lassen, wenn man den Erfurter Arzt Georg Sturtz früher geholt hätte (MBW 1849 und 1885). Gleichzeitig belegt die Tatsache, dass Luther die Nachricht von seiner Genesung zuerst Melanchthon zukommen lässt (MBW (1854), das Vertrauen zwischen den beiden Reformatoren.

Im April 1537 zeichnen sich durch einen Brief des Konrad Kordatus an ihn (MBW 1887) erste Anzeichen des sogenannten Antinomer-Streites ab, der sich ausweitend, auch Jakob Schenk in Freiburg und Johann Agricola in Eisleben griffen ihn an, sein Leben in Wittenberg vergällen sollte. Im Kern ging es um die Frage, welche Bedeutung das Gesetz im Leben des Gerechtfertigten noch haben könne und solle. Unter Berufung auf frühere Äußerungen Luthers versuchten die Angreifer, Melanchthon Abweichungen von der gemeinsamen Lehre nachzuweisen. Luther stellte sich schließlich auf die Seite seines wichtigsten Kollegen, aber die Lehreinheit der Wittenberger erhielt einen Riss.

Neben diesen großen Ereignissen geht Melanchthon seiner Arbeit als Universitätslehrer unermüdlich nach, auch wenn er zu Recht seine Überlastung beklagt. Unter den vielen Empfehlungs- und Bittbriefen findet sich auch einer für Simon Lemnius (MBW 1839), dessen Gedichte nur ein Jahr später Luthers Zorn auf sich ziehen sollten. Auch Melanchthons intensives Bemühen, Matthias Flacius eine Professur für Griechisch in Tübingen zu verschaffen (MBW 1951), stellt sich im Licht der späteren Ereignisse als problematisch dar.

Die Fülle der in den Briefen gebotenen Details verbietet eine ausführlichere Besprechung. Dass Melanchthon durchaus Humor hatte, beweist eine fünfseitige Abhandlung an Georg Öhmler, warum sein Sohn den Humanistennamen Aemilius annehmen ›musste‹ (MBW1717), ein gelehrter Spaß mit großem Aufwand.

So bieten also beiden Bände in gewohnt höchster Qualität unmittelbare Einblicke in die Wittenberger Reformation in ihrer Entwicklung. Das Persönliche, wie so oft bei Melanchthon scheint nur nebenbei auf, etwa wenn er Augustin Schurff dafür dankt, die Bauleitung seines Hauses übernommen zu haben (MBW 1718).

Wie in allen anderen Bände finden sich auch hier am Schluss mehrfach gegliederte Register: Absender, Adressaten, Fremdstücke, Bibelstellen, Autoren und Werke bis ca. 1500, Autoren und Werke ab 1500. Hier ist noch ein wissenschaftlicher Schatz, was Melanchthons Kenntnisse und Vorlieben betrifft, zu heben.

Wenn es ein Monitum bei der Edition gibt, dann die Frage, warum man die bei den Regesten bewährte Methode im Kopfteil die Nummer des jeweils vorangehenden und die des ihm folgenden Briefes im Textteil nicht übernommen hat. Jetzt muss sich der Leser diese Informationen mühsamer aus den Anmerkungen zusammensuchen. Dass dies den Wert der Edition nicht grundsätzlich beeinträchtigt, ist evident.

Wittenberg — Martin Treu

Andreas Gössner: Der terministische Streit: Vorgeschichte, Verlauf und Bedeutung eines theologischen Konflikts an der Wende vom 17. zum 18. Jahrhundert. Tübingen: Mohr Siebeck, 2011. XIII, 495 S. (Beiträge zur historischen Theologie; 159)

Der terministische Streit war einer der großen theologischen Konflikte zwischen altlutherischer Orthodoxie und Pietismus an der Schwelle zur Neuzeit. Historisch gehörte er in den Zusammenhang jener ungemein polemisch geführten Abgrenzungsdebatten, die die theologische Identitätsfindung und innerkirchliche Akzeptanz der pietistischen Bewegung seit 1689 begleiteten und die in der (kirchen-)historischen Forschung als Pietismuskontroverse seit längerem verstärkte Aufmerksamkeit gefunden haben. Während die Orthodoxie den Pietismus als schwärmerische Sekte zu verstehen und seine kirchliche Existenzberechtigung auf der Grundlage der geltenden Bekenntnisschriften deshalb zu bestreiten suchte, beanspruchten die Vertreter der neuen Frömmigkeitsbewegung für sich, die wahre Kirche zu repräsentieren, was wiederum ihr Bestreben erklärte, die »tote, erstarrte Orthodoxie« aus der Kirche auszufegen. Seinen Ausgangspunkt nahm der terministische Streit mit einer 1698 publizierten Schrift des Sorauer Pfarrers Johann Georg Böse (ca. 1662-1700), und seinen Höhepunkt erreichte er in den Jahren 1700 bis 1704. Mit dem Tod des lutherisch-orthodoxen Leipziger Theologen Thomas Ittig (1643-1710) endete der Streit, in dessen Verlauf etwa 250 Druckschriften gewechselt wurden, ohne Ergebnis. Inhaltlich ging es um die Frage, ob dem sündigen Menschen von Gott eine bestimmte Frist, ein allerletzter Zeitpunkt zur Buße (terminus peremptorius gratiae) gesetzt sei, nach dessen Verstreichen eine Bekehrung unmöglich werde. Nicht zufällig, und zwar unter dem Vorzeichen einer umfassenden Kirchenreform, wurde diese Position durch Böse und die pietistischen Teilnehmer am terministischen Streit vertreten. Für ihre Auffassung schlossen sie zentral an Philipp Jakob Spener (1635-1705) an, der mit Blick auf Hebr 3,7 und unter Berufung auf seinen Straßburger theologischen Lehrer Johann Konrad Dannhauer (1603-1666) die Annahme eines terminus peremptorius sowohl biblisch, als auch theologisch legitimiert sah. Die lutherisch-orthodoxen Vertreter votierten hingegen unter Rekurs auf CA 12 dafür, dass es aufgrund der Taufgnade selbst dem hartnäckigsten Sünder möglich sei, sich bis zum letzten Moment seines Lebens zu bekehren. Im Kern waren daher seelsorgerliche Anliegen auf beiden Seiten leitend. Im Streitverlauf entwickelte sich dann insbesondere der Leipziger Theologe Adam Rechenberg (1642-1721), ein Schwiegersohn Speners, zum maßgeblichen Anwalt der pietistischen Position. Als sowohl personaler als auch theologischer Widerpart trat der bereits erwähnte Ittig als Fakultätskollege exponiert in Erscheinung. Demnach verlief die Fontlinie nicht nur zwischen theologischen Vertretern der (Spät-)Orthodoxie und des Pietismus im allgemeinen, sondern auch ganz konkret inmitten durch die Leipziger Theologische Fakultät im besonderen.

Diesem Streit, seiner Vorgeschichte, seinem Verlauf und seiner Bedeutung, widmet Andreas Gössner eine Habilitationsschrift. Die kirchenhistorische Relevanz seiner Arbeit ist nicht allein damit gegeben, dass seit der letzten monographischen Beschäftigung mit dem Thema durch Friedrich Hermann Hesse (1877) die akademische Forschung prinzipiell davon Abstand genommen hat, die Vertreter der lutherischen (Spät-)Orthodoxie als »tote, erstarrte Streittheologen« zu denunzieren, die der Pietismus mit Recht zu überwinden trachtete. Inzwischen wird eine solche, in nichtakademischen Kreisen allerdings noch immer populäre Sicht als Teil der pietistischen Siegergeschichte kritisch hinterfragt. Parallel dazu hat auch die in den letzten Jahrzehnten interdisziplinär stark aufgefächerte Pietismusforschung erhebliche Erkenntniszuwächse und Differenzierungen zu verzeichnen, die direkt und indirekt Aspekte des terministischen Streits tangieren. Beide Entwicklungen machen eine neuerliche Rekapitulation desselben zu einer ebenso interessanten wie lohnenden kirchenhistoriographischen Herausforderung. Verf. hat sich dieser Herausforderung gestellt – mit, wie Rez. meint, durchwachsenem Erfolg.

Methodisch schließt der Verf. an die grundlegende Arbeit zur kommunikationsgeschichtlichen Funktion und Bedeutung der Pietismuskontroverse von Martin Gierl (Pietismus und Aufklärung. Göttingen 1997) an. Während der »Profanhistoriker« Gierl in seiner Arbeit minutiöse Forschungen mit großräumigen Thesenbildungen verband, interessiert sich Andreas Gössner jedoch kaum für die großen Debatten und Fragestellungen der aktuellen Orthodoxie-, Pietismus- und Aufklärungsforschung. Stattdessen will er in erklärter Abgrenzung zu Gierls publikationshistorischem Ansatz (S. 366 in Anm. 2) auf die ganz konkrete Situation und Verfasstheit der Streitteilnehmer bzw. die konkreten institutionellen Hintergründe von im Streit eingeholten und publizierten Gruppenvoten (Responsen theologischer Fakultäten) fokussieren.

Unter dieser Voraussetzung analysiert er zunächst die Vorgeschichte des terministischen Streites, und zwar insoweit sie die Person Böses und sein Werk, seine Sorauer Kollegen sowie die für ihn zuständigen kirchlichen Leitungsgremien betrifft (S. 33-54); die theologiegeschichtliche Vorgeschichte bleibt dabei ausgeklammert (s.u.). Die Ausführungen können das seelsorgerliche Anliegen des niederlausitzischen pietistischen Diakons und den ebenso gelagerten Widerspruch der lutherisch-orthodoxen Amtskollegen bzw. der Kirchenleitung transparent machen. Auf diese Weise gelingt es dem Verf., die den streitenden Parteien zugrundliegende theologische Aporie, die für den gesamten nachfolgenden publizistischen Streit grundlegend ist, anschaulich zur Darstellung zu bringen.

In durchaus ermüdender Weise wird daran anschließend der Verlauf des publizistischen Streites nach allen seinen einzelnen Etappen, Hauptmomenten und Teilnehmern rekonstruiert und referiert (S. 55-321). Für diesen Untersuchungsteil stützt sich Verf. nicht nur auf die rund 250 von ihm ermittelten, sorgfältig bibliographierten Druckschriften (S. 373-446) – das sind rund 100 Druckschriften mehr als bislang bekannt war –, sondern er analysiert auch umfängliches archivalisches Material, das v.a. die am Streit beteiligten theologischen Fakultäten in Leipzig, Wittenberg und Rostock bzw. deren Protagonisten betrifft. Hier spielt der Verf. die Stärken seiner die Breite der archivalischen Überlieferung einschließenden Ausleuchtung der personellen und institutionellen Gegebenheiten, vor allem bezüglich der Universität Leipzig, souverän aus (vgl. zum diesbezüglichen Ertrag z.B. die Hinweise S. 366 mit Anm. 4). Zahlreiche Schautafeln machen zudem die immense publizistische Auffächerung des theologischen Streits sowohl in der Breite als auch in der Tiefe anschaulich. Insbesondere gelingt es Gössner, die gewandelte Rolle der alten Institution der theologischen Gutachten (Responsen) aufzuzeigen (bes. 91-93; vgl. auch ebd., 366 mit Anm. 5).

Trotz dieser nicht geringen Verdienste, die sich Verf. mit seiner Studie in dieser Hinsicht erworben hat und die manche damalige publizistische Stellungnahme in neuem Licht erscheinen lassen, legt Rez. das Buch doch auch mit einem unbefriedigtem Gefühl aus der Hand, weil er die Lektüre mit der hohen, m. E. aber keineswegs überzogenen oder unbilligen Erwartung verbunden hat, vom Autor und seiner Habilitationsschrift in die Mitte der gegenwärtigen Orthodoxie- und Pietismusforschung geführt bzw. mit ihr ins Gespräch gebracht zu werden. Das aber ist nicht der Fall. Der Grund ist in der inhaltlichen Weichenstellung zu suchen, primär die bibliographischen, streithistorischen, prosopographischen und universitätsgeschichtlichen Aspekte des Themas in den Blick zu nehmen. Diese an und für sich nicht unwichtigen Aspekte werden jedoch zu wenig mit theologie- und frömmigkeitsgeschichtlichen Fragestellungen in Zusammenhang gebracht, Fragestellungen, für die sich eine kirchenhistorisch interessierte Leserschaft in aller Regel auch vorrangig interessiert.

In gewisser Weise illustriert diese Ambivalenz von Gössners Forschungsansatzes Kap. 10 seiner Arbeit. Hier werden vom Verf. fünf »(k)onstitutive Faktoren im terministischen Streit« (S. 323-363) herausgearbeitet: »1. Das Geflecht zwischen Autoren, Werktiteln, Zensur und Markt«; »2. Die Formen der Disqualifizierung des Gegners.«; »3. Orthodoxie und Irrtum im Zwist«; »4. Die Systematisierung des Streites.«; »5. Die bleibende Aktualität einer seelsorgerlichen Herausforderung.« Während sich die Ausführungen zu den Punkten 1 bis 4 auf publikations- und streithistorische sowie institutionelle und personelle Aspekte des Themas konzentrieren, geht lediglich Punkt 5 auf zentrale theologische und frömmigkeitshistorische Dimensionen des Themas ein. Allerdings sind die knappen Ausführungen (S. 359-363) auch hier eher geeignet, das potentielle kirchenhistorische Interesse am Thema zu steigern, als es zu befriedigen.

Zahlreiche Fragen der aktuellen kirchengeschichtlichen Orthodoxie- und Pietismusforschung finden angesichts des dargelegten Zugriffs auf das Thema sowohl im darstellenden als auch im zusammenfassenden Teil der Studie keine oder keine ausreichende Berücksichtigung. So bleibt im Zusammenhang mit der vom Verf. selbst thematisierten Frage nach der Systematisierung des Streites offen, welche kirchenhistorische Funktion er in der Herausbildung und Etablierung des kirchlichen und radikalen Pietismus bzw. für die »Ausschaltung« der altlutherischen Orthodoxie gespielt hat. In diesem Zusammenhang hat Rez. v. a. analytische Überlegungen dazu vermisst, wie sich der terministische Streit in funktionaler Hinsicht in den Gesamtzusammenhang der Pietismuskontroverse einordnet (vgl. die diesbezüglich recht allgemeinen Ausführungen 367 f. mit Anm. 11) bzw. wie er sich hinsichtlich der beteiligten Akteure und des verhandelten Themas zu parallelen Streitszenarien, insbesondere dem chiliastischen (vgl. die diesbezüglich nur andeutenden Ausführungen S. 86-93) und dem Beichtstuhlstreit (vgl. den knappen Hinweis darauf S. 7 mit Anm. 21), verhält. Die spannende Frage nach den »größeren Zusammenhänge[n], die die Einbindung des terministischen Streits in das Gefüge der Streitigkeiten deutlich werden lassen« (S. 368), wird zwar aufgeworfen, aber auf wenigen Seiten der Schlussbetrachtung (S. 368-271) doch zu oberflächlich abgehandelt.

Ebenso bleibt unklar, welche kirchen- und theologiehistorischen Zusammenhänge zum verschiedentlich erwähnten Stengerschen Streit (1670; vgl. hierzu auch die 18 im Personenregister s.v. »Stenger, Johann Melchior« verzeichneten Einträge) bestehen, ein Streit, zu dem Verf. zutreffend notiert, dass er zur theologischen Vorgeschichte des terministischen Streites zu rechnen ist. Udo Sträter hat diesem Aspekt eine tiefschürfende Analyse gewidmet, auf die Verf. ein einziges Mal in einer Fußnote (S. 15 in Anm. 47) hinweist. Rez. vermisst ferner auch Überlegungen hinsichtlich der Verbindungslinien, die vom terministischen Streit unmittelbar oder mittelbar zur sich parallel entfaltenden Aufklärung reichen, etwa im Zusammenhang einer nur summarisch berücksichtigten Stellungnahme Christian Thomasius' (S. 73 f; beim instruktiven Hinweis auf die Thomasius-Carpzov-Kontroverse [S. 340 in Anm. 86] fehlt leider der Hinweis auf einen wichtigen Aufsatz von Markus Matthias zum Thema [im von Michel/Straßberger hrsg. Carpzov-Band, Leipzig 2009, hier bes. S. 233-240], der die kirchen- und theologiegeschichtliche Tragweite der von Thomasius/Brenneysen vertretenen Position kirchenhistorisch problematisiert). Auch mit Blick auf die Arbeit von Gierl, der in seiner Untersuchung zur Pietismuskontroverse dem Part Thomasius' breiten Raum eingeräumt hat und seinen Anteil am Geschehen vom Standpunkt des Allgemeinhistorikers interpretierte, wäre es interessant gewesen zu erfahren, welche theologiehistorische Bedeutung Verf. dieser »Frontlinie« des terministischen Streits beimisst.

Und wenngleich von den Halleschen pietistischen Theologen (auffälliger Weise!) auch keine selbständigen publizistischen Stellungnahmen zum terministischen Streit verfasst wurden und wenngleich auch keine Antwortbriefe auf die von Böse in seiner Abgelegenheit kontaktierten Halleschen Theologen überliefert sind, so wie sich auch im Spener-Francke-Briefwechsel keine einzige Erwähnung Böses bzw. des Terministischen Streits findet (s. den Hinweis des Verf. S. 74), so kann doch dieses mehr als auffällige Schweigen der Quellen (der Spener-Rechenberg-Briefwechsel wird S. 25 in Anm. 85 zwar erwähnt, aber in die Untersuchungen nicht einbezogen: Heißt das, dass auch hier nichts zum Streit aufgefunden wurde, was, wenn es sich so verhält, ebenfalls sehr verwundern muss?) doch nur den einen Schluss zulassen, dass gezielt in die Quellenüberlieferung eingegriffen wurde – ein Befund, der für das Umfeld A. H. Franckes nicht nur im Zusammenhang des hier interessierenden Thematik zu beobachten ist und der nach Meinung des Rez. unbedingt der historiographischen

Hinterfragung und Berücksichtigung bedurft hätte. Immerhin verweist Verf. selbst am Ende seiner Untersuchung auf Valentin Ernst Löschers Generalabrechnung mit dem Pietismus im »Timotheus Verinus« (1711; erweitert 1718), der die terministische Lehre maßgeblich von Böse, Rechenberg »und den Hallenser Theologen vertreten« (S. 370) sah. Hätte man angesichts dieses Urteils eines zwar in den Streit selbst involvierten und damit ohne Zweifel parteiischen, nichtsdestotrotz gleichwohl theologisch hochkompetenten Zeitgenossen nicht viel stärker nach dem Part der Hallenser Theologen fragen und damit die Rolle derjenigen theologischen Fakultät thematisieren müssen, die in jenen Jahren ohne Zweifel das theologisch-akademische Herz der pietistischen Bewegung und damit auch des terministischen Streits bildete? Das Eingehen auf diese oder ähnliche Fragen hätte nach Meinung des Rez. den Ertrag der ansonsten beeindruckend sorgfältig gearbeiteten Studie für die kirchengeschichtliche Orthodoxie- und Pietismusforschung erheblich gesteigert.

Gegenüber den genannten Desideraten ist abschließend nochmals auf den Forschungsgewinn zu verweisen, der mit dieser Arbeit zweifelsohne gegeben ist. Diesen resümiert der Verf. in durchsichtiger Weise am Ende seiner Ausführungen (S. 365-372). Hier erhält der potentiell am Thema interessierte Leser eine vorzügliche Orientierung darüber, welche Aspekte des Themas er von der Studie bedient sehen kann und welche nicht. Dank der akkurat gearbeiteten bibliographischen Anhänge, der Personen-, Orts- und Bibelstellenregister (S. 481-495; leider fehlt ein für die Reihe sonst übliches Sachregister) wird es dem interessierten Leser erleichtert, das Buch als bibliographisches, prosopographisches und universitätsgeschichtliches Nachschlagewerk im bearbeiteten Zeitraum zu benutzen. Insbesondere für die Geschichte der Leipziger Theologischen Fakultät um 1700 erweist sich Gössners Studie als ungemein erhellende Tiefenbohrung.

Leipzig/Chemnitz Andres Straßberger

Siglind König: Die Bilderdecke der Löbnitzer Kirche; nachreformatorische biblische Bilder. Mit Fotographien von Hartmut König/ hrsg. vom Förderverein zur Erhaltung der evangelischen Kirchen im Kirchspiel Löbnitz e.V. Leipzig: Evang. Verlagsanstalt, 2012. 132 S. 176 farb. Abb.: Schema der Kirchendecke.

Mit dieser ersten systematischen Erfassung der Löbnitzer Kirchendecke gelingt König ein beachtliches Werk, dass zudem in einer überaus sorgfältig erarbeiteten Publikation präsentiert wird. Das nötigt umso mehr Respekt ab, wenn man bedenkt, dass die gebürtige Löbnitzerin von Haus aus weder Kunsthistorikerin noch Theologin, sondern promovierte Chemikerin ist. Ihr starkes Interesse an der Heimatgeschichte und die Verbundenheit zum ehemaligen Wohnort zeigte sich bereits in dem mit ihrem Bruder, Jürgen Petry, gemeinsam herausgegebenen Buch: »Löbnitz: ein Dorf in Deutschland. Leipzig 2009.«

Das Dorf Löbnitz liegt nordwestlich von Leipzig und wurde zwischen 1378 und 1946 von der Familie von Schönfeldt geprägt. Diese Patronatsfamilie veranlasste Ende des 16. Jh.s den Umbau der dreischiffigen Pfeilerbasilika in eine Saalkirche. Nach den Wirren des 30jährigen Krieges wurde die Kirche erneuert und erhielt ihre im Wesentlichen bis heute erhaltene reiche Innenausstattung von Altar, Kanzel, Patronatsloge und Empore. In diesem Rahmen zog man um 1690 auch eine großflächige Kassettendecke mit 250 Feldern ein und ließ sie durch den Delitzscher Maler Christian Schilling ausstaffieren. Die Tätigkeit dieses Künstlers ist quellenmäßig belegt, auch hinterließ er an einem Emporenfeld seinen Namenszug, der erst 2012 durch Restaurierungsarbeiten aufgefunden wurde. Diesem zweifellos bedeutendsten Kunstwerk der Kirche gilt das ganze Interesse der Autorin. Sehr anschaulich wird der Aufbau der Decke beschrieben. Leider fehlt ein Foto mit der gesamten Decke, ein solches Panorama hätte man im Buchdeckel präsentieren können. Vom Altar aus gesehen erfolgt die Leserichtung von Nord (rechts) nach Süd (links) und von Osten (oben) nach Westen (unten).

Im östlichen Deckenteil sind 36 Felder mit Motiven aus dem Alten Testament von der Schöpfung über Mose bis zu Elia zu sehen. Es folgen 78 Felder mit neutestamentlichen Darstellungen von der Verkündigung der Geburt Jesu bis zum Jüngsten Gericht.

Im Westen wird die Decke mit 18 Engeldarstellungen beschlossen, wobei zwölf Engel musizieren und sechs die Marterwerkzeuge Christi tragen. Seitlich werden die biblischen Motive durch Darstellungen von Einzelpersonen flankiert.

Im Norden sind Jesus, die zwölf Apostel und Martin Luther zu sehen, im Süden werden Mose, die Schriftpropheten und Philipp Melanchthon gezeigt. Diese insgesamt 168 bildlichen Darstellungen werden noch einmal von 82 Ornamentfeldern gerahmt. Alle Personen und Szenen werden beschrieben und im Einzelbild dargestellt. Da die Felder weder eine Bibelstellenangabe noch eine Bildunterschrift tragen ist eine Identifizierung nicht immer leicht möglich. Dennoch gelingt König eine vollständige Zuweisung, indem sie die damals gebräuchliche Ausgabe der Lutherbibel von 1545 zu Rate zieht. Die entsprechenden Bibelverse sind der jeweiligen Beschreibung beigegeben.

Häufig dienten bei Deckenmalereien verschiedene Bibelausgaben und Erbauungsbücher als Vorlagen. Für Löbnitz konnten diese bisher noch nicht ermittelt werden. Auch ist der Urheber der Bildkonzeption unbekannt. Jedoch konnte die Autorin eine gut nachvollziehbare Zahlensymbolik feststellen, in der die Zahl 6 leitend ist. So ist zum einen jede oben angegebene Bildgruppe durch sechs teilbar, zum anderen werden Sechserfolgen wichtigen Themen gewidmet: u.a. sechs Bilder zur Schöpfung, sechs Bilder zum Leben und Wirken des Mose, zwölf Gleichnisse, sechs Motive zu den Schicksalen der Jünger/Apostel Jesu und achtzehn Passionsmotive.

Das vorliegende Buch ist ein überzeugender Beitrag zur Erforschung der Deckenmalerei in evangelischen Kirchen und ihres lutherischen Bildprogramms. Ein Überblick über die bis heute erhaltenen Bilderdecken in Sachsen hätte den Wert dieses Buch noch um ein Vielfaches gesteigert. Das Vorwort mit einleitendem Charakter von Peter Porscharsky, dem verdienten emeritierten Professor für christliche Archäologie und Kunstgeschichte und Nestor des evangelischen Kirchenbaus, fällt leider sehr kurz aus.

Um weitere musterhafte Untersuchungen und Dokumentationen – wie hier zur Löbnitzer Kirchendecke – anzuregen und zu weiterführenden Forschungen und nötigen Vergleichen zu ermutigen, mögen an dieser Stelle verschiedene Bilderdecken in Auswahl vorgestellt werden: Altmügeln St. Marien (1720 von Johannes Roßberg aus Oschatz, 36 Szenen aus NT sowie vier Evangelisten, Johannes d. T. und Paulus), Blankenstein b. Meißen (1738, 54 Felder mit Szenen aus AT und NT), Geithain St. Nikolai (600 m^2 farbig gefasste Holzdecke, 1592-1595 Andreas Schilling, 30 Bilder), Grumbach b. Meißen (1674 von Christian Unger, 96 Tafeln mit Szenen aus AT und NT mit Bibelstellenangabe und Bildunterschrift, Vorlage von Virgil Solis), Höfgen (1695, Kreuzigung und 16 Propheten), Hohenwussen (18. Jh., gestiftet vom Bauern Abraham Wolf, 26 Darstellungen von Mose mit Propheten sowie Christus mit Aposteln), Jahna (1676-79, von Johann Simon Lucas aus Dresden, Propheten, Apostel, Emblemata), Klitzschen (Ende 17. Jh., Darstellungen von Propheten und Aposteln wie von Luther und Jan Hus), Langenreinsdorf (1680 von Christoph Römer aus Werdau, Figuren und Szenen aus AT und NT), Niedercrinitz (1679, neutestamentliche Figuren, Martin Luther, Symbole), Penig, Unser Lieben Frauen (620 m^2 farbig gefasste Holzdecke, 1688 von Constantin Seytz d. Ä., 70 Szenen aus AT und NT), Pomßen (1668, 53 Tafeln , bibl. Figuren von Adam über Patriarchen, Propheten, Christus, Apostel, Ambrosius, Augustinus, Hieronymus, Gregor der Große und 20 Tafeln mit Engel mit Marterwerkzeugen), Taubenheim bei Meißen (1650 von Jonas Eywigk, bibl. Figuren mit Stifterinschrift). Von zwei sächsischen Kirchendecken liegen auch ausführliche Veröffentlichungen vor: Eric Stenzel; Norbert Reißmann: Die barocke Bilderdecke der Kirche zu Zschorlau. Beucha 2005. (1659/60 von Johannes Steinherr aus Schneeberg, 60

Tafeln mit Szenen aus AT und NT, Propheten und Apostel und Erzengeln) sowie Grit Münz: Die Felderdecke der Dorfkirche zu Kiebitz. In: Zur Kirche gehört mehr als ein Kruzifix: Studien zur mitteldeutschen Kirchen- und Frömmigkeitsgeschichte/ hrsg. von Michael Beyer u. a. Leipzig 2008. (HCh: Sonderband; 13) (1673/74 von Gottfried Grohe, 147 Felder mit biblischen Szenen, Apostelmartyrien, Ornamenten und Stifternamen, Vorlage war Virgil Solis).

Großhennersdorf Alexander Wieckowski

THÜRINGER PFARRERBUCH/ hrsg. von der Gesellschaft für Thüringische Kirchengeschichte. BD. 5.: FÜRSTENTUM SCHWARZBURG-RUDOLSTADT/ bearb. von Ortrun und Ernst von Einsiedel unter Mitarb. von Christa Klingbeil. Leipzig: Evang. Verlagsanstalt, 2010. 348 S.: Kt.

Dieser Band des Thüringer Pfarrerbuches, der zweite der Reihe, der bei der Evangelischen Verlagsanstalt erscheint (Bd. 1-3 Neustadt a. d. Aisch: Degener) widmet sich einem eher kleineren Gebiet, dem Fürstentum Schwarzburg-Rudolstadt. Seit ungefähr 100 Jahren wurde das Material gesammelt und seit den 1970er Jahren gezielt für eine Veröffentlichung als Pfarrerbuch für Schwarzburg-Rudolstadt zusammengestellt. Mit diesem zeitlichen Vorlauf steht das Pfarrerbuch keinesfalls allein da.

Eine instruktive Einführung einerseits zur »Landesgeschichte« dieses durch das älteste Grafengeschlecht Thüringens geprägte Gebiet (Eine Karte zum Verständnis des uneinheitlichen Gebietes ist beigegeben [S. 19].) sowie zur »Kirchengeschichte seit der Reformation« gibt Stefan Michel zu Beginn (9-13). Deutlich wird, welch große Rolle der Rudolstädter Hof spielte für die Pfarrerschaft einerseits und die frömmigkeitliche Ausrichtung andererseits, was z. B. bis zu einer ganz eigenständigen Ausformung (»Rudolstädter Jesusfrömmigkeit« im 17. Jh., S. 12) führen konnte.

Durch das Aufgehen der Schwarzburg-Rudolstädter Kirche in der Thüringischen Landeskirche 1921 sind die Bearbeiter des Pfarrerbuches der Mühe enthoben gewesen – wie bei den anderen Thüringer Pfarrerbüchern auch – einen zeitlichen Endpunkt des Bearbeitungszeitraumes zu suchen. Die series pastorum enden alle in den zwanziger Jahren des 20. Jh.s.

Das Schema der auf die Pfarrstellenlisten folgenden Pfarrereinträge (Name, Lebensdaten, Eltern; Ausbildung, Ämter, Eheschließungen [Ehefrauen samt Eltern], Kinder) ist bewährt gleichgeblieben, Quellenangaben auf das nötigste beschränkt. Die alphabetische Reihenfolge der Einträge wird begleitet durch eine fortlaufende Numerierung (1179), was die Arbeit mit dem Buch deutlich erleichtert. Die beigegebenen Register für Personen und Orte lassen das Buch zu einem wirklichen Hilfsmittel werden, dem eine weite Verbreitung gewünscht wird.

Leipzig Markus Hein

Karl-Hermann KANDLER: Kirchengeschichte Freibergs 1933-1945. Beucha; Markkleeberg: Sax, 2011. 151 S.: Abb.

Der Autor, habilitierter Pfarrer in Ruhe und seit Jahren hoch verdient um die regionale Geschichte seiner Landeskirche, legt hier einen ersten Band einer Kirchengeschichte seiner Heimatstadt Freiberg vor. Er beginnt damit ein Versprechen einzulösen, das er 2009 anlässlich der Entgegennahme des Freiberger Andreas-Möller-Geschichtspreises gegeben hat. Er wendet sich damit zuerst »dem wohl schwierigsten Zeitabschnitt … [zu], der Zeit des sog. Kirchenkampfes während der nationalsozialistischen Diktatur in Deutschland« (5).

Kandler geht in vier Schritten vor. Der erste Teil »Der Kirchenkampf in Sachsen (1933-1945)« (7-34) umreißt die sächsischen Rahmenbedingungen für die Freiberger Ereignisse, die im zweiten Teil im Mittelpunkt stehen: »Die Evangelisch-Lutherische Kirche in Freiberg während der Zeit des Nationalsozialismus und des Kirchenkampfes« (35-66). Der Begriff »Kirchenkampf« wird nicht reflektiert. Zeitlich greift er aber dankenswerter Weise auf die Zeit nach 1945 aus und geht auch auf den späteren Umgang mit der Verstrickung im Nationalsozialismus mit ein. Vor allem den ehemaligen Deutschen Christen fiel es offensichtlich schwer, sich von ihrer Vergangenheit zu trennen und eine Klarheit über die Verblendung zu gewinnen, der sie erlegen gewesen waren.

Wie es in den einzelnen Kirchgemeinden aussah, behandelt ein kurzer dritter Teil »Die Freiberger evangelisch-lutherischen Kirchgemeinden« (67-84), in dem auch die Pfarrer genannt werden. Hier wäre eine tabellarische Übersicht schön gewesen, die auch die Vornamen (im Text ist in der Regel nur von Pfarrer NN die Rede), Lebensdaten und theologische Verankerung der einzelnen Pfarrer, deren Persönlichkeit manchmal doch etwas blass bleibt, benennt. In unterschiedlicher Ausführlichkeit wird die Stellung und Haltung der Kirchgemeinden in dieser Zeit geboten, durch die nicht selten ein kirchenpolitischer und theologischer Riss ging.

Unter der Überschrift »Exkurse« (85-150) werden schließlich 21 Themenbereiche und Fragestellungen (z. T. noch einmal) mehr oder weniger ausführlich aufgegriffen und unmittelbar auf die Freiberger Verhältnisse hin befragt. Hier liegt in den Augen des Rezensenten der besondere Wert dieser Publikation, weil es dem Autor gelingt, die regionalen Begebenheiten in ihrer Abhängigkeit von den größeren, landeskirchlichen Strukturen und Ereignissen einerseits und den individuellen Bedingungen am Ort andererseits zu beschreiben. Die Themen reichen von privaten Beziehungen und Verflechtungen über Besetzungsvorgänge für Pfarr- und Kantorenstellen bis hin zu Beflaggung, Glocken und den Umgang mit Kunstgegenständen. Ein eigener Exkurs ist »Kirche und Juden« gewidmet, ohne dass aber dabei eine tiefere Untersuchung für Freiberg dahinter steht.

Es liegt hiermit ein Buch vor, das für eine Kleinstadt zeigt, was die Zeit des Nationalsozialismus im einzelnen für die Kirchgemeinden bedeutete, wie »Kirchenkampf« vor Ort aussah. Das »große« Geschehen wird heruntergebrochen in den gemeindlichen Alltag. Freiberg und sein Superintendent Arndt von Kirchbach stehen allerdings auch als Beispiel für das »Nichtgelingen« des Kirchenausschusses (1935-1937). Dem der Bekennenden Kirche angehörenden Kirchbach gelang es trotz wirklichem Bemühen nicht, einen befriedenden Ausgleich in der kirchenpolitisch zerrissenen Ephorie zu erreichen, ehe er 1937 abgesetzt und durch einen Deutschen Christen ersetzt wurde.

Das Buch endet mit dem Exkurs »Statistischer Überblick«, in dem es vor allem um Gemeindegliederzahlen und Gottesdienstbesuch geht. Dem Buch, dessen einzelne Teile jeweils wie kleine Studien nebeneinender stehen, hätte eine Zusammenfassung gut getan. Leider fehlt ein Personenregister, mit dessen Hilfe es dem Leser ebenfalls besser gelingen könnte, die Einzelaussagen miteinander zu verbinden.

Dem Unternehmen ist zu wünschen, dass es weitergeführt wird, auch die anderen Epochen der Kirchengeschichte Freibergs eine so genaue und detaillierte Darstellung erfahren und Zusammenfassungen und Register nicht vergessen werden.

Leipzig — Markus Hein

Personenregister

Abkürzungen

AAWG.PH	Abhandlungen der Akademie der Wissenschaften in Göttingen, Philosophisch-historische Klasse
Abb.	Abbildung
ABKG	Akten und Briefe zur Kirchenpolitik Herzog Georgs von Sachsen
ADB	Allgemeine deutsche Biographie
AEWK	Allgemeine Enzyklopädie der Wissenschaften und Künste
AHENT	Acta historico-ecclestiastica nostri temporis
AKThG	Arbeiten zur Kirchen- und Theologiegeschichte
APTh	Arbeiten zur Pastoraltheologie
ARG	Archiv für Reformationsgeschichte
AzTh	Arbeiten zur Theologie
BBKL	Biographisch-Bibliographisches Kirchenlexikon
BHKG	Beiträge zur hessischen Kirchengeschichte
BHSt	Berliner historische Studien
BHTh	Beiträge zur historischen Theologie
BSKG	Beiträge zur sächsischen Kirchengeschichte
BZAW	Beihefte zur Zeitschrift für die alttestamentliche Wissenschaft
CDS	Codex diplomaticus Saxoniae regiae
CDU	Christlich Demokratische Union
CR	Corpus Reformatorum
ČSSR	Tschechoslowakei (Tschechoslowakische Sozialistische Republik)
CodAu	Codex Augusteus
DDP	Deutsche Demokratische Partei
DDR	Deutsche Demokratische Republik
DSF	Deutsch-sowjetische Freundschaft
DSp	Dictionnaire de spiritualité ascétique et mystique
Ebd/ebd	Ebenda/ebenda
EG	Evangelisches Gesangbuch
EKGB	Einzelarbeiten aus der Kirchengeschichte Bayerns
EKO	Evangelische Kirchenordnungen des XVI. Jahrhunderts
FDJ	Freie Deutsche Jugend
fol.	Folio
FS	Festschrift
FSANTS	Fortgesetze Sammlung von alten und neuen theologischen Sachen
HCh	Herbergen der Christenheit
HJLG	Hessisches Jahrbuch für Landesgeschichte
HStA	Hauptstaatsarchiv
HZ	Historische Zeitschrift
JHKGV	Jahrbuch der Hessischen Kirchengeschichtlichen Vereinigung
KAL	Kirchliches Archiv Leipzig
KGA	Kirchengeschichtliche Abhandlungen

KiG	Kirche in ihrer Geschichte
KSK	Kreissparkasse
KuD	Kerygma und Dogma
LKGG	Die Lutherische Kirche, Geschichte und Gestalten
LStGRLO	Leucorea-Studien zur Geschichte der Reformation und der Lutherischen Orthodoxie
LuJ	Lutherjahrbuch
MBW	Melanchthons Briefwechsel. Regesten
MfS	Ministerium für Staatssicherheit
MM	Miscellanea mediaevalia
NASG	Neues Archiv für Sächsische Geschichte
ND	Neudruck
NF	Neue Folge
NZSTh	Neue Zeitschrift für Systematische Theologie
OFM	Ordo Fratrum Minorum (Franziskaner)
PdK	Die Predigt der Kirche
PuN	Pietismus und Neuzeit
QFRG	Quellen und Forschungen zur Reformationsgeschichte
RE	Realencyklopädie für protestantische Theologie und Kirche
RGG	Religion in Geschichte und Gegenwart
SED	Sozialistische Einheitspartei Deutschlands
SHR	Studies in the history of religions
SHStA	Sächsisches Hauptstaatsarchiv
StA-L	Stadtarchiv Leipzig
SU	Sowjetunion
SuR	Spätmittelalter und Reformation
SVRG	Schriften des Vereins für Reformationsgeschichte
TRE	Theologische Realenzyklopädie
TThSt	Trierer theologische Studien
VD 16	Verzeichnis der Drucke des 16. Jahrhunderts
VHKH	Veröffentlichungen der Historischen Kommission für Hessen (und Waldeck)
VWGTh	Veröffentlichungen der Wissenschaftlichen Gesellschaft für Theologie
WA	Luther, Martin: Werke: Kritische Gesamtausgabe (Weimarer Ausgabe)
ZKG	Zeitschrift für Kirchengeschichte

Durch ein technisches Versehen fehlten im letzten Band HCh 34/35 (2010/2011) auf Seite 130 die letzten Zeilen des Beitrages von Bogislav Burandt: »Christian Scriver und die Frage nach ›Erbauung‹«. Wir bitten, dies zu entschuldigen. Diese Seite 130 wird auf der folgenden Seite nachgeliefert, sie ist aus diesem Band auszutrennen und in Band 34/35 (2010/2011) zu ersetzen.

Worte wählt, könnte aber auch heute ein Anstoß für die Theologie sein: Ist der in der Vergangenheit in der wissenschaftlichen Literatur begegnende Affekt gegen »Erbauung« unter heutigen Vorzeichen noch sinnvoll?[79] Der Artikel in der TRE ermutigt dazu, das Thema »Erbauung« aufgrund des NT neu aufzurollen. Eine Begriffsgeschichte, die der Karriere von »Erbauung« im 17. Jahrhundert nachspüren würde, steht aus. Sie könnte Anregungen liefern und auf Abwege aufmerksam machen. Das bei den Zeitgenossen in der Gegenwart zu spürende Verlangen nach »Erleben« und sinnlichen Erfahrungen müsste die praktische Theologie auf den Plan rufen, »Erbauung« als einen Grundbegriff geistlichen Lebens neu durchzubuchstabieren. »Die spirituelle Erbauung des Ich, so überholt das Wort sein mag, ist eine bleibende Aufgabe.«[80]

Grabstein 2 (Foto: Kretschmann)

79 Siehe Martin DOERNE: Erbauung 2: Grundsätzliches zum theologischen und kirchlichen Sprachgebrauch. ^{3}RGG 2 (1958), 539 f.

80 Hermann KURZKE: Ermuntre dich, meine schwacher Geist (Johann Rist, 1641): ein erbauliches Lied und seine Rezeptionsschicksale. In Aedificatio (wie Anm. 77), 171.